DESCARGA
GRATUITA

Editorial **CLIE**

Como muestra
de gratitud por su compra,

visite www.editorialclie.info
y descargue gratis:

"Los 6 consejos de Jesús para vivir en plenitud hoy"

Código:

PLENITUD24

HISTORIA DE LA
FILOSOFÍA
Y SU RELACIÓN CON
LA **TEOLOGÍA**

Alfonso Ropero Berzosa

Editorial CLIE
www.clie.es

EDITORIAL CLIE
C/ Ferrocarril, 8
08232 VILADECAVALLS
(Barcelona) ESPAÑA
E-mail: clie@clie.es
http://www.clie.es

© 2022 por Alfonso Ropero Berzosa.

«Cualquier forma de reproducción, distribución, comunicación pública o transformación de esta obra solo puede ser realizada con la autorización de sus titulares, salvo excepción prevista por la ley. Diríjase a CEDRO (Centro Español de Derechos Reprográficos) si necesita fotocopiar o escanear algún fragmento de esta obra (www.cedro.org; 91 702 19 70 / 93 272 04 45)».

© 2022 por Editorial CLIE. Todos los derechos reservados.

Historia de la filosofía y su relación con la teología.
ISBN: 978-84-19055-11-8
Depósito Legal: B 18160-2022
Filosofía
REL051000

Impreso en Estados Unidos de América / *Printed in the United States of America*

¿Qué es filosofía?

La filosofía es orientación humana dentro de los huidizos horizontes de la inteligencia y de la experiencia de la vida. Filosofar es algo así como el constante respirar del alma: una respiración que, en su inhalar y exhalar, se halla en incesante intercambio con lo que al hombre rodea. La filosofía señala hacia el espíritu, que —como un viento extraño— lleva al hombre hasta confines muy lejanos de los límites de su existencia enmarcada, y que, en esta búsqueda humana de puntos definitivos de orientación, hace que el hombre sea un ser verdaderamente espiritual. Ocuparse de la filosofía es el síntoma más significativo de que el hombre está viviendo su ser de hombre: el hombre mismo, desde los horizontes de sus posibilidades, pregunta acerca de sí mismo. En su filosofar, vive a impulsos de la sospecha oculta, pero oprimida por completo, de que existe una última respuesta, de que las líneas de sus peregrinaciones filosóficas han de encontrar una convergencia.

CORNELIS A. VAN PEURSEN
Orientación filosófica
Introducción a su problemática

Índice

Prólogo xv

PARTE I: Albores de la filosofía cristiana 1

1. Razón histórica 4
2. ¿Qué es filosofía "cristiana"? 7
3. Filosofía y religión cristiana 8
4. Filosofía de la religión 11
5. Universalidad y particularismo 14
6. Influencia del helenismo en el cristianismo 19
7. La herencia filosófica hasta san Pablo 21
   7.1. Presocráticos, el principio del ser 22
   7.2. De Sócrates a Séneca, con la felicidad por medio 24
   7.3. Sobre el espíritu libre 32
   7.4. Sobre el dios interior 33
8. Vías para la demostración filosófica de Dios antes de Cristo 34
   8.1. La teología, reina de las ciencias 34
   8.2. Dios según Platón 35
   8.3. El motor inmóvil de Aristóteles 37
9. Filosofía y antifilosofía en el Nuevo Testamento 39
10. "Nostra philosophia" 41
    10.1. Tertuliano 41
    10.2. Justino Mártir 43
    10.3. Toda verdad es verdad de Dios 44
11. Tensión escatológica y filosofía 47

PARTE II: Alejandría, la primera escuela de filosofía cristiana   **51**

1. Cuestión de interpretación 53
2. Estrategia misionera de las escuelas 56
3. Filón, el precedente inmediato 58
   3.1. La alegoría como expresión filosófica 60
   3.2. Creación y conocimiento de Dios por el Logos 61
4. El gnosticismo, un intento fallido... 65
5. Clemente de Alejandría, la gnosis cristiana............................ 68
   5.1. Falsa y verdadera filosofía 69
   5.2. Miedo de los cristianos a la filosofía y la cultura 72
   5.3. La gnosis cristiana 73
   5.4. Teología negativa... 76
6. Orígenes, sistema y novedad.. 77
   6.1. El espíritu y la letra de la Palabra................................. 79
   6.2. La Escritura, voz de Dios y alegoría profética 83
7. El elemento oriental 86
8. La idea del cristianismo según la filosofía de Hegel 88

PARTE III: El despegue de la filosofía cristiana......................... **91**

1. Agustín, primer filósofo cristiano 93
   1.1. La filosofía de Plotino 97
   1.2. Creo para comprender, comprendo para creer 100
   1.3. A la verdad por el amor 101
   1.4. Existencia, duda y certeza 105
   1.5. La suprema felicidad.. 107
   1.6. Un viejo problema: el mal y la libertad 111
   1.7. Cuerpo, alma, espíritu, ¿bipartismo o tripartismo? 114
   1.8. Correcciones de Agustín al platonismo......................... 116
2. Boecio, el transmisor.. 118
   2.1. Compatibilidad de la omnisciencia providente de
        Dios y la libertad humana 120
3. Pseudo-Dionisio Areopagita 124
   3.1. Los nombres divinos referidos por las Escrituras,
        ciencia de Dios 126

PARTE IV: La filosofía en la Edad Media.................................... **129**

1. La filosofía árabe 131
   1.1. Al-Kindi... 132

1.2. Al-Farabi 133

1.3. Avicena... 134

1.4. Averroes.. 135

2. Maimónides y la filosofía judía.................................. 136

3. Pensadores de Escuela 137

    3.1. Escoto, el iniciador 140

    3.2. Realistas y nominalistas...................................... 142

4. Anselmo de Canterbury 144

    4.1. A Dios por el ser... 146

    4.2. Proslogion o diálogo divino.................................. 149

5. Abelardo y el valor de la investigación 152

    5.1. Tradición fideísta y tradición dialéctica 154

    5.2. Nacimiento de la teología cristiana.......................... 156

    5.3. Ética de intención... 157

6. Universidades y órdenes religiosas 159

7. Buenaventura 162

8. Alberto Magno... 164

9. Tomás de Aquino y la integración de Aristóteles 164

    9.1. Filosofía y teología... 168

    9.2. Lo natural y lo sobrenatural 171

    9.3. Teoría del conocimiento 172

    9.4. Conocimiento y demostración de Dios.......................... 172

    9.5. Que Dios existe.. 176

    9.6. El bien supremo.. 179

PARTE V: Tiempo de reformas................................... **181**

1. La descomposición de la síntesis escolástica 183

2. Raimundo Lulio, el arte donde fe y razón coinciden 184

3. Roger Bacon, la ciencia al servicio de la fe 186

4. Juan Duns Escoto y las demarcaciones de la fe y la razón....... 187

    4.1. El primado de la voluntad 191

5. Guillermo de Ockham 194

    5.1. Nominalismo, individualización y participación. 195

    5.2. Crítica del papado 197

6. La vía mística 199

7. Juan Wyclif y el principio bíblico 202

8. Renacimiento y Reforma... 204

9. Nicolás de Cusa y la filosofía alemana 207
    9.1. Teología negativa como afirmación de la
          libertad divina 209
    9.2. El camino interminable de la verdad 212
    9.3. La fe, principio cognoscente y salvífico 213
10. Erasmo y el humanismo cristiano.. 215
11. Lutero y el renacimiento religioso.. 220
    11.1. Ambivalencia de la razón.. 222
    11.2. La subjetividad es la verdad 228
    11.3. El libre examen.. 231
12. Zwinglio y Calvino, Escritura y Soberanía 232
13. Karlstadt y la reforma de la Reforma 239
14. Müntzer y el principio del Espíritu... 241

PARTE VI: Filosofía de la Reforma.. **245**
1. La razón después de la Reforma 247
    1.1. El renacimiento de Platón.. 250
    1.2. Petrus Ramus y la reacción contra Aristóteles.............. 252
    1.3. Giordano Bruno y el amor a la vida............................ 254
2. Francis Bacon, la primera filosofía científica......................... 255
3. René Descartes y la filosofía moderna 263
    3.1. Derecho a saber por uno mismo 265
    3.2. Las pruebas de la existencia de Dios según la
          razón cartesiana.. 269
4. Arnold Geulincx y el problema del dualismo......................... 271
5. Malebranche y la visión de Dios.. 273
6. Pascal, ciencia y mística... 279
7. Thomas Hobbes y la filosofía política 282
8. Los Platónicos de Cambridge, Escrituras, razón e inspiración 284
9. John Locke y la racionalidad del cristianismo......................... 286
10. George Berkeley y el idealismo según Dios............................ 291
    10.1. El Dios evidente de las Escrituras 295
11. Baruch Spinoza y la negación del dualismo 297
12. Leibniz y la visión integradora... 302
    12.1. Profesión de fe de un filósofo...................................... 306
    12.2. El problema del mal y el mejor de los mundos posibles... 307

PARTE VII: Ilustrados, críticos e idealistas **309**

1. La Ilustración 311
   1.1. La Ilustración inglesa.. 312
   1.2. La Ilustración francesa... 314

2. Hume, precursor de la Ilustración escéptica 315

3. Clausura de la Ilustración.. 318

4. Kant y el período crítico.. 319
   4.1. El lugar de la voluntad en el conocimiento de Dios 321
   4.2. Fe eclesial y fe espiritual 323

5. Fichte y la posición del yo.. 327
   5.1. Vida, felicidad y amor 329

6. Schelling, biología e identidad.. 331

7. Hegel y la reflexión sobre la vida 333
   7.1. Filosofía de la religión.. 335
   7.2. Sentimiento, razón y pensamiento............................. 337
   7.3. Filosofía, arte y religión 342
   7.4. El legado hegeliano... 344

8. Schopenhauer y el mundo como voluntad........................... 345

PARTE VIII: Tiempos modernos.. **349**

1. Positivismo y materialismo 351

2. Auguste Comte y la «Religión de la Humanidad» 352

3. Marx y el marxismo 355
   3.1. Una nueva ciencia de la historia................................ 356
   3.2. El credo marxista 359
   3.3. Leyes dialécticas 360
   3.4. Marxismo y humanismo 362

4. El resurgir de la vida... 364

5. Kierkegaard, un pensador único ante Dios y los hombres....... 365
   5.1. Contemporáneos de Cristo 367
   5.2. Los tres estadios de la vida.. 371
   5.3. El pecado "delante de Dios" 371
   5.4. El individuo y la realización de uno mismo 373

6. Friedrich Nietzsche, pasión de vida 374
   6.1. El eterno retorno y la transmutación de los valores 377
   6.2. Cuestión de honestidad 378

7. Wilhelm Dilthey y la razón histórica.................................. 380

8. Franz Brentano y el optimismo de la racionalidad 382
9. Ortega y Gasset y la razón vital 384
    9.1. La radicalidad de la vida 386
    9.2. Naturaleza, espíritu e historia 389

PARTE IX: Materia, mente y espíritu **393**
1. La filosofía actual y su idiosincrasia 395
    1.1. Carácter de la filosofía latinoamericana 396
    1.2. La realidad espiritual del universo 397
2. Henri Bergson y el impulso religioso 399
3. Blondel, acción y sentido 402
4. William James y el valor de la filosofía práctica 407
    4.1. La religión según el pragmatismo 409
5. Alfred North Whitehead 411
6. Wittgenstein y el silencio de Dios 413
7. El personalismo 415
    7.1. Emmanuel Mounier y la revolución de espíritu 415
8. Gabriel Marcel y el Tú absoluto 417
9. Unamuno, el hombre y su inmortalidad 420
    9.1. Dios y el sentido 424
10. Husserl y la fenomenología 426
11. Martin Heidegger y el sentido de la muerte 428
12. Sartre, honradez intelectual, ateísmo y libertad 432
13. Jaspers y el Ser envolvente 436
14. Xavier Zubiri y la realidad de Dios 440
    14.1. El problema del ateísmo: la soberbia de la vida 444
    14.2. Cristo, sentido y fin de la humanidad 445
15. Julián Marías, vocación de filósofo 446
    15.1. Pretensión de verdad 448
    15.2. Dios como exaltación de la realidad 449

PARTE X: La situación contemporánea **453**
1. Retos y desafíos 455
    1.1. Cambio y permanencia 456
    1.2. Ciencia y religión 457
    1.3. Objetividad y subjetividad 459
    1.4. Presupuestos y hermenéutica 460

2. Escuelas de filosofía y teología católicas 462
    2.1. Balmes en la restauración escolástica 463
    2.2. Amor Ruibal y el correlacionismo 466
    2.3. Neotomismo 467
    2.4. Maritain y la síntesis tomista 468
    2.5. Pieper, a la escucha de la realidad 469
3. Entre la fe y la ciencia: Sánchez Calvo 471
4. Sala y Villaret, un heterodoxo español 474
    4.1. Dios y la fuerza o energía del universo 476
    4.2. El Verbo de Dios, luz de los hombres 478
5. William Temple y la filosofía anglicana 481
    5.1. «Realismo dialéctico» 482
6. Karl Barth, profeta de la gracia 483
    6.1. La Palabra y su radicalidad 487
    6.2. Cristo y la auténtica humanidad 491
7. Filosofía reformado-calvinista 493
    7.1. Herman Dooyeweerd y la fuerza de los motivos 494
    7.2. Alvin Plantinga y la epistemología reformada 498
8. Paul Ricœur, hermenéutica y precomprensión 501
9. Paul Tillich, teología y filosofía de la cultura 504
    9.1. El mensaje y la situación 509
    9.2. Teología apologética y kerigma 510
    9.3. Los dos criterios formales de toda teología 510
    9.4. Teología y cristianismo 511
    9.5. Teología y filosofía: una cuestión 511
    9.6. Teología y filosofía: una respuesta 511
    9.7. La organización de la teología 512
    9.8. Las fuentes de la teología sistemática 512
    9.9. La experiencia y la teología sistemática 513
    9.10. La norma de la teología sistemática 514
    9.11. Carácter racional y sistema de la teología 514
    9.12. El método de correlación 514
10. Llegados al final, el principio 515
    10.1. Filosofía como historia de la filosofía 517
    10.2. Humildad y comprensión 518

Vocabulario 521

Bibliografía 531

Prólogo

Cuenta la historia que Jorge Rivera Cruchaga, quien fuera estudiante de Martin Heidegger y también traductor al español de su obra magna, *Ser y tiempo*, le hizo a su maestro la pregunta que quizás atrajo a más de uno a este volumen: ¿Qué valor tiene la reflexión filosófica para la fe cristiana sencilla, la de todos los días? Heidegger le contestó con suma claridad: si es verdad que la filosofía nos hace más sensibles para escuchar la palabra de nuestro prójimo, entonces es muy probable que también nos haga más sensibles para escuchar la Palabra que creó el universo.

En sus manos tiene usted una reedición del libro que Alfonso Ropero publicó hace más de veinte años: *Introducción a la filosofía. Una perspectiva cristiana.* De manera sintética y casi "a vuelo de pájaro" nos llevará a través de las eras y los temas para hilvanar de forma pedagógica las preocupaciones centrales de la historia del pensamiento y del cristianismo.

En ese entonces, Ropero dedicó las más de setecientas páginas de su obra «a los estudiantes evangélicos, con esperanza e ilusión en el futuro»; intuyo que el tiempo ha sido cruel con esa vocación y esa dedicatoria. Mirar en retrospectiva puede llenarnos de cierta tristeza si consideramos que las últimas décadas no solo han visto una expansión numérica y de visibilidad pública del pueblo evangélico, sino que esto ha ido de la mano con un crecimiento exponencial de un evidente antiintelectualismo y una desconfianza notable al respecto de la elaboración racional de la fe.

El recelo hacia el pensamiento y la actividad filosófica en los círculos evangélicos –actitud que a menudo se viste de piedad– es inmenso y viene de larga data[1]. Los movimientos neocarismáticos que han hecho crecer el aforo de las megaiglesias han proyectado una imagen del evangelio que ha empobrecido su proyección intelectual. Por otra parte, muchos sectores que se han cansado de esos

---

1. El libro *Identidad y relevancia. El influjo del protestantismo de los Estados Unidos o la American Religion en el mundo evangélico de América Latina* de José Luis Avendaño, publicado también por esta editorial, es una excelente introducción para comprender las raíces de ese recelo. Según la clasificación empleada por Avendaño, las tres posiciones del espectro evangélico señaladas a continuación serían las *fundamentalistas*, las *reortodoxias* y las *progresistas posmodernas*, respectivamente.

mecanismos irracionales se han distanciado de sus excesos para enarbolar una bandera reformada –que, digámoslo, no siempre se parece a las ideas de los reformadores–, y en más de una ocasión muestran más bravuconería que argumentos[2]. Finalmente, un sector "de avanzada" dentro de la iglesia evangélica, muy atento a los debates sociales y las elaboraciones intelectuales más recientes, ha adoptado una mirada crítica sobre la versión más hegemónica de la iglesia, pero suele carecer de un andamiaje doctrinal, una revelación clara y una entereza espiritual como para ir más allá de la denuncia de la paja en el ojo ajeno[3]. Las posiciones están tomadas para una carnicería digital en el escenario de las redes sociales.

El triunfo del subjetivismo en la iglesia evangélica no se nos ocurrió a nosotros: es la traducción eclesial del espíritu de la época. A escala global estamos observando las consecuencias de un subjetivismo exacerbado que pone en evidencia la desintegración de la síntesis moderna. Los filósofos posestructuralistas y posmodernistas han abonado el terreno para una cosmovisión en la que la duda funciona más como punto de llegada que de partida; la posmodernidad (o cualquier otro rótulo del fenómeno que uno quiera esgrimir) ha convertido el subjetivismo radical en paradigma dominante. Y si esto tiene consecuencias severas para la convivencia social, no son menores las implicaciones teológicas de esa actitud para la fe cristiana.

El subjetivismo es una trinchera tibia que hemos podido cavar, a nivel generacional, después de la caída de los grandes edificios modernos. Nos hemos replegado para evitar el conflicto epistemológico tras el colapso que significó el siglo XX para el ideal de la racionalidad y el progreso. Pero nada nos asegura que este camino sea superador; Ropero recuerda, con Hegel, que «el mero replegarse en el sentimiento es, en último término, dar la razón al adversario». Y, en un sentido análogo, que el arrojo pleno a la dimensión mística «viene a ser el refugio necesario de la fe, una vez perdida la certeza racional. Entonces el abandono de la filosofía se siente como una liberación». Hoy el acento está puesto en el individuo y sus percepciones, y muy en un segundo plano en el debate por las cosas "tal como son". Si toda una sociedad decide abdicar al reino del individualismo y desechar toda posibilidad de una metafísica superadora, es que hemos entrado en un terreno incierto: el comienzo de una guerra de trincheras con consecuencias a largo plazo aún por determinar.

---

2. El Dr. Ropero ha reflexionado sobre esto en un ensayo muy sugerente: "De la soberanía al amor. Cambio de paradigma en teología". En: *Pensamiento protestante*: https://www.pensamiento-protestante.com/2020/01/de-la-soberania-al-amor-cambio-de.html

3. Pensé en estos grupos de vanguardia al leer la reflexión de nuestro autor sobre el movimiento gnóstico, «que buscaba la respetabilidad intelectual del cristianismo por parte de sus contemporáneos, pero el camino elegido resultaba peligroso para la misma fe que buscaba promover. La intención era buena, pero no así su ejecución».

El recorrido al que estamos aquí invitados es un verdadero *tour de force* intelectual, en el que Alfonso Ropero nos guía a través más de dos mil años de fructífero diálogo entre filosofía y teología. El autor se mueve con soltura a lo largo de la línea del tiempo, y pega saltos sin culpa cuando necesita buscar referentes en el pasado o descubrir algunas consecuencias futuras de las ideas desarrolladas. Y, creo yo, condensa tres elementos que pueden desafiar la hegemonía actual del irracionalismo, el nihilismo y el individualismo: la *filosofía*, el *pensamiento cristiano* y la *historia*. Vamos por partes.

De la filosofía *y por qué es una aliada del evangelio*

Los primeros apologistas cristianos entendieron que la revelación no anula la razón, y pareciera que hizo falta atravesar el fracaso del sueño ilustrado y el naufragio de la religión racionalista para entender que la razón tampoco debe (ni puede) anular la revelación. Contra todas las presiones y a pesar de todas las traiciones, el cristianismo nunca ha renunciado a la razón. La devoción cristiana ha sido tironeada por veinte siglos entre dos extremos: los irracionalismos místicos y la intelectualidad fría; y, a pesar de todo, la puja no le ha quitado a la fe del galileo la capacidad de reflexión, la búsqueda de sentido, el poder de la fe y también el de la duda.

Meter los pies en el barro de las preguntas significa creer que, de alguna manera, detrás de todos los interrogantes hay algún tipo de respuesta por la que vale la pena seguir preguntando. Si incluso alguien como Albert Camus, con existencial pesimismo, escribió que no debemos resignarnos a la muerte y el sinsentido, sino que debemos *imaginar a Sísifo feliz*, ¿cuánto más para quienes hemos reconocido que el *Padre de las luces* es también el *Padre nuestro*?

El diálogo cultural es un elemento intrínseco de la misión cristiana; todo edificio teológico que no incorpore (explícita o implícitamente) ese diálogo, niega el encuentro entre la palabra divina y humana que está en el corazón del evangelio. Como toda traducción y conversación verdadera y sincera, la relación entre la fe y la cultura debe ser un camino de dos vías: no un monólogo agotado en sí mismo, no una cacofonía egocéntrica, sino un intercambio que fructifique en ambas direcciones. Lo que sucede entre filosofía y teología es un diálogo porque ambas disciplinas se necesitan, se iluminan, se desafían a la verdad, se sacan del lugar de comodidad.

La filosofía dinamita muchos falsos amigos de la fe, a los que nuestra mente nos conduciría si quedara librada a sus caprichos; no olvidemos que el pecado es también una realidad intelectual. La revelación es una gracia, y la tentación que subyace a ese regalo es la ignorancia; cuando caemos en esa trampa, lo que debería ser nuestro *fundamento* se convierte en *fundamentalismo*. La filosofía «se encuentra en línea de continuidad con la voz profética. Protesta contra la manipulación de lo divino en nombre de la verdad».

La teología, por su parte, reflexiona sobre y cuestiona a los ídolos deslumbrantes que nos rodean; y no hace falta mucha experiencia para saber que, también en el mundo del pensamiento, las modas y las idolatrías abundan. Superada la prepotencia del puro racionalismo, empezamos a considerar que la vida es mucho más que silogismos y que, a menudo, la fe más sencilla logra ver, con ojos inocentes, las verdades que a los más experimentados intelectuales les pasan por el costado.

Los antiguos, siguiendo el consejo de Aristóteles, hablaban de la teología como la reina de las ciencias; preguntarnos por el ser y por la verdad nos pone tarde o temprano en la esfera de la trascendencia a la que la teología se dedica. A esto se refería Karl Jaspers al decir:

> Si la filosofía es un rondar en torno a la trascendencia, entonces tiene que relacionarse con la religión. [...] Si la religión queda excluida por la filosofía o, al contrario, la filosofía por la religión; si se afirma el predominio de una sobre otra, con la pretensión de ser la única instancia suprema, entonces el hombre deja de estar abierto al Ser y a su propia posibilidad en favor de una oclusión del conocimiento que se encierra en sí mismo. El hombre —por limitarse ya a la religión, ya a la filosofía— se hace dogmático, fanático y, al fin, al fracasar, nihilista. La religión necesita, para persistir verdaderamente, la conciencia de la filosofía. La filosofía necesita la substancia de la religión para mantenerse llena de contenido. [...] La filosofía tendría que afirmar la religión, a lo menos como la realidad a la que debe su existencia misma.[4]

Filosofía y teología son siempre búsqueda, descubrimiento, promesa de hallazgo. Siguiendo a Agustín (y a Hegel después), nosotros también seguimos diciendo que, «si la filosofía es amor a la sabiduría, y la sabiduría es Dios, la filosofía es el amor de Dios, el culto de Dios. [...] Filosofar es amar a Dios por vía intelectual».

Si hoy en día las religiones organizadas y la labor intelectual sufren descrédito es en buena medida porque estamos ávidos de verdad y de trascendencia, pero hastiados de pseudofilosofía y pseudorreligión. Las almas que rápidamente creen conquistar una verdad definitiva, abandonan la promesa y anclan su barco en el pequeño lago de su propia experiencia. Es el pecado que comparten la arrogancia intelectual y el fariseísmo. Es el pecado de los gnósticos, aquella secta que en el siglo II parecía que iba a comerse el cristianismo: no querían perder tiempo en traducciones ni mediaciones culturales. Querían llegar al Logos por una iluminación privada, sin diálogo, con la mera claridad de su propia conciencia. El peligro gnóstico de querer abrazar el Logos sin pasar por los *diáLogos* culturales nunca desaparece del todo; hoy, en el escenario secularizado de una ética cada vez más individualista, amenaza en cada esquina.

---

4. Jaspers, K. (1953). "Sobre mi filosofía". En *Balance y perspectiva*. Madrid: Revista de Occidente, pp. 245-272.

Hablar de filosofía y ciencia con temor y recelo se ha vuelto una triste moda de muchas comunidades cristianas, que le han entregado voluntariamente al príncipe de este mundo aquello que, con todo derecho, les pertenece: caminar en pos de la verdad. Es el fruto de un paradigma eclesial hacia adentro, donde el pragmatismo dicta las reglas del juego, donde el factor carismático es entendido como algo cercano a lo emocional y muy lejano de lo intelectual. Este desapego de la pregunta filosófica ha llevado a que muchas comunidades cristianas terminen distanciándose de la historia de la iglesia, del cristianismo entendido en un sentido amplio. Sin el telón de fondo de las grandes preguntas que la filosofía ha elevado al cielo durante siglos y siglos, la gran teología cristiana parece algo artificioso, innecesario; no es sorpresa entonces que la enseñanza de las doctrinas fundamentales sea la gran ausente de muchas iglesias hoy ni que el bagaje teológico de muchos hermanos y hermanas en la fe se resuma en algunos eslóganes y versículos bíblicos sueltos. «Es imposible aplicarse a la teología sin filosofía, en cuanto la ausencia de formación intelectual implica negligencia y menosprecio de la verdad contenida en la revelación y de las preguntas suscitadas por el mundo y la cultura». A esto mismo apunta Wolfhart Pannenberg cuando sostiene que

> Sin un verdadero conocimiento de la filosofía no es posible entender la figura histórica que ha cobrado la doctrina cristiana ni formarse un juicio propio y bien fundamentado de sus pretensiones de verdad en el tiempo presente. Una conciencia que no haya recibido una suficiente formación filosófica no puede realizar adecuadamente el tránsito –es decir, llegar a tener un juicio independiente– que va desde la exégesis histórico-crítica de la Biblia hasta la teología sistemática. En este proceso, lo que menos importa es tomar partido por una u otra filosofía. Lo decisivo es tomar conciencia de los problemas que surgen a medida que se profundiza en la historia a lo largo de cuyo transcurso han ido tomando forma los principales conceptos filosóficos y teológicos.[5]

Ambrosio de Milán, el mentor de Agustín, le enseñó que ser cristiano no es hacer oídos sordos a la realidad ni pasar por alto las genuinas búsquedas de verdad de nuestros semejantes; si algo hay de verdad a nuestro alrededor, eso también es gracia de Dios. El cristianismo, dirá nuestro autor, «reivindica para sí toda la verdad en cuanto participante de la Verdad suprema que él confiesa, adora y obedece». Las máximas de Anselmo *Intellego ut credam* y *Credo ut intelligam* –*entiendo para creer y creo para entender*– deben siempre permanecer como una fructífera tensión. Ropero no llega a la filosofía como si fuera un mero trampolín para convencer a otros de la verdad cristiana –como se ve en más de una ocasión en una apologética

---

5. Pannenberg, W. (2002). *Una historia de la filosofía desde la idea de Dios.* Salamanca: Sígueme, p. 13.

de corte combativo–, sino más bien como si fuera una piscina inagotable en la cual sumergirse para comprender.

Del pensamiento cristiano, *su catolicidad y su universalidad*

Algunos intelectuales creyeron ver en Jesús o en Pablo nada más que maestros que proponían un sistema filosófico entre otros. Ese tipo de acercamiento al mensaje del Nuevo Testamento ha perdido hoy adeptos y credibilidad. Como Ropero sugiere, el cristianismo no es *per se* una filosofía, y verla como si lo fuera es malinterpretar su peculiar mensaje. ¿Cómo interactúa entonces el mensaje cristiano con la filosofía? Lo hace mediante temas, símbolos e intuiciones que forman un tejido de pensamiento que se sostiene no por un concepto sino por una historia: la del Dios creador y salvador que hemos conocido en Cristo. Es el *evangelio* de *Emmanuel*, la Buena Noticia del Dios con nosotros.

Todo ese tejido es lo que podríamos llamar, con Manfred Svensson, *tradición intelectual cristiana*[6]. A pesar de las diferencias, tensiones, incluso luchas declaradas que existen en sus anales, la historia del pensamiento cristiano es, en palabras de Ropero, una serie de «variaciones de un mismo tema». Cada autor y cada escuela «están en conexión con sus antecedentes y sucesores; unos prolongan las líneas e intuiciones de los problemas y cuestiones ya suscitados por otros». Dentro de ese edificio hay múltiples habitaciones y sectores: desde la reverente conciencia de la presencia divina de los místicos a la severa denuncia profética de Kierkegaard, pasando por los alegóricos laberintos de Orígenes, la vaporosa especulación del Pseudo Dionisio Areopagita, el sobrio ejercicio espiritual de los padres y las madres del desierto o la franca sensatez de Barth. Esa riqueza de la tradición intelectual cristiana es una de las expresiones más claras de su *catolicidad* –la tercera de las *notas de la iglesia*, según el Credo niceno-constantinopolitano–.

Esto significa que bajo el techo del evangelio y sobre el cimiento de su piedra angular, hay espacio suficiente para una pintoresca multiplicidad en la que no existen distinciones de tiempo, lugar, cultura, etnia, sexo o estatus que funcionen, *a priori*, de manera excluyente. La catolicidad de la fe, el pensamiento y la esperanza cristiana ha siempre vivido en tensión con los deseos sectarios que habitan en los individuos y grupos, tanto aquellas tendencias culturalmente de moda (como, en su tiempo, los gnósticos) como las demodé (como los grupos judaizantes de los que tanto habla Pablo en Gálatas). Contra todo tipo de integrismos y fundamentalismos pasados y presentes, que pujan por universalizar lo particular (que es una forma de divinización), esta obra nos recuerda que navegamos el océano de la revelación en compañía con muchas otras barcas.

---

6. Svensson, M. (2016). *Reforma protestante y tradición intelectual cristiana*. Viladecavalls: Editorial CLIE.

Pero, aunque *catolicidad* y *universalidad* suelen utilizarse como sinónimos al hablar de la iglesia, creo que conviene acá hacer una distinción y reservarnos el concepto de *universalidad* para hablar específicamente de la manera en la que el cristianismo se relaciona con las ideas, sistemas y conceptos de las diferentes culturas; o sea, en palabras de Clemente de Alejandría, el «conjunto ecléctico» de las verdades a las que la humanidad ha logrado abrazar; o, en palabras de Ropero, «la significación universal de la fe cristiana para todas las gentes y todas las culturas como aquello que es esencialmente lo real y verdadero», aquello con la suficiente amplitud como para «contener en sí todos los elementos que conforman la experiencia» de Dios y de la humanidad.

La tradición intelectual cristiana, entonces, no solo muestra un fascinante mosaico de *catolicidad* hacia su interior, sino que además muestra hacia el exterior su *universalidad* mediante una increíble capacidad de diálogo intercultural. Me resulta estremecedora la vitalidad con que la teología cristiana, en sus veinte siglos de vida, ha salido a dar lo que hoy suele denominarse *batalla cultural* (el concepto es heredado de Antonio Gramsci). Los primeros cristianos salieron a comerse el mundo con unas agallas de las que seguimos hablando todavía hoy; «no se ofrecieron al mundo como una nueva religión más, desconectada del pasado y del esfuerzo cultural de sus predecesores, sino que comprendieron, sin oportunismo, que el cristianismo estaba en *continuidad* con la filosofía griega, del mismo modo que estaba en *continuidad* con la religión hebrea».

El miedo nos hace chiquitos, nos vuelve cínicos, nos empobrece, reduce nuestro mundo, nos encierra en minucias… pero no encontramos seres acomplejados ni entregados al pánico cuando leemos a Ireneo, a Tertuliano, a Justino, a Orígenes, a Clemente. Habían aprendido de Filón de Alejandría que, si uno prestaba atención, la filosofía y la fe iluminaban las mismas verdades; muchos siglos después, Francis Bacon (heredero intelectual de la teología de la Reforma protestante), hablaría de "los dos libros" de la verdad: la naturaleza y las Escrituras.

Los padres apostólicos entendieron que si, efectivamente, Cristo es la esperanza de la humanidad, entonces no hay tiempo para mezquindades; como Pablo en el areópago de Atenas, les dijeron a estoicos, epicúreos, maniqueos, gnósticos, neoplatónicos, cínicos, sofistas y cualquier otro que quisiera escuchar: «de ese Dios desconocido al que están buscando por los caminos más disímiles es de quien venimos a hablarles». Wesley diría mucho después que el mundo era su parroquia, y los primeros teólogos del cristianismo hicieron escuela al proclamar sin inhibiciones la universalidad de la esperanza cristiana.

Desgraciadamente, la iglesia evangélica ha perdido buena parte de esas virtudes. Desconocer la *catolicidad* de su mensaje –la multiforme gracia de Dios al interior de la iglesia, de sus diversas manifestaciones históricas, sus coloridas expresiones culturales y sus diferentes acentos doctrinales– es un viaje de ida al fariseísmo, a una fe cada vez más ensimismada, a un anuncio de salvación que se empequeñece con cada nuevo sermón. Desconocer la *universalidad* de su esperanza –la vitalidad de sus intuiciones fundamentales, la actualidad y pertinencia de sus afirmaciones para la totalidad de la vida humana, la enriquecedora experiencia que significa el diálogo con la cultura– es poner la lámpara del evangelio bajo una mesa y evitar así que toda la pieza se llene de luz.

De la historia *como antídoto a la soberbia*

En el Canto XI del *Purgatorio*, Dante dijo: «Non è il mondan romore altro ch'un fiato di vento, ch'or vien quinci e or vien quindi, e muta nome perché muta lato»[7]. Todo el ruido del mundo pasa, es vanidad de vanidades, *hevel*, en palabras del filosófico prólogo del libro de Eclesiastés. Sondear el pasado es aprender a los pies de incontables individuos y sociedades, los que están citados aquí y los anónimos, y atesorar cada partícula de verdad que esa multitud de testigos ha logrado coleccionar antes de que la muerte les arrebatara el aliento.

Somos la consecuencia de los aciertos y errores de todos los que estuvieron antes que nosotros, y por eso quizás no haya mayor sabiduría, en el breve lapso de nuestros días, que prestar atención a ese prontuario. El problema para nosotros, hijos de la velocidad y la novedad, es que hemos perdido la capacidad de escuchar. C. S Lewis creía, de hecho, que probablemente el obstáculo más grande de las sociedades modernas en la búsqueda de la verdad es el *esnobismo cronológico*: esa falacia que consiste en considerar las ideas del pasado como inferiores –o menos relevantes, como mínimo– que las actuales[8]. Esa tendencia de nuestra era es la que llevaba a Escrutopo, ese demonio imaginado por Lewis, a recomendar a su sobrino que era fundamental aislar a cada generación de las demás para evitar que las luces de cada época aclararan las sombras de las otras[9].

En el mar de opiniones estridentes, de falacias con buena prensa y del ruido constante de la hiperconectividad, hay cierto solaz para nuestras mentes inquietas en aquellas convicciones e intuiciones añejas. Mucho de lo que suena a urgente y categórico hoy es a menudo solo un fragmento de un debate antiguo; más de uno de nuestros monstruos encontraría su digno rival en el vademécum de la historia; y sin dudas, algunas de las modas más resonadas de los ambientes académicos, culturales o eclesiales no son más que versiones remasterizadas de antiquísimos sistemas de pensamiento.

---

7. *No es el rumor mundano más que un soplo de viento, que ya viene de un lado, ya del otro, y cambia de nombre siempre que muda de procedencia.* La traducción es de Francisco José Alcántara, para la edición de Terramar (La Plata, 2005).

8. Svensson, M. (2011). *Más allá de la sensatez. El pensamiento de C. S. Lewis*. Viladecavalls: Editorial CLIE, p. 31.

9. Lewis, C. S. (1993). *Cartas del diablo a su sobrino*. Madrid: Ediciones Rialp.

Establecer una dialéctica histórica nos permite ir más allá de las anteojeras del presente. No venimos de una cigüeña y ese frío baño de humildad es un antídoto contra la soberbia de cualquier facción intelectual. Sin las cristianísimas intuiciones de un Guillermo de Ockham, no hubiera florecido como tal el método de la ciencia experimental ni el empirismo filosófico. Orígenes y la escuela de Alejandría hicieron cátedra del método alegórico para interpretar las Escrituras, pero esa estrategia ya se había usado anteriormente para explicar la obra de Hesíodo y Homero (y sería reformulada mucho tiempo después por Kant para entender la Religión). Antes de que los reformadores protestaran contra los abusos y la corrupción de la Iglesia, lo habían hecho (y con estruendo) Abelardo, Ockham y Erasmo. El resonado *principio formal* de la Reforma, el retorno a la *Sola Scriptura*, no fue un capricho de Lutero ni un salto al siglo I; 250 años antes del reformador alemán, Roger Bacon había ya elevado su voz profética. Sin el énfasis en la *verdad en el interior* de Agustín, no se llega hasta Fichte, ni al romanticismo ni a los libros de autoayuda. Y sin la herencia de la teología de la Reforma –de forma directa a veces, pero sobre todo a nivel cultural–, no se llega hasta la secularización de la cultura occidental, vía Fichte, Kant, Schelling, Hegel, Nietzsche, Marx –¡oh casualidad, todos alemanes!–.

«La verdad no es un producto del tiempo, pero la aprehendemos en el tiempo». La historia es la materia prima en la que se fragua la experiencia humana en general, pero también el diálogo entre la reflexión filosófica y la fe cristiana en particular, ya que tanto filosofía como teología «viven de las rentas intelectuales del pasado en diálogo abierto con la experiencia presente». Desde la filosofía de los claustros hasta la que aparece en los mensajes de texto, desde la teología de las grandes dogmáticas hasta la que se enseña en coritos y cadenas de oración, toda esa vida ha madurado lentamente en el crisol del tiempo. Tomar conciencia del *detrás de escena* filosófico e histórico de aquellas ideas que forman el entramado de nuestra fe nos permite entender las reglas del juego en el que transcurre nuestra experiencia espiritual.

De lo que usted encontrará en este libro

Ropero comienza su obra con una afirmación categórica: «El presente estudio tiene por norte la verdad». A ese peregrinaje estamos invitados, un camino al que no se puede entrar por otra puerta que la de la humildad. Es una obra con un tono conciliador y ecuánime. Reconocemos sí dos afectos notables: primero, la filosofía y la teología de su madre tierra, España, que recibe un tratamiento detenido y cariñoso (en especial, Ortega y Gasset); y segundo, Paul Tillich, cuyo esfuerzo de *correlación* entre la filosofía y el pensamiento cristiano sirve como punto de anclaje para la labor del propio Ropero.

Aunque el voluminoso tamaño de esta obra dedica mucha de su energía a explicar y desmenuzar conceptos de algunos de los filósofos y teólogos más importantes de la historia, no hay que pensar que se trata de un mero catálogo de nombres o ideas; en el fondo de este esfuerzo está la meditación existencial y filosófica del propio autor, que pareciera que encuentra en la historia de la filosofía una excusa para emprender un viaje a sus propias preguntas y respuestas. Por eso, a lo largo del recorrido, vamos encontrando zonas de reposo desde las que podemos contemplar no solo una idea, sino la misma existencia. Una filosofía para la vida, como la que enseñó Ortega y Gasset.

En cuestiones de pensamiento y de fe, el autor aborda las ideas más diversas y las posiciones más enfrentadas con la calma de un observador. Es evidente su labor de entender a los autores y las ideas por lo que querían ser, no por lo que a nosotros nos gustaría que fueran. Ropero mira con ojos de amigo a las ideas y los personajes más dispares. No obstante, a pesar de este deseo de imparcialidad, en el libro hay tres cuestiones que reciben la actitud más crítica.

En primer lugar, la pereza intelectual, en cualquiera de sus formas; esta actitud a menudo cae en el pragmatismo –lo que sirve, lo inmediato– y confunde el método y la disciplina con una simple jerga académica. Este facilismo no tiene lugar en estas páginas.

En segundo lugar, las miradas territoriales y de escuela, que cierran los oídos a otras voces en pugna y se elevan a la categoría de representantes definitivos de la revelación. Si algo no puede perderse en la búsqueda de la verdad es la necesidad de universalidad; por eso, nuestro autor no tolera que una voz particular se lance a invalidar cualquier punto de vista que no sea el propio. Aunque la excomunión de Baruch Spinoza[10] es parte de la historia del judaísmo, es un gran aprendizaje que también nos conviene hacer como cristianos: el pésimo servicio que hacen a la fe «aquellos que creen defenderla mejor condenando y anatematizando lo que ignoran o les supera intelectualmente y moralmente. Nunca se ha conseguido nada en la causa de la verdad mediante la condenación y el recurso a leyes y coacciones».

Finalmente, quizás el aspecto en el que Ropero es más crítico es la irracionalidad y el antiintelectualismo, en especial el que abunda en las iglesias evangélicas. Esto nos habla, primeramente, de su propio lugar en el mundo: es la tradición a la que se dirige y es por eso también adonde apunta sus exhortaciones más certeras. Aunque nuestro autor reconoce que «la huella protestante también se manifiesta en la afirmación de los derechos de la conciencia, la libertad de investigación, la

---

10. Su acta de excomunión, que este libro cita más extensamente, decía, entre otras cosas: «Anatematizamos, execramos, maldecimos y rechazamos a Baruch Spinoza, frente a los Santos Libros con 613 preceptos y pronunciamos contra él la maldición con que Eliseo ha maldecido a los hijos y todas las maldiciones escritas en el Libro de la Ley. Que sea maldecido de día y sea maldecido de noche, maldecido cuando se acueste y maldecido cuando se levante; maldecido cuando entre y maldecido cuando salga. Que el Señor lo separe como culpable de todas las tribus de Israel, lo cargue con el peso de todas las maldiciones celestes contenidas en el Libro de la Ley, y que todos los fieles que obedecen al Señor, nuestro Dios, sean salvados desde hoy».

ilustración de la piedad, […] el replanteamiento de la esencia del cristianismo, el descubrimiento de la subjetividad y de la historia, la hermenéutica como diálogo con los textos antiguos y las posibilidades del conocimiento y sus límites» –¡y todo eso no es poca cosa!–, hace también un *mea culpa* de la herencia protestante, en especial del error de tino de Lutero al desintegrar filosofía y teología. Es cierto: para el pobre Lutero, "filosofía" era igual a un escolasticismo rancio y decadente, y tenía motivos para alejar ese cadáver de su inquieta teología, pero esa actitud (y muchas otras, en la misma línea) ha terminado por enturbiar el diálogo entre la filosofía y la teología de la Reforma.

Si Sócrates inmortalizó aquella frase –«soy el hombre más sabio de Grecia porque solo sé que no sé nada»–, el padre de la filosofía alemana, Nicolás de Cusa, nos legó otra equivalente: el regalo de la *docta ignorancia*. Para el teólogo alemán, *docta ignorancia* no implica conformarse con la oscuridad intelectual, sino aceptar y meditar al respecto de las inmensas limitaciones del entendimiento humano. Un aspecto interesante de estas páginas es la constante meta-reflexión epistemológica: una meditación sobre el acto mismo de pensar, los sentidos de la percepción, la posibilidad de la verdad, todo eso intrincado en esta historia de la filosofía. Hacernos preguntas nos lleva en algún momento a los grandes dilemas epistemológicos: «¿Hasta dónde llega la fe en la razón y la razón en la fe? ¿Cuál es el terreno propio de cada cual y sus limitaciones?» (para recuperar las preguntas que se hizo Duns Escoto). Sin esa reflexión sobre la reflexión misma, es fácil caer en el tipo de "pruebas irrefutables de la existencia de Dios", de dudosa validez, que pululan en la web.

Uno de los grandes aciertos de este volumen es la inclusión de citas textuales de los diferentes autores tratados. Estos fragmentos literales tienen la virtud de situarnos en el mundo cultural e histórico que habitaron sus escritores. Esto es clave porque «cada filosofía, toda filosofía, parte de una situación y solo desde ella es inteligible. Nunca nos cansaremos de repetirlo». Algunas de esas citas están tan alejadas de nuestra idiosincrasia y percepción de la realidad que parecen casi una visita antropológica a otra forma de existencia[11]. Más allá de lo anecdótico del caso, ese extrañamiento cultural pone en evidencia lo igualmente situadas, insólitas y aparatosas que sonarán nuestras ideas más preciadas, nuestra argumentación más infalible, nuestras palabras más relucientes a los oídos o los ojos de algún humano (o quizás un marciano) del año 3000.

Pero, además de situarnos en tiempo y espacio, las citas nos permiten destrabar el universo interior en el que esas ideas fructificaron. Wittgenstein dijo con

---

11. Esto vale en particular para todos aquellos textos escritos *sub specie aeternitatis* –desde la perspectiva de la eternidad–: un tipo de filosofía asentada en la *razón pura* que, en los últimos siglos, ha sido sepultada bajo el dominio de la *razón práctica*. La búsqueda de abrazar todo aquello que es eterno y universalmente verdadero –el tipo de vocación en la que invertían su vida los filósofos de la antigüedad– nos deja generacionalmente perplejos, abrumados.

lacónica precisión que los límites de nuestro lenguaje marcan también los límites de nuestro mundo. Las numerosas y extensas citas que aquí encontramos nos abren una ventana a los límites del mundo interior en el que se forjaron las ideas que construyeron el pensamiento occidental: al metódico universo de inquebrantables silogismos de Aristóteles, cuya influencia se deja ver en la prosa limpia de su aprendiz, Tomás de Aquino; a la plasticidad del lenguaje de San Agustín y su constante referencia a los cinco sentidos –deudora, en buena medida, de la prosa de Plotino–; a los retruécanos y paralelismos que gustaban tanto a Anselmo –y que traen a la memoria la poesía hebrea del libro de Proverbios–; al lenguaje provocador y desfachatado de Erasmo de Rotterdam, una forma de escribir que pavimentó el camino para que uno de sus grandes admiradores, Martín Lutero, diera a luz a una forma irónica, escatológico y punzante de hablar el alemán; a la palabra llana, pragmática y propositiva de un Francis Bacon; a la pluma llena de emotividad mística de un Blas Pascal, una forma de literatura que abrió la puerta a la explosión romántica que llegaría más de cien años después de su muerte, y que en Fichte y Schelling desborda de efervescente pasión por la vida, el amor, la belleza y la fuerza; o a la devoción luminosa de George Berkeley, para quien el Dios invisible era más real e inmediato que el mundo visible.

Aunque la *esperanza e ilusión en el futuro* de la dedicatoria ha tenido sus achaques, no he salido de esta lectura lamentando sin más el estado de la cuestión, sino con un desafío: «A nosotros nos toca corregir el malentendido, o bien perpetuar el entuerto a riesgo de caer en un hoyo». Si existe esa invitación es porque antes Ropero –situado en su espacio y tiempo (España en los años noventa), en su tradición de fe (protestante/evangélica), en las herramientas de la historiografía filosófica europea y los conflictos de su ambiente cultural– aceptó su responsabilidad humana, cristiana e histórica con la filosofía y la verdad. Nos tocará también a nosotros, en otros tiempos y contextos, en el marco de nuevos desafíos y preguntas, extender las fronteras de ese compromiso.

El rumor de nuestra época quizás nos lleve a preguntarnos por otras geografías, otros nombres y rostros, otras implicaciones y temas que están ausentes en esta obra; de igual manera, le tocará buscar, a los que vengan después de nosotros, más allá de nuestras pisadas. Reconocer nuestra gratitud con esta obra monumental no debe atrofiarnos ni llenarnos de complejos ni encerrarnos en los intocables museos del pasado. Este libro quiere ser un entrenamiento intensivo que nos arroje de vuelta a la vida, para que, a la luz de estos buscadores, sudemos nuestras propias preguntas y dilemas, y conquistemos nuestras propias respuestas y existencias. La fe cristiana no se agota en la abstracción ni puede quedar fija en una serie de premisas, sino que debe ser siempre *ortodoxia* para una *ortopraxis*: no solo la premisa de que existe realmente un Camino, una Verdad y una Vida, sino que podemos y debemos transitarlos.

Las palabras de Jesús en Marcos 13 se vuelven a actualizar con cada nuevo *juicio* de época; ante las preguntas más desconcertantes (políticas, ambientales, de género, económicas, bioéticas, cibernéticas), podemos confiar en esta promesa: *no se preocupen de antemano por lo que van a decir*. El Espíritu de Dios, el que nos lleva a toda verdad, nos dará las estrategias, la paciencia y la integridad para resolver los nuevos acertijos que este mundo siempre inquieto seguirá presentándonos.

Si, como ha dicho la tradición cristiana durante dos milenios y nuestro autor afirma con convicción, «todo conocimiento verdadero es revelación de Dios», entonces aprender puede ser también un acto de adoración. Ojalá sea esa la experiencia de muchos al leer estas páginas.

LUCAS MAGNIN
Octubre de 2020

PARTE I

Albores de la filosofía cristiana

Hablamos sabiduría entre los que han alcanzado madurez; pero sabiduría no de este siglo, ni de los gobernantes de este siglo que van desapareciendo, sino que hablamos sabiduría de Dios en misterio, la sabiduría oculta que, desde antes de los siglos, Dios predestinó para nuestra gloria, la sabiduría que ninguno de los gobernantes de este siglo ha entendido, porque si la hubieran entendido no habrían crucificado al Señor de gloria.

1 Corintios 2:7-8

El presente estudio tiene por norte la verdad y está motivado por esa amplia confianza manifestada por los teólogos de antaño en la verdad como verdad divina: «Toda verdad, sea quien fuese el que la predique, viene de Dios» (San Ambrosio). «Toda verdad, dígala quien la diga, viene del Espíritu Santo». (Santo Tomás de Aquino). Quien transita por este camino, con sus estrecheces y dificultades, con sus trampas y peligros, terminará por aproximarse a la Eternidad, que es siempre impulso y obligación de verdad desde la verdad. La vida sobre la tierra es un constante diálogo-oración con el misterio que nos interpela desde la zarza al borde del camino a la luz que nos transmite una estrella lejana. El científico ora-dialoga en su laboratorio investigando, el pensador convierte su intelecto en pura oración su lucha solitaria con la verdad, como Jacob luchó a solas para conseguir la bendición de Dios hasta rayar el alba (Gn. 32:24).

Según el filósofo francés Gabriel Marcel, la filosofía conduce a la adoración. Otro tanto habían dicho antes con singular valentía, Agustín y Juan de Salisbury, Bacon y Hegel. Adoración de filósofo desprendido que no busca nada para sí sino para los demás, en orden a una comprensión más cabal del mundo que nos rodea y que, con sus guiños y misterios, nos impele a no descansar nunca complacidos en nuestros logros temporales, pues aún queda mucha tierra que conquistar. Adoración en honestidad que no se contenta con nada menos que la verdad, respeto supremo a lo real tal como es, sin engaños ni falsedades.

La vocación filosófica como pasión de verdad solo puede darse en desprendimiento y humildad. Requiere muchos sacrificios y no pocas virtudes. Es fácil profesarla, ocuparse de ella de un modo académico, estudiarla en manuales e introducciones, presumir de ella, incluso denostarla como el que está por encima de la filosofía, más allá del bien y del mal, por encima del error y el engaño, pero la filosofía es una dama que elige y raramente se deja elegir. Espanta a los perezosos y presumidos, aleja de sí a los frívolos y cazafortunas. Es tanto o más exigente que la religión. Esta consuela, aquella desafía. La religión pide obediencia, la filosofía atrevimiento. La religión ofrece dogmas, opiniones ya formadas y aceptadas, la filosofía problemas y cuestiones abiertas. La religión propone la verdad para ser creída sin discusión; la filosofía es más modesta, se declara amiga y amante de la verdad, pero no dueña; solo los más confiados se atreverían a proponer la filosofía como fe religiosa. El filósofo, como Unamuno, lucha, combate y ofrece a los demás esa misma lucha y angustia, como él se angustia y sufre. «No tengo nada que ofreceros sino las cicatrices dejadas por mis batallas».

Muchos profesan la fe cristiana, pero, lamentablemente, no todos son cristianos; del mismo modo, se puede profesar la filosofía sin ser filósofo. «Deberíamos asumir que, hoy por hoy —escribe el español Miguel Morey— no somos filósofos sino profesores de filosofía: aprendices, amigos y amantes de la filosofía. El filósofo es una planta rara, precaria, a la que conviene prestar toda la atención, todo el cuidado».

En el cristianismo evangélico la filosofía no goza de buena fama, y los filósofos menos. Se ha construido una larga cadena de recelos y desconfianza, tanto más difícil de romper cuanto más irracional. Para muchos el filósofo compendia en su persona la soberbia y la impiedad, la increencia y el ateísmo. Esperemos que esta asignatura sirva para esclarecer malentendidos y contribuya a un acercamiento mutuo. Entonces, el cristianismo será verdaderamente universal. Descuidar su misión intelectual es tan grave como la obtusa negativa de los primeros cristianos de origen hebreo de llevar el Evangelio a los gentiles. Aquí, la renuncia es traición. Traición a lo propio y lo ajeno.

A la hora de bosquejar la historia de la filosofía en relación con el cristianismo, que ha ocupado la mayor parte de su quehacer bajo los diferentes signos de anti, pro y contra, corremos el peligro de caer en el excesivo esquematismo, propio de manuales que, en su aparente claridad, tienden a complicar las cosas y presentar las ideas ante el lector como surgidas por generación espontánea, creando confusiones y problemas de difícil resolución. Aquí, una vez más, el camino más largo es el más corto. En la puerta de la sabiduría hay un letrero que dice: *Prohibida la entrada a los vagos y perezosos*, aunque «en su opinión el perezoso es más sabio que siete que sepan aconsejar» (Pr. 26:16).

1. Razón histórica

La verdad no es un producto del tiempo, pero la aprehendemos en el tiempo. La verdad en sí, la verdad transcendental, nos supera con sugerente llamada de peregrinos; la verdad en cuanto conocida, la verdad cognoscitiva, es la que en cada momento conquistamos venciendo resistencias y dificultades de todo tipo. La verdad pertenece al mundo como lo que es, pero el descubrimiento del ser del mundo, su constitución, sus leyes, sus relaciones y posibilidades, lleva tiempo, el nuestro y el de muchas generaciones. «Yo he visto el trabajo que Dios ha dado a los hijos de los hombres para que se ocupen en él. Todo lo hizo hermoso en su tiempo; y ha puesto eternidad en el corazón de ellos, sin que alcance el hombre a entender qué ha hecho Dios desde el principio hasta el fin» (Ec. 3:10-11).

La verdad no evoluciona, simplemente se desvela. La verdad es básicamente revelación, descubrimiento. Como tal está sujeta a las vicisitudes humanas e históricas de ocultación y encubrimiento. Depurar la verdad del error, descubrir el ser de la apariencia, ocupa tiempo y espacio. Aprender la verdad es siempre captar un aspecto, momento o instante de su devenir histórico. Perspectiva sobre perspectiva: una perspectiva no elimina a otra, simplemente la enriquece y complementa. Cada generación conoce su momento de verdad, tiene su verdad, pero no la agota. Cuando se niega a ulteriores desarrollos, miente. La negación es la mentira y el error. Acertamos cuando afirmamos. Cuando a la visión correcta del otro, sumamos la nuestra.

Desde un principio la filosofía entendió la verdad como desvelamiento, para ello usaron los griegos la palabra *alétheia*, la verdad que resulta de descorrer el velo que cubre la realidad. Por eso la filosofía es ver y descubrir, poner de manifiesto lo real. «Si una filosofía no es visual, deja de ser filosofía —o la filosofía de otros—; pero no basta con ver: hace falta además "dar cuenta" de eso que se ve, dar razón de sus conexiones. Esto sucedió en Mileto, en el Asia Menor, a fines del siglo VII, o quizá comienzos del siglo VI antes de Cristo, pero sería un error creer que simplemente "sucedió": sigue sucediendo siempre que la filosofía vuelve a existir. Y lo más grave es que la filosofía consiste en que ese doloroso nacimiento no ocurre solo al principio: tiene que estarse renovando instante tras instante, y eso es lo que quiere decir "dar razón". Filosofía es estar renaciendo a la verdad; es no poder dormir»[1].

La verdad es una sucesión de momentos verdaderos. Quien conozca su historia puede decirse que ha conseguido la mayor parte de su formación filosófica. Los problemas filosóficos se resuelven principalmente en su historia, aunque no solo en ella, pues es diálogo con la realidad, de la que también se ocupan las ciencias. De todos modos, la historia de la verdad es la clave de la verdad. Generación a generación transmite sus inquietudes y sus saberes. Somos herederos y reformadores a la vez. Trabajamos sobre el material recibido, pero no lo dejamos como lo encontramos, inyectamos en él nuestra peculiar perspectiva, nuestra manera de hacer. La razón histórica nos ayuda a seguir el desarrollo de una idea y su significación. Ese es el método que hemos empleado aquí, y que debemos al pensamiento español encabezado por José Ortega y Gasset y seguido por Julián Marías. Pues la historia no pasó quedando atrás, arrinconada en el cuarto trastero de la filosofía, sino que nos configura siempre, de tal suerte que los griegos somos nosotros. Nada se pierde, todo se transforma.

Todo pensador se va formando en un proceso lento desde la situación en que se encuentra, el repertorio de ideas vigentes y su propia investigación. Si acudimos a la historia no es tanto para saber lo que otros han pensado antes de nosotros, sino para intentar descubrir los pasos que los filósofos han dado hasta llegar al momento en que nos encontramos y de qué manera la verdad ha quedado esclarecida o ensombrecida en el proceso.

En filosofía como en religión, es perentorio volver a las fuentes, beber de las aguas primigenias. No hay suma, manual, introducción o historia que nos dispense de conocer directamente al autor y su obra. Nada hay que pueda suplir la lectura directa de los escritos fundamentales de la filosofía. Cuando leemos una obra clásica ponemos en ella nuestras preocupaciones e intereses, de modo que nos dice lo que le decimos. Los buenos lectores son los más interesados. Si no hay interés por la verdad ni se establece una relación de simpatía con el objeto, esta se cierra sobre

---

1. Julián Marías, *Antropología metafísica*, 1.

sí como erizo y a cambio solo nos ofrece sus púas. Lo cual quiere decir que toda historia, resumen, curso y lección de la filosofía es en sí misma interpretación y contribuye al despliegue y comprensión de la misma, y también, no se olvide, a su falsificación, en lo que toda interpretación tiene de falseamiento. Es necesario, pues, tomar contacto directo e inmediato con el pensamiento pasado. Tenemos un ejemplo inmediato en el protestantismo. Domingo tras domingo el creyente acude a su iglesia a —entre otras cosas— escuchar sermones sobre la Palabra de Dios, exégesis y comentarios que, no obstante, su objetividad y competencia, no disculpan al creyente individual de la lectura directa y el estudio por sí mismo de la Biblia: el libre examen, la interpretación privada, la meditación personal en el texto sagrado que, en los mejores, supone nociones de los idiomas originales, historia y hermenéutica.

En el caso de la filosofía se trata de una tarea ímproba y fatigosa, difícil de ejecutar en su misma materialidad, falta de tiempo, falta a veces de los mismos textos. Pensando en los lectores y estudiantes a quienes va dirigida esta asignatura hemos transcrito los textos originales imprescindibles para una lectura personal de los temas aquí tratados. Quizá añada fatiga al lector y reste originalidad a la obra, pero resulta en ganancia de la misma filosofía, que en todo busca atenerse a la realidad, a las cosas como son, y las cosas son consubstanciales a nuestra manera de ver. «Los textos filosóficos clásicos son un elemento intrínsecamente necesario para la filosofía misma. Lejos de ser algo pasado y muerto, son la realidad viva de la filosofía, que se hace a lo largo de la historia y solo con la cual podemos lograr una perspectiva que sea nuestra, es decir, que sea real y no ficticia»[2]. La filosofía hecha es nuestra herencia intelectual, y como tal hay que recibirla, explorando, desde ella, nuevas dimensiones en consonancia con el momento actual. De lo que se trata es de escuchar a los que han contribuido al esclarecimiento de la verdad y nos han traído a la situación en que nos encontramos.

No todos los ojos son los mismos ojos, ni todas las miradas ven las mismas cosas, porque no todos ocupan el mismo lugar. Las perspectivas difieren en razón de su situación, del lugar donde se encuentran y de la riqueza o pobreza de sus enfoques. Para conocer la filosofía hay que dejarse llevar por el diálogo que proporciona la investigación histórica.

La historia de la filosofía es, en su primer movimiento, un regreso del filósofo al origen de su tradición. Algo así como si la flecha, mientras vuela sesgando el aire, quisiera volver un instante para mirar el arco y el puño de que partió. Pero este regreso no es nostalgia ni deseo de quedarse en aquella hora inicial. Al retroceder, el filósofo lo hace, desde luego, animado por el propósito de tornar al presente, a él mismo, a su propio y actualísimo pensamiento: Mas sabe de antemano que todo el pasado de la

---

2. Julián Marías, *La filosofía en sus textos*, p. 7.

filosofía gravita sobre su personal ideación, mejor dicho, que lo lleva dentro en forma invisible, como se llevan dentro las entrañas. De aquí que no pueda contentarse con contemplar la venida de los sistemas filosóficos mirándolos desde fuera como un turista los monumentos urbanos. Ha menester verlos desde dentro y esto solo es posible si parte de la necesidad que los ha engendrado. Por eso busca sumergirse en el origen de la filosofía a fin de volver desde allí al presente deslizándose por la intimidad arcana y subterránea vía de la evolución filosófica.[3]

2. ¿Qué es filosofía "cristiana"?

No vamos a abrir el viejo debate sobre si es correcto o erróneo hablar de filosofía *cristiana*, toda vez que el cristianismo no es una filosofía sino una religión; religión de salvación, centrada en la persona histórica de Cristo como Hijo de Dios e Hijo del Hombre, redentor de la humanidad. Se ha dicho que no hay filosofía cristiana, sino *cristianos* que, en su condición de tales, hacen filosofía como filósofos. Pase. Lo que nos interesa señalar es que el cristianismo, como religión, ha determinado una gran porción de la filosofía occidental, a la vez que la filosofía ha coloreado el entendimiento que el cristianismo tiene de sí mismo. El cristianismo *no es*, pero *engendra* una filosofía, la lleva en su seno desde el momento que se presenta como una religión *universal*. A su sombra y acuciada por las nuevas ideas y conceptos aportadas por la fe cristiana nace una filosofía que incluye en su armazón el dato revelado y la luz de la razón, no amoldando la fe a la razón, sino sanando con la fe las enfermedades de la razón.

Si la biografía del pensador explica su pensamiento, es evidente que la profesión de fe cristiana de un filósofo determina la dirección de su filosofía, de modo que el producto es esencial, si no formalmente cristiano. No hay *filosofía* cristiana en el sentido que modernamente se entiende por filosofía —positivista, científica y autónoma—, ni hay filosofía cristiana en el sentido de que la filosofía, para ser cristiana, tenga que amoldarse a un concepto oficial y dogmático de lo cristiano Para ser cristiana la filosofía no tiene que recibir la aprobación de una iglesia. Es evidente que la filosofía cristiana ha nacido a raíz de la necesidad de fundamentación racional y lógica de las doctrinas y dogmas teológicos. En este sentido, la filosofía cristiana no es autónoma. Nace y gira en torno a las verdades reveladas que, por otra parte, incluyen toda realidad en cuanto susceptible de entenderse teísta o ateístamente.

Hay filosofía cristiana, pues, como resultado de la reflexión cristiana sobre la existencia a la luz de la experiencia de la revelación. Habrá variaciones en el planteamiento y el lenguaje, diferencia de perspectivas y temas, pero, al final, en tanto filosofía realizada por cristianos, será filosofía cristiana. Las diferencias, por

---

3. Ortega y Gasset, *¿Qué es filosofía?*, p. 210.

muy importantes que sean, serán división de opiniones y método dentro de la misma familia de ideas y creencias. Variaciones de un mismo tema.

Por otra parte, no todos los filósofos que han profesado ser cristianos han realizado filosofía cristiana, pues, o los presupuestos de la fe no ha sido objeto de su tarea científica, o han arribado a conclusiones incompatibles con la misma. Por contra, filósofos que no figuran en la nómina cristiana, han contribuido a la reflexión filosófica en una dirección muy cristiana, que ha sido aprovechada fecundamente por el pensamiento cristiano.

La filosofía es siempre filosofía determinada por un sujeto o una escuela: el marxismo, el estructuralismo, la analítica, el positivismo, el nihilismo, que a su vez se dividen y subdividen en escuelas, cismas y herejías. Otro tanto ocurre con el cristianismo y su filosofía: agustinianos, escolásticos, existencialistas, personalistas, dialécticos, todos vienen a darse la mano a la hora de afirmar su creencia en un Dios personal, la continuidad de la existencia individual, la revelación de Dios en Cristo, el concepto del hombre como abierto a la trascendencia y necesitado de la gracia, etc.

El cristianismo pone en marcha un nuevo tipo de hombre que con el tiempo va a determinar la *situación* histórica y cultural de Occidente, de modo que la religión cristiana va a afectar necesariamente el modo y objeto de la filosofía. La filosofía que surge de la situación cristiana es propiamente *filosofía cristiana*. Cuando a partir de la ruptura protestante, Europa se divide en naciones rivales e iglesias enfrentadas, que marca el fin de la síntesis medieval, la filosofía (la razón) terminará por emanciparse de la teología (la fe) y cada vez será menos filosofía cristiana, aunque los filósofos conserven su profesión cristiana. La teología ya no dictará a la filosofía su objeto de análisis, sino la ciencia, el nuevo paradigma de la civilización moderna. La perspectiva científica regulará la reflexión filosófica. Es la situación en que nos hallamos.

3. Filosofía y religión cristiana

La fe cristiana no es una filosofía, pero su manera de entender la existencia, de considerar la experiencia de la realidad humana imbricada en lo divino, contiene un conjunto de filosofemas, o temas filosóficos, a partir de los cuales se puede desarrollar un sistema coherente de filosofía cristiana.

Cristo está lejos de los filósofos. Es el Hijo de Dios portador de la revelación eterna de Dios como Padre y del hombre destinado a la gloria mediante el camino de la cruz del Calvario, donde el pecado humano queda abolido por la justicia divina, como determinación de Dios a recibir en sí al que es de la fe, o sea, al que nacido de nuevo despierta a la maldad del pecado, toma conciencia del mismo y su gravedad, y queda embargado, lleno de asombro, por el amor que justifica a los pecadores. «Despiértate, tú que duermes, y levántate de los muertos, y te alumbrará Cristo» (Ef. 5:14).

Tanto la religión como la filosofía coinciden en buscar una verdad que sirva para salvar las contradicciones y ambigüedades de la existencia. La búsqueda define el carácter de la filosofía y la fe auténticas. Por su mismo objeto —nada menos que la verdad de lo real—, la sabiduría filosófica es siempre *docta ignorancia*, admisión que cuando es sinceramente sentida, libra al pensador de la soberbia, por un lado, y de la presunción por otro. La *verdad absoluta* solo se puede captar, según la fe, después de esta vida, cuando veamos la verdad cara a cara. Mientras tanto, en esa mezcla de humildad y confianza, «busquemos como si hubiéramos de encontrar, y encontremos con el afán de buscar»[4].

¿Qué es filosofía? Es aspiración de *totalidad*, de conocimiento unificado. Dicho sumariamente: «La filosofía es un modo de conocimiento caracterizado por la universalidad de su objeto: no versa sobre tal o cual aspecto de la realidad, sino sobre la realidad en su conjunto»[5]. En palabras de Kant: La filosofía es «captar correctamente *la idea del todo* y ver así todas sus partes en sus relaciones mutuas»[6].

Esto por el lado que afecta a su método y campo de acción; por el lado ético o ejercicio personal de la misma, es «la visión responsable» (Julián Marías), la mirada honesta y limpia. El filósofo no busca la reputación o el mero ejercicio retórico, sino el trabajo riguroso en pro de la verdad en tanto está al alcance de las fuerzas humanas.

El que entra en la filosofía, cuando realmente ha penetrado en ella, hace la experiencia de lo que es la desorientación; penetrar en la filosofía significa perderse; pero luego descubre que antes estaba desorientado: desde la desorientación que es la filosofía, el anterior estado "normal" se le presenta como una desorientación más profunda y radical, porque ni siquiera se da cuenta de sí mismo. El origen inmediato, vivido, de esa desorientación filosófica es que se cae en la cuenta de que las cosas son más complejas de lo que se pensaba… Por eso, la mirada filosófica nunca se queda quieta, va y viene, tiene que justificarse. La verdad filosófica no sirve si no se está evidenciando, si no exhibe sus títulos o porqué. Podríamos decir que ninguna verdad es filosófica si no es evidente.

Esto reclama un esfuerzo como parte integrante de toda relación con la filosofía, aun aquella que renunciase a todo carácter creador. La pasividad es incompatible con la filosofía, la cual consiste en pensar y repensar; apropiarse de una doctrina ajena significa seguir aquel movimiento interno por el cual pudo ser originada y hacer así, de paso, que deje de ser ajena.[7]

---

4. San Agustín, *De Trinitate*, IX, 10.

5. Fernando Savater, *Diccionario*, p. 10.

6. *Crítica de la razón práctica*, prefacio.

7. Julián Marías, *op. cit.*, 1.

La actitud filosófica es esencialmente racional, sea que considere los dogmas de la religión o los descubrimientos de la ciencia; en esto se distingue de la religión, que es respuesta de fe y devoción, regulada no tanto por la razón como por la autoridad o regla de fe: la revelación, contenida en un libro santo, inspirado por Dios e infalible, la Biblia.

Ahora bien, la razón no es una función monocorde e inequívoca, ni siquiera en religión. La razón es atributo de la persona humana y, por tanto, sometida a las condiciones de existencia. La razón hipostasiada fue una creación falsa del pretendido positivismo científico de antaño. La razón es instrumento de coherencia y esclarecimiento y, como tal, múltiple en sus consideraciones y ejecuciones. «La razón no es meramente objetiva, sino también (por mor de su plena racionalidad) subjetiva, y para ella lo simbólico, lo emotivo, lo instintivo, etc., merecen tanta atención como la ley de la gravedad o la entropía. De lo que se trata no es de racionalizar más de la cuenta la filosofía, sino de descartar los bautismos filosóficos de la irracionalidad»[8].

La filosofía es *conquista* penosa de la verdad, la fe es *contemplación* meditativa de la misma, que también tiene su parte de conquista, como aquella de contemplativa.

El método de la filosofía, como en Sócrates, consiste en la interrogación. La *mayéutica* (dar a luz) es el método de preguntar con el fin de ir alumbrando la verdad en sucesivas y continuas profundizaciones del tema objeto de la pregunta. Preguntamos para saber. Discurriendo llegamos al descubrimiento de la verdad.

El método de la religión es básicamente testimonial, consiste no en la *demostración* lógica de sus proposiciones sino en la *mostración* y enseñanza de una fe viva y de un credo que la define, para producir en los oyentes el asentimiento a la verdad como descubrimiento previo a cualquier investigación. La verdad religiosa, cristiana en especial, no puede ir más allá de lo revelado, ni siquiera en el terreno subjetivo de la vivencia, pero esto no significa que la verdad alumbrada por la revelación se agote en los sucesivos momentos de su apropiación histórica por parte de los creyentes. El entendimiento de la revelación crece con cada generación. La verdad absoluta que contiene transciende su comprensión intelectual en el tiempo.

La verdad filosófica es el conjunto de proposiciones, temas, conceptos, que a lo largo de la historia ha ido desentrañando la especulación humana en su contacto directo con la realidad; la verdad cristiana es el resultado de la reflexión teológica sobre la revelación de Dios al hombre. En ambos casos son verdades cuya norma no se encuentra en ellas, sino en algo previo y dado de antemano. Son verdades que viven de las rentas intelectuales del pasado en diálogo abierto con la experiencia presente. Es a su luz que avanza el conocimiento y el progresivo esclarecimiento de la verdad, natural o revelada. No es que la verdad progrese o evolucione en el sentido de hacer falsos los estadios previos. De hecho, no se puede hablar de

---

8. E. Savater, *op. cit.*, p. 25.

«evolución» en la verdad. Aún seguimos dando vueltas a la noria de las verdades fundamentales y eternas que el carácter interrogativo de la existencia suscita en nuestro ánimo. La filosofía y la teología cristianas no consisten en otra cosa que explicitar los contenidos de la revelación, mostrando su relevancia actual y su poder de transformación.

> La vida histórica de la Iglesia es el intento continuado de acercar a los hombres al significado esencial del mensaje cristiano, reuniéndolos en una comunidad universal, en la cual el valor de cada hombre se funda únicamente en su capacidad de vivir en conformidad con el ejemplo de Cristo. Pero la condición fundamental de este acercamiento es la posibilidad de comprender el significado de aquel mensaje; y tal tarea es propia de la filosofía. La filosofía cristiana no puede tener el fin de descubrir nuevas verdades y ni siquiera el de profundizar y desarrollar la verdad primitiva del cristianismo, sino solamente el de encontrar el camino mejor por el cual los hombres puedan llegar a comprender, hacer propia la revelación. Todo lo que era necesario para levantar al hombre del pecado y para salvarle, ha sido enseñado por Cristo y sellado con su martirio. Al hombre no le es dado descubrir sin fatiga el significado esencial de la revelación cristiana, ni puede descubrirlo por sí solo, fiándose únicamente de la razón. En la iglesia cristiana la filosofía no solo se dirige a esclarecer una verdad que ya es conocida desde el principio, sino que se dirige a esclarecerla en el ámbito de una responsabilidad colectiva, en la cual cada individuo halla una guía y un límite.[9]

4. Filosofía de la religión

No es lo mismo filosofía de la religión que filosofía religiosa en general, o cristiana en particular. La primera estudia el fenómeno religioso independientemente del credo y de la verdad o falsedad de su contenido. La filosofía de la religión se ocupa de la experiencia religiosa, su articulación doctrinal y práctica, pero no va a ella con la actitud del creyente sino del científico. «La filosofía de la religión es una reflexión crítica sobre *creencias* religiosas»[10].

La filosofía de la religión tiene que vérselas con problemas generales y previos a la fe como: ¿Qué tipo de creencia es la creencia en Dios? ¿Cuáles son los elementos de juicio para creer en Dios? ¿Cuáles son los elementos de juicio en contra? ¿Qué creencias alternativas se nos abren? ¿Qué podemos decir, no solo sobre la existencia de Dios, sino sobre la naturaleza de Dios, su poder, bondad, inteligencia, conducta teleológica, gobierno del mundo, etc.? ¿Cómo, si hay algún modo, podemos descubrir si tales creencias son verdaderas o falsas? De tomarse literalmente el lenguaje que usamos para describir a Dios, ¿qué conclusiones sobre

---

9. N. Abbagnano, *Historia de la filosofía*, vol. 2. «La filosofía cristiana».

10. C. Stephen Evans, *Filosofía de la religión*, p. 10.

la conducta humana podemos extraer de la existencia o no existencia de Dios? ¿De dónde le viene al hombre su ser religioso? Y así podríamos continuar, sin esperanzas de agotar los temas y preguntas que la religión plantea a la filosofía y que la filosofía presenta a la religión.

Desde el punto de vista histórico la denominación «filosofía de la religión» apareció por vez primera en Alemania, a fines del siglo XVIII y como título en *Philosophie der Religion* (1793), de J. C. G. Schaumann, y en *Geschichte der Religionsphilosophie* (1800) de J. Berger.

La filosofía de la religión estudia la divinidad en aquellos aspectos que están al alcance de las fuerzas naturales de la razón; es investigación y crítica. En este sentido difiere de la *filosofía religiosa* que pretende dar una explicación última del cosmos a base de sentimientos y de ideas religiosas. La filosofía, como declaró Hegel, parte del supuesto de que todo lo real es racional; si la religión pertenece al dominio de lo real, tiene que ser racional incluso en su supernaturalidad. No hay esfera sagrada que pueda substraerse al análisis filosófico.

La teología evangélica se caracteriza por su protesta contra la intrusión del pensamiento filosófico en la religión cristiana, toda vez que se considera que el cristianismo se distingue del resto de las religiones en su carácter de religión revelada, cuyas verdades difieren de cualquier otra forma de conocimiento pues se origina y fundamenta en el Dios que ha inspirado a los escritores de la Biblia. «Toda la Escritura es inspirada por Dios, y útil para enseñar» (2 Ti. 3:16). La autoridad que refrenda la verdad cristiana es la misma revelación de Dios, luego la razón humana es incompetente a la hora de criticar o analizar su contenido.

Cierto, pero aquí se desliza un prejuicio a tener en cuenta y ser aclarado convenientemente. Primero de todo, la revelación no *anula* la razón, sino que la *eleva* a una mejor comprensión de sí misma, la *razón salvada*, de la que hablaba Paul Tillich. No se puede uno refugiar en la autoridad de la revelación contra el análisis al que la razón tiene derecho, incluida la razón creyente. El menosprecio racional en nombre de la autoridad es, en última instancia, una pretensión demoníaca de parte del hombre que quiere tener el control hasta de la misma Palabra de Dios, de lo que dice y de lo que no dice, o no puede decir. La historia está llena de ejemplos de manipulación religiosa por parte de las autoridades eclesiales. El ejemplo más explícito y elocuente lo tenemos en el enfrentamiento de Jesucristo con los poderes religiosos de su época, a los que acusa directamente de tergiversar la Ley de Dios con el pretexto de conservarla. «Hipócritas, bien profetizó de vosotros Isaías, como está escrito: Este pueblo de labios me honra, mas su corazón está lejos de mí. Pues en vano me honran, enseñando como doctrinas mandamientos de hombres» (Mt. 7:6-7). En este sentido, la filosofía, la razón crítica, se encuentra en línea de continuidad de la voz profética. Protesta contra la manipulación de lo divino en nombre de la verdad, que es lo que de Dios tiene el mundo.

Una teoría correcta de la inspiración divina de los escritores sagrados de la Biblia supone tomar en cuenta el antropomorfismo y antropocentrismo de su lenguaje. Solo quien toma con radical seriedad la plena humanidad de la Escritura puede hacer justicia a su plena divinidad. La Biblia no es un meteorito ni un objeto extraterrestre caído del cielo, sobre el cual no tengamos elementos racionales de juicio ni instrumentos lógicos de análisis, excepto la veneración de su registro fósil, de su letra desmenuzada exegéticamente. La Biblia, en cuanto Palabra de Dios, es el registro en términos humanos de un encuentro personal entre Dios y el hombre, que conforma la historia de la salvación y guía la experiencia creyente. Como tal historia, con el lenguaje, localización, símbolos y figuras propios de un tiempo y situación históricos, obedece a los parámetros de lo temporal, la situación a la que originalmente corresponde. La atemporalidad de las verdades de la revelación no está en su forma, sino en su contenido, en cuya apropiación existencial e intelectual intervienen factores de fe, formación, estudio y momento histórico. Pretender otra cosa es confundir la Palabra de Dios con los jeroglíficos y códigos secretos tan a gusto de los cabalistas esotéricos. «La revelación se inclina, se acomoda a nuestras naturalezas y condiciones terrenales, penetra nuestra conciencia en una forma mediada a través del cosmos, y recibe expresión concreta en alguna forma oral o escrita común en la época de su aparición en el mundo»[11].

La doctrina sobre la inspiración e infalibilidad de la Biblia no puede ser esgrimida como una espada flameante que cierre el paso a la investigación crítica, histórica y racional de su contenido. La revelación no es un atajo y, desde luego, no puede utilizarse como una coartada que justifique la ignorancia y el fanatismo. Si el cristiano es honrado tiene que reconocer que no existe ni una sola gran religión que no se considere a sí misma como revelada directamente por el cielo. ¿Qué hacer ante esta competencia de revelaciones? ¿Cómo determinar cuál es cierta y cuál es falsa? ¿Se excluyen unas revelaciones a otras? ¿Qué es lo específicamente cristiano? Estamos de lleno en la historia comparada de las religiones, que aquí no podemos tratar. Lo que cabe decir es que la fe cristiana exige de sus miembros el conocimiento de sus creencias por sí mismos. Ser cristiano es sentirse responsable de las propias creencias y vivirlas de un modo consciente e inteligente, porque la religión, toda religión, está tentada de idolatría y es susceptible de abuso y corrupción. El cristiano no puede abdicar de su responsabilidad ni de sus prerrogativas. El libre examen le acompaña desde el principio como una salvaguarda contra la dictadura espiritual. Por muy creyente que sea, no puede abandonarse ciegamente en manos de los hombres, a la buena de Dios, renegando de su discernimiento crítico y racional.

La filosofía puede de hecho ser peligrosa para la religión, a saber: cuando se entromete en sus asuntos indebidamente, es decir, en contra del sentido de su objeto. Pero no

---

11. B. Ramm, *La revelación especial*, p. 66.

resulta peligrosa cuando estima este objeto como dado previamente para ella e intenta esclarecerlo en lo relativo a su esencia. La razón y su filosofía proceden injustamente cuando creen que no deben recibir la religión, sino que pueden construirla o también destruirla libremente desde la fuerza autónoma del pensamiento humano. Pero no cometen ninguna injusticia cuando, tomando la religión como previamente dada, la reconstruyen atendiendo a su objeto —dado de antemano—y desde la fuerza de la inteligencia que el hombre tiene de sí mismo y del ser, inteligencia que es el elemento en el que vive la religión. En este sentido, se trata de la reconstrucción crítica de la religión previamente dada con miras al auténtico ser y esencia de la misma.

Tal reconstrucción filosófica, si se hace debidamente, no puede menos de ser útil a la religión y se propone también mostrarse útil, y quiere serlo especialmente cuando es crítica, cosa que por naturaleza tiene que ser. Pues ella centra su mirada en los rasgos esenciales de la religión y en la distinción crítica entre esencia y no esencia. Y pertenece incluso a la inteligencia que la religión tiene de sí misma y del ser, el hecho de que el hombre haya de responder críticamente de ella.[12]

5. Universalidad y particularismo

La filosofía es uno de los logros más importantes de la cultura humana y su evolución. Es eminentemente una actividad espiritual y supone un lujo económico. Mientras el hombre tuvo que ocuparse exclusivamente de las cosas materiales (la caza, la pesca, la agricultura...), obligado a entenderse con lo que no era propiamente él mismo, no tuvo ocasión de alumbrar la reflexión filosófica. En el plano intelectual vivió de símbolos, de mitos y leyendas. La imaginación intuitiva desempeñaba el papel que luego iba a jugar la investigación científica. Solo cuando la producción de bienes materiales fue capaz de crear reservas para el consumo, permitió al hombre despreocuparse de las cosas y entenderse consigo mismo, comenzó la aventura filosófica. Fue todo un acontecimiento revolucionario. Cuando la economía alcanza un nivel óptimo de satisfacción de las necesidades básicas, se liberan las potencialidades espirituales de la humanidad, y se pasa del nivel meramente biológico de supervivencia al nivel humano de vivencia espiritual de uno mismo. En un principio, cuando la liberación económica para unos representaba la esclavitud para otros, la investigación filosófica fue una actividad enteramente aristocrática, elitista, que la evolución de la economía empujada por la tecnología se encargará de ir democratizando. Tiempo libre es la condición indispensable para las ciencias del espíritu: teología, filosofía, humanidades.

Pablo, quien tuvo una educación esmerada en su juventud y que, como misionero cristiano alternaba sus momentos de ocio, ocio dedicado a la enseñanza y predicación, con sus momentos de trabajo ocupado en la fabricación de tiendas,

---

12. Bernhard Welte, *Filosofía de la religión*, pp. 28-29.

tenía una visión global de su ministerio evangelizador. Pobres y no pobres, griegos y no griegos, sabios y no sabios eran por igual objeto de sus desvelos y pedagogía evangelizadora. «Tengo obligación tanto para los griegos como para con los bárbaros, para con los sabios como para con los ignorantes» (Ro. 1:14). «Aunque soy libre de todos, de todos me he hecho esclavo para ganar a mayor número. A los judíos me hice como judío, para ganar a los judíos; a los que están bajo la ley, como bajo la ley (aunque no estoy bajo la ley) para ganar a los que están bajo la ley; a los que están sin ley, como sin ley (aunque no estoy sin la ley de Dios, sino bajo la ley de Cristo) para ganar a los que están sin ley. A los débiles me hice débil, pan ganar a los débiles; a todos me he hecho todo, para que por todos los medios salve a algunos» (1 Co. 9:19-22). Pablo tenía una clara visión universal de su fe. Universalidad que no se limitaba a lo geográfico —hasta los confines de la tierra—, sino cultural —hasta la última academia y centro de cultura—. A muchos les gusta hablar de la primera, pero prefieren ignorar la segunda.

Aunque la estrategia misionera de las primeras comunidades cristianas no siempre siguió los mismos cauces y patrones, sin embargo, advertimos en ella una clara conciencia de significación universal. Los cuatro Evangelios coinciden en recordar que la voluntad del Jesús resucitado es una voluntad de misión universal, que abarca todas las tribus, lenguas y naciones. En un principio, la esperanza escatológica indujo al error en algunas de las primeras comunidades, como se ve en 2 Tesalonicenses capítulo 2. Pablo respondió del único modo posible y lógico. La segunda venida de Jesús no es objeto de especulación, sino de espera responsable, firmes en la fe y enseñanza evangélicas (2 Ts. 2:15).

Sin perder de vista el carácter de «final de los tiempos», el cristianismo fue extendiéndose por todo el mundo conocido y penetrando en sus diversas culturas, homogeneizadas, en cierta manera, por la tradición helénica y el derecho romano bajo el régimen del Imperio, que no destruía sino añadía a su panteón victorioso los dioses de los pueblos conquistados. Una lengua popular, el griego *koiné*, aglutinaba los diversos saberes de procedencia oriental y mistérica. El cristianismo adoptó esa lengua como suya para llevar el Evangelio a todo el mundo. Aquí y allá se presentaba como el cumplimiento de los anhelos de la humanidad, resultado final de una larga espera y una búsqueda paciente de las mentes más preclaras de la antigüedad. Para los hebreos, el Dios que les había hablado otras veces y en muchas ocasiones a los padres por los profetas, ahora, en los «últimos tiempos», les hablaba por el Hijo (He. 1:1-2). Para los griegos, el Dios que les había hablado por los poetas y filósofos de antaño, ahora les hablaba por Cristo, el Salvador del mundo. Para unos y otros Cristo era el Nombre sobre todo nombre. Los magos de Oriente habían esperado en Él, le encontraron y le adoraron desde su mismo nacimiento. Los sacerdotes de Egipto le acogieron en su huida y ahora le recibían como su Maestro. La razón, el logos, el significado del universo, se encontraba en el Verbo que desde el principio estaba con Dios, era Dios y, por amor a los hombres se hizo carne.

Los Evangelios, leídos en profundidad, son una colosal vidriera que tiene a Cristo como punto central, en su manifestación histórica y significación universal, donde los distintos colores de sus cristales son igual de transparentes y permeables a los rayos del Sol de la Justicia, que es Cristo Jesús. La luz, que revela sin destruir, que eleva el nivel de luminosidad sobre las tinieblas, transfigura los pueblos y las culturas en una unidad armoniosa que magnifica la multiforme sabiduría de Dios entre los hombres.

Según Hegel, el principio del cristianismo es principio del universo; es misión del universo introducir en su seno la idea absoluta, realizarla en sí mismo, reconciliándose así con Dios.

A su vez esta misión se divide en:

Misión salvífica. Consiste en difundir y propagar la fe cristiana para que llegue a penetrar en los corazones de los hombres. El sujeto individual es el objeto de la gracia divina; toda persona es de un valor infinito. Su misión y destino consiste en participar de la naturaleza divina para siempre. Con este propósito nació Cristo, el Espíritu eterno se encarnó en el tiempo y en la humanidad, para elevar al hombre a la condición de Dios por participación, mediante el renacimiento espiritual.

Misión cultural. Consiste en que el principio de la fe cristiana se desarrolle para el pensamiento, sea asimilado por el conocimiento pensante y realizado en este, de tal modo que logre la reconciliación, que lleve dentro de sí la idea divina y establezca la unidad entre la riqueza de pensamientos de la idea filosófica y el principio cristiano. El pensamiento tiene derecho a ser reconciliado o, para decirlo de otro modo, a que el principio cristiano corresponda al pensamiento.

Si el cristianismo ha de cumplir sus propósitos, es decir, su misión universal de reconciliación, tiene que venir a la filosofía, como a la ciencia, el arte y la cultura en general, del mismo modo que a la economía, la política y la ética universal.

El horizonte cristiano no está limitado por una cerrada geografía de nación santa localizada en un pedazo de tierra, sino que corresponde al horizonte cósmico de un pueblo universal, compuesto por todas las lenguas y todas las razas.

La significación universal de la fe cristiana para todas las gentes y todas las culturas como aquello que es esencialmente lo real y verdadero, tiene que contener en sí todos los elementos que conforman la experiencia de Dios y de los hombres.

Desgraciadamente, el mundo evangélico en su generalidad, ha perdido la conciencia y el sentido de su significación universal, enredado en polémicas intraeclesiales que no sirven para nada, excepto para agriar el carácter, apagar la luz y hacer insípida la sal que el Evangelio le ha otorgado en depósito. En guerra consigo mismo, extiende su belicosidad al exterior y, en lugar de salvarlo, lo margina cada vez más de su área de influencia, que a su vez repercute en la auto-marginación y el resentimiento, incapaz de vencer sus propias contradicciones. A lo universal sobreviene lo herético, es decir, el desequilibrio primero y último, la inflación respecto a una idea: lo social, lo ético, lo espiritual; abusiva preferencia de una tendencia: puritanismo, rigorismo, liberalismo; el énfasis unilateral en una doctrina o conjunto de creencias: evangelio completo, doctrinas de la gracia, dispensacionalismo; el retorno a lo geográficamente localizado: iglesias nacionales, costumbres locales, lenguaje ancestral; falso amor a la verdad: dogmatismo sin ciencia, veneración por las confesiones y símbolos antiguos, dilapidación de la ciencia humana. La verdad es lo universal, la corrupción de la misma, es decir, la herejía, es lo particular, el todos aparte, el reino dividido, la justificación del cisma, la cruzada separatista. Lo particular compromete lo universal, lo contradice, y por un impulso irresistible y demoníaco lo niega y termina por combatirlo. En semejante situación es del todo imposible que el pensamiento protestante desarrolle todas las potencialidades que en sí lleva escondidas cual proyectos con promesa.

La urgencia de esta hora para el pensamiento evangélico es volver a la significación universal primigenia que no se agota en la universalidad étnica, racial o política —entendida estrechamente como individuos susceptibles de ser convertidos—, sino significación universal que supone tomar conciencia del plan eterno de Dios, revelado en Cristo, que incluye la filosofía y las ciencias humanas, la cultura y el sentimiento religioso, la economía y la política. La sabiduría de Dios que da vida sin provocar muerte, que ilumina sin ensombrecer, que carga sobre sí la maldición de la ley para integrar toda contradicción humana en una ley superior de reconciliación universal: la del amor.

> A mí —escribe Pablo—, que soy menos que el más pequeño de todos los santos, se me concedió esta gracia: anunciar a los gentiles las inescrutables riquezas de Cristo, y sacar a la luz cuál es la dispensación del misterio que por los siglos ha estado oculto en Dios, creador de todas las cosas, a fin de que la infinita sabiduría de Dios sea ahora dada a conocer por medio de la Iglesia a los principados y potestades en los lugares celestiales, conforme al propósito eterno que llevó a cabo en Cristo Jesús nuestro Señor, en quien tenemos libertad y acceso a Dios con confianza por medio de la fe en Él (Ef. 3:8-12).
>
> Hablamos sabiduría entre los que han alcanzado madurez; pero sabiduría no de este siglo, ni de los gobernantes de este siglo que van desapareciendo, sino que hablamos sabiduría de Dios en misterio, la sabiduría oculta que, desde antes de los siglos, Dios predestinó para nuestra gloria, la sabiduría que ninguno de los gobernantes de este siglo ha entendido, porque si la hubieran entendido no habrían crucificado al Señor de gloria (1 Co. 2:7-8).

Teólogos como Pannenberg hace tiempo que están llamando la atención sobre esta pérdida de universalidad en el protestantismo, quizá porque su primera determinación histórica fue situarse frente a la falsa universalidad del catolicismo romano de la época, cuya síntesis entre fe y razón, naturaleza y gracia, había desembocado en una merma de lo puramente evangélico, de lo original y universalmente cristiano. Desde un principio la teología evangélica derivó, de un enfrentamiento a lo particularmente católico, al olvido de la significación universal de la fe cristiana. La teología se va a reducir a interpretación de la Escritura, a pensamiento religioso sobre lo que está más allá de la investigación racional: la revelación divina. La teología ya no es ciencia de Dios, sino exégesis del Libro de Dios, que termina por convertirse en puro racionalismo verbal. Buscando liberarse de la «corrupción» filosófica, abandonará esta a su propia suerte, que cada vez se irá desentendiendo más de la fe. Los filósofos seguirán dados de alta en la nómina religiosa: se considerarán a sí mismos luteranos, reformados, anglicanos, pero cada vez harán menos filosofía cristiana. El divorcio entre fe y razón se consuma; la culpa es de los creyentes que no estuvieron a la altura de su misión y llamamiento universal. Es tiempo de cerrar la brecha y extender el sentido de la reconciliación a las potencias intelectuales.

Es verdaderamente suicida y negación del contenido universal de la fe, creer que la teología versa únicamente sobre la interpretación de la Escritura, prescindiendo de lo que otras ciencias digan acerca de los temas referidos en la Escritura: creación, hombre, historia, futuro, muerte e inmortalidad, justicia e injusticia, riqueza y pobreza, culpa y perdón…

> A la tarea de la teología le compete una comprensión de todos los existentes de cara a Dios, de manera que prescindiendo de Dios no puedan ser comprendidos. Y esto es lo que constituye su universalidad.
>
> Una teología que permanezca consciente del compromiso intelectual que entraña el uso de la palabra «Dios» se preocupará en la medida de los posible de que toda verdad, sin dejar por tanto para último lugar los conocimientos de las ciencias extrateológicas, quede referida al Dios de la Biblia y sea desde él comprendida de una forma nueva… La revelación de Dios entendida correctamente como revelación de Dios no resulta pensable sino en el supuesto de que toda verdad y conocimiento queden ordenados a ella y asumidos por ella. Solo así cabrá comprender la revelación bíblica como revelación del Dios que es creador y consumador de todas las cosas.[13]

«En una doctrina sagrada que considere al universo como creación de Dios, los *revelabilia* (la revelación) lo abarcan todo. Al describir los seis días de la creación, la Escritura no deja nada fuera; así que no hay nada que las ciencias y la filosofía puedan decir que no tenga alguna relación con algún objeto de la creación. La forma más fácil de comprender esto es preguntar: ¿qué hay que no esté incluido en la ciencia que Dios posee de su propia obra? Evidentemente, nada»[14].

13. W. Pannenberg, *Cuestiones fundamentales*, pp. 15-16.
14. E. Gilson, *Elementos de filosofía cristiana*, p. 41.

6. Influencia del helenismo en el cristianismo

Es un hecho evidente que la filosofía helénica ejerció una influencia determinante en la teología cristiana, pero sin llegar al punto de negar la originalidad de lo cristiano y menos pervertir su carácter específico de religión espiritual, centrada en la salvación como perdón de pecado y unión con Dios mediante Cristo. La influencia helénica no concierne tanto al sentido propio del Evangelio, a su «esencia», el *kerigma* salvífico, cuanto a su presentación o «zona periférica», que constituye como su revestimiento expresivo (Jean Pépin).

Los cristianos se sirvieron de la filosofía griega, como medio elaborado racional y críticamente concorde a su propósito de investigación y esclarecimiento de los misterios cristianos, sin comprometer la independencia y autonomía de su fe. Cuando el dato revelado discrepaba del resultado de la investigación filosófica, optaban siempre por el primero. En la crítica de la filosofía pagana los apologistas no actuaban sino conforme al ejemplo dado por lo mejor de la filosofía clásica.

El cristianismo no es una filosofía, por tanto, se puede explicar intelectualmente, o reforzar a nivel dogmático con filosofías de orientación diversa. En este sentido, el pensamiento cristiano se va a mover siempre en ese círculo que da por buenas las verdades básicas de la revelación analizadas y fundamentadas por aquellas filosofías que más se ajusten a su expresión cultural. Nunca esclavos de ningún sistema, toda vez que la verdadera teología y filosofía cristianas parten siempre del punto de vista que considera la Escritura como la revelación suficiente y autoritaria de parte de Dios, ponen en práctica lo que en otro contexto escribió el apóstol Pablo: «Examinadlo todo y retened lo bueno». Así puede decir Clemente de Alejandría: «Cuando hablo de filosofía, no me refiero a la estoica, o a la platónica, o a la de Epicuro o la de Aristóteles, sino que me refiero a todo lo que cada una de estas escuelas ha dicho rectamente enseñando la justicia con actitud científica y religiosa. Este conjunto ecléctico es lo que yo llamo filosofía»[15].

Un ejemplo ilustrativo, que por pertenecer a un período relativamente tardío del pensamiento cristiano nos puede ayudar a comprender la relación cristiana con la filosofía y los autores clásicos, nos lo ofrece Jerónimo, el famoso traductor de la Vulgata latina, hombre de un solo libro, la Biblia, para el que no existe nada comparable a la misma. ¿Puede el cristiano leer a los clásicos?, se pregunta. Para responder comienza asentando el principio cristiano: La Biblia, por ser Palabra revelada de Dios, está por encima de la ciencia, palabra humana. ¿Para qué, pues, sirve la ciencia humana a la hora de estudiar las Escrituras divinas? Jerónimo responde que ni Pedro ni Juan fueron incultos pescadores. De serlo, ¿cómo hubieran podido captar el concepto de Logos, no logrado por Platón, ni por Demóstenes? ¿Cómo es posible, se pregunta, entender la Biblia sin erudición ni cultura? En la

---

15. *Strómata* I, 43.

carta LXX a Magno, contestando a la pregunta que este le hizo de por qué aducía ejemplos de la literatura pagana en las anotaciones a los textos sagrados, Jerónimo le explicará mediante una serie de argumentos cómo los más grandes apologetas y Padres de la Iglesia, tanto latinos como griegos, conocieron bien la literatura pagana, pudiendo de esta forma defender el Evangelio. Salomón, añadirá, recomendó el estudio de los filósofos, y san Pablo citó poesías de Epiménides, de Menandro y de Arato. Para justificar luego su metodología, Jerónimo acude a la interpretación alegórica de Deuteronomio 21:12: así como un buen hebreo, al casarse con una esclava pagana, esta tiene que cortarse los cabellos y las uñas para purificarse, del mismo modo el cristiano, amante de la sabiduría profana, debe limpiarla de todo error para hacerla digna del servicio de Dios[16].

La historiografía protestante, en virtud de su principio solo la Escritura, y su correlato de tradición igual a tergiversación, se ha esforzado siempre en demostrar que el molde del pensamiento griego desvirtuó, traicionó la sencilla originalidad del mensaje cristiano en el que se vació. El mismo Ortega y Gasset, dejándose llevar por sus profesores alemanes, creyó que el cristianismo había triunfado a costa de sacrificar su matriz hebrea por el ropaje heleno. Es evidente que el cristianismo se revistió con elementos propios de la cultura grecoromana circundante, pero lo que no se puede demostrar es que la forma cambiara el contenido. El corazón cristiano no quedó alterado por la utilización de las formas filosóficas al uso. ¿Cómo iba a entenderles el mundo al que quería ganar con el Evangelio si se limitaban a hablar en «lengua extraña», aunque fuera la lengua de los ángeles? Desde un principio los cristianos hablaron el idioma —todo idioma contiene en sí una filosofía— de los pueblos misionados, adaptándose a sus expresiones para comunicar cómoda y eficazmente un mensaje que estaba por encima de determinaciones culturales y, por tanto, susceptible de expresarse en todas las formas culturales sin quedar sometido a ninguna.

«Te mostraré al Logos y los misterios del Logos —escribe Clemente a su interlocutor griego— recurriendo a tu propia imaginería»[17]. Los cristianos manejaron los esquemas mentales que les eran familiares para hacerse entender. ¡Qué duda cabe que la reflexión filosófica prestó servicios innegables a la incipiente teología cristiana!

Se entiende perfectamente que el cristiano quiera leer la Biblia sin interferencias deformadoras y vale como petición de principio, pero ¿es posible? ¡No, no lo es! «También la cabeza afilosófica está determinada por supuestos, solo que son supuestos afilosóficos, es decir, no examinados ni aclarados»[18]. Querer leer el texto bíblico sin condicionantes es como querer leer un libro prescindiendo de

---

16. *Epístola* 70, 2.
17. *Protréptico* XII, 119, 1.
18. Franz Altheim, *El Dios invicto*, p. 16.

uno mismo. Solo así se eliminaría lo condicionado, entendido como lo viciado, al precio de eliminar la lectura, como el que mira un jeroglífico indescifrable. No puede poner nada en él, pero tampoco extraer ningún significado. Es un vicio de pensamiento creer que se puede acceder al conocimiento directo de las cosas prescindiendo de uno mismo. Cada cual es un sistema de creencias y preferencias, más o menos conscientemente asumidas. Lo importante es conocerlas para integrarlas correctamente en nuestro código hermenéutico, como resistencias y facilidades a la vez. El problema verdadero y preocupante no reside en la pureza del molde, sino en el de la fe. Preservar la fe en su pureza original, no su envoltura y carta de presentación, ha sido siempre la tarea del verdadero filósofo cristiano.

Irónicamente el prejuicio más dañino es creer que se puede leer un texto, la Biblia en este caso, sin prejuicios, sin opiniones, ideas y creencias previas, recibidas mediante el lenguaje —que supone en sí toda una filosofía— y el entorno cultural. Lo malo no es el prejuicio, sino su pasar inadvertido como objetividad —objetividad de un sujeto—. No hay contacto puro e inmaculado con la revelación de Dios. Es mera ilusión y falsedad. No ocurre en la vida cotidiana, y menos en la religiosa, en la cual intervienen tantos determinantes puestos por la antigüedad, la distancia y la misma dificultad del tema. La actitud correcta consiste en interpretar la Biblia con los instrumentos que la cultura pone a nuestro alcance, pero sin dejarse dominar por ninguno de ellos, y menos por el nuestro propio, que es pecado de soberbia y arrogancia, como si nuestros ojos fueran más limpios que los de todos los demás.

La comprensión de la verdad bíblica es comprensión de Dios desde nosotros. Es de Dios, en lo que revela objetivamente en la Escritura, y es nuestra, en lo que acertamos o desacertamos en comprender, según la medida de nuestra fe e iluminación. La teología, incluso la más afilosófica, es siempre teología hecha por un hombre, por más que se centre en Dios. ¿Dónde está Dios cuando pensamos en Él sino en nosotros? ¿Y quién somos nosotros sino personas finitas siempre necesitadas de corrección? Corrección que nos alcanza por una lectura siempre fresca e inteligente de la Escritura con todos los medios culturales que Dios pone a nuestra disposición.

«Una posible separación de la teología cristiana con respecto a la metafísica, no conduce lisa y simplemente a una teología "liberada de la metafísica"»[19]. El punto de partida de la teología no es la ignorancia absoluta, y menos todavía el prejuicio antifilosófico, sino el juicio sano del que está dispuesto a ser enseñado y comenzar de nuevo cuantas veces sea necesario.

7. La herencia filosófica hasta san Pablo

No nos corresponde a nosotros discutir aquí las probables influencias de la teosofía y de las religiones de misterios en las cartas del apóstol Pablo, pero en el contexto

---

19. E. Jüngel, *Dios como misterio*, p. 73.

de las coincidencias filosóficas, podemos decir que el uso de un mismo lenguaje no debe hacernos olvidar las diferencias de fondo. El cristianismo es algo nuevo y original en la historia de las religiones, que, por su significación universal, habla todos los idiomas y no está sometido a ninguno de ellos. Como bien escribe Pepin, si buscamos un ejemplo de exceso en la helenización del cristianismo, mezclada con motivos religiosos orientales, hay que salir de la ortodoxia y considerar las herejías gnósticas especialmente florecientes en el siglo II.

Cuando los cristianos aparecieron por vez primera en la escena mundial, hacía siglos que dos poderosas corrientes filosóficas griegas permeaban el campo en que iban a desenvolverse los misioneros evangélicos. Por un lado, estaba la escuela platónica, en todo su apogeo, con el neoplatonismo de Plotino, y por otro, la escuela aristotélica, que habrá de aguardar un milenio hasta ser incorporada por el mundo conceptual de la fe cristiana. Los primeros cristianos se expresaron en términos platónicos. A Aristóteles le llegará su turno, y su revolución, con Tomás de Aquino. Platón y Aristóteles van a decidir y arbitrar en los conflictos y las guerras internas de la filosofía cristiana, sea que se siga la tradición representada por Agustín o por Tomás.

7.1. Presocráticos, el principio del ser

En su origen la filosofía fue física, antes de convertirse en metafísica y ramificarse en ética, estética y antropología, que es cuando aparece el cristianismo. A su primer estadio solo dedicaremos un repaso sumarísimo, por cuanto apenas si tuvo repercusiones en el pensamiento cristiano. Sin embargo, representa el primer «repertorio» de temas con los que la filosofía posterior tiene que contar y desde los que partir. Es bueno, si queremos penetrar en la aventura filosófica, que nos acostumbremos al carácter orgánico del pensamiento, que guarda siempre estrecha correlación con sus precedentes, a la vez que lucha por buscar nuevas expresiones y conceptos y zafarse de los viejos. Cada autor y cada escuela en filosofía están en conexión con sus antecedentes y sucesores; unos prolongan las líneas e intuiciones de los problemas y cuestiones ya suscitados por otros.

En los albores de la filosofía oriental y griega nos encontramos que la filosofía fue pura «física». El problema fundamental para los primeros pensadores fue el tema de la naturaleza. «Extrañados ante el mundo, ante todo se interrogan acerca de obvias perplejidades, para continuar inquiriendo, según una progresión gradual, sobre otras cuestiones más importantes como, por ejemplo, los cambios de la luna y el sol, las estrellas y el origen del universo» (Aristóteles). Los griegos expresaban la naturaleza con el término *physis*, que como verbo significa hacer, producir, criar. En este sentido, el concepto *physis* era entendido como aquello que origina y produce las cosas, el principio constitutivo de todo lo que hay, el *arché* o elemento primario universal. Dicho principio se consideraba como natural y material. Todo es materia (*hile*), pero la materia es viva. Puesto que la vida no puede derivar de la materia porque la materia por sí misma es inerte, la materia, razonaron los primeros pensadores griegos, tiene que ser originariamente viva, e incluso animada por su eterna naturaleza. Así, la sustancia única se convierte en un principio universal viviente (*hilozoísmo: hile* = materia; *zoé* = vida).

A este periodo pertenecen los llamados presocráticos, o filósofos anteriores a Sócrates. Se ocuparon ante todo de establecer cuál era el principio (*arché*) de las cosas, el principio por el que se originan las cosas y de lo que se constituyen los seres.

De esta primera y sesuda reflexión surgen dos tipos de escuelas: los *monistas* (*monos* = uno solo, único), que consideran que solo existe un principio de la naturaleza; y los *pluralistas*, que juzgan que hay más de un principio. El monismo considera que la naturaleza (*physis*) es íntimamente un grandísimo ser unitario, una materia única, en relaciones y combinaciones diversas, siempre una misma sustancia.

La materia, por ser inerte, no puede originar la vida; así es imposible hacer derivar la racionalidad, la inteligencia, el finalismo (*télos*), de la simple materia inanimada. Es necesario, por tanto, concluir:

a) La materia universal, además de estar animada, es también una razón (y por consiguiente es divina); este será el pensamiento de Heráclito (530-470 a.C.).

b) Fuera de la materia inanimada, existe una Razón ordenadora (Dios), y esta será la doctrina de Anaxágoras (494-428 a.C.).

En el primer caso, *la razón* (Dios) será *inmanente* (idéntico e igual) al mundo, intrínseca, un «atributo», cualidad o característica del mundo mismo y de todos los seres que lo forman. En el segundo caso, *la Razón* (Dios) será *trascendente* (distinto y superior) del mundo por ella ordenado.

Si la primera teoría fuese correcta, cada ser que existe debería tener y poseer la razón, la inteligencia, lo cual no se verifica según la experiencia; en el segundo, los varios grados de perfección hasta llegar a la racionalidad son, en cambio, determinados por la *Razón divina* que ordena el complejo de los varios grados de dignidad y perfección.

El problema que más dolores de cabeza produjo a los primeros pensadores fue el *movimiento*. Cada uno de los seres no solo es distinto de todos los demás, sino que él mismo cambia continuamente. El universo es una inmensidad de seres en continua transformación, en continuo desarrollo, en continuo *devenir*: cada ser no es nunca igual al que era hace un momento, cesa siempre de ser lo que era, para empezar a ser algo distinto.

Por otra parte, siempre queda cada cosa, por debajo de todo cambio, siendo igual a sí misma, siempre en ella queda algo inmutable. Heráclito afirmará que, puesto que todo cambia continuamente, el ser es característicamente mudable: doctrina del *devenir*.

Parménides (n. 540 a.C.) fijará su atención en lo que permanece al cambio y dirá que el ser es inmutable, que el cambio no es más que una ilusoria apariencia exterior del ser que siempre es igual a sí mismo en su propia esencia: doctrina del ser *inmutable*. Heráclito responde que lo ilusorio es la permanencia del ser; no que negara el ser, sino que este se encuentra en una continua transformación, que es *mutable* por esencia.

Aristóteles mediará en la disputa y responderá que en todos los seres existe la *identidad* junto con la *variabilidad*. Los seres *son y cambian* al mismo tiempo: subsiste en ellos una esencia que permanece inmutable en el mismo proceso del devenir, del cual derivan todas las diferencias particulares y contingentes de cada uno de los seres y del conjunto.

Como las preocupaciones de este primer momento filosófico desbordan nuestro espacio e intereses, basta hacer constar que durante siglos los hombres más despiertos buscaron la razón de todos los seres del universo en la misma naturaleza, sin reflexionar sobre el hombre que planteaba las interrogaciones. Para ellos el problema esencial, y anterior a cualquier otro, es el problema del mundo en el que el hombre se siente una cosa más en medio de la multitud de cosas. A medida que la filosofía avance en sus investigaciones naturales, con el hombre como *sujeto* de las mismas, irá descubriendo la vida humana como *objeto* de la investigación misma. A esto se llega con Sócrates. Él va a colocar al hombre en el centro de la ciencia y la sabiduría.

7.2. De Sócrates a Séneca, con la felicidad por medio

A la preocupación por el mundo, decimos, sucede la preocupación por el hombre; no que el uno tome el lugar del otro, sino que la orientación antropológica va a servir de parámetro al estudio de la naturaleza y del resto de las cosas. En conocidísima frase de Protágoras: «El hombre es la medida de todas las cosas: de las que son, en tanto que son, y de las que no son, en tanto que no son». A esa época pertenece Sócrates y su famoso *dictum*: «Conócete a ti mismo», que profundiza en el hombre como interioridad y prepara el terreno de Platón y de Agustín hacia la intimidad.

La autorreflexión socrática «conócete a ti mismo», se encamina a encontrar dentro de uno mismo el «concepto» de lo que en filosofía se busca, hasta dejarlo plasmado en una «definición» de lo que se ignoraba. La ignorancia es la madre de la sabiduría, como la nada la madre del ser, pues la ignorancia no es un estado, sino un método, la humildad hecha puro instrumento de examen e investigación. «En esta autorreflexión encontraba Sócrates un nuevo tipo de vida. Una vida feliz, una *eudaimonía* lograda por un saber que sale de uno mismo y confiere por ello plena suficiencia al hombre: un ideal de vida»[20].

El hombre tiende por naturaleza a la felicidad, se siente determinado a ser feliz, la felicidad deseada es la fuente de la sabiduría y el primer descubrimiento filosófico. Pero la felicidad no le es dada por los sentidos, sino por la virtud, como la verdad por la razón. Saber equivale a virtud; el saber nos hace conocer que la verdadera felicidad no la proporcionan los placeres sensuales, sino la virtud que libera de las pasiones, así es como se llega a ser *hombre*, en el verdadero sentido de la palabra, es decir, seres racionales. Por esta razón la máxima «conócete a ti mismo» adquirirá un valor sobre todo moral: conócete en tu misma naturaleza y en tus procesos interiores para poder dominar tus pasiones y llegar a ser virtuoso y feliz; conócete para tomar conciencia de lo que hace falta para ser *hombre*, busca al *hombre* dentro de ti para apropiártelo, conócete para actuarte en la perfección de tu naturaleza superior. Solo una anotación. Desde el punto de vista cristiano no basta conocer lo que es bueno para practicarlo, como luego dirá san Pablo: veo el bien y lo apruebo, pero en mí no está el poder de cumplirlo, sino el poder del pecado que me lleva a transgredirlo. Sócrates, sin embargo, está en lo correcto, la vida buena y feliz es la vida virtuosa. La manera de llegar a ella será otra cuestión.

El ideal socrático de la vida como virtud fue continuado por cuatro escuelas, todas ellas empeñadas en el esclarecimiento del problema del bien, pero será Platón el que lleve las directrices de Sócrates a su último extremo filosófico y en lo tocante a la reflexión sobre la *eudaimonía* (felicidad) iba jugar un papel importante en toda la filosofía posterior y, principalmente, en el pensamiento de Agustín, como enlace y punto de contacto del cristianismo con el helenismo.

Platón (427-347 a.C.) fue discípulo de Sócrates y fundador de una escuela filosófica en Atenas, la Academia, nombrada así en memoria del héroe Academo. Sorprendentemente esta escuela perduró desde su fundación en 387 a. C., hasta el 529 d.C., siete siglos de singular quehacer filosófico. Se trata del filósofo más influyente de la humanidad. El elemento platónico pesa mucho en el cristianismo.

Para Platón la filosofía no es más que el *filosofar*, y el filosofar es el hombre que procura realizar su verdadera mismidad, ligándose con el ser y con el bien, que es el principio del ser. No existe en Platón el problema de qué sea la filosofía, sino solo el problema de qué es el filósofo, el hombre en su auténtica y lograda realización. Como su maestro Sócrates, Platón enlaza bondad, virtud y sabiduría con felicidad. La felicidad se convierte así en la aspiración de la filosofía, en cuanta inquietud humana, y punto de partida. La enseñanza fundamental de Platón es, según Aristóteles, la estrecha relación que existe entre la virtud y la felicidad.

---

20. Xavier Zubiri, *Cinco lecciones de filosofía*, p. 15.

De Heráclito y Parménides, Platón había heredado un problema complejo: lo uno y lo múltiple. El ser y el no ser. El ser, el *ente*, es lo inmóvil y eterno, pero las cosas son múltiples, variables perecederas. Platón va a aterrizar en la *idea*. No tuvo una idea, descubrió la *idea*. Investigó las cosas y observó que propiamente las cosas consisten en lo que no son. Por ejemplo, una hoja de papel blanco, resulta que en rigor no es blanca, sino que tiene algo de gris o de amarilla; solo es casi blanca. Pero hay más, esta hoja de papel no ha existido siempre, sino solo desde hace cierto tiempo; dentro de algunos años no existirá tampoco. Por tanto, es blanca y no blanca, es y no es.

No se agota aquí la reflexión. La hoja es casi blanca, le negamos la absoluta blancura por comparación con lo que es blanco sin restricción; es decir, para ver que una cosa no es verdaderamente blanca, necesito saber ya lo que es blanco; pero como ninguna cosa visible —ni la nieve, ni la nube, ni la espuma— es absolutamente blanca, esto me remite a alguna realidad distinta de toda cosa concreta, que será la total blancura. Dicho en otros términos, el ser casi blanco de muchas cosas requiere la existencia de lo verdaderamente blanco, que no es cosa alguna, sino que está fuera de las cosas. A este ser verdadero, distinto de las cosas, es a lo que Platón llama idea. «El ser verdadero, que la filosofía venía buscando desde Parménides, no está en las cosas, sino fuera de ellas: en las ideas. Estas son, pues, unos entes metafísicos que encierran el verdadero ser de las cosas»[21].

Hay en la idea muchas cosas implicadas para el estudio de la filosofía, pero no podemos apartarnos del camino, sino remitir a los interesados a las fuentes, y entonces proseguir ligeros nuestro viaje. El descubrimiento de la idea llevará a Platón a postular una división del mundo real en dos secciones, lo que está arriba: el mundo inteligible, la realidad verdadera; y lo que está abajo: el mundo sensible o la realidad aparente. A su vez hay que subdividir estas secciones en dos sectores. El de la opinión o *dóxa*, y el de la teoría o *noús*.

El mundo de arriba es celeste, es el mundo puro donde viven los dioses, las ideas divinas. El hombre es un alma de procedencia celeste que ha contemplado las ideas, pero que al encarnarse no las recuerda, las ha olvidado. Por eso, conocer, según Platón, es recordar, recordar lo visto mientras se habitaba en el plano celeste. En esta visión el hombre es un ser caído, que ha visto las ideas, el verdadero ser de las cosas. Ahora echa en falta ese recuerdo-sabiduría y por eso filosofa. Uno se convierte en filósofo al echar en falta el saber. Por tanto, la filosofía es una actividad amorosa, toda vez que amar es echar de menos, buscar lo que no se tiene, pero se tuvo un día. Esta teoría amorosa de la filosofía va a tener mucha importancia en el cristianismo, en especial en Agustín, para quien «no se entra en la verdad sino por la caridad». Los conceptos de Platón serán modificados esencialmente por el cristianismo, para el cual lo que realmente se echa en falta no son las ideas sino

---

21. J. Marías, *Historia de la filosofía*, p. 45.

el Ser ideal. Uno echa de menos el Dios perdido por la caída, el pecado original. La búsqueda de Dios define la búsqueda de la filosofía cristiana.

A Platón se debe también el concepto del cuerpo como cárcel del alma. Lo material es sepulcro y pecado (*soma-sema*), el alma es inmaterial e inmortal. Cuando el cuerpo muere su alma sale de él para salvarse o condenarse. Lo importante es salvar el alma. Este va a ser el razonamiento de la mayoría de los cristianos en su nivel más popular. Platónico-oriental es también la idea que asocia el pecado a la carne, que el mundo es el mal y que lo único que cabe es esperar la muerte para lograr la felicidad. Si esto tuvo gran predicamento en las masas cristianas hasta hace bien poco, es preciso señalar que la teología, desde un principio, se opuso a estas ideas, toda vez que confiesa que «Dios se hizo carne». La encarnación del Verbo, el nacimiento histórico de Cristo, obligó a los teólogos a sacralizar la carne y ensalzar el cuerpo humano, que, por otra parte, estaba destinado a la gloria, según el artículo del credo que confiesa «la resurrección de la carne». El cuerpo, pues, para el cristiano reviste desde el principio la mayor excelsitud y dignidad. Agustín se opondrá decididamente a cualquier tipo de platonismo que diga que el cuerpo es malo y cárcel del alma. Esto es un error contrario a la verdad cristiana[22].

La otra fuerza poderosa que influyó en la filosofía cristiana es el aristotelismo. Aristóteles (384-322 a.C.) comenzó por ser discípulo de Platón. En el año 335 fundó en Atenas su propia escuela, el Liceo, llamada también *peripatética*, porque la enseñanza se impartía paseando. «Con Aristóteles, la filosofía griega llega a su plena y entera madurez; hasta tal punto que, desde entonces, empezará su decadencia, y no volverá a alcanzar una altura semejante; ni siquiera es capaz Grecia de conservar la metafísica aristotélica, sino que le falta la comprensión para los problemas filosóficos en la dimensión profunda en que los había planteado Aristóteles, y el pensamiento helénico se trivializa en manos de las escuelas de moralistas que llenan las ciudades helénicas y luego las del Imperio romano»[23].

Platón había descubierto *la idea*. A partir de ella dedujo que las cosas no tienen ser, sino que lo tienen recibido, participado de otra realidad que está fuera de las cosas. Introduce, pues, en la realidad una duplicación del mundo y una separación, que deja malparadas las cosas. Aristóteles protesta y se rebela. Las ideas son inútiles porque no contribuyen para nada a hacer comprender la realidad del mundo. Ellas no son causa de ningún movimiento ni de ningún cambio. Decir que las cosas participan de las ideas no quiere decir nada, porque las ideas no son principios de acción que determinen la naturaleza de las cosas.

Aristóteles se niega a *duplicar* el mundo y propone la exigencia de unidad entre ideas y cosas. Para lograrlo es preciso investigar las formas de conocimiento que en Aristóteles se dividen en tres áreas:

22. *Contra Iulianum*, II, 7.
23. J. Manas, *op. cit.*, p. 57.

a) Experiencia
b) Ciencia
c) Inteligencia.

Primero, la experiencia nos enseña, por ejemplo, que el fuego es caliente, pero no nos hace saber *por qué* es caliente. Para ello necesitamos el conocimiento científico.

Así pues, en segundo lugar, la ciencia es el conocimiento de las cosas por sus causas y principios. Por ella sabemos *por qué* las cosas son como son: Que el fuego calienta y la razón de por qué.

En tercer lugar, la inteligencia (*noús*) es saber de los principios. La filosofía es la ciencia de todos los seres por sus causas últimas y sus primeros principios.

Aristóteles rechaza las ideas innatas y la reminiscencia platónica, concibiendo el alma como tabula rasa. Es decir, saber no es *recordar* lo visto previamente, como quiere Platón, sino que saber es *adquirir* conocimiento. Se adquiere conocimiento a partir de la experiencia sensible en este mundo. La filosofía tiene que partir de la experiencia sensible, la única que nos es accesible. La filosofía no es un saber de lo suprasensible, lo que está en lo alto, sino la ciencia de los primeros principios y de las causas últimas.

Según Aristóteles, en cada ser de la naturaleza puede distinguirse un sector más profundo y real, y otro aparente.

Al ser auténtico de cada cosa lo llamó *ousía*, término griego traducido por *sustancia*. El ser sustancia es aquello que existe en sí y tiene entidad propia: *subsistencia*. La sustancia no puede existir separadamente de aquello cuya sustancia es. Aun suponiendo que ya haya ideas, de ellas no derivarán las cosas si no interviene para crearlas un principio activo.

El ser aparente de cada cosa es el accidente. El accidente o cualidad de cada cosa no existe en sí, no tienen entidad propia y va adherido a la sustancia.

La filosofía de Aristóteles es teoría de la sustancia, y luego veremos la importancia que tiene para su análisis de Dios, que, en su opinión, es sustancia en el mismo sentido en que lo son las demás sustancias. La superioridad de Dios consiste solo en la perfección de su vida, no en su realidad ni en su ser, pues «ninguna sustancia es más o menos sustancia que otra»[24].

En el terreno de la antropología, Aristóteles hará una gran contribución a la manera cristiana de entender la vida humana. El hombre, dice Aristóteles, es un viviente mortal, una cosa entre las cosas, pero por su lado contemplativo, alcanza un modo de saber alto, el de Dios, cuya vida consiste en la contemplación de sí mismo. El hombre transciende de sí para penetrar en el modo de ser de lo divino. Lo más suyo es a la vez lo más ajeno, algo que solo posee parcialmente y a lo que aspira: *lo divino*. Lo propio del hombre es ser más que hombre.

---

24. *Categorías*, V, 2.

Muerto Aristóteles, desaparece en Grecia el interés por los problemas genuinamente metafísicos. Faltan hombres con suficiente tensión metafísica para hacer frente a las exigencias de la nueva organización política del mundo. Grecia inicia su decadencia, pierde la hegemonía y se transforma en provincia del vasto imperio macedónico primero y del romano después. Aunque la constante histórica se cumpla y Grecia, militarmente vencida, sea culturalmente vencedora, no acontece sin que la cultura misma sea asentada sobre nuevas bases y sufra la repercusión de las condiciones nuevas. La cultura se difunde, y Atenas deja de ser el foco científico para ceder el puesto a los florecientes centros de Pérgamo, Antioquía, Rodas, Alejandría y la misma Roma. La sistematización científica, impulsada por Aristóteles, se desarrolla, produciéndose la separación de diversas ciencias particulares, como las matemáticas, la astronomía, la biología, la medicina, la historia y la filología. El espíritu griego ha entrado en el campo de las ciencias especializadas y, consiguientemente, desatiende la dedicación a la filosofía, que ahora deberá adscribirse a la fundamentación general de todos los conocimientos.

En Aristóteles, la filosofía, el deseo de saber, nos agrada por sí misma, independientemente de su utilidad[25], en el nuevo ambiente cultural, social y político, la filosofía interesa por su utilidad. La existencia se había vuelto peligrosa, amenazante y por todos lados se buscaban directrices para la organización de la vida personal. La vida humana entra en escena como el problema más urgente. Al tratarse de un ser social, la mayor fuente de complicaciones del hombre es su relación con los otros y desde los otros consigo mismo. El problema *ético* pasa a primer plano, y todos los demás problemas se tratan en la justa medida en que cooperan con la solución del problema moral. Ya no interesa tanto saber *qué* es el hombre, sino *cómo debe vivir*. «Con la supeditación del saber al vivir, la filosofía deja de ser un fin en sí misma y se constituye en medio para la vida feliz»[26].

Será la época de las escuelas morales: epicúrea, estoica, escéptica y ecléctica, que constituyen el clima o ambiente filosófico respirado por el cristianismo, como presupuesto indiscutible; representa una vuelta al sentido de la filosofía según Platón, quien, como su maestro Sócrates, estableció la doble identidad entre virtud y felicidad, virtud y ciencia. Se encuentra aquí precisamente la separación entre Platón y Aristóteles. Para el primero la filosofía es búsqueda del ser y a la vez realización de la vida verdadera del hombre en esa búsqueda; es ciencia y, en cuanto ciencia, virtud y felicidad. Pero para Aristóteles, el saber ya no es la misma vida del hombre que busca el ser y el bien, sino una ciencia objetiva que se escinde y se articula en numerosas ciencias particulares, cada una de las cuales adquiere su autonomía. No se encuentra nada parecido en la obra de Platón, cuyo pensamiento va a dominar el siguiente milenio, y que reaparecerá en el siglo xx

---

25. *Metafísica*, I, 1.
26. González Álvarez, *Manual de historia de la filosofía*, pp. 93-94.

cuando Karl Jaspers reivindica el aspecto práctico de la filosofía como filosofía de la vida y para la vida. Filosofía, dirá Jaspers, es convertirse en hombre. Llegar a ser «sí mismo», alcanzar la «autenticidad». Para él, como para el cristianismo, la filosofía no puede comprenderse al margen de la *paideia* o enseñanza, sería su misma destrucción. La filosofía es tarea humana de educación vital. Vivir es primero; filosofar, teorizar, es después, decían los antiguos (*Primun est vivere; deinde philosophari*), de donde resulta que toda filosofía y ciencia tienen su comienzo y raíces esenciales en la vida y, por consiguiente, son una función de y para la vida.

> El hombre está siempre perdido o en peligro de perderse. ¿Qué hacer, cuando no se sabe qué hacer? Cuando no se sabe qué hacer con lo que nos rodea, el único hacer que nos queda es ponernos a pensar sobre lo que nos rodea, para intentar descifrar su enigma y, en vista de lo que hallamos, fabricamos un programa de quehaceres, un proyecto de ocupaciones, de vida. Por tanto, cuando el hombre no sabe qué hacer, lo único que puede hacer es intentar saber. Esta es la raíz del teorizar de las ciencias, de la filosofía; y, en general, lo que se llama «verdad» y «razón». La razón, en su autenticidad, es razón vital. Esto quiere decir, concreta y taxativamente, que los conceptos fundamentales no se los saca de sí mismo el intelecto o razón pura, sino que le vienen impuestos como necesidades vitales. Perdido en la circunstancia y teniendo que hacer siempre algo en ella para subsistir, necesita el hombre que esto que haga tenga sentido, esto es, que sea acertado. A un ser inmortal, con tiempo infinito ante sí, le es indiferente equivocarse en cualquier hoy, porque siempre podrá rectificarse en cualquier mañana. Pero el hombre tiene —quiera o no— que acertar. Le va en ello la vida. Tiene que esforzarse para estar en lo cierto, en la verdad.[27]

De esta manera José Ortega y Gasset llegó a su genial descubrimiento de la vida como realidad radical, como realidad primaria, donde todas las demás aparecen, que los principios de la teoría de la razón no son racionales, sino que son simples urgencias de nuestra vida, pero no vayamos a adelantarnos, por más tentador que sea, sino retomemos el hilo de la historia, que, al final, nos conducirá al punto donde nos encontramos.

Epicuro de Samos (341-270 a.C.) es el primer filósofo puramente ético, concebía la ética como la ciencia de la felicidad. La filosofía es supeditada a la vida, el conocimiento se subordina al obrar. Séneca será quien más enfatice y recomiende este punto. «La filosofía no es un señuelo para deslumbrar al pueblo, ni es propia para la ostentación; no consiste en palabras, sino en obras»[28]. La vida humana es una mezcla de placeres y dolores. ¿Cómo reaccionar sabiamente ante unos y

---

27. José Ortega y Gasset, *La razón histórica*, pp. 192-193.
28. *Epistolas morales*, XVI.

otros? Epicúreos y estoicos responderán casi al unísono: la renuncia al deseo, la imperturbabilidad.

La angustia, dice Epicuro, está provocada por las ilusiones y los deseos, lo que nos recuerda la doctrina de Buda. Tememos la muerte, nos dejamos llevar por los deseos. Para ser felices basta reflexionar que la muerte no solo no es temible, sino que ni siquiera es realidad, y en cuanto a los deseos bastará con dominarlos. Lo que nosotros llamamos muerte y que tanto tememos, no es otra cosa que la disolución de un agregado atómico para que se formen otros: el cuerpo y el alma, en un cierto momento, se descomponen en sus propios elementos; no hay ninguna inmortalidad, pero tampoco hay nada de pavoroso en el morir. ¿Qué es la muerte? «Cuando tú estás, ella no está; cuando ella está, ya no estás tú».

El dolor está provocado por el deseo. El hombre tiende al placer, igual que tiende a la felicidad. Pero, ¿cómo se consigue el placer? Hay el placer sensual, el proporcionado por los sentidos. Pero, si bien se observa, orgullo, gula, avaricia, lujuria y demás pasiones que, al satisfacerlas, proporcionan un placer vivo, acaban siempre como condiciones y estados de dolor, de náusea, de rebajamiento e infelicidad: no es este el camino del verdadero placer. Feliz es aquel que no tiene deseos. Para hacer cesar el deseo hay que limitar las necesidades, único medio para obtener la calma, que es el perfecto placer. La renuncia al deseo lleva a la ausencia de turbación (*ataraxia*) y a la ausencia de dolor (*aponía*).

El precio es alto: el coste, la vida social. Epicuro aconsejaba, como después los primeros monjes cristianos, la vida solitaria y la abstención del matrimonio, que trae consigo las preocupaciones y molestias de la familia. Epicuro sabe lo que se dice y comprende que su doctrina arremete contra el estado social, al que no reconoce carta de naturaleza, como hacia Aristóteles. Según Epicuro los hombres preferirían por naturaleza la vida solitaria, que de por sí es la más serena.

La escuela que había establecido en Atenas hacia el 307-306, que incluía mujeres y esclavos, se administraba a modo de una comunidad cerrada de vida austera, de carácter privado y tendiente a la vida en soledad; a pesar de eso la enseñanza de Epicuro despertó una suspicacia y una hostilidad por completo injustificable, por cuanto para los epicúreos el «placer» tenía una significación especial.

> Cuando decimos que el placer es el objetivo, no nos referimos a los placeres de los disipados y los que conforman el proceso del goce... sino a la ausencia de dolor en el cuerpo y de perturbaciones en la mente. Porque no son la bebida y las juergas continuas, ni los placeres sexuales o la degustación del pescado y otras exquisiteces propias de una mesa opulenta lo que produce una vida placentera, sino el razonamiento sobrio que investiga las causas de todo acto de elección o de rechazo y que se resiste ante las opiniones que dan origen a la mayor de las confusiones mentales.[29]

29. *Carta a Meneceo*, 131-132.

El «placer» consistía en tener satisfechos los deseos propios más que en el acto de satisfacerlos, y el placer derivado de una mente en quietud, de la imperturbabilidad (*ataraxia*) debía ser situado muy por encima de los placeres del cuerpo. Esta *ataraxia* estaba asegurada por el hecho de comprender que el universo seguía el curso de su propia volición, de acuerdo con la teoría atómica de Demócrito, según la cual no había supervivencia personal después de la muerte y de la separación de los átomos constitutivos de cada uno, y que los dioses, distantes y reservados, no participaban en nuestro mundo, ni se interesaban por él. Los hombres debían abstenerse de toda acción política y evitar todas las situaciones que pudiesen despertar una emoción. Una amistad gentil en modo menor dentro de un círculo cerrado era el ideal verdadero. El epicureísmo jamás llegó a ser totalmente respetable (excepto durante un poco de tiempo, en Roma, hacia fines de la república) y tanto en popularidad como en influencia fue aventajado por las enseñanzas de la *Stoá*[30].

El estoicismo, contemporáneo del epicureísmo, fue fundado por Zenón de Citium (334-262 a.C.). Continúa la línea de reflexión que busca resolver los problemas de la vida. La virtud es la felicidad. El bien consiste en vivir conforme a la naturaleza, cuyo elemento superior es la razón.

El sabio que quiere la felicidad no tiene más que vivir según la naturaleza, que, para el estoico, es tanto como decir según Dios, según la razón y según la virtud, conformándose al orden universal. Vivir conforme a la naturaleza significa, pues, vivir conforme a la razón. Vivir conforme a naturaleza es triunfar de las pasiones, dominarlas para conseguir la imperturbabilidad (*apatía*) y llegar a ser señor de sí mismo (*autarquía*). Lucio Anneo Séneca (4 a.C.-65 d.C.) es el filósofo más representativo de esta escuela. La virtud es suficiente para la felicidad, escribe; los demás bienes, como las riquezas, los honores, etc., valen en cuanto subordinados a la virtud. Afirma con toda claridad la hermandad de todos los hombres, basada en su naturaleza común. Aconseja el amor al prójimo y formula otras muchas ideas que el cristianismo naciente ponía ya en práctica. Esta circunstancia ha dado pie para las supuestas relaciones epistolares entre Séneca y Pablo. Algunos han llegado a sostener que Séneca se convirtió al cristianismo. ¡No es cierto! Sí lo es, empero, que se halla muy próximo al cristiano en el campo del pensamiento. Tan cerca debieron considerarlo los primeros Padres de la Iglesia que Tertuliano le llama Séneca *saepe noster*. Baste leer sus textos sobre «el espíritu libre» y «el Dios interior» para darse cuenta de ello.

7.3. Sobre el espíritu libre

¿Qué es lo más grande en la vida humana? No ciertamente haber cruzado los mares con sus naves, ni haber plantado sus estandartes en las costas del Mar Rojo, ni, porque

---

30. F. B. Walbank, *El mundo helenístico*, p. 163. Taurus, Madrid 1985.

la tierra te entregaba a nuevas ofensas, haber errado por el Océano en busca de lo desconocido; sino el haber contemplado todo con altura de miras, y haber triunfado de sus vicios, con una victoria que es la mayor de todas. Innumerables son los que han dominado a pueblos y ciudades, pero muy pocos los que han sido señores de sí mismos. ¿Qué hay mayor que esto? Elevar su alma por encima de amenazas y promesas de la fortuna saber que nada de lo que se espera vale nada. ¿Qué es lo único digno de ser envidiado? El trato de las cosas divinas, y así, cuando después de haberlas tratado se vuelven los ojos a las humanas, quedamos enceguecidos, como cuando salimos de la claridad esplendente del sol y entramos en un lugar sombrío.

¿Qué es lo principal? Poder soportar alegremente la adversidad, aceptar todo lo que llegue como si lo hubieses querido. Porque hubieses debido quererlo si supieses que todo sucede según decreto divino: llorar, quejarse y gemir es sublevarse. ¿Qué es lo principal? Un ánimo que contra la calamidad se muestra fuerte y perseverante; que no se aleja solamente de los placeres, sino que les declara la guerra; que no busca el peligro ni lo rehúye; que sabe crear su fortuna y no aguardarla; que afronta lo bueno y lo malo sin temblar ni turbarse, y que no se desconcierta ni por ataques ni por el resplandor.

¿Qué es lo principal? El que no demos entrada a malos pensamientos en nuestro espíritu, que elevemos al cielo las manos puras; que no deseemos ningún bien a costa de otra persona; que pidas un privilegio que a nadie sublevará: la bondad de corazón; y que, si la suerte pone en tus manos algunos de los dones estimados por los hombres, piensa que se irán lo mismo que han venido. ¿Qué es lo principal? Elevar el espíritu por encima de todo lo que depende del azar y no perder de vista la condición humana, a fin de que, si eres feliz, sepas que no durará mucho, y si desgraciado, sepas que no lo eres si así no lo juzgas. ¿Qué es lo principal? Tener su alma a flor de labios, y esto en virtud no del derecho Quiritario, sino del derecho natural. Es libre, en efecto, el que ha sabido escapar de la esclavitud de sí mismo. Esta esclavitud es continua, y es imposible sustraerse a ella; se deja sentir igualmente de día como de noche, sin interrupción y sin descanso.

Ser esclavo de sí mismo es la servidumbre más pesada. La sacudirás fácilmente si renuncias a exigir muchos servicios, si no buscas tu propio provecho, si tu naturaleza humana y tu edad, aunque sea la más temprana, están siempre presentes ante tus ojos, y si te dices a ti mismo: ¿Por qué proceder como un loco? ¿Por qué me afano, qué anhelo, por qué remover la tierra y el foro? No tengo necesidad de muchas cosas ni durante mucho tiempo.[31]

7.4. Sobre el dios interior

No se han de levantar las manos al cielo ni rogar al custodio del templo que nos admita a hablar a las orejas de la estatua como si pudiéramos ser oídos mejor. Dios está

---

31. Séneca, *Cuestiones naturales*, III, Prefacio.

cerca de ti, contigo está; está dentro de ti. Sí, Lucilio; sagrado espíritu habita dentro de nosotros, observador de nuestros males y guardián de nuestros bienes, este, así nos trata como le tratamos nosotros. No hay hombre bueno sin Dios. ¿Por ventura puede alguno levantarse sobre la fortuna si Él no le ayudare? Él da consejos magníficos y rectos; en cualquiera de los hombres buenos habita Dios: cuál Dios, es cosa incierta.[32]

El cristianismo responderá sucesivamente a cada una de las cuestiones suscitadas por Séneca y dirá que la fraternidad de los hombres se basa en algo mucho más profundo que la mera ciudadanía universal; la hermandad de todos los hombres se basa en una paternidad común. Por la fe todos son hijos de Dios. Los hombres son hermanos cuando Dios es aceptado como Padre. El vínculo entre los cristianos no es de raza, patria, condición social o conveniencia, sino el amor en su doble sentido o dirección: amor a Dios y a los hombres. La naturaleza no basta para fundar la convivencia fraternal, es preciso el lazo sobrenatural de la fe que aúna a todos por igual en una comunidad espiritual.

El cristianismo también responderá que el Dios incierto que no habita en templos humanos sino en el fondo de cada persona, es por cierto el Dios que se ha hecho hombre y manifestado en Jesús de Nazaret para salvación de la humanidad.

El principio de la sabiduría consistirá en amar a Dios y disfrutar de la unión con Él. La gloria de Dios es la gloria del hombre. Dios no quiere la muerte, sino la vida del hombre. No hay nada más natural que Dios y la felicidad. Quien a Dios se acerca mediante la fe en Cristo descubre la felicidad y la razón de vivir, que está dentro de cada cual, cuando vuelto en sí regresa a la casa del Padre.

8. Vías para la demostración filosófica de Dios antes de Cristo

Platón y Aristóteles reflexionaron largamente sobre el tema Dios. Lo que ellos dijeron será desarrollado de una y otra manera por los filósofos y teólogos cristianos.

8.1. La teología, reina de las ciencias

No es a los escolásticos a quienes debemos la importante calificación de *reina de las ciencias* aplicada a la teología, sino a Aristóteles. Es él, y solo él, quien acuñó esta expresión. Así, pues, no es una expresión de presunción y dominio eclesiales, sino consecuencia inevitable de una filosofía centrada en el ser como realidad suprema.

Toda ciencia se ocupa de indagar ciertos principios y ciertas causas, argumenta Aristóteles, con ocasión de cada uno de los objetos a que se extiende su conocimiento. Esto hace la medicina, la gimnástica y las demás diversas ciencias creadoras, así como las ciencias matemáticas. Cada una de ellas se circunscribe a un género determinado, y trata únicamente de este género; le considera como una realidad

---

32. Séneca, *Epistolae morales*, XLI.

y un ser, sin examinarlo, sin embargo, en tanto que ser. La ciencia que trata del ser en tanto que ser es diferente de todas estas ciencias y está fuera de ellas.

Las ciencias que acabamos de mencionar —continúa— toman cada cual por objeto en cada género la esencia, y tratan de dar, sobre todo lo demás, demostraciones más o menos sujetas a excepciones, más o menos rigurosas. Las unas admiten la esencia percibida por los sentidos; las otras asientan desde luego la esencia como hecho fundamental. Es claro entonces que no ha lugar, con esta manera de proceder, a ninguna demostración ni de la sustancia ni de la esencia.

La física trata de los seres que tienen en sí mismos el principio del movimiento. La ciencia matemática es una ciencia teórica ciertamente y que trata de objetos inmóviles; pero estos objetos no están separados de toda materia. La ciencia del ser independiente e inmóvil es diferente de estas dos ciencias; en el supuesto de que haya una sustancia que sea realmente sustancia, quiero decir, independiente e inmóvil, lo cual nos esforzaremos por probar. Y si hay entre los seres una naturaleza de esta clase, será la naturaleza divina, será el primer principio, el principio por excelencia.

En este sentido hay tres ciencias teóricas: Física, Ciencia matemática y Teología.

Ahora bien, las ciencias teóricas están sobre las demás ciencias. Pero la última nombrada supera a todas las ciencias teóricas. Ella tiene por objeto el ser, que está por encima de todos los seres, y la superioridad e inferioridad de la ciencia se gradúa por el valor del objeto sobre el que versa su conocimiento[33].

8.2. Dios según Platón

Los argumentos de Platón para demostrar la existencia de Dios, y que se van a repetir en el cristianismo, son los siguientes:

a) La existencia del mundo sensible exige la existencia de una causa eficiente.
b) El orden y la armonía del Universo revelan la existencia de una causa inteligente divina.
c) El movimiento del Universo reclama la existencia de un primer motor, que se mueve a sí mismo y mueve la existencia de todas las demás cosas.
d) Ha de existir un premio o un castigo para los que han obrado bien o mal, pues de lo contrario carecería de sentido la propia vida.

El argumento, los argumentos, de Platón no se reducen, como hemos hecho nosotros por amor de la claridad expositiva, a una serie de deducciones lógicas (mera jerga racionalista), sino que tienen un fundamento antropológico que los hace comprensibles. Según Platón hay un *contacto* divino en el hombre, y este contacto

---

33. Aristóteles, *Metafísica*, XI, 7; VI, 1. Cf. Francisco Suárez, *Introducción a la Metafísica*, prefacio).

es la raíz del alma, en el sentido riguroso de que Dios nos tiene suspendidos de él. El hombre está inserto en Dios, está arraigado en la Divinidad.

Este contacto divino es la *causa primera* de todo movimiento del espíritu hacia Dios; la *causa segunda* es un esfuerzo humano para suprimir el obstáculo que se opone a ese impulso. Para mirar a Dios no basta volver hacia él la razón sola, sino que es menester volver el alma entera. Sin una *conversión* total del alma, consistente en volver de las cosas pasajeras al ser mismo, no es posible el conocimiento de Dios.

El obstáculo que impide esa visión es doble: la concupiscencia y el orgullo. Quien está preso en esa doble esclavitud no puede elevarse a la región más alta y solo tiene *pensamientos mortales*. Esto quiere decir que Platón parte de una situación de *desorden* en el hombre. A pesar de poseer el hombre el contacto divino y la facultad de elevarse a la contemplación de las ideas y de la misma idea del Bien, no puede hacerlo sin un previo esfuerzo moral que domine el orgullo y la sensualidad y, quitando el obstáculo, permita que se desarrolle el sentido de lo divino e inmortal. Por tanto, al primer elemento, que es la *radicación* en Dios, que nos tiene suspendidos por nuestra raíz, se añade, según Platón, un esfuerzo del hombre para lograr la remoción del obstáculo y volver a la razón, no sola, sino con el alma entera, hacia lo divino. Solo en este momento podrá comenzar el proceso dialéctico, propiamente dicho, la marcha de la razón hacia el ser, que incluye esencialmente las etapas anteriores como su *fundamento*.

El conocimiento que el hombre puede llegar a tener de Dios es solo una imagen de Dios, no su visión misma. Por un proceso dialéctico llegamos a Dios mediante la semejanza y el contraste. Si lo finito tiene alguna virtud, Dios tiene toda virtud; si en lo finito hay poder, Dios lo puede todo; si en lo finito hay mal, en Dios no tiene lugar el mal y sí todo bien. El procedimiento consiste, pues, en afirmar hasta el infinito las cualidades positivas y suprimir los límites de lo negativo. De este modo se llega al infinito y al bien sumo.

El deber de la razón es conocer a Dios por las cosas visibles. No tiene *excusa* si no lo hace. En palabras del apóstol Pablo: «Lo que de Dios se conoce *les* es manifiesto, pues Dios se lo manifestó. Porque las cosas invisibles de él, su eterno poder y deidad, se hacen claramente visibles desde la creación del mundo, siendo entendidas por medio de las cosas hechas, de modo que no tienen excusa» (Ro. 1:19-20). Conocer a Dios solo lo realiza la razón sana y libre; hay una razón perversa y esclava, que elige la nada en su misma raíz e invierte el proceso dialéctico, destruyéndose a sí misma: esta es la sofística o falsa sabiduría.

Hay, pues, un *contacto divino* en la raíz del alma, al que se opone un obstáculo moral procedente del estado de desorden en que el hombre se encuentra. Para salvarlo es necesario un esfuerzo del alma para *convertirla* hacia el ser y llegar así a su *término* en la visión de Dios. Esta va a ser, esencialmente, la base de la teología mística cristiana. Lo que pasa, como en cualquier aculturación o trasvase de un sistema de ideas en otro diferente, el cristianismo, aparte de adoptar los resultados de Platón, los va a adaptar a una experiencia superior de vida. La conversión del alma o renacimiento no puede proceder del hombre solo, ni ser resultado del alma, sino que ha de darla el propio Dios. Dios abre la marcha en la búsqueda del alma. Este es el principio básico y fundamental del cristianismo. Después del renacimiento sobrenatural, o segundo nacimiento, se puede ver a Dios. Visión que comienza en esta vida mediante la fe.[34]

8.3. El motor inmóvil de Aristóteles

Aristóteles deduce la existencia de Dios del hecho del movimiento. Fiel a su teoría del conocimiento, Aristóteles parte de un hecho de la experiencia: hay *movimiento*, luego hay un primer motor inmóvil, que llamamos Dios, «Todo lo que muda es algo, y el cambio tiene una causa y un fin. La causa es el primer motor, el sujeto es la materia, y el fin es la forma»[35].

Según Aristóteles, Dios es un viviente eterno y perfecto, porque en él está dada la vida continua y eterna, y esa vida es Dios, el primer motor inmóvil. Como no contiene en sí ninguna potencia ni materia, no puede haber nada en él que se mueva. ¿Cómo es, entonces, ese motor? ¿Cómo mueve si es inmóvil? Dios mueve sin ser movido como el objeto del amor y del deseo. Dios mueve como lo amado, es decir, se trata de una atracción; Dios es el fin, el *telos* de todos los entes.

He aquí cómo mueve. Lo deseable y lo inteligible mueven sin ser movidos, y lo primero deseable es idéntico a lo primero inteligible. Porque el objeto del deseo es lo que parece bello, y el objeto primero de la voluntad es lo que es bello. Nosotros deseamos una cosa porque nos parece buena, y no nos parece mal porque la deseamos: el principio aquí es el pensamiento. Ahora bien; el pensamiento es puesto en movimiento por lo inteligible, y el orden de lo deseable es inteligible en sí por sí; y en este orden la esencia ocupa el primer lugar; y entre las esencias, la primera es la esencia simple y actual. Pero lo uno y lo simple no son la misma cosa: lo uno designa una medida común a muchos seres; lo simple es una propiedad del mismo ser.

De esta manera lo bello en sí y lo deseable en sí entran ambos en el orden de lo inteligible; y lo que es primero es siempre excelente, ya absolutamente, ya relativamente.

La verdadera causa final reside en los seres inmóviles, como lo muestra la distinción establecida entre las causas finales, porque hay la causa absoluta y la que no es absoluta. El ser inmóvil mueve con objeto del amor, y lo que él mueve imprime el movimiento a todo lo demás. Luego en todo ser que se mueve hay posibilidad de cambio. Si el movimiento de traslación es el primer movimiento, y este movimiento existe en acto, el ser que es movido puede mudar, sino en cuanto a la esencia, por lo menos en cuanto

---

34. Cf. Julián Marías, "La historia del problema de Dios". La filosofía del padre Gratry.

35. *Metafísica*, XII, 3.

al lugar. Pero desde el momento que hay un ser que mueve, permaneciendo él inmóvil, aun cuando exista en acto, este ser no es susceptible de ningún cambio. En efecto, el cambio primero es el movimiento de traslación, y el primero de los movimientos de traslación es el movimiento circular. El ser que imprime este movimiento es el motor inmóvil. El motor inmóvil es, pues, un ser necesario; y en tanto que necesario, es el bien y por consiguiente un principio, porque hay varias acepciones de la palabra necesario: hay la necesidad violenta, la que coarta nuestra inclinación natural; después la necesidad, que es la condición del bien; y por último lo necesario, que es lo que es absolutamente de tal manera y no es susceptible de ser de otra.[36]

Dios es el primer motor en el orden de los movimientos y la *causa primera* en el orden de las causas, «así puede decirse que el hombre es anterior al semen, no sin duda el hombre que ha nacido del semen, sino aquel de donde él proviene»[37]. En cuanto causa primera, en la que desembocan todas las series causales, incluida la de las causas finales, e igualmente causa final, Dios es origen del *orden* del universo al que Aristóteles compara con un ejército. «El bien de un ejército lo constituyen el orden que reina en él y su general, y sobre todo su general: no es el general obra del orden, sino que es el general causa del orden. Todo tiene un puesto marcado en el mundo: peces, aves, plantas»[38]. De la misma manera, Dios es quien determina el orden del universo, como el general en su tropa y el jefe de familia en su casa. Se puede decir que Dios es el *creador* del orden, pero procediendo con cautela, toda vez que el concepto creación tal como se entiende propiamente en el sentido hebreo, no existe en griego. Dios es creador del *orden* del mundo, pero no del *ser* de dicho mundo. Tanto para Aristóteles como para Platón, la estructura sustancial del universo está más allá de los límites de la creación divina: no es susceptible de principio y de fin.

Solo la cosa individual, compuesta de materia y forma, nace y muere, según Aristóteles, mientras la sustancia que es forma o razón o aquella que es materia ni nace, ni muere. Al igual que Platón, Aristóteles es politeísta. Primero, porque Dios no es la única sustancia inmóvil. Dios es el principio que explica el movimiento del primer cielo; pero, como además de este, están los movimientos igualmente eternos de las otras esferas celestes, la misma demostración que vale para la existencia del primer inmóvil vale también para la existencia de tantos motores cuantos son los movimientos de las esferas celestes. Aristóteles admite así numerosas inteligencias motoras, cada una de las cuales preside el movimiento de una esfera determinada y es principio del mismo a la manera que Dios, como inteligencia motora del primer cielo, es el principio primero de todo movimiento

---

36. *Metafísica*, XII, 7.

37. *Id.*, XII, 7.

38. *Id.*, XII, 10.

del universo. Habrá que esperar al monoteísmo de Filón de Alejandría para que la doctrina de la creación entre en el ámbito de la filosofía.

9. Filosofía y antifilosofía en el Nuevo Testamento

No hace falta señalar la importancia filosófica del prólogo del Evangelio de Juan, cuando se refiere a la personalidad y filiación eterna de Cristo como el Verbo, el Logos de Dios, metáfora usada ampliamente por la filosofía griega y el judaísmo helenizado. La meditación sobre el Logos de Juan constituirá el punto de arranque y la meta de las especulaciones del pensamiento cristiano. No significa ninguna desvirtuación de la fe cristiana que confiesa a Cristo como Señor e Hijo Dios manifestado en el hombre Jesús de Nazaret. Precisamente la metáfora del Logos divino, la Palabra divina, fue adoptada por Juan y los apologetas cristianos para hacer plausible el doble hecho de la unidad en Cristo de lo divino y lo humano.

Los escritos de Pablo, algunas afirmaciones antifilosóficas en ellos, han sido ampliamente utilizados para negar a la filosofía permiso de residencia en la ciudad de Dios.

En su época es posible que Pablo pasase por un filósofo más a los ojos de sus contemporáneos. Abundaban entonces los teósofos predicadores de religiones de misterios en sincretismo con la filosofía helena. Por un lugar y otro se podían ver «mendigos» con pretensiones más o menos filosóficas, que recorrían como vagabundos las ciudades, sobrios y desaliñados, pronunciando discursos morales y cayendo con frecuencia en el charlatanismo. Nos referimos a los cínicos. A Pablo no le agradaban semejantes comparaciones. No era un vagabundo y menos aún un charlatán. De ahí su protesta contra la pseudofilosofía, que, leída al pie de la letra, sin contexto cultural, ha llevado a muchos a adoptar una actitud negativa ante la filosofía como tal, cuando a lo que Pablo se opone es a la sofistería en nombre de una sabiduría digna y elevada: la «filosofía» verdadera representada por el Evangelio de Cristo. «Mirad que nadie os haga cautivos por medio de su filosofía y vanas sutilezas, según la tradición de los hombres, conforme a los principios elementales del mundo y no según Cristo» (Col. 2:8).

El cristianismo tiene su «filosofía» en Cristo y así es como se refieren a su fe los primeros escritores eclesiásticos: «nuestra filosofía». Ahora bien, cuando aumentaba el riesgo de confundir la sabiduría cristiana, sabiduría revelada directamente por Dios en Cristo, con la charlatanería de los cínicos o de cualesquiera otros, Pablo se esforzaba en hacer saber que la «filosofía» cristiana no es semejante al resto de las filosofías de carácter vulgar, sino manifestación y poder del Espíritu divino. «Y ni mi mensaje ni mi predicación fueron con palabras persuasivas de sabiduría, sino con demostración del Espíritu y de poder, para que vuestra fe no descanse en la sabiduría de los hombres, sino en el poder de Dios». Pero, y este es un pero muy significativo e importante en el que no parece repararse suficientemente, «sin embargo, hablamos sabiduría entre los que han alcanzado madurez; pero una sabiduría no de este siglo, ni de los gobernantes de este siglo, que van desapareciendo, sino que hablamos sabiduría de Dios en misterio, la *sabiduría* oculta que, desde antes de los siglos, Dios predestinó para nuestra gloria; la sabiduría que ninguno de los gobernantes de este siglo ha entendido, porque si la hubieran entendido no habrían crucificado al Señor de gloria» (1 Co. 2:4-8).

El cristianismo no se puede reducir a filosofía pagana, porque introduce en la historia un nuevo elemento que es el nuevo ser en Cristo, a partir del cual se han de entender las relaciones del hombre con Dios, consigo mismo y con los demás. Las barreras étnicas, religiosas y económicas que separan a la humanidad han sido quebradas por el Evangelio en el que «no hay distinción entre griego y judío, circunciso e incircunciso, bárbaro, escita, esclavo o libre, sino que Cristo es todo en todos» (Col. 3:11), a partir de él surge una nueva humanidad, que se describe «una nueva creación» (Gá. 6:15), algo anteriormente desconocido en la historia, pero en analogía con la primera creación pura y santa. En su aspecto ideal, el cristianismo introduce una nueva situación desde la que se va a intentar una nueva filosofía, la filosofía de Cristo, cuyo núcleo consiste en sentirse perdonado, reconciliado y aceptado por Dios como individuo justificado por gracia.

En su conocido discurso en el Areópago de Atenas (Hch. 17:16-34), Pablo se sirvió ampliamente de la cultura helénica de su época. Es evidente que Pablo había dialogado con los filósofos estoicos y epicúreos, a quienes cita sin nombrar. «Un filósofo profesional habría podido casi firmar este discurso, puesto que los temas abordados son en su mayor parte lugares comunes de la filosofía de la época: que el Dios verdadero, que da a todos la vida y el aliento, no habite en los templos hechos por la mano del hombre sino en el único templo digno de él, que es el universo, ya lo habían afirmado los fundadores del estoicismo; que carezca de toda necesidad en cierto modo incognoscible y con todo cercano a nosotros y accesible a quien procura buscarle, era una tesis de Platón, sostenida y aceptada por las escuelas platónicas de los alrededores de la era cristiana; platonismo y estoicismo, por otra parte, se habían mezclado y alterado recíprocamente en el eclecticismo de la época. La cita del poeta estoico Arato (si es que no pertenece a Cleantes) confirma el carácter escolar de esas diferentes ideas. La única nota discordante aparece en la mención final, velado por lo demás, de Cristo como el hombre designado para juzgar el universo el día fijado; en cuanto a la afirmación de su resurrección, esta puso fin a la conversación, provocando la burla de los oyentes que habían tomado en un principio a Jesús y la Resurrección por una pareja de divinidades exóticas tales como incluía en gran número el panteón helénico»[39]. Es evidente que Pablo

---

39. Jean Pépin, "Helenismo y cristianismo" pp. 237-238, en Fraçois Chátelet, *Historia de la filosofía*, I.

buscó presentar la Buena Noticia, no como una ruptura, sino como un complemento y perfección de la teología helena. Allá ellos con su rechazo.

Incluso cuando Pablo ataca la filosofía helénica, su crítica va dirigida a los artificios verbales, la retórica engañosa, los discursos elocuentes sin sustancia, la persuasión de la sabiduría vana, que llevan a los hombres a quedarse con las apariencias y rechazar el testimonio de la verdad. Al carácter ambiguo de la filosofía, que en cuanto actividad humana está sometida a las condiciones de existencia y de pecado, se debe la doble tradición cristiana de rechazo, por una parte, y de aceptación, por otra.

10. *"Nostra philosophia"*

En una sociedad donde a cualquier cosa se le llama filosofía y donde la verdadera convive con la falsa, es de esperar que los primeros cristianos reaccionaran de modo diverso conforme a su conocimiento y experiencia de la filosofía. Para los cansados del debate sin fin y de las especulaciones sin cuento, la filosofía no vale nada y su actitud será la de rechazo absoluto, tal como la representada por Tertuliano. Para los que en la cultura descubren un método y un orden conceptual lógico y riguroso, la filosofía es un instrumento valioso en manos de la fe.

10.1. Tertuliano

También en el cristianismo el tipo de hombre determina la clase de doctrina o pensamiento que se hace. Septimio Florencio Tertuliano (160-220) tenía mente de abogado, por profesión y hábito. Convertido al cristianismo en la edad madura, cuando pasaba de los treinta años, se encuentra con los ataques desproporcionados de los filósofos, cuya invectiva maliciosa e ignorante era claro indicio de un espíritu malévolo, no dispuesto a dejarse convencer por las evidencias. Tertuliano no pierde el tiempo con ellos. Su desprecio por los filósofos le lleva al desprecio de la razón, de él procede la frase *credo quia absurdum*, creo porque es absurdo. Prueba de su mentalidad jurídica es la siguiente pieza de retórica:

> ¿Qué es la filosofía? Se la define como amor y búsqueda de la sabiduría; luego si se la busca aún, señal es que no se posee todavía.[40]

Tertuliano no es un loco, ni un entusiasta despectivo, es, literalmente un hombre asqueado de la pedantería académica, un alma viril que obedece al dictado bíblico: «Compra la verdad y no la vendas» (Pr. 23:23). Su oposición a la sofistería filosófica le llevará a apuntar una idea tremendamente renovadora y audaz en el pensamiento cristiano: el *anima naturaliter Christiana*, el alma cristiana por

---

40. *Instituciones divinas*, III, 3.

naturaleza. ¿Qué quiere decir Tertuliano? Algo muy importante que solo será captado después por Agustín al referirse a la intimidad, al ser interior, como el lugar de encuentro con Dios, porque desde un principio la filosofía cristiana es filosofía de la personalidad.

La persona tiene que vaciarse de sí para llegar a sí. Por engreimiento y afectación el alma está turbada, turbia su visión por pseudoconocimientos. La presunción del entendimiento humano es resultado de la ignorancia y de la cultura, por más cosas que se sepan. Tertuliano apela a la «fe sencilla» contra el afectado de sabiduría:

> No es a ti a quien me dirijo, espíritu que, formado en las escuelas, aparejado en las bibliotecas, eruptas un acopio de sabiduría académica, sino a ti, alma sencilla e inculta, como la tienen los que otra cosa no poseen, y cuya entera experiencia fue recogida en esquinas y cruces de caminos y taller industrial. Y necesito tu inexperiencia (porque en tu montoncillo de experiencia nadie cree)... Ella es "depósito secreto de conocimiento innato y congénito" que contiene la verdad, no, por cierto, producto de la disciplina secular. Antes es el alma que las letras, las palabras antes que los libros, y el hombre mismo antes que el filósofo y el poeta.[41]

Si tenemos en cuenta que, en sus días, año 197, las cárceles estaban llenas de cristianos por el solo delito de su creencia, podemos comprender el estilo combativo de Tertuliano. No era un jurista más, Tertuliano poseía una amplia cultura filosófica, de la que no renegó al convertirse a la fe. Como es propio del genio reconciliador cristiano, Tertuliano integró la filosofía en la fe. Cuando combate a los filósofos lo hace en nombre del conocimiento, no de la ignorancia, no como ellos, que desprecian lo que ignoran. «Hubo un tiempo en que nosotros nos reíamos, como vosotros, de estas verdades. Nosotros salimos de vuestras filas. No se nace cristiano, se llega a ser cristiano»[42].

En cuanto a estilo poseía un dominio de la lengua raramente igualado, o quizá nunca, en la historia de la Iglesia.

Extremista pero ingenioso, violento despreciador en una época de violencias y desprecios injustificados, lo único que defendía respecto a la filosofía es que esta no puede iluminar y justificar la fe, que está siempre por encima de la razón. «Sin embargo, él mismo sintió la necesidad de dar una justificación a la fe; y la dio más profunda de cuanto pudiera esperarse de su tendencia irracionalista. Frente a la importancia de la razón para iluminarnos los inescrutables misterios de la Divinidad, debemos confiarnos al sentido interior, que es una guía infalible, puesto que el alma es *naturaliter christiana*. Nuestra alma responde a la voz y a las

---

41. *De Testimonio Animae*, I, II.
42. Tertuliano, *Apologética*, 18, 14.

revelaciones de Cristo y de la fe, comprobando su verdad inmediata, sin necesidad de la "sabiduría" de escuela y de filosofía»[43].

¿Qué podía enseñarle a él, espíritu rigorista en moral, un paganismo decadente, vicioso y corrompido por las injusticias sociales, y despectivo con la verdad? «Ningún moralista cristiano anterior puso al descubierto tan despiadadamente los males del paganismo y, especialmente, la perversidad del trato del gobierno para con los cristianos»[44].

10.2. Justino Mártir

Actitud diferente, aunque aún condicionada por la situación de escarnio en la que se veía la doctrina cristiana, es la de Justino, el primer filósofo griego bien conocido que se dedicó a la defensa tradicional de la fe, sin dejarse arrastrar por el antiintelectualismo de unos y las especulaciones gnósticas de otros.

Temple conciliador, carácter afable, su estilo es también afable; su lenguaje, lleno de mesura y amabilidad. Pagano de nacimiento, es el representante perfecto de la clase media de su tiempo: ciudadano acomodado, fiel al sistema, desligado de las viejas tradiciones; de espíritu abierto, emprendedor y cosmopolita y hombre de gran probidad. Su desahogo económico le permitió organizar su vida como le plació y se hizo filósofo. Como a tal Cristo lo llamó, y él se convirtió al cristianismo[45].

Había estudiado la filosofía estoica, peripatética, pitagórica y platónica, hasta su conversión que tuvo lugar en Éfeso. En el cristianismo encontró lo que la filosofía no había alcanzado a darle. «El cristianismo es la única filosofía sólida y útil que he encontrado», dijo. Desde entonces defendió la nueva fe como la única y verdadera filosofía, incomparablemente superior a todas las demás.

Suspirando por una autoridad concreta y objetiva que diera descanso a su mente inquieta, tropezó un día con un extranjero, un anciano venerable, que más tarde descubrió era cristiano. Este hombre le habló de los profetas hebreos, cuya sabiduría les había sido dada por inspiración del Espíritu divino, y cuyas predicciones se cumplieron perfectamente en Cristo. Justino se entusiasmó con esta conversación. Se apoderó de él un deseo vehemente de llegar a conocer a los profetas y sus intérpretes cristianos. En la fe encontró una filosofía a la vez especulativa y práctica que satisfizo su hambre de seguridad y guía. «Así fue su conversión al cristianismo. Podrá parecer muy diferente de la conversión de Pablo, pero Justino estuvo igualmente dispuesto a morir por su nueva fe»[46].

---

43. Aldo Agazzi, *Historia de la filosofía*, vol 1, p. 148.

44. Shirley J. Case, *Los forjadores del cristianismo*, p. 93.

45. Hans von Campenhausen, *Los padres griegos*, "Justino".

46. Shirley J. Case, *op. cit.*, p. 77.

Escribió la primera apología formal del cristianismo. Fue, sin duda alguna, la defensa literaria más importante que se había escrito hasta ese entonces. Los cristianos —afirma— poseen la verdad: su vida, su moral lo atestiguan. Las fuentes de donde extraen su conocimiento no se secarán jamás. Su doctrina cumple la tarea propia de la filosofía que, según él, consiste esencialmente en una búsqueda, en un preguntarse y preguntar por Dios. No hay en él el frío intelectualismo que anegará después el ejercicio de la filosofía, incluso de la ejercida por cristianos. También al intelecto se le conoce por sus frutos. La vida es la última justificación de la filosofía.

Justino viajaba de un lugar a otro, siguiendo una larga tradición filosófica, vistiendo la toga filosófica, disertando acerca de la verdad y lo razonable de las creencias evangélicas. Murió mártir en Roma alrededor del año 165.

10.3. Toda verdad es verdad de Dios

Las doctrinas de los filósofos griegos, concluye Justino, son únicamente la antesala de la verdadera filosofía. Es más, lo que la filosofía griega había buscado y hallado de una manera parcial e imperfecta, se encontraba de un modo completo y definitivo en la verdad cristiana. Platón, fue para Justino, el "puente espiritual" que conduce hasta los "más viejos filósofos", o sea, hasta los profetas del Antiguo Testamento y, a través de ellos, hasta Cristo mismo.

Justino no intenta interpretar filosóficamente el mensaje cristiano, está convencido de la verdad absoluta del cristianismo y cuando adopta el lenguaje de Platón es porque este tiene el mérito de estar de acuerdo en gran parte con la única verdad del Evangelio. Tal va a ser el método y la actitud del cristianismo "helenizado". Su punto débil se dejará notar en la tendencia a "manipular" los textos clásicos en favor del cristianismo, a poner en ellos lo que no contienen, lo que explica el decreto de Juliano, llamado el Apóstata, por el que prohibía a los cristianos la enseñanza en los centros imperiales, so pretexto de deformar a los autores clásicos. Era el año 362.

Con sus excesos y posibles abusos, todos estos datos nos informan de una clara conciencia de significación universal muy sensible y celosa de parte cristiana. La universalidad de la fe comprende el tiempo presente, pero por su misma dinámica y significado pleno, se extiende al pasado. Hermanada con esta conciencia de significación universal se encuentra la conciencia de responsabilidad colectiva por todos los hombres de todas las latitudes y de todos los tiempos. Los primeros cristianos no se ofrecieron al mundo como una nueva religión más, desconectada del pasado y del esfuerzo cultural de sus predecesores, sino que comprendieron, sin oportunismo, que el cristianismo estaba en *continuidad* con la filosofía griega, del mismo modo que estaba en *continuidad* con la religión hebrea. Lo que Justino intentó fue presentar coherentemente al cristianismo como integrador de un plan universal e histórico de salvación, y resolver así uno de los problemas más graves de la teología de su época: el de la relación del cristianismo con el Antiguo Testamento y con la cultura pagana, pues desde un principio, como queda dicho, los cristianos fueron conscientes de su significación universal, perdida por los grupos sectarios y heréticos solo preocupados de un aspecto particular y limitado de la doctrina cristiana.

Justino Mártir es bastante atrevido. Al mismo tiempo que exige a las autoridades políticas el derecho a que el cristianismo sea reconocido y tolerado por el Estado, pide a las autoridades de la Iglesia que reconozcan el valor retrospectivo de la salvación y aprendan a ver en la cultura pagana algo más que una suma de errores y supersticiones. Justino fue el primero en intentar *cristianizar el paganismo* desde el corazón mismo de la fe, cuya razón y dinamismo radica en su universalidad espacio-temporal. El mensaje cristiano aparece en el tiempo, pero pertenece a la eternidad. No se puede limitar, reducir, a la cuenta que parte del año del nacimiento de Cristo. No se puede abandonar a su condenación a los que nacieron antes de Cristo. Por eso Cristo fue y les predicó en el espíritu. Así se entendieron algunos pasajes del Nuevo Testamento y el artículo del credo que habla del descenso de Cristo a los infiernos. Cristo, se dice, desciende al reino de los muertos y salva al hombre en general, a todas las almas justas que esperaban la redención. Jesús realiza en el pasado, gracias a este "descenso", lo que eternamente realiza en el presente: abrir la puerta de la mediación que conduce a Dios. Los que nunca oyeron el Evangelio no quedan excluidos del mismo. Cristo ha predicado a los difuntos de modo que vivos y muertos puedan estar relacionados con él.

Justino razona desde la verdad teológica incontrovertible de su fe: Dios no es un Dios local sin trascendencia universal; Dios es el creador y señor del universo y se ha manifestado a lo largo de todos los siglos y entre todos los pueblos. Desde siempre, y siempre mediante Cristo, ha revelado a todas las naciones, no solo a los judíos, fragmentos, muestras de su verdad eterna. En cuanto a su eterna razón, esta apareció para siempre en la persona de Jesucristo. Los primeros cristianos nunca comprometieron su cristología en un afán de hacerse entender por sus contemporáneos paganos. Al contrario, su fuerte conciencia cristológica y cristocéntrica les hizo confiados y atrevidos a la hora de hablar y entenderse con la cultura.

El Logos era un término bien conocido por la filosofía helena y favorito en las clases cultas. Siempre que se mencionara, se aseguraba de inmediato la atención e interés general. Los cristianos adoptaron este título para Cristo no para helenizar su fe, sino para resaltar su universalidad, implicada en la firme conciencia cristiana de la divinidad de Jesús. Un teólogo e historiador tan competente como Seeberg escribe: "La elección de este término indica cuán completamente centrado en el Cristo exaltado estaba el pensamiento de la Iglesia. Si hubieran tenido su atención centrada en el hombre Jesús, fácilmente podrían haberlo caracterizado como un segundo Sócrates. Pero pensaban de él como Dios, en Dios y con Dios y por ello escogieron un término como *Logos* a fin de mostrar claramente a los paganos su posición"[47].

El pensamiento de Justino siempre gira en tomo al eje central que es Cristo, Cristo como primogénito de Dios y como Verbo de Dios, el que revela a Dios, pues Dios no hace nada sin su Hijo, el Logos. Como Cristo es el Verbo eterno del Dios eterno y su revelador, se puede concluir que todo el género humano participa de Cristo mediante la razón, pues la razón no es otra cosa que el Verbo de Dios, "la luz verdadera, que alumbra a todo hombre que viene al mundo" (Jn. 1:9). "Nosotros aprendimos —escribe Justino— que Cristo es el primogénito de Dios y que es la razón, de la cual participa todo el linaje humano. Y los que vivieron según razón son cristianos, aunque fueran considerados ateos; entre los griegos Sócrates, Heráclito y otros como ellos; y entre los bárbaros, Abraham y Ananías y Azarías y Misael y Elías y otros muchos. De modo que aquellos que nacieron y vivieron irracionalmente eran malvados y enemigos de Cristo y asesinos de los que viven según la razón; mas quienes vivieron y viven según la razón, son cristianos impávidos y tranquilos"[48]. Estos "cristianos anónimos" no conocieron toda la verdad. Había en ellos *semillas de verdad*, que no pudieron entender completamente. Podían ciertamente, ver de modo oscuro la verdad mediante aquella semilla de razón que había innata en ellos. Pero una cosa es la semilla y la imitación, otra es el desarrollo completo y la realidad, de la cual la semilla y la imitación nacen[49].

Encabezando la gran tradición cristiana que se atreve a afirmar que toda verdad es verdad de Dios y, por tanto, propia de la fe, Justino escribe: "Todo lo que verdad se haya dicho pertenece a nosotros los cristianos; ya que además de Dios, nosotros adoramos y amamos al Logos del Dios ingénito e inefable, el cual se hizo hombre por nosotros, para curarnos de nuestras enfermedades participando de ellas"[50]. El cristianismo reivindica para sí toda verdad en cuanto participante de la Verdad suprema que él confiesa, adora y obedece. Hay asimilación, pero a la vez discriminación, toda vez que ningún sistema humano agota la multiforme sabiduría de Dios revelada en el mundo, el hombre y, de modo preeminente, en las Escrituras.

> Declaro que todas mis oraciones y mis denodados esfuerzos tienen por objeto el mostrarme como cristiano: no que las doctrinas de Platón sean simplemente extrañas a Cristo, pero sí que no coinciden en todo con él, lo mismo que la de los otros filósofos, como los estoicos, o las de los poetas o historiadores. Porque cada uno de estos habló correctamente en cuanto que veía que tenía por connaturalidad una parte del Logos

47. Reinhoid Seeberg, *Manual de historia de las doctrinas*, I, p. 121.

48. *Apología primera*, 46.

49. *Apología segunda*, 13.

50. *Apología segunda*, 13.

seminal de Dios. Pero es evidente que quienes expresaron opiniones contradictorias y en puntos importantes, no poseyeron una ciencia infalible ni un conocimiento inatacable. Ahora bien, todo lo que ellos han dicho correctamente nos pertenece a nosotros, los cristianos, ya que nosotros adoramos y amamos, después de Dios, al Logos de Dios inengendrado e inexpresable pues por nosotros se hizo hombre para participar en todos nuestros sufrimientos y así curarlos. Y todos los escritores, por la semilla del Logos inmersa en su naturaleza, pudieron ver la realidad de las cosas, aunque de manera oscura. Porque una cosa es la semilla o la imitación de una cosa que se da según los límites de lo posible, y otra la realidad misma por referencia a la cual se da aquella participación o imitación.[51]

"A pesar de su formación filosófica, Justino está sólida y profundamente enraizado en la fe y las ideas religiosas de su comunidad; reconoce a la Biblia una autoridad incondicional. Nos haríamos una imagen todavía más precisa de esta confianza absoluta si poseyéramos sus obras estrictamente eclesiásticas, es decir, que destinaba solo a los lectores cristianos. Pero todas ellas se han perdido, sin duda porque dejaron de satisfacer a las generaciones posteriores, que quizá hasta las encontraron a veces sospechosas"[52].

Como filósofo cristiano Justino consideró su deber esencial interpretar las Sagradas Escrituras, para cuya tarea dice haber recibido de parte de Dios un carisma, que no impone su interpretación a los demás como infalible, sino que presenta de forma clara y racional. Como se venía haciendo en su época, Justino utilizó principalmente el método alegórico-tipológico en su exégesis del Antiguo Testamento. Nadie mejor que él, ni antes ni después de él, supo entender el Antiguo Testamento en términos cristianos, expresando con una sencillez admirable las líneas que conducen a Cristo.

11. Tensión escatológica y filosofía

Qué duda cabe que los primeros cristianos vivieron aguardando la inminente segunda venida de Jesús; el último libro canónico se cierra con una oración que pide su cumplimiento inmediato: "Ven, Señor Jesús" (Ap. 22:20). Mientras se mantuvo viva esta esperanza como algo próximo, inmediato, el trabajo largo y paciente del estudio filosófico, e incluso teológico, parecía casi inútil, no servía para nada. Lo único que interesaba era predicar el Evangelio en tono profético: "El fin de este mundo ha llegado, arrepentíos y creed el Evangelio". ¿Para qué perder el tiempo con discusiones e investigaciones que no tenían garantías de terminar sin antes ser interrumpidas por la aparición de la Verdad en persona?

---

51. *Apología segunda*, 13.
52. Campenhausen, *op. cit.*, p. 21.

Cristo estaba a la puerta. No había nada que ofrecer al mundo sino la oferta de salvación individual antes de la intervención catastrófica de Cristo como Rey de reyes y Señor de señores. Sin embargo, a partir del año 200 parece que esta expectativa comienza a ceder y entonces, poco a poco, la investigación doctrinal se convierte en la primera y fundamental exigencia de la iglesia. La demora de la parusía se acepta íntegramente como oportunidad de permear la cultura con la semilla y la levadura evangélicas.

Los historiadores del dogma y del desarrollo doctrinal del cristianismo como Seeberg, Rondet, Fisher, Berkhof, se asombran del cambio tan profundo que se percibe entre la riqueza de contenido teológico de los escritos apostólicos y la pobreza teológica del siglo II, inmediatamente posterior, para renacer en toda su fuerza en los siglos III y IV. La razón, en parte, consiste en esa espera escatológica inminente, para la que no solo la filosofía, sino la misma teología no tienen razón de ser. El siglo II no hizo teología, vivía espiritualmente de sus tradiciones y se preocupa más de la moral (a riesgo de olvidar el mensaje paulino de la salvación por gracia, mediante la fe sola) y el comportamiento correcto acorde a las vírgenes prudentes que aguardan la venida del novio, el padre de familia vigilando su casa con la visita imprevista del ladrón, y el administrador diligente ocupado en las tareas de su Señor, para que este no le sorprenda ocioso.

La verdad es que es difícil aceptar el Evangelio en su totalidad y no creer en el inminente retorno de Cristo, como algo vivo que anula todo vano esfuerzo intelectual, social y económico que no sea proclamar hasta el fin y con urgencia el mensaje de salvación individual. El cristianismo nunca ha hallado fácil conciliar la pronta venida de Cristo con la actitud de espera o aplazamiento de la misma como si fuera a ocurrir en cualquier momento. En los períodos en que la esperanza escatológica ha revivido con intensidad, ha sido casi imposible pensar seriamente en "soluciones humanas" a problemas del momento, ya académicos, ya sociales, toda vez que estos iban a desaparecer en un abrir y cerrar de ojos con la inmediata aparición de Cristo en la tierra.

Es lo que ocurrió durante la Reforma. Lutero estaba firmemente convencido de estar viviendo en los últimos tiempos. ¿Para qué preocuparse, por tanto, de la filosofía? Lutero, que era un místico de principio a fin, y como tal solo interesado en el acceso directo a Dios, veía en la filosofía lo que esta representaba para muchos de sus contemporáneos: hinchazón vanidosa, cuestión de prestigio. ¿Y qué tiene que ver el místico que anhela la presencia de Cristo con el prestigio de la filosofía? Según ha mostrado el Dr. Jean Delumeau en varios de sus estudios sobre Lutero, este estaba por entero dominado por la fiebre escatológica, común a sus contemporáneos. En una ocasión llegó a decir: "Es el último sello del Apocalipsis". Lutero no se consideró a sí mismo un reformador de la Iglesia, sino un precursor de la reforma que estaba por llegar con la venida de Cristo[53]. Es a la luz de este contexto escatológico que debemos entender muchas afirmaciones abruptas y radicales de Lutero. Lo importante es tomar distancia respecto a Lutero y vivir la espera esperanzada del retorna de Cristo de un modo consecuente y equilibrado.

La dificultad de encontrar un punto medio entre la tensión escatológica y la vida en el mundo, no nos disculpa de ver en nuestra impotencia el signo inequívoco, la señal definitiva de la aparición del misterio de iniquidad que precede al inmediato regreso del Salvador. Toda huida del mundo y rechazo del tiempo presente —de las que la historia es testigo elocuente—, han terminado en fracaso. Lo que importa, lo verdaderamente necesario, es trasladar a nuestra época, inserta como está, ciertamente, en la dispensación bíblica de los "últimos días", el significado actual de esa esperanza gloriosa como crítica de todos nuestros logros humanos, e inquietud que pone de relieve lo efímero de nuestros resultados y que lo mejor está aún por venir. No ponemos en suspenso nuestra esperanza, sino que desconfiamos de nuestras vanas seguridades y cada día hacemos nuevo nuestro compromiso con la verdad de Dios y el significado universal del Evangelio.

---

53. J. Delumeau, *El caso Lutero*. Barcelona 1988.

PARTE II

Alejandría, la primera escuela de filosofía cristiana

Dios es la causa de todas las cosas buenas: de unas lo es de una manera directa, como del Antiguo y del Nuevo Testamento; de otras indirectamente, como de la filosofía. Y aun es posible que la filosofía fuera dada directamente por Dios a los griegos antes de que el Señor los llamase: porque era un pedagogo para conducir a los griegos a Cristo, como la ley lo fue para los hebreos.

Clemente de Alejandría

1. Cuestión de interpretación

A partir del siglo tercero, las semillas plantadas por Justino van a brotar y dar fruto. El cristianismo emprende con decisión la obra de reconciliación de la doctrina cristiana con la filosofía griega. Atrás queda, superada, no abandonada, la matriz judía. De ella toma las Escrituras sagradas del Antiguo Testamento como Escrituras igualmente sagradas de la Iglesia cristiana. Ahora le toca el turno a las Escrituras de la cultura helena, como vehículo contextualizador del mensaje evangélico. Los alejandrinos serán quienes afronten el reto de descubrir destellos del Evangelio en la filosofía helénica. A este y otros fines se erige en Alejandría una escuela cristiana fundada por Panteno y liderada sucesivamente por Clemente (160-215), Orígenes (184-253) y Dionisio (190- 265). Esta escuela o academia, como el resto de las que existieron en la época, tenían por objeto misionar mediante la enseñanza o catequesis de los interesados en el cristianismo. En contacto con la tradición platónica y con el pensamiento de Filón, la escuela de Alejandría desarrolló una exégesis bíblica totalmente alegórica, con vistas a absorber todo el vino viejo de la verdad antigua en los odres nuevos del cristianismo.

La otra escuela cristiana de catequesis, situada en el polo opuesto, es la de Antioquia, fundada seguramente por el presbítero y mártir Luciano de Samosata (muerto en 312). A ella pertenecen Diodoro de Tarso (a quien Farrar considera su fundador), Firmiliano de Cesárea y Metodio de Olimpo. Esta escuela vive de la tradición aristotélica, aunque pronto abandonó la especulación filosófica para atenerse casi exclusivamente a la exégesis gramatical e histórica de los textos sagrados, sin concesiones a la alegoría y el simbolismo, todo lo contrario a sus hermanos de Alejandría, con los que van a mantener una rivalidad crítica.

Sus dos discípulos más ilustres son Teodoro de Mopsuestia (350-428) y Juan Crisóstomo (344-407). El primero mantenía puntos de vista más bien liberales respecto a la Escritura, mientras que Juan la consideraba en todas sus partes como infalible Palabra de Dios. La exégesis del primero fue intelectual y dogmática, la del segundo más espiritual y práctica. El primero fue famoso como crítico bíblico e intérprete; el segundo como elocuente predicador. Ambos estaban de acuerdo en determinar ante todo el sentido original del texto bíblico. No solo atribuyeron gran valor al sentido literal de la Biblia, sino que conscientemente repudiaron el método alegórico de interpretación practicado por sus hermanos alejandrinos.

Teodoro de Mopsuestia llegó a negar la inspiración divina de algunos de los libros sagrados, llevado de su rigor literalista e histórico-gramatical, y que le convierte en el precursor de la crítica racionalista, lo que nos pone sobre aviso sobre el énfasis excesivo en la "letra".

Por otra parte, y como segundo descalabro, Luciano fue el maestro de Arrio, unciendo esta escuela, involuntariamente, a la herejía antitrinitaria. Es curioso reparar aquí en otra coincidencia de carácter histórico, cuando a un método semejante le siguió un resultado parecido. Como es sabido los reformadores protestantes rechazaron por completo la interpretación alegórica de la Biblia. La tenían, con razón, como demasiado subjetiva e incontrolable. Con el paso del tiempo y a medida que disminuía el fervor religioso y aumentaba el rigor académico, la teología bíblica derivó en una progresiva racionalización sin vida, que abocó en el unitarismo doctrinal y el formalismo ético, desafiados en su tiempo por el pietismo luterano y el avivamiento de Whitefield y Wesley.

Ciertamente el método alegórico llegó a caer —como toda producción humana en virtud de la inercia y la pereza— en las extravagancias más absurdas y tendenciosas; la restauración del verdadero cristianismo propugnado por la Reforma pasaba por desterrar de la Iglesia la fantasía alegorista. Pero, como siempre ocurre en los movimientos de reacción, un extremo llevó a otro. El horror al alegorismo condujo a la reducción de la teología y su disolución en pura *filología*, exégesis bíblica literalista y medrosa. Durante siglos la teología protestante ha venido consistiendo en detalle filológico, recopilación y sistematización de textos bíblicos escogidos de acuerdo a las inclinaciones intelectuales y confesionales de sus autores. La alta y baja crítica, la crítica de las formas, así como sus enemigos, operaban bajo el falso criterio de que la sola letra constituía el todo de la revelación de Dios. La Reforma, indudablemente, contribuyó al avance del estudio exegético, histórico y objetivo de la Biblia, con una fiabilidad de resultados nunca antes conocida; con todo es preciso reivindicar hoy el método alegórico-espiritual con fines edificantes y pastorales, para no caer en un menosprecio de ciertos libros de la Biblia. Los interesados en la problemática planteada por las diferentes maneras de interpretar la Biblia harán bien en consultar la extensa y documentada obra de José M. Martínez, *Hermenéutica bíblica* (CLIE, 1985).

San Agustín, que concedió mucha importancia al estudio de las Escrituras, pues ellas proporcionan la sabiduría y la fuerza espiritual que fabrica y gobierna el mundo, y empleó legítimamente el método alegórico, no era tan incauto e ignorante como para no reconocer que la interpretación alegórica podía prestarse a muchos abusos. Y lo mismo que decimos de él se puede extender al resto. Agustín distingue con claridad varios tipos de alegoría: 1) alegoría de la historia, 2) alegoría de los hechos, 3) alegoría de las palabras y 4) alegoría de los signos[1].

El método alegórico nunca fue utilizado de forma única y exclusiva, a expensas de más seguros principios de exégesis e interpretación. De hecho, los autores patrísticos elaboraron una detallada y compleja teoría hermenéutica. Antes que la alegoría, admite Agustín, pusieron la historia, pues la Biblia es a todas luces un libro eminentemente histórico. También están las verdades que se pueden descubrir por la luz de la razón y aquellas que se deben aceptar por fe, sin más. Hay verdades espirituales y verdades históricas. Por otro lado, y abarcando todo,

1. *De la verdadera religión*, L, 98.

hay los diferentes géneros y estilos literarios, a los que es preciso aplicarse con inteligencia y estudio.

Según Agustín, la *tradición*, es decir, la corriente de pensamiento que le precede y que se transmite como legado generación tras generación, propone a quienes desean conocer las Escrituras cuatro tipos de interpretación: según la historia, la etiología, la analogía y, por último, la alegoría.

La interpretación es "histórica" cuando se explica lo que está escrito o lo que ha sucedido y lo que, sin haber sucedido, ha sido escrito simplemente como si hubiera pasado. La exégesis es "etiológica" cuando muestra la causa de un hecho o de una palabra. Es "analógica" cuando demuestra que no hay contradicción entre ambos Testamentos, el Antiguo y el Nuevo; y es "alegórica" cuando señala que ciertos pasajes no han de ser entendidos al pie de la letra, sino de modo figurado.[2]

Tenemos que hacer una distinción entre las cosas que debemos conocer por el testimonio de la historia, las que debemos descubrir con la luz de la razón y lo que hemos de guardar en la memoria y creer sin saber si son verdad; hay que indagar dónde se halla la verdad que no viene y pasa, sino que permanece siempre idéntica a sí misma, y cuál es el método para interpretar las alegorías que la Sabiduría de Dios ha revelado, según creemos, por medio del Espíritu Santo. Veamos si basta con interpretar alegóricamente los acontecimientos sensibles antiguos a la luz de los más recientes o hay que extender la alegoría a las pasiones y naturaleza del alma y hasta a la inmutable eternidad. ¿Significan algunas cosas hechos visibles, otras movimientos espirituales, otras la ley de la eternidad? ¿Todas estas cosas están contenidas en unas pocas que pueden ser estudiadas? Tenemos que descubrir cuál sea la verdadera fe, sea la histórica y temporal, sea la espiritual y eterna, a la cual debe ajustarse toda interpretación de la autoridad; es preciso examinar en qué medida la fe en las cosas temporales es útil para entender y conseguir las eternas, porque allí está el fin de las buenas acciones, y hay que hallar la diferencia que existe entre la alegoría de la historia, la alegoría de los hechos, la alegoría de las palabras y la alegoría de los signos sagrados; y cómo el estilo de las mismas Sagradas Escrituras debe interpretarse según la propiedad de cada lengua —cada lengua tiene, en efecto, sus modismos propios, que, si se traducen al pie de la letra, parecen absurdos— y para qué sirve tanta desnudez de estilo, que nos habla en las Escrituras Santas no solo de la "ira de Dios", de su "tristeza", del "despertar de su sueño", de su "memoria" y de su "olvido" y de otras cosas que pueden aplicarse a los hombres buenos, sino también del "arrepentimiento", del "celo", de la "crápula" y de otras expresiones por el estilo. Debemos investigar si los ojos de Dios, sus manos, sus pies y otros miembros del cuerpo, mencionados en las Escrituras, se deben interpretar en el sentido de la forma que tienen en el cuerpo humano o se trata de metáforas para significar facultades intelectuales y espirituales, así como cuando

2. *La utilidad de creer*, III, 5.

se habla de casco, de escudo, de espada, de cinturón y otras cosas por el estilo. Y se ha de investigar, sobre todo, qué tiene de provecho para el género humano el que la divina Providencia nos haya hablado de este modo, a través de criaturas racionales, fecundas, corporales, puestas a su servicio. Cuando se conoce todo esto, desaparecen todas las presunciones infantiles y se abraza la sacrosanta religión.[3]

2. Estrategia misionera de las escuelas

Para entender la escuela de Alejandría y la de Antioquia es preciso que nos situemos en el debido contexto espacio-temporal. Pero antes de eso, una breve digresión histórica ilustrativa del genio universal del cristianismo primitivo y su inagotable capacidad de adaptación a las formas culturales de sus contemporáneos.

Las escuelas de entonces eran el centro de la vida intelectual del imperio romano; obedecían a una estructura bastante sencilla y operativa. Las escuelas tenían carácter particular y eran dirigidas por individuos conocidos popularmente con el nombre de "filósofos". Por tales se tenía a quienes habían reflexionado acerca de los problemas de su día y se consideraban en condiciones de defender en público sus conceptos y de transmitirlos a otros. Para fundar una escuela de este tipo lo único que se necesitaba era un salón u otro lugar apropiado que pudiera acomodar a un auditorio deseoso de iniciarse en los conceptos de la filosofía de la tal escuela. A medida que la fama del maestro aumentaba y se difundía por los alrededores, acudía mayor número de alumnos desde todos los lugares. El alumno permanecía con el filósofo hasta que se creía capaz de desarrollar él mismo su investigación filosófica, que a su vez transmitía a otros, siguiendo el mismo proceso.

No tiene nada de extraño que los cristianos vieran en el sistema colegial una formidable oportunidad misionera, encarada a la cultura. Contamos con un precedente en el mismo Nuevo Testamento, que pudo servir de ejemplo a los estrategas misioneros posapostólicos. Se encuentra en los Hechos de tos Apóstoles cuando Pablo decidió alquilar la escuela de Tirano

Gracias a este sistema, favorecido por la cultura grecorromana, el cristianismo se fue abriendo paso entre gentes habituadas al intercambio público de ideas, como quizá nunca después logrará hacerlo.

En el siglo IV antes de Cristo, Alejandro Magno desembarcó en Egipto y lo hizo suyo. Posteriormente será anexionado por el imperio romano, en el año 30 de nuestra era. La ciudad "egipcia" de Alejandría fue fundada por Alejandro en el 332 a.C., en la desembocadura del río Nilo, situada estratégicamente en la confluencia de dos culturas: la oriental y la occidental. Durante diez siglos fue la capital intelectual de Oriente. Alejandría se había convertido, gracias a los Tolomeos y el establecimiento de escuelas filosóficas y científicas, en la sede principal

---

3. *De la verdadera religión*, L, 99.

de la ciencia y la cultura, y desempeñaba el mismo papel que la Atenas de antaño. Allí entraban en contacto, se influían mutuamente y se entremezclaban todas las religiones, mitologías y misterios de la época. Los egipcios, impermeables a la cultura griega y romana que despreciaban, fueron helenizados en Alejandría; así surgió una clase egipcia que hablaba griego y egipcio, todo lo cual fue de mucha importancia.

Cosmopolitas y eclécticos, los alejandrinos comparaban entre sí las distintas religiones conocidas, verdaderos precursores de la ciencia comparada de las religiones. El platonismo era la filosofía dominante en Alejandría. Desde su atalaya se divisaban el resto de las filosofías anteriores y posteriores. Los alejandrinos habían desarrollado el espíritu de la síntesis. Todas las religiones y filosofías podían ocupar un lugar dentro de la alejandrina, incluida la cristiana. Los alejandrinos mostraron una habilidad sin precedentes a la hora de crear nuevos dioses a partir de dioses antiguos y extranjeros (habilidad que sabrían aprovechar los emperadores romanos para hacerse divinizar), y que no era sino la expresión, desconcertante para nosotros, de manifestar su espíritu ecléctico para el que a la salvación se llega por múltiples vías[4].

Los Tolomeos habían atraído a la ciudad de Alejandría a las ciencias y a los sabios, en parte por su propio interés en el cultivo de la ciencia y, en parte, creando instituciones adecuadas para ello. En el año 280 a. C., se fundó el Museo (bajo la advocación de las musas griegas), instituto superior de estudios, donde los sabios estaban hospedados a expensas del Estado. Poseía ricas colecciones, jardín botánico y zoológico, observatorio astronómico y la más copiosa biblioteca de la antigüedad: hacia el año 250 a.C., contabilizaba por lo menos 120.000 volúmenes. Allí se cultivaba toda clase de ciencia, como la geografía, astronomía, física, matemática, medicina y ciencias naturales, junto con las letras y la filosofía.

En Alejandría tuvo lugar la famosa traducción griega del Antiguo Testamento hebreo, llamada Septuaginta. Fue la versión autorizada de las sinagogas. Eso por una parte, la interior; por otra, la exterior, contribuyó a que los griegos tuvieran acceso a las fuentes religiosas del judaísmo. Estos, como Hecateo de Abdera, Megástenes y Clearco de Soli, quedaron tan impresionados por las Sagradas Escrituras que llamaron a los judíos la "raza filosófica", dando a entender que los judíos habían tenido siempre cierta idea de la unidad del principio divino del mundo, idea a la que los filósofos griegos habían llegado muy recientemente. "Me temo que la Sagrada Escritura judía nunca hubiera sido traducida y la Septuaginta no habría nacido jamás, si no hubiera sido por las esperanzas de los griegos de Alejandría de encontrar en ellas el secreto de lo que, respetuosamente, llamaban la filosofía de los bárbaros"[5].

---

4. Cf. J. Lacaniére, *Los hombres ebrios de Dios*, cap. II. Ayma, Barcelona 1964.

5. W. Jaeger, *Cristianismo primitivo*, p. 48.

El Apolos de Hechos 18:24 era de origen alejandrino, "poderoso en las Escrituras". Según la tradición el evangelista Marcos introdujo el cristianismo en la ciudad. Lo más que podemos afirmar con certeza es que para el año 150 de nuestra era, la Iglesia ya estaba bien establecida en Alejandría.

Famosa por su puerto real y su faro (también por la reina Cleopatra y sus amores con Marco Antonio), Alejandría se convirtió además en un gran pórtico donde tenían lugar apasionantes y prolongadas disputas. El pensamiento griego era fecundado y madurado por los nuevos elementos culturales venidos de Oriente, como el judaísmo de la diáspora, las religiones de la India, Persia, Mesopotamia, Asia Menor, Siria y Egipto.

Las condiciones históricas que inclinaron el pensamiento filosófico hacia los problemas morales y la necesidad de resolver el problema del sentido, el valor y el fin de la vida, contribuyeron decisivamente, desde el punto de vista filosófico, a hacer operativo el sentido religioso que alentaba en las antiguas culturas orientales, de modo que también la filosofía helénica conoció así los lances místicos hacia la Divinidad, desde las cada vez más elaboradas teorías estoicas del "vivir en Dios" hasta la sistematización neoplatónica.

3. Filón, el precedente inmediato

De Alejandría era el sabio judío Filón, contemporáneo de Cristo y primer filósofo del judaísmo (30 a.C.-50 d.C.) cuyas huellas y directrices metódicas e intelectuales son fáciles de detectar en los conceptos de sus contemporáneos, y que hacen de él precedente inmediato y directo de la Escuela cristiana de Alejandría.

No tenemos mucha información sobre Filón, pero parece ser que cuando Apión atacó duramente por escrito a los judíos como pueblo bárbaro y sin cultura, Filón fue enviado a Roma como embajador de su pueblo con la misión de corregir la visión que los romanos tenían del pueblo hebreo.

Compuso un buen número de obras, de las que se conservan *Sobre la estructura del universo*, *Sobre las recompensas y los castigos*, *Sobre los sacrificios*, *Sobre la ley de las alegorías* y *Sobre la inmutabilidad de Dios*, entre otras.

Los dos rasgos que caracterizan a Filón consisten en la manera que tiene de asimilar la filosofía platónica y el esfuerzo en elaborar la filosofía de las Escrituras hebreas. Filón, como buen judío, siente una verdadera devoción por las Sagradas Escrituras, como palabra inspirada de Dios. Es su convicción que la Biblia revela todo lo que los pensadores griegos iban buscando, y que los pensadores griegos pueden pasar por comentaristas filosóficos de la divina revelación. Filón descubre las mismas verdades en ambas fuentes; concede prioridad a las Escrituras porque estas, en cuanto revelación de la verdad eterna, corrigen la filosofía de sus errores e insuficiencias.

Filón se empeñó en nada menos que descubrir a Platón en Moisés. Y no solo eso, sino que convirtió a Platón en deudor de Moisés, pues según Filón, Platón fue instruido en el Antiguo Testamento, lo que para él explica la coincidencia doctrinal de la revelación divina y la investigación filosófica. Estaba plenamente convencido que entre la Biblia y la filosofía no puede darse contradicción real alguna, si uno se atiene al sentido alegórico del texto sagrado, que va a ser utilizado con mucha prodigalidad por la escuela cristiana liderada por Clemente. Por esta su tendencia platonizante, Filón es llamado el "Platón hebreo".

Como queda apuntado, la armonía entre judaísmo y filosofía platónica no es evidente en la letra, para ello es preciso recurrir a su sentido oculto o simbólico, la alegoría. La alegoría es el método imprescindible para mostrar la armonía esencial entre la verdad revelada y la investigación filosófica. Por convicción y principio, Filón tiene que hacer una lectura alegórica del Antiguo Testamento, adaptando su historia y sus doctrinas a los conceptos de la filosofía griega,

Filón no se encuentra solo en esta manera de proceder. Gozaba de una larga tradición en esa ciudad de eruditos y pensadores que era Alejandría. Aristóbulo de Paneas (160 a.C.), también judío y filósofo muy respetado por sus compatriotas, fue el primero en aplicar el método alegórico al estudio del Pentateuco y en defender la relación y dependencia literario-genética de la filosofía griega a la ley de Moisés. Sostuvo que los filósofos y poetas griegos derivaron sus ideas de una traducción del Pentateuco en griego, la cual, según él presumía, había sido hecha mucho antes de que apareciese la versión de los Setenta. "Platón —decía—, siguió las leyes que nos fueron dadas a nosotros, y manifiestamente estudió todo lo que se dice en ellas". En consecuencia, la filosofía de Platón dependía de la ley de Moisés. Para mostrar esta supuesta dependencia directa, Aristóbulo estaba obligado a utilizar con libertad la interpretación alegórica del Pentateuco. Sostenía, por ejemplo, que la referencia a la mano de Dios no es un antropomorfismo, sino una representación alegórica del poder de Dios. ¿Cómo si no podrían leerse los textos humanos, demasiado humanos de la ley, que escandalizarán luego a cristianos como Marción?

Aristóbulo y Filón no hicieron sino recoger y adaptar a sus fines el método y la tradición greco-alejandrina de interpretar su mitología nacional y religiosa a la luz de la alegoría para salvarla de la crítica y el menosprecio del juicio racional. La filosofía, con su uso riguroso de la razón, había conseguido que se repudiaran los escritos de Homero y de Hesíodo, llenos de fábulas y mitos increíbles. Entonces, los representantes de la tradición religiosa, en su afán por conservar la de Homero y del resto de los poetas, recurrieron al método de interpretación alegórica como el único medio posible de solventar las dificultades racionales que presentaba la lectura de los mitos, llenas de arcaísmos y relatos poco edificantes. Otro tanto se podía decir de la lectura histórica del Antiguo Testamento con sus guerras fratricidas, sus deseos de venganza y muerte, que sonaba estrepitosamente bárbaro y primitivo.

El recurso a la alegoría fue un mecanismo de defensa y afirmación, servía a un interés práctico de sentido religioso y apologético. En cierto modo fue la primera teodicea de la historia, siglos antes de Leibniz. Justificaba a Dios de las crudas expresiones y relatos bíblicos que presentan a Dios como un ser vengativo y caprichoso. Platón había dicho que no debe creerse nada que sea indigno de Dios. Todo lo que no concordara con el sentido ético aceptado u ofendiera el sentido de lo recto, tenía que ser interpretado alegóricamente. La verdad es que no se trata de un método demasiado correcto en la práctica, pero bastante bueno en su propósito.

Había tres criterios que indicaban al intérprete el carácter alegórico de un texto dado:

a) Si contenía afirmaciones indignas de Dios.
b) Si una afirmación contradecía a otras, o entraba en conflicto de un modo u otro.
c) Si el relato mismo era alegórico por naturaleza.

Para Filón —que no renegaba del sentido histórico— la interpretación alegórica es la otra cara de la interpretación literal, que corresponde a la constitución de la personalidad humana: cuerpo y alma. Como el alma es superior al cuerpo, así también el significado alegórico de las Escrituras es más importante que su inmediato significado literal. Guiado por este espíritu, Filón acudirá a las Escrituras para descubrir en ellas la filosofía verdadera. Otro tanto harán los cristianos imitando su ejemplo.

3.1. La alegoría como expresión filosófica

Conviene detenernos un poco más en esta cuestión de la alegoría y su relación con la filosofía. La alegoría, se dice, contiene en figura lo que la filosofía en lógica. Por alegoría se entiende un modo del lenguaje que permite decir otra cosa de la que se dice. Es un recurso retórico para expresar un significado más profundo que el literal. En esta definición estaban de acuerdo paganos y cristianos. La interpretación alegórica fue aplicada desde muy temprano a la obra de Hesíodo y, especialmente, a la de Homero, que representaba a los dioses demasiado parecidos a los hombres, incluso en su inmoralidad. En defensa de Homero se adujo que sus relatos solo eran una apariencia y encubrían, en realidad, una enseñanza perfectamente honesta y verídica. Era cuestión de desvestir el objeto de su ropaje. La alegoría, pues, se convirtió en instrumento, técnica de salvamento. Como dice Heráclito: "Todo Homero es impío si nada es alegórico"[6].

La exégesis alegórica de los poetas será objeto de una tradición casi ininterrumpida en el mundo heleno. De este modo, la exégesis alegórica devino un modo de la expresión filosófica. La razón histórica de esta manera de proceder consiste en el prestigio de *antigüedad* que todo pensador buscaba para su sistema, la *autoritas*

---

6. *Cuestiones homéricas*, I, 1.

vetustatis, lo que explica la costumbre de algunos autores que se hacían pasar por personajes de la antigüedad (apócrifos y pseudoepígrafes), que es un problema en la literatura bíblica a la hora de determinar quiénes son sus autores originales y no meramente atribuidos por sí mismos o por otros.

El peligro de la alegoría reside en la imposibilidad de ejercer control sobre sus deducciones e interpretaciones. El método alegórico no sirve para alcanzar una interpretación objetiva, no caprichosa, del texto bíblico. Para el alegorista resulta demasiado tentador justificar todo mediante el recurso a la fantasía e imaginación propias. Séneca se cansa de los que convierten a Homero en paladín de todas las filosofías clásicas. Pero no solo la alegoría, sino la lectura intencionada de autores antiguos pueden hacer parecer a estos como predecesores o "discípulos" de uno mismo.

Respecto a la Biblia el método alegórico llevó a descubrir en ella sentidos inadmisibles, por más que se apele al significado simbólico oculto debajo o por encima de la letra. El recurso a la alegoría, por parte de los pensadores judíos y cristianos, estaba justificado por la defensa que estos tuvieron que presentar de los relatos más "groseros y bárbaros" de la Biblia, pero no hacen demasiada justicia a la historia bíblica como historia objetiva y factual.

Pese a posibles abusos y tergiversaciones, nunca se olvide que Pablo utilizó el método alegórico espiritual para resaltar algunas peculiaridades evangélicas. Su referencia, por ejemplo, a Sara y Agar como figuras de la nueva y antigua alianza, la de ley de esclavitud y la del espíritu de libertad (Gá. 4:22-31). La identificación con Cristo de la roca referida en Éxodo (1 Co. 10:14), que más tarde veremos analizado por Orígenes. ¿No dice, además, que "las cosas que se escribieron antes, para nuestra enseñanza se escribieron, a fin de que por la paciencia y la consolación de las Escrituras tengamos esperanza" (Ro. 15:4)? Es un método del que no hay que abusar, pero tampoco ignorar por completo. El cristianismo protestante ha sido testigo demasiado frecuente de interpretaciones históricas rigurosamente frías y sin aplicación actual. Si la interpretación bíblica no sirve para guiar y conducir nuestra experiencia creyente con Dios, entonces ¿para qué sirve?

3.2. Creación y conocimiento de Dios por el Logos

Como buen hebreo, Filón coloca la trascendencia de Dios muy por encima de cualquier otra consideración sobre la divinidad. Él fue el primero en introducir la idea de la creación en el ámbito filosófico. El mundo, dice, tiene su origen en Dios, y lo tiene no por emanación, sino por creación. La idea de creación era ajena al pensamiento griego. La materia se consideraba eterna, no derivaba de Dios ni de ningún otro ser o principio, existía por sí misma. Creencia que es familiar en nuestros días: la materia ni se crea ni se destruye, simplemente se transforma. Platón, que reflexionó sobre este tema, a lo más que llegó es a postular un artífice divino (artífice, no creador) llamado Demiurgo. Este, inspirándose en las ideas, en cuyo principio existían, las copia como hace el artista con su modelo, y forma así con la materia las cosas del mundo, al que, después de construido, le infunde un alma universal (*alma mundi*). Los astros llenen su alma (para Platón no es posible movimiento sin alma que lo produzca); de este modo tienen su alma el cielo, el mundo, los seres vivos y el cuerpo humano.

El Demiurgo, pues, no es el Dios creador bíblico, sino solamente un artesano que, valiéndose de las ideas y de la materia preexistentes, da forma a todo cuanto existe. Para este Demiurgo cada idea es como el padre de linaje de todos los seres de la misma especie y esencia que vemos colocada en el universo, con sus diversas características, facultades y capacidades. La idea de la encina es para el Demiurgo el modelo de todas las encinas; y así, la idea del caballo, de la vida, de la belleza, del amor. La *idea* es algo realísimo, inmaterial y separado.

Esta es la teoría del universo que Platón dejará en herencia secular a la cosmología y que más tarde será sistematizada por Tolomeo. Este explica el universo como una gran esfera cuyo centro es la Tierra, en torno a la cual y de un modo concéntrico están colocados diversos cielos materiales, transparentes y circulantes, en los que están fijas las estrellas; cada elemento está animado por una inteligencia —por un dios—; y todo el conjunto está gobernado por la ley del "gran año", o sea, la ley del eterno retorno.

De este modo las ideas son el ser, mientras las cosas solo tienen el ser; lo tienen por obra del Demiurgo, como imitación o copia de las ideas (*mímesis*) y por participación de las ideas de las que su ser procede (*metexis*).

El mundo es concebido como una realidad inferior y derivada, hecha a la imagen de otra realidad superior y efectiva: las cosas son una *copia*, una *imitación* material imperfecta de un *original* inmaterial perfecto: una copia de las ideas.

Aquí va a introducir Filón una importante corrección al pensamiento platónico, aunque el sistema cosmológico de Tolomeo se mantendrá indiscutido hasta los días de Copérnico y Galileo, con los consiguientes debates teológicos a que dieron lugar. Para muchos eclesiásticos de la época fue como si al derrumbarse el sistema geocéntrico platónico, se viniera abajo también el mundo creado por Dios según la revelación bíblica. Ejemplo ilustrativo de un pseudoconflicto entre lo que Dios dice y lo que los hombres dicen que Dios dice. Entre la fe y la ciencia.

Filón parte del dato revelado fundamental de la trascendencia divina, mediado por la interpretación filosófica al uso. Dios es el Ser absoluto, el acto puro inmutable e inmóvil, la plenitud de perfección, insondable e incomprensible en sí mismo, sin atributos diferenciados, un *Uno* que libremente ha causado el mundo, y que solo a través de sus obras se puede conocer. "Los cielos cuentan la gloria de Dios, y el firmamento anuncia la obra de sus manos" (Sal. 19:1).

Al crear, Dios lo hace mediante su Logos. El Logos (Verbo) es el Hijo de Dios y de la Sabiduría y no significa otra cosa —en terminología platónica— que el "lugar de las ideas", el complejo de todos los pensamientos divinos, o sea la "concepción" de las cosas en Dios, antecedente necesario del mundo real y sensible que de tal concepción deriva por creación. El Logos manifiesta las "ideas" de Dios en la materia, que por sí misma es imperfecta y principio del mal.

En virtud de la absoluta trascendencia de Dios, es necesario postular un intermediario entre Dios y el hombre: el Logos, que es la imagen y el resplandor de Dios, la razón pensante (*logos*), el Hijo primogénito que gobierna y mantiene en orden el universo. Este *Logos* es la suma y compendio de las ideas; Dios, por el contrario, como perfección absoluta, no puede ser conocido en sí mismo. Aun el hombre iluminado por la fe puede ver que *él es*, pero no *qué es*. Su esencia es la luz primigenia. Cualquier atributo con que queramos nombrarle resulta impropio. Ningún atributo mundano puede pertenecerle.

Dios es superior al bien y a la unidad y no puede tener otro nombre que el de *Ser*, como indica la misma palabra hebrea Yahveh: *El que es*. Aunque imperceptible para el profano, Filón ha realizado aquí una operación de cirugía platonizante. La fórmula hebrea: "Yo soy el que soy" (Éx. 3:14), define la subjetividad soberana de Yahveh, mientras que "Yo soy el que es", se convierte en una profesión de ontología platónica de menor cuantía. Pero sigamos con Filón; a Dios pertenecen dos potencias primeras:

a) La bondad.
b) El poder.

Por la primera, él es propiamente *Dios*, por la segunda, es el *Señor*. Entre estas dos potencias, hay una tercera, que las concilia a ambas, la *Sabiduría, Logos o Verbo*, que es la imagen perfecta de Dios mismo. "Jehová me poseía en el principio, ya de antiguo, antes de sus obras. Eternamente tuvo el principiado, desde el principio..., cuando formaba los cielos, ahí estaba yo" (Pr. 8:22-31); texto empleado por apologistas de ayer y de hoy para demostrar la preexistencia eterna de Cristo, engendrado por Dios en la eternidad, eterna Sabiduría del Padre.

El Logos ha sido el mediador de la creación del mundo. Antes de crear el mundo, Dios creó un modelo perfecto del mismo, no sensible, incorpóreo y semejante a sí, que es precisamente el Logos. Y valiéndose de él como instrumento, creó el mundo. Lo creó sirviéndose de una materia que él mismo había preparado antes y que era primitivamente indeterminada, falta de forma y cualidad. Dios la determinó, le dio forma y cualidad, y de esta manera, del desorden la llevó al orden. De la materia se derivan las imperfecciones del mundo. En este punto el cristianismo ahonda el concepto de la creación, y rechaza la concepción de una materia primera, independiente de Dios, para afirmar su categórica y fecunda creación de la nada (*ex nihilo*). El libro deuterocanónico, muy influido por el helenismo, *Sabiduría de Salomón*, sostiene que "la mano omnipotente de Dios creó el mundo partiendo de una materia informe" (11:17).

El Logos divino, continúa Filón, es la sede de las ideas, por cuyo medio Dios ordena y plasma las cosas materiales. Las ideas son, pues, en la doctrina de Filón, *fuerzas* por cuyo medio la materia queda plasmada.

La palabra ha sido considerada siempre como una manifestación de Dios, porque no es corporal; en cuanto sonido, desaparece inmediatamente; su existencia es, pues, inmaterial. "Dios, con la palabra, crea inmediatamente, sin colocar nada entre ambos".

Esta doctrina hará acto de presencia en el mismo Nuevo Testamento, como susceptible de explicar el significado incomparable de Cristo, uno con Dios y a la vez distinto:

> En el principio existía el Verbo, y el Verbo estaba con Dios, y el Verbo era Dios. Él estaba en el principio con Dios. Todas las cosas fueron hechas por medio de Él, y sin Él nada de lo que ha sido hecho, fue hecho (Jn. 1:1-3).
>
> Cristo es la imagen del Dios invisible, el primogénito de toda creación. Porque en Él fueron creadas todas las cosas, tanto en los cielos, como en la tierra, visibles e invisibles; ya sean tronos o dominios o poderes o autoridades; todo ha sido creado por medio de Él y para Él. Y Él es antes de todas las cosas, y en Él todas las cosas permanecen (Col. 1:15-17).

La teología cristiana se sirvió muy pronto de la imagen de la Sabiduría de Proverbios capítulo ocho como símbolo de la divinidad de Cristo, engendrado, pero no creado.

Así Dios es el modelo del Logos, y el Logos del mundo.

El Logos es a la vez el instrumento del que Dios se sirve para dar el ser al mundo (creación) y el conocimiento. 'Si alguno quiere expresarse en forma más simple y directa, bien puede decir que el mundo aprehensible por la inteligencia no es otra cosa que el logos de Dios entregado ya a la obra de la creación del mundo"[7]. Tanto por el ser como por el conocimiento, el hombre está relacionado con el Logos divino. Su alma inmortal e inmaterial, dotada de *entendimiento*, es el principio que lo hace ser imagen y semejanza del Logos. Hacia este Logos asciende el alma, que constituye por sí sola al hombre, con exclusión del cuerpo, librándose precisamente de la cárcel corpórea y desatándose del mundo sensible, que no es otra cosa que el correspondiente material del Logos.

Lo fundamental para el alma es conocer a Dios, es decir, a ese Ser que expresa al Logos. Pero Dios es trascendente, y solo puede ser conocido por el ojo del alma, a saber, mediante la contemplación, que llamó también arrobamiento, éxtasis, acción de Dios. Lo que la filosofía sabe de Dios es revelación.

Pero el filósofo no puede conformarse con este saber de Dios, aspira también a acercarse a él, a poseerlo. Para lograr esto, el alma debe desprenderse de los

---

7. Filón, *De oficio mundi*, 24.

vínculos del cuerpo, que es su cárcel, abandonar las cosas sensibles que enturbian su mirada, debe liberarse también de la razón y esperar a la *gracia* divina que le eleve hasta la visión de Dios. Esta visión se tiene solamente cuando el hombre ha salido fuera de sí mismo (*éxtasis*) y está bajo una especie de furor dionisiaco, como ebrio o alocado. El hombre no consigue nada por sí mismo, sino por el acto elevador del mismo Dios, por *gracia*, que va a jugar un papel tan destacado en el pensamiento de Pablo y de toda la teología cristiana.

Quien media en la creación, media también en la salvación o aspiración a Dios. El mismo papel que Cristo juega como mediador y abogado entre Dios y los hombres es concebido por Filón tocante al Logos:

> El Padre que todo lo ha creado ha concedido a Su logos, mensajero supremo y primero en jerarquía, la especial prerrogativa de que, ubicado en medio, señale el límite entre la criatura y el Creador. Este logos es, por una parte, suplicante ante el inmortal a favor de la raza mortal y, por otra, mensajero del Soberano ante sus súbditos. Lleno de júbilo y orgullo por tal don se nos muestra al decir: «Y yo estaba entre el Señor y vosotros» (Deut. 5:5), es decir; ni increado como Dios, ni creado como vosotros, sino intermedio entre los extremos, como garantía para ambos. Para el Progenitor yo soy la garantía de que lo que Él ha engendrado no se revelará jamás ni se alejará eligiendo el desorden en vez del orden; para el vástago soy la fundada esperanza de que el misericordioso Dios jamás olvidará su propia obra. Anuncio yo, en efecto, a la creación la paz de parte de Dios, preservador perpetuo de la paz, cuya misión es acabar con las guerras.[8]

4. El gnosticismo, un intento fallido

El gnosticismo cristiano guarda una relación especial con el pensamiento de Filón y comparte con él el lugar de nacimiento: Alejandría.

Basílides, que vivió en Alejandría entre el 120 y 140, fue el primero que se dedicó con gran entusiasmo a la tarea de proveer al cristianismo de un sistema teológico más completo que el ofrecido por los escritores eclesiásticos; una teología que se ajustase y respondiera a las especulaciones filosófico-religiosas de la época. Los gnósticos fueron, además, los primeros en adoptar para el naciente cristianismo el sistema de escuelas filosóficas. Sin embargo, pese a sus buenas intenciones, fueron rechazados y considerados herejes por la Iglesia. El movimiento gnóstico buscaba la respetabilidad intelectual del cristianismo por parte de sus contemporáneos, pero el camino elegido resultaba peligroso para la misma fe que buscaba promover. La intención era buena, pero no así su ejecución. La interpretación gnóstica de la revelación bíblica resultaba en la muerte de esta. El cristianismo, con Clemente

---

8. *Quis rerum divinarum heres*, 205-206.

como guía, asumió la tarea de "ilustración filosófica" desde la ortodoxia. Los cristianos alejandrinos fieles a la Iglesia se propusieron rescatar el pensamiento pagano y convertirlo en posesión legítima de la Iglesia, sin comprometer la fe. La Iglesia ya no permanecerá ajena a la filosofía y la cultura.

El gnosticismo fracasó en su intento de proveer una verdadera filosofía cristiana para la Iglesia. Pero no resultó en fracaso por su dimensión filosófica, sino por todo lo contrario: por no ser suficientemente filosófica. Sin rigor científico mezclaron en su sistema elementos cristianos, míticos, neoplatónicos y orientales, en un conjunto que no tiene nada de filosófico y menos de cristiano.

El problema gnóstico por excelencia era el de la realidad del mal en el mundo, escollo donde naufragaron al introducir elementos persas de un dualismo insufrible al monismo cristiano. A pesar de la variedad de maestros y escuelas gnósticos, todos coincidían en el supuesto fundamental del dualismo entre el Bien (Dios) y el Mal (la materia). Desde la eternidad, enseñaban, en el universo se enfrentan dos principios adversos, el Bien y el Mal, la Luz y las Tinieblas. La materia es completamente mala, el Dios que la ha creado, el Dios de los judíos, no era el Ser Supremo sino un ser muy inferior, el Demiurgo.

El Ser Divino, el Padre o también el *Eón perfecto*, habita en un lugar infinitamente remoto del mundo, en la luz espiritual de la *Pleroma* que es la plenitud de Dios. ¿Cómo explicar que este ser haya originado el mundo material, en vista de que la materia es esencialmente mala?

El Ser Absoluto, se respondía, produce por emanación una serie de "sustancias eternas", *eones* (del griego *ainos* = eterno) formadas por parejas, cuya perfección va decreciendo: el mundo es una etapa intermedia entre lo divino y lo material. Esto hace que los momentos esenciales del cristianismo, como la creación del mundo, la redención del hombre, adquieran un carácter natural, como simples momentos de la gran lucha entre los elementos del dualismo, lo divino y la materia.

Cristo es un *eón* (eterno) descendido al mundo, donde ha tomado un cuerpo *aparente*, para enseñar a los hombres el camino hacia Dios. Los hombres son almas, chispas de Luz o divinidad, caídas en la materia a consecuencia de los choques del combate entre el Bien y el Mal. Almas aprisionadas en cuerpos que las retienen contra voluntad y de los que es preciso liberarse cuanto antes y así consumar la unión con Dios, la Luz de la que fueron separadas. Este retorno se consigue purificándose de la materia, huyendo del mundo y dejándose guiar por el Cristo, entendido como "conciencia" universal a la que se llega por el saber profundo de la divinidad interior de cada cual. Para la gnosis la salvación consiste en ascesis, esfuerzo y trabajo intelectual; para el cristianismo, la salvación es una oferta gratuita del cielo, se recibe como un regalo, y se expresa en una vida de amor y servicio a Dios y los hombres.

Según la cristología común de los gnósticos el Cristo no podía haber tomado un cuerpo humano realmente, el Jesús histórico era envoltorio del Cristo celestial, mero vehículo de la conciencia suprema crítica. El Cristo celeste actuó en el hombre Jesús, pero nunca se encarnó. Con esta teoría se destruía por completo el fundamento del cristianismo ortodoxo. Si el cuerpo de Cristo era prestado o aparente, entonces la Encarnación, dogma central de la fe, carecía de sentido, no había acontecido tal cual la mantenía la doctrina ortodoxa. Igualmente, si Cristo, dada la naturaleza aparente de su cuerpo físico no podía sufrir, o simplemente regresó al cielo y abandonó al hombre Jesús antes de la crucifixión, entonces la Redención, el otro polo de la Encarnación, quedaba excluida: un cuerpo aparente conduce a un padecimiento aparente, y este a una salvación aparente. Solo se salvaba el carácter pedagógico-iluminador de Cristo. La misión redentora de Cristo, que incluye el dolor y el sufrimiento de parte de Dios, reducida a *ilustración teosófica*. La misión de Cristo consiste en despertar a los hombres a la existencia de su chispa o *pneuma* divino y, en consecuencia, escapar del mundo material al espiritual e integrarse así a su origen absoluto. Mientras que la teología ortodoxa tendió a identificar ligeramente el Reino de Dios con la Iglesia, los gnósticos profundizaron en la dimensión interior del Reino de Dios como autoconocimiento, que guarda una relación de semejanza con la enseñanza canónica al respecto.

> El Reino está dentro de vosotros y está fuera de vosotros. Cuando lleguéis a conoceros a vosotros mismos, entonces seréis conocidos y os daréis cuenta de que sois los hijos del Padre que vive. Pero si no os conocéis a vosotros mismos, entonces moráis en la pobreza y vosotros sois esa pobreza.[9]

En términos modernos podemos decir que la "salvación gnóstica" no se entiende en función de la liberación del pecado, sino como una forma de realización existencial de uno mismo. Según la profesora Elaine Pagels, "el gnosticismo de ayer compartía ciertas afinidades con los métodos contemporáneos de exploración del ser a través de técnicas psicoterapéuticas. Tanto el gnosticismo como la psicoterapia valoran sobre todo el conocimiento, el autoconocimiento que es percepción íntima"[10].

Evidentemente estas ideas y este enfoque de Cristo y la redención solo podían encontrarse con el rechazo de la Iglesia en general, pues ni aun ejercitando la más atrevida de las interpretaciones alegóricas del Antiguo Testamento y de la tradición apostólica podía admitirse semejante tergiversación de la obra, misterio y significado de Cristo.

Clemente será el primero, tras las huellas de Ireneo, en probar una verdadera gnosis cristiana, subordinada a la fe revelada, criterio supremo de verdad, muy por encima de la investigación filosófica y de la llamada iluminación especial superior de los gnósticos. La escuela cristiana de Alejandría será la encargada de

---

9. *Evangelio de Tomás,* 33:5.
10. *Los evangelios gnósticos,* p. 176. Grijalbo, Barcelona 1982.

poner la ciencia, la filosofía y la razón al servicio de la fe. Allí se dieron cita los mejores pensadores cristianos, en cuya cabeza se encuentra la figura de su fundador, Atenágoras, enemigo intelectual del cristianismo antes de su conversión. Otro miembro destacado fue Panteno, del que sabemos muy poco, excepto que estaba muy versado en filosofía griega y que Orígenes le consideraba un ejemplo de doctor cristiano. Según el célebre traductor bíblico Jerónimo, Panteno, además de sus conocimientos filosóficos, era un brillante expositor de la Palabra de Dios y dejó a la posteridad un gran número de comentarlos bíblicos, en los que definió su método de interpretación alegórico-espiritual o mística del Antiguo Testamento.

5. Clemente de Alejandría, la gnosis cristiana

Tito Flavio Clemente (150 d.C.) nació probablemente en Atenas. Hombre de gran cultura, viajó por Siria y Palestina antes de establecerse en Alejandría. Allí conoció a Panteno, del que se hizo discípulo. A partir del año 190 fue colaborador y ayudante en la enseñanza de Panteno; después de la muerte de este se convirtió en el director de la escuela catequética por la que será conocido. Escribió el *Protreptico*, donde Cristo se presenta como el Verbo que nos excita a la vida cristiana; *El Pedagogo*, donde Cristo también es presentado como Verbo, en esta ocasión en su papel de educador del alma. Su obra más importante en relación a nuestro tema es *Tapetes* o *Stromata*, esto es, "tejidos de comentarios científicos sobre la filosofía", que tenían por finalidad exponer científicamente la verdad de la revelación cristiana.

Semejante a Justino en carácter, suave y amable sin tacha, es superior como filósofo, asombrosamente dotado y brillante. Clemente evita los caminos trillados, las fórmulas prefabricadas, las ideas triviales. Sus problemas, sus investigaciones y reflexiones no llevan nunca a una conclusión fija y definitiva. A lo único que se compromete Clemente es a guiar a los hombres hacia Cristo. Esta es su razón de existir. Y lo hace flexiblemente, sin dogmatismo, de una manera original y personalísima. Hombre habituado al diálogo, enriquecido por la experiencia espiritual; intuitivo, curioso calibraba problemas que él era el único en entrever[11].

Como cristiano Clemente afirma la prioridad de la fe. La fe es condición de conocimiento. Fe y conocimiento no pueden subsistir el uno sin la otra[12]. Para pasar de la fe al conocimiento es necesaria la filosofía. Clemente está convencido de que lo que descubre la filosofía coincide con lo que la revelación enuncia: la fe es un conocimiento resumido de la misma verdad racional, porque ella nos da con gran seguridad las mismas verdades que la razón solo tras largos procesos logra alcanzar.

---

11. Cf. Campehausen, *op. cit.*, "Clemente".

12. *Stromata*, II, 4.

Desarrolla el pensamiento de Justino y afirma que la filosofía tiene para los griegos el mismo valor que la Ley de Moisés para los hebreos: los ha conducido a Cristo.

> Antes de la venida del Señor, la filosofía era necesaria a los griegos para la justicia; ahora, en cambio, es útil para conducir las almas al culto de Dios, pues constituye una propedéutica [formación preparatoria] para aquellos que alcanzan la fe a través de la demostración. Porque «tu pie no tropezará» (Pr 3:28), como dice la Escritura, si atribuyes a la Providencia todas las cosas buenas, ya sean de los griegos o nuestras. Porque Dios es la causa de todas las cosas buenas: de unas lo es de una manera directa, como del Antiguo y del Nuevo Testamento; de otras indirectamente, como de la filosofía. Y aun es posible que la filosofía fuera dada directamente por Dios a los griegos antes de que el Señor los llamase: porque era un pedagogo [ayo] para conducir a los griegos a Cristo, como la ley lo fue para los hebreos (cf. Gálatas 3:24). La filosofía es una preparación que pone en camino al hombre que ha de recibir la perfección por medio de Cristo. «Rodea, dice Salomón, a la sabiduría con un muro, y ella te ensalzará y pondrá en tu cabeza una corona de gracia», pues una vez que la hayas afirmado como por un muro por la filosofía y con una magnificencia recta, la preservarás de los asaltos de los sofistas. El camino de la verdad es, sin duda, uno; pero en él, como en un río eterno, desembocan otras corrientes que vienen de otras partes. Por eso está dicho inspiradamente: «Oye, hijo mío, atiende a mis palabras, inclina tu oído a mis razones, para que no te falten las fuentes de vida», que brotan de la misma tierra.[13]

Para Clemente, todos los hombres, en especial los que se han dedicado a la especulación racional, tienen una "chispa del Logos divino", que les descubre una parte de la verdad, aunque no les haga capaces de llegar a la verdad completa, que solo es revelada por Cristo[14].

5.1. Falsa y verdadera filosofía

Ciertamente los filósofos han mezclado lo verdadero con lo falso; entonces, lo que hay que hacer no es rechazar en bloque sus enseñanzas, sino escoger de ellas lo que haya de verdad, abandonando lo falso. La fe es el criterio que otorga la selección[15]. Siglos después Juan Damasceno representaría muy bien esta postura a nivel popular: "Si por añadidura podemos sacar algún provecho de los de fuera [los griegos paganos], no hay en ello nada prohibido. Seamos cambistas avisados que atesoran la moneda de oro puro y auténtico, rechazando la falsa. Recojamos

---

13. *Strom.* I, 5.
14. *Protréptico*, 6, 10; 7, 6.
15. *Strom.*, 11, 4.

las palabras excelentes que pronunciaron, echemos a los perros sus ridículas divinidades y sus fábulas sin importancia, pues podríamos recibir de los griegos muchas cosas que nos hacen fuertes contra ellos mismos"[16]. Agustín lo expresa con su acostumbrado rigor y bagaje filosófico: "Lejos de nosotros pensar que Dios detesta en nosotros aquello que hay de más excelente y nos distingue de los brutos... Si hemos de guardarnos y abominar de alguna razón, no es de la verdadera, sino de la falsa que nos aparta de la verdad... Porque así como no debemos evitar todo discurso porque haya falsos discursos, tampoco porque haya falsas razones debes evitar toda razón... *Intellectum valde ama*: ama la razón; porque, aún las mismas Escrituras, que nos aconsejan la fe antes de la razón, no podrán serte útiles, si no las entendieras rectamente"[17].

Más original, y con un buen conocimiento de la psicología humana, nos parece la postura mantenida por Orígenes al respecto, y que en términos modernos podría pasar por la teoría de la verdad como perspectiva. Según su discípulo Gregorio Taumaturgo, que sentía por él un vivo aprecio al punto de dudar si referirse a él como hombre simplemente, ya que quienes tenían el privilegio de contemplar la grandeza de su espíritu, creían acercarse a la divinidad, Orígenes alentaba en sus alumnos el estudio de todo tipo de filosofía —a excepción de la atea—, sin dar preferencia a ninguna, pero sin condenarla tampoco, de modo que nadie cayera en el peligro de encerrarse en una doctrina sola o un filósofo particular. Pues "una doctrina, sola y por sí, de estos o los otros filósofos, exclusivamente escuchada y estimada, se infiltra en el alma, y nos engañe y según ella nos configure y nos haga suyos, sin que nos sea ya posible desprendernos de ella, ni lavarnos de su tinte, como lanas que han tomado una tintura particular. Cosa, en efecto, terrible y voluble es el discurso humano, vario en sofismas, y agudo, penetrando en los oídos para imprimirse en la mente y dominarla; una vez que se ha persuadido a quienes ha arrebatado a lo amen como verdadero, allí dentro permanece, por más falso y engañoso que sea, imperando como un prestigitador, que tiene por aliado al mismo que ha embaucado. Cosa, por otra parte, fácil de engañar y pronta para dar su asentimiento es el alma del hombre; antes de discernir y examinar las cosas por todos sus cabos, pues su propia torpeza y debilidad o la sutileza de la razón la hace desfallecer en la puntualidad del examen, el alma está muchas veces dispuesta a entregarse, indolentemente, a razones y sentencias engañosas, erradas ellas y que conducen al error a quienes las admiten. Y no es esto solo: si otra razón trata luego de corregir la primera, el alma no la recibe ni cambia de parecer, sino que sigue abrazada con la que tiene, dominada que está por ella como por un tirano despiadado"[18].

---

16. *De la fe ortodoxa*, IV, 27.

17. Agustín, *Ep. 120 ad Consentium* 13-14.

18. *Discurso de acción de gracias dirigido a Orígenes*, XIII.

Clemente, por su parte, no duda que la filosofía también es don de Dios, semejante al Evangelio, sometida a los mismos peligros y tergiversaciones que la doctrina cristiana padece en manos de hombres inconstantes y perversos. En el reino de Dios el trigo crece junto a la cizaña, otro tanto se puede decir del reino filosófico, donde el orgullo individual y de escuela juega el papel de cizaña en el trigal de la verdad. A veces es imposible arrancar la primera sin dañar la segunda; no queda más remedio que enseñar y educar el intelecto en la discriminación lógica y racional que separe el trigo de la verdad de la cizaña del error. El cristianismo, por su amor a la verdad, es el primer interesado en el ejercicio de la crítica y el examen, sin cerrarse dogmáticamente a conocer los diversos puntos de vista que compiten por alcanzan la verdad, y que cada cual, a su manera, contribuye a descubrir.

Si decimos, como se admite universalmente, que todas las cosas necesarias y útiles para la vida nos vienen de Dios, no andaremos equivocados. En cuanto a la filosofía, ha sido dada a los griegos como su propio testamento, constituyendo un fundamento para la filosofía cristiana, aunque los que la practican de entre los griegos se hagan voluntariamente sordos a la verdad, ya porque menosprecian su expresión bárbara, ya también porque son conscientes del peligro de muerte con que las leyes civiles amenazan a los fieles. Porque, igual que en la filosofía bárbara, también en la griega «ha sido sembrada la cizaña» (Mt. 13:25) por aquel cuyo oficio es sembrar cizaña. Por esto nacieron entre nosotros las herejías juntamente con el auténtico trigo, y entre ellos, los que predican el ateísmo y el hedonismo de Epicuro, y todo cuanto se ha mezclado en la filosofía griega contrario a la recta razón, son fruto bastardo de la parcela que Dios había dado a los griegos[19].

Algunos que se creen bien dotados piensan que es inútil dedicarse ya sea a la filosofía o a la dialéctica, y aun adquirir el conocimiento de la naturaleza, sino que se adhieren a la sola fe desnuda, como si creyeran que se puede empezar en seguida a recoger las uvas sin haber tenido ningún cuidado de las viñas. Pero la viña representa al Señor (Jn. 15:1): no se pueden recoger sus frutos sin haber practicado la agricultura según razón (logos); hay que podar, cavar, etc.[20]

La filosofía y la dialéctica, por otra parte, contribuyen a la transmisión de la verdad y a no dejarse arrollar por las herejías que se presentan con pretensión de verdad más profunda. Es debido a nuestra debilidad que necesitamos todos los recursos de la lógica y la dialéctica, no a que haya defecto en la Escritura. "La enseñanza del Salvador es perfecta en sí misma y no necesita de nada, pues es fuerza y sabiduría de Dios" (1 Co. 1:24). Cuando se le añade la filosofía griega, no es para hacer más fuerte su verdad, sino para quitar fuerzas a las asechanzas de la sofística y

---

19. *Strom.* VI, 8, 67.
20. *Strom.* 1, 43, 1-2.

poder aplastar toda emboscada insidiosa contra la verdad. Con propiedad se la llama «empalizada» y «muro» de la viña. La verdad que está en la fe es necesaria corno el pan para la vida, mientras que aquella instrucción propedéutica es como el condimento y el postre"[21].

La filosofía debe ser en este sentido la sierva (*ancilla*) de la fe, como Agar de Sara. En esta subordinación de la filosofía a la fe consiste el carácter de la *gnosis* cristiana, la verdadera sabiduría. La gnosis de los gnósticos es una falsa gnosis, porque establece entre filosofía y fe la relación inversa: si al gnóstico le fuese planteada la elección entre la gnosis y la salvación eterna, escogería la gnosis, porque la considera superior a todo.[22]

La "gnosis" cristiana es verdadera sabiduría, porque está guiada por la Palabra encarnada de Dios: Cristo. Cristo, Sabiduría de Dios, conductor y maestro de toda la humanidad. La acción misma del Espíritu Santo está subordinada a él, ya que el Espíritu es la luz de la verdad, la luz de la cual participan, sin multiplicarla, todos aquellos que tienen fe.[23]

De aquí se desprende otra lección. La fe es la piedra de toque de la filosofía. Frente a las diversas opiniones y argumentos del saber humano y de la ciencia profana, la fe distingue la moneda verdadera de la falsa. Por eso Clemente, que es platónico, recoge elementos de los estoicos y de otras corrientes con libre eclecticismo, ya que, como él dice, la verdad no es estoica ni platónica ni aristotélica ni epicúrea: es solo ella misma; y es ella sola el término de validez de las diversas doctrinas, no viceversa.

La verdad siempre ha sido el norte de la fe cristiana, y seguirá siéndolo a menos que reniegue a su fundamento en el Dios verdadero. La validez de la "filosofía cristiana" reside en su voluntad de verdad. Como se ha dicho modernamente: "Para la filosofía cristiana no hay más norma natural propia, y no otra habrá de proclamar si aspira a conquistar el pensamiento del hombre moderno, que la verdad misma de las cosas"[24].

5.2. Miedo de los cristianos a la filosofía y la cultura

La filosofía, por su carácter y su método "irreverente" para con las tradiciones, orgullosa de su pensar libre, siempre ha dado miedo a los de ánimo débil, que inquietos se han vuelto contra ella. La filosofía tiene un cierto tufillo a ateísmo que alarma, aunque, como en el caso de Sócrates, ajusticiado por ateo, tuviese un

---

21. *Strom.* 1, 20, 99.

22. *Strom.*, IV, 22.

23. *Strom.*, IV, 16.

24. Fidel G. Martínez, "Autenticidad filosófica dentro del pensamiento cristiano", p. 413. *Arbor*, nº 115-116, Madrid Julio-Agosto 1955.

concepto más elevado de Dios que sus verdugos, o como los mismos cristianos acusados durante siglos de ateísmo por negarse a la idolatría. "Ese buscarruidos Crescente —escribe Justino—, amigo de la ostentación, que no es digno ni siquiera del nombre de filósofo, porque afirma públicamente de nosotros cosas que ignora en absoluto, a saber, que los cristianos somos impíos o ateos, y lo dice para dar gusto a la engañada muchedumbre del bajo pueblo"[25]. Solo un pensador cristiano consecuente podía evitar caer en la misma trampa de sus detractores. Para el creyente informado la huida de la filosofía es simplemente una caída en la irracionalidad.

> Parece que la mayoría de los que se llaman cristianos se comportan como los compañeros de Ulises: se acercan a la cultura (logos) como gente burda que ha de pasar no solo junto a las sirenas, sino junto a su ritmo y melodía. Han tenido que taponarse los oídos con ignorancia, porque saben que, si llegasen a escuchar una vez las lecciones de los griegos, no serían ya capaces de volver a su casa. Pero el que sabe recoger de entre lo que oye toda flor buena para su provecho, por más que sea de los griegos —pues «del Señor es la tierra y todo lo que la llena» (Sal. 23:1; 1 Co. 10:26)— no tiene por qué huir de la cultura a la manera de los animales irracionales. Al contrario, el que está bien instruido ha de aspirar a proveerse de todos los auxilios que pueda, con tal de que no se entretenga con ellos más que en lo que le sea útil: si toma esto y lo atesora, podrá volver a su casa, a la verdadera filosofía, habiendo conseguido para su alma una convicción firme, con una seguridad a la que todo habrá contribuido.
>
> El vulgo, como los niños que temen al coco, teme a la filosofía griega por miedo de ser extraviado por ella. Sin embargo, si la fe que tienen —ya que no me atrevo a llamarla conocimiento— es tal que puede perderse con argumentos, que se pierda, pues con esto solo ya confiesan que no tienen la verdad. Porque la verdad es invencible: las falsas opiniones son las que se pierden.[26]

5.3. La gnosis cristiana

A partir de la Reforma, para corregir el abuso de la tiranía eclesiástica sobre el pueblo inculto y sometido a las razones de los doctores sin entendimiento de su parte, se ha enfatizado el carácter plenamente accesible y comprensible de la verdad evangélica, abierta para todos por igual, teólogos y labradores, magistrados y costureras, cultos e incultos, conforme a la oración de Cristo que dice: "Te alabo, Padre, Señor del cielo y de la tierra, porque escondiste estas cosas de los sabios y de los entendidos, y las revelaste a los niños" (Mt. 11:25).

---

25. *Apología* segunda, 3
26. *Strom.* VI, 11, 89, 10, 80, 5.

Esto es cierto en lo que se refiere a aquellas verdades necesarias para salvación, pero sin olvidar nunca que el Evangelio es también enseñanza divina que hace exclamar a san Pablo: "¡Oh profundidad de las riquezas de la sabiduría y de la ciencia de Dios!" (Ro. 11:33).

Aunque la verdad cristiana es una, tiene distintos niveles de comprensión, sin menoscabo de la igualdad esencial entre todos los cristianos. Nadie debería dejarse arrastrar por celos cuando sus hermanos más instruidos son capaces de ofrecer explicaciones más profundas del contenido de las Escrituras que, en última instancia, son para el beneficio general de la Iglesia, herramientas que contribuyen al esclarecimiento y defensa de la fe apostólica. "La sabiduría que es de lo alto es primeramente pura, después pacífica, amable, benigna, llena de misericordia y de buenos frutos, sin incertidumbre ni hipocresía: (Stg. 3:17).

Un extremo no debe hacernos caer en otro. Las Escrituras revelan una sabiduría divina y tan plena de significados para la que no es suficiente aplicar el oído carnal, sino que, "con un religioso estudio e inteligencia, hemos de intentar encontrar y comprender su sentido escondido. En efecto, lo que el mismo Señor parece haber expuesto con toda simplicidad a sus discípulos no requiere menos atención que lo que les enseñaba en enigmas; y aun ahora nos encontramos con que requieren un estudio más detenido, debido a que hay en sus palabras una plenitud de sentido que sobrepasa nuestra inteligencia... Lo que tiene más importancia para el fin mismo de nuestra salvación está como protegido por el envoltorio de su sentido profundo, maravilloso y celestial, y no conviene recibirlo en nuestros oídos de cualquier manera, sino que hay que penetrar con la mente hasta el mismo espíritu del Salvador y hasta lo secreto de su mente"[27].

Isaías, prosigue Clemente, purificó su lengua con el fuego del altar de Dios a fin de poder explicar su visión; y nosotros hemos de purificar no solo nuestra lengua, sino también nuestros oídos si es que intentamos participar de la verdad de Dios. Tan mala como es la soberbia del sabio es el cerrilismo tozudo del ignorante. La sabiduría, la verdadera gnosis cristiana, está por encima de ambos extremos.

Las perlas no son para los cerdos (Mt. 7:6), ni las verdades contenidas en la revelación para ser picoteadas aquí y allá, como hacen los grajos. El cristiano entendido es semejante al agricultor que conoce la tierra, la cuida y la labra en espera de fruto. El gnóstico cristiano es aquel que respeta la voluntad de Dios en su revelación, tanto en aquello que es sencillo como en aquello que es complicado. En todo momento deja a Dios ser Dios y procede con cautela, acomodando lo espiritual a lo espiritual (1 Co. 2:13). La fe cristiana es una operación de suma, que algunos quisieran convertir en resta y división: "Vosotros también, poniendo toda diligencia por esto mismo, añadid a vuestra fe virtud; a la virtud, conocimiento;

---

27. *Strom.*, V, 4, 25.

al conocimiento, dominio propio; al dominio propio, paciencia; a la paciencia, piedad; a la piedad, afecto fraternal; y al afecto fraternal, amor" (2 P. 1:5-7).

> La gnosis es, por así decirlo, un perfeccionamiento de hombre en cuanto hombre, que se realiza plenamente por medio del conocimiento de las cosas divinas, confiriendo en las acciones, en la vida y en el pensar una armonía y coherencia consigo misma y con el Logos divino. Por la gnosis se perfecciona la fe, de suerte que únicamente por ella alcanza el fiel su perfección. Porque la fe es un bien interior, que no investiga acerca de Dios, sino que confiesa su existencia y se adhiere a su realidad. Por esto es necesario que uno, remontándose a partir de esta fe y creciendo en ella por la gracia de Dios, se procure el conocimiento que le sea posible acerca de él. Sin embargo, afirmamos que la gnosis difiere de la sabiduría que se adquiere por la enseñanza: porque, en cuanto algo es gnosis será también ciertamente sabiduría, pero en cuanto algo es sabiduría no por ello será necesariamente gnosis. Porque el nombre de sabiduría se aplica solo a la que se relaciona con el Verbo explícito (*logos prophorikós*). Con todo, el no dudar acerca de Dios, sino creer, es el fundamento (la fe) y lo que sobre él se construye (la gnosis): por medio de él es el comienzo y el fin. Los extremos del comienzo y del fin —me refiero a la fe y a la caridad— no son objeto de enseñanza: pero la gnosis es transmitida por tradición, como se entrega un depósito, a los que se han hecho, según la gracia de Dios, dignos de tal enseñanza. Por la gnosis resplandece la dignidad de la caridad «de la luz en luz». En efecto, está escrito: «Al que tiene, se le dará más» (Lc. 19:26): al que tiene fe, se le dará la gnosis; al que tiene la gnosis, se le dará la caridad; al que tiene caridad, se le dará la herencia.
>
> La fe es, por así decirlo, como un conocimiento en compendio de las cosas más necesarias, mientras que la gnosis es una explicación sólida y firme de las cosas que se han aceptado por la fe, construida sobre ella por medio de las enseñanzas del Señor. Ella conduce a lo que es infalible y objeto de ciencia. A mi modo de ver se da una primera conversión salvadora, que es el tránsito del paganismo a la fe, y una segunda conversión, que es el paso de la fe a la gnosis. Cuando esta culmina en la caridad, llega a hacer al que conoce amigo del amigo que es conocido.[28]

Como más tarde desarrollará Agustín, Clemente enfatiza con todo rigor que a la verdad se llega por el amor. Dios, verdad suprema y puro amor, solo se da a conocer a los que le aman, que incluye humildad y sinceridad. Es necesario, escribe, que nos familiaricemos con Dios por medio del amor divino, de manera que habiendo semejanza entre el objeto conocido y la facultad que conoce, lleguemos a contemplarle. Así hemos de obedecer al Logos de la verdad, con simplicidad y puridad, como niños obedientes. "Si no os hiciereis como esos niños, no entraréis

---

28. *Strom.*, VI, 10, 55, 57.

en el reino de los cielos" (Mt. 18:3). "Allí aparece el templo de Dios, construido sobre tres fundamentos, que son la fe, la esperanza y la caridad"[29].

5.4. Teología negativa

La teología negativa de Filón también está presente en Clemente, con una nueva determinación: De Dios no sabemos directamente lo que *es*, pero, por vía de eliminación, sí podemos llegar a saber lo que *no es*. Sabemos que Dios *es*, existe, sin poner demasiadas calificaciones en el *es*, sin embargo, sin faltar a la trascendencia e infinitud divinas, es posible a la mente finita decir *qué es* Dios por lo que *no es*. El alcance de este conocimiento negativo de Dios obedece a una dialéctica ascendente que niega a Dios toda identidad con lo creado, y que va a servir de base a la teología cristiana futura. San Agustín la desarrolla con toda la lógica que ha llegado hasta nosotros:

> Si no podéis comprender ahora lo que es Dios, al menos entended lo que Dios no es; habréis progresado considerablemente, si no habéis concebido a Dios de distinto modo a como es. Todavía no puedes alcanzar lo que es: pero al menos alcanza lo que no es. Dios no es un cuerpo, ni la tierra, ni el cielo, ni la Luna, ni el Sol, ni las estrellas, ni ninguna de las sustancias corporales. Pues si no se reduce a los cuerpos celestes, ¡cuánto menos a los terrestres! Excluye toda especie corporal. Pero sigue escuchando esto: Dios no es un espíritu mutable. Reconozco ciertamente que "Dios es espíritu" (Jn. 4:24). Pero supera todo espíritu mutable, supera el espíritu que unas veces sabe y otras ignora; otras recuerda y otras olvida. En Dios no encuentras huella alguna de mutabilidad.[30]
>
> Dios es inefable; afirmamos lo que *no es* más fácilmente que lo que *es*. Piensas en la tierra: no es Dios; piensas en el mar: tampoco es Dios. ¿Son acaso Dios todos los seres que pueblan la tierra, hombres y animales? Ninguno de ellos es Dios. ¿Acaso todos los seres que habitan en el mar y vuelan por los aires? Ninguno de ellos es Dios. ¿Acaso todo lo que brilla en el cielo: estrellas, Sol y Luna? Tampoco es Dios. El mismo cielo no es Dios. Imagina los ángeles, virtudes, potestades, arcángeles, tronos, principados y dominaciones. ¡No son Dios! Entonces, ¿qué es? Todo cuanto puedo decir es lo que *no es*. ¿Buscas lo que no es? Es "lo que ni el ojo vio, ni el oído oyó, ni vino a la mente del hombre" (1 Co. 2:9). ¿Cómo quieres que suba hasta la lengua lo que no sube al corazón?[31]

A pesar de esto Agustín va a introducir una corrección importante, de la que hará uso amplio Tomás de Aquino: *la analogía*, que permite al pensamiento teológico

---

29. *Strom.*, V, 13, 1-2.
30. *Tratado sobre el Evangelio de Juan*, XXIII, 9.
31. *Sermones sobre los Salmos*, LXXXV, 12.

avanzar a golpe de inferencias. Aquino razonó que, si Dios y el hombre son parte de la misma escala del ser, entonces deberá haber una analogía de proporción entre ellos. De manera que, si el hombre es sabio, por analogía Dios es también sabio. En un primer estadio Agustín extrajo su concepto analógico de la misma Biblia; en ella descubre Agustín afirmaciones que no son meramente negativas respecto a la naturaleza divina, sino que revelan aspectos positivos del ser Dios en analogía al ser humano: "Yo soy un Dios celoso" (Éx. 20:5), describe un carácter muy humano que, aplicado a Dios, nos descubre una dimensión analógicamente comprensible de su amor y pasión por la criatura. El error estaría en pretender atribuir a Dios cualidades que, por no hallarse en la criatura, nada tienen de divino. La teología *positiva por analogía*, pues, está justificada por el uso que de ella hace la Escritura y, guardando las debidas precauciones, lleva a un auténtico conocimiento de Dios. Lo veremos con más detalle cuando tratemos el caso de Tomás. En el lado protestante, y ya en nuestro siglo xx, Karl Barth atribuyó a una invención anticristiana la analogía *entis* de la teología católica. Barth, que es ante todo un teólogo de la Revelación, cree que la única analogía existente entre Dios y la criatura es la analogía de la fe (*analogía fidei*), es decir, aquella que está refrendada por la revelación que Dios hace de sí mismo. Una palabra referida a la criatura y luego aplicada al Creador guarda una relación analógica de similitud y correspondencia únicamente porque ha sido escogida por Dios a tal propósito. En última instancia no nos encontramos frente a una diferencia insalvable entre la analogía *entis* y la analogía *fidei*.

6. Orígenes, sistema y novedad

La persecución anticristiana de Septimio Severo (202/203) obligó a Clemente a salir de Egipto y refugiarse en Capadocia. Allí permaneció para no volver a Alejandría. Orígenes ocupó su puesto en la dirección de la escuela.

Orígenes (184-253) había sido alumno de Clemente, y con sus solas fuerzas desarrolló una obra de dimensiones impresionantes. Se le atribuyen entre 600 y 800 obras. Su escrito más conocido es la refutación dirigida al filósofo platónico Celso, que escribió duramente contra el cristianismo. En *De los principios* se encuentra la primera exposición sistemática de la filosofía y teología cristianas. Responde a los interrogantes que se planteaban los cristianos de Alejandría hacia el año 230, obligados como estaban a tener que vérselas con el pensamiento ilustrado judío, la gnosis y el omnipresente platonismo.

Dos grandes bloques de cuestiones preocupaban a las mentes de aquel tiempo. El primero: ¿cómo es posible que un Dios incorpóreo haya creado al hombre corpóreo en un mundo material? ¿Cómo podemos conocer a este Dios incorpóreo? Si al final de los tiempos "Dios será todo en todos" (1 Co. 15:28), de modo que todo el hombre será transformado en cuerpo y alma, ¿cómo comprender que la materia pueda participar del "inmaterial"? Son preguntas que aún siguen inquietando.

El segundo bloque de cuestiones se refiere a las doctrinas gnósticas tocantes al mal. ¿Por qué un Dios bueno ha creado un mundo expuesto a la desgracia? Orígenes rechaza la distinción gnóstica de los dos dioses: el Demiurgo, creador injusto de este mundo, y el Padre de Jesucristo. Responderá que ningún ser está determinado al mal "por naturaleza", pues no hay "naturaleza mala", como no hay "dios malo", sino libertad con capacidad de rebelión.

Aparte de esta obra, la mayor parte de sus escritos se ocupan de la Escritura, bien en forma de *Homilías*, bien en forma de *Comentarios* exegéticos y de crítica textual. Según Campenhausen, comparada con la de Orígenes, la obra espiritual de los primeros Padres da la impresión de un simple preludio. Jamás fundaron un sistema teológico que se parezca en algo al de Orígenes.

Se trata además del primer escritor cristiano del que sabemos con certeza que fue cristiana su cuna y su educación. Esta circunstancia explica que no le preocupen los "puentes", ni los "caminos de acercamiento" susceptibles de abrir la Iglesia al "mundo" y hacérsela inteligible; para él, la fe cristiana es un dato tangible, el meollo de cualquier verdad, a partir del cual piensa abarcarlo todo.

Orígenes fue el primer cristiano que perteneció realmente a la élite intelectual de su tiempo y que profesó la doctrina cristiana de una manera que suscitaba el interés y el respeto de sus adversarios. Por su erudición e inteligencia no solo inspiraba respeto a sus adversarios, sino que además lograba su íntima adhesión y los ganaba para la fe de Cristo.

Voluntad de mártir, inconmovible en su creencia, aguantó con un valor asombroso las torturas a que fue sometido al final de sus días, cuando contaba setenta años. Durante días se le sometió al terrible suplicio del potro, se le laceró por el hierro y otras muchas violencias sin que dieran el resultado apetecido por sus verdugos. Firme hasta el fin, fue un hombre serio y amable a la vez, de una lealtad a toda prueba, consagrado únicamente al trabajo intelectual y a la piedad ascética; erudito y pensador sistemático, podía medirse con cualquier contrincante[32]. No tiene nada de extraño que a Orígenes se le llame *adamanteus* (hombre de diamante), cortante por el lado agudo de su pensamiento, firme por el de su carácter y resistente en combates y sufrimientos.

A pesar de sus ideas polémicas y controvertidas, Orígenes ofreció en todo momento una lección de fidelidad y respeto a la Iglesia y a sus autoridades reconocidas. Voluntad de mártir y no de hereje, escribe: "Quisiera que se me conociera como un hijo de la Iglesia, no como el fundador de alguna herejía, sino como alguien que lleva el nombre de Cristo. Quisiera llevar siempre este nombre, que es una bendición sobre nuestra tierra. Este es mi deseo: que mi espíritu, así como mis obras, me den derecho a ser llamado cristiano"[33].

---

32. Campenhausen, *Op. cit.*, "Orígenes".

33. *De los Principios*, 1, 2, 2.

Desde el punto de vista de la historia del pensamiento, tanto por las cuestiones que suscita como por las respuestas que propone, Orígenes se halla muy avanzado en relación con los filósofos de su tiempo. Parte de un punto muy distinto al de ellos porque, seguro del testimonio bíblico, puede apoyarse en una realidad primera: la revelación universal de Dios. Entre sus sucesores ninguno igualó su método y su capacidad de síntesis.

6.1. El espíritu y la letra de la Palabra

En relación a la tremenda libertad e independencia intelectual de Orígenes, el estudiante corre el riesgo de atribuirle excesiva facilidad y compromiso a la hora de interpretar la fe cristiana, cuando lo cierto es que Orígenes es menos generoso que Clemente respecto al valor que otorga a la "inspiración" de los filósofos y poetas griegos. Orígenes restringió rígidamente las fuentes de la sabiduría revelada a las Escrituras y la tradición de la Iglesia. A fin de conocer mejor la Escritura y exponerla de un modo competente se embarcó en el estudio del hebreo. Su estudio e interpretación de la Escritura concedió a la Biblia una supremacía nunca más cuestionada en la vida literaria de la antigüedad cristiana.

Imprescindible para el estudio bíblico consideraba la formación en lógica y dialéctica a fin de rectificar el pensamiento y perfeccionar la expresión. También incluía en su programa hermenéutico el estudio de la geometría y la astronomía, disciplinas fundamentales para comprender inteligentemente el mundo físico, Dejando a un lado ulteriores calificaciones, la Escritura tiene para Orígenes un doble sentido: el literal y el espiritual. Encuentra apoyo para este método en Filón, los profetas hebreos y el mismo Pablo cuando dice que la letra mata, mas el espíritu vivifica (2 Co. 3:7). La "letra", que equivale al sentido literal, mata, pero el "espíritu", que es lo mismo que decir el sentido espiritual, vivifica[34]. Pablo vuelve a convertirse en autoridad hermenéutica cuando Orígenes apelando a él, escribe:

> El apóstol Pablo, doctor de las gentes en la fe y en la verdad, transmitió a la Iglesia que él congregó de los gentiles, cómo tenía que haberse con los libros de la ley que ella había recibido de otros y que le eran desconocidos y sobremanera extraños, de forma que, al recibir las tradiciones de otros y no teniendo experiencia de los principios de interpretación de las mismas no anduviera sin saber qué hacer con un extraño instrumento en las manos. Por esta razón, él mismo nos da algunos ejemplos de interpretación, para que nosotros hagamos de manera semejante en otros casos. No vayamos a pensar que por usar unos escritos y unos instrumentos iguales a los de los judíos, somos discípulos de los judíos. En esto quiere él que se distingan los discípulos de Cristo de los de la Sinagoga: en que mostremos que la ley, por cuya

---

34. *Contra Celso*, VII, 20.

mala inteligencia ellos no recibieron a Cristo, fue dada con buena razón a la Iglesia para su instrucción mediante el sentido espiritual.

Porque los judíos solo entienden que los hijos de Israel salieron de Egipto, y que su primera salida fue de Ramesses, y que de allí pasaron a Socot, y de Socot pasaron a Otom, en Apauleo, junto al mar. Finalmente, allí les precedía la nube, y pasaron el mar Rojo, y llegaron al desierto del Sinaí. Ahora veamos el modelo de interpretación que nos dejó para nosotros el apóstol Pablo: escribiendo a los Corintios en cierto lugar (10:1-4) dice: "Sabemos que nuestros padres estuvieron todos bajo la nube, y todos fueron sumergidos por Moisés en la nube, y en el mar, y todos comieron del mismo manjar espiritual, y todos bebieron la misma bebida espiritual: porque bebían de la piedra espiritual que les seguía, la cual piedra era Cristo". ¿Veis cuán grande es la diferencia entre la historia literal y la interpretación de Pablo? Lo que los judíos conciben como una travesía del mar, Pablo lo llama bautismo; lo que ellos piensan que es una nube, Pablo dice que es el Espíritu Santo, y quiere que veamos su semejanza con aquello que el Señor manda en el Evangelio cuando dice: "Si uno no renaciere del agua y del Espíritu Santo, no entrará en el reino de los cielos» (Jn. 3:5). Asimismo, el maná, que los judíos tomaban como manjar para el vientre y para saciar su gula, es llamado por Pablo "manjar espiritual". Y no solo Pablo, sino que el mismo Señor en el Evangelio dice: "Vuestros padres comieron el maná en el desierto y murieron. Pero el que coma del pan que yo le doy no morirá jamás" (Jn. 6:49). Y luego dice: "Yo soy el pan que descendí del cielo». Pablo habla después de "la piedra que les seguía", y afirma claramente que "la piedra era Cristo". ¿Qué debemos de hacer, pues, nosotros que hemos recibido estas lecciones de interpretación de Pablo, el maestro de la Iglesia? ¿No parece justo que estos principios que se nos dan los apliquemos también en casos semejantes? No podemos dejar, como quieren algunos, lo que nos legó este apóstol tan grande y tan insigne, para volver a las fábulas judaicas. A mí me parece que apartarse del método de exposición de Pablo es entregarse a los enemigos de Cristo; esto es precisamente lo que dice el profeta: "¡Ay del que da a beber a su prójimo de una mezcla turbia!" (Hab. 2:15). Así pues, tomando de san Pablo apóstol la semilla del sentido espiritual, procuremos cultivarla en cuanto el Señor, por vuestras oraciones, se digne iluminamos.[35]

El paso del significado literal al significado espiritual, también llamado *alegórico* y místico, de las Sagradas Escrituras es el paso de la fe al conocimiento, del creer a la inteligencia de la creencia. Profundizando en sí misma, la fe se convierte en conocimiento, en espíritu: este proceso se verifica en los apóstoles, que primeramente han alcanzado por la fe los elementos del conocimiento, y después han progresado en el conocimiento y llegado a ser capaces de conocer al Padre[36]. La fe misma, por una exigencia intrínseca, busca sus razones y se convierte en co-

35. *Homilía en Éxodo*, V, 1.
36. *In Mal.*, XII, 18.

nocimiento íntimo de la verdad. Aunque las afirmaciones de la fe son igual para todos, no todos alcanzan por igual sus razones y el motivo por el que se proponen como creíbles.

Los apóstoles nos han transmitido con la mayor claridad todo lo que han juzgado necesario a todos los fieles, aun a los más lentos en cultivar la ciencia divina. Pero han dejado a los dotados de dones superiores del espíritu y especialmente de la palabra, de la prudencia y de la ciencia, el cuidado de buscar las razones de sus afirmaciones. Sobre otros muchos puntos, se limitaron a la afirmación y no han dado ninguna explicación, para que aquellos sucesores suyos que tengan pasión por la sabiduría puedan ejercitar su ingenio.[37]

Sin establecer diferencias de rango espiritual en la comunidad creyente, lo cierto es que hay dos maneras de vivir la fe: la una ilustrada, la otra confiada. La fe sencilla es para las masas, dirá Agustín, multitud indocta que no puede hacer otra cosa[38]. Pero el hombre sabio debe ir más allá, aportar algo de su parte para que su asentimiento, siendo en parte consciente, sea más firme[39].

Agustín introduce, además, una división lógica entre fe y conocimiento. La fe siempre es primera en orden y autoridad. Como dice el profeta: "Si no creyereis, no entenderéis". Por la fe el creyente se apropia de la salvación, que se convierte en él en conocimiento, tal como se dice en el Evangelio: "Esta es la vida eterna, que te conozcan a ti, solo Dios verdadero, ya Jesucristo, a quien enviaste" (Jn. 17:3). Después se dice a los que creen: "Buscad y hallaréis", porque no se puede decir que se ha hallado lo que se cree sin entenderlo, y nadie se capacita para hallar a Dios si antes no creyere lo que ha de conocer después. "Por lo cual, obedientes a los preceptos de Dios, seamos constantes en la investigación, pues iluminados con su luz, encontraremos lo que por su consejo buscamos"[40].

Que haya dos niveles de conocimiento de fe, por entendimiento personal y por asentimiento a la autoridad eclesial, no dispensa de que todos los cristianos busquen un mayor grado de ilustración en su creencia. Orígenes anima a todos, aun a los creyentes más sencillos, a progresar en sus razones y motivos de fe. Al principio el conocimiento es imperfecto, pero a fuerza de búsqueda, y pidiendo la ayuda divina que ilumina los sentidos internos, el creyente puede tender hacia el conocimiento perfecto, la verdadera "gnosis", cuya revelación completa está reservada al más allá. Orígenes hace un llamamiento a todos los creyentes, no solamente a creer, sino a comprender. Los invita a la sabiduría; no a la del mundo,

---

37. *De los principios*, prefacio.
38. *Epístola*, 120, 2, 8.
39. *De quantitate animae*, 7, 12.
40. *Contra los académicos*, III, 19.

sino a la que Dios revela. Todo ha sido revelado y, sin embargo, todo queda por descubrir. Dios se ha manifestado y, sin embargo, aún falta su plena manifestación.

Desde un principio, pues, la fe cristiana se entendió a sí misma como un conocimiento progresivo, que nunca se agota en el objeto de su conocimiento, toda vez que es eterno, Dios mismo como Verdad. La fe tiene que llevar al conocimiento, pues siempre hay para el hombre más por revelar en lo ya revelado. La actitud que nosotros proyectamos sobre el texto bíblico es la que puede convertirse en sombra o luz, avance o retroceso.

Orígenes no fue solo un intelectual preocupado por la lógica de su sistema. Fue ante todo un místico, un amante del Dios revelado en Cristo. En su persona se cumple, una vez más, que la inteligencia no está reñida con la espiritualidad, que filosofía y santidad cohabitan pacíficamente en el corazón que ama a Dios. Más aún: Que es imposible aplicarse a la teología sin filosofía, en cuanto la ausencia de formación intelectual implica negligencia y menosprecio de la verdad contenida en la revelación y de las preguntas suscitadas por el mundo y la cultura. Educador de mentes y pastor de almas, Orígenes sufre al comprobar la falta de ganas y de entusiasmo por la palabra de vida. La cosa ha cambiado bien poco desde entonces.

Me temo que la Iglesia pare todavía a sus hijos con tristeza y con gemidos: porque ¿acaso no está triste y gime cuando vosotros no acudís a oír la palabra de Dios, y apenas os llegáis a la iglesia en los días de fiesta, y aun esto no tanto por deseo de la palabra, cuanto por gana de fiesta y en busca de un cierto solaz en común? ¿Qué haré yo, que tengo confiada la distribución de la palabra? Pues, aunque soy "siervo inútil" (Lc. 7:10) fui encargado por el Señor de la distribución «de la medida de trigo a la familia del Señor". ¿Qué he de hacer? ¿Dónde y cuándo puedo encontrar vuestro tiempo? La mayor parte de él, y aun casi todo, lo gastáis en ocupaciones mundanas, parte en el foro, parte en los negocios; uno se entrega a sus tierras, otro a sus pleitos, pero nadie, o muy pocos, se entregan a oír la palabra de Dios. Pero, ¿por qué os reprendo por vuestras ocupaciones? ¿Por qué me quejo de los ausentes? Aun los que venís y permanecéis en la iglesia, no estáis atentos, y según vuestra costumbre os entretenéis con las fábulas comunes, y volvéis la espalda a la palabra de Dios o a las lecturas sagradas. Temo que el Señor os diga lo que fue dicho por el profeta: "Volvieron a mí sus espaldas, y no sus rostros" (Jer. 18:1 7). ¿Qué tengo que hacer, pues, yo, a quien se ha confiado el ministerio de la palabra? Porque lo que se lee tiene un sentido místico, y se ha de explicar por los misterios de la alegoría. ¿Puedo meter en oídos sordos y mal dispuestos las "piedras preciosas" (Mt. 7:6) de la palabra de Dios? No lo hizo así el Apóstol, sino que mira lo que dice: "Los que leéis, no oís la ley: porque Abraham tuvo dos hijos...", a lo que añade: "cosas que tienen un sentido alegórico" (Gá. 4:21). ¿Acaso revela los misterios de la ley a aquellos que ni leen ni oyen la ley?[41]

41. *Homilía en Génesis* X, 1.

6.2. La Escritura, voz de Dios y alegoría profética

Orígenes estudia la naturaleza de las Sagradas Escrituras como Palabra de Dios, a la luz de la palabra del Padre pronunciada sobre el Hijo: "Este es mi Hijo amado en el cual me he complacido" (Mt. 3:17). No está escrito, razona, que fuera audible para la multitud. Otro tanto ocurrió en el monte de la transfiguración. La voz divina es de tal naturaleza que solo es oída de aquellos a quienes quiere hacerla oír el que habla. La voz de Dios en las Escrituras no es sensible, ni una comprensión de sus palabras. Es voz para la fe, aquel cuya alma está en Dios percibe la voz de Dios. La Palabra, aunque sea en sí verdadera y sumamente creíble, no es suficiente para arrastrar al alma humana, si el que la transmite no recibe un cierto poder de Dios y no se infunde en lo que dice una gracia que no se da eficazmente, si no es por concurso de Dios[42]. Orígenes no se deja llevar por una doctrina intelectualista de la Escritura como Palabra dogmática de Dios, sino que la entiende y explica en términos existenciales, vivos, dinámicos, dejando a un lado discusiones estériles de orden racional y académico. La Biblia deviene Palabra de Dios para mí, cuando por la fe me apropio de ella y guardo el camino de santidad que me propone. Nos recuerda el "existencialismo" cristocéntrico de Lutero. En la siguiente transcripción de parte de un sermón de Orígenes, podemos apreciar la fuerza de su argumento, a la vez que lo fecundo y extraordinario de su interpretación alegórico-tipológica de la Escritura.

El pueblo muere de sed, aun teniendo a mano las Escrituras, mientras Isaac no viene para abrirlas... Él es el que abre los pozos, el que nos enseña el lugar en el que hay que buscar a Dios, que es nuestro corazón... Considerad, pues, que hay sin duda dentro del alma de cada uno un pozo de agua viva, que es como un cierto sentido celeste, y una imagen latente de Dios. Este es el pozo que los filisteos, es decir los poderes adversos, han llenado de tierra... Pero nuestro Isaac ha vuelto a cavar el pozo de nuestro corazón, y ha hecho saltar en él fuentes de agua viva... Así pues, hoy mismo, si me escucháis con fe, Isaac realizará su obra en vosotros, purificará vuestro corazón y os abrirá los misterios de la Escritura haciéndoos crecer en la inteligencia de la misma El Logos de Dios está cerca de vosotros; mejor, está dentro de vosotros, y quita la tierra del alma de cada uno para hacer saltar en ella el agua viva... Porque tú llevas impresa en ti mismo la imagen del Rey celestial, ya que Dios, cuando en el comienzo hizo al hombre, lo hizo a su imagen y semejanza. Esta imagen no la puso Dios en el exterior del hombre, sino en su interior. Era imposible descubrirla dentro de ti estando tu morada llena de suciedad y de inmundicia. Esta fuente de sabiduría estaba ciertamente en el fondo de ti mismo, pero no podía brotar; porque los filisteos la habían obstruido con tierra, haciendo así de ti una imagen terrestre. Pero, la imagen de Dios impresa

---

42. *Contra Celso*, VI, 2.

en ti por el mismo Hijo de Dios no pudo quedar totalmente encubierta. Cada vicio la recubre con una nueva capa, pero nuestro Isaac puede hacerlas desaparecer todas, y la imagen divina puede volver a brillar de nuevo... Supliquémosle, acudamos a él, ayudémosle a cavar, peleemos contra los filisteos, escudriñemos las Escrituras: cavemos tan profundamente que el agua de nuestros pozos pueda bastar para abrevar a todos los rebaños.[43]

El estudio alegórico de la Escritura, y principalmente del Antiguo Testamento, se basa en su carácter de "boceto" del Nuevo, "sombra" de la realidad plena que ha de venir. Los cristianos recibieron las Escrituras hebreas y las hicieron suyas justificadamente, argumentando que el mismo Dios y Padre del Señor Jesucristo las había inspirado y revelado a los profetas y escritores judíos con símbolos, alegorías y figuras de los misterios futuros, que los apóstoles enseñaban que se habían cumplido en Cristo y en la Iglesia. "El que no comprenda esto en este sentido, ya sea judío o de los nuestros, no puede ni siquiera mantener que Moisés sea profeta. ¿Cómo podrá mantener que es profeta aquel cuyas obras dice que son comunes, sin conocimiento del futuro y sin ningún misterio encubierto? La ley, pues, y todo lo que la ley contiene, es cosa inspirada, según la sentencia del apóstol, hasta que llegue el tiempo de la enmienda y tiene una función semejante a lo que hacen los que modelan estatuas de bronce, fundiéndolas: antes de sacar a la luz la obra verdadera, de bronce, de plata o de oro, empiezan por hacer un boceto de arcilla, que es una primera figura de la futura estatua. Este esbozo es necesario, pero solo hasta que se ha concluido la obra real. Una vez terminada la obra en vistas a la cual fue hecho el boceto, se considera que esta ya no tiene utilidad. Considera que hay algo de esto en las cosas que han sido escritas o hechas en símbolos o figuras de las cosas futuras, en la ley o en los profetas. Cuando llegó el artista en persona, que era autor de todo, trasladó la ley que contenía la sombra de los bienes futuros a la estructura misma de las cosas[44]. Como escribe Bernard Ramm, el método alegórico fue primariamente el medio de convertir el Antiguo Testamento en un documento cristiano[45].

A este proceder, del todo asumido por la teología cristiana, hay que añadir otro ejemplar, fundado en la manera en que el apóstol Pablo y los distintos Evangelios tienen de interpretar el Antiguo Testamento. Orígenes hace ver que tanto Cristo como los apóstoles dieron siempre un sentido espiritual del Antiguo Testamento. Para profundizar en este tema se puede leer con mucho provecho la enjundiosa obra del Dr. Patrick Fairbarn, *La profecía, su naturaleza, función e interpretación* (CLIE, 1985). Orígenes recuerda, lo vimos en la cita anterior, que Pablo en 1

---

43. *Homilía en Génesis* XIII, 34.

44. *Homilía sobre Levítico* X, 1.

45. *Protestant Biblical Interpretation*, p. 29.

Corintios 10:1-4, hace una lectura totalmente espiritual de la historia narrada en el Antiguo Testamento. "¿Veis cuán grande es la diferencia entre la historia literal y la interpretación de Pablo? —advierte Orígenes— ¿Qué hemos de hacer, pues, nosotros, que hemos recibido estas lecciones de interpretación de Pablo, el maestro de la Iglesia? ¿No parece justo que estos principios que se nos dan los apliquemos también en casos semejantes?"[46].

La interpretación alegórica ejerció una función importantísima a la hora de interpretar cristianamente los textos más "duros" del Antiguo Testamento, como los llamados Salmos Imprecatorios, semejantes al Salmo 136, que habla de agarrar a los pequeños de Babilonia y estrellarlos contra las peñas. Tanto la sensibilidad griega como la romana retrocedían espantadas ante el lenguaje bárbaro y los malos instintos que reflejaban dichos pasajes. Orígenes, como otros maestros cristianos, respondían que el sentido espiritual del texto nos habla de "matar" en sentido figurado, como figurado es el nombre de Babilonia y de los "enemigos" de los creyentes. En el sentido espiritual o alegórico los justos matan lo que se coge vivo de los enemigos y que procede la maldad, de forma que no queda vivo ni un mal que pudiéramos llamar niño y recién nacido de la maldad. "Porque los pequeños de Babilonia, que se interpreta confusión, son los confusos pensamientos que acaban de nacer y brotar en el alma, hijos que son de la maldad; el que los agarra y rompe las cabezas sobre la solidez y firmeza de la razón, ese estrella contra una peña a los niños de Babilonia, y por ello es bienaventurado. Mande, pues, Dios enhorabuena matar sin distinción de edad ni de sexo todo lo que nace de la maldad, pues nada manda en ello contra lo que enseñó Jesús; y ante los ojos de quienes son judíos en lo secreto (Ro. 2:29), haga Dios matanza de todo lo que es enemigo y procede de la maldad"[47].

No es una manera muy científica de interpretar la Biblia, pero cumple el propósito para el que fue concebida. Hoy volvemos a tener los mismos problemas y pocas alternativas de respuesta, que no sean la negación, o más exacto, amputación de grandes porciones de la Escritura como Palabra de Dios. Solo cuando la erudición evangélica ha recurrido a la alegoría, la tipología y el sentido espiritual del Antiguo Testamento, como en el caso de E. W. Hengstenberg (1802-1869), ha sido posible contestar y hacer frente a la erudición crítica.

En el campo de la teología Orígenes es el primer gran maestro de vida espiritual, hallándose en él la base de la espiritualidad cristiana que va a alimentar los siglos subsiguientes. En soteriología está tan próximo a Pablo que de haberse seguido su doctrina otra historia se hubiera escrito en el siglo XVI, cuando estalló el debate sobre la justificación del pecador por fe o por obras. "Fiel a Pablo, Orígenes vive de la convicción de que la justificación del pecador es un puro don que Dios hace

46. *Homilía en Éxodo* V, 1.
47. *Contra Celso*, VII, 22.

al que se entrega a Dios por la fe, y no mérito del hombre, y que Dios da con la fe el poder y el querer obrar bien"[48].

> Así como se dice de la fe que «le fue contada para la justicia» (Ro. 4:9), seguramente preguntaréis si se puede decir lo mismo de las demás virtudes, es decir, si la misericordia puede serle contada a uno para la justicia, o la sabiduría, o la inteligencia, o la bondad, o la humildad; y también si la fe es contada para la justicia a todo creyente. Si consideramos las Escrituras, no hallo que en todos los creyentes la fe le sea contada para la justicia… y pienso que algunos creyentes no tuvieron, como se nos dice que tuvo Abraham, aquella perfección de la fe y aquella iteración de actos de fe que hacen a uno merecedor de que le sea contada para la justicia. San Pablo dice: «Para el hombre que se afana por una recompensa, esta no se le cuenta como don gratuito, sino como deuda. En cambio, para el hombre que no se entrega a sus obras, sino que se fía de aquel que justifica al impío, su fe se le cuenta para la justicia» (Ro. 4:4). Con esto parece que muestra san Pablo que por la fe encontramos gracia en aquel que justifica, mientras que por las obras encontramos justicia en aquel que da la recompensa. Sin embargo, cuando considero mejor el sentido manifiesto del pasaje en el que el apóstol dice que la recompensa es debida al que se entregó a las obras, no puede acabar de persuadirme de que pueda haber obra alguna que pueda exigir como debida una recompensa de parte de Dios, ya que la misma posibilidad de obrar, de pensar o de hablar nos viene por don generoso de Dios. ¿Cómo puede Dios estar en deuda con nosotros, si ya desde un comienzo nos ha dejado él en deuda con él?[49]

7. El elemento oriental

Somos hijos de nuestro tiempo y de nuestro entorno. No hay actividad humana que logre zafarse del lazo de las determinaciones socioculturales. El pensamiento siempre refleja la situación que lo condiciona y orienta. Por eso no es lo mismo la teología —o la filosofía— que se hace en una parte del mundo que en otro. No conviene olvidar la idiosincrasia local o nacional de ciertas filosofías a la hora de juzgarlas correctamente.

En Alejandría, como hemos visto, confluyeron elementos culturales venidos del Oriente, tales como las religiones procedentes de la India, de Egipto y de Persia, aclimatadas al pensamiento griego. La influencia oriental es más aguda en los conceptos religiosos, dado que en Oriente la filosofía aún no se había independizado de la religión, sino que ejercía las funciones de su lado especulativo. La aportación religioso-oriental consiste en los elementos místico-panteístas del hinduismo, y los elementos dualistas de la religión de Zoroastro.

---

48. José Vives, *Los Padres de la Iglesia*, p. 253.

49. *Comentario a Romanos* 4, 1.

Por contra, sabemos de ciudades importantes cuyo contacto con las ideas orientales fue mínimo y manifiestan una especial despreocupación por todo lo concerniente al pensamiento especulativo. Cartago, por ejemplo, al norte de África y cuna de Tertuliano, el más "antifilósofo" de los primeros escritores cristianos, explica, por su propia idiosincrasia, la actitud de Tertuliano tan contraria a la de Orígenes o Clemente de Alejandría. Cartago era la ciudad principal de la provincia del Imperio de "África Proconsular". Después de Roma, era el centro urbano más próspero de Occidente. A diferencia de Alejandría, Cartago era una verdadera ciudad latina, que había permanecido menos afectada que la misma Roma al contacto con Oriente, tan pródigo en influencias en la filosofía griega y el pensamiento heleno.

Plotino, egipcio de nacimiento, alistado en el ejército del emperador Gordiano en su campaña persa, tenía por meta "adquirir un conocimiento directo de la filosofía que se practica entre los persas y de aquella que se honra entre los indios". Mucho antes que él, Pitágoras, el más grande de los matemáticos griegos, bebió directamente de las fuentes orientales del pensamiento cuyas características principales, y que de una manera u otra se hallan presentes en la filosofía teológica de Occidente, son:

a) La trascendencia absoluta del Primer Principio, concebido como inaccesible no solo a toda experiencia sensible sino también a toda determinación intelectual.

b) La inefabilidad del Primer Principio, hacia el cual el razonamiento humano, a falta de poder afirmarlo positivamente, no puede señalar sino mediante negaciones, siendo la más radical de todas que el Primer Principio, fuente de todo ente, es él mismo un no ente.

c) La inversión del sentido y del valor de la noción de infinito. El Primer Principio no tiene límites ni determinaciones asignables.

d) La despersonalización como método de salvación. Conocerse a uno mismo no es tomar conciencia del puesto del individuo en el universo, sino al contrario, llegar a conocer que no hay diferencia entre el individuo y el todo. A la salvación se llega por la disolución de la personalidad, no por su afirmación.

Muchas de estas ideas aparecerán en la teología mística cristiana, arropadas en el necesario y conveniente lenguaje ortodoxo, que a los eclesiásticos más celosos sonaba a panteísmo, acusación de la que no pudieron librarse el Maestro Eckhart y Giordano Bruno, en el catolicismo; Hegel y Tillich en el protestantismo.

La herencia oriental es el principio de la negación: lo que no se puede decir o afirmar de las realidades suprasensibles. Su inclinación espontánea es la teología negativa o apofática. Nacido a mitad de camino entre Oriente y Occidente, el cristianismo representa en la historia del pensamiento la conciencia de Dios y del hombre como personalidad y la reconciliación entre ambos. Nadie como Hegel supo extraer de esta intuición todo su jugo filosófico. No es un texto fácil, pero sí riquísimo para ulteriores estudios sobre las implicaciones filosóficas del cristianismo; vayamos, pues, a él.

8. La idea del cristianismo según la filosofía de Hegel

El fundamento de la filosofía cristiana consiste en que la conciencia de la verdad, la contienda de Dios como Espíritu en y para sí despierte en el hombre mismo y en que el hombre sienta la necesidad de ser copartícipe de esta verdad.

El hombre debe ser capaz de comprender que esta verdad existe para él; y debe además estar convencido de esta posibilidad. Tales son el postulado y la necesidad absolutos; es necesario llegar a formarse la conciencia de que esto y solo esto es la verdad.

El primer interés con que nos encontramos en la religión cristiana es, por tanto, el de que el contenido de la idea se le revele al hombre; dicho en términos más precisos, que el hombre adquiera conciencia de la unidad de la naturaleza divina y la naturaleza humana, de una parte, como unidad que es en sí, y, de otra parte, en la realidad en cuanto culto. La vida cristiana consiste en que la cúspide de la subjetividad se halle familiarizada con esta idea, en que se apele al individuo mismo y se le considere digno de llegar a esta unidad, digno de que more en él el espíritu divino, la gracia, como se llama.

La teoría de la reconciliación consiste, pues, en que se tenga conciencia de Dios como formando una unidad armónica con el universo; es decir, en que Dios, como en la filosofía neoplatónica, se particularice y no permanezca como abstracto. Y de lo particular no forma parte la naturaleza exterior solamente, sino el universo en general; y lo que, sobre todo, tiene que saberse en Dios es en la individualidad humana. El interés del sujeto mismo entra también en esta órbita y desempeña aquí el papel esencial, para que Dios pueda realizarse y se realice en la conciencia de los individuos, que son espíritu y libres en sí; de tal modo que los individuos lleven a cabo en sí mismos, a través de este proceso, aquella reconciliación y realicen su libertad; es decir, para que lleguen a la conciencia del cielo sobre la tierra, de la elevación del hombre a Dios.

El verdadero mundo intelectual no es, por tanto, el más allá, sino que de él forma parte, como uno de sus elementos, lo finito, sin que sea posible trazar una línea divisoria entre el más allá y el más acá. Lo esencialmente concreto, por lo que a la idea absoluta se refiere, es saber lo secular, lo otro en Dios como algo divino en sí, como algo general, como el mundo intelectual, como lo que tiene sus raíces en Dios, pero solamente eso: sus raíces. El hombre vive en Dios solamente en su verdad, pero no en su inmediatividad. Por eso, esta doctrina no es lo que llamamos panteísmo, ya que esto deja subsistente lo inmediato, tal y como es. El proceso de la reconciliación tiene que ser llevado a cabo después por el hombre mismo y dentro de sí, para poder llegar a su verdad. El hombre encierra el destino de Dios como hijo primogénito, como Adán, como el primer hombre; y esta unidad podemos determinarla como la idea concreta, pero que solamente es en sí.

Pero el hombre, en cuanto asequible a lo divino, necesita que se dé también la identidad de la naturaleza divina y la humana, y la conciencia de que esto se le revele de un modo inmediato en la persona de Cristo, en la que se funden y unifican en sí la naturaleza humana y la divina. Por consiguiente, la revelación de lo absoluto como lo concreto se ha manifestado en el universo mismo, y no solamente en el pensamiento y de un modo general, como mundo inteligible, sino habiendo progresado ya hasta su última intensidad. De este modo, cobra existencia como un «sí mismo» real, yo: lo general absoluto y lo general concreto que es Dios; y aparece luego la contraposición absoluta con esta determinación, que es lo sencillamente finito en el espacio y en el tiempo, pero formando una unidad con lo eterno como el «sí mismo».

Lo absoluto concebido como lo concreto, la unidad de estas dos determinaciones absolutamente distintas, es el Dios verdadero; cada una de ellas es abstracta y, por tanto, una de ellas por sí mismo no es todavía el verdadero Dios. El viraje operado en la historia universal consiste, por tanto, en que los hombres cobren la conciencia de lo concreto en esta consumación como Dios. Por consiguiente, esta Trinidad no existe solamente en la representación, lo que no sería aún lo concreto perfecto, sino que la realidad aparece completamente unida a ello. Se ha revelado, pues, para los hombres ante la conciencia del mundo el que lo absoluto ha progresado hasta llegar; como dice Proclo, a esta «cúspide» de la realidad inmediata; en esto consiste, en efecto, el fenómeno peculiar del cristianismo.

Los griegos profesaban el antropomorfismo; sus dioses tenían figura humana, pero el defecto de su antropomorfismo consistía en no ser suficientemente antropomorfo. Mejor dicho, la religión griega es, de una parte, demasiado antropomorfa y, de otra, lo es demasiado poco: lo es demasiado en cuanto que su cualidad, figuras y actos inmediatos entran a formar parte de lo divino; demasiado poco, en cuanto que el hombre no es un ser divino en cuanto hombre, sino solamente como una figura del más allá, no como este hombre subjetivo y concreto.

Por tanto, el hombre alcanza esta verdad al adquirir como intuición la certeza de que el logos se hace carne en Cristo. Tenemos así, en primer lugar; al hombre que se remonta a través de este proceso a la espiritualidad y, en segundo lugar, al Hombre como Cristo, en quien cobra conciencia esta identidad originaria de las dos naturalezas, la divina y la humana. Ahora bien, como el hombre es, en general, ese proceso que consiste en ser la negación de lo inmediato y llegar, por esta negación, a sí mismo y a su unidad con Dios, se ve obligado a renunciar con ello a su querer, su saber y su ser naturales. Esta renuncia a su naturalidad es contemplada en la pasión y muerte de Cristo y en su resurrección y exaltación a la diestra de Dios Padre. Cristo fue un hombre completo, compartió la suerte común a todos los hombres: la muerte; sufrió y se sacrificó como hombre, negó su naturaleza y fue exaltado por ello. En él se hace realidad contemplable este proceso, esta conversión de su alteridad en espíritu, y la necesidad del dolor en la renuncia a su propio ser natural; pero este dolor; el dolor de ver muerto a Dios mismo, es la fuente de donde mana santificación y la exaltación del hombre a Dios. De este modo, cobra conciencia como consumado en sí en Cristo, lo que debe operarse en el sujeto, este proceso, esta conversión de lo finito. Tal es, en efecto, la idea del cristianismo en general.[50]

---

50. G. W. E. Hegel, *Lecciones sobre la historia de la filosofía*, III, pp. 75-78.

PARTE III

El despegue de la filosofía cristiana

No vayas fuera, vuelve a ti mismo. En el hombre interior habita la verdad.

San Agustín

1. Agustín, primer filósofo cristiano

Aurelio Agustín (354-430) nació en Tagaste, cerca de Cartago, en el antiguo reino de Numidia (actual Argelia). Su padre se llamaba Patricio y era miembro de la curia municipal; pagano durante toda su vida, a instancias de su esposa recibió el bautismo cristiano poco antes de morir. Su madre, Mónica, era una mujer fervorosa e inteligente; fiel a la enseñanza evangélica, ejerció una influencia decisiva en la vida de su hijo.

De natural ingenio, el padre de Agustín se esforzó para que este estudiara en los mejores colegios de su época las disciplinas al uso: gramática, retórica y filosofía. Estudió primero en Tagaste y luego en Madura, a 25 kilómetros al sur de Tagaste, y en Cartago. Quería ser abogado que, según la costumbre de entonces, no estudiaban derecho, sino elocuencia. En Cartago conoció a una mujer y se unió a ella, de la cual no menciona su nombre en ningún lugar. Por entonces cayó en sus manos un libro de Cicerón que tuvo para él una importancia capital. Era *El Hortensio*, una obra hoy perdida que exhortaba a los estudios filosóficos. A partir de aquel momento, dice, su principal preocupación e interés fue conocer la verdad. Buscó esta verdad en la Biblia. Como no sabía griego, no pudo recurrir a la célebre *Septuaginta* y tuvo que contentarse con una pésima traducción latina. Jerónimo no había comenzado aún la traducción que conocemos actualmente con el nombre de *Vulgata*. Agustín quedó un tanto defraudado y en el año 373 entró en contacto con los maniqueos, una secta rigurosa, de inspiración gnóstica que había fundado Manes, un cristiano persa del siglo anterior.

Empezó a mirar a sus profesores con ojos críticos. Perdió el interés por la abogacía y en el 374 volvió a Tagaste. Su madre le echó de casa en cuanto se enteró de que era maniqueo. Abrió una escuela de gramática y creó un círculo de intelectuales maniqueos en el que ingresaron bastantes miembros de la clase económicamente superior. En el 375 se trasladó a Cartago y abrió una escuela de retórica. Permaneció ocho años en esta ciudad y en cierto momento llegó a conocer al portavoz más prestigioso del maniqueísmo, el obispo Fausto, que no supo resolverle ciertas dudas. El maniqueísmo dejó de interesarle porque en el fondo era un dogmatismo como otro cualquiera y como sistema religioso no estimulaba su intelecto. Así, después de nueve años de maniqueísmo, atravesó un doloroso periodo de escepticismo, intentando, sin conseguirlo, llegar a la verdad por la razón.

En el 383 embarcó para Roma y por mediación de los círculos maniqueos de la ciudad conoció a Símaco, un noble conservador que había sido procónsul de Cartago y que entonces era prefecto de Roma. A Simaco le habían encargado desde Milán la misión de designar un profesor de retórica que leyese ante el emperador los elogios oficiales. Símaco era pagano y se oponía a la creciente oficialización del catolicismo; en un movimiento de astucia diplomática, en vez de elegir a un pagano o a un católico, eligió a un maniqueo para dar ejemplo de tolerancia.

Agustín llegó a Milán a fines de 384. Por entonces, estudiaba a Cicerón, a través de cuyos escritos conoció el pensamiento de los escépticos, que le indujo a reflexionar sobre la credulidad con que había aceptado los dogmas maniqueos. ¡Ahora no creía en nada!

En Milán, comenzó a asistir a la basílica para complacer a su madre y oír los sermones de Ambrosio, obispo de la ciudad. Lo más interesante que encontraba en ellos no era el mensaje católico, sino la impronta del neoplatonismo. Platón se había puesto de moda entre los cristianos romanos a través de las interpretaciones particulares de Plotino y de Porfirio, cuyos escritos había traducido al latín un erudito cristiano. Ambrosio citaba en sus sermones pasajes enteros de Plotino, y Agustín no fue insensible al detalle. El neoplatonismo le permitió diferenciar entre su propia interioridad y un reino espiritual que no era de este mundo pero que era el punto de referencia último, el que con y por ello mismo demostraba la veracidad de los juicios morales.

Uno de sus amigos que acababa de llegar de Germania, al ver en su casa las Epístolas de Pablo, se puso a contar anécdotas sobre los ascetas de Egipto. Agustín, acuciado por un malestar repentino, salió al patio de la casa. De pronto oyó en una casa vecina a un niño o una niña que repetía canturreando: "toma, lee". Dado lo absurdo de este estribillo lo interpretó como una señal semejante a la recibida por uno de los ascetas de Egipto. Volvió al interior de la casa y, al igual que este, abrió al azar las cartas de Pablo, y leyó: "Revestíos de nuestro Señor Jesucristo y no cuidéis de la carne con demasiados deseos". De esta forma se le fue abriendo la puerta de la creencia en el Dios de la Biblia, conciliando la razón en la fe y la fe en la razón.

En el año 387 recibió el bautismo de manos de Ambrosio, a quien, como hemos dicho, comenzó a escuchar para complacer a su madre y a su oído. "Era asiduo —comenta Agustín—, a sus instrucciones públicas, sin llevar, por otra parte, las disposiciones requeridas... La forma de sus discursos llamaba mi atención, mientras que su fondo excitaba, no mi curiosidad, sino mi desdén".

Pero el hecho es, y esto es lo que nos interesa resaltar aquí, a la luz de lo que llevamos dicho sobre la interpretación alegórica de la Escritura en orden sus implicaciones filosóficas, que Agustín comenzó a darse cuenta de la credibilidad de la fe, precisamente por el uso alegórico que Ambrosio hacía del texto sagrado. "Me conmovió sobre todo oírle varias veces presentar una explicación alegórica de tal o cual pasaje del Antiguo Testamento, los cuales, tomados según el sonido de la letra, no los entendía bien, y daban muerte a mi alma. Así, ante la exposición del sentido espiritual dado a buen número de esos textos de la Escritura, yo no podía menos que reprobar mi pasado desánimo, creyendo que los libros de la Ley y de los Profetas no se podían explicar de modo que diese satisfacción y respuesta a los que los detestaban y se burlaban de ellos"[1].

---

1. *Confesiones,* lib. V, cap. XIV, 23.

En 391 fundó un monasterio en su ciudad natal, Tagaste. Ese mismo año fue ordenado presbítero por Valerio, obispo de Hipona, ciudad a la que va unido su nombre, donde fundó otro monasterio. Fue elevado a la dignidad episcopal de Hipona en el 396, como obispo auxiliar de Valerio, al que sucederá al año siguiente. Renunció prácticamente a la misma en 426, cuando se retira parcialmente de su acción pastoral y se dedica a la revisión de toda su obra. Escribe las *Retractationes*, revisiones o retratamientos de los temas que le preocuparon toda la vida en su búsqueda de la verdad.

Tres meses antes de morir, los vándalos llegaron a África. La ciudad de Hipona resistió durante dieciocho meses, pero al fin se rindió. Fue un duro golpe para la cultura y el cristianismo.

Agustín desarrolló una obra inmensa, inabarcable por un hombre solo. Participó en muchos sínodos y concilios africanos e intervino en todas las controversias y discusiones importantes de su época.

En el campo que nos interesa, de la relación entre la fe y la razón, Agustín significa, en el decir de Julián Marías, la madurez de la dogmática cristiana y al mismo tiempo la primera constitución de una filosofía plena, realizada desde los presupuestos del cristianismo.

San Agustín es el constructor de la primera y más genial modulación de la filosofía cristiana, o, para ser más exactos, de la filosofía religiosa del cristianismo, explicando con profundidad las relaciones entre fe y razón. Representa el esfuerzo de la fe cristiana que busca una mayor inteligencia de su propio contenido, con ayuda de un instrumento filosófico formado sobre todo en base al neoplatonismo de Plotino. Agustín conoce poco a Platón y a Aristóteles, y por vía indirecta, mucho más a los estoicos, epicúreos, académicos y, sobre todo, a Cicerón. Su formación filosófica neoplatónica procede de los dos años anteriores a su conversión. En Agustín se produce el primer contacto de la filosofía griega como tal con el cristianismo. Su obra filosófica, que recoge la filosofía griega desde el cristianismo, va a pasar a la Edad Media y a nutrir la metafísica posterior.

Sobra decir que la actitud de Agustín hacia la filosofía es positiva, hasta el punto de explicar la evolución de esta como un camino hacia la verdad total.

En lo que atañe a la erudición y doctrina, como también a la moral, que mira a la salud del alma, no han faltado hombres, de suma agudeza y diligencia, que con sus discursos han mostrado la concordia vigente entre las ideas de Aristóteles y Platón, que solo a los ojos de los distraídos e ignorantes parecen disentir entre sí; así, después de muchos siglos y prolijas discusiones, se ha elaborada una filosofía perfectamente verdadera.[2]

---

2. *Contra los académicos*, III, 42.

Como después hará Hegel, Agustín identifica la filosofía con el culto a Dios. Su razonamiento es como sigue: Si la filosofía es amor a la sabiduría, y la sabiduría es Dios, la filosofía es el amor a Dios, el culto de Dios. Y como la sabiduría de Dios es Cristo, el verdadero filósofo es el cristiano auténtico, discípulo y amante de Cristo. Otro tanto repetirán, uno a uno, los filósofos-teólogos medievales: *Philosophus amator Dei est* (Juan de Salisbury, 1110-1180). Filosofar es amar a Dios por vía intelectual.

Agustín será el primer filósofo que se apoye en el hombre interior como punto de partida. En la intimidad se da el encuentro con Dios, que es la suprema felicidad. No es posible llegar a Dios si no es por medio de la interiorización: "No vayas fuera, vuelve a ti mismo. En el hombre interior habita la verdad", en cuanto Dios es el fundamento último e impelente del ser humano, intelección desarrollada en nuestro siglo por pensadores tan dispares como Paul Tillich y Xavier Zubiri.

Dios se encuentra en los actos de la vida espiritual del hombre, en su sentir y su querer, en su pensar e inteligir. En la vida se descubre la huella de Dios y especialmente en el interior del hombre mismo: "Tú eras más íntimo a mí mismo, que mi propia intimidad". "Tú estabas dentro de mí cuando yo estaba fuera y te buscaba fuera de mí". La razón se encuentra profundamente entremezclada con la fe en virtud de esta interioridad divina de la vida humana como fundada en Dios.

San Agustín muestra algo característico, no solo del cristianismo sino de la época moderna: la intimidad. Pone en el centro el hombre interior. Pide al hombre que entre en la interioridad de su mente para encontrarse a sí mismo y, consigo, a Dios. Es la gran lección que va a aprender primero san Anselmo, y con él toda la mística de Occidente. Frente a la dispersión en lo externo propia del hombre antiguo, hombre de ágora y foro, san Agustín se encuentra con holgura en la interioridad de su propio yo. Y esto lo conduce a la afirmación del yo como criterio supremo de certeza, en una fórmula próxima al cogito cartesiano, aunque pensada desde supuestos distintos: «El que no existe, en verdad, ni engañarse puede; y por esto existo si me engaño. Y puesto que existo si me engaño, ¿cómo puedo engañarme acerca de que existo, cuando es cierto que existo si me engaño? Y, por tanto, como yo, el engañado, existiría, aunque me engañara, sin duda no me engaño al conocer que existo»[3].

Para entender plenamente a Agustín, es decir, para dar razón histórica de su filosofía, es preciso conocer las fuentes de donde bebió. Aparte de la Biblia, la más importante, sin lugar a dudas, es la obra de Plotino, donde encontramos los temas platónicos de los que Agustín va a servirse para desarrollar su sistema cristiano de verdad. ¿Quién fue Plotino? Es lo que vamos a considerar a continuación.

---

3. *De civitate Dei*, XI, 26. Julián Marías, *Historia de la filosofía*, "San Agustín".

1.1. La filosofía de Plotino

Plotino (205-270) es el fundador de la escuela neoplatónica; oriundo de Egipto (¡otro egipcio más!), nació probablemente en Licópolis. Originariamente cristiano volvió después a una forma de paganismo helenístico. Estudió en Alejandría con Ammonio Saccas y estableció una influyente escuela en Roma.

Profundamente religioso y austero, místico por excelencia, murió casi en soledad, de una enfermedad larga y dolorosa. Su aspiración tenía más de asceta que de filósofo: ser en todo semejante a los hombres divinos y bienaventurados, separado de todas las cosas de este mundo, llevando una vida que no se complace en lo de acá, sino en huir solo a Él únicamente. Es evidente que muchos de sus puntos de vista los adquirió en contacto vivo con el pensamiento de la India, cuando con el fin de conocer la filosofía india y persa se alistó en la expedición del emperador romano Gordiano III contra los persas (año 242).

Por otra parte, Plotino es una persona que vive íntegramente la filosofía y para ella, no como ciencia, sino como forma de vida. El neoplatonismo de Plotino significa una base intelectual de la vida religiosa y moral, entendida como identificación del alma individual con el alma universal o Uno, origen y fundamento de todo lo que existe.

El pensamiento de Plotino es uno de los ejemplos más viables del monismo filosófico, sin trazas de ningún tipo de dualismo. Combina la trascendencia del motor inmóvil de Aristóteles con un papel creativo como causa única del universo. Todos los entes son entes por lo Uno, escribe.

Un ejército, un coro y un rebaño no son si no son uno. Tampoco la casa o la nave lo son si no tienen lo uno, ya que la casa es una entidad, y la nave, y si esa unidad se suprime dejará de haber casa o nave[4].

Plotino postula claros, pero inseparables niveles del ser o *hipóstasis*. El nivel inferior procede del superior y al mismo tiempo aspira hacia este. En la cúspide está el Uno (o el Bien). Unidad pura sin traza alguna de dualidad, y por consiguiente estrictamente innombrable y entregado únicamente a la contemplación de sí mismo, pero que, como necesario subproducto (así como el sol por el hecho de serlo irradia luz), emite la segunda hipóstasis, la Mente Divina. Esta tiene dos aspectos: Inteligencia y Verdad, que es su objeto; aspira a la Unidad, pero al hacerlo produce necesariamente el tercer nivel, el Alma (o Espíritu). El Alma posee un aspecto elevado que contempla la Verdad y uno inferior del cual depende la existencia física del mundo físico, si bien este es eterno. Esta «trinidad» jerárquica produce un universo en el cual no es principio independiente ni el mal ni la materia, pero que se considera negativamente como el punto en que, dada la distancia a que se halla del Uno, la creatividad (inexplicablemente) falla. Las ideas

---

4. *Enéada* 6º-, IX, 1.

de Plotino influyeron, como se puede apreciar, en las explicaciones ortodoxas de la Trinidad cristiana.

La influencia oriental en Plotino, como en Platón, se deja ver en su concepto del hombre y de la redención. Para Plotino el alma individual, igual que la cósmica, debe aspirar a la Verdad y evitar los deleites carnales. Por causa de una «caída» original, las almas están sujetas a la reencarnación hasta que se purifiquen por completo mediante el ascetismo, la meditación y el éxtasis (en que el alma se trasciende y momentáneamente alcanza la comunión directa con el Uno). El cristianismo siempre rechazará está solución, al postular la increíble gracia de Dios, cuya paradójica justicia justifica al pecador, en el plazo existencial de la vida humana. Por su parte, los neoplatónicos sentían una animadversión especial por la doctrina cristiana de la Encarnación como un evento histórico y singular en la persona humana de Jesús. Plotino enseñó que Dios es «el centro que está en todas partes, pero su circunferencia en ninguna».

En aquello que era concorde y viable a la fe cristiana, Plotino fue utilizado ampliamente por Agustín y el Pseudo-Dionisio, entre otros. Es evidente que Agustín llegó al descubrimiento de la intimidad gracias al impulso platónico de Plotino. Consideremos el siguiente texto tan semejante a lo que después dirá Agustín, y que es toda una pieza de espiritualidad mística:

Dios —dice Platón— no es exterior a ningún ser, sino que está con todos, aunque ellos no lo saben. Huyen, en efecto, fuera de sí, o, más bien, fuera de sí mismos. No pueden, por tanto, alcanzar a Aquel de quien han huido, ni habiéndose perdido a sí mismos, buscar a otro, como tampoco conoce a su padre un hijo que está fuera de sí a consecuencia de un acceso de locura. Pero que aprenda quién es él mismo, y sabrá también de dónde ha venido.

Por consiguiente, si un alma se conoce a sí misma, y sabe que su movimiento no es rectilíneo sino cuando sufre una interrupción, y que su movimiento natural es como un movimiento circular, no en torno a algo que le es exterior, sino alrededor de un centro, y el centro es lo que origina el círculo, se moverá en torno a aquel centro del cual procede, y se suspenderá de él, concentrándose a sí misma en su tensión hacia este punto, al que deberían tender todas las almas pero al que solo se dirigen, eternamente, las de los dioses. Pues es dios el que se une a ese centro, y los que de él se alejan, la generalidad de los hombres y los animales. ¿Lo que buscamos es, pues, como el centro del alma? ¿O debemos considerar, de otro modo, aquello hacia lo cual coinciden todos los centros, y que llamamos así por su analogía con el centro del círculo? Pues no llamamos círculo al alma en el sentido de la figura, sino porque la naturaleza antigua se encuentra en ella y alrededor de ella, y porque todas las almas han salido de ella, y más aún porque todas están separadas de ella. Ahora bien, como una parte de nosotros está retenida por el cuerpo (como si tuviéramos los pies en el agua y el resto del cuerpo sobre ella), elevándonos por la parte de nosotros que no está sumergida en el cuerpo, nos unimos por nuestro propio centro a aquel, que es como el centro de todas las cosas, de la misma manera que los centros y los círculos máximos de la esfera se unen al centro de la esfera que los contiene, y hallamos en él el reposo. Si fueran círculos corporales y no círculos del alma, se unirían al centro de un modo local, y, hallándose el centro en un lugar determinado, estarían alrededor de él. Pero, puesto que las almas mismas son inteligibles y su centro está por encima de la inteligencia, hemos de pensar que esa unión por la que el ser pensante se une naturalmente con lo no pensado, se realiza en virtud de potencias diferentes, y más aún por estar presente el ser pensante en su objeto mediante la semejanza y la identidad y unirse a lo que tiene su misma naturaleza, si no hay ningún obstáculo que los separe. En efecto, son los cuerpos los que impiden a los cuerpos comunicarse unos con otros, pero los cuerpos no separan las cosas incorpóreas, y lo que las aleja unas de otras no es el lugar, sino la alteridad, estos entes, al no ser distintos, están presentes los unos en los otros. Aquel, por consiguiente, no teniendo alteridad, está siempre presente; nosotros, cuando no la tenemos. Él no tiende a nosotros de modo que tenga que estar alrededor nuestro, sino que nosotros tendemos a él, y, en consecuencia, estamos alrededor de él. Y estamos siempre en torno de él, pero no siempre miramos a él, sino que, de la misma manera que un coro que canta, aun estando alrededor del corifeo, puede volverse hacia fuera, a los espectadores, pero solo cuando se vuelve hacia el corifeo canta bien y forma, en realidad, círculo en torno de él, así también nosotros estamos siempre en torno de lo uno, y si dejamos de estar alrededor suyo, ello será nuestra disolución completa y dejaremos de ser; pero no estamos siempre vueltos hacia él, y cuando miramos a él, hallamos nuestro fin y reposo, y dejamos de desentonar, danzando alrededor suyo una danza realmente entusiasta.

En esta danza se contempla la fuente de la vida, la fuente de la inteligencia, el principio del ser; la causa del bien, la raíz del alma, sin que estas cosas se derramen de lo uno ni lo disminuyan, pues no es una masa corporal; en otro caso, serían perecederos sus productos. Pero son eternos, porque su principio permanece siempre de la misma manera, sin repartirse en ellos, sino permaneciendo entero; por lo tanto, también aquellos permanecen, de la misma manera que al permanecer el sol, permanece también la luz. Porque no hay corte entre él y nosotros, ni estamos separados de él, aunque la naturaleza corpórea, al sobrevenirnos, tira de nosotros hacia ella. Él nos da el vivir y el conservarnos, pero no se retira una vez que nos los ha dado, sino que continúa suministrándonoslos siempre, mientras sea lo que es... La vida en Dios consiste en la actividad de la inteligencia; engendra la belleza, engendra la justicia, engendra la virtud, pues de todas estas cosas está preñada el alma fecundada por Dios, y este es su fin y su principio; su principio porque de allí procede; su fin porque el bien está allí, y llegada allá vuelve a ser lo que era. Porque lo de aquí es «la caída, el destierro y la pérdida de las alas». Y lo que demuestra que el bien está allí es Eros (el Amor), que es consubstancial al alma, y que aparece unido a las almas en las pinturas y en los mitos. Siendo el alma distinta de Dios, pero viniendo de Él, le ama necesariamente, y cuando está allí tiene el «Eros celeste», que aquí se hace «Eros vulgar»... Todo el que ha visto sabe lo que digo, sabe que el alma tiene otra vida cuando se dirige a él, se aproxima a él y participa de él, de suerte que, hallándose en esta disposición conoce que está en presencia del dador de la verdadera vida, y que no necesita nada más; al contrario, es preciso abandonar todo lo demás y quedar firme solo en él, y convertirse en él solo, prescindiendo de todas las demás cosas que nos envuelven; entonces nos esforzamos por salir de aquí y nos irritamos de vernos atados a otras cosas, deseando replegarnos en todo nuestro ser y no tener parte alguna de nosotros que no esté en contacto con Dios.[5]

Tenemos aquí todo un arsenal de elementos, ideas e insinuaciones que, en lenguaje cristiano, irán apareciendo y desarrollándose en la dogmática, la espiritualidad y la mística que han llegado hasta nuestros días.

1.2. Creo para comprender, comprendo para creer

Agustín estudió las relaciones de la fe y la razón basado en su propia experiencia espiritual: la fe es como una meta de la especulación, y al mismo tiempo punto de partida para nuevas especulaciones.

Intellige ut credas (demostración de la credibilidad) y *crede intelligas* (el deseo de conocer mejor lo que ya se cree, origina una actitud positiva ante la filosofía, que debe ser el instrumento). Se parte de la fe para comprender, con el pensamiento iluminado por la verdad, la verdad de la fe misma.

De Agustín procede el principio *fides quaerens intellectum*, la fe que busca la comprensión, y el principio *credo ut intelligam*, creo para entender, que han de tener hondas repercusiones en la Escolástica, sobre todo en Anselmo y Tomás de Aquino.

El conocimiento de Dios es universal y natural: el que no conoce a Dios es culpable, pues esa ignorancia es fruto de las malas pasiones y del influjo de la voluntad desviada.

Para los que tienen un corazón limpio, la recta razón y la buena disposición ante la revelación, la existencia de Dios se conoce con facilidad.

Para los endurecidos e insensatos, antes de acercarles a Dios por medio de argumentos, hay que llevarles a la fe, que es el primer paso que conduce a Dios.

Los diversos argumentos que presenta Agustín para llegar a Dios se reducen a una sola prueba, cuyo itinerario es: de lo exterior a lo interior, y después, de todo este mundo inferior ascender a lo superior.

Agustín no ofrece pruebas de la existencia de Dios, sino senderos o rutas que conducen a la divinidad y parecen dirigidas a los fieles que, poseyendo la fe, buscan la inteligencia de la misma.

---

5. Plotino, *Enéada* VI, libro IX.

Un punto importante de este itinerario es la inmutabilidad de buena parte de nuestros conocimientos que contrasta con la mutabilidad del mundo exterior y de nuestras sensaciones. La inmutabilidad en el campo intelectual exige algo que no cambia: la Verdad inteligible, necesaria, inmutable y eterna que es Dios.

Los argumentos de Agustín conducen a Dios como verdad inmutable, como Sol inteligible y Maestro interior del alma.

El nombre más propio de Dios es *Qui est*, Dios es el Ser mismo entendido como esencia plena: lo que es siempre lo mismo.

Algunos de los argumentos de Agustín han sido llevados a un extremo por cierta *filosofía* reformada o calvinista, que absorbe el primer elemento en el segundo, de modo que es menos filosofía verdadera y más teología de escuela. En los escritos de Cornelius Van Til, representante radical de esta postura, se llega a negar a los no cristianos cualquier tipo de conocimiento de Dios a causa de su estado espiritual no regenerado, sin reparar en las distinciones y la lógica de Agustín, más conforme a la realidad y la revelación, entre endurecidos e insensatos que se cierran al conocimiento natural de Dios, por lo que no cabe argumentación con ellos, sino predicarles la fe como primer paso a la creencia, y aquellos que tienen un corazón abierto, aunque todavía no regenerado, cuya recta razón y buena disposición ante la revelación les lleva con facilidad a conocer la existencia de Dios.

1.3. A la verdad por el amor

En segundo lugar, la filosofía de Agustín, que es un hombre apasionado y enamorado de su Dios, *Deum et animam scire cupio* (solo deseo conocer a Dios y al alma), es la primera en fundamentar un conocimiento no teórico ni racional, sino cordial y místico que la hace tan moderna y próxima a nosotros. A la verdad se llega por el amor. Solo el que ama intelige correctamente. No se entra en la verdad sino por el amor o caridad.

Dios se revela como Verdad a quien busca la verdad; Dios se ofrece como amor solo a quien ama. La búsqueda de Dios no puede ser, pues, solamente intelectual; es también necesidad de amor, parte de la pregunta fundamental: "¿Qué amo, oh Dios, cuando te amo a ti?"[6].

"Aquí está el nudo de la investigación acerca del alma y de Dios, nudo que es el centro de la personalidad de Agustín. No es posible buscar a Dios si no es sumergiéndose en la propia interioridad, confesándose y reconociendo el verdadero ser propio: pero este reconocimiento es el mismo reconocimiento de Dios como verdad y trascendencia. Si el hombre no se busca a sí mismo no puede encontrar a Dios. Toda la experiencia de la vida de Agustín se expresa en esta fórmula, ya que solo más allá de sí mismo, en lo que trasciende la parte más elevada del yo, se

---

6. *Confesiones* X, 6.

vislumbra, por la misma imposibilidad de alcanzarla, la realidad del ser trascendente. Por un lado, las determinaciones de Dios se fundan en la investigación; por otra, la investigación se funda en las determinaciones de la trascendencia divina. Cierto que el hombre no puede admitir la trascendencia si no busca; pero no puede buscar si la trascendencia no le llama hacia sí, y no le sostiene revelándose en su inescrutabilidad. Dios, por su trascendencia, es el *trascendental* del alma, la condición de la investigación, de toda su actividad. Al mismo tiempo, es la condición de las relaciones entre los hombres: Dios es el Amor, que condiciona y hace posible cualquier amor. Pero no es posible reconocerle como amor, y, por tanto, amarle, si no se ama; y no puede amarse más que al prójimo. Amar al Amor significa, en primer lugar, amar; y no se puede amar sino al hombre. El amor fraterno, la castidad cristiana, condiciona la realidad entre Dios y el hombre; y al mismo tiempo está condicionada por ella. También aquí el Amor divino, el Espíritu Santo, es en su trascendencia el trascendental de la búsqueda que lleva al hombre hacia los demás hombres.

El tema de toda la investigación de san Agustín es el mismo, y el tema de su vida: la relación entre el alma y Dios, entre la investigación humana y su término trascendente y divino. Pero esta relación se manifiesta en san Agustín religiosa y no filosóficamente. Su acento no cae sobre la posibilidad humana de la búsqueda de lo trascendente, sino sobre la presencia de lo trascendente al hombre como posibilidad de la investigación. La iniciativa se deja a Dios. Precisamente mientras el hombre se da a la investigación y quema en el ardor de ella las escorias de su humanidad inferior, debe reconocerse que la iniciativa no parte de él, sino de Dios, que él consigue entrar en relación con la trascendencia divina solo porque esta se le revela, y llega a amar a Dios, solo porque Dios le ama. El esfuerzo filosófico se transforma en humildad religiosa, la *investigación* se convierte en *fe*. La *libertad* de la iniciativa filosófica aparece como *gracia*. La exigencia de referir cualquier esfuerzo, cualquier valor humano a la divina gracia no es un puro resultado de la polémica contra los pelagianos, resultado que negaría los motivos agustinianos más profundos, sino una exigencia intrínseca de la especulación agustiniana. Tal exigencia se funda en la relación con que en la personalidad de Agustín se enlazan la filosofía y la religión, la investigación y la fe; relación de *tensión*, por la cual se atraen, y al mismo tiempo se oponen una a otra"[7].

La misma estructura del hombre interior hace posible la búsqueda de Dios. Que el hombre esté hecho a imagen de Dios significa que el hombre puede buscar a Dios y amarle y referirse a su ser, pues Dios habita en su interior como verdad fundante, como veremos después. *Est Deus in nobis*, Dios está en nosotros, y es Él quien *ilumina, revela*, la verdad. Por eso es del todo correcto afirmar que la

7. N. Abbagnano, "San Agustín", *Historia de la filosofía,* 161.

verdad habita en el interior de la persona en espera de ser iluminada (*in interiore homine habitat veritas*).

Por tanto, "conocer", para Agustín, no es "recordar", como en Platón, sino ser *iluminado*, teoría con la que posteriormente Tomás de Aquino tendrá dificultades. El alma, dice Agustín, no puede extraer de sí misma la luz. Para Agustín, si el alma contiene en sí misma las reglas e ideas con que ha de guiar a la sensibilidad es porque las recibe de Dios. Por ejemplo, el alma no puede recibir de los sentidos la idea de unidad, pues lo que ofrecen los sentidos es multiplicidad, dispersión. Tampoco puede extraerla de sí misma. La fuente es Dios. Dios irradia la verdad sobre el espíritu del hombre, pero no es una iluminación sobrenatural, como la costumbre y los términos nos pudieran llevar a pensar. Todo hombre es iluminado por Dios, creyentes y no creyentes por igual. El Verbo "ilumina a todo hombre que viene a este mundo" como "luz iluminante", que en la criatura se convierte en "luz iluminada".

Cómo llegue, o haya llegado, a las almas humanas la comunicación de las ideas divinas —la Luz iluminante—, criterio de verdad y condición para la misma actividad cognoscitiva propia del alma, no lo explica Agustín con claridad. Lo más que podemos decir es que las ideas que Dios pone en la mente antes de nuestro contacto con los sentidos, no las tiene la mente en sí misma como cosas propias, sino que pertenecen al espíritu de Dios, el Verbo Luz. Es el Verbo de Dios el que vive en nosotros y nos sostiene ayudándonos a conocer. Sin Cristo, andaríamos a ciegas. De modo que cuando el hombre descubre la verdad en cualquier reino del conocimiento está pensando los pensamientos de Dios a la manera de Dios y después de Él.

Todo lo que percibimos lo percibimos o con los sentidos del cuerpo o con la mente: a lo primero llamamos sensible; a lo segundo, inteligible; o, para hablar según el estilo de nuestros autores, a aquello llamamos carnal, y a esto espiritual.

Si se nos pregunta sobre lo sensible, respondemos lo que sentimos si lo tenemos presente, como si se nos pregunta, al estar mirando la luna nueva, cómo es y dónde está. El que pregunta, si no la ve, cree a las palabras, y con frecuencia no cree; mas de ningún modo aprende si no es viendo lo que se dice: en lo cual aprende no por las palabras que sonaron, sino por las cosas y los sentidos. Pues las mismas palabras que sonaron para el que no veía suenan para el que ve.

Mas cuando se nos pregunta, no de lo que sentimos presente, sino de aquello que alguna vez hemos sentido, expresamente no ya las cosas mismas, sino las imágenes impresas por ellas y grabadas en la memoria, en verdad no sé cómo a esto lo llamamos verdadero, puesto que vemos ser falso, a no ser porque narramos lo que hemos visto y sentido, no ya lo que vemos y sentimos. Así llevamos esas imágenes en lo interior de la memoria como testimonio de las cosas sentidas, y contemplando con recta intención esas imágenes con nuestra mente, no mentimos cuando hablamos, antes bien, nos sirven de testimonio. El que escucha, si las sintió y presenció, mis palabras no le enseñan nada, sino que él reconoce la ver dad por las imágenes que lleva en sí mismo; pero si no las ha sentido, ¿quién no verá que él, más que aprender, da fe a las palabras?

Cuando se trata de lo que captamos con la mente, es decir, con el entendimiento y la razón, hablamos de lo que vemos presente en la luz interior de la verdad, con que está iluminado y de la que goza el llamado hombre interior; pero entonces también el que nos oye, si él mismo ve con una mirada simple y secreta esas cosas, conoce lo que yo digo en virtud de su contemplación, no por mis palabras. Luego ni a este, que ve cosas verdaderas, le enseño yo algo diciéndole la verdad, pues aprende, no por mis palabras, sino por las mismas cosas que Dios le muestra interiormente[8].

Conocer es ser iluminado por Dios interiormente. La verdad no se crea, se descubre, es siempre revelación. Dios es, por tanto, el verdadero maestro y el único "que tiene cátedra en los cielos y enseña la verdad en la tierra". Continuando el argumento de Agustín, Tomás de Aquino defenderá el dicho de Cristo: "Uno es vuestro maestro" (Mt. 23:8), mostrando que enseñar no es sino causar el conocimiento en alguien. La enseñanza no parece ser otra cosa que una transmisión de ciencia del maestro al discípulo, luego un hombre no puede enseñar a otro. "Si el hombre es verdadero maestro, conviene que enseñe la verdad. Pero todo aquel que enseña la verdad ilumina la mente, porque la verdad es luz de la mente. Luego si el hombre enseña, iluminará la mente. Pero esto es falso, pues Dios es quien ilumina a todo hombre que viene a este mundo, según Juan 1:9. Luego no puede enseñar verdaderamente a otro... Solo Dios puede formar la mente humana, como dice Agustín. El conocimiento es cierta forma de la mente. Luego solo Dios causa el conocimiento en el alma. Así como la culpa está en la mente, también lo está la ignorancia. Pero solo Dios limpia la mente de la culpa... Luego solo Dios quita de la mente la ignorancia: y así, solo Dios enseña. Si la ciencia es un conocimiento cierto, alguien recibe ciencia de otro cuando nos da certeza con su palabra; pero nadie adquiere la certeza por oír hablar a otro; si así fuera, sería necesario tomar como cierto todo cuanto oímos. Solo adquirimos la certeza cuando oímos hablar internamente a la verdad, la cual sopesa también las cosas oídas a otros para cerciorarse. Luego no enseña el hombre, sino la verdad que internamente habla, y esta es Dios"[9].

Resaltamos estos puntos porque hay quienes en nombre de no sabemos qué principio bíblico de conocimiento, se niegan a admitir lo que es evidente a todas luces: que el pensamiento cristiano nunca ha desvinculado el conocimiento verdadero de su origen divino. El hombre autónomo, es decir, el hombre prometeico que conoce por sí solo aparte de Dios y sin auxilio de la gracia, es una creación

---

8. *De magisterio*, pp. 659-668, BAC.

9. Tomás de Aquino, *De Veritate*, q. 11, a. 1.

moderna basada en un prejuicio antifilosófico que hay que tener cuidado de no leer en el pasado, y menos aún en el pensamiento cristiano, para el que todo conocimiento verdadero es revelación de Dios, no importa el modo que se tenga de expresarlo. El conocimiento de Dios, de la verdad y del hombre va ligado a la mediación de Cristo, el Verbo iluminador que ilumina a todo hombre.

1.4. Existencia, duda y certeza

En la búsqueda de Dios por la interioridad se encuentra una certeza fundamental que elimina la duda. La duda lleva a los hombres al escepticismo, pero la duda no puede detenerse en sí misma y suspender el juicio. Quien duda de la verdad, está cierto de que duda, esto es, de que vive y piensa; tiene, por consiguiente, en la misma duda, una certeza que le libera de la duda y le conduce a la verdad.

Descartes va a desarrollar en la modernidad el concepto de la duda como fundamento de la certeza, pero será Agustín quien la coloque en el centro de la vida interior del alma, del yo, de la existencia, que no puede pararse ante la duda, pues hasta la duda permite al alma elevarse más allá de sí misma hacia verdad. "Somos —escribe— y conocemos que somos y amamos este ser y conocer... No hay que temer en estas verdades los argumentos de los académicos que dicen: «¿y si te engañas?» Pues si me engaño, soy. Pues el que no existe no puede engañarse, y por esto, si me engaño, existo"[10]. "Si duda, vive; si duda, recuerda que duda; si duda, entiende que duda; si duda, quiere estar cierto; si duda, piensa; si duda, pues, sea de lo que fuere, no puede dudar de todas estas cosas, las cuales, si faltasen no sería posible ni la misma duda"[11]. "El que no existe no puede engañarse, y por eso, si me engaño, existo. Luego, si existo si me engaño, ¿cómo me engaño de que existo, cuando es cierto que existo si me engaño? Aunque me engaño, soy yo el que me engaño y, por tanto, en cuanto conozco que existo, no me engaño"[12].

Mi existencia es, por consiguiente, indudable y absolutamente verdadera. La autoconciencia, o sea la certeza de sí mismo, es un principio inquebrantable y será precisamente el nuevo y gran principio agustiniano. "Lo que en san Agustín aparece como una intuición filosófica, en Descartes se convierte en idea clave de sistema"[13].

Agustín, anclado en la fe e iluminando la experiencia desde ella, va mucho más lejos. Sus intuiciones tienen alcances insospechados. Agustín identifica correctamente la verdad con Dios mismo: *ipsa Veritas Deus est.* El fundamento de la verdad no es la ciencia ni la opinión, siempre mudables e imperfectas, sino Dios

10. *De la verdadera religión*, 39.

11. *De la ciudad de Dios*, XI, 16.

12. *Id.*, X, 26.

13. Laureano Robles, *La filosofía en la Edad Media*, p. 69.

inmutable y perfecto. Dios funda la verdad en nosotros. La Verdad suprema es el fundamento de nuestra verdad relativa, es decir, en relación a la Verdad absoluta.

¿Cómo es Dios fundamento en el hombre finito? Como raíz y luz que habita en nosotros, fundándonos e impeliéndonos a ser. Dios no habita en la persona como posesión personal de la misma, sino como "aguijón". El Dios que funda el ser es *superior* al ser. La Verdad que habita en el ser humano es superior al mismo. El hombre no es la verdad. Si lo fuera no andaría buscándola. Nadie busca lo que él mismo es. Por lo tanto, Dios, por más que se encuentra en el espíritu humano, es *distinto y superior* al alma humana, a la que transciende, aun estando espiritualmente presente en ella.

La verdad que nos llega de parte de Dios no es verdad por revelada, sino porque es verdad, sustancia de Dios que nos sustenta. "Si estuviese aquí Moisés y hablase, no en hebreo, que yo no entiendo, sino en griego o en latín, yo entendería la verdad de sus palabras; pero no será él quien las hiciese comprender, sino la Verdad, que no es hebrea ni griega ni latina, y que desde dentro me diría al escuchar las palabras: es verdad, es verdad, haciéndome así reconocer como ciertas las verdades escritas por Moisés". Por eso decimos que toda verdad es verdad de Dios, pues Dios es la verdad suprema y final de toda verdad en cuanto verdad.

Cuando no se consigue por lo menos ver con claridad que la falsedad hace creer en aquello que no es, se comprende al mismo tiempo que la verdad es la que manifiesta aquello que una cosa es. Sabemos que los cuerpos nos inducen a error en la medida en que ellos no consiguen plenamente el Uno que, como se ha visto, es su modelo. Uno que es el Principio por el cual todo ser es uno —porque nosotros amamos por naturaleza todo lo que se esfuerza por asemejarse al Uno y despreciarnos cuanto se desvía del Uno y tiende a la desemejanza—; de aquí se infiere que hay algo que ha de asemejarse tanto a aquella Unidad suprema, principio de todo lo que de algún modo es uno, que la alcance perfectamente y se identifique con ella. Ese algo es la Verdad y el Verbo que era en el principio, y el Verbo-Dios en el seno de Dios. Si la falsedad viene, en efecto, de los objetos que imitan al Uno, no porque lo imitan sino porque no llegan a alcanzarlo, la verdad será entonces aquello que llega a alcanzar el Uno y a ser idéntico a ello. La verdad manifiesta el Uno tal como es y por ello se le llama justamente, a la vez, su Verbo y su Luz. Las demás cosas son semejantes al Uno en tanto que son, y, en el mismo grado, son verdaderas. Pero ella es su perfecta imagen, y, por tanto, es la Verdad. Así como las cosas verdaderas son verdaderas por la verdad, así las cosas semejantes son semejantes por la semejanza. Y como la verdad es la forma de todo lo verdadero, la semejanza es la forma de todo lo semejante. Por lo cual, puesto que las cosas verdaderas son verdaderas en cuanto que son, y en la medida en que son semejantes al primer Uno, la forma de todo cuanto existe es aquello que es sumamente semejante al Principio, y que es la Verdad, porque no entraña ninguna desemejanza.

La falsedad, pues, no viene del engaño de las cosas mismas, que se limitan a mostrar al que las percibe su forma proporcional a su hermosura, ni tampoco del engaño de los sentidos, los cuales, impresionados según su naturaleza corpórea, se limitan a comunicar su afección al ánimo, que tiene una función de juez; el engaño del alma nace de los pecados, porque se busca lo verdadero dejando y olvidando la Verdad. Por haber amado más a las obras que al Artista y su arte, los hombre reciben el castigo de estar buscando en las obras al Artífice y al arte, y, no pudiendo hallarlo, porque Dios no está al alcance de los sentidos corporales sino que trasciende con su soberanía a la misma mente, son condenados a creer que las obras sean el arte y el Artista.[14]

1.5. La suprema felicidad

Tanto la filosofía como la religión se dan en la existencia; fe y razón son dos elementos vitales de la persona en su condición existencial. Funcionan desde la vida y para la vida. ¿Y qué es lo que el hombre busca para su vida en la existencia? Ser feliz, indudablemente. Este es el núcleo de todo el pensamiento de Agustín, andado en la misma naturaleza humana. Todo el que tiene uso de razón responde de la misma manera: todos los hombres quieren ser felices[15]. "En tanto que apetece la vida feliz, ningún hombre se equivoca"[16]. "Ciertamente, todos queremos vivir felizmente. Y no existe nadie entre los hombres que no dé asentimiento a esta proposición, incluso antes de ser enunciada plenamente"[17].

Sabed ante todo que los filósofos en general perseguían todos una finalidad común; hubo entre ellos cinco partidos, cada uno con su particular doctrina. La aspiración de todos ellos en sus estudios, búsquedas, disputas y maneras de vida era llegar a la vida feliz. Esta era la única causa de su filosofar, y juzgo que los filósofos van en esto de acuerdo con nosotros. Pues si os pregunto la razón de creer en Cristo y por qué os hicisteis cristianos, me responderéis todos unánimes en esta verdad: por la vida feliz.[18]

De este modo, en la lógica de Agustín, la filosofía y la fe están ligadas por su base existencial en lo que respecta a sus fines y metas: la conquista de la felicidad. Fe y razón se identifican en su andar hacia la meta suprema de la vida humana. Aquí encuentra la experiencia cristiana el punto de encuentro, el terreno común por el que referirse a la experiencia del no cristiano y entenderse con él. La fe se separa de la razón en que la felicidad le es propuesta desde el principio como aceptación

---

14. *De la verdadera religión*, xxxvi, 66-67.
15. *De la ciudad de Dios*, X, 1.
16. *Del libre albedrío*, II, 9.
17. *De moribus Eccl. cath.*, 1, 3.
18. *Sermón* 150, 4

de la verdad que se anuncia en el Evangelio. La felicidad no es objeto de tanteo y prueba, sino de fe y gracia.

> Por tanto, vida, la que es digna de ser llamada por este nombre, no es más que la feliz. Y no será feliz si no es eterna. Esto, esto es lo que todos quieren, esto es lo que todos queremos: la verdad y la vida; mas ¿por dónde irá la posesión de tan gran felicidad? Trazáronse los filósofos caminos sin camino; unos dijeron: «¡Por aquí!». Otros: «¡Por ahí no, sino por allí!». El camino fue para ellos una incógnita, porque Dios resiste a los soberbios; y aun para nosotros lo fuera de no haber venido el camino a nosotros. Por eso dice el Señor: «Yo soy el camino». ¡Viajero desazonado! Tú no quieres venir al Camino, y el Camino vino a ti. ¿No buscabas por dónde ir? «Yo soy el camino». Buscabas a dónde ir: «Yo soy la verdad y la vida». Si vas a él por él, no has de perderte. He ahí la doctrina de los cristianos, no digo comparable, sino incomparablemente superior a las doctrinas de estos filósofos: a la inmundicia de los epicúreos y al orgullo de los estoicos.[19]

La suprema sabiduría es, pues, la sabiduría que nos hace felices, y ¿cuál ha de ser la sabiduría digna de ese nombre sino la de Dios? "Por divina autoridad sabemos que el Hijo de Dios es la Sabiduría de Dios; y ciertamente es Dios el Hijo de Dios. Posee, pues, a Dios el hombre feliz, según estamos de acuerdo todos desde el primer día del banquete. Pero ¿qué es la Sabiduría de Dios sino la Verdad? Porque Él ha dicho: «Yo soy la Verdad»"[20].

Toda vez que el hombre ha sido creado por Dios y ordenado para gozar de Él por la eternidad, es del todo natural esperar que haya en el hombre una tendencia que le arrastra a su lugar de origen, como la tierra, por su gravedad, atrae a sí los cuerpos lanzados al espacio. Se trata de una interesante reflexión de Agustín que ahonda un poco más en la dimensión ontológico-existencial de la experiencia religiosa como experiencia de peso. El "peso" (*pondus*) desempeña un papel muy importante en la ordenación del universo en su integralidad, y del papel de Dios y el hombre en el mismo, que manifiesta, además, las dotes de observación de Agustín.

> El peso es cierto impulso o conato entrañable en cada ser, con que se esfuerza para ocupar su propio lugar. Tomas una piedra en la mano, sientes su peso, y te hace presión en ella, porque apetece volver a su centro. ¿Quieres saber lo que busca?, suéltala de la mano: cae en tierra, y allí descansa; ha llegado adonde tendía, halló su propio lugar. Otras cosas hay que se dirigen hacia arriba, porque si derramas agua sobre el aceite, por su peso se precipitará abajo. Busca su lugar; quiere ordenarse, pues, cada cosa fuera

---

19. *Sermón 150*, 10.
20. *De beata vita*, IV, 34.

del orden es el agua sobre el aceite. Al contrario, quiebra una ampolla de aceite debajo del agua. Como el agua derramada sobre el aceite busca su lugar sumergiéndose, el aceite soltado debajo sube arriba. ¿A dónde tienden igualmente el fuego y el agua? El fuego se dirige hacia arriba, buscando su centro, y los líquidos buscan también el suyo con el peso. Y lo mismo las piedras, las maderas, las columnas y la tierra con que está edificada esta Iglesia.[21]

El peso es la tendencia de todo ser creado a alcanzar su lugar natural, equilibrio y armonía. La tendencia de los pesos, dependiendo de la naturaleza de los distintos seres, animales, plantas u hombres, es hacia abajo, por su pesantez, o bien a lo alto por su levedad. El peso humano es peso de amor, él nos lleva hacia arriba, cuando el amor está animado por el amor de Dios, o nos conduce hacia abajo cuando la sensualidad nos arrastra a lo material. El peso del amor humano tiende a Dios en virtud de su origen. Dios es el centro gravitacional al que tiende, por atracción, el ser humano. Pero a causa del pecado, que se interpone como un muro entre Dios y los hombres, el ser humano no logra elevarse y alcanzar la felicidad a la que todo su ser aspira, por la fuerza de su peso gravitacional, sino que se pierde a sí mismo en aquello que no es él mismo. Por eso, conversión, es correctamente descrita como un viaje al interior de uno mismo. Como el hijo pródigo de la parábola, después de malgastada su juventud, lamenta su error y "vuelto en sí" (santa cordura) reconoce que su lugar está en la casa del padre. Entonces alcanza la felicidad que el mundo —sus riquezas, amistades y placeres— no pudieron proporcionarle. Esta es la verdad de la experiencia cristiana, la experiencia cristiana verdadera.

> Te prometí demostrarte, si te acuerdas, que había algo que era mucho más sublime que nuestro espíritu y que nuestra razón. Aquí lo tienes: es la misma verdad. Abrázala, si puedes; goza de ella, y alégrate en el Señor y te concederá las peticiones de tu corazón... Puesto que en la verdad se conoce y se posee el bien sumo, y la verdad es la sabiduría, fijemos en ella nuestra mente y apoderémonos así del bien sumo y gocemos de él, pues, es bien aventurado el que se goza del sumo bien. Esta, la verdad, es la que contiene en ti todos los bienes que son verdaderos, y de los que los hombres inteligentes, según la capacidad de penetración, eligen para su dicha uno o varios. Pero así como entre los hombres hay quienes a la luz del sol eligen los objetos, que contemplan con agrado, y en contemplarlos ponen todos sus encantos, y quienes teniendo una vista vigorosa, más sana y potentísima, a nada miran con más placer que al sol, que ilumina también las demás cosas... así también, cuando una poderosa y vigorosa inteligencia descubre y ve con certeza la multitud de cosas que hay inconmutablemente verdaderas, se orienta hacia la misma verdad, que todo lo ilumina, y, adhiriéndose a ella, parece como que se olvida de todas las demás cosas, y, gozando de ella, goza a la vez de todas las demás

---

21. *Sermones sobre los Salmos* 29, X.

cosas, porque cuanto hay de agradable en todas las cosas verdaderas lo es precisamente en virtud de la misma verdad.[22]

Quien es iluminado por Dios a Dios aspira. Dios, que hace bellas las almas, es causa de atracción, por lo que bien decimos que el ser humano no es un ser para la muerte, sino un ser para la gloria La vida, pese a sus miserias y aparente absurdo, es una ascensión divina, un remitirse constante a Dios, que solo la ofuscación de la verdad por la mentira impide comprenderla. Peregrinos del Eterno podemos ascender a Dios desde nuestro interior.

En su ascensión, ¿dónde elevaría los ojos sino al término que tendía y deseaba ascender? Pues de la tierra sube al cielo. Ahí está, abajo, la tierra que pisamos, y he ahí el cielo que contemplamos con nuestros ojos; en nuestra ascensión cantamos: "A ti alzo yo mis ojos, a ti, que habitas en los cielos» (Sal. 122:1). Pero ¿dónde está la escala? ¡Por qué distinguimos tantas distancias entre el cielo y la tierra! ¡Los separa tan inmenso espacio! Allí es donde deseamos subir y no vemos la escala; ¿será acaso que nos engañamos al cantar un "Cántico gradual", es decir, un cántico de ascensión? Subimos al cielo si meditamos en Dios, que ha dispuesto en nuestro corazón medios de subir. Y ¿qué es subir en el corazón de uno? Es acercarse a Dios. El que se separa de Él, cae más que desciende; del mismo modo, el que se acerca a Él, asciende.[23]

Este ascenso se ve impedido por una barrera moral infranqueable, resumida en la palabra pecado, y que consiste en menosprecio e ignorancia de la verdad de Dios y de su voluntad. La existencia de Dios, su reconocimiento, implica un compromiso con la misma. La fe no es mero asentimiento intelectual a unas proposiciones sobre Dios, el Uno o el Sentido de la vida; la fe en Dios es tan amplia y abarcadora como la vida misma: es la sumisión de todo ser personal a la voluntad de Dios, es el vivir en Dios y para Él, en verdad y obediencia. Y esto es lo que no quiere el hombre engañado por la soberbia, prefiere adorar e inclinarse ante la obra de sus propias manos: pecado de idolatría del que nadie se escapa. La idolatría persiste por igual en quienes veneran su propia alma como divina o a algún otro ser creado y en aquellos que renegando de la religión hacen religión de sus preferencias existenciales. El análisis que hace Agustín de esta última modalidad idolátrica es tan moderno que no podemos por menos que considerarlo, con vistas a una mejor comprensión de la fe y sus negaciones, que, pese a las apariencias, no han cambiado demasiado con el tiempo. En última instancia se trata de un obstáculo de carácter moral.

---

22. *Acerca de la Trinidad*, I, 13 16.
23. *Sermones sobre los Salmos*, 122, 3.

Pero hay una idolatría aún más culpable y humillante: con ella los hombres adoran a las ficciones de su fantasía, y manifiestan una reverencia religiosa por todo cuanto se han imaginado en su ánimo extraviado y soberbio y plagado de formas corpóreas; llegan así a persuadirse de que no se debe venerar absolutamente nada y que el culto de los dioses es una superstición equivocada y una miserable esclavitud. Pero de nada les sirve pensar así. No se libran por eso de la servidumbre: son esclavos de sus vicios, han sido seducidos por ellos hasta pensar que deben darles culto. Siguen siendo esclavos de la triple codicia del placer, de la ambición y de los espectáculos. Afirmo que no hay nadie entre los que oponen a dar culto a Dios que o no sea esclavo de los placeres de la carne, o no sea un soberbio y vanidoso o no pierda el seso por los espectáculos y atracciones. Así, sin darse cuenta, todos estos se desviven por los bienes temporales, con la esperanza de hallar la felicidad en ellos. Porque por fuerza —quiéranlo o no— todo hombre es siervo de las cosas en las que pone toda su felicidad. Pues va en pos de ellas adondequiera que le lleven, y mira con recelo al que puede arrebatárselas. Y una simple chispa de fuego o una polilla, pueden destruir toda su felicidad. Además, aun sin contar las innumerables desgracias posibles, el tiempo necesariamente se lleva consigo todo lo transitorio. Y esos, que no quieren dar culto a nadie, para sacudirse el yugo de la religión, acaban por ser esclavos de todo lo que hay en el mundo, porque este mundo encierra en sí todos los bienes temporales.

A pesar de todo, aunque los pobres hayan llegado a ese extremo miserable, y acepten la soberanía de los vicios y sean culpables o por tibieza o por soberbia o por la curiosidad o por dos de ellas, o por las tres, mientras se hallan en el estadio de la vida presente, siempre pueden luchar contra los vicios y vencerlos, con tal que primero se sometan por la fe a lo que aún no pueden comprender y se aparten de lo mundano, pues todo lo que hay en el mundo, según la divina sentencia es concupiscencia de la carne, concupiscencia de los ojos y ambición temporal (1 Jn. 2:15-1 6). Estas palabras caracterizan aquellos tres vicios, pues la concupiscencia de la carne indica los que desean los placeres más bajos, la concupiscencia de los ojos, los curiosos, y la ambición temporal, los soberbios.[24]

1.6. Un viejo problema: el mal y la libertad

Uno de los problemas más persistentes de la fe cristiana es la existencia del mal en el mundo, y es problema, y no solo dificultad, en cuanto el cristianismo confiesa y afirma la existencia de un Dios bueno y providente, que mira por todas sus criaturas. Un Dios soberano y omnipotente, al que nada se le escapa de la mano. Un Dios creador absolutamente bueno, el Bien por excelencia. El mismo que ha hecho buenas todas las cosas. ¿Cómo, entonces, ha podido proceder el mal de creaturas *buenas* que proceden de un *Principio bueno*? ¿Cómo ha podido empezar

---

24. *De la verdadera religión*, XXX VIII, 69-70.

a manifestarse una voluntad mala, de la que procedieran acciones perversas? Es un problema que ya inquietó a los escritores bíblicos, del mismo modo que a cada generación de creyentes. En el caso gnóstico fue el problema por excelencia y la causa de su extravío.

Consideremos ahora la respuesta de Agustín, que se resume en lo siguiente:

Toda la realidad es buena en la medida en que es. Cada realidad creada cuenta con la aprobación divina: "Y vio Dios que era buena". El mal no se puede considerar ser, el mal se define frente al bien, sin él no podría existir. O sea, el mal no tiene ser, ya que es precisamente privación de ser y de bien.

a) Los males naturales o físicos no son propiamente males, sino privaciones parciales, queridas por Dios en vista del bien total del universo.

b) El único mal verdadero es el mal moral, que procede de la libre voluntad de las criaturas racionales.

"Por eso, antes de preguntar de dónde procede el mal, es preciso investigar cuál es su naturaleza. Y el mal no es otra cosa que corrupción del modo, de la belleza y del orden naturales. La naturaleza mala es, pues, aquella que está corrompida, porque la que no está corrompida es buena. Pero, aun así corrompida, es buena en cuanto es naturaleza; en cuanto que está corrompida, es mala"[25].

La creatura es imperfecta, como criatura, con respecto a Dios: se puede decir que ella es ser y no ser, según que se considere aquello que tiene o aquello de que carece, falta de perfección en el orden del ser. Esta imperfección es la condición ontológica en la que se encuentra y que se indica como mal metafísico.

La creatura, mudable e inferior, puede decaer aún a grados inferiores al que le es propio; puede corromperse, y así, descendiendo los grados del ser, en un defecto de ser, acaba en un defecto de bien, que es una negación en orden al ser.

El mal es *defectus essendi*; que se produce cuando vienen a faltar medida, forma y orden (*modus, species et ordo*).

En esta condición se puede desviar y se desvía de hecho la misma voluntad libre del hombre: y así nace el *mal moral*. El alma, volviéndose a los bienes de orden inferior en vez de volverse a Dios, se desvía y decae. En sí mismo cada ser es un bien; pero es malo desear un ser de grado ínfimo más bien que otro de orden superior o supremo. Las cosas terrenas son bienes; pero si hacemos de ellas el *fin* de nuestras ansias —avaricia— nos equivocamos; cuando el Bien supremo lo sustituimos por un bien inferior, y peor todavía si es inferior a nosotros mismos, cometemos el pecado. El mal moral es debido, por tanto, al *libre albedrío* que, escogiendo entre los bienes ejecuta mal su selección; y esto vale tanto para las acciones como para los seres: las acciones son buenas cuando tienen medida, forma y orden; es decir, cuando no están en *defecto* con relación a su perfección.

25. *Contra los maniqueos*, IV.

De esta desviación proviene a su vez el *mal físico*, el dolor, la inquietud espiritual, el ansia inapagable; surgen los desequilibrios del organismo, las enfermedades. El mal físico es una consecuencia del mal moral, y es al mismo tiempo su natural y justo castigo. Pero no se trata de una "venganza" de Dios contra el pecador, sino de una corrección y purificación. El dolor, indicando de por sí los males de que deriva, nos empuja a evitarlos y nos conduce a la virtud. En el mal mismo se observa, pues, la sabiduría de la Providencia; se ve el amor de Dios que quiere redimirnos y hacernos retornar, fuera del dolor, a la integralidad y la pureza de la *buena voluntad*, la *voluntad que quiere el bien*.

También el mal, pues, tiene su función en el orden natural. Y una función análoga cumple en el orden moral, donde es el "precio de la libertad", que es el más alto de los bienes.

Entre la verdad, el bien y el Verbo existe, pues, una unitaria solidaridad: el acto moral presupone la valoración de los seres en su dignidad de ser tomados como fines de nuestro querer y obrar; y así como es *verdadero* el pensamiento que concuerda con las ideas eternas, con el Verbo- verdadero dentro de nosotros, así es *buena*, y por tanto moral, la acción que se conforma a esas ideas eternas: el Verbo es simultáneamente criterio de verdad y maestro de virtud.

La conciencia de las ideas eternas revela y propone, en sustancia, como regla de la voluntad y de la conducta la *ley eterna* puesta por Dios como orden del universo. Conformándose a esta ley se consiguen las *virtudes*, generadoras de rectas acciones, promovidas por la voluntad que obra por amor en su tendencia al bien que es fuente de *felicidad*. *Ama et fac quod vis:* ama y haz lo que quieras, porque el que ama el bien eterno hará el bien.

En resumen:

La voluntad humana considerada en sí misma es buena; solo es mala en cuanto privada de medida, forma y orden, por causa del pecado.

a) La voluntad creada es falible, el libre albedrío es en sí mismo un bien y condición para la felicidad eterna, pero comporta el riesgo, la *posibilidad* del pecado.

b) La rebelión del cuerpo contra el alma es consecuencia del pecado original, del que proceden la concupiscencia y la ignorancia. El alma, orientada desde entonces a lo sensible, se agota al producir imágenes y termina confundiendo el medio con el fin.

Solo la gracia puede restituir al libre albedrío la eficacia para hacer el bien. La libertad consiste en poder usar bien el libre albedrío.

La libertad es mayor cuanto más unido está el hombre a Dios, y, por tanto, menos puede realizar el mal.

En este punto Agustín mantuvo un equilibrio que, en el fragor de la batalla doctrinal, iba a romperse durante la Reforma.

Agustín enseñó con suficiente claridad que el pecado original destruye nuestra libertad, pero no nuestro libre albedrío. La distinción es muy importante. La pérdida de la libertad significa que por sí mismo el hombre no puede menos que pecar. Únicamente la gracia puede sacar al hombre de esa fatalidad. La retención del libre albedrío, antes y después de la caída, señala la dignidad y responsabilidad humana por el que no deja de ser hombre para convertirse en leño. El libre albedrío es la *facultad de elección* entre el bien y el mal, no la capacidad de ejecutar la elección o la propia salvación, pues ha perdido su libertad, que es *capacidad y posibilidad de desenvolver completamente su propia naturaleza*. La caída ha quitado al hombre la libertad, dejándole el libre albedrío.

Antes de la caída en pecado el hombre podía desplegar toda su naturaleza de hijo creado de Dios; ahora no puede ni siquiera desarrollar completamente la de hijo natural del hombre. Así, con el libre albedrío puede todavía el hombre escoger el bien sobrenatural de la salvación, pero tal como se encuentra, sin libertad, no puede realizarlo, porque ha perdido todo poder sobre él. Así sucedería con un hombre que estando sano puede escoger entre caminar o permanecer sentado, y, habiendo escogido caminar, camina; pero si le sobreviene una parálisis a las piernas, tiene aún la facultad de distinguir entre caminar o estar parado (*libre albedrío*), pero ya es impotente (sin *libertad*) para realizar la decisión de caminar.

El hombre, pues, escoge con el libre albedrío; pero sin gracia obra mal. "Yo sé que en mí, esto es, en mi carne, no mora el bien; porque el querer el bien está en mí, pero no el hacerlo" (Ro. 7:15-23). Con la gracia vuelve a elevarse a las alturas de la vida espiritual, y puede, si quiere, actuar con libre albedrío su libertad y conseguir la perfección más alta de su naturaleza.

El hombre actual no tiene culpa personal del pecado original de sus progenitores, pero aquella primera *culpa* afectó a la *naturaleza* que se transmite de padres a hijos. De Adán no se hereda la *culpa*, sino el *estado* producido por la culpa, al que llamamos *pecaminosidad*. Estado de impotencia respecto al bien e inclinación respecto al mal. Solamente Dios puede, por su amor, cambiar el estado perdonando la culpa. Por eso la salvación, que devuelve la libertad, es un don *gratuito* de Dios. No se puede hacer nada para merecerla. Es regalo divino que dona al hombre la libertad perdida. "Si el Hijo os libertare, seréis verdaderamente libres" (Jn. 8:36).

1.7. Cuerpo, alma, espíritu, ¿bipartismo o tripartismo?

En concordancia con el dualismo platónico, Agustín afirma que el hombre es una criatura que tiene alma y cuerpo, pero cuya esencia y naturaleza propia es precisamente el alma inextensa y racional. El alma es, en el hombre, sustancia completa de por sí e independiente del cuerpo: "El hombre es un animal racional que se sirve de un cuerpo mortal y terrestre". El espíritu es la verdadera y única esencia del hombre. Por él se relaciona con su origen: Dios.

Aunque parezca asombroso, la doctrina del hombre, en un punto tan minúsculo como el bipartismo o el tripartismo, ha sido y es cuestión de debates, e incluso división, entre las iglesias. En un tema sobre el que la Biblia no habla con claridad sistemática, sino que refleja la concepción antropológica de la época, que se mueve en un universo flexible al respecto, san Agustín escribe sobre las tres partes de que se compone el hombre, que, no obstante, pueden reducirse a dos cuando se entiende correctamente la noción de *espíritu*. Luego ni bipartismo ni tripartismo, sino orden dinámico del ser humano.

> Son tres las partes de que consta el hombre: espíritu, alma y cuerpo, que por otra parte se dicen dos, porque con frecuencia el alma se denomina juntamente con el espíritu; pues aquella parte del mismo racional, de que las bestias carecen, se llama espíritu; lo principal de nosotros es el espíritu; en segundo lugar, la vida por la cual estamos unidos al cuerpo se llama alma; finalmente el cuerpo mismo, por ser visible, es lo último de nosotros.[26]

Pablo define en una de sus cartas la naturaleza del hombre como tripartita: "Y que el mismo Dios de paz os santifique por completo; y que todo vuestro ser, espíritu, alma y cuerpo, sea preservado irreprensible para la venida de nuestro Señor Jesucristo" (1 Ts. 5:23). El espíritu (*pneuma*) aquí, equivale al intelecto (*nous*), y así lo entiende Agustín: la parte racional. Lo mismo podemos decir de los estoicos, Filón y Plutarco. Para ellos, el intelecto está en el alma y el alma está en el cuerpo. El alma es atraída hacia lo alto por el intelecto, y hacia abajo por el cuerpo. Pablo conoce esta división y, sin duda, la usa. La razón de sustituir el término clásico *nous* por *pneuma*, o sea, intelecto por espíritu, obedece a una convicción bíblica. La palabra *pneuma* es relativamente rara en griego, casi inexistente en ese sentido espiritual (el *pneuma* estoico es un principio material: el "soplo"). Filón de Alejandría también llevó a cabo la sustitución de *pneuma* por *nous* en base a Génesis 2:7. El hombre fue creado en un principio cuerpo y alma, luego Dios le infundió un *pneuma*. El pensamiento griego difícilmente habría podido concebir que el intelecto humano fuese un hálito de Dios, lo que subraya las coincidencias y diferencias introducidas por el cristianismo en el mundo del pensamiento helénico, y nos aclara algunas divisiones doctrinales provocadas por un exceso de apego a la letra desnuda, o más exacto, revestida de prejuicios y ulteriores significados. ¿Dónde está la imagen de Dios?, se pregunta Agustín, "en la mente, en el entendimiento", se responde[27].

Ireneo de Lyon (s. II) se refiere a la imagen de Dios en el hombre como una totalidad, y al espíritu como sinónimo de alma, aunque susceptible de ulteriores

---

26. *De fide et symbolo*, 10.
27. *In Joannis euangellum tractatus*, II 4.

calificaciones: "El hombre entero, y no solo una parte del hombre, es hecho a semejanza de Dios. El alma, o espíritu, serán una parte del hombre, pero no son el hombre entero". Entiende el espíritu como resultado del Espíritu de Dios en la persona entera[28].

Los primeros en enfatizar una distinción de naturaleza triple en el hombre: cuerpo-alma-espíritu, fueron los gnósticos. Fue rechazada por Ireneo al afirmar que el hombre resulta compuesto de alma y cuerpo y que el espíritu es solamente una capacidad del alma, por la cual el hombre llega a ser perfecto y se constituye en imagen de Dios. Pero para que el espíritu transfigure y santifique la figura humana es necesaria la acción del Espíritu Santo. El alma humana se encuentra entre la carne y el espíritu y puede dirigirse a una u otro. Solamente con la fe y el temor de Dios, el hombre participa del Espíritu y se eleva a la vida divina. Esta va a ser la opinión que predomine en la Iglesia desde entonces.

1.8. Correcciones de Agustín al platonismo

La influencia de Agustín se hizo sentir en la mayoría de los teólogos y filósofos de la Edad Media y, posteriormente, en todos los rebrotes de filosofía cristiana de corte platónico, como los Platonistas de Cambridge.

Buenaventura y Alejandro de Hales, de la llamada Antigua Escuela Franciscana, y Mateo de Aquasparte y Pedro Olivi, de la Escuela Franciscana Posterior, así como muchos dominicos, se encargaron de mantener viva la tradición de Agustín en el cristianismo.

Buenaventura dice que es precisa la *vía iluminativa* para entrar por las huellas del conocimiento de Dios. Con base en el dogma, afirma que tras el pecado original es necesaria la gracia y la oración para llegar a la sabiduría, cuyo itinerario consta de tres etapas.

1. Encontrar los *vestigios de Dios* en el mundo sensible. Dios es encontrable bajo cualquier aspecto, casi directamente.
2. Dios solamente aparece en las cosas entre sombras. A las cosas no llega la luz de Dios, si no es por medio de la luz que Dios infunde en nuestra alma. No solo nuestro espíritu no podría conocer, sin ayuda de Dios, verdades inmutables y necesarias, sino que, además, encontramos a Dios cada vez que descendemos profundamente en nosotros mismos.
3. La auténtica Luz está en Dios, en la Ciudad de Dios. Hasta que no morimos en Él, solo percibiremos rayos debilitados de la luz divina.

En la filosofía agustina se produce una casi fusión entre fe y filosofía, razón y mística, mientras que, en la filosofía tomista, la desarrollada por Tomás de

---

28. *Adv. Haer*, v, 6

Aquino, se produce una cierta desvinculación entre fe y razón, tratando de probar que la razón, por sí sola, puede demostrar a Dios, lo mismo que la fe, si bien a otro nivel.

Con el fin de despejar dudas respecto a la posible adulteración de la fe cristiana expuesta por Agustín, a causa de los elementos procedentes del platonismo y del neoplatonismo, nos gustaría cerrar este apartado señalando las correcciones decisivas que Agustín hace a la filosofía.

1. El Dios personal del cristianismo sustituye al mundo platónico de las ideas y al Uno de Plotino.
2. La creación *por medio* del Verbo ha sido puesta en lugar de la participación de lo universal en las cosas por medio del Demiurgo y en lugar del emanacionismo panteísta.
3. La preexistencia de las almas ha sido sustituida por la interioridad de la verdad.

Esta nueva filosofía resuelve también el retorno del alma a Dios: deseo ya anteriormente contemplado por Platón, y ansia de retorno al Uno del cual ha emanado, en Plotino. Para San Agustín consiste en un coronamiento del deseo de vivir en la gracia, aquella que ya se tuvo, pero que fue perdida con el pecado original, y que es concedida por la redención restauradora de la adopción filial y participación de la naturaleza divina.

Ha conservado la jerarquía de los seres; pero ha añadido a una explicación puramente metafísica del mal otra más humana y espiritual basada en el concepto del libre albedrío, ignorado en la antigüedad, y ahora determinado como causa del mal moral.

Pero sobre todo San Agustín ha dado un nuevo núcleo a la especulación: esta no se debe mover y construir a partir de la idea, ni del Uno, sino de la interioridad, de la autoconciencia.

Desde el yo se va subiendo hasta Dios.

Todos los aspectos de esta filosofía tienen su fundamento inquebrantable en Dios: Él es el Creador, la Verdad, la Bondad, la Belleza. Él es el maestro, es la única felicidad definitiva a la que toda alma tiende. Él solo es el que es, el Ser absoluto. Él es fuente de existencia, criterio de verdad, ley de moralidad, fulgor de belleza, pastor de la historia, maestro del hombre.

Pero el principio constante del que todo el sistema agustiniano toma vida e iluminación es siempre el alma: la conciencia.

La autoconciencia es, efectivamente, el fundamental y más fecundo principio del agustinismo: por él San Agustín supera su propio tiempo y los siglos que inmediatamente le seguirán.

Todo se mueve desde allí; la ontología comienza de aquella primera certeza: yo que me equivoco debo, sin embargo, existir; la gnoseología se convierte en doctrina de la certeza de poseer la verdad, luz interior de la Verdad del Verbo; la moralidad surge del libre albedrío, núcleo de la voluntad, que escoge su camino en el mundo de los valores revelados en ella por el Verbo.

Contra el platonismo primitivo, San Agustín afirmaba además que la materia no es eterna, que ha tenido en Dios su comienzo; contra el plotinismo afirma que los seres no son una divinidad degradada; contra la nueva Academia combatía el escepticismo y afirmaba la cognoscibilidad de lo verdadero.

Creación, trascendencia y certeza eran así los quicios de su sistema, aunque él afirmaba una espiritual y distinta presencia del Verbo en nosotros.

Él era, además, el primero entre los filósofos que rompía los velos del alma; junto al problema de Dios y de las cosas, dejaba muy claro el del espíritu humano; de tal modo que empezaba en la historia del pensamiento la verdadera filosofía de la conciencia y de la espiritualidad.[29]

2. Boecio, el transmisor

Anicius Manlius Torquatus Severinus Boetius, denominado Boecio (480-525) fue hijo ilustre de una familia de la aristocracia romana. Le tocó vivir la desintegración del Imperio romano de Occidente y el caudillaje de los germanos. La época de Boecio fue, como ninguna, época de decadencia, de crisis, de catástrofe, en la que los valores de la cultura clásica se derrumbaron con las sucesivas invasiones de los pueblos bárbaros.

Se le ha llamado "el último romano", esto es, el último gran representante de la cultura latina. Estudió en Atenas, donde se familiarizó con la filosofía de Platón, Aristóteles y los estoicos, unida a los escritores de la antigüedad clásica como Virgilio, Horacio y Cicerón.

Boecio intentó la colosal hazaña de traducir al latín todas las obras griegas de Aristóteles y Platón y demostrar su concordancia; procuró salvar el legado del pensamiento griego, incorporándolo al latino, en un ímprobo esfuerzo de adaptación y compilación.

Teodorico I el Amalo, rey de los ostrogodos, le nombró cónsul de Roma, a partir de entonces el filósofo estuvo siempre vinculado al poder. En el año 520 perdió el favor del monarca y fue encarcelado. Cuatro años después será ejecutado. Mientras tanto, y en espera de su ejecución, Boecio escribió su obra más popular: *La consolación de la filosofía*, texto clave para comprender las formas de transmisión que se producen en los primeros siglos de la Edad Media entre la cultura clásica y la filosofía y la literatura cristiana. Es el maestro de la lógica de la Edad Media. Por eso ha de ser llamado también "el primer escolástico". De ahí su enorme importancia histórica. Sus traducciones y comentarios de la lógica de Aristóteles sirvieron de base al escolasticismo del Medioevo. Hasta finales

---

29. Aldo Agazzi, *op. cit*, pp. 165-166.

del siglo XII Boecio fue el principal vehículo de transmisión del aristotelismo a Occidente. Sus escritos aseguraron la pervivencia de la lógica aristotélica aun en el período de mayor oscuridad medieval, y han hecho de ella un elemento fundamental de la cultura y de la enseñanza medievales. Su definición de persona como "sustancia individual de naturaleza racional" sigue plenamente vigente en nuestros días.

Sus tratados teológicos *De Sancta Trinitate* y *De fide catholica* son el precedente inmediato de la teología medieval, con una autoridad comparable a la de Agustín, sobre todo en lo relativo a la Trinidad y a la Encarnación.

En su proceso y final ejecución intervinieron motivos políticos mezclados con motivos religiosos. Arriano el rey, católico Boecio, es considerado mártir por la iglesia romana, que le canonizó con el nombre de San Severino.

Hijo de una época turbulenta y conflictiva, su labor no fue original sino rescatadora de un tesoro cultural puesto en peligro. Hábil compilador, supo adaptar a la lengua y a la mentalidad latina la especulación griega y la creencia cristiana, uniendo, en los límites de lo posible, la fe y la razón. Su homólogo español, aunque menos creativo, fue Isidoro de Sevilla (570-636), que ante la desolación de una civilización destruida salva lo que puede en laboriosas compilaciones. Los veinte libros de Isidoro, *Orígenes o Etimologías*, son una especie de enciclopedia donde está condensado todo el saber del pasado, desde las artes liberales a la agricultura y otras artes manuales. La filosofía se define en ella, con los estoicos, como "la ciencia de las cosas humanas y divinas" y está dividida en física, ética y lógica. A través de la obra de Isidoro de Sevilla los resultados de la ciencia antigua fueron salvados del naufragio y destinados a alimentar el trabajo intelectual de los siglos sucesivos. Siguiendo esta tradición compilatoria tenemos al monje británico Beda el Venerable (674-735), que fue para los ingleses lo que Isidoro para los españoles. "Beda es otro anillo de la cadena a través de la cual la cultura antigua se transmite a la Edad Media"[30]. "Estos hombres salvarán la continuidad de la historia occidental y llenarán con la labor paciente el hueco de esos siglos de fermentación histórica, para que pueda surgir más tarde la nueva comunidad europea"[31]. Retengamos este dato de la fuerza civilizadora y cultural del cristianismo.

De vueltas con Boecio, la filosofía es para él, como para Agustín y Platón, la búsqueda de la Sabiduría, de Dios o del amor de Dios. El bien universal y supremo es Dios. Todas las cosas, incluidas la felicidad, se refieren a Dios.

"Qué feliz sería el género humano si el amor que gobierna los cielos gobernase también los corazones"[32].

---

30. Nicolás Abbagnano, *Historia de la filosofía*, "Filosofía patrística", V, 172.

31. J. Marías, *Historia de la filosofía*, "La escolástica", 1, 1.

32. Boecio, *La consolación de la filosofía*, I, 8.

2.1. Compatibilidad de la omnisciencia providente de Dios y la libertad humana

La consolación de la filosofía, escrita en la cárcel en los años 523 y 524, se convirtió en la Alta Edad Media en la obra más leída y más popular después de la Biblia. Solo con la llegada del Renacimiento conoció un cierto eclipse, aunque sin perder en ningún momento su ascendiente popularidad e interés entre el público culto.

Estructurada en forma de diálogo entre el autor y la filosofía, que aparece encarnada en el libro por una mujer de aspecto venerable, dotada de una agudeza superior al común de los mortales, *La consolación de la filosofía* es, aparte de sus valores propiamente filosóficos, una excelente obra literaria, que combina la prosa y el verso, y está impregnada de un lirismo no exento en ocasiones de ironía.

En los dos últimos libros de la obra, Boecio plantea una serie de objeciones a la creencia en Dios como el *summum bonum*, el bien universal y supremo. La más importante de ellas, la que tiene un carácter central en la línea de razonamiento que sigue el autor, es la del carácter irreconciliable que, al menos aparentemente, tienen el bien y el mal en el mundo. ¿Cómo conciliarlos? ¿Cómo es posible dar explicación al hecho de que el vicio no siempre es castigado y de que, paralelamente, la virtud no siempre obtiene su recompensa?

La respuesta que Boecio proporciona a esta cuestión central por medio de la filosofía se fundamenta en una distinción previa entre Providencia y hado. Lo que ocurre en el mundo puede provenir de Dios y del hado (azar), solo que al final Dios establecerá la justa recompensa de todas las injusticias cometidas en este mundo. Dios actúa correctivamente respecto al desequilibrio producido por la presencia del mal.

Nada queda fuera del control del Dios; el azar no existe para él y, en cambio, las vicisitudes de la fortuna muestran cuán azarosa es la existencia de los hombres. Aquí la filosofía responde que, puesto que el azar preserva la libertad del hombre, capaz de elección entre el bien y el mal, el azar debe existir, aunque no para Dios. En Dios se concilia su presciencia, que es infalible, con la libertad del hombre. Dios tiene conocimiento de todo aquello que ha de suceder, incluyendo los actos libres, que por su misma naturaleza deberían ser, incluso para Él, desconocidos.

Para Boecio no hay otra explicación posible del acuerdo entre la presciencia de futuro y la libertad humana. Otra cosa es que el hombre pueda llegar a comprender racionalmente este acuerdo. Del mismo modo que se pueden distinguir grados en el conocimiento humano, o por el hecho mismo de que los sentidos, la imaginación, el razonamiento y la inteligencia coexisten de un modo desigual en una misma persona, sin que por la debilidad de uno de ellos quepa suponer la debilidad de otro, igualmente hay que acordar que la mente divina, incomparablemente más alta que la humana, puede saber de las acciones futuras, sin que ello rebaje la libertad de la voluntad humana.

"La facultad precognoscitiva de la sabiduría divina —escribe Boecio— abrazando todas las cosas, les da ella misma su propia ley, pero sin estar totalmente ligada a las cosas futuras. Cualesquiera que sean estas, permanece inviolada para los mortales la libertad de albedrío". Esto es así porque el conocimiento de Dios no es anterior, sino que, al ser eterno, está fuera de los límites humanos de la temporalidad. Dios, sostiene Boecio, "por encima de todo está como espectador, Dios presciente de todos los acontecimientos, y la eternidad, siempre presente en su visión, se concierta con la futura cualidad de nuestros actos dispensando recompensas a los buenos y castigos a los malvados. No en vano se le dirigen esperanzas y plegarias, que, si son rectas, no pueden ser ineficaces".

El problema de la conciliación de la presciencia divina con la libertad humana, se tornará urgentemente grave y esencial durante la Reforma del siglo XVI, con la disputa entre Lutero y Erasmo. Este publicó un escrito polémico contra Lutero titulado *Diatribe seu Collatio de libero arbitrio* (1524), al que respondió el aludido con la publicación del tratado *De Servo Arbitrio* (Sobre la libertad esclava, 1525). Tener en cuenta la lógica de Boecio y las distinciones que realizó sobre el tema, bien puede ayudarnos a resolver más de una contradicción teológica, sin dar lugar a enconaciones doctrinales ni personales.

Me parece que hay absoluta oposición y repugnancia entre la presciencia universal de Dios y la existencia del libre albedrío.

Porque si Dios todo lo prevé sin que pueda equivocarse, necesariamente ha de verificarse lo que la Providencia ha previsto.

Luego si desde toda la eternidad conoce no solamente los actos sino también los propósitos y la voluntad de los hombres, no existe el libre albedrío, puesto que no se verificarán más que los actos y propósitos conocidos por la infalible presciencia de Dios.

Si los acontecimientos pudieran seguir una ruta diferente de la prevista, la presciencia del futuro no sería firme, sino más bien una conjetura incierta; y parece cosa impía atribuir esto a la divinidad.

Por otra parte, me resulta del todo inaceptable la serie de razonamientos con que algunos (Proclo) pretenden soltar el nudo de la cuestión.

Dicen que, si se producen determinados acontecimientos, no es porque hayan sido previstos por la Providencia, sino al contrario, por cuanto se habían de verificar, no pudieron evadirse de la infinita mirada de Dios. Con lo cual no hacen sino invertir la cuestión, sin por eso resolverla.

Porque lo necesario no es que no suceda lo previsto, sino que se prevea aquello que ha de suceder; como tratando de averiguar si la presciencia es la causa de que necesariamente ocurra un acaecimiento, o a la inversa, si esta necesidad es la causa de la presciencia. Pero lo que importa demostrar es que cualquiera que sea el orden de las causas, forzosamente los acontecimientos cumplen lo previsto, aun cuando esta previsión o presciencia no implique la necesidad de que aquellos se verifiquen.

Por ejemplo: si una persona está sentada, el juicio que esto afirma es necesariamente cierto; y recíprocamente, si es cierto el juicio que afirma está sentada tal persona, necesariamente aquella persona sentada está.

Existe, pues, una necesidad en los dos casos: en el segundo, la necesidad de que esté sentada, y en el primero, lo necesidad de que sea verdadero el juicio que tal cosa afirma.

Pero si uno está sentado, ello no se cumple porque sea cierto el juicio que lo declara; al contrario, este juicio es verdadero porque antes de él se ha dado el hecho de que alguien estuviera sentado.

De suerte que, aun cuando la verdad proceda de causa exterior, en los dos casos existe igual necesidad.

De análoga manera podemos razonar acerca de la Providencia y de los acontecimientos futuros; pues aun cuando sean previstos porque tienen que suceder, sin ser cierto que sucedan por haber sido previstos, sin embargo, por parte de la Providencia es de toda necesidad que lo que haya de suceder sea previsto, y que todo lo previsto se verifique: con lo cual desaparece el libre albedrío.

Ahora bien, sería cosa absurda el afirmar que el desarrollo de los acontecimientos en el tiempo sea la causa de la presciencia divina.

Creer que Dios prevé las cosas futuras porque han de suceder, equivale a suponer que los hechos pasados son la causa de esta suprema Providencia.

Por lo demás, si yo sé con certeza que una cosa existe, es necesario que exista; e igualmente si con certeza sé que ha de existir, necesariamente un día u otro existirá: es decir, que es infalible la realización de una cosa prevista.

Por último, si uno se representa una cosa diferentemente de cómo es, no solo tiene conocimiento de ella, sino que su idea es falsa, en un todo opuesto a la verdad del conocimiento.

Por consiguiente, si debe darse un hecho sin que su realización sea cierta y necesaria, ¿cómo puede preverse su cumplimiento?

Pues, así como el conocimiento verdadero excluye el error, de igual manera lo que mediante aquel se sabe no puede menos de existir tal y como se conoció.

Si la ciencia no conoce la mentira, es porque necesariamente las cosas son como aquella se las representa.

¿Y cómo puede Dios prever los futuros inciertos?

Si juzga inevitable la realización de los hechos que pueden no producirse, se equivocó; y es cosa impía no solo el pensar sino aun decir tal cosa.

Y si juzga de los hechos como son en sí, es decir, que lo mismo pueden verificarse que no verificarse, ¿a qué se reduce la divina presciencia que nada sabe de seguro ni firme?

En tal caso, ¿en qué se diferencia de aquel ridículo oráculo de Tiresias: "Cuando yo dijere, sucederá o no sucederá"?

¿En qué sería superior la Providencia a la opinión humana, si juzgaba como inciertos los acontecimientos cuya realización no es segura?

Por lo tanto, si en esta fuente universal del conocimiento en la que todo es certidumbre, nada puede haber incierto, es segura la realización de los hechos que la Providencia prevé como ciertos.

Luego ni en los actos ni el propósito humano existe verdadera libertad, puesto que la inteligencia divina que todo lo prevé infaliblemente los encadena y relaciona entre sí de tal modo que necesariamente los conduce a un fin determinado.

Admitida esta doctrina, desplómase el edificio levantado por los hombres, como es fácil de ver.

Inútil será prometer recompensar a los buenos y amenazar con castigos a los malos, ya que no merecieron una cosa ni otra por no ser libres y voluntarios los movimientos del alma.

Se verá ser la máxima injusticia lo que hoy se considera la suma equidad, a saber, el castigar a los malos y premiar a los buenos porque no lleva a los hombres al bien o al mal la propia voluntad, sino la invencible necesidad de lo que fatalmente tiene que suceder.

No habría ni virtudes, ni vicios, sino desordenada e informe confusión de merecimientos. Más diré: si el orden universal procede de la Providencia, si la voluntad humana carece de toda facultad de elección, ¡oh pensamiento impío!, hasta nuestros vicios tendrán por principio al autor de todo bien.

No habrá, pues, motivo alguno que nos induzca a pensar o a pedir mediante la oración. Porque ¿qué se puede esperar ni qué cabe suplicar si todo lo apetecible está sujeto a leyes inflexibles?

Con lo cual quedan suprimidos los únicos lazos que unen al hombre con Dios, la esperanza y la oración. Creemos, en efecto, que por el mérito de una humildad justa nos granjeamos el incomparable favor del beneplácito divino; y este es el único medio de hablar con Dios y de unirnos, mediante la adoración, a su luz inaccesible, aun antes de poseerla.

Pero, supuesta la necesidad de los acontecimientos futuros y excluida la eficacia de estos medios, ¿qué lazo podrá acercarnos y unirnos al principio universal?…

Dios goza de un eterno presente; su ciencia, elevándose por encima de todo conocimiento del tiempo, conserva la simplicidad del estado presente; y abarcando el curso infinito del pasado y del futuro, considera todos los acontecimientos en su conocimiento simplicísimo como si sucedieran en el presente.

De manera que esta presciencia divina no transforma ni la naturaleza ni las propiedades de las cosas: estando presentes ante Dios, él las contempla como un día serán en el tiempo.

La mirada de Dios al contemplar las cosas no transforma su carácter; y siendo para él presentes, son, sin embargo, futuras con relación al tiempo.

De donde resulta que no es conjetura sino conocimiento y verdadero el que Dios tiene de que un acontecimiento se haya de producir en el tiempo, sabiendo además que no ha de ocurrir en virtud de necesidad alguna.

Me dirás acaso: un hecho, cuya realización ve Dios en el futuro no puede menos de suceder, y en estas condiciones ocurrirá por cierta necesidad. He de confesar que hay aquí una verdad innegable, pero solo está al alcance del que pueda contemplar lo divino.

Debes advertir, no obstante, que un mismo hecho futuro, referido a la ciencia divina, aparecerá como necesario, pero considerado en su propia naturaleza, será independiente y libre.

Hay dos clases de cosas necesarias: unas que lo son absolutamente, como el que los hombres sean mortales; otras son condicionalmente necesarias, como el hecho de que uno ande, cuando con certeza se sabe que está andando.

Porque si se conoce un hecho, este no puede menos de ser como se conoce; pero esto no implica necesidad absoluta de que el hecho exista.

En tal caso, la necesidad no viene de la naturaleza del hecho, sino de una condición o circunstancia que a él se agrega; porque ya se comprende que nada hay que obligue a un hombre a caminar cuando lo hace voluntariamente, aunque mientras está caminando, necesariamente se verifica el hecho de que camine.

Del mismo modo, si la Providencia ve un hecho en el presente, necesariamente se ha de dar tal hecho, aunque por naturaleza no implique ninguna necesidad.

Ahora bien, Dios ve simultáneamente presentes los futuros libres; los cuales, por consiguiente, con relación a la mirada divina son necesarios, por ser conocidos por la ciencia de Dios; pero considerados en sí mismos, no pierden el carácter de libres, propio de su naturaleza.

Es, pues, indudable que todos los futuros previstos por Dios se han de verificar: algunos de ellos proceden del libre albedrío, y aún en el verificarse, su existencia no borra en ellos el carácter de libres, porque antes de producirse podrían no haberse producido.

Todo hecho futuro va precedido de la mirada divina, que lo trae a la presente actualidad de un conocimiento propio. La presciencia no cambia la manera de conocer, sino que, de una sola vez, en un presente eterno, prevé y abarca todos los cambios posibles, sean o no voluntarios.

Siendo esto así, los mortales conservan integro su libre albedrío; es decir, la voluntad está exenta de toda necesidad, y por lo tanto, no hay ninguna injusticia en las leyes que determinan los premios o los castigos.[33]

3. Pseudo-Dionisio Areopagita

A partir del siglo VI comenzó a ser muy conocido el *Corpus Areopagiticum* una de las principales fuentes del pensamiento medieval. Consta de diversos tratados y de diez cartas. Los autores medievales identificaron a su autor con Dionisio

---

33. Boecio, *La consolación de la filosofía*, v.

Areopagita, convertido por san Pablo en Atenas (Hch. 17:34). Pensaron que era heredero de una doctrina reservada a unos pocos iniciados. Místico por excelencia, goza de mucho prestigio en los círculos esotéricos y espiritualistas de nuestros días. Fue el autor más citado por Tomás de Aquino, en total mil setecientas veces.

La crítica moderna situó a su autor en Siria, se supone que fue monje e incluso es posible que llegara a ser obispo. Su teología mística se halla entroncada fundamentalmente en la filosofía neoplatónica, sistematizada por Plotino y representada entonces por Proclo (411-485). Esta filosofía, adaptada a la ortodoxia cristiana, le sirve al autor para profundizar en el cristianismo y alcanzar una singular penetración, dándole con su ascetismo un carácter propio.

Nos enseña el retorno místico del alma hasta el *Uno* a través de tres etapas, que prefigura el *Itinerario* de san Buenaventura:

1. La *purificación*, o abandono de las cosas mundanas.
2. La *iluminación*, dada por el maestro, que es el renacer del alma.
3. El *éxtasis*, que se consigue por medio de la contemplación o meditación.

La enseñanza básica del *Corpus Areopagiticum* se resume a lo siguiente:

a. Dios, inefable y trascendente, se conoce perfectamente a sí mismo y se ha dado a conocer al hombre en la Sagrada Escritura con diversos nombres, todos ellos revelados.

b. Conocer a Dios es penetrar en el contenido de esos nombres y ver en qué sentido pueden aplicarse a Dios.

c. Esos nombres se deben afirmar (teología *positiva*), e inmediatamente negar, ya que ninguno expresa de modo adecuado la esencia divina (teología *negativa*). Ambas actitudes se concilian con una tercera, que consiste en decir que Dios merece cada uno de estos nombres en un sentido inconcebible para la razón humana, ya que es un "hiper-ser" (teología *eminente*).

d. El nombre que más conviene a Dios, considerado como creador, es el Bien. Semejante al Sol sensible, este Bien difunde sus rayos por toda la jerarquía de las criaturas, dándoles el grado de ser que es propio de cada una. En este sentido el mundo es una teofanía o manifestación revelatoria de Dios. Los seres del mundo son todos manifestaciones o símbolos de Dios, y por eso su consideración permite al hombre ascender hasta Dios y rehacer así, a la inversa, el camino de la creación, tendiendo hacia el principio de la misma.

e. Considerado en sí mismo, el nombre que más conviene a Dios, el que mejor designa a Dios es el de Ser, y causa de todo ser.

Dionisio estableció la jerarquía tanto en el mundo angélico corno en la Iglesia, ya que ambas estructuras están relacionadas en el sentido de que el último de los órdenes angélicos es inmediatamente superior al primero de los órdenes eclesiásticos; por este canal desciende la ciencia de Dios y suben las aspiraciones hacia Él.

Una consecuencia fatal de esta jerarquización es que hace imposible toda relación inmediata entre Dios y el alma, a no ser cuando esta ha remontado todos los grados de la escala. El contacto directo con Dios es la aspiración de toda vida religiosa, pero parece reservado a unos pocos privilegiados, equilibristas del espíritu. La Reforma protestará con justa razón contra este errado desarrollo de la espiritualidad cristiana tendiente a expandir la brecha entre Dios y el hombre, y hacer de la unión con Él objeto de una ascesis imposible. En su lugar, los reformadores colocaron la figura de Cristo como la única jerarquía que media entre Dios y los hombres, la puerta que introduce al inmediato e íntimo acceso a Dios. No hay otra escala que la fe en Cristo, que es fe en la proximidad de Dios que justifica al pecador y lo atrae a sí.

3.1. Los nombres divinos referidos por las Escrituras, ciencia de Dios

Dios habita en el santuario de una inaccesible luz. Es él mismo su propio espectáculo; pero la mirada de la criatura no soportaría el exceso de estos eternos esplendores sobre todo en esta vida, el hombre no puede contemplar la divinidad más que en enigma y a través de un velo.

Ahora bien, este conocimiento de Dios nos viene por las criaturas, que son como un eco lejano, un pálido reflejo de perfecciones infinitas. Nos viene dado también por las Escrituras que nos enseñan a pensar y a hablar convenientemente de nuestro Creador y Rey. Los nombres que le damos encierran enseñanzas elevadas, objeto de nuestra fe; pues los nombres son el signo, la representación de las realidades, y lo que tiene nombre se concibe y existe.

Estos múltiples nombres que Dios recibe en las santas Cartas son sacados a veces de las procesiones inefables, otras de las producciones temporarias; expresan ya sea las buenas acciones de la Providencia, ya las formas bajo las cuales se ha dignado aparecer. Como los objetos que ha creado se le parecen en algo, puesto que es el principio de ellos y que él posee el arquetipo, y como por otra parte, difieren esencial e infinitamente de él, pues ellos son los efectos contingentes de una causa absoluta y soberanamente independiente, resulta que se le puede aplicar todos sus nombres y no aplicarle ninguno; se puede hablar de Él por afirmación y por negación; pues según se quiera entender; es todo lo que es y no es nada de lo que es.

Igualmente, porque hay en Dios unidad de natura y trinidad de personas, hay que admitir que las calificaciones que afectan a la sustancia son aplicables a la divinidad toda entera; pero no es lo mismo con los atributos relativos que caracterizan a las personas y que deben serles exclusivamente reservados. Es así como la Trinidad ha producido el mundo; es así que la obra de nuestra redención fue realizada por la Segunda Persona de la Trinidad.

Los nombres divinos son cogidos indistintamente, como se ve, en el orden de cosas sobrenaturales y en el orden de cosas naturales, en el mundo puramente inteligible y en el mundo sensible. Pero sea cual sea la fuente de la que provienen, todos convienen a Dios cuando significan cualidades o maneras de ser que Dios posee por anticipación y supereminentemente. Así, todo existía en él antes de existir fuera de él; todo le pertenece de por sí, y el préstamo que hace a las criaturas no sabría ni enriquecerlo ni empobrecerlo; todo es de él y está en él; pero nada es de él ni está en él en el grado y en la forma como está en nosotros. Esto mismo por lo que somos, era él antes de nuestra creación; desde nuestra creación ya no es él, somos nosotros. En consecuencia, todas estas cosas que tienen una existencia positiva como sustancia o como modo, todas las cosas aún posibles tienen en él su principio y causa, su modelo y regla, su meta y fin ulterior; principio incomunicable, pero no imparticipable; causa absoluta, pero actuando libremente, ejemplar perfecto, pero que irradia imperfectamente en las criaturas a causa de su necesaria incapacidad, no a causa de los límites de su bondad; fin supremo que cada ser busca a su manera, y encuentra o puede encontrar en los límites asignados a su naturaleza propia. Pero si el mal vislumbrado por los seres acabados se convierte en el objeto de su ardiente perseguimiento, no es como mal sino como apariencia de bien que sucede: nada, en efecto, está totalmente desprovisto de bien y el mal es una privación de ser, no una existencia positiva.

Así deben explicarse y comprenderse todos los nombres gloriosos que la Escritura da a Dios; la bondad, el más grande de todos los títulos, porque no solamente se extiende a todo lo que es, sino a todo lo que puede ser; el amor, fecundando la nada misma; la luz, dulce y exacto símbolo de aquel que es el sol de espíritus y que ha vestido las estrellas de esplendores; la belleza y el amor, el ser, la vida, el poder, la justicia, la salvación y la redención. Hasta los extremos se encuentran acercados y armoniosamente unidos a Dios, a quien la Escritura atribuye a la vez la grandeza y la exigüidad, la identidad y la distinción, la similitud y la desemejanza, el reposo y el movimiento. En fin, su prosperidad, su excelencia transcendente es acusada por el nombre de Dios de los dioses, de Rey de los reyes, de Señor de los señores.[34]

---

34. Dionisio Areopagita, *De los nombres divinos*, Prefacio.

PARTE IV

La filosofía en la Edad Media

Sobre lo que creemos de Dios hay un doble orden de verdad. Hay ciertas verdades de Dios que sobrepasan la capacidad de la razón humana, como es, por ejemplo, que Dios es uno y trino. Hay otras que pueden ser alcanzadas por la razón natural, como la existencia y la unidad de Dios, etc., la que incluso demostraron los filósofos guiados por la luz natural de la razón.

Santo Tomás de Aquino

Existe la creencia, bastante generalizada, de que la Edad Media —los mil años que separan el final de la cultura grecorromana del Renacimiento— no agregó nada al conjunto del conocimiento cumulativo original. Esta creencia es incorrecta. Ahora sabemos que los cimientos sociales, económicos e intelectuales de la ciencia, de la política y del pensamiento moderno en general en Occidente fueron puestos en la Baja Edad Media. La Edad Media no fue esa época gris y nebulosa que a menudo nos representamos. Puede aplicarse, ciertamente, a los primeros siglos después de la caída de Roma, con sus secuelas de caos social, invasiones bárbaras y depresión económica. Pero a partir del siglo X amanece para Europa un periodo brillante de su historia, de modo que en el siglo XII arribamos al florecimiento de las ciudades y del comercio, el desarrollo de una intrépida clase de mercaderes emprendedores y ávidos de perfeccionamientos técnicos, la formación de capitales que permitían inversiones en la "investigación" para impulsar el perfeccionamiento de la sociedad. Todo esto facilitó las condiciones sociales para la propagación del conocimiento y de la ciencia. En su conjunto, la Edad Media no fue la Edad de las Tinieblas que popularmente se cree, ni un mero periodo intermedio —provisional—, al que su nombre hace referencia, sobre el que podríamos saltar sin perjuicio para nuestro conocimiento.

La Edad Media se considera el milenio que arranca con la invasión de los pueblos bárbaros, que condenan a muerte la civilización clásica, de la que sobreviven restos en manos de transmisores como Boecio, Isidoro de Sevilla y otros autores referidos anteriormente; y eclosiona en una fuerte actividad filosófica en mentes como Anselmo de Canterbury, Pedro Abelardo, Tomás de Aquino y Juan Duns Escoto. Toda la filosofía de la época se moverá en torno a los problemas planteados por la filosofía griega y su relación con la doctrina cristiana.

1. La filosofía árabe

En cierto sentido todos somos griegos, incluidos los árabes, quienes a partir del siglo VIII comenzaron a traducir las obras griegas a ritmo cada vez más acelerado. Los cristianos nestorianos, perseguidos por el poder del Papa y los emperadores cristianos, encontraron buena acogida y refugio en los hijos de Alá. Buenos conocedores del griego, ignorado por la latinidad europea, inmersa en el caos de sucesivas invasiones y gobiernos inestables, los nestorianos serán empleados por la nueva estrella ascendente del islam para proveerse de la cultura clásica de Grecia. Gracias a los Persas Sasánidas, los médicos sirios cristianos, casi todos ellos nestorianos, muy versados en filosofía aristotélica, en matemáticas, medicina y astronomía, tradujeron al árabe la enciclopedia de Aristóteles, la geometría de Euclides, la ciencia médica de Galeno y la geografía de Tolomeo. Los nestorianos, además, iniciarán esa larga tradición de médicos humanistas, común a los filósofos árabes, judíos y cristianos, quizá porque los médicos eran los personajes más próximos al hombre, a sus miserias y dolencias.

También, y muy importantes, hay que tener en cuenta a los maestros de filosofía de la Escuela de Atenas, cerrada por Justiniano y refugiados en Persia. Gracias a unos y otros los musulmanes llegaron a dominar el griego mucho antes que los cristianos latinos o europeos. Por medio de sus traducciones al árabe, y de estas al latín, recibe Occidente el pensamiento perdido de Aristóteles. "El papel de la filosofía helena en la formación del pensamiento teológico y filosófico árabe será enorme. Aristóteles domina el escenario; un Aristóteles matizado de platonismo por causa de una falsa atribución de los textos sacados de las Enéadas de Plotino a Aristóteles. Por esto una especie de mezcla aristotélico-platónica constituirá el fondo de la filosofía conocida de los árabes"[35].

Los filósofos árabes fueron, en su mayor parte, médicos por profesión, tradición que va a tener mucha importancia en España, donde los médicos han sido generalmente humanistas. A la filosofía árabe solo vamos a dedicar unas líneas sumarísimas y corridas, en lo que afecta a la filosofía cristiana, remitiendo a los interesados a las obras dedicadas al respecto.

1.1. Al-Kindi

Abú Yusuf Yaqub Ben Al-Kindi (800-873) es el primer árabe que mereció el nombre de "filósofo"; de conocimientos enciclopédicos extraordinarios, abarcó todo el escenario heleno: filosofía, física, matemáticas y música. Fue el precursor del aristotelismo árabe que alcanzará su apogeo en Avicena. Comprendió la necesidad de poner en relación la filosofía griega con las opiniones culturales de su entorno y de integrarla, por ser portadora de verdad, en el pensamiento formado en el islam.

Al-Kindi enseña que Dios es el creador del mundo y que, por tanto, este no es eterno, según se confirma por la razón. Todo es finito, luego ha tenido que ser creado. El Creador es uno absolutamente; no tiene materia, ni forma, ni cantidad, ni cualidad, ni relación; no cabe atribuirle predicado alguno: género, diferencia, accidente; es la unidad pura.

Cree en la creación *ex nihilo*, que, conforme a su teología monoteísta de rigor, no ha sido creada por intermediario alguno, como en el caso cristiano que se habla de Cristo como el Verbo divino por el que Dios Padre crea todas las cosas.

El alma, según Al-Kindi, es una sustancia espiritual, inmortal y simple; su esencia es divina; actúa en el cuerpo sin penetrarle al modo de los objetos corporales. Cuando ella se libre de los deseos y se dedique a la especulación, habitará en el mundo inteligible; se parecerá a Dios y se penetrará de su luz; será como un espejo que refleje la esencia divina.

---

35. Abdurraman Badawi, en *Historia de la Filosofía*, de Chatelet, vol. 1, p. 322.

1.2. Al-Farabi

Abú Nasr Muhammad ben Muhammad ben Tarham B. Uzalag Al-Farabi (870-950) formado en Bagdad cerca de un médico nestoriano, intentó la primera gran síntesis entre Platón y Aristóteles, que creía conciliables. Fundamentó todo un sistema filosófico de tintes neoplatónicos, que contiene en germen toda la filosofía arábiga ulterior. Al-Farabi es conocido en la literatura árabe por el nombre de el "maestro segundo", porque el "maestro primero" era Aristóteles, y se le puede considerar el verdadero fundador del sistema de filosofía árabe. Su pensamiento se nos muestra como un intento de introducir una consideración racional en la realidad de una sociedad estrictamente religiosa como la musulmana. De ahí que el carácter de la filosofía de Al-Farabi tenga un carácter esencialmente político, puesto que su objetivo final no parece ser otro que el de modificar los fundamentos mismos de la comunidad musulmana con el fin de integrarlos en otros distintos, cuya fuente ya no sería solo la ley divina, sino una ley procedente de la razón humana, aunque en el fondo coincidieran ambas, porque no serían sino dos expresiones de una y la misma Ley o Verdad.

En su obra *Ciudad Virtuosa*, habla de Dios como "El ser primero que es la causa primera de la existencia de todos los seres". Al-Farabi estableció una distinción ontológica que luego utilizará Tomás de Aquino. El ser, dice Al-Farabi, se divide en contingente y necesario: el primero tiene una causa, el segundo carece de ella. Esta distinción sirve a Tomás de Aquino como fundamento de la tercera prueba de la existencia de Dios.

"En el Primero no hay imperfección alguna bajo ningún aspecto, ni puede haber ser más perfecto y excelente que su ser, ni puede haber ser anterior a él, ni siquiera en tal grado de ser que él no tuviera ya. Por esto su ser no puede haber derivado de otra cosa anterior a él y menos aún haber derivado de lo que es más imperfecto que él. Además, por eso también es completamente diferente en su sustancia de toda otra cosa y es imposible que el ser que tiene pertenezca a más de uno, porque entonces entre el ser que tuviera ese ser y el que tiene él mismo no podría haber diferencia alguna. Porque, si entre ambos hubiera diferencia, aquello en lo que se distinguen sería otra cosa distinta de aquello en lo que convienen, y aquello en lo que cada uno de ellos se diferencia sería parte constitutiva del ser de cada uno de ellos; entonces, el ser de cada uno de ellos podría dividirse en la definición y cada una de sus dos partes sería causa de la subsistencia de su esencia. En tal caso no sería Primero, sino que habría un ser anterior a él, al que debería su subsistencia. Esto es absurdo, puesto que él es Primero...

Como el Primero tiene el ser que le es propio, se sigue necesariamente que de él existen los restantes seres naturales que no se deben al libre arbitrio del hombre, procediendo cada uno de ellos según su modo de ser. Unos son observados por los sentidos y otros son conocidos por demostración. El ser de lo que existe desde él se produce a modo de emanación de su propio ser, dando lugar al ser de otra cosa, de manera que el ser del otro emana de su propio ser.

El ser de lo que existe desde él no es causa suya bajo ningún aspecto, ni es el fin de su ser, ni le proporciona perfección alguna, tal como sí sucede en la mayor parte de las cosas que de nosotros proceden: estamos destinados a que de nosotros procedan muchas de esas cosas, y estas cosas son los fines por razón de los cuales existe nuestro ser, puesto que muchos de esos fines nos proporcionan una perfección que no tenemos. La finalidad del ser del Primero no es la existencia de las demás cosas, pues ellas serían fines de su existencia y entonces su ser tendría otra causa fuera de sí mismo. Al darles el ser tampoco obtiene otra perfección fuera de la ya que tiene, ni perfección alguna, como la obtiene quien da riquezas u otra cosa, y por lo que da adquiere placer, honor, autoridad o algún otro bien y perfección, y así el ser de otro es causa de un bien que le adviene y de un ser que no tenía. Pero es absurdo que todas estas cosas se den en el Primero, porque su primacía se anularía y sería preciso que le precediera otro ser anterior a él, que sería causa de su ser. Antes al contrario, él existe por razón de su esencia y es inherente o su sustancia y se sigue necesariamente de ella que otro exista a partir de él"[36].

1.3. Avicena

Abú Alí Alhusain ibu'Abdullah ibn Alí Sina (980-1037) conocido entre los latinos con el nombre deformado y abreviado de Avicena, es uno de los filósofos capitales del islam. Talento enciclopédico, conocía la metafísica de Aristóteles casi de memoria.

El Dios de Avicena está muy cerca del Uno de Plotino y muy lejos del Dios de los teólogos musulmanes. Prefiere llamarle el Ser necesario. Avicena introduce aquí la distinción de Al-Farabi entre el ser necesario y el ser contingente, tanto para demostrar la existencia de Dios como para elaborar una ontología. Será uno de los filósofos más influyentes en el pensamiento cristiano medieval.

Para él, el Ser necesario es aquel que sería contradictorio concebir como "no existente". En Él son lo mismo la "esencia" y el "ser" (*esse*). Toda realidad fuera de Dios debe ser causada. Su esencia, aunque necesaria bajo un aspecto, es posible bajo otro; por tanto, independiente de la existencia, la cual, como algo ajeno y extrínseco, debe agregarse a la esencia desde fuera. En Dios la esencia y la existencia subsisten en absoluta unidad en la simplicidad del Ser uno.

"Entre las doctrinas metafísicas de Avicena debemos destacar lo siguiente. Mientras Averroes había de enseñar que el objeto propio de la metafísica es Dios y las inteligencias separadas, Avicena afirma, en conformidad con la etapa definitiva

---

36. *De los principios de los seres*, 1, 2.

del pensamiento de Aristóteles, que el sujeto de la metafísica es el ser en cuanto ser. El razonamiento de Avicena para no considerar a Dios como objeto propio de la metafísica es muy sencillo. A cada ciencia le es dado su objeto, teniendo ella por cometido estudiarlo en su esencia y propiedades. Mas Dios no es un objeto dado, y precisa demostración, la cual no es hecha con anterioridad a la metafísica por ninguna otra ciencia. Si, pues, la metafísica ha de demostrar la existencia de Dios y ninguna ciencia establece la diferencia de su objeto, es necesario concluir que el ser en cuanto ser, y una vez estudiado, habrá de inquirirse también la demostración de la primera causa. Con ello Dios entra en el contenido de la metafísica, pero no a título de sujeto u objeto propio"[37].

1.4. Averroes

Ibn Roschd (1126-1198), o Averroes, oriundo de Córdoba, en la España musulmana, ejerció una influencia considerable en la Edad Media. Fue conocido en la Edad Media como el "Comentador de Aristóteles'. Es uno de los ejemplos más ilustres de la filosofía árabe española, entre los que también hay que mencionar a Ibn Saddiq o Abensadik, muerto en Córdoba en 1140; Abú Bakr Muhammad ibn As'Saig lbn Bagga o Avempace, natural de Zaragoza; y Abú Bakr Muhammad ben Abd Al Malik ibn Tufafil o Abentofail, nacido en Cádiz y muerto en Marruecos en 1185.

Lo que representa Justino Mártir y la Escuela de Alejandría para el cristianismo, es Averroes para el islam. En su obra *Destrucción de la destrucción* toma uno de los argumentos contra los filósofos de Algazel (1059-1111), teólogo y místico musulmán, y demuestra en conclusión que los filósofos no merecen que se los trate de impíos, ya que no negaron ninguno de los principios esenciales de la religión. Las divergencias entre las concepciones de los filósofos y las de los teólogos se reducen a diversidad de interpretaciones. Los filósofos tienen derecho a interpretar la religión a la luz de la razón, dado que la religión nos concede el derecho a usar la razón. Es decir, la filosofía no viene a desplazar la religión, ya que ambas buscan la verdad, aunque por caminos diferentes y con métodos distintos. Una y otra difieren en su expresión, pero no en su contenido y objeto.

Averroes desarrolla esta idea en el tratado *El acuerdo entre la religión y la filosofía*, en línea con lo que se venía haciendo en el cristianismo. La religión, afirma, nos impulsa a conocer la verdad. Ahora bien, la verdad no se opone a la verdad, sino que la apoya y testimonia en su favor. El filósofo busca la verdad. La filosofía y la religión, por tanto, deben ponerse de acuerdo. "El fin de la revelación es únicamente enseñar la ciencia y la práctica de la verdad. La ciencia de la verdad consiste en conocer a Dios y a todos los otros seres como son realmente y, de un modo especial,

---

37. Gonzáles Alvarez, *op. cit.*, p. 219.

en entender la ley divina, así como también en saber cuáles serán la felicidad y la desgracia de la vida futura. La práctica de la verdad consiste en cumplir con los actos que producen la felicidad y evitar aquellos que acarrean la desgracia".

Si la letra del texto religioso parece opuesta a lo que exige la razón hay que interpretar en ese caso el texto religioso en el sentido exigido por la razón. Los textos religiosos implican dos sentidos: uno externo y otro interno, que corresponden al espíritu y la letra cristianos y a lo literal o alegórico de los alejandrinos. El primero está destinado a la masa de los hombres, y a los pensadores corresponde buscar el sentido interno, el auténtico, a la luz de la razón. Por esta distinción fue acusado Averroes de mantener una doble verdad que, en su caso, es falsa, toda vez que mantuvo que hay una sola verdad, pero susceptible de ser expresada bajo formas diferentes, según el público al que se dirige. No hay dos verdades: una para el simple fiel y otra para el teólogo o filósofo. Lo que ocurre es que estos deben aspirar a la demostración dialéctica.

Para Averroes el mundo ha sido producido por Dios, pero no en el tiempo, como en el cristianismo, sino desde toda la eternidad, problema del que se van a ocupar los filósofos escolásticos.

2. Maimónides y la filosofía judía

De la filosofía árabe de la Edad Media no se puede separar la filosofía judía, a la que le debe parte de su vitalidad. El elemento diferenciador ha de encontrarse en la mayor aproximación del judaísmo al platonismo. Árabes y judíos fueron los encargados de transmitir a la Europa cristiana el pensamiento filosófico de los griegos.

Los principales representantes de la filosofía judía oriental son Saadja Faijumi e Isaac Israeli. De la larga lista de judíos españoles se destacan Avicebrón (lbn Gabirol), Bahya lbn Paquda, Yehudá Ha-Leví, Abrahám lbn Erza de Toledo, Moisés Maimónides, lbn Falagera-Palkera y Semtob. Solo repararemos en Maimónides.

Moisés Ben Maimón o Maimónides, nació en Córdoba (1135-1204), aunque vivió en ella poco tiempo. La conquista de la ciudad por los almohades a mediados de siglo determinó constantes persecuciones y vejámenes para los judíos y múltiples simulaciones de conversión por parte de estos. La familia de Maimónides fue pasando por distintas ciudades del Sur, hasta que emigraron a Fez. Allí tampoco encontraron reposo y siguieron hacia Oriente, residiendo por último cerca de El Cairo. En esta ciudad ejerció Maimónides de médico y comenzó a enseñar su filosofía.

Para Maimónides la filosofía tiene por objeto la explicación racional de la Ley (*Torah*). Contra Aristóteles defiende la creación en el tiempo, si no con razones de tipo filosófico, si aceptándola por venir claramente expresada en la narración mosaica del Génesis.

Escribió una *Guía de los indecisos* o, más correctamente, *Guía de los perplejos* como una suma teológica judía, en la que —lo mismo que en su paisano y contemporáneo Averroes— Aristóteles vuelve a ocupar el primer lugar a expensas del platonismo; de aquí la influencia de este autor en el siglo XIII latino, especialmente en Tomás de Aquino, que le cita con el nombre de Rabí Moisés. En la introducción advierte que va a exponer el verdadero sentido de la Ley, más allá de las interpretaciones formalistas y exteriores, conciliando las exigencias de la razón y los fundamentos de la fe. Afirma reiteradamente la existencia de la ley natural como consecuencia de la justicia divina. Los antiguos hebreos no habían indagado si el pecado era, además de rebeldía a Dios, antinatural e irracional, lo que le acerca mucho a nuestras actuales maneras de entender y comprender la ley y el pecado.

> Para Dios la justicia es una cosa absolutamente necesaria, es decir, que recompensa al hombre piadoso todos sus actos de piedad y justicia, aunque no estuvieren preceptuados por ningún profeta, y castiga cualquier acción mala cometida por un individuo, aunque no estuviere prohibida por ningún profeta; pues ella está prohibida por el sentimiento natural, que prohíbe la injusticia y la desigualdad.[38]

El objeto supremo de la religión y de la filosofía es el conocimiento de Dios, y por ello es del todo necesario poner de acuerdo los principios y resultados de la teología y de la filosofía. El tratado de Maimónides se dirige a los sabios que, dueños de esos conocimientos, están indecisos o perplejos acerca del modo de hacer compatibles ambas cosas; se trata de una indecisión, no de un extravío.

Aunque sin entrar de lleno en la interpretación alegórica de la Biblia, como hizo su antepasado Filón de Alejandría, admite que es forzoso interpretarla teniendo en cuenta los resultados ciertos de la filosofía, sin dejarse dominar por el literalismo.

3. Pensadores de Escuela

Los pensadores de la escolástica son una verdadera legión, favorecidos como estaban por las circunstancias de una Europa unificada bajo las dos espadas, la espiritual y la terrenal, esgrimidas por diferentes manos, pero al servicio de una misma institución: el papado, como signo visible de la Cristiandad. Isidoro de Sevilla enseñó con toda claridad la *distinción* entre el poder espiritual y temporal, pero otorgando derecho de primacía al poder espiritual. El sacerdote, escribe Isidoro, es superior a la realeza, pues es el sacerdote quien unge al rey, y este debe defender a la Iglesia, sin inmiscuirse en lo espiritual[39]. Esta filosofía del gobierno domina por completo la Edad Media y es reforzada por Bernardo de Claraval y

---

38. *Guía de los perplejos*, II 17.
39. Cf. A. Truyol y Serra, *Historia de la Fisofía del Derecho*, p. 202.

Juan de Salisbury, reiterando que, aunque las dos espadas reposen en distintas manos, ambas están al servicio de la Iglesia.

Al igual que en el plano político, en el filosófico prima el elemento teológico. El conocimiento natural está al servicio del conocimiento sobrenatural. Se vive en una situación donde la presencia de Dios es casi sentida. Es la creencia admitida por la casi totalidad de la sociedad y el pensamiento siempre parte de lo que hay, aunque en sus conclusiones pueda llegar o conducir a un lugar más allá. En otros tiempos, cuando el elemento social y económico salte a primera línea de los problemas culturales y políticos, constituyéndose así situación originaria de la investigación filosófica, el pensamiento se esforzará en comprender en todo su alcance las implicaciones para la vida humana del nuevo elemento que hace aparición de modo consciente y problemático. Cada filosofía obedece a una época y depende de una situación que siempre conviene tener en mente.

Existe el prejuicio secular de que en la Edad Media no hubo filosofía, ni pensamiento original, sino teología en ropaje filosófico. Es cierto que la teología utilizaba la filosofía como sierva (*ancilla*) de sus propósitos, pero téngase en cuenta que la servidumbre de la filosofía a la teología es relativa. Las ideas y creencias aportadas por la revelación que la teología estudia, contribuyen a dilatar el horizonte filosófico, con una profundidad y elevación que, al perderse en épocas recientes, pondrá en cuestión hasta la misma razón de ser de la filosofía.

La Escolástica representa un intento continuado de armonizar la razón natural y el conocimiento revelado. Fue un trabajo colectivo, de escuela, de ahí su nombre, pero sin caer en uniformidad y rutina. Cada pensador, a pesar de encuadrarse en una u otra tradición, ofreció su originalísima y atrevida orientación. A la luz de nuestra situación eclesial protestante, cuya corriente de opinión principal y método de trabajo es el individualismo más estéril, conviene tener presente ese aspecto comunitario de la Escolástica, que es aplicable tanto a la filosofía como a la teología. El fin supremo de ambas disciplinas es la verdad, y en este sentido, el valor estético de la originalidad no tiene carácter científico, sino que lo que importa es ir integrando en un sistema común las verdades descubiertas por cada filósofo. Este aspecto de la Escolástica renacerá después en el perspectivismo, para el que cada punto de vista cuenta como un dato esencial en el mosaico final de lo real.

La Escolástica nació propiamente en el siglo VIII, en las escuelas monacales de York. En tales escuelas el profesor era llamado *Doctor Scholasticus*, y el característico método escolástico de exposición consistía, primero, en unos diálogos entre profesor y discípulo, y luego, en unos debates en que un candidato a licenciado tomaba la defensa de una tesis determinada contra todos los aspirantes. La época de plenitud o Edad de Oro de la escolástica coincide con el siglo XIII. En ese entonces el método perfecto era el siguiente: primero, plantear una cuestión; luego exponer varios argumentos, señalando una solución opuesta a la verdadera; después, presentar la verdadera solución y, finalmente, rebatir los argumentos contrarios.

Si la cuestión, objeto de la lección, era preparada de antemano se conocía como *cuestiones disputadas*, si improvisadas, *cuestiones quodlibetales*.

La labor del escolástico consistía preferentemente en una serie de esfuerzos y devaneos por salvar su fundamento, el mundo intelectual cristiano, de los extravíos de los conceptos racionales y por demostrar además ese fundamento desde el concepto racional mismo. El escolasticismo no separa, pues, la filosofía de la teología, toda vez que la teología se considera una explicación válida y exacta del universo. La filosofía solo podía tener permiso de residencia en tanto se afirmase dentro del campo propuesto por la teología. El contenido de la Escolástica es teológico y filosófico a partes iguales. Propiamente hablando, la filosofía no gozaba de la *independencia y autonomía* que la caracterizarán después.

Esta relativa falta de independencia no debe llevarnos a cometer el error de suponer que en esa época no hubo filosofía en sí y para sí. Como escribe Marías, los problemas de la Escolástica, como antes los de la Patrística, son ante todo problemas teológicos, y aun simplemente dogmáticos, pero estos problemas teológicos suscitan nuevas cuestiones, que son, ellas, *filosóficas*.

Hegel estaba firmemente convencido de que la teología de la Edad Media se hallaba a mucha más altura que la de los tiempos modernos, y por ello mismo, con profundidad de espíritu, alentaron la filosofía para integrarla y combinarla con la teología, pues en sí, ambas coinciden, son una y la misma cosa[40].

Cierto que la filosofía escolástica no parte de sí misma, le falta independencia frente a los dogmas teológicos, pero no hay que olvidar que la filosofía siempre parte de una situación dada, y "en todas las épocas hay una determinación especial que le imprime su sello"[41].

La Escolástica se puede dividir, sin demasiada precisión, en dos períodos: uno antiguo y otro moderno.

El primer período (siglos IX-XIII) corresponde a personalidades del calibre de:

- Juan Escoto Erígena (800-870).
- Anselmo de Canterbury (1033-1109).
- Pedro Abelardo (1079-1142).
- Bernardo de Claraval (1091-1153).
- Pedro Lombardo (1100-1160).

El segundo período pertenece a las lumbreras que seguirán iluminando hasta el presente:

- Buenaventura (1221-1274).
- Alberto Magno (1206-1280).

---

40. Hegel, *Lecciones de historia*, II p. 129.
41. Hegel, *Id.*, p. 121.

- Tomás de Aquino (1224-1274).
- Juan Duns Escoto (1266-1308).
- Guillermo de Ockham (1300-1349).

(Téngase en cuenta que las fechas aquí ofrecidas no son exactas, sino aproximadas, toda vez que se ignora en la mayoría de los casos la fecha de nacimiento y muerte. Con todo son suficientes para encuadrarlos en su época y generación).

Gracias a la mencionada situación político-cultural de Europa, con la religión aglutinante, floreció todo un ejército de filósofos menores a los que no podemos dedicar ningún espacio, pero cuya simple mención sirve para desmentir el mito de una Edad Media tenebrosa y bárbara, siglos de superstición, oscuridad e improductividad intelectual. Todo lo contrario, la llamada Baja Edad Media conoció una efervescencia intelectual difícil de imaginar en nuestros días, mientras el prejuicio perdure, donde resalta en un primer plano el atrevimiento de las ideas de sus hombres y la agudeza de sus especulaciones. Su misma riqueza contribuyó a su ruina. Los escolásticos posteriores se limitarán a reelaborar sus propias definiciones y se irán haciendo formalistas, hasta alcanzar ese sentido peyorativo que tiene la palabra Escolástica, como reflexión carente de originalidad y nervio: discusión de "escuela". Ortega pensaba que la filosofía termina tan pronto cae en manos de una escuela solo preocupada de las sutilezas propias del sistema, sin genio para la invención y posteriores alumbramientos. La escolástica es la muerte de la filosofía cuando se encierra en sí misma, pero la escolástica es la vida de la filosofía cuando cada perspectiva, hecha en sentido de responsabilidad y continuidad, contribuye a perfilar y corregir la totalidad del conjunto. Ningún individuo aislado puede agotar la experiencia de verdad que se ofrece a la investigación filosófica; la filosofía responsable es labor de conjunto, pues la vida es un amplio espectro de gamas y colores que precisa múltiples especializaciones trabajando al unísono y en equipo.

La corrupción de la escolástica en escolasticismo va a propiciar la protesta renacentista, desde el humanismo, y la luterano-reformada, desde la religión.

3.1. Escoto, el iniciador

Juan Escoto Erígena, o Eriúgena, natural de Irlanda, monje benedictino, parece que se formó en Grecia y otros lugares de Oriente, estudiando a Platón, Aristóteles, Plotino, Porfirio, San Agustín y Boecio. Fue maestro en París durante unos treinta y cinco años. Inspirándose en el *Pseudo Dionisio*, del que puede considerarse heredero y al que traduce al latín, elaboró un sistema de corte neoplatónico bastante profundo y personal. Escoto Erígena es una de las figuras más sorprendentes de la época. A diferencia de la mayoría de letrados y pensadores de comienzos de la Edad Media, Erígena conocía a la perfección la lengua griega.

Por su incursión en el panteísmo, en opinión de sus jueces, fue objeto de los anatemas de la Iglesia. "Hay que recordar, sin embargo, que su doctrina es muy ambigua, y que, tanto en filosofía como en teología, había sido acusado de enseñar exactamente lo contrario de lo que realmente creía. No es, en efecto, del todo injustificado que se le llamara el *enfant terrible* de su época"[42].

Erígena no establece diferencias entre fe y razón. Lo que la revelación enseña es asimilable por la razón. Nunca creyó, ni se le pasó por la imaginación, que pudiera haber discrepancias entre la filosofía verdadera y la religión revelada. La razón es el instrumento humano concedido por Dios que interpreta lo que revelan los textos sagrados, y nada más.

El Universo, para Escoto, es una grandiosa unidad que viene de Dios y a Él vuelve. Dios comprende todo lo que existe. La Creación, en el sentido más riguroso de la palabra, es una autorrevelación del principio de todas las cosas por la inteligencia, que es un atributo divino; es la exteriorización de un pensamiento. Todos los seres no son sino emanaciones del Ser supremo. La Naturaleza divina se revela en cuatro etapas sucesivas. Primero, la Divinidad bajo su forma original e incognoscible: Dios Padre, a quien nadie puede conocer. Segundo, Dios Hijo, contemplando en sí mismo las ideas racionales que son las causas primeras del mundo temporal y cambiante, y cuya existencia se revela a través de este autoconocimiento y constituye la Naturaleza creada y creadora. Tercero, Dios, en tanto que exteriorizado y existente en el tiempo y en el espacio; las causas fundamentales exteriorizadas en los géneros, especies e individuos; la Naturaleza creada pero no creadora; todas las substancias finitas y contingentes, en fin, así materiales como espirituales, a modo de teofanías o manifestaciones del Espíritu Santo. Y, finalmente, como toda creación procede de Dios, hacia la perfección de Dios aspira y retorna todo lo creado; por último, el universo se reintegra a aquello de donde procede, hasta que Dios lo absorba todo y esté en todo. "Todas las cosas tendrán, pues, su retorno a sus razones eternas, dejando de ser llamadas creaturas; porque Dios será todo en todos, y cada creatura caerá en la sombra convertida en Dios, como los astros cuando el sol se levanta". Este desenlace no originará, sin embargo, una indiferenciada monotonía, sino una armonía, en la que, aunque extinguidas las cualidades personales y la vida individual, todos los seres cobrarán una verdadera existencia, lo que le distingue del Nirvana indio o budista, pues, del mismo modo que al salir el sol los astros son como absorbidos por su luz, perfeccionados y acrecentados, sin ser anulados por esa luz, así las creaturas *permanecen* aún en su retorno a Dios.

Dios es inmanente a la Creación, la cual no existe sino como una manifestación de la divinidad. La Creación y la Revelación son una misma cosa. Ningún atributo finito puede estar adscrito a Dios; pero en el universo creado obtenemos una real, aunque parcial, revelación del Creador. El hombre es una proyección de Dios, todo lo contrario que para el materialismo ateo. El hombre participa de la inteligencia divina. Para la ciencia y el pensamiento humanos, la razón es, por consiguiente,

---

42. A. E. Baker, *Iniciación a la filosofía*, p. 80.

la única autoridad a la que no se conocen límites. Puesto que solo Dios es real, y que todos los demás seres son reales únicamente en el grado en que participan de la naturaleza divina, el mal, como tal, es una simple apariencia, y la aniquilación del mal consiste en desvanecer toda obscuridad intelectual o espiritual. Sin embargo, Erígena considera imposible hablar del mal sin dar previamente por sentada su realidad. En algunos aspectos se parece, como pensador, a Orígenes; lo mismo que su gran predecesor, Erígena trata algunas veces la doctrina cristiana en una forma verdaderamente libre. Considera el dogma como una simbólica aproximación de la verdad.

Escoto llama *división* a la procedencia y diferenciación de los individuos del mundo sensible desde la primera Naturaleza —Dios—; y llama *complicación* al retorno o *conversión* del cosmos a la Unidad suprema.

El *egressus* del mundo desde la Divinidad ha acontecido en el hombre; y también en el hombre acontece el *ascensus*. El hombre ha querido salir del mundo ideal —el Verbo: el paraíso— e independizarse, como individuo entrando en el mundo sensible: he ahí la caída, el pecado original. Cristo, Verbo encarnado, vuelve a traer a la humanidad el mundo ideal, y con Él la humanidad es redimida y conducida de nuevo hasta Dios. Caída y Redención se explican cómo dos procesos eternos y cosmológicos.

En 1225, más de tres siglos después de muerto, la iglesia de Roma condenó sus tesis como heréticas, pese a lo cual siguió ejerciendo una profunda influencia en el pensamiento posterior.

3.2. Realistas y nominalistas

Uno de los graves problemas que va a encarar la escolástica es la cuestión de los universales y los nominales. Los pensadores cristianos se van a dividir en dos bandos enfrentados hasta el siglo XIV. Los universales son los géneros y las especies, y se oponen a los individuos; la cuestión era saber qué tipo de realidad corresponde a esos universales. El planteamiento del problema de los universales era de por sí la instauración de un punto de vista que mira más al hombre que a Dios. Es el indicio de una nueva importancia atribuida al hombre (Abbagnano).

Los universales (por ejemplo: "hombre", "caballo", "árbol") responden a dos realidades concretas, ninguna de las cuales es especie o idea general:

1) A la realidad física del término mismo, de la palabra "hombre", tomada como "emisión de voz".
2) A los individuos humanos a los que esta palabra tiene la misión de nombrar.

El problema es saber cómo esos sonidos que constituyen el lenguaje hablado ofrecen un sentido al pensamiento. ¿En qué medida nuestros conocimientos se refieren a la realidad?

Aquellos que sostenían que las especies y los géneros eran simples *nombres*, fueron llamados *nominalistas*. Los que creyeron que los universales tenían, en cierto sentido, una existencia *real*, fueron llamados *realistas*. El nominalismo extremo sostenía que el universal es un simple vocablo y nada más; es, sin embargo, probable que ningún filósofo medieval aceptara este modo de ver. El nominalismo moderno afirma que el universal es un concepto de la mente que significa una pluralidad de cosas particulares. El universal es el concepto dentro del cual la inteligencia comprende los atributos comunes a diferentes cosas.

Babieca, Rayo, Bravo, etc., pueden ser nombres de caballos individuales y separados, hecho que reconocemos dándole a cada uno de ellos su nombre propio, pero no existe semejante a lo que pudiéramos llamar el "caballo en general". En verdad, ni siquiera una encina es exactamente igual que otra; pero no sería conveniente reconocer este hecho dando a cada encina su propio nombre. El nombre genérico es, pues, una conveniencia y no una realidad.

El punto de vista opuesto de los *realistas* sostiene que los caballos individuales no son más que aproximaciones imperfectas al caballo perfecto, al caballo ideal, que es el único real. Verdad es, admite el realista, que en este mundo sensible no encontramos a través de nuestras experiencias- sensaciones más que caballos individuales y separados; pero el hecho de que podamos llegar al concepto del "caballo en general" debiera persuadirnos de que lo que hallamos mediante la alta facultad de la razón es más verdadero que lo que aprehendemos únicamente por medio de la experiencia sensible. Lo supremamente real no es lo individual, sino la clase.

"Aunque es muy arriesgado establecer un paralelo entre el pensamiento medieval y el pensamiento moderno, parece ser que el nominalismo moderno o el conceptualismo de los escolásticos era, en cierto modo, muy parecido al moderno idealismo. El realismo moderno era, en realidad, una concepción muy afín al nominalismo moderado. Abelardo, por ejemplo, es considerado por algunos escritores como un conceptualista o nominalista, y por otros como un realista. Sea como fuere, el realismo moderado es la doctrina según la cual los universales poseen una existencia real, independientemente del espíritu que los concibe. El universal se encuentra en los seres individuales existentes, y aparece diferenciado en cada uno de ellos. La humanidad de Pablo es distinta de la de Pedro y la de Pedro diferente de la de Juan. Todo lo que existe es individual. El universal resulta multiplicado con la multiplicación de individuos. Los ultrarrealistas o realistas platónicos sostienen, por el contrario, que la idea es universal y única, y precede, lógicamente y en el tiempo, a los seres sensibles que representa. Las verdaderas y más elevadas realidades no son los seres particulares que perciben nuestros sentidos, sino las formas universales que reconoce nuestra razón".

"Los primitivos escolásticos, cuyas obras ofrecen aún el mayor interés, fueron realistas; los nominalistas prevalecieron únicamente en el periodo de decadencia del escolasticismo. Tal vez los lectores modernos tiendan a restar importancia a estas viejas disputas. El interés de tales controversias es, sin embargo, considerable. Por un lado, debemos reconocer que el realismo se preocupó de defender la verdadera unidad del género humano y la primacía de la razón humana; se mantuvo contrario a aquel falso individualismo que conduce al más despiadado de los egoísmos y al desprecio de cuanto encierra un sentido de humanidad como una Liga de Naciones; y elaboró una filosofía y una teología racionales, de acuerdo con la doctrina cristiana. Por un lado, el nominalismo, al subrayar la significación e importancia de los individuos y de las cosas particulares, y al mostrar su predilección por lo único y lo concreto, defendió las manifestaciones del arte y de la religión y de la vida contra el rígido esquema del determinismo; defendió, en una palabra, la libertad y la providencia. Pero esta doctrina tendía a convertir el misticismo en una manifestación no susceptible de examen y a presentar la experiencia religiosa individual como un substituto de todo método racional, más bien que como un aliado suyo"[43].

4. Anselmo de Canterbury

Pasados los terrores del año 1000, la Edad Media de la Europa cristiana comienza a ser ella misma. Por primera vez, desde hacía siglos, la sociedad comienza a expandirse y prosperar. Sin enemigos, sin opositores, toda vez que el hereje era rápidamente eliminado, la Cristiandad recayó en su primera sospecha de la filosofía. La cultura, por otra parte rudimentaria, estaba en manos de los clérigos, y estos, una vez asentados cómodamente en la verdad jerárquica no tenían mucho interés en remover las profundas aguas de la inquieta razón. De modo que cuando dentro del mismo régimen de Cristiandad comenzaron a prosperar los estudios superiores, los monjes emprendieron una cruzada contra las ciencias profanas montados sobre un fideísmo rudamente antirracionalista. Monjes también, pero de nuevo cuño e inspirados en los cambios sociales que se estaban produciendo, defendieron los derechos de la razón, como derechos concedidos al hombre por el mismo Creador. Contra ellos se levantaron los campeones de la simple fe antigua, es decir, los propugnadores de la antifilosofía. Nada nuevo en la historia del cristianismo y que se repite una y otra vez en formas variadas y siempre idénticas en esencia.

El representante más notorio de la corriente adversa a la filosofía en nombre de la fe sola (*fideísmo*) fue Pedro Damiano, sucesivamente monje, cardenal-obispo y diplomático. Para él la naturaleza es algo radicalmente corrupto. El alma está viciada íntegramente por el pecado original. El intelecto es una charca cenagosa de aguas turbias y, en consecuencia, lo que la razón y la naturaleza enseñan debe

---

43. A. E. Baker, *op. cit.*, pp. 83-84.

ser rechazado. Lo único que importa es salvarse, y para salvarse no hacen falta en absoluto la filosofía ni la ciencia. Lejos de ello, estas son producto de la malicia del diablo, que fue el primer gramático y enseñó a los hombres a declinar *deus* (Dios) en plural. Argumentos que, al parecer, siguen siendo sustancialmente válidos para cierto tipo de pensamiento protestante moderno.

"Muchas veces —escribe Pedro Damiano— la virtud divina destruye los silogismos armados por los dialécticos y sus sutilezas y confunde los argumentos, que han sido considerados necesarios e inevitables por los filósofos"[44]. Lo que buscaba Damiano, apoyándose en la omnipotencia divina, era privar de validez autónoma a todo el mundo de la naturaleza y del hombre, postura que reaparecerá en otros períodos de la historia y en escritores de cuño reformado-calvinista. En el caso de Damiano obedecía, además —como la mayoría de los sistemas teológicos— a un interés político de orden teocrático: quitar al Emperador toda dignidad de poder autónomo y considerarlo como un simple delegado del Papa.

Pedro Damiano que, por otra parte, no eran ningún oscurantista, representa la tradición *fideísta* en la Iglesia y conduce fácilmente, aunque no necesariamente, al aislamiento y al monólogo. Los *dialécticos*, o sea, aquellos que recurren a la razón y utilizan la ciencia secular, están de parte del diálogo y la apertura. Todavía hoy hay quien ha dicho que el diálogo es una palabra sucia, invento del anticristo. No hace falta vivir en un monasterio para estar aislado como en un castillo que ya no defiende contra los invasores, sino contra sus propios habitantes, haciéndoles creer que fuera no hay nada sino locura y rebeldía.

Los dialécticos cultivaban el diálogo y practicaban la discusión; representaban en lo intelectual el espíritu de las nuevas ciudades emergentes, en constante intercambio de géneros de consumo y de ideas.

En medio de esas dos líneas de combate aparece estratégicamente la figura de Anselmo, "el pensador que representa un intento de síntesis entre fideísmo y dialéctica, entre las exigencias de la revelación y los derechos de la razón, entre la tradición monástica y feudal y la nueva corriente surgida entre laicos y clérigos de las ciudades libres. Por una parte, quiere seguir comenzando con la fe (*fides*); por otra, se ve precisado a postular una fe en busca (*quarens*) de su propia intelección y justificación racional (*intellectum*)"[45]. Entender lo que se cree es derecho y deber del creyente.

> Así como el recto orden exige que creamos las cosas profundas de la fe cristiana antes que nos atrevamos a discutirlas con la razón, así me parece que hay negligencia cuando, una vez confirmados en la fe, no tratamos de entender lo que creemos.[46]

44. *De divina omnipotentia*, 10.
45. Antonio Rodríguez Huéscar, "Introducción" al *Proslog* de Anselmo.
46. *Cur Deus homo*, 1, 2.

Este hombre, Anselmo, nació en Aosta, en el Piamonte (1033-1109), aunque vivió casi siempre fuera de su país natal. Fue prior y abad del monasterio de Bec, en Normandía, y nombrado por el papa Gregorio VII arzobispo de Canterbury, desempeñando un gran papel en la defensa de los derechos eclesiásticos en lo tocante a las investiduras frente al poder temporal.

En su obra teológica *Cur Deus homo* elaboró el concepto de la Encarnación y pasión de Cristo como satisfacción, doctrina que está en la base de la teología reformada y evangélica. El hombre ha cometido una culpa en cierto modo infinita, por ir contra Dios, y no puede pagar esa deuda infinita. El Hijo encarnado por amor ofreció al Padre el precio del perdón y el hombre puede salvarse.

Para Anselmo el proceso de nuestra razón consiste en indagar y profundizar cuanto consta o le es dado; antes de comprender, dice Anselmo, cree; siente la necesidad de demostrar eso en que ya cree: *fides quarit intellectum*. La fe es, por lo tanto, anterior a la razón; y la filosofía no hace otra cosa que conocer y penetrar el dogma. *Credo ut intelligam.*

Si no creo, dice, no comprenderé, pero a la vez, si no me aplico al estudio racional no puedo comprender cabalmente las doctrinas de la revelación. Anselmo trató de basar la doctrina de la Trinidad y también la de la Encarnación en la pura razón. Pero todo conocimiento, afirma, debe apoyarse, a su vez, en la fe. Este problema de la relación entre la fe o autoridad y la razón fue uno de los grandes temas discutidos por todos los escolásticos.

> Porque no busco comprender para creer, sino que creo para llegar a comprender. Creo, en efecto, porque, si no creyere, no llegaría a comprender.[47]

4.1. A Dios por el ser

La fe nos da, ante todo, la convicción de que Dios existe. Demostrar su existencia es fácil, piensa Anselmo. Si existen los seres finitos, debe también existir el Ser absoluto y originario: es el argumento cosmológico, mantenido en el *Monologium*. Pero Dios es también demostrable de un modo más invencible, que hace caer en contradicción al ateísmo. Esta nueva demostración se halla en el *Proslogion*.

Anselmo es un realista; para él existen los universales y las cualidades de las cosas en Dios, del cual derivan a la creatura sus universales y sus cualidades; y existe también el universal absoluto: Dios, el realísimo. De todo ello existen conceptos en el entendimiento.

Ahora bien, nosotros poseemos también el concepto de Dios: Dios es el *Esse quo maius cogitari non potest*, el Ser mayor que el cual no se puede pensar otro, en cuanto nosotros lo pensamos precisamente sumo y perfectísimo.

---

47. *Proslogion*, 1.

El concepto de Dios es una realidad mental, un *esse in intellectu*, una realidad psicológica, que tiene una existencia ideal, como las ideas. Pero si Dios tuviese solo existencia ideal, como puro contenido de conciencia, sin tener una realidad efectiva y metafísica, sería concebible un ser más perfecto que él; es decir, aquel que, además de la existencia ideal, tuviese también la existencia real; entonces este sería Dios.

Por tanto, el ser perfectísimo, *quo maius cogitari nequit*, no solo posee realidad ideal, sino también realidad efectiva y absoluta: el concepto mismo de Dios implica la existencia real, de tal manera que, el mismo que lo niega, ya que para negarlo debe poseer el concepto, lo afirma y se contradice. *Insipiens*, necio en verdad es el ateo, que se contradice en el acto mismo en que afirma a Dios inexistente. Este es el famoso *argumento ontológico*, llamado así porque deriva el ser y la existencia de la idea.

El principio del argumento descansa, ante todo, en la convicción de que el concepto fuese una realidad, aunque *sui generis*, a la cual correspondiese en todo caso un universal *real* y metafísico.

Contra la argumentación anselmiana se levantó el monje francés Gaunilon (m. en 1083), con un escrito: *Liber pro insipiente*, donde se afirmaba que no basta que cualquier cosa sea imaginada, es decir, que tenga una realidad mental, para ser también efectivamente real: yo puedo muy bien imaginar una isla perfectísima sin que por eso exista.

Fácil le fue a Anselmo replicar con otra obra: *Contra insipientem*. La objeción vale contra la existencia real de cualquier ser finito, no contra la de Dios. La isla perfectísima, en efecto, no es el ser mayor que el cual no se puede pensar otro; será la más perfecta de las islas, pero no el ser perfectísimo. El concepto de Dios es, en cambio, el Ser necesario, que, por tanto, existe por sí mismo; en Él la esencia implica la existencia, mientras que cualquier otro ser es solo un ser posible.

El argumento ontológico será luego contestando por Tomás de Aquino, cuando afirme que el argumento ontológico es un paso indebido de la idea al ser.

El que tiene la idea de Dios solo está cierto de una cosa: de la efectiva existencia de esa idea en su entendimiento; pero no puede ir más allá de esa idea, afirmando detrás de ella y por medio de ella el objeto real correspondiente; tanto más cuanto que, bien pensado, incluso el mismo objeto que pensamos como real, es todavía, como pensado solamente, una idea de nuestra mente: es una idea del objeto real imaginado más allá del objeto ideal. Por consiguiente, solo es cierta la existencia de nuestra representación psicológica; pero es arbitrario el paso del concepto al ser, de la existencia mental a la objetiva extramental.

El argumento ontológico no es, por tanto, una "prueba", sino más bien una *intuición* de la existencia de Dios, el cual debe ser existencia *a se, ex se*, esencia existente. Es, con todo, una intuición sugestiva, como lo muestra el hecho de que, a pesar de ser rechazado por santo Tomás en la escolástica y por Kant en la filosofía moderna, fue otra vez utilizado por grandes pensadores como Descartes, Spinoza, Malebranche, Leibniz, Hegel, Karl Barth y otros.

Esta intuición, que no es prueba, parte del sentido de Dios y se ajusta a una lógica nacida de la reflexión sobre la existencia teológicamente interpretada. El hombre siente a Dios como algo *perdido*, como una privación radical. Es una privación que afecta al ser mismo del hombre, hecho para ver a Dios y que aún no lo ha hecho nunca; es una situación de *ceguera*, de privación de visión, en la cual la mente siente confusamente al que está en todas partes, pero no puede verlo. ¿Por qué? Hay un obstáculo a la visión, un obstáculo moral que es el pecado, que oscurece la visión; la imagen de Dios está ofuscada y el pecado, antes aún que oscurecimiento, es *caída*. Dios aparta su faz del hombre, y este, sin luz, cae; ¿dónde?, en sí mismo. Por eso el punto de arranque de San Anselmo es estrictamente *religioso*, es el mismo de la oración. Todo el capítulo I del *Proslogion* en esencia, es una llamada a Dios; por tanto, supone que no se lo tiene, pero que se tiene, sin embargo, algún sentido de él. *Credo ut intelligam*; esta es la actitud de San Anselmo; dicho aún con más precisión: *fides quarens intellectum*. Cuando la fe deja de ser ociosa y muerta *(otiosa fides)*, y mediante el amor o *dilectio* se vuelve viva y activa *(operosa fies)*, entonces intenta conocer al Dios en quien cree, y se trata de un efectivo *conocimiento*. Tenemos, pues, en primer lugar, un vago y confuso sentido de Dios; en segundo lugar, el *obstáculo* moral del pecado cuya remoción es la condición necesaria para conocer a Dios; en tercer lugar, el resorte moral, que es el amor, la *dilectio*, que sana el alma y la hace elevarse a Dios.

San Anselmo parte justamente de la negación del insensato; la demostración de la existencia de Dios solo tiene sentido frente a una negación y fundándose precisamente en ella. El punto de partida, dijimos, es Dios mismo, no conocido, pero si sentido y echado de menos; se trata, pues, de *conocerlo*, no de *demostrarlo*. Solo es esto necesario cuando alguien lo niega, y este alguien es el insensato, el hombre que no tiene sentido, que no sabe lo que se dice cuando niega a Dios. Por tanto, el hombre no tiene una auténtica *idea* de Dios. San Anselmo distingue dos modos de pensar: uno es pensar la voz que significa una cosa; el otro es entender *aquello* mismo que la cosa es. En el primer sentido es posible decir que no hay Dios; en el segundo, no. Pero entonces la negación de Dios es un puro equívoco, porque no se piensa en él, no se tiene su auténtica idea; cuando se posee esta, cuando se tiene una visión de lo que es Dios, se ve que necesariamente existe. El que niega la existencia de Dios no tiene el sentido de lo que dice, es un *insensato*, con todo rigor. San Anselmo, apoyándose en lo dicho por el insensato, en la voz *Dios* que emplea y comprende al negar, lo obliga a encontrar el *sentido* de lo que dice, y así, al volver sobre sí mismo y entrar en su mente, deja de ser *insensato*. Al encontrarse consigo mismo, imagen de Dios, el hombre encuentra la auténtica *idea* de la Divinidad, y con ella la seguridad de su existencia[48].

4.2. Proslogion o diálogo divino

Teólogo y místico, Anselmo extrae su lenguaje directamente de la Biblia, a la que vive como propia; su pensamiento debería ser objeto y materia de exámenes y ulteriores estudios y reflexiones. Ofrecemos aquí la transcripción de los primeros cuatro capítulos del *Proslogion,* uno de los documentos más importantes de la literatura cristiana.

Capítulo I. Exhortación de la mente a la contemplación de Dios.

¡Oh, pobre mortal! Deja un momento tus ocupaciones, huye un poco de tus tumultuosos pensamientos, arroja tus pesadas inquietudes, abandona tus trabajosos quehaceres. Dedícate un instante a Dios y descansa un instante en Él. Entra en el recinto de tu mente, arroja todo, excepto Dios y lo que te ayude a buscarle, y, cerrada la puerta, búscale. Di ahora, corazón mío, di ahora a Dios: "Busco tu rostro, tu rostro, ¡oh Señor, requiero!" (Sal. 27:8).

Y ahora ¡oh, Tú, Señor Dios mío! Enseña a mi corazón dónde y cómo debe buscarte y dónde y cómo te encontrará, Señor, si no estás aquí, ¿dónde te buscaré ausente? Y, si estás en todas partes, ¿por qué no te veo presente? Ciertamente "habitas en la luz inaccesible" (1 TI. 6:16). Y ¿dónde está la luz inaccesible? ¿Quién me guiará y me introducirá en ella para que en ella te vea? Además, ¿por qué señas, por qué faz te buscaré? Nunca te vi, Señor Dios mío; nunca conocí tu faz. ¿Qué hará, Altísimo Señor, qué hará este tu lejano desterrado? ¿Qué hará tu siervo, ansioso de tu amor y tan alejado de tu faz? Anhela verte, y tu faz está muy distante para él. Desea llegar a Ti, y tu morada es inaccesible. Ambiciona encontrarte, e ignora tu lugar. Intenta buscarte, e ignora tu rostro. Señor, eres mi Dios y eres mi Señor, y nunca te vi. Tú me hiciste y me volviste a hacer, y me diste todos mis bienes, y aún no te conozco. Finalmente, fui hecho para verte y no hice aún aquello para lo que fui hecho.

¡Oh, mísera suerte del hombre cuando perdió aquello para lo que fue creado! ¡Oh, duro y funesto suceso aquel! ¡Ay! ¿Qué perdió y qué encontró? ¿De qué se le privó y qué le ha quedado? Perdió la felicidad para la que fue hecho, y encontró la miseria para la que no fue hecho. Perdió aquello sin lo cual nadie es feliz, y le quedó aquello por lo cual no es sino mísero. Entonces comía el hombre el pan de los dolores, que entonces desconocía. ¡Ay, público luto de los hombres! ¡Universal llanto de los hijos de Adán! Este nadaba en la abundancia, nosotros suspiramos hambrientos. Él era rico, nosotros mendigamos. Él era feliz y se extravió míseramente; nosotros carecemos

---

48. Cf. Julián Marías, San Anselmo y el insensato, *La filosofía del Padre Gratry.*

infelizmente y miserablemente deseamos, y ¡ay! en el vacío permanecemos. ¿Por qué él, que pudo hacerlo con facilidad, no nos guardó aquello de que tan lamentablemente carecemos? ¿Por qué nos privó de la luz y nos llevó a las tinieblas? ¿Para qué nos quitó la vida y nos causó la muerte? ¡Desgraciados! ¡De dónde hemos sido expulsados, a dónde arrojados! ¡De dónde precipitados, en dónde enterrados! De la patria al exilio; de la visión de Dios a nuestra ceguera; de la alegría de la inmortalidad a la amargura y al horror de la muerte. ¡Miserable mutación de tan gran bien a tan gran mal! Grave daño, grave dolor; grave todo.

Mas, ay, mísero de mí, uno entre los demás míseros hijos de Eva alejados de Dios! ¿Qué intenté? ¿Qué hice? ¿A dónde iba? ¿A dónde llegué? ¿A qué aspiraba? ¿Por qué suspiro? "Buscaba el bien y he aquí la turbación" (Jer 14 9). Iba hacia Dios y caí sobre mí mismo. "Buscaba el descanso en mi soledad y encontré en mi intimidad la tribulación y el dolor" (Sal. 7:4). Quería reír por el gozo de mi mente y me vi obligado a gemir por el gemido de mi corazón. Esperaba la alegría y he aquí que se agolpan los suspiros.

Y Tú, ¿hasta cuándo, Señor, nos olvidarás? ¿Hasta cuándo desviarás tu faz de nosotros? ¿Cuándo nos mirarás y nos escucharás? ¿Cuándo iluminarás nuestros ojos y nos mostrarás tu rostro? (Sal. 13:1). ¿Cuándo nos volverás a Ti? Míranos, Señor, escúchanos, ilumínanos, muéstrate a nosotros. Vuelve a nosotros para que tengamos el bien sin el cual tan mal estamos. Ten piedad de nuestros trabajos y esfuerzos para alcanzarte; nada valemos sin Ti. Tú nos llamas, ayúdanos. Te ruego, Señor, para no desesperar suspirando, sino respirar con esperanza. Te lo ruego, Señor: mi corazón está amargado en su desolación; endúlzale con tu consuelo. Hambriento comencé a buscarte; te suplico, Señor, que no acabe ayuno de Ti; famélico me dirigí a Ti; que no vuelva insatisfecho. Pobre, acudí al rico; mísero, al misericordioso; haz que no regrese vacío y despreciado. Y si "antes de que pueda comer, suspiro" (Job 3:24), dame algún alimento que comer después de los suspiros. Señor, estoy encorvado, no puedo mirar sino hacia abajo; enderézame para que pueda dirigirme hacia arriba. "Iniquidades se han alzado sobre mi cabeza, me rodean y me abruman como una pesada carga" (Sal. 38:5). Líbrame, descárgame de ellas; que "su abismo no apriete su boca sobre mí" (Sal. 69:16). Permíteme ver tu luz desde lejos o desde lo profundo. Enséñame a buscarte, y muéstrate al que te busca, porque no puedo buscarte si no me enseñas, ni encontrarte si no te muestras. Te buscaré deseándote. Te desearé buscándote, te encontraré amándote, te amaré encontrándote.

Te confieso, Señor, y te doy gracias porque creaste en mí tu imagen, para que me acuerde de Ti, te piense, te ame. Pero de tal modo está borrada por el contacto de los vicios, de tal modo oscurecida por el humo de los pecados que no puede hacer aquello para lo que fue hecha, si Tú no lo renuevas y reformas. No intento, Señor, llegar a tu altura, porque de ningún modo puedo comparar con ella mi entendimiento, pero deseo entender de alguna manera tu verdad que cree y ama mi corazón. Y no busco entender para creer, sino que creo para entender. Y también creo esto: que si no creyera, no entendería.

Capítulo II. Que Dios existe verdaderamente

Señor, Tú que das la inteligencia de la fe, dame cuanto sepas que es necesario para que entienda que existes, como lo creemos, y que eres lo que creemos; creemos ciertamente que Tú eres algo mayor que lo cual nada puede pensarse. ¿Y si, por ventura, no existe una tal naturaleza, puesto que "el insensato dijo en su corazón: no existe Dios"? (Sal. 14:1). Mas el propio insensato, cuando oye esto mismo que yo digo; "algo mayor que lo cual nada puede pensarse", entiende lo que oye; y lo que entiende está en su entendimiento, aunque no entienda que aquello exista realmente. Una cosa es, pues, que la cosa esté en el entendimiento, y otra entender que la cosa existe en la realidad. Pues, cuando el pintor piensa lo que ha de hacer lo tiene ciertamente en el entendimiento, pero no entiende que exista todavía en la realidad lo que todavía no hizo. Sin embargo, cuando ya lo pintó, no solo lo tiene en el entendimiento, sino que también entiende que existe en la realidad, porque ya lo hizo. El insensato debe convencerse, pues, de que existe, al menos en el entendimiento, algo mayor que lo cual nada puede pensarse, porque cuando oye esto, lo entiende, y lo que se entiende existe en el entendimiento. Y, en verdad, aquello mayor que lo cual nada puede pensarse, no puede existir solo en el entendimiento. Pues si solo existe en el entendimiento puede pensarse algo que exista también en la realidad, lo cual es mayor. Por consiguiente, si aquello mayor que lo cual nada puede pensarse, existe solo en el entendimiento, aquello mayor que lo cual nada puede pensarse es lo mismo que aquello mayor que lo cual puede pensarse algo. Pero esto ciertamente no puede ser. Existe, por tanto, fuera de toda duda, algo mayor que lo cual nada puede pensarse, tanto en el entendimiento como en la realidad.

Capitulo III. Que no puede pensarse que no exista

Lo cual es tan cierto que no puede pensarse que no exista. Pues puede pensarse que exista algo de tal modo que no pueda pensarse que no exista; lo cual es mayor que aquello que puede pensarse que no existe. Por tanto, si aquello mayor que lo cual nada puede pensarse, se puede pensar que no existe, esto mismo mayor que lo cual nada puede pensarse, no es aquello mayor que lo cual nada puede pensarse, lo cual es contradictorio. Luego existe verdaderamente algo mayor que lo cual nada puede pensarse, y de tal modo que no puede pensarse que no exista.

Y esto eres Tú, Señor Dios nuestro. Por tanto, existes verdaderamente, Señor Dios mío, de tal modo que no es pensable que no existas y con razón, pues si alguna inteligencia pudiese pensar algo mejor que Tú, la criatura se elevaría entones sobre el Creador y juzgaría sobre el Creador, lo que evidentemente es absurdo. Solo de todo aquello que es distinto de Ti puede pensarse que no existe. Solo Tú eres el ser más verdadero de todos, y tienes, por tanto, la más plena existencia de todos; porque quien no es Tú no es tan verdaderamente, y, por tanto, tiene existencia menos plena. Y, entonces,

¿por qué dijo el insensato en su corazón, no existe Dios, siendo tan patente a la razón que Tú eres el ser máximo de todos? ¿Por qué, si no porque él es necio e insensato?

Capitulo IV. Cómo dijo el insensato en su corazón lo que no puede pensarse

¿Cómo dijo el insensato en su corazón lo que no pudo pensar? O, ¿cómo no pudo pensar lo que dijo en su corazón, siendo así que es lo mismo decir en su corazón y pensar? Ahora bien: si por una parte lo pensó porque lo dijo en su corazón, y, por otra, no lo dijo en su corazón porque no pudo pensarlo, entonces no se dice algo en el corazón o se piensa de una sola manera. Pues de un modo se piensa una cosa cuando se piensa la voz que la significa; y de otro modo, cuando se entiende aquello mismo que la cosa es. De aquel modo puede pensarse que Dios no existe; de este, en absoluto. Así, pues, nadie que entienda lo que Dios es, puede pensar que Dios no existe, aunque diga estas palabras en su corazón sin ninguna significación o con alguna extraña. Dios, pues, es aquello mayor que lo cual nada puede pensarse. Quien esto lo entiende bien, entiende ciertamente que existe de tal modo que ni en el pensamiento puede siquiera no existir. Quien entiende, por tanto, que Dios existe así, no puede pensar que no existe.

Gracias a Ti, Señor. Gracias a Ti, porque lo que antes creí porque me lo otorgaste, ahora lo entiendo porque me iluminas, hasta tal punto que, aunque no quisiera creer que Tú existes, no podría dejar de entenderlo.

5. Abelardo y el valor de la investigación

Después de Anselmo, la Escolástica queda constituida. Entre otros pensadores importantes destaca la figura de Abelardo. Espíritu refinado e independiente, arropado por una vasta cultura que maneja de un modo sintético y reconciliador. "Es el primer hombre medieval que se proclama libre, rompiendo con las estructuras sociales y familiares de su época. No vive la vida que le dan, es él quien la elige"[49]. Abelardo es testigo del florecimiento del arte y la cultura. En todo lugar se manifiesta una mayor alegría y elegancia espiritual. Poetas, artistas y arquitectos de abadías y catedrales hallan un mundo más propicio y ágil que el de los siglos precedentes. Abelardo, culto y refinado, exige para el cristianismo la belleza y la expresión clásica. Quien considere el conjunto de la Edad Media como un período gris, oscurantista y bárbaro, bástele reparar en que el joven amor de Abelardo, Eloísa, con diecisiete años conocía el latín, el griego y el hebreo. No se puede decir lo mismo de otros siglos "ilustrados".

Inteligente, critico, lógico, polemista, Abelardo se ganó muchos enemigos y condenaciones. En su *Historia calamitatum* se refiere a los monjes con los que

49. L. Robles, *op. cit.*, p. 190.

convive, casi corrompidos en su totalidad. "Su vida licenciosa y su conversación desvergonzada me hacían sospechoso, y mis reproches, intolerables". Quizá por su enfrentamiento con las autoridades eclesiásticas, y después de soportar el capricho de los obispos, se pregunta: "¿Corresponde a los prelados en general atar y desatar?" Cuestión que ocupa el capítulo xxvi de su *Ético*. Entre otras cosas, dice: "De forma clara demuestra Orígenes —y lo confirma la misma razón— que el poder concedido a Pedro según ya dijimos, no les fue concedido de ninguna manera a todos los obispos. El Señor lo otorgó solamente a aquellos que imitan a Pedro no desde la sublimidad de su cátedra, sino en la dignidad de sus méritos. Nada, en efecto, pueden hacer cuando siguen su propia voluntad y se apartan de la de Dios, obrando así contra la justicia de la rectitud divina... La sentencia de los obispos no vale nada si se aparta de la justicia divina"[50].

Nacido en Le Pallet, lo que es hoy la Bretaña francesa, en el seno de una familia de soldados, desde pequeño sintió el llamamiento de la filosofía, a la que se dedicó con todas sus fuerzas y energías. En París fundó su propia escuela, que rápidamente se convirtió en uno de los centros de enseñanza más celebres de Europa. En 1117, el canónigo Fulberto le encomendó la instrucción de su sobrina Eloísa, de 16 años. Abelardo se enamoró de ella y se casaron secretamente. Fulberto creyó que Abelardo planeaba abandonar a la joven, y enfurecido lo hizo prender y castrar. Esta tragedia es narrada por el propio protagonista en la *Historia calamitatum mearum* (Historia de mis calamidades). Posteriormente Abelardo ingresó en el monasterio de San Dionisio, y Eloísa, su mujer, tomó el hábito de Argenteuil. Perseguido por cuestiones doctrinales, se retiró como ermitaño a Negent-sur-Seine, pero en cuanto conocieron su destino sus discípulos lo alcanzaron y Abelardo fundó un oratorio que llamó "Paráclito", por la consolación que le proporcionaba la fidelidad de sus alumnos. Acusado de herejía escapó al monasterio de San Gilda, del que fue nombrado abad y donde sufrió nuevas persecuciones. En 1136, el Concilio de Sens condenó sus escritos y Abelardo decidió viajar a Roma para apelar personalmente al Papa. Fue recibido en el monasterio de Cluny por su antiguo discípulo Pedro el Venerable. Por causa de una grave enfermedad se le trasladó al priorato de San Marcelo, cerca de Chalons, donde falleció el 21 de abril de 1142. Eloísa murió 22 años después y los restos de ambos yacen en una misma tumba, en el cementerio de Pére Lachaise, en París.

La misión de Abelardo consistió en el empleo de la lógica y el uso de la razón en los problemas que se ventilaban en su época. Animado por el espíritu filosófico no se detiene ante nada sino ante la verdad, verdad a la que se llega por el penoso esfuerzo del estudio y la investigación. Arribar a la verdad es consecuencia y gratificación de un proceso investigador. Se inicia con una interrogación que no cesa (*assidua in frequens interrogatio*), y continúa en un proceso donde la duda

---

50. *Conócete a ti mismo*, XXVI.

desempeña un papel magisterial. Se parte de la duda, porque solamente la duda promueve la investigación y solo la investigación conduce a la verdad (*dubitando enim ad inquisitionem venimus inquiriendo vertiatem percipimus*).

Abelardo se constituye así, en la primera gran afirmación medieval del valor humano de la investigación, y también en uno de los primeros pensadores en prestar atención a la hermenéutica o método de interpretación de las ideas, base y fundamento de cualquier lectura correcta del pensamiento sido o por ser. Necesario en toda cuestión debatida es *distinguir los tiempos* históricos en que los debates han surgido y la diferente manera de solucionarlos.

Abelardo comprendió mejor que nadie que el problema del conocimiento es, en principio, un problema de hermenéutica, de saber leer e interpretar un texto, idea o pensamiento. Los escolásticos se enzarzaban en disputas interminables y sin visos de solución, para los que Abelardo presentó un método consistente en mostrar los sentidos opuestos que a cada proposición habían ofrecido los antiguos. Para ello escribió su obra más conocida: *Sic et non* (si y no). En ella plantea una serie de problemas, a los que no da respuesta, sino una serie de opiniones contrapuestas que ayuden a resolverlos con ayuda de los pros y contras. La diversidad de opiniones respecto al mismo tema le sirve a Abelardo para intentar resolver la oposición, eligiendo y probando la solución que considera la verdadera y conciliable con el dogma cristiano, a cuya fundamentación racional dirige su labor.

Regla fundamental y básica, que por su propia sencillez y evidentísimo sentido común es la que se pasa por alto con más facilidad, es investigar el sentido diferente que cada autor otorga a las mismas palabras. En virtud de su ambigüedad, uso y polisemia, el lenguaje tiene significados diversos según quién lo use. Luego, para acabar con gran parte de las controversias y dar fin a las mismas, es del todo necesario tener en cuenta que las mismas palabras tienen significados diversos en los diferentes autores.

Abelardo había comprobado que cuando se dedica al estudio del lenguaje el tiempo necesario, era posible armonizar las aparentes contradicciones de significado, distinguir los argumentos verdaderos de los falsos, y descubrir pensamientos ocultos tras la espesura de las palabras.

5.1. Tradición fideísta y tradición dialéctica

Como ya tuvimos ocasión de ver en el ejemplo de Pedro Damián, en la Iglesia siempre ha existido una tradición fideísta que, preocupada con el uso y abuso de la razón, ha protestado contra la introducción de la ciencia humana en la ciencia sagrada.

Abelardo, que siguiendo a Anselmo no quiere limitarse a una simple aceptación de la fe, sino que quiere llegar a comprender los misterios cristianos hasta donde pueda llegar con la inteligencia humana, levantó las sospechas del bueno de Bernardo de Claraval, genuino defensor de la tradición medieval y fideísta y uno de los autores que más influencia ejerció luego en Juan Calvino.

En 1140 Bernardo escribió una carta al Papa Inocencia II informándole sobre Abelardo: *Contra quaedam capitula errorum Abaelardi*. En ella se dice:

> Tenemos en Francia un sabio maestro y novel teólogo, muy versado desde su juventud en el arte de la dialéctica. Y ahora maneja, sin el debido respeto, las Santas Escrituras. Está empeñado en dar nuevo impulso a los errores hace tiempo condenados y olvidados, tanto propios como ajenos, y se atreve a inventar otros nuevos. Se gloría de no ignorar nada de cuanto hay arriba en el cielo y abajo en la tierra, excepto su propia ignorancia.
>
> Aún más: su boca se atreve con el cielo y sondea lo profundo de Dios. Viene luego a nosotros y nos comunica palabras arcanas que ningún hombre es capaz de repetir. Está siempre listo para dar explicación de cualquier cosa y arremete con lo que supera la razón, o va contra la misma razón o contra la fe. ¿Existe algo más fuera de la razón que intentar superar la razón con las solas fuerzas de la razón? ¿Y qué más contrario a la fe que negarse a creer lo que supera la razón?
>
> Nuestro teólogo dice: ¿Qué provecho sacamos con exponer la doctrina si no lo hacemos de manera inteligible? Por eso promete a sus oyentes hacerles comprender los misterios más sagrados y profundos de la fe (1, 1).

El enfrentamiento entre Abelardo y Bernardo fue célebre en el siglo XII. Abelardo creía en la importancia de la lógica y de la claridad de pensamiento. Estaba convencido de "la continuidad entre el mundo de la razón y el de la fe. Esto lo lleva a afirmar que las doctrinas de los filósofos afirman sustancialmente lo mismo que se encuentra en los dogmas cristianos o que los filósofos de la antigüedad deben haber sido inspirados por Dios igual que los profetas del Antiguo Testamento"[51]. Nada nuevo en la gran tradición del pensamiento cristiano.

Para el hombre la razón es la única guía posible, y el ejercicio de la razón, que es propio de la filosofía, es la actividad más alta del hombre. Por lo tanto, si la fe no es un empeño ciego que podría extraviarse entre prejuicios y errores, debe también ser sometida ella misma al examen de la razón. Desde este punto de vista no existe una diferencia radical entre filósofos paganos y filósofos cristianos; si el cristianismo representa la perfección del hombre, también los filósofos paganos, en cuanto filósofos, han sido cristianos en la vida y en las doctrinas[52]. Filósofos cristianos y paganos están asociados por la investigación. Conclusiones idénticas a las que anteriormente habían llegado los Padres de la Iglesia, como tuvimos oportunidad de ver.

---

51. E. Gilson, *La filosofía en la Edad Media*, p. 286.
52. *Theologia Christiana*, I 1.

Esta fe cándida en el poder de la razón en orden a la fe, y su misma identidad, es lo que parece demasiado audaz y peligroso a Bernardo de Claraval. El misterio de la fe, protesta, trasciende el conocimiento humano y solo se llega a él por la contemplación mística.

Abelardo, que comparte con Bernardo la crítica de las corrupciones que en ese tiempo taraban la vida de la Iglesia, está tan plenamente convencido de la fuerza de la razón como instrumento de convicción pacífica y segura que mantiene, frente a Bernardo, que a los herejes, cismáticos y paganos no hay que hacerles la guerra con las armas, sino con la doctrina, con la razón y con las ideas, nunca con la espada. No hay que imponerse a los demás, sino investigar, buscar razones, averiguar la verdad de la fe por la razón.

Toda ciencia, dice Abelardo, ha de ser conocida. No se hace uno malo, le dirá a Bernardo, por el hecho de conocer, como nadie peca por conocer el pecado, sino por incurrir en él *("nemo peccat cognoscendo peccatum, sed committendo")*. Abelardo está convencido de que todo conocimiento viene de Dios, pues en Él está la plenitud de la ciencia. Todo conocimiento que tiene cualquier hombre, incluso el pagano, es porque Dios se lo dio a conocer. De ahí que debamos investigar la verdad mediante la razón, para mejor defenderla, descubriendo en los escritos de los filósofos lo que hay de verdad y lo que hay de error y de falacia, postura que continúa la línea de la gran tradición filosófica cristiana o dialéctica, en diálogo abierto con todo lo auténtico y todo lo verdadero.

Si no se debe discutir ni siquiera sobre lo que se debe o no se debe creer, ¿qué nos resta sino dar nuestra fe ingenuamente a los que dicen la verdad como a los que dicen lo falso? *(Introductio ad theologiam, II, 3)*. No se cree una cosa porque Dios lo haya dicho, sino que se admite que Él lo ha dicho porque se nos convence de que es verdad. Una fe ciega prestada con ligereza no tiene ninguna estabilidad y es incauta y carente de discernimiento.

5.2. Nacimiento de la teología cristiana

En el lenguaje cristiano, hasta en el más rabiosamente bíblico y apegado a la letra de la Escritura, se han introducido términos y expresiones que no le son propios, tales como "Trinidad", para referirse a Dios en su compleja esencia y existencia como Padre, Hijo y Espíritu Santo; "caída", para describir el primer pecado de Adán y Eva; "místico", para designar el peculiar tipo de unión que existe entre Cristo y su cuerpo, que es la Iglesia, y "teología", ciencia que tiene a Dios por objeto, que es un término de origen griego, no bíblico. Entre los griegos se llamaba "teólogo" a quien hablaba de los dioses y de las cosas divinas. Abelardo será el primero en utilizar para la fe el término "teología" en el sentido epistemológico moderno: ciencia sagrada que estudia a Dios en su revelación.

La teología consistirá en interpretar la Biblia con ayuda de la dialéctica o uso de la razón. Su procedimiento es bastante sencillo: Partiendo de un dato revelado, suministrado por el texto bíblico, llegar a través de un proceso dialéctico de especulación racional a una interpretación lo más aproximada posible a la verdad sagrada. Es el método que llegará hasta nuestros días, adaptado a las nuevas condiciones culturales y científicas. Lo vemos ampliamente utilizado en la obra de Charles Hodge, cuando en la introducción de su *Teología Sistemática* escribe: "La Biblia es para el teólogo lo que la naturaleza para el hombre de ciencia. Es su arsenal de hechos; y su método de determinar lo que la Biblia enseña es el mismo que el adoptado por el filósofo natural para determinar lo que enseña la naturaleza. Tiene que dar por supuesta la validez de las leyes de la fe que Dios ha puesto en nuestra naturaleza. El deber del teólogo cristiano es determinar, recoger y combinar todos los hechos que Dios le ha revelado acerca de Él mismo y de nuestra relación con Él. Estos hechos están en la Biblia. El teólogo debe regirse por las mismas normas que guían al hombre de ciencia en la recopilación de datos. Esta recopilación debe hacerse con diligencia y cuidado. No es una tarea fácil. Hay en cada departamento de investigación una gran capacidad de error. Casi todas las teorías falsas de la ciencia y las doctrinas falsas en teología se deben en gran medida a errores en cuanto a cuestiones factuales. El recogimiento de hechos debe llevarse a cabo no solo de manera cuidadosa, sino que también debe ser inclusivo y, si es posible, exhaustivo"[53].

Aún se conservarían otras fórmulas, que algunos puristas prefieren, tales como *doctrina cristiana, sacra eruditio, divina página, sacra lectio, divinidad,* etc. El grado de doctor en teología sigue siendo doctor en divinidades (D. D.) en los países de lengua inglesa y los teólogos antiguos, como los puritanos, eran llamados "divinos".

5.3. Ética de intención

La gran aportación de Abelardo en materia ética es su concepción del pecado. Este no consiste en la transgresión de la ley, como la virtud tampoco consiste en el cumplimiento del deber, sino en la intención de la conciencia; sin mala intención no hay pecado, como no hay virtud si falta buena intención. Seguir la conciencia es el deber del hombre, aunque esta se equivoque. Esta concepción ética supone, en la historia de la Iglesia, la superación de la moral legalista, casuística y de penitencia tarifada.

En su día representaba un gran avance jurídico, teniendo en cuenta las prácticas en uso, condicionadas por las frecuentes convulsiones políticas y sociales, subsiguientes a las invasiones y al establecimiento del feudalismo. Lo decisivo

---

53. Cf. 1, 5. *"El método inductivo"*.

para juzgar una conducta no era entonces (ni ahora, en muchos casos) la intención interna, sino la efectiva realidad, el delito externo. Abelardo se opone a esta corriente de rigorismo primitivo y coloca el peso del acto legal y el criterio de la moralidad en la intención del sujeto.

Para Abelardo pecar es consentir. Hay en el hombre una inclinación natural hacia el pecado, a la que Abelardo llama "vicio". Si esta inclinación es combatida y vencida, no hay lugar al pecado, por el contrario, la virtud resalta con mayor fuerza. Pecado es dar consentimiento a la inclinación del vicio y es, por tanto, un acto doblemente grave de desprecio y ofensa a Dios. Consiste en no cumplir la voluntad de Dios, en quebrantar su ley a sabiendas.

Donde no hay consentimiento de la voluntad no hay pecado, aunque la acción sea en sí misma mala. En relación a Dios, el pecado no es causa de daño, sino que refleja una actitud de desprecio. El menosprecio de Dios vicia la voluntad e incapacita el intelecto para pensar como debe.

Vicios del alma son aquellos que empujan a la voluntad hacia algo que de ningún modo debe hacerse o dejar de hacerse.

Vicio es todo aquello que nos hace propensos a pecar. Dicho de otra manera, aquello que nos inclina a consentir en lo que no es lícito, sea haciendo algo o dejándolo de hacer.

Por pecado entendemos propiamente este mismo consentimiento, es decir, la culpa del alma por la que esta es merecedora de la condenación o es rea de culpa ante Dios. ¿No es acaso este consentimiento desprecio de Dios y ofensa del mismo? No podemos, en efecto, ofender a Dios causándole un daño, sino despreciándolo. Ningún daño puede causarle menoscabo, pues es el supremo poder, pero hace justicia del desprecio que se le infiere.

En consecuencia, nuestro pecado es desprecio del Creador. Y pecar es despreciar al Creador, es decir, no hacer por Él lo que creemos que debemos hacer. O bien no dejar de hacer lo que estamos convencidos de que debemos dejar de hacer por Él. Al definir de forma negativa el pecado, por ejemplo, "no hacer" o "no dejar de hacer lo que hay que hacer", estamos dando a entender claramente que el pecado carece de sustancia, que consiste más en el "no ser" que en el "ser". Es como si al definir la oscuridad o tinieblas decimos que son ausencia de luz allí donde no debió haberla.[54]

Dios no juzga lo que se hace, sino la intención con que se hace. Por otra parte, ni el mérito ni la gloria están en la obra misma, sino en la intención del que la ejecuta. El mismo acto es realizado a menudo por diferentes personas: unas con justicia, y otras con maldad. Sirva de ejemplo el caso de dos personas que ahorcan a un mismo reo. Una actúa por sed de justicia, y otra por odio nacido de viejas enemistades. Y si bien el acto de la horca es el mismo —ambos, en efecto, hacen lo que es bueno que se

---

54. *Conócete a ti mismo*, III.

haga y lo que la justicia exige—, con todo, dadas las diferentes intenciones, un mismo acto se ejecuta de distinta manera. Una lo hace mal; la otra, bien.[55]

Dios, en la remuneración del bien y del mal, solo atiende a la intención y no al resultado de la obra. No mide el resultado de nuestra buena o mala voluntad. Juzga el espíritu mismo en la intención o propósito, pero no en el resultado o en la obra externa. Como hemos dicho ya, las obras que pertenecen por igual a réprobos y elegidos, son todas indiferentes por su misma naturaleza. No se han de calificar de buenas o malas sino a través de la intención de quien las ejecuta. Esto quiere decir que el hacerlas no es bueno o malo, sino porque se hacen bien o mal con la intención con que deben o no deben hacerse.[56]

Los que no conocen a Cristo y rechazan la fe cristiana por creerla contraria a Dios, ¿qué desprecio pueden sentir hacia Dios en eso que hacen precisamente por Dios y en lo que, por tanto, creen obrar bien? Sobre todo, si tenemos en cuenta lo que dice el apóstol: "Si la conciencia no nos condena, tenemos plena confianza ante Dios" (1 Jn. 3:21). Es como decir: cuando no vamos contra nuestra conciencia, en vano debemos ser tenidos como reos de culpa ante Dios.

Pero si la ignorancia de tales cosas no se considera en modo alguno pecado, ¿cómo el mismo Señor ora por los que le crucifican cuando dice: "Padre perdónales, porque no saben lo que hacen"? (Lc. 23:34). El mismo Esteban, conocedor de este ejemplo, dice intercediendo por los que le lapidaban: "Señor, no les tengas en cuenta este pecado" (Hch. 7:60). Lógicamente, donde antecedió culpa, no parece que haya lugar para el perdón. Por otra parte, Esteban llama claramente pecado a lo que era fruto de la ignorancia.[57]

Pecar por ignorancia es no ser culpable de algo, sino hacer lo que no se debe. Pecar con el pensamiento es querer con la voluntad lo que de ninguna manera se debe querer. Pecar de palabra y de obra, es decir o hacer lo que no es conveniente, aunque suceda por ignorancia y contra nuestra voluntad. En este sentido decimos que pecaron de obra los que perseguían a Cristo y a los suyos, a los que creían debían perseguir. Habrían pecado más gravemente si, obrando contra su propia conciencia, los hubieran perdonado.[58]

6. Universidades y órdenes religiosas

Hasta aquí hemos venido considerando lo que anteriormente llamamos primer período de la Escolástica y sus representantes más ilustres: Juan Escoto Erígena, Anselmo de Canterbury y Pedro Abelardo. En el segundo período nos encontra-

---

55. *Id.*, IV.
56. *Id.*, VII.
57. *Id.*, XIII.
58. *Id.*, XIV.

mos con Buenaventura, Alberto Magno, Tomás de Aquino, Juan Duns Escoto y Guillermo de Ockham. Iremos considerándolos por orden cronológico.

Antes de eso hay que tener en cuenta la situación cultural de la época y el papel educativo de las órdenes religiosas en boga.

Las universidades, centros de formación y estudio, estaban dominadas o controladas por el papado; en el período que nos ocupa se vieron envueltas en controversias y discusiones generadas por el descubrimiento de las obras de Aristóteles, heréticas en la opinión de algunos, especialmente los tratados de metafísica y filosofía natural. Los problemas que se ventilaban eran de considerable trascendencia: aceptar sin más la filosofía natural de Aristóteles equivalía a poner en tela de juicio toda la base metafísica de las doctrinas agustinianas sostenidas tradicionalmente por la Iglesia, con la consiguiente merma de la autoridad religiosa de esta. Además, se abría así el camino a una explicación totalmente naturalista y racional del universo, lo que era un evidente peligro para la misma Iglesia.

Las universidades, especialmente la de París, se habían convertido en centros importantes de vida intelectual, con repercusiones en el campo de la moral y de la política. La Iglesia debía proceder con cuidado si deseaba ganarse su apoyo, en especial la de París. La cuestión a debatir era el derecho de las propias universidades a decidir sobre el estudio de los libros aristotélicos en litigio. La universidad parisina se hallaba nominalmente sujeta al obispo de Paris y, por consiguiente, al papa, pero a comienzos del siglo XIII Roma no estaba demasiado ansiosa de poner a prueba dicha dependencia de modo serio. De hecho, la Iglesia influía directamente en la universidad por medio de los maestros de la facultad de teología, que ya muy a principios del siglo XIII se habían erigido a sí mismos en paladines de la ortodoxia, dando nacimiento en el proceso a un marcado antagonismo hacia el clero secular de otras facultades. En realidad, esta enemistad iba enteramente dirigida a la facultad de artes. Aunque al principio en la facultad de teología enseñaban maestros seculares, por el tiempo de la gran dispersión de 1229-1231 sus miembros se reclutaban ya casi en su totalidad de dos nuevas órdenes religiosas cuya actividad se hallaba al servicio de una concepción militante de la ortodoxia.

Estas dos nuevas órdenes tuvieron su origen durante el turbulento período de los movimientos valdense y albigense, en los primeros años del siglo XIII, tenidos por herejes según la ortodoxia de Roma. Dichas "herejías" no dejaron de tener sus consecuencias, y su aparición motivó una ola de entusiasmo por la reforma eclesiástica. Conocidas popularmente como "los franciscanos" y "los dominicos", según el nombre de sus respectivos fundadores, Francisco de Asís (1182-1226) y Domingo de Guzmán (1170-1221), ambas órdenes se convirtieron por su devoción a los ideales de austeridad y pobreza, en herederas de las primitivas reformas monásticas de Cluny y Claraval.

Aunque las dos nuevas órdenes respondían a situaciones muy concretas: los dominicos en particular nacieron para enfrentarse específicamente con el problema cátaro; pronto ampliaron el campo de sus actividades hasta llegar a ejercer un profundo influjo en la dirección de los asuntos de la Iglesia. En especial se interesaron por los aspectos educativos, y en el transcurso del siglo XIII acabaron por dominar la Universidad de París, así como otras universidades del norte, incurriendo en la constante hostilidad de los maestros seculares. Ambas órdenes tomaron parte activa en la controversia escolástica, y los dominicos, que hicieron de ella asunto propio, ocuparon el centro de los debates.

La gama de conceptos intelectuales en el pensamiento occidental se había enriquecido enormemente a causa tanto de la evolución interna como del estímulo exterior de las civilizaciones islámica y bizantina. El gran resurgimiento cultural del siglo XII se señaló por la introducción en Occidente de la versión latina del *corpus Aristotelicum* con numerosos comentarios árabes, así como por la rápida aceptación, por parte de algunos eruditos occidentales, de los procesos lógicos que se traslucían en dichas obras. Los toques islámicos y otras influencias de esta cultura contribuyeron además a que los occidentales se familiarizaran con el método musulmán de *kalam*, es decir, el uso de la razón y conocimientos profanos como ayuda para llegar a comprender los problemas suscitados por el estudio de las Sagradas Escrituras. Los teólogos cristianos se sentían a su vez atraídos por el uso de la razón, lo que podía ayudarles a dilucidar problemas de fe y revelación. De este modo se originó una especie de *kalam* cristiano, que dio en llamarse escolasticismo y que conocemos bajo el nombre de la Escolástica.

Las universidades orientaron sus esfuerzos en la consecución de una síntesis religiosa entre los nuevos elementos aportados por Oriente y la fe cristiana. A finales del siglo XII existían dos fuentes potenciales de herejía: las obras islámicas y los movimientos populares de reforma eclesiástica como los cátaros y los valdenses. Estos fueron aniquilados por la fuerza, quedando solo restos de los últimos que perviven hasta el presente. Pero con las universidades se trataba de otra cosa. Había que defender la ortodoxia con recurso a argumentos intelectuales. Aristóteles era el hueso duro de roer. Como cada vez resultaba más claro que Aristóteles no podía eliminarse por decreto, tal cual habían hecho los obispos de Paris, los frailes dirigieron más y más sus esfuerzos en el sentido de hallar una solución a las muchas aparentes amenazas que planteaban a la fe los escritos aristotélicos y sus correspondientes comentarios musulmanes. En este contexto es preciso leer y entender la contribución de Tomás de Aquino a la filosofía y la teología cristianas. Antes conviene reparar en la respuesta franciscana al mismo problema y su continuidad con el pensamiento de Agustín a la luz de las nuevas tendencias aristotélicas[59].

---

59. Ver la importante obra de James Bowen, *Historia de la educación occidental*, vol. II cap. V, a la que hemos seguido de cerca en este apartado.

7. Buenaventura

Juan de Fidanza (1221-1274), teólogo y místico, de la orden franciscana y de la que llegó a ser General con el nombre de Buenaventura. Para él, el fin del conocimiento humano conduce a Dios. La filosofía es en realidad el camino intelectual que culmina en la unión mística con Dios, *itinerarium mentis in Deum*.

Por su persona y su actitud, juega un papel muy importante en la historia de la filosofía cristiana. Personifica el intelectualismo en el momento en que su Orden consideraba la entrega a la labor intelectual como marginal y aun contraria a sus fines propios.

El resorte del pensamiento de Buenaventura es el principio agustiniano: "Nos hiciste, Señor, para Vos, y nuestra alma no reposa hasta descansar en Vos". Como Agustín, distingue entre fe y razón y considera a esta como premisa de la fe. Por su razón, el hombre es imagen de Dios, de suerte que los vínculos que le unen a Él son mucho más estrechos que los del efecto a la causa, de la criatura al Creador.

Se conoce a Dios en la naturaleza, por sus vestigios; se lo conoce de un modo más inmediato, en su propia imagen, en el alma humana u hombre interior, conforme a la doctrina de Agustín, o vía *interioritatis*: cuando se desciende hasta el fondo del alma se encuentra verdaderamente a Dios. Tan presente está Dios al alma que es más interior a nosotros que nosotros mismos. La idea que de Dios adquirimos mediante esta vía no es una idea abstracta deducida de las cosas sensibles, sino que es el mismo Dios presente ya en el alma, argumento que se mantiene en la línea ontológica de Anselmo. Si Dios está presente en el fondo del alma es evidente que la idea de Dios implica su existencia real.

El alma, dice Buenaventura, está situada entre las cosas y Dios. El hombre descubre la verdad de las cosas en sí mismo y en Dios. De la verdad de las cosas tenemos una evidencia relativa; de la verdad de Dios, una evidencia absoluta.

El que con tantos amores no se despierta, está sordo; el que por todos los efectos no alaba a Dios, ese está mudo; el que con tantos indicios no advierte el primer Principio, ese tal es necio. Abre, pues, los ojos, acerca los oídos espirituales, despliega los labios y aplica tu corazón para en todas las cosas ver, oír, alabar, amar y reverenciar, ensalzar y honrar a tu Dios, no sea que todo el mundo se levante contra ti. Pues a causa de esto todo el mundo peleará contra los insensatos, siendo, en cambio, motivo de gloria para los sensatos, que pueden decir con el Profeta:

"Me has recreado, ¡oh Señor!, con tus obras; y al contemplar las obras de tus manos salto de alegría, ¡oh Señor! ¡Cuán grandes son tus obras Señor!; todo lo has hecho sabiamente; llena está la tierra de tus riquezas".

Mas, como en relación al espejo de las cosas sensibles, nos sea dado contemplar a Dios no solo por ellas como por vestigios, sino también en ellas por cuanto en ellas está por esencia, potencia y presencia; y, además, como esta manera de considerar sea más elevada que la precedente; de ahí es que la tal consideración ocupa el segundo lugar como segundo grado de la contemplación, que nos ha de llevar de la mano a contemplar a Dios en todas las criaturas, las cuales entran en nuestra alma por los sentidos corporales.[60]

Precediendo a su hermano de orden, Juan Duns Escoto, Buenaventura muestra el lugar prioritario de la voluntad que no solo domina los actos externos del hombre, sino que, alumbrada por la razón, se domina y rectifica a sí misma. Para Buenaventura, buen exegeta de la experiencia humana y de la revelación bíblica, la voluntad es más imperativa que la razón. El primado de la voluntad afecta a todas las virtudes. La razón orienta previamente a la voluntad y sigue alumbrándole el camino, pero de suyo la voluntad impera y gobierna el acto humano más que la razón. Si el afán de saber no está movido por la voluntad de amor, se desvirtúa en mera curiosidad. El entendimiento se supera por el amor y en el gozo del amor de Dios está la bienaventuranza y la vida eterna. La teología es ciencia del corazón, vía cordial que conduce a Dios. La teología es el "conocimiento donde se halla saber perfecto, vida y salud de las almas, y por esta razón debe ser inflamado el deseo de todos los cristianos para aprenderla"[61].

Lo primero se ha de entender que la doctrina sagrada, o sea, la Teología, que trata principalmente del primer Principio, es decir, de Dios uno y trino, trata en su totalidad de siete cosas, a saber: lo primero, de la Trinidad de Dios; lo segundo, de la creación del mundo; lo tercero, de la corrupción del pecado; lo cuarto, de la Encarnación del Verbo; lo quinto, de la gracia del Espíritu Santo; lo sexto, de la medicina sacramental, y lo séptimo, del término por el juicio final.

Y la razón de esta verdad es la siguiente: porque siendo la Sagrada Escritura o Teología la ciencia que da el suficiente conocimiento del primer Principio para la vida presente en la medida en que es necesario para la salvación, y siendo Dios no solo el principio y ejemplar efectivo de las cosas en la creación, sino, además, efectivo en la redención y perfectivo en la retribución, por eso la Teología no trata solamente de Dios creador, sino también de la creación y de la criatura. Y como la criatura racional, que es en cierto modo el fin del universo, no se mantuvo en pie, sino que tuvo necesidad por su caída de ser reparada, de ahí que trata de la corrupción del pecado, del médico, de la salud y de la medicina, y, finalmente, de la curación perfecta, que tendrá lugar en la gloria, arrojados los impíos a la pena. De donde se infiere que solo la Teología es ciencia perfecta, ya que solo ella comienza de lo primero, que es el primer Principio y llega a lo último, que es el premio eterno; comienza de lo sumo, que es Dios altísimo, creador de todas las cosas, y llega a lo ínfimo, que es suplicio infernal.

60. *Itinerario de la mente a Dios*, I, 15; II, 1.
61. *Breviloquio*, 1, 1,3.

Ella sola es, además, sabiduría perfecta, que comienza de la causa suprema, en cuanto es principio de los seres causados, donde termina el conocimiento filosófico, y pasa por ella en cuanto es remedio de los pecados y vuelve a ella en cuanto es premio de los méritos y meta de todas las aspiraciones. Y en este conocimiento es donde se halla sabor perfecto, vida y salud de las almas, y por esta razón debe ser inflamado el deseo de todos los cristianos para aprenderla.

De lo dicho aparece que la Teología, a pesar de tratar de tantas y varias materias es, no obstante, ciencia una, cuyo sujeto, como de quién todas las cosas, es Dios; como por quién todas las cosas, es Cristo; como a qué todas las cosas, la obra de la reparación; como acerca de qué todo, el único vínculo de caridad que une las cosas del cielo y de la tierra; como de qué todo lo contenido en los libros canónicos, lo creíble en cuanto creíble; como de qué todo lo contenido en los libros de los expositores, lo creíble en cuanto inteligible, conforme a lo que afirma San Agustín en el libro *De utilitate credendi*, porque "lo que creemos, lo debemos a la autoridad; lo que entendemos, a la razón".[62]

8. Alberto Magno

Alberto Magno (1206-1280), obispo de Ratisbona y maestro de Tomás de Aquino, desarrolló una actividad docente y eclesiástica extraordinaria. Sus escritos son de un volumen enorme, la autoridad que alcanzó fue tan alta, que se lo citaba como a los grandes maestros de la antigüedad. Su propósito fue interpretar y asimilar todas las disciplinas filosóficas de Aristóteles. Alberto admite la doctrina del conocimiento de Aristóteles que transmitirá a Tomás de Aquino, y que es piedra fundamental en su sistema: *Todos los conocimientos humanos se fundan en la experiencia*. Teoría que se aparta de la anterior de Buenaventura o tradición agustiniana.

Hay verdades de fe inaccesibles a la razón humana, la Trinidad, por ejemplo, y querer explicarlas por la razón es desconocer sus leyes y su alcance. La filosofía no tiene por objeto la revelación sino la naturaleza, lo cual supone una gran liberación del pensamiento secular. Por primera vez se establece así netamente en la escolástica la separación entre filosofía y teología. El campo de la filosofía se limita al de la demostración necesaria. "La aparición de una autonomía en la especulación filosófica coincide en san Alberto con la exigencia de investigar la naturaleza basándose en la experiencia"[63].

9. Tomás de Aquino y la integración de Aristóteles

Tomás, la figura que ahora nos ocupa, era hijo de la familia de los condes de Aquino. Estudió en el monasterio de Monte-Casino y en Nápoles. En 1244 ingresó

---

62. *Id.* 1, 1.
63. N. Abbagnano, op. cit., p. 228.

en la recientemente fundada orden dominicana —antifeudalista y nada burguesa— tras un largo e intenso forcejeo con su familia (llegaron incluso a raptarle), que tenían para él aspiraciones más altas, como el priorato de Monte Cassino.

En 1245 fue enviado a París para proseguir sus estudios bajo la dirección de Alberto Magno, quien se convirtió en su maestro y amigo. Ambos salieron de París en 1248 y se dirigieron a Colonia, donde Tomás permaneció hasta 1252. De regreso a Paris, una vez terminados sus estudios con Alberto Magno, Tomás comenzó a impartir clases en la universidad como "bachiller bíblico" (1252-1254) distinguiéndose por su erudición y admirable profundidad en el análisis de las Sagradas Escrituras. Cuatro años más tarde se le asignó la cátedra de doctor en teología y entonces inició la redacción de la *Suma contra los gentiles*. En 1259 volvió a Italia, donde recibió el nombramiento de profesor en la Universidad Pontificia. Al año siguiente fue designado predicador general de su orden, lo que le permitió recorrer toda Italia y tomar parte en el grupo directivo de su institución religiosa, a la que sirvió mediante la enseñanza, la predicación y una intensa labor intelectual que fructificaría en numerosos escritos de carácter filosófico y teológico.

En 1272, debido a una visión que le afectó profundamente cuando celebraba misa, abandonó la enseñanza e incluso dejó de escribir en forma definitiva, sin terminar siquiera la *Suma teológica*. A instancias del Papa Gregorio X, Tomás emprendió un viaje rumbo a Francia con objeto de asistir al Concilio Ecuménico de Lyon, pero en el trayecto se agravó su delicado estado de salud y murió en la abadía cisterciense de Fossa Nuova, cerca de Terracina.

Canonizado en 1323, Pío V lo declaró Doctor de la Iglesia y en 1880, León XIII lo exaltó como patrono de las universidades, colegios y escuelas católicas.

La vida entera de Tomás estuvo dedicada por completo al trabajo de investigación filosófica y la formulación sistemática de la teología. Singularmente sencillo y bondadoso, se consagró íntegramente a la gran obra intelectual de relacionar armoniosamente el Evangelio con el aristotelismo. A nadie se le oculta el significado y la importancia de Tomás de Aquino en el catolicismo en particular, y el cristianismo en general.

Fue una de las mentes más claras y privilegiadas de la filosofía y de la teología.

La teología, que siempre es fiel reflejo del carácter de la persona que la realiza, manifiesta en Tomás su lado más cordial y conciliador, conforme a la generosidad de su espíritu. Para su contrincante en la universidad de Paris, Sigerio de Brabante (1240-1281), el objeto de estudio de la filosofía consiste no en la verdad, sino el conocimiento de las opiniones de los filósofos; Tomás responde que el estudio de la filosofía no tiene por objeto saber lo que han pensado los hombres, sino lo que las cosas son en sí. El entendimiento no se perfecciona por conocer las opiniones de los demás —dice—, sino al captar qué hay de verdad en realidad. Al aceptar o rechazar las opiniones ajenas *no debe el hombre dejarse llevar del amor o del odio*, sino atenerse a la certeza. *Hay que amar también a quienes profesaron opiniones erróneas*, pues que ellos de algún modo nos ayudaron y estimularon a conocer la verdad[64].

Estamos ante un máximo afán de verdad y de comprensión, al buen decir de Juan Corts Grau. O en palabras del filósofo español García Morente: "No hay en la filosofía de Santo Tomás ni rastro de esas habilidades comunes en los virtuosos del pensamiento, que saben a veces, con singular maestría, poner el raciocinio al servicio de una causa ajena a la verdad. Casi me atrevería a decir que la filosofía de Santo Tomás no es, en su intención, filosofía cristiana. Es filosofía verdadera que, por serlo, resulta cristiana".

En la biografía intelectual de Tomás cabe destacar su empeño en conocer todo el pensamiento anterior. Demuestra un gran conocimiento de los Padres. Es el primero en utilizar los escritos de los Padres y algunas actas conciliares.

Tiene un gran sentido histórico que le lleva a pedir traducciones mejores, a compararlas entre sí, a descubrir, a veces, el verdadero autor de obras atribuidas a otros.

Respetuoso con los autores que estudia, muestra gran fidelidad al texto. Hace decir a Aristóteles el máximo de verdad que le es posible, sin violentar en ningún momento al filósofo, preocupado siempre de hacer justicia al pensamiento ajeno, lo cual es bastante en el terreno académico, donde impera el *odio* tanto como en el campo de batalla.

¿Desvirtuó Tomás el cristianismo con el aristotelismo? "Estrictamente hablando, no es correcto decir que Tomás bautizó a Aristóteles. Por el contrario, dondequiera que Aristóteles contradice la verdad del cristianismo (la eternidad del mundo) o simplemente se aparta algo de ella (creación *ex nihilo*), Tomás lo advierte claramente o al menos no atribuye a Aristóteles lo que él no afirmó expresamente"[65]. Por ello es más correcto decir que Tomás parte del cristianismo y desde él interpreta a Aristóteles superándolo. En este punto la imagen de Tomás está muy distorsionada, principalmente en el protestantismo, pese al esfuerzo de algunos casos aislados por corregirla. Para nuestros propósitos baste decir que Tomás es, ante todo, y quiere ser, un teólogo cristiano, un creyente, en primer término, que inspirado por su fe se apoya en la revelación para contener las desviaciones de la filosofía abandonada a sus propias fuerzas. "Tomás es un teólogo fervoroso que para este fin se sirve de instrumentos filosóficos, y no un filósofo que en el libre cuestionar filosófico a duras penas acepta los límites que le impone la fe cristiana"[66].

La mayor novedad en su método y pensamiento es la utilización de Aristóteles como instrumento para la teología, interpretándolo en concordancia con la fe.

---

64. *De coelo et mundo*, 22, 8; *Summa Theol.* 1ªq. 107, a. 2; *De potentia Dei*, q. 7, a. 10, ad. 5.

65. E. Gilson, *Elementos de filosofía cristiana*, p. 16.

66. O. H. Pesch, *Tomás de Aquino*, p. 33.

"Por primera vez en la historia de la cristiandad un teólogo trató de armonizar plenamente la experiencia sensorial con la inteligencia y los requerimientos de la fe, y de hacer justicia a ambos. La base de su síntesis residía en su aceptación de la realidad del ser. La existencia de un mundo externamente real y fijo, tal como la presentaban Averroes y Maimónides, era para Tomás un axioma fundamental, a partir del cual elaboró su teología. Tomás se desligaba así de un milenio de platonismo cristiano"[67].

Pero si bien no siguió a Agustín en filosofía, aceptó su autoridad indiscutible en teología, sobre todo en las doctrinas sobre la Trinidad, el pecado y la gracia.

El *Pseudo-Dionisio* influye tanto en Tomás como san Agustín, a causa de la autoridad que tenía. En la obra del supuesto Dionisio el Areopagita encuentra Tomás la conciliación entre platonismo y verdad cristiana y procura rebatir las interpretaciones heterodoxas de esta obra. Su influencia es más fuerte en la doctrina de los trascendentales, la analogía, el conocimiento de Dios y el problema del mal. El estudioso de Tomás, su compañero de orden el español Santiago Ramírez a quien se le llegó a llamar *Aquinus redivivus,* nos aporta una nota esclarecedora al respecto que no podemos pasar por alto. Dice así: "Los estudios críticos sobre Santo Tomás han demostrado la gran dosis de neoplatonismo de tipo agustiniano y dionisiano que en él subsiste perfectamente asimilada. Trae a colación por ello la célebre frase de San Alberto Magno de que en una filosofía perfecta deben integrarse el aristotelismo y el platonismo"[68].

Como no podía ser de otro modo, la filosofía, el cultivo de la sabiduría, es a la vez que ilustración del intelecto, culto divino, amistad con Dios en grado eminente. Como escribe Otto H. Pesch, la edad media cristiana, con sus universidades florecientes, con su afluencia grandiosa de fuentes de la filosofía antigua y de la teología de los Padres de la Iglesia, con su afán por encontrarse con nuevos mundos de culturas intelectuales, fue una época enamorada del pensamiento. Conocer, entender, saber, si no eran los valores humanos supremos, ciertamente al menos se tenían en gran estima. La fe quiere *comprender* hasta el último detalle, siempre y cuando lo permita la capacidad del hombre, lo que Dios ha hecho en el mundo. "En la teología se trata del conocer supremo, de la comprensión de todas las cosas a partir de su fundamento supremo y de su último fin: a partir de Dios. Tomás, como ya hicieron Agustín y Aristóteles, llama a esto *sapientia*, sabiduría. La sabiduría es la forma terrena de la salvación, así como la visión de Dios, sin espejo ni enigma, es la esencia y el fundamento de la consumación escatológica, de la bienaventuranza eterna"[69].

---

67. James Bowen, *op. cit.*, I p. 213.
68. *Santiago Ramírez, su vida y su obra*, p. 135.
69. O. H. Pesch, *op. cit.,* p. 58.

El estudio de la sabiduría es el más perfecto, sublime, provechoso y alegre de todos los estados humanos. Más perfecto ciertamente, pues, el hombre, en la medida en que se da al estudio de la sabiduría, posee ya de alguna forma la verdadera bienaventuranza. Por eso dice el Sabio: "Dichoso el hombre que medita la sabiduría". Más sublime, pues por él el hombre se asemeja principalmente a Dios, que "todo lo hizo sabiamente", y como la semejanza es causa de amor el estudio de la sabiduría une especialmente a Dios por amistad, y así se dice de ella que es "para los hombres el tesoro inagotable, y los que de él se aprovechan se hacen partícipes de la amistad divina.[70]

En la filosofía, al tener la verdad por objeto de investigación, y ser Dios la fuente y meta de la misma, el amor a la verdad es amor a Dios. "En el fervor de su fe el cristiano ama la verdad en la que cree; le da vueltas y más vueltas en su espíritu; la abraza buscando en la medida de lo posible, razones para este pensamiento y este amor... Se dice que el amado vive en el amante en la medida en que permanece en el conocimiento de este".

La gracia no anula la naturaleza, sino que la perfecciona; este es el axioma distintivo de la teología católica, universal e integradoramente entendida. Por él entendemos que la sabiduría cristiana, la sabiduría que procede de lo alto, en el lenguaje de Pablo, no anula la sabiduría humana, sino que la perfecciona. Sin embargo, esto no se ha entendido, ni se en tiende así. "Resulta algo desagradable el ver que los mismos hombres que aseguran y predican que la Gracia puede hacer mejor a la persona moralmente, se niegan a admitir que la Revelación puede hacer de una filosofía otra filosofía mejor"[71].

Apreciamos esta inconsistencia en Lutero, quien no tiene reparo en aceptar y enseñar por sí mismo que "Dios no desarraiga por medio del Evangelio lo que es natural, sino que lo endereza". *La gracia, en todos sus actos y provisiones, no viene a deformar o eliminar, sino solo a avivar, a exaltar, a perfeccionar la naturaleza* (P. Fairbairn). Si esto es verdad, como de hecho lo es, ¿a qué se debe el menosprecio de la razón y de sus productos naturales? ¿No sería mejor referirse a la razón y a la ciencia con el debido respeto del que sabe que Dios no quiere el sacrificio del intelecto sino su elevación a un plano superior? En esta actitud se esconden motivos irracionales y prejuicios de educación personal que camuflan las propias insuficiencias e incredulidad como celo divino.

9.1. Filosofía y teología

Propio de un universo religioso, donde el pensamiento y la ciencia tienen que medir sus fuerzas y descubrimientos con las creencias aceptadas por el estamento

---

70. *Suma contra gentiles*, 1, 2.
71. E. Gilson, *Elementos*, p. 26.

político-religioso, Tomás prestó mucha atención al gran problema de las relaciones entre la filosofía y la teología, así como al de la delimitación de una y otra disciplina. El problema solo puede ser resuelto tras la clarificación de las relaciones entre la fe y la razón, su competencia respectiva y su armonía.

Había quien, en su ingenuidad, se jactaba de demostrar racionalmente las verdades enseñadas por fe, como que el mundo fue creado en el tiempo, que no existió siempre; e inversamente, otros, como Averroes y su escuela, enseñaban que el mundo es eterno. Tomás captó el problema y advirtió en él el límite y alcance de la razón y el carácter ambiguo de la dialéctica. Según él, unos y otros pueden aducir en apoyo de sus tesis argumentos verosímiles, pero nunca una demostración convincente. Solo corresponde a la Revelación enseñarnos que el mundo tuvo un principio.

Para Tomás hay una distinción clara entre filosofía y teología. Se trata de dos ciencias, de dos tipos distintos de saber. La teología se funda en la revelación divina; la filosofía en el ejercicio de la razón humana. Lo que unifica a ambas es su objeto de investigación y estudio: la verdad. Dios es la misma verdad y no cabe dudar de la revelación; la razón, usada correctamente, nos lleva también a la verdad. Por tanto, no puede haber conflicto entre la filosofía y la teología, porque sería una discordia dentro de la verdad.

Son, pues, dos ciencias independientes, pero con un campo común: su distinción viene, ante todo, del punto de vista del *objeto formal*; pero su *objeto material* coincide parcialmente. Hay dogmas revelados que se pueden conocer por la razón; por ejemplo, la existencia de Dios y muchos atributos suyos, la creación, etc.; sin embargo, la revelación bíblica no es superflua, porque por la razón solo conocerán estas verdades muy pocos. En los casos en que se pueda comprender racionalmente, es preferible esto a la pura creencia. Encontramos aquí una resonancia mitigada del *fides quarens intellectum*. Tomás no cree ya que se pueda intentar la comprensión racional del objeto de la fe, sino solo en parte. La razón aplicada a los temas que son también asunto de fe y de teología es la llamada teología natural; hay, pues, una teología natural junto a una *theologia fidei*. Esta teología natural es para Tomás filosofía, y lo más importante de ella; en rigor, es la filosofía tomista.

La revelación es criterio de verdad. En el caso de darse contradicción entre la revelación y la filosofía, el error no puede estar nunca en la primera; por tanto, el desacuerdo de una doctrina filosófica con un dogma revelado es un indicio de que es falsa, de que la razón se ha extraviado y no ha llegado a la verdad; por eso choca con ella. En este sentido hay una subordinación de la filosofía, no precisamente a la teología como ciencia, sino a la revelación; pero su sentido no es el de una traba o imposición, sino al contrario: la filosofía pone como norma suya lo que le es más propio, es decir, la verdad. La revelación la pone en guardia, pero es la propia razón filosófica la que habrá de buscar el saber verdadero. "Lo que un teólogo tiene en cuenta de los trabajos de los filósofos es lo filosófico, en su esencia y en su naturaleza; lo que el teólogo ve en Platón o en Aristóteles es auténtica filosofía, pero su opinión sobre ello es siempre la de un teólogo. La doctrina sagrada contempla la filosofía, como puede ser vista desde una alta luz, como una posible ayuda en la gran tarea de la salvación del hombre"[72].

La teología no es un saber provisional que esté esperando una información racional, filosófica; es ciencia suprema, sabiduría divina. Es precisamente la filosofía, sin merma de su independencia, la que se subordina a la teología, instancia definitiva en el orden de la ciencia. Dios, que es el autor de la naturaleza, no puede llevar a creer en verdades contrapuestas.

Aunque la verdad de la fe cristiana excede la capacidad de la razón humana, lo que la razón tiene como naturalmente dado no puede, sin embargo, ser contrario a esta verdad. Pues consta que es muy verdadero lo que naturalmente está ínsito en la razón, tanto que ni siquiera es posible pensar que es falso; ni está permitido creer que es falso lo que se posee por la fe, puesto que tan evidentemente está confirmado de un modo divino. Por tanto, como solo falso es lo contrario, como se ve manifiestamente considerando sus definiciones, es imposible que la verdad de la fe sea contraria a aquellos principios que la razón conoce naturalmente.

La ciencia del que enseña contiene en sí aquello que induce en el alma del discípulo, a no ser que enseñe falsamente; lo que no está permitido decir de Dios. El conocimiento de los principios conocidos naturalmente nos está dado de un modo divino, puesto que Dios mismo es el autor de nuestra naturaleza. Por tanto, la divina Sabiduría encierra en sí también esos principios. Por consiguiente, todo lo que es contrario a los mismos es contrario a la divina Sabiduría; y, por tanto, no puede proceder de Dios. Así, pues, lo que, en virtud de la revelación divina se posee por la fe, no puede ser contrario al conocimiento natural.

Nuestro entendimiento queda atado con los razonamientos falsos de modo que no puede proceder al conocimiento de lo verdadero. Por consiguiente, si Dios nos diese conocimientos falsos, nuestro intelecto estaría impedido para conocer la verdad, lo cual no puede ser obra de Dios.

Las cosas naturales no pueden ser cambiadas si permanece su naturaleza; opiniones contrarias no pueden coexistir en un mismo individuo; por tanto, Dios no pone en el hombre una opinión o fe contraria al conocimiento natural. Y por eso dice el Apóstol: "Cerca de ti está la palabra, en tu boca, en tu corazón, esto es, la palabra de la fe, que predicamos" (Ro. 10:8).

Pero, como supera a la razón, es juzgada por algunos como contraria, lo cual no puede ser. Con esto concuerda también la autoridad de S. Agustín, que en el libro II de *Super Genesim ad litteram*, dice así: "Lo que la verdad pone de manifiesto no puede ser contrario de ningún modo a los libros santos del Antiguo o del Nuevo Testamento".

---

72. E. Gilson, *op. cit.*, p. 40.

Por lo que evidentemente se colige que, sean cualesquiera los argumentos en contra de los documentos de la fe, no pueden proceder rectamente de primeros principios dados naturalmente y conocidos en sí. Por eso no tienen fuerza demostrativa, sino que son razones probables o sofísticas, y. por tanto, hay lugar para refutarlos.[73]

9.2. Lo natural y lo sobrenatural

Existe un doble orden de conocimientos: natural y sobrenatural. El hombre, con su propia capacidad intelectual, puede llegar a un cierto conocimiento del mundo y de Dios; por la elevación sobrenatural, el mismo Dios le infunde una capacidad superior: la fe, por la que puede conocer realidades reveladas por Dios, que exceden por completo su capacidad natural.

> Sobre lo que creemos de Dios hay un doble orden de verdad. Hay ciertas verdades de Dios que sobrepasan la capacidad de la razón humana, como es, por ejemplo, que Dios es uno y trino. Hay otras que pueden ser alcanzadas por la razón natural, como la existencia y la unidad de Dios, etc., la que incluso demostraron los filósofos guiados por la luz natural de la razón.[74]

En el creyente, esos dos conocimientos están unidos sin confusión: la fe da sobrenaturalmente un conocimiento cierto de realidades, que se integra con otros conocimientos naturalmente alcanzados mediante la noción misma de "realidad".

La fe realiza una elevación del entendimiento, llevándole a conocer verdades a las que abandonado a sí mismo no podría llegar. Pero, junto a esto, la fe opera además, respecto al entendimiento que la posee, una obra de curación —razón salvada—; como consecuencia del pecado original, la razón humana se encuentra oscurecida y actúa por debajo de su propia capacidad natural, oscurecimiento que se manifiesta especialmente en relación a las verdades sobre Dios a las que el hombre puede llegar con la sola razón natural, pero a las que, de hecho, solo llega con gran dificultad e imperfección; la fe nos da a conocer también esas verdades naturales que se refieren a las relaciones del hombre con Dios y restituye a la inteligencia parte de la luz perdida, sanando de algún modo la oscuridad moral.

La unión sin confusión entre fe y razón en el creyente significa, entre otras cosas, que la fe se edifica sobre la razón; hay entre ellas una cierta continuidad: para creer es necesario un conocimiento previo; no sería posible, por ejemplo, creer que Dios es eterno si la razón natural no pudiese captar naturalmente, al menos en cierta medida, qué es Dios y qué es la eternidad.

---

73. *Suma contra gentiles*, 1, 7.
74. *Suma contra gentiles*, 1, 2.

De ahí que para el ejercicio de la fe sea necesario el ejercicio de la razón natural y que, aunque la razón no pueda alcanzar por sí misma la fe que es don de Dios, sí puede impedirla. He ahí una de las motivaciones primeras del trabajo teológico: evitar los errores. Los Padres de la Iglesia, dice Tomás, empezaron la teología precisamente para excluir los errores. La fe no puede probarse con razones necesarias y tampoco puede impugnarse con razones necesarias; pueden rechazarse los errores, pero no pueden demostrarse las verdades de la fe.

9.3. Teoría del conocimiento

Frente al *iluminismo* de Agustín y su escuela, que viene a decir que las ideas son descubiertas por el hombre mediante iluminación divina, Tomás, apoyado en Aristóteles, defiende que la única fuente de nuestro conocimiento es la realidad sensible. Todo comienza con la experiencia existencial. No hay conocimiento que no se manifieste en la experiencia de la realidad. No existen ideas subsistentes en sí mismas. Son las cosas sensibles, aquellas que afectan nuestros sentidos, las que encierran una forma inteligible en potencia y corresponde precisamente al intelecto agente de cada persona sacar de esa masa sensible lo que tiene de inteligible en potencia y actualizarlo. "Es natural al hombre llegar a lo suprasensible a través de lo sensible, porque todo nuestro conocimiento arranca de lo sensible"[75].

De acuerdo con Aristóteles, Tomás establece el principio de que no hay nada en el entendimiento que antes no haya estado en el sentido. Mas todo lo que se recibe se recibe según el modo del ser que recibe; y como el hombre es una naturaleza intelectual, lo que recibe lo recibe entendiéndolo.

"Es preciso distinguir entre entendimiento agente y posible. El agente, propio de cada alma, elabora la especie impresa a base de los fantasmas proporcionados por la imaginación, mediante un proceso abstractivo. Esta especie impresa, al ser recibida por el entendimiento posible, deviene expresa. El intelecto humano tiene aún otra función: la *ratio*. La función abstractiva puede ser realzada por el entendimiento en tres grados; de aquí las tres clases de ciencias: física, matemática y metafísica. La doctrina tomista del conocimiento, pues, escapa a los errores exclusivistas del empirismo, racionalismo y fideísmo"[76].

9.4. Conocimiento y demostración de Dios

La existencia de Dios no nos es inmediatamente evidente, como quisiera la tradición agustiniana; debe y puede demostrarse. Aristóteles había distinguido entre lo que es primero "por sí" o por "naturaleza" y lo que es primero "para nosotros", método que va a seguir y respetar Tomás en las pruebas de la existencia de Dios.

75. *Suma teológica*, 1, 88, 3.
76. Angel González, *op. cit.*, p. 272.

Dios, dice, es el primero en el orden del ser, no en el orden de los conocimientos humanos, que empiezan por los sentidos. Por tanto, es necesaria una demostración de la existencia de Dios; y debe partir de lo que es primero para nosotros, es decir, de los efectos sensibles, y ha de ser *a posteriori* (*demostratio quia*). Todas las vías racionales que conducen a Dios son *a posteriori*; según las exigencias del conocimiento humano que siempre parte del efecto para remontarse a la causa. Ya que la existencia de Dios no es evidente, se hace necesaria su demostración. Contra el *agnosticismo*, Tomás defiende la posibilidad de la demostración de Dios.

> Hay dos clases de demostración: una que se funda en la causa y que se llama *propter quid*, y esta es a priori absolutamente hablando, y otra que se funda en el efecto, y se llama *demonstratio quia*, y esta es a priori relativamente a nosotros. Porque cuando un efecto nos es más conocido que su causa, por el efecto llegamos al conocimiento de la causa: puesto que acerca de cualquier efecto puede demostrarse que existe su causa propia, con tal que los dichos efectos sean para nosotros más conocidos (que la causa); porque cuando los efectos dependen de su causa, puesto el efecto, necesariamente preexiste la causa. Por consiguiente, la existencia de Dios, que con relación a nosotros no es evidente por sí misma, puede ser demostrable para nosotros por los efectos que de Él conocemos.[77]

El punto de partida de Tomás es la idea de san Pablo: lo invisible de Dios se demuestra en los efectos visibles (Ro. 1:20). *Lo cognoscible de Dios es manifiesto a todos los hombres* (Ro. 1:19). Este es el fundamento tradicional de la demostración, que se eleva de lo finito al infinito.

Tomás no admite el argumento ontológico de Anselmo, entendido como silogismo *a priori*; cree que es menester además un saber *a posteriori* de que hay un ente tal que no puede pensarse mayor. Ahora bien, ¿cómo puede llegarse a ese saber? Por la vía que el propio Anselmo indica, por la conciencia de la imperfección, que aspira siempre a algo mejor y mayor. El hombre siente una atracción interior al sumo Bien. Esta atracción, este deseo de felicidad, es un conocimiento *oscuro* de Dios, que todos los hombres poseen naturalmente y constituye la base experimental del conocimiento claro y distinto. Es el sentido divino, el sentido del infinito, que reside naturalmente en todos los hombres, a menos que lo apaguen por su perversidad; la iniquidad es lo que ahoga el reconocimiento de Dios. "Detienen con injusticia la verdad" (Ro. 1:18).

Ahora bien, Dios es, a pesar de todo, desconocido; se sabe *que es*, pero se ignora *lo que es*, como ha venido afirmando el pensamiento cristiano desde el principio. Es decir, conocemos que Dios existe, pero no podemos penetrar en su esencia.

---

77. *Suma teológica*, 1, 2, 2.

La visión de las cosas no puede darnos la esencia divina; lo que hace es llevarnos al conocimiento de Dios por tres vías conectadas entre sí:

a) la vía *causalitatis*; como las cosas son cambiantes y defectibles, tenemos que referirlas a un principio inmutable y perfecto.

b) la vía *excellentiae*; al referir las cosas a su principio o causa, como es un principio no contenido en ellas y que las excede en absoluto, sabemos que Dios está por encima de todas las cosas.

c) la vía *negationis*; como la causa excede de sus efectos, nada de estos puede atribuírsele, sino negársele; este es el fundamento de la teología negativa, y la razón de que digamos de Dios que es infinito e inmutable, cuando las criaturas son finitas y variables. El procedimiento consiste, pues, en ver la perfección (*excellentia*) en el ente imperfecto, pero no positivamente en él, sino por el contrario, *negando* (*vía negationis*) los límites de la cualidad creada. De este modo se conocen las perfecciones invisibles de Dios, pero no en su unidad, sino dispersas, a través de las huellas que encontramos en las criaturas y que nos *inducen* a elevarnos a su conocimiento.

Por la vía de negación se conoce la *esencia* divina; por la vía de causalidad, su potencia creadora, al entenderlo como principio de todo; por la vía de excelencia o eminencia, su divinidad, y se lo conoce como el fin al que todos los entes tienden. Este es el procedimiento de *trascendencia*, fundado, a la vez, en la semejanza y el contraste; pero advierte Tomás que la negación de las cualidades creadas en Dios no significa que carece de ellas, sino al revés, que las posee en exceso.

De esta manera llegamos a conocer que Dios es simplicísimo, perfecto, soberanamente bueno, infinito, inmutable, eterno, único, omnisciente, la misma Verdad, la misma Vida, por esencia Voluntad; que es libre, justo y misericordioso, providente, todopoderoso y feliz.

Como luego hará notar Paul Tillich, Dios está por encima de cualquier concepto analógico o comparativo. Si decirnos que Dios es persona, se entiende que su personalidad transciende infinitamente nuestra idea de persona sin negarla, de ahí que se pueda afirmar que Dios es más que persona, está por encima de la personalidad, a la vez que es persona en relación a nosotros, pues Él funda la personalidad, y somos tanto más personas en cuanto más de Dios hay en nosotros. Es decir, que la analogía va de arriba abajo y no de abajo arriba. Aunque nuestro conocimiento de Dios es incompleto e inadecuado, no hay que precipitarse e incurrir en el error de creer que es *falso*. El conocimiento de Dios es *limitado*, pero no falso.

San Pablo afirma que la causa del desconocimiento de Dios (que es inexcusable) es la iniquidad. Tomás, en su comentario al texto paulino, expone su doctrina acerca del elemento moral en el conocimiento de Dios. El espíritu humano tiene que *apoyarse* en Dios; si no, se hace *vano* y vacío, y el corazón tenebroso; ya no lo ilumina la luz y es cada vez más *insensato*. El hombre solo puede escapar a la vanidad, al vacío, apoyándose en Dios; si se aparta de él y se convierte a sí mismo en su propio punto de apoyo, pierde la luz del espíritu. Entonces el hombre cae en el *sensus reprobus* de que habla san Pablo, y este *misterio de iniquidad* es rigurosamente, según Tomás, una *inversión*: *converterunt primum in ultimum*. Se confunde lo primero con lo último.

El hombre se convierte a sí mismo en su propia raíz y origen; cree que la luz procede de su ser y del mundo corporal, que la razón viene de los sentidos. En la vida práctica, como consecuencia, la razón queda sometida a los impulsos sensuales. Es una inversión general, tanto en la especulación como en la práctica.

San Pablo decía que se puede ver a Dios en un espejo (*per speculum*) o cara a cara (*facie ad faciem*). Se puede ver la luz misma que está presente en el ojo (*ipsa luz quae praesens est oculo*), o bien su imagen reflejada. Dios se ve a sí mismo del primer modo, es decir, su esencia está presente a su inteligencia, porque su inteligencia es su esencia. En esta vida conocemos a Dios por las cosas creadas; la creación es para nosotros como un espejo: *tota creatura est nobis sicut speculum quoddam*. Ahora bien, esto no da una visión de la cosa misma, de Dios tal como es, sino solo de la imagen. En la visión cara a cara de que habla el apóstol Pablo veremos la misma esencia de Dios; como Dios conoce la mía, así conoceré también la suya. Si no se pudiera ver a Dios más que en imagen o en espejo, el deseo natural de llegar a la causa primera y contemplarla en sí misma sería en vano. Por tanto, como ya veían Platón y san Agustín, por encima de la visión de las verdades eternas, *fantasmas divinos*, hay la visión del *Bien mismo*.

El primer grado nos es conocido por la razón natural. La visión de las cosas nos lleva a su causa, que las excede en absoluto, de la que hay que negar todo lo creado, porque trasciende totalmente de ello. Al segundo grado, en cambio, la inteligencia no puede llegar por sus fuerzas naturales solas *(per sua naturalia)*, ni en esta vida, salvo milagrosamente[78].

Mediante la razón natural el hombre llega a conocer a Dios a través de las criaturas, como principio de todas las cosas que existen. De las demostraciones de Dios que puede lograr la razón, Tomás las presenta quintuplicadas. Se trata de las controvertidas cinco vías, concebidas en serie causal.

1) *Experiencia del movimiento*. Todo lo que se mueve se mueve por otro. Un motor subordinado se mueve por otro.

2) *Subordinación de las causas*. El ser contingente es causado por un ser necesario.

3) *Contingencia de los seres*. La perfección graduada es participada y, por tanto, causada.

---

78. Cf. Julián Marías, *La filosofía del Padre Gratry*.

4) *Gradación de las perfecciones trascendentales.* Un ser ordenado a un fin es causado.

5) *Ordenación a un fin.* Resumen de las anteriores.

9.5. Que Dios existe

Primera vía: el movimiento en el mundo exige un primer motor.

La primera y más clara demostración de Dios se funda en el movimiento. Es innegable, y consta por el testimonio de los sentidos que en el mundo hay cosas que se mueven. Pues bien, todo lo que se mueve es movido por otro, ya que nada se mueve más que cuanto está en potencia respecto a aquello para lo que se mueve. En cambio, mover requiere estar en acto, ya que mover no es otra cosa que hacer pasar algo de la potencia al acto, y esto no puede hacerlo más que lo que está en acto, a la manera como lo caliente en acto, por ejemplo, el fuego hace que un leño, que está caliente en potencia, pase a estar caliente en acto. Ahora bien, no es posible que una misma cosa esté, a la vez, en acto y en potencia respecto a lo mismo, sino respecto a cosas diversas: lo que, por ejemplo, es caliente en acto, no puede ser caliente en potencia, sino que en potencia es, a la vez frío. Es, pues, imposible que una cosa sea por lo mismo y de la misma manera motor y móvil, como también lo es que se mueva a sí misma. Por consiguiente, todo lo que se mueve es movido por otro. Pero, si lo que mueve a otro es, a su vez, movido, es necesario que lo mueva un tercero, y a este otro. Mas no se puede seguir indefinidamente, porque así no habría un primer motor y, por consiguiente, no habría motor alguno, pues los motores intermedios no mueven más que en virtud del movimiento que reciben del primero, lo mismo que un bastón nada mueve si no lo impulsa la mano. Por consiguiente, es necesario llegar a un primer motor que no sea movido por nadie, y este es el que todos entienden por Dios.

Segunda vía: la causalidad en el mundo exige una causa primera.

La segunda vía se basa en causalidad eficiente. Hallamos que en este mundo de lo sensible hay un orden determinado entre las causas eficientes; pero no hallamos que cosa alguna sea su propia causa, pues en tal caso habría de ser anterior a sí misma, y esto es imposible. Ahora bien, tampoco se puede prolongar indefinidamente la serie de las causas eficientes, porque siempre hay causas eficientes subordinadas, la primera es causa de la intermedia, sea una o muchas, y esta causa de la última; y puesto que, suprimida una causa, se suprime su efecto, si no existiese una que sea la primera, tampoco existiría la intermedia ni la última. Si, pues, se prolongase indefinidamente la serie de causas eficientes, no habría causa eficiente primera, y, por tanto, ni efecto último ni causa eficiente intermedia, cosa falsa a todas luces. Por consiguiente, es necesario que exista una causa eficiente primera, a la que todos llaman Dios.

Tercera vía: la contingencia de los seres reclama un ser necesario.

La tercera vía considera el ser posible o contingente y el necesario, y puede formularse así. Hallamos en la naturaleza cosas que pueden existir o no existir; pues vemos seres que se producen y seres que se destruyen, y, por tanto, hay posibilidad de que existan y de que no existan. Ahora bien, es imposible que los seres de tal condición hayan existido siempre, ya que lo que tiene posibilidad de no ser hubo un tiempo en que no fue. Si, pues, todas las cosas tienen la posibilidad de no ser, hubo un tiempo en que ninguna existía. Pero, si esto es verdad, tampoco debiera existir ahora cosa alguna, porque lo que no existe no empieza a existir más que en virtud de lo que ya existe, y, por tanto, si nada existía, fue imposible que empezase a existir cosa alguna, y, en consecuencia, ahora no habría nada, cosa evidentemente falsa. Por consiguiente, no todos los seres son posibles o contingentes, sino que, entre ellos, forzosamente, ha de haber alguno que sea necesario. Pero el ser necesario o tiene la razón de su necesidad en sí mismo o no la tiene. Si su necesidad depende de otro, como no es posible, según hemos visto al tratar de las causas eficientes aceptar una serie indefinida de cosas necesarias, es forzoso que exista algo que sea necesario por sí mismo y que no tenga fuera de sí la causa de su necesidad, sino que sea causa de la necesidad de los demás, a lo cual todos llaman Dios.

Cuarta vía: los seres imperfectos del mundo reclaman un ser perfectísimo.

La cuarta vía considera los grados de perfección que hay en los seres. Vemos en los seres que unos son más o menos buenos, verdaderos y nobles que otros, y lo mismo sucede con las diversas cualidades. Pero el más y el menos se atribuye a las cosas según su diversa proximidad a lo máximo, y por esto se dice lo más caliente de lo que más se aproxima al máximo calor. Por tanto, ha de existir algo que sea verísimo, nobilísimo y óptimo, y por ello ente o ser supremo; pues, como dice el Filósofo [Aristóteles], lo que es verdad máxima es máxima entidad. Ahora bien, lo máximo en cualquier género es causa de todo lo que en aquel género existe, y así el fuego, que tiene el máximo calor, es causa del calor de todo lo caliente, según dice Aristóteles. Existe, por consiguiente, algo que es para todas las cosas causa de su ser, de su bondad y de todas sus perfecciones, y a esto llamamos Dios.

Quinta vía: el orden del mundo exige un ordenador.

La quinta vía se toma del gobierno del mundo. Vemos, en efecto, que cosas que carecen de conocimiento, como los cuerpos naturales, obran por un fin, como se comprueba observando que siempre, o casi siempre, obran de la misma manera para conseguir lo que más les conviene; por donde se comprende que no van a su fin obrando al ocaso, sino intencionadamente. Ahora bien, lo que carece de conocimiento no tiende a un fin si no lo dirige alguien que entienda y conozca, a la manera como el arquero dirige la flecha. Luego existe un ser inteligente que dirige todas las cosas naturales a su fin, y a este llamamos Dios.[79]

Todas y cada una de estas vías han sido sometidas a riguroso escrutinio filosófico y científico. Los filósofos analíticos y científicos modernos combaten el argumento básico de Tomás de Dios como "causa" del mundo. Pero en la filosofía de Tomás, Dios no es la "causa primera" de la cadena de todos los procesos naturales de causa-efecto, en sentido científico. Dios es exigido por el mundo como principio de las cosas y de su devenir. Como ya había observado Alberto Magno, cada causa física no tiene en sí nada más de cuanto hay en su efecto (*causa aequat effectum*). Aun admitiendo que Dios como causa del mundo fuese la suma de todo cuanto de causalidad causante y causada hay en el universo, Él resultaría siempre un ser finito, una causa primera definida y finita de la suma de todas las causas determinadas. Dios es, por el contrario, el Ser primario, absoluto, creador, infinito, que está más allá de las causas puestas y establecidas, supracausal por naturaleza. "Dios no es, en sentido propio, la «causa» primera de las causas, ya que no es el primer acto físico de la ordenación y el devenir de lo creado; Él es, más bien, quien expresa el sistema y el orden de las causas: la Causa incausada y causante del orden causal del universo. Él no es, en otros términos, un ocasionador condicionante, sino un creador: el Creador"[80].

"El mérito de estas pruebas no consiste entonces en llevarnos de forma segura de lo sensible al verdadero Dios, sino, quizá, en demostrarnos la insuficiencia de lo sensible y prepararos así a percibir la insuficiencia de todo ser finito, del que es signo... Y puede decirse que si se busca una justificación es para escapar a la soledad del hombre perdido en lo relativo. El razonamiento surge de una necesidad vital de ocultarse el vacío de la condición humana. Necesitamos, efectivamente, una explicación y no somos dueños de esta necesidad. Diría incluso que esta necesidad es específica de la condición humana. Somos seres no-justificados. Toda labor intelectual nace en el contexto de esta inquietud.

"Al igual que la metafísica, la argumentación sobre la existencia de Dios, antes de ser la afirmación de un trascendente, es una interrogación y una interrogación más radical que aquella de la que proceden las restantes ciencias. Puede decirse que es la señal del desequilibrio fundamental del ser humano. Aparte de su mérito de remitir a la existencia humana, la argumentación sobre Dios corresponde a un interés real de la razón: su necesidad de objetividad y de fidelidad al objeto dado. Si la experiencia científica parece más objetiva que la argumentación sobre Dios, su empirismo metodológico compromete dicha objetividad desde el momento en

---

79. *Suma teológica*, 1, c. 2, 3.
80. A. Agazzi, *op. cit.*, 1, p. 242.

que se hace exclusivo y se transforma en un deseo de cerrazón en la inmanencia del mundo. La argumentación sobre Dios protege al hombre frente al prestigio de lo experimentable mostrando su libertad de distanciarse de todo objeto problematizándolo.

"Es cierto que Dios no está ni puede estar al cabo de un razonamiento y una existencia, aunque sea la de Dios, no se prueba. Se admite y se acepta. Pero lejos de deducir a Dios de cualquier premisa, sea la que sea, la argumentación sobre Dios consistirá siempre en el reconocimiento de su existencia en el seno de una realidad percibida en su contingencia. En el hueco de lo visible se adivina lo invisible"[81].

9.6. El bien supremo

Como en la tradición griega y cristiana, también para Tomás, la teoría de la felicidad constituye el fin y conclusión de la vida humana. Peregrino del eterno, la vida del hombre está marcada por un comienzo y una meta, que, en la mentalidad cristiana, no puede ser otra que Dios. La sabiduría y la felicidad se resumen en el encuentro con Dios. Zubiri hablará del carácter *proyectivo y misivo* de la vida humana, Marías del *futurizo*, significando para ambos pensadores una pregunta por Dios, de carácter existencial. La misión del ser humano consiste en amar a Dios, según se puede leer en el Decálogo.

Agustín hablaba de Dios como el reposo de la quietud interior, en virtud de su peso, que tiende hacia Dios. Aristóteles hablaba con elegancia de un caminar "inquietos tras la quietud", la felicidad suprema. Tomás dice que "la esencia de la felicidad consiste en los actos intelectuales', porque solo a través del entendimiento se nos hace presente el fin supremo de toda nuestra vida, y además es el entendimiento la más noble facultad del hombre"[82]. Así expresada se manifiesta el intelectualismo de Tomás, con todo se descubre en él el elemento agustiniano, que reaparecerá con fuerza en Escoto. La contemplación de Dios es a la vez *delectaio*, deleite del ser en el ser de Dios, participación eterna en el amor eterno.

---

81. Didier E. Proton, *Qué ha dicho verdaderamente Santo Tomás de Aquino*, Madrid, 1971, pp. 78-80.

82. *Suma teológica*, 1-II, 3, 4 y 5.

PARTE V

Tiempo de reformas

Casi toda la suma de nuestra sabiduría, que de veras se deba tener por verdadera y sólida sabiduría, consiste en dos puntos: a saber, en el conocimiento que el hombre debe tener de Dios, y en el conocimiento que debe tener de sí mismo.

Juan Calvino

1. La descomposición de la síntesis escolástica

Después de Tomás de Aquino la filosofía medieval siguió el destino de otras grandes creaciones del espíritu; no halló continuidad. Todavía hubo pensadores geniales y agudos, pero incapaces de sistematizar el pensamiento universal y de hacerse cargo de sus problemas, ocupados como estaban con problemas limitados, deslizándose cada vez más en el juego dialéctico de la crítica y sutileza, por la que la Escolástica es vulgarmente conocida.

Tomás había introducido el aristotelismo en el campamento cristiano y, sin él quererlo, iba a resultar una convivencia conflictiva. La fe y la razón tienen cada cual su campo: la revelación y la naturaleza. Tomás, como buen teólogo, no admite competencia ni oposición entre ellas. La verdad unifica a ambas, como venía siendo la respuesta cristiana desde el principio. La fe verdadera no tiene nada que temer de la filosofía verdadera. "Ya que solo lo falso es contrario a lo verdadero, como resulta evidente de sus mismas definiciones, es imposible que la verdad de la fe sea contraria a aquellos principios que la razón conoce naturalmente"[1]. Toda la doctrina tomista está organizada en orden a hacer imposible esta oposición: el principio de la analogía del ser, tal como lo presenta Tomás, sirve precisamente para demostrar, por un lado, que la misma consideración del ser natural tiene necesidad de una integración en aquellas zonas del ser en que la capacidad demostrativa de la razón no puede llegar ni a la afirmación ni a la negación. Consideremos, a modo de ejemplo, la solución de Tomás al problema de la creación. La creación del mundo por Dios, como bien sabemos, no es una teoría filosófica, sino una doctrina teológica, introducida por esta en aquella. La creación fue uno de los puntos cruciales de la disputa escolástica sin visos de solución. Para Tomás, la creación en cuanto tal es una verdad de razón, es decir, un concepto abierto a la demostración lógica; en cambio, racionalmente, no se puede demostrar que haya ocurrido en el tiempo, ni que esté fuera del tiempo, por lo que es lícito creer que haya ocurrido en el tiempo. El tomismo ha pretendido demostrar así la coincidencia de dos principios, el uno de genuina inspiración aristotélica, el otro expresivo de la posibilidad misma de la investigación escolástica, esto es, del principio por el cual "es imposible que sea falso lo contrario de una verdad demostrable" con el principio: "es imposible que una verdad de fe sea contraria a la verdad demostrable".

Sin embargo, Siger de Brabante, maestro de la facultad de artes de la Universidad de Paris, basándose en Aristóteles, mostrará que es imposible reducir las verdades filosóficas a las verdades de la fe. Entre ambas hay una oposición insalvable. La una se basa en la experiencia humana y en la razón; la otra, fe, en la autoridad de la revelación. No hay término medio entre ambas, ni puente que las una. Se anuncia ya la ruptura de la síntesis tomista.

---

1. *Contra gentiles*, 1, 7.

2. Raimundo Lulio, el arte donde fe y razón coinciden

Raimundo Lulio, o Ramon Llull (1235-1315) nacido en Mallorca y apóstol a los árabes, pasa en las historias de la filosofía por ser eminentemente racionalista. Remonta la síntesis tomista para arribar a la unificación racional de la fe. Estaba firmemente convencido de que la fe puede demostrarse con razones necesarias. No hay oposición entre la fe y la razón, sino común acuerdo, concordancia total. Tanto monta, monta tanto la una como la otra. Escribió el *Ars Magna*, donde expuso un ingenioso método lógico-matemático de combinación de conceptos de modo que se puedan obtener resultados y soluciones científicas y racionales casi automáticamente. Esta obra está basada en la ilusión de que el pensamiento y sus descubrimientos pueden reducirse a esquemas abstractos y mecánicos. Fue un proyecto utópico, que de vez en cuando se asoma en la historia del pensamiento, como en el caso de Leibniz, inspirado explícitamente en Lulio, a la hora de concebir su *Machina combinatoria sive analítica*.

Los escritores y pensadores españoles se han encargado, en la primera mitad del siglo xx, de reivindicar la obra de Lulio no como simple e ingenuo racionalista sino como verdadero y original pensador cristiano. Después de una juventud licenciosa como soldado y cortesano, tuvo lugar su conversión y consagración al ministerio apostólico mediante la pluma y la palabra. En su afán de convertir a los musulmanes mediante el diálogo y la persuasión intelectual, estudió la lengua árabe e incluso proyectó un instituto de lenguas orientales, como primer paso para las misiones entre los hijos de Alá. Recuérdese que aquel tiempo era el de las Cruzadas contra el infiel, donde la guerra santa se esgrimía y efectuaba tanto en un campo como en otro. Escribió numerosísimos libros y viajó por las más apartadas regiones. Murió, probablemente mártir, en Túnez en 1315.

> Casado fui, padre de familia, en buena situación de fortuna, mundano; pero renuncié a todo esto de buen grado para poder honrar a Dios, servir al bien público y exaltar nuestra santa fe. He aprendido el árabe y majado mucho con el fin de predicar y convertir a los sarracenos; he sido detenido y encarcelado por la fe; ahora soy viejo, ahora soy pobre, mas permaneceré en el mismo propósito hasta la muerte.[2]

En su mencionada *Ars Magna*, más allá de su aspiración a la unidad del saber, anhelaba ofrecer un instrumento de sabiduría ética que uniera a los hombres. Para Tomás Carreras Artau, la *Ars Magna* significa "la más esforzada tentativa de la Edad Media para realizar la idea pura de la Cristiandad", en torno a la *veritas salutífera*, la verdad salvadora.

---

2. *Disputatio clerici et Raymundi phantastici.*

Fiel a la corriente agustiniana, Lulio subraya el acuerdo básico entre la razón y la fe, que no se reduce a mera conciliación, sino que supone la elevación de ambas al plano más amplio y luminoso de la vía mística, por la que las cosas son conocidas en Dios. ¿Qué hay de verdad en su racionalismo de puro místico?

El pensamiento de Lulio tuvo la intención inmediata de convertirse en un instrumento de la apologética cristiana o defensa de la fe frente al infiel, es decir, tiene una función práctica. Según Lulio los creyentes, que han experimentado la gracia, no necesitan sino atravesar la senda del amor para llegar a Dios y su verdad. Pero aquellos que no creen, y desconocen la gracia, solo pueden llegan a tal conversión mediante el convencimiento con "razones necesarias" que les descubran la verdad de Dios. El razonamiento de Lulio es bastante sencillo, en la línea de los Padres de la Iglesia para los que Dios como Logos —razón— es la verdad y toda la verdad, sin que nada pueda resistir a su fuerza de convicción. El racionalismo de Lulio es fundamentalmente un arma dialéctica y misional. Quiere convencer a sus interlocutores de la verdad de su fe cristiana.

Para ello se precisa un instrumento, un arte magno que haga del cristianismo una fuerza irresistible de convencimiento racional y de conversión a la fe. Tal será el *Ars Magna*, instrumento de conversión y salvación. "El Arte general luliano es algo sui generis, que no puede ser encuadrado en los esquemas usuales de la lógica medieval, o mejor, peripatética [aristotélica]. Cuando Ramon Llull concibe aquel libro único, que él creía fruto de inspiración divina, estaba convencido de que había de servir para «convertir hombres», no para convertir «proposiciones». Pero el Doctor Iluminado, como se le llamó, no tardó en convencerse de que el medio adecuado, ya que no el único, para convertir a los infieles, era el ser diestro en el arte de convertir proposiciones, esto es, en el manejo fácil del silogismo. Llull presenta su Arte general como una panacea, a la vez del recto pensar y del bien vivir; como un arte total, en el cual están subsumidas las diversas artes particulares que contiene en germen la ciencia universal, y sirve para resolver toda clase de cuestiones con una infalibilidad matemática; un arte, en fin, que está al alcance de las gentes indoctas y puede ser aprendido con gran prontitud"[3].

Lulio creía que el mejor método para convertir a los infieles rápida y eficazmente era atraerse a la intelectualidad, demostrando la falsedad de la fe musulmana y probando racionalmente la verdad cristiana. Su audacia en aplicar las "razones necesarias" a los misterios de la fe es lo que le ganó la acusación de teólogo racionalista, pero es evidente que para Lulio hay artículos de fe, dados en la revelación divina, que exceden las fuerzas naturales del entendimiento humano, por lo que las "razones necesarias" no tratan tanto de *demostrar* para entender cuanto de *persuadir* para convertir a la fe, y desde ella entender. El modo más auténtico de

---

3. T. Carreras Artau, *Historia de la filosofía española*.

filosofar es creyendo, un *ingressus in philosophiam cum habitu fidei*. Fe y razón coinciden en virtud de la natural disposición de Dios.

1. Teología es la ciencia que habla de Dios. Sabe, pues, hijo, que esta ciencia de teología es más noble ciencia que todas las demás. Y como sea que esta ciencia es preferentemente cultivada y amada por los hombres religiosos, por eso son tan honorables.

2. Esta ciencia, hijo, es de tres maneras. La primera es cómo se adquiere conocimiento de Dios; la segunda, cómo se conocen las obras de Dios; la tercera, el conocimiento de cómo se puede amar a Dios y evitar las penas infinitas.

3. Amable hijo, los clérigos han sido puestos en el mundo para que aprendan teología y la enseñen a los hombres para que sean amadores de Dios y sepan guardarse de pecado. Por lo cual, los sacerdotes que prefieren alguna otra ciencia a la teología no siguen los principios por los que son clérigos.

4. Teología, cuando se funda en la fe, está en las palabras de los santos hombres que han escrito y dicho palabras de Dios y de sus obras, cuales palabras deben creerse, para tener en memoria y en amor a Dios y sus obras.

5. Puesto que Dios ha dado naturales propiedades a sus criaturas para que lo señalen y lo demuestren al humano entendimiento, así la teología se relaciona con la filosofía, ciencia natural que por razones naturales demuestra a Dios y sus obras, para que, si el hombre quiere elevar su entendimiento a Dios por la filosofía, pueda hacerlo.

6. Fe y razón coinciden en la ciencia de teología, para que, si la fe descaece, el hombre se ayude con razones necesarias; y si la razón es insuficiente al humano entendimiento, que el hombre se ayude con la fe, creyendo de Dios lo que la razón no puede entender

7. Aristóteles, Platón y los otros filósofos que querían saber de Dios, sin fe no pudieron, hijo, elevar tanto su entendimiento como para tener declaradamente conocimiento de Dios y de sus obras, ni del camino por el que va el hombre a Dios; y ello fue porque no querían creer ni tener fe en aquellas cosas por las cuales la mente humana por luz de fe se levanta a entender a Dios.[4]

3. Roger Bacon, la ciencia al servicio de la fe

Espíritu gemelo de Lulio fue el franciscano inglés Roger Bacon (1210-1292), en lo que respecta a su afán evangelizador mediante el cultivo de las ciencias y las lenguas orientales. Ambos son místicos que recurren a la filosofía bajo la iluminación superior de la teología. Para Bacon, la filosofía y las ciencias no tienen más sentido que explicar la verdad revelada en las Escrituras: *Una est tantum sapientia perfecta quae in sacra scriptura totaliter continetur*. Dios enseñó a los hombres a

---

4. R. Llull, *Libro de doctrina pueril*, LXXV.

filosofar, pues ellos solos no hubieran podido por sí solos; pero la malicia humana hizo que Dios no manifestara plenamente las verdades y estas se mezclasen con el error. Por esto, la sabiduría verdadera se encuentra en los primeros tiempos y por eso hay que buscarla en los filósofos antiguos. De aquí la necesidad de la historia y de las lenguas, y de las matemáticas para la interpretación de la naturaleza.

Roger Bacon estudió en Oxford y después en París, donde enseñó y escribió análisis de varias obras aristotélicas. El papa Clemente IV, al enterarse de la propuesta de Bacon de unificación de las ciencias al servicio de la teología, solicitó una copia de la obra de Bacon que aún no había compuesto, pero que Bacon puso por escrito enseguida y se la envió al Papa, la *Opus Majus* (1268).

Interesado en evangelizar a los infieles, lo que en ese tiempo hacía referencia a los musulmanes, Bacon propugnaba con celo reformador la vuelta al estudio directo de las Sagradas Escrituras, que, como sabemos, va a ser la reivindicación principal y el motivo cardinal de la Reforma protestante, pues ellas, en virtud de su inspiración divina y antigüedad son la fuente suprema de la verdad, incluso como base de reorganización social y política. Precisamente la comprensión cabal de la Biblia era uno de los estímulos de la actitud científica de Bacon.

Con bastante penetración psicológica, consideraba la maldad como *insipiencia*, ignorancia, falta de sabiduría. La maldad humana tiene más de necedad que de malicia. "La estupidez del hombre pervierte su vida, y su corazón se irrita contra el Eterno" (Pr. 19:3). O, en la clásica versión Reina-Valera: "El alma sin ciencia no es buena. Y aquel que se apresura con los pies, peca. La insensatez del hombre tuerce su camino, y luego contra Jehová se irrita su corazón".

Bacon subordinó la filosofía y todas las ciencias a la teología, ya que la verdad solo puede alcanzarse en las Escrituras. La filosofía se limita a explicar esta sabiduría, identificándose en cierto modo con la teología: ambas constituyen la "filosofía completa, perfecta". Bacon distingue tres tipos de conocimiento: por autoridad, por razón y por experiencia, reduciéndolos todos a este último tipo, que se obtiene a partir de los sentidos externos e internos y de las inspiraciones divinas. De este modo, rudimentario todavía, impulsó la actividad científica experimental.

En el problema de los universales, Bacon se decidió por los singulares. Más vale un singular que todos los universales, pues cada uno tiene su propia esencia y se parece a los demás; Dios hizo todas por ellas mismas, pero no por los universales. No hay naturalezas universales que tengan que concretarse por principios ajenos a ellas. Un individuo es un individuo, porque tiene una naturaleza y una forma dadas por Dios.

4. Juan Duns Escoto y las demarcaciones de la fe y la razón

Frente a la actitud luliana de confianza en las razones necesarias de la fe, surge toda una generación de pensadores mucho más radicales, con un conocimiento más profundo de las exigencias de la razón, que a la luz de los imperativos de la misma se creen en el derecho de guardar la fe de los asaltos de la razón, toda vez que están convencidos de que no hay síntesis posible entre fe y razón, como quería Tomás. La supuesta armonía entre la fe y la razón, la síntesis tomista, le parecía a Escoto un matrimonio de conveniencia, foco de quebrantos y dolores de cabeza. La razón limita con la experiencia sensible, la fe con lo sobrenatural y no hay ningún puente, excepto la revelación, que nos descubra sus secretos. Cada una debe caminar por separado.

La razón ya no quiere someterse a la autoridad eclesial, ni a la fe que esta propone, sino que se afirma sobre sus pies dispuesta a presentar batalla con sus solas armas, que no son pocas. Durand de Saint Pourçain (1270-1334), obispo de Meaux, representa ese espíritu que explícitamente exige libertad de investigación filosófica sin intromisiones autoritarias. "El modo de hablar y de escribir en todo lo que no concierne a la fe —escribe— es que nos fundemos en la razón más que en la autoridad de cualquier doctor, por más célebre y solemne que sea, y se haga poco caso de la autoridad humana cuando la verdad resplandezcan contra ella por obra de la razón"[5]. O, como después dirá Ockham con energía: "Las aserciones principalmente filosóficas, que no conciernen a la teología, no deben ser condenadas o puestas en entredicho por nadie solemnemente, porque en ellas cualquiera debe ser libre de decir libremente lo que le parece correcto"[6].

Este clima de opinión se manifestó ampliamente en los llamados averroistas latinos. Averroistas en cuanto seguidores del filósofo árabe Averroes; latinos, en cuanto a su nacionalidad. Averroes había declarado la supremacía de lo filosófico en el orden del pensamiento humano. Lejos de estar subordinada la filosofía a la teología es esta la que debe estar subordinada, como en un nivel inferior, a aquella. Sus seguidores latinos no podían llegar tan lejos; cristianos como eran tenían la teología por reina indiscutible de las ciencias. Hacer comparaciones y hablar de subordinación de la fe a la razón estaba fuera de lugar para los cristianos del medioevo y poco acorde a la situación desde la que se enfrentaban al problema de la relación entre filosofía y teología. Pero sí se podía hablar con propiedad de una división de competencias, que iba a ir ganando terreno en las sucesivas generaciones, y que es parte del credo oficial del protestantismo. La teología es estudio de lo revelado y, por lo mismo, jamás objeto de prueba. La separación entre filosofía y teología tiene que ser total. Los dialécticos racionalistas de la Edad Media creen todos ellos en la verdad revelada como verdad, pero al independizarla de la filosofía, abrirán la puerta a la posterior rebelión de esta contra la fe.

La teología irá reduciendo más y más su campo de actividad a la doctrina revelada, según se deduce de las Sagradas Escrituras y de la autoridad de los diversos

---

5. *Comentario a las Sentencias*, "Prólogo".
6. *Dialogus ínter magistrum et discipulum*, I, trat. II q. 22.

intérpretes, o de las Confesiones de Fe, como ocurrirá en el campo reformado y protestante. La filosofía, por contra, debe atenerse al uso de la pura razón, en confrontación con las opiniones de los diversos filósofos. La filosofía y la teología se sitúan en frentes diferentes, paralelos a veces, autónomos siempre, y en ocasiones antagónicos: la teología en el plano de la fe y la filosofía en el plano de la razón. Sigerio de Brabante (1235-1282) es su representante más conspicuo.

En torno a la persona de Juan Duns Escoto (1265-1308), nacido pocos años después de la muerte de Tomás de Aquino y su más agudo rival, van a gravitar todas las corrientes ideológicas del siglo XIII. Marca el inicio de la superación de la Escolástica, y a la vez de su decadencia, pues, aunque en Escoto se manifiesta una magistral habilidad para el manejo de la dialéctica, de modo que el método escolástico llegó a su más alto desarrollo, por otra parte, el método teológico que él utilizó llegó a ser la influencia rectora que condujo a la disolución de las teorías escolásticas y a la crisis de la teología.

Duns Escoto es sin género de dudas uno de los primeros pensadores de la escolástica, aunque se ha exagerado al decir que fue el creador de una nueva síntesis. En todo caso, significa un verdadero avance. Sus conceptos son más sutiles, sus distinciones más precisas, sus pruebas más estrictas, su problemática más rica que en el período anterior a él. El que quiera filosofar con santo Tomás, hará bien en añadir en las diversas cuestiones tratadas las ideas de Escoto. Es una mente crítica y se ha hecho acreedor justamente a su título de *Doctor subtilis* (Doctor sutil). Pero ahonda siempre en la crítica llevado por el amor a una verdad más firmemente asentada, no por puro afán de crítica. Dentro de una orientación fundamentalmente agustiniana. Escoto conoce a fondo y explota también a Aristóteles, aunque sin dejarse ofuscar por su autoridad. Su intento es moverse equilibrada y mediadoramente a través de las antítesis ahondadas entre el aristotelismo y el agustinismo. Sabe enfrentarse, independiente y crítico, con las doctrinas recibidas. Esta critica la ha ejercitado particularmente con santo Tomás"[7].

Duns Escoto nació en Maxton (Escocia), ingresó en la orden franciscana en 1280 y fue ordenado sacerdote en 1291. Estudió en Cambridge y posteriormente en Oxford, bajo la dirección de Guillermo de Ware. En Paris tuvo por maestro a Gonzalo de Balboa. En la capital francesa estudia las obras de Aristóteles y Platón y todo el pensamiento griego de la antigüedad. Escoto estaba dotado de una precocidad no frecuente en filosofía, de un talento tan agudo como riguroso.

Con él, una vez más, el pensamiento cristiano se enfrenta al problema de las competencias. ¿Hasta dónde llega la fe en la razón y la razón en la fe? ¿Cuál es el terreno propio de cada cual y sus limitaciones? El tomismo había dado cuenta cabal de la distinción entre la filosofía y la teología, a la vez que se había apresurado a mostrar su armonía en la síntesis superior de la verdad revelada. Los averroistas

---

7. Johannes Hirschberger, *Historia de la filosofía*, l, p. 427.

latinos querían cultivar la filosofía pura y simple, sin intromisiones teológicas, a las que consideraban de más. Escoto admite las rigurosas exigencias del saber filosófico. La razón natural no puede desde sí elevarse a lo sobrenatural, propio de la religión. Los contenidos de la fe no se fundan en la razón, ni son exigidos por la misma. Para ello es necesaria la revelación y solo a partir de ella es posible analizar filosóficamente las doctrinas cristianas.

Escoto no busca ensalzar la filosofía a costa de la teología. Todo lo contrario. La pretensión verdadera de Escoto es acotar el campo teológico donde la fe pueda desenvolverse con la autonomía e independencia debida, libre de las ilimitadas pretensiones de los racionalistas. Lo que verdaderamente ocurre con Escoto es un *cambio de perspectivas*. En Aquino observamos un interés en mostrar la congruencia última entre las verdades de fe y las verdades de razón; puesto que ambas se fundan en Dios no puede haber contradicción entre ellas, lo que no es lo mismo que decir que todas las verdades de fe son reductibles a demostración racional. Esto es precisamente lo que Escoto quiere resaltar. Los artículos de fe no son demostrables por pura razón. Si alguno creyera que la fe es demostrable por la razón no hace justicia ni a la una ni a la otra. La razón, por ejemplo, puede ofrecer *argumentos de probabilidad* respecto a la creencia en la inmortalidad del alma, argumentos que tienen cierto poder de persuasión, y que hasta pueden probar que esa inmortalidad *no se opone* a los dictámenes de la razón, pero no constituyen una *demostración* en el sentido estricto.

Escoto, franciscano y creyente por convicción, está seguro de la verdad de los postulados de la fe cristiana. Fiel a la gran tradición, cree que toda verdad es verdad de Dios, pero, consciente del alcance lógico y racional de la filosofía, considera que no es posible demostrar racionalmente los contenidos de la fe; hay cierta concordancia entre estos y la razón, más en cuanto no se oponen a ella que en cuanto demostrativos. Las verdades cristianas, incluida la creencia en Dios, no implican ninguna necesidad racional; se cree en ellas por la autoridad de la revelación, no por pruebas racionales.

Escoto se va a convertir en el precursor de esa serie de pensadores que en lugar de buscar la síntesis entre la fe y la razón se preocupan en asentar las diferencias, los límites y las competencias de ambos tipos de conocimiento. Como después hará Karl Barth en pleno siglo xx, dentro de la tradición protestante liberal contra la que se rebela, Escoto sienta las bases de una filosofía y una teología *positivas*. La teología es autónoma y su *status científico* le viene dado por la revelación, que busca interpretar desde sí misma, sin intromisiones ajenas. Quería garantizar así para la fe una inmunidad a prueba de los asaltos racionalistas, propósito evidente en la escuela de Karl Barth.

La filosofía conduce mediante investigación racio-científica a la verdad del mundo natural. La filosofía, como enseñaba Tomás siguiendo a Aristóteles, tiene su competencia en la experiencia, su ámbito es la "cosa dada a los sentidos", el de las abstracciones que la inteligencia realiza a partir de los datos sensibles. La teología es *ciencia práctica* en cuanto sirve de guía en el mundo moral y religioso.

El papel del cristianismo en orden al pensamiento filosófico, su carácter de *buena nueva*, reside en que, desde fuera de la historia del pensamiento, proporciona a los hombres la posibilidad de buscar y encontrar a Dios más allá de toda experiencia sensible.

Escoto acepta el argumento ontológico de Anselmo, con una corrección: "Dios es tal que, al ser pensado, no se puede pensar algo más grande *sin contradecirse*. Es evidente que faltaba añadir sin contradecirse, porque de todo pensamiento que incluye una contradicción se afirma que no es tal pensamiento"[8].

4.1. El primado de la voluntad

Para Duns Escoto, Dios es una voluntad infinita y omnipotente, que sin embargo no se opone a la lógica: no puede hacer que lo que ha sido no haya sido, y esto ocurre porque Dios trata a sus criaturas como entes enteramente libres. Su poder, infinito y absoluto, se detiene, por amor, ante la libertad del ser humano, su creación más perfecta. Para llegar a Dios es preciso un movimiento de la voluntad: el acto supremo de la voluntad. Entonces se fusionan las dos voluntades, la humana y la divina.

Se ha querido presentar a Tomás de Aquino como un *intelectualista* y a Juan Duns Escoto como un *voluntarista*. Aquí residiría la divergencia entre tomistas y escotistas. Nada más lejos de la verdad. Se trata de una ilusión del pensamiento que proyecta sus contradicciones y exclusivismos en lo ajeno. "Ciertamente los franciscanos proclaman que el amor implica de suyo más perfección que el conocimiento, y al amor refieren la bienaventuranza, que los tomistas hacen depender de la visión de Dios. Escoto reitera la primacía de la voluntad y la considera como sujeto inmediato de la gracia y de las virtudes morales, dependiendo de ella en último término la moralidad y la justicia. Pero los textos no acusan actitudes exclusivistas, y ello es natural, puesto que tanto el intelectualismo como el voluntarismo exclusivos implicarían mutilación de la verdad"[9]. Cada época tiene sus énfasis, según sus necesidades. Para Tomás era urgente asentar el aspecto intelectual de la fe, para Escoto su dinamismo.

Voluntad y entendimiento aparecen en su obra como las dos potencias más nobles y perfectas de la naturaleza humana racional. El entendimiento precede a la voluntad, alumbrándole en el camino. La voluntad cuenta con la norma de una virtud intelectual que la dirige. Sin esa dirección no cabe una voluntad

---

8. *Tratado del primer principio*, IV, 9.

9. José Corts Grau, *Historia de la filosofía del derecho*, 1, p. 344).

bien dispuesta[10]. No hay, pues, contraposición entre el intelectualismo tomista y el voluntarismo escotista. Se trata de dos vertientes de un mismo cauce, pero resaltando el énfasis de Escoto en la voluntad como función central del espíritu.

En el hombre la voluntad y el intelecto se encuentran separados, de ahí su carácter fragmentario y ciego en ocasiones. Por contra, la voluntad de Dios es rectísima y eficacísima, unida a su intelecto de un modo inseparable. En palabras de fray Luis de León:

> Si hablamos con propiedad, la perfecta sabiduría de Dios no se diferencia de su justicia infinita, ni su justicia de su grandeza, ni su grandeza de su misericordia; y el poder y el saber y el amar en Él es todo uno; y en cada uno de estos sus bienes, por más que le desviemos y alejemos del otro, están todos unidos; y por cualquiera parte que le miremos, es todo y no parte.[11]

Por cuanto el intelecto y la voluntad en el hombre permanecen separados, no siempre la voluntad actúa correctamente. Sin embargo, el querer tiene un valor superior al conocer, por la sencilla razón de que el amor nos junta con Dios más íntimamente que la fe especulativa. En sentido negativo es mucho peor aborrecer a Dios, que ignorarle.

Por el camino del primado de la voluntad, llega Escoto a subrayar la importancia del sujeto que conoce, que en Tomás quedaba como en un segundo plano. Es un paso muy importante en relación a la filosofía moderna.

Hay un punto donde Escoto se separa de Tomás respecto al camino a seguir tocante a las distintas competencias de la fe y la razón. Tomás siempre creyó que era necesario corregir y reformar a Aristóteles, pero Duns Escoto no quiere seguir el rumbo del aristotelismo como sistema, sino el espíritu del mismo: la investigación filosófica libre y no al servicio de la explicación de la fe, que no necesita otra justificación que la dada por la autoridad de Dios en su Palabra escrita. El dominio de la fe es la práctica, la moral y el culto a Dios, no la ciencia. El objeto de la teología no es desarrollar una teoría del universo, sino persuadir al hombre a que busque su propia salvación. Su fin no coincide con la investigación filosófico-científica, que, en aquellos tiempos, andaba unida. Escoto hizo valer el aristotelismo como norma de una rigurosa ciencia demostrativa. La ciencia experimental, abandonada en manos de astrólogos, alquimistas y otros hermetistas, va a pasar al dominio del hombre racionalista y experimentador. Asistimos a todo un cambio de marcha en la historia de la humanidad.

Ahora bien, el problema de Duns Escoto no es el estudio frío, abstracto, desubicado de la relación entre la fe y la razón, como podríamos plantearnos en

---

10. *Opus Oxoniense*, IV, III.
11. *De los nombres de Cristo*, "Introducción".

nuestra época. Cada filosofía, toda filosofía, parte de una situación y solo desde ella es inteligible. Nunca nos cansaremos de repetirlo.

Duns Escoto se sentía molesto con la orgullosa actitud de los aristotélicos cristianos, que llevando a un extremo la doctrina tomista, creían que la razón se bastaba por sí sola para explicar toda la realidad, la sensible y la suprasensible, la terrenal y la celestial. Duns Escoto se propone, mediante una crítica aguda, humillar la orgullosa actitud de los racionalistas, no para desnudar la fe de credibilidad, sino para otorgarle su verdadero valor sobrenatural.

Como su antecesor Anselmo, él sigue la tradición franciscana que dice que "no anteponer la fe es una presunción, pero no apelar seguidamente a la razón es negligencia". Duns Escoto otorga, pues, en el edificio de la fe el lugar que le corresponde a la razón, pero sin conceder a la razón un arrogante papel demostrativo de la existencia de Dios. A lo más que llega es a la "posibilidad" de la existencia de Dios. Solo el teólogo descubre su "necesidad". Los atributos de la divinidad no están al alcance de la especulación filosófica, pero resultan especialmente palpables para la fe. Karl Barth representa en muchos aspectos el *escotismo protestante*.

Esta desconfianza en la especulación filosófica va a constituir la decadencia de la Escolástica, montada sobre el presupuesto de la armonía entre la fe y la razón. Como escribe Gilson, Duns Escoto reivindica los derechos del Dios cristiano y los defiende instintivamente contra la contaminación del pensamiento helénico.

No obstante, Duns Escoto intentó demostrar dialécticamente la existencia de Dios, ser infinito, partiendo de la posibilidad necesaria del primer ser, de la que pasa a probar su existencia real, en acto, puesto que, si no existiese actualmente, no podría ser posible al ser absolutamente incausable. El Dios verdaderamente infinito es la Verdad y el Bien, y, además, la causa de la Verdad y del Bien.

Señor, Dios nuestro, por lo que se ha dicho, los católicos pueden concluir de algún modo muchas perfecciones que los filósofos han advertido en Ti, Tú eres el Primer Eficiente. Tú eres el Fin Último.

Tú eres el supremo en perfección y trasciendes en todo. Tú eres completamente e incorruptible; en verdad, es imposible que no seas porque, por Ti mismo, eres el ser necesario; y por eso eres eterno, porque tienes al mismo tiempo una interminabilidad de duración sin potencia para la sucesión. Porque no puede haber sucesión si no es en lo que continuamente está causado, o al menos en el ser dependiente de otro, y esta dependencia está lejos del que es necesario por sí en el ser.

Tú vives con vida nobilísima porque eres inteligente y volente. Tú eres feliz, eres esencialmente beatitud, porque Tú eres la comprensión de Ti mismo. Tú eres clara visión de Ti y amor gozosísimo; y aunque eres feliz solo en Ti y te baste contigo mismo en suprema suficiencia, entiendes en acto simultáneamente todo lo inteligible. Tú puedes querer simultáneamente todo lo causable, contingente y libremente, y queriéndolo puedes causarlo; verísimamente eres, pues, de un poder infinito. Eres incomprensible, infinito; pues nada omnisciente es finito; ni es finito el ente simple que existe, absolutamente por sí.

Tú solo eres perfecto sin más; no un ángel o un cuerpo perfectos, sino un ente perfecto a quien nada falta de la entidad que pudiera pertenecer a un ser. Toda entidad no podría pertenecer formalmente a un ser. Pero puede ser poseída por alguno eminente o formalmente, como Tú, oh Dios, la tienes, pues eres el ente supremo y, en verdad, el único infinito entre los entes.[12]

En resumen, Escoto devuelve a la teología todas las verdades reveladas, no sometidas a especulación. Limita al campo filosófico solo las cuestiones demostrables estrictamente de un modo racional. "El dogma y la razón, la Iglesia y el mundo amenazan divorciarse. Tomás miraba hacia atrás. Duns hacia el futuro"[13].

5. Guillermo de Ockham

Guillermo de Ockham continúa la obra de Escoto. Se ha dicho que él separa por completo la fe de la razón, pero esto no es totalmente cierto. Nunca el pensamiento cristiano se ha sentido atraído por el irracionalismo, como si la fe encontrara en él mayor amparo que en la ciencia. Lo que ocurre es que Ockham afirma aún más el carácter autónomo y positivo de la fe, a la vez que reconoce las exigencias insoslayables de la razón y la necesidad demostrativa de las afirmaciones científicas, que no pueden ser las de la fe. Como alguien ha dicho, Ockham es más exigente que sus adversarios en materia de demostración. La teología no dispone de métodos de prueba equiparables a los de la ciencia, no porque las doctrinas de la fe sean menos sólidas que los resultados de la investigación filosófica, sino que pertenecen a otro campo. "Se ve en ello la preocupación tan franciscana de asegurar a la fe su autonomía y plena independencia y se advierte la presencia y la acción del germen de desconfianza ante la razón natural pura de esta escuela. Por este aspecto de su pensamiento, Guillermo de Ockham seduce las grandes almas de un Pedro de Ailly o de un Gerson; cansados de tantas vanas disputas y desgarros incesantes entre escuelas opuestas, estos hombres siguieron la corriente que había de acabar creando una ciencia positiva, por un lado, y una teología positiva, por el otro"[14].

Las verdades cristianas sobrepasan las fuerzas de la razón, están por encima de ella, no les son contrarias, pero la teología no puede aportar pruebas que demuestren la verdad indubitable de su contenido. La "ciencia" teológica, en cuanto explicación razonada y lógica de la revelación, enseña las doctrinas contenidas en los principios revelados en la Escritura, pero solo a la fe pertenece aceptarlas.

---

12. *Tratado del primer principio*, IV, 10.
13. R. Seeberg, *op. cit.*, II, p. 171.
14. Evangelista Vilanova, *Historia de la teología cristiana*, "Teología escolástica", p. 849.

La teología no es ciencia en sentido riguroso, como quieren los tomistas, sino *explicación* doctrinal del contenido de la Escritura. Para ser ciencia tendría que poseer valor demostrativo, y no lo tiene. La doctrina cristiana no se demuestra, se *declara*, o como después dirá Karl Barth, el contenido del Evangelio no es objeto de prueba sino de proclamación.

Es imposible, dice, conocer a Dios por medios naturales. Mediante la razón se puede llegar a tener un concepto de Dios, pero sin poder afirmar su existencia. Las pruebas de la existencia de Dios son objeto de fe no de demostración. En Ockham, como en Escoto, domina más el motivo riguroso del método teológico, de puertas adentro, que el motivo apologético, de puertas afuera, de los primeros escolásticos. El principio de autoridad vale tanto para la fe, como el principio experimental para la filosofía y la ciencia. Apreciamos aquí la influencia del pensamiento de Roger Bacon.

Ockham no duda en apoyar a los teólogos que denunciaban la imposibilidad de apoyar el dogma con la filosofía. No hay, dice, que buscar justificaciones falsas para la fe. El teólogo debe prescindir del servicio de la filosofía. Se aprecia aquí un cierto cansancio y un cierto escepticismo respecto al alcance racional de la fe, cuya mejor defensa parece ser atrincherarse en ella misma.

Objetivamente considerado, "detrás de la aceptación pura y simple de la verdad de fe, se esconde la desconfianza en el intento de comprenderla racionalmente y la convicción de que la investigación filosófica no debe ni siquiera proponerse esta imposible tarea, sino que debe encauzarse hacia otros caminos"[15].

A su modo de ver, todos los intentos de probar racionalmente la existencia de Dios, ya *a priori* ya *a posteriori*, carecen de sentido, puesto que imponen una limitación al infinito, que por definición no puede limitarse. Para adquirir conocimiento, el hombre ha de recurrir directamente a los objetos de experiencia; solo en estos puede apreciarse la obra de Dios. Tal como había señalado Duns Escoto, es posible definir a Dios como el ser supremo, el primero y el infinito; pero ello será siempre un concepto confuso. En realidad, Dios es más. Estamos a un paso de Eckhart, y la vía mística, que aún quedaba por explorar al pensamiento cristiano en todas sus dimensiones.

5.1. Nominalismo, individualización y participación.

Para Aristóteles la ciencia trata de lo universal. Ockham mantiene que esta doctrina es contradictoria. Solo existe —como había mantenido Roger Bacon— lo singular y solo el singular puede ser objeto primario de ciencia. Y para el conocimiento del singular, la intuición es el punto de partida inexcusable. De esta manera Ockham inaugura la vía moderna: la intuición concreta, la ciencia experimental.

---

15. Abbagnano, *op. cit.*, I, 328.

El *empirismo* será el desenvolvimiento natural del *nominalismo* y continuará precisamente en Inglaterra. Al considerar el periodo de la Edad Media tuvimos ocasión de estudiar la problemática planteada por los universales *versus* nominales. A la luz de lo que ya llevamos dicho sobre Escoto y Ockham nos detendremos un poco más en este punto clave para entender algunas de las dificultades que condujeron a la separación definitiva entre la fe y la razón.

Llevado hasta sus consecuencias más extremas, el nominalismo es una doctrina de muy difícil reconciliación con el cristianismo. Tiende hacia una posición según la cual solo existe aquello que puedo aprehender como individuo: un ejemplar ligado a mi conocimiento por medio de mis sentidos, o por medio de mis sentidos ayudados por instrumentos. Un caballo, una brizna de hierba y hasta un microbio, cuando se inventa el microscopio unos siglos más tarde: he ahí lo que es real para el nominalista. Pero ¿y Dios? ¿Y la misma Iglesia, considerada como cosa aparte de los individuos que la integran? Le es difícil al nominalista extremo hacer de esto algo muy real. Y, efectivamente, las implicaciones lógicas del nominalismo medieval le colocan en el mismo grupo de lo que más tarde había de llamarse materialismo, positivismo, racionalismo o empirismo.

El realismo también presentaba sus peligros desde el punto de vista de la ortodoxia cristiana, aunque eran unos peligros menos apremiantes y menos evidentes. El realismo cuidó de Dios y de la Iglesia, de la justicia y de las demás ideas morales.

Para Paul Tillich, en el siglo XX, el problema del nominalismo y realismo —que casi desgarró la civilización occidental— se resuelve mediante la consideración de *la polaridad de la individualización y de la participación*. Según el nominalismo, solo el individuo posee una realidad ontológica; los universales son signos verbales que indican las similitudes existentes entre las cosas individuales. El conocimiento, pues, no es participación. Es un acto externo de aprehensión y control de las cosas. El conocimiento controlador es la expresión epistemológica de una ontología nominalista; el empirismo y el positivismo son sus consecuencias lógicas. Pero el nominalismo puro es insostenible. Incluso el empirista debe reconocer que todo lo alcanzable por el conocimiento debe tener la estructura de "ser cognoscible". Y esta estructura implica por definición una participación mutua del que conoce y de lo conocido. El nominalismo radical es incapaz de hacer comprensible el proceso del conocimiento.

El realista quiere indicar que los universales, las estructuras esenciales de las cosas, son lo realmente real en los conceptos. El "realismo místico" subraya la participación en oposición a la individualización, la participación del individuo en lo universal y la participación de quien conoce en lo conocido. En este sentido, el realismo es correcto y capaz de hacer comprensible el conocimiento. Pero se equivoca si establece una segunda realidad tras la realidad empírica y hace de la estructura de participación un nivel del ser en el que desaparecen la individualidad y la personalidad.

En los relatos bíblicos de la creación, Dios produce seres individuales y no universales, crea a Adán y Eva y no las ideas de masculinidad y feminidad. Incluso el neoplatonismo, a pesar de su realismo ontológico, aceptó la doctrina de que existen ideas (arquetipos eternos) no solo de las especies sino también de los individuos. La individualización no es una característica de una esfera particular de seres; es un elemento ontológico y, por ende, una cualidad de todas las cosas.

El yo individual participa en su medio ambiente, participa en su mundo. Una vida individual participa en las estructuras y las fuerzas naturales que actúan sobre él y sobre las cuales ella, a su vez, actúa. Esta es la razón por la que filósofos, como Nicolás de Cusa y Leibniz, afirmaron que el universo entero está presente en todo individuo, aunque limitado por sus limitaciones individuales. Hay cualidades microcósmicas en todo ser, pero solo el hombre es un *microcosmos*. El mundo está presente en el hombre, no solo indirecta e inconscientemente, sino directamente y en un encuentro racional de su mente y de la realidad.

Cuando la individualización alcanza la forma perfecta que llamamos "persona", la participación alcanza asimismo la forma perfecta que llamamos "comunión". La participación no es accidental para el individuo, es esencial. No existe ningún individuo sin participación, y no existe ningún ser personal sin un *ser comunitario*. La individualización y la participación son interdependientes en todos los niveles del ser. Esta es la respuesta moderna al problema antiguo de los universales[16].

5.2. Crítica del papado

La influencia de Ockham sobre Lutero es evidente en muchos puntos. En primer lugar, su declaración de independencia frente al papado a favor de la iglesia de los creyentes. Ockham defendió durante veinte años la doctrina de la iglesia como comunidad religiosa libre, ajena a intereses y finalidades materiales y de poder político, propios del papado. La iglesia, escribe, es el dominio del espíritu, debe ser reino de libertad.

Contra el absolutismo papal, Ockham representa el temprano toque de clarín en pro de la libertad de la conciencia religiosa y de la investigación filosófica. La ley de Cristo, dice, es ley de libertad. Al papado no le pertenece el poder absoluto (*plenitudo potestatis*) en materia espiritual ni en materia política. El poder papal es *ministrativus,* no *dominativus*: fue instituido para provecho de los súbditos, no para que les fuese quitada a ellos la libertad que la ley de Cristo vino a perfeccionar[17]. Ni el Papa, ni el Concilio tienen autoridad para establecer verdades que todos los fieles deban aceptar. Ya que la infalibilidad del magisterio religioso pertenece solamente a la Iglesia, que es "la multitud de todos los católicos que

---

16. Paul Tillich, *Teología sistemática*, vol. 1, I 1 a.

17. *De imperatorum et pontificum potestate*, VI.

hubo desde los tiempos de los profetas y apóstoles hasta ahora"[18]. La Iglesia es la libre comunidad de los fieles que reconoce y sanciona, en el curso de su tradición histórica, las verdades que constituyen su vida y su fundamento.

Para Ockham, un papado autoritario y despótico, que tiende a subordinar a sí la conciencia religiosa de los fieles y a ejercer sobre todos los príncipes y poderes de la tierra un poder político absoluto, es la negación del ideal cristiano de la Iglesia como comunidad libre, ajena a toda preocupación mundana, en la que la autoridad del papado debería servir al mantenimiento de la libertad de sus miembros.

Como franciscano, Ockham defiende el ideal de pobreza de Cristo y sus apóstoles, para demostrar que Cristo y los apóstoles no quisieron fundar un reino o dominio temporal, sino que ni siquiera desearon tener propiedad alguna. Fundaron una comunidad que, no teniendo por mira más que la salvación espiritual de sus miembros, renunciase a cualquier preocupación mundana y a cualquier instrumento de dominio sociopolítico. Los críticos católico-romanos de Ockham interpretan negativamente unas palabras que, según un escritor antiguo, dirigió a Luis el Bávaro cuando se refugió en su corte: "*O imperator, defende me gladio et ego te defendam calamo*" (¡Oh, emperador, defiéndeme con la espada, que yo te defenderá con la pluma!) Lo cual, según Abbagnano, no indica que Ockham quisiera convertir su labor teológica en una defensa del Emperador, sino que contrapone la iglesia de los creyentes al papado autoritario y defiende los derechos de la iglesia contra el absolutismo papal que pretende erigirse en árbitro de la conciencia religiosa de los fieles. La iglesia es para Ockham una comunidad histórica, que vive como tradición ininterrumpida a través de los siglos, y en esta tradición refuerza y enriquece el patrimonio de sus verdades fundamentales. El Papa puede equivocarse y caer en herejías; puede incurrir en herejías aun el Concilio, que está formado por hombres falibles, pero no puede caer en herejías aquella comunidad universal que no puede ser disuelta por ninguna voluntad humana y que, según la palabra de Cristo, durará hasta el fin de los siglos[19].

Después de Ockham la escolástica no tiene grandes personalidades ni grandes sistemas. Su ciclo histórico aparece como concluido y vive de la herencia del pasado. El tomismo, el escotismo, el occamismo son las escuelas que se disputan el campo, defendiendo polémicamente las doctrinas de sus maestros respectivos, a veces exagerándolas o deformándolas, casi nunca aportando nuevos desarrollos o contribuciones originales. Agotada en disputas internas, la escolástica entra en crisis, se debilita y muere.

---

18. *Dialogus ínter magistrum et discipulum*, I, trat. 1, q. 4.

19. *Dialogus ínter magistrum et discipulum*, I, trat. II, q. 25.

6. La vía mística

El cristianismo del siglo XIV se enfrenta una vez más a un grave problema de carácter apologético, tal como ocurrió durante los primeros siglos de la era cristiana. El puente entre la fe y la razón se ha destruido y es preciso crear uno nuevo. La fe no puede aceptar que la razón permanezca ajena o contraria a ella. Es preciso un nuevo entendimiento, una nueva defensa. El motivo apologético va a determinar de nuevo el enfoque cristiano de la filosofía y del pensamiento en general. Escoto y Ockham abrieron una brecha en el edificio de la fe eclesial que, en nombre de la autonomía e independencia de la teología, dejará en el aire el fundamento de la verdad cristiana, suspendido en el vacío de su propio autotestimonio.

¿Cómo justificar la fe ante la razón, si resulta que las verdades de fe no tienen fundamento en la razón, es decir, no son evidentes ni demostrables? ¿Qué valor, entonces, tiene la fe? ¿Es la creencia irracional? ¿Cómo superar la arbitrariedad y el irracionalismo? ¿Es la fe un salto en el vacío, en la oscuridad, como después dirá Kierkegaard, cansado del extremo y frío racionalismo luterano-hegeliano?

El *misticismo especulativo* será el último intento de la escolástica por justificar la fe. Entendemos por misticismo especulativo aquel que investiga la posibilidad de la elevación del hombre hacia Dios y la comunión en su verdad, frente al *misticismo común* o práctico, que se limita a describir esa elevación y unión de gracia.

La mística viene a ser el refugio necesario de la fe, una vez perdida la certeza racional. Entonces el abandono de la filosofía se siente como una liberación. "Feliz aquel a quien la verdad enseña por sí misma, no por imágenes y pasajeras palabras, sino tal cual ella es. Nuestra opinión y nuestros sentidos nos engañan muchas veces, y ven poco. ¿De qué sirve el demasiado cavilar sobre reconditeces y misterios, si el día del juicio no se nos reprenderá de nuestra ignorancia? Gran necedad, por cierto, es el escudriñar dañosas curiosidades y abandonar lo útil y lo necesario, y ¿por qué preocuparnos de los géneros y especies? De muchas opiniones se ve libre aquel a quien habla el Verbo eterno"[20].

Figuras destacadas del misticismo especulativo son el maestro Dietrich, nacido en Freiberg de Sajonia, alrededor de 1250, dominico y maestro de teología y, principalmente, el maestro Eckhart, nacido alrededor de 1260 en Hochheim, cerca de Gotha, dominico como el anterior y también maestro de teología. Su obra es el más grande intento de justificar especulativamente la fe. Su teoría consiste en establecer la unidad esencial entre el hombre y Dios, entre el mundo natural y el mundo sobrenatural y ofrecer así al hombre la posibilidad de una relación con el mundo sobrenatural y con Dios, que es la posibilidad de la fe.

Para Eckhart el camino místico es el único que abre la puerta a la verdad revelada, a la cual la investigación filosófica no puede conducir nunca. El presupuesto

---

20. Tomás Kempis, *Imitación de Cristo*, 1, 3.

implícito de la especulación de Eckhart es la desconfianza de alcanzar la fe por medio de la investigación realizada por la razón natural, desconfianza que está en la atmósfera filosófica de su tiempo. Su problema es el problema de la fe: encontrar la posibilidad y la justificación de la fe en la posibilidad y justificación de una relación directa entre el hombre y Dios. "Eckhart es el último gran intento medieval de dar a la fe religiosa un fundamento metafísico"[21].

La fe es el nacimiento de Dios en el alma; por ella el hombre y la mujer se convierten en hijos e hijas de Dios. La primera condición de este nacimiento es que el hombre vuelva las espaldas al pecado, se desinterese de todas las cosas finitas y se retraiga, por la multiplicidad de sus poderes espirituales, hacia aquella chispa de racionalidad, que es el dominio de lo eterno. "Nosotros no podemos ver a Dios, si no vemos a todas las cosas y a nosotros mismos como una pura nada". El hombre debe hacer morir en sí todo lo que pertenece a la criatura, para hacer vivir en sí el ser eterno de Dios: la muerte del ser de criatura en el hombre es el nacimiento en él del ser divino. A este nacimiento contribuyen poco las obras externas (ayunos, vigilias, maceraciones), pero mucho las obras internas, esto es, profundizar en la relación con Dios, el cual ama las almas, no las obras externas. Es necesario alcanzar a Dios, buscándolo en el punto central del alma: solamente allí revela Dios el fundamento de su divinidad, su entera naturaleza, su verdadera esencia por participación. En este punto culminante el hombre se convierte en una cosa con Dios, se convierte en Dios mismo; las propiedades de Dios se convierten en las suyas. No por esto el alma se anula enteramente en Dios; una línea sutilísima separa siempre el hombre de Dios: el hombre es Dios por gracia, Dios es Dios por naturaleza.

Dios no es simplemente ser, porque es "más que ser". Otro tanto dirá después Paul Tillich, en quien el elemento místico está presente en toda su obra. Todo emana de Dios porque es la plenitud del ser. "Dios todo lo ha hecho, no de forma que queden las cosas fuera de Él o junto a Él, como hacen los artífices manuales, sino que lo llamó de la nada, del no ser al ser, para que encontraran este ser, lo recibieran y lo tuvieran en Él".

Una de las doctrinas más originales de Eckhart se manifiesta en su famoso concepto del alma como "centella", "chispa" o "fondo". La centella del alma (*scintilla animae*) es el fondo último del alma. Dios se une al alma, por así decirlo, "en su centella" o fondo, porque, como decía Agustín, Dios es más íntimo a nosotros que nosotros mismos. La centella del alma no se limita a *comprender* a Dios como Verdad (tomismo), o a quererlo como el Bien (escotismo): se *une* a Él. En esta unión hay identificación del alma con Dios, pero sin perder su distinción e independencia, pues el alma participa de la naturaleza divina, pero no es esencialmente naturaleza divina.

21. Abbagnano, *op. cit.*, I, 387.

Discípulos inmediatos de Eckhart son Juan Tauler (1300-1361) y Enrique Suso (1295-1366). En el mismo círculo hay que incluir al flamenco Juan de Ruysbroeck (1293-1381), autor de numerosas obras místicas que continúa los temas fundamentales de Eckhart.

El espíritu posee a Dios esencialmente en su desnuda naturaleza y Dios posee el espíritu. El espíritu vive en Dios y Dios vive en él. Esta unidad esencial reside en Dios, si ella faltase, toda la criatura sería reducida a la nada.[22]

El fin de la meta mística es la unión en la unidad divina:

Nosotros contemplamos intensamente lo que somos y lo que contemplamos, eso mismo somos: así nuestra mente, vida y esencia, es elevada y unida a la verdad misma, que es Dios. En esta simple e intensa contemplación somos una única vida y un único espíritu con Dios. A esta llamo yo vida contemplativa.[23]

El influjo de Eckhart llegó a la Reforma, entre otras vías, mediante la *Teología alemana*, obra compuesta en Fráncfort por un dominico anónimo de la segunda mitad del siglo xiv y que fue publicada por vez primera por Lutero (1516-1518), lo que explica fácilmente su repudio de la filosofía, o de lo que él entiende por filosofía, y su apego a la vía mística que será fundamentalmente la opción protestante, por más que la mayoría de los escritores protestantes modernos no hayan reparado casi nunca en este punto. La Reforma está en continuidad directa con las aspiraciones místicas. Es puro misticismo en su concepto del cristianismo y en el procedimiento de la justificación por la fe. La fe como *fiducia* o confianza, el acceso directo a Dios, sin mediación humana, el rechazo de las obras externas, por la vivencia interna de Dios, el "Cristo para mí", el acento puesto en lo individual, la sospecha ceremonial, la potenciación de la palabra recibida, meditada; la oración interior, la comunicación espontánea del alma con Dios, todos estos y muchos más son elementos típicamente reivindicados por el misticismo de todos los tiempos, y refleja esa corriente dentro del cristianismo que hace abstracción de la realidad mundana —cultura, política, ciencia, economía— para volcarse ligero de preocupaciones mundanas en las cosas de Dios, cosas espirituales y místicas por excelencia. La Reforma fue un arrebato místico, al cual no se ha prestado la suficiente atención. Pues, como tal arrebato, tiene sus pros y sus contras. Lo iremos considerando en los lugares correspondientes.

Los historiadores de la filosofía coinciden en señalar que después de Ockham y de Eckhart, la filosofía medieval inicia una decadencia rápida, dominada por la

---

22. Ruysbroeck, *El ornamento de las bodas espirituales*, I, 59.
23. Ruysbroeck, *De calculo*, 10.

complicación creciente de sus distinciones y la dispersión en cuestiones accesorias, e incluso se advierte un cierto amaneramiento. Al final de la Edad Media se había hecho problemática la situación religiosa en que el hombre había vivido. Estaba en profunda crisis la teología, en la cual se subrayaba cada vez más el aspecto sobrenatural, y por ello se convertía o traducía en mística. Estaba además en situación igualmente crítica la organización medieval entera, la Iglesia y el Imperio.

Florece la mística en Flandes y en el resto de Europa. Se vive en comunidades que cultivan una nueva religiosidad. Se siente aversión por la teología. No importa saber, sino sentir y obrar, todo lo cual suena bastante moderno.

Se empieza a descubrir la naturaleza. Aparece el humanismo, que prolifera abundantísimamente. Se ataca a la Escolástica. El humanismo se enlaza con la nueva religiosidad, con la conciencia de que es menester una renovación, la cual culminará en la Reforma luterana y tendrá su réplica en Trento.

El interés por la naturaleza trasciende su propia esfera. A todo se aplica el criterio "natural". "No solo habrá una ciencia natural, sino un derecho natural, una religión natural, una moral natural, un naturalismo humano. ¿Qué quiere decir «religión natural»? Es lo que queda de la religión después de quitarle todo lo sobrenatural: revelación, dogma, historia, etc. La religión natural es lo que el hombre siente por su propia naturaleza: un Dios, no como el Dios personal del dogma cristiano, sino una idea de Dios. El derecho natural, la moral natural, son los que competen al hombre por solo ser hombre. Se trata de algo fuera de la historia y fuera, sobre todo, de la gracia"[24].

7. Juan Wyclif y el principio bíblico

Hacia finales del siglo XIV, se operaron en la vida intelectual de Europa cambios significativos. Los debates trascendentales eran ya cosa del pasado, y el mundo del saber se veía menos afectado por las discordias, toda vez que sucumbe el interés por el conocimiento teológico. El mismo Ockham fue, en muchos aspectos, una estrella crepuscular; su época no sentía ya la necesidad de una cosmología global y seria. En el norte de Europa, con todo, surgió la importante figura del intelectual inglés Juan Wyclif.

Juan Wyclif fue responsable de un nuevo elemento que en el futuro había de desempeñar un papel de suma importancia. Se trata del énfasis particular en la primacía de la Biblia, negando al mismo tiempo la autoridad de la Iglesia. El propio Wyclif confesaba ser antinominalista en filosofía; de hecho, era en extremo *realista*[25], que lo extendía hasta el punto de afirmar que incluso la Iglesia y la Biblia no eran sino imperfectas manifestaciones terrenas de las formas puras que existen

---

24. Julián Marías, *op. cit.*, p. 182.
25. Cf. Parte IV, 3.2.

en Dios. Consiguientemente rechazaba la iglesia institucional y vino a sostener que la palabra divina descansaba en los "elegidos" en virtud de la gracia. Esta teoría era consecuencia de sus concepciones teológicas, que a su vez procedían directamente de Thomas Bradwardine (1290-1349), profesor en Oxford y arzobispo de Canterbury, y tenían su origen remoto en Agustín de Hipona.

Wyclif hizo de la predestinación uno de los temas cruciales de su teología. Es bien sabido por los estudiantes de teología que la noción de "gracia" es fundamental en la doctrina cristiana, aunque no siempre se haya entendido correctamente. Wyclif creía que la gracia solo está presente en unos pocos escogidos, los "electos", y únicamente ellos irían al cielo. Se trata del predestinacionismo radical que se hará sistema en el calvinismo.

En este mundo no se puede saber quién pertenece al número de los elegidos o no. La Iglesia es, sin embargo, la comunidad formada por los elegidos, a quienes Dios une por gracia hasta el fin[26].

En 1379 Wyclif publicó un tratado sobre el poder del sumo pontífice, *De potestate papae*, en el que argüía que el gran cisma papal de Aviñón y Roma era prueba de la inutilidad de que hubiera un papa, reforzando su aserto con el argumento de que, puesto que no era posible saber si el papa formaba parte del número de los elegidos, tampoco era necesaria una autoridad inherente a su cargo. En cuanto al poder civil, lo consideraba igualmente inestable; la Europa continental se hallaba envuelta en continuas discordias a causa de la rivalidad de los diversos poderes seculares que combatían por asegurarse la autoridad; en Inglaterra, el reinado de Eduardo III monarca a la sazón, era un caos, y a su abrigo se daban en la iglesia los peores abusos de simonía y corrupción. Hacia el año 1371 apareció el primer tratado de Wyclif sobre el dominio espiritual, *De dominio divino*, en el que rompía con la idea tradicional de que la iglesia es el agente nombrado por Dios para ejercer su señorío sobre el hombre. Puesto que la auténtica Iglesia está constituida por los elegidos, ningún cuerpo o institución puede usurpar esta autoridad.

Más influencia, sin embargo, tuvo su tratado sobre la potestad civil, *De civili dominio*, escrito hacia 1376-1378. En él repetía sus anteriores argumentos, aunque nunca llegó a condenar el poder civil en sí mismo. Wyclif sostenía que todo poder había de ejercerse por dos autoridades: una civil por el soberano, otra espiritual por la Biblia. La Escritura es la auténtica y literalmente verdadera Palabra de Dios y, por tanto, no cabe en ella error alguno. Al considerar, sin embargo, la Biblia de acuerdo con su ideología realista como una "forma" particularizada de la palabra divina, deduce que el hombre ha de esforzarse por penetrar en su verdad última, con lo que deja paso a la actividad educativa. Con el fin de hacer la Biblia accesible a las masas, el propio Wyclif se dispuso a traducir el Nuevo Testamento al inglés medieval. Esto supuso un duro golpe para la iglesia, una de cuyas doctrinas

---

26. *De ecclesia*, 107.

más fundamentales es la de ser la única institución con autoridad para enseñar la verdad cristiana. La iglesia, por otra parte, se había opuesto siempre a toda traducción no autorizada de la Biblia y desaprobaba cualquier interpretación individual de la misma.

Wyclif dio origen a un movimiento popular, cuyos miembros eran conocidos por el despectivo nombre de "lolardos", algo así como "gruñones". Aunque fueron perseguidos, su movimiento de protesta y reforma se mantuvo y prosperó, llegando sobre todo a influir en la lejana Bohemia, ligada entonces a la corona inglesa por una alianza matrimonial, a través de las doctrinas de Jan Hus (1369-1416), rector de la universidad de Praga. Más tarde, en el siglo XVI, el movimiento alcanzaría su expresión última y definitiva en las enseñanzas de Martín Lutero[27].

8. Renacimiento y Reforma

El Renacimiento constituye un movimiento cultural que se inicia en Italia a finales del siglo XIV y se desarrolla y propaga por Europa durante los siglos XV y XVI. Aquí nos interesa desde el punto de vista filosófico. El Renacimiento filosófico señala un periodo de transición entre la filosofía medieval y la filosofía moderna.

El Renacimiento, cuya designación es de origen claramente evangélico (renacer, nuevo nacimiento), consiste esencialmente en un regreso a lo antiguo, un reapropiarse del poder y de la capacidad de los antiguos, toda vez que su propia época ha entrado en crisis, mayormente por desgaste, y busca una nueva, un cambio regenerador.

En el Renacimiento se revela al desnudo todo el espíritu de la filosofía moderna con sus inquietas tentativas hacia lo nuevo en todas las direcciones. Es un hervor juvenil y exaltado que se despliega en multitud de empresas nuevas: reedición de la antigüedad, incursiones en el campo de la mística y de la magia, cimentación de las modernas ciencias naturales, nueva concepción del hombre y del Estado. Se aspira en todo a lo fundamental y a lo grande[28].

El sello característico del Renacimiento es la duda y la especulación. Sus preocupaciones y curiosidades son ajenas al ideal cristiano. La vida retorna a lo mundano. El hombre, su fortaleza y belleza y la confianza en sí mismo son tan fascinadoras que Dios parece echarse en olvido. El pensamiento, el arte y la vida de aquella época son "humanos, demasiado humanos". La Virgen y el Niño siguen inspirando todavía a los pintores, pero los hombres glorifican entonces, de preferencia, la maternidad y no el misterio de la Encarnación. La Última Cena no simboliza sino la despedida de unos amigos, pues los hombres han cesado de

---

27. Cf. James Bowen, *op. cit*, I, pp. 227-30.
28. Johannes Hirschberger, *op. cit.*, I, p. 466.

creer que la hostia sea el cuerpo de Dios. El arte renacentista escoge con frecuencia asuntos de carácter cristiano, pero el arte es ya con menos frecuencia cristiano. El misterio y la liturgia cesan de ser comunes. Como en la época del paganismo precristiano, la muerte incita a los hombres a pensar no en la vida futura, sino en la dulzura, pujanza y belleza de la vida presente. El ideal que regula al siglo xv es el de enaltecer al individuo: su fe constituye un temible desafío contra el pesimismo cristiano acerca de la naturaleza humana.

A la austera renuncia cristiana del mundo opone un ideal más humano y ardiente, una viva confianza en las pasiones, un culto del placer mismo, una licencia, en fin, que, cuando deja de ser refinada, llega al límite de la corrupción. El hombre gótico, para quien este mundo era tránsito hacia el cielo, es reemplazado por el hombre moderno, firmemente anclado en una tierra hermosa que ama.

Aun a través de Leonardo da Vinci, por ejemplo, el Renacimiento se mostraba intelectualmente orgulloso y hacía un gran alarde de su cultura (no sospechaba que su saber era tanto más superficial cuanto más vasto), sin rastro alguno de aquella bondadosa simplicidad de las "criaturas" a quienes era revelado el misterio de Cristo. Entre las más destacadas figuras de la época, el culto absorbente de las ideas abstractas se traducía en una especie de indiferencia, en una tranquila y despreocupada tolerancia, que se complacía en ignorar el mundo espiritual y pugnaba por emanciparse de la doctrina moral y religiosa de la época precedente. Entre multitud de hombres y mujeres, de artistas y pensadores, de eclesiásticos y hombre de acción, el culto a la belleza física y el deleite sensual llegaron a constituir casi literalmente una religión rival. La bancarrota moral del paganismo se produjo entonces en un plano más elevado, y fue, por tanto, más aguda.

Con frases célebres de Jacob Buckhardt, en la edad moderna se afirma con énfasis parejo la parte subjetiva del hombre. Este deviene individuo espiritual y se reconoce como tal. Esta nueva fe en la personalidad se extiende incluso al ámbito religioso. La fe profesada por el místico es individualista y aristocrática, a diferencia del impersonalismo y suprapersonalismo medievales, patentes en la obra de Tomás de Aquino. Paradójicamente, el misticismo, que es la forma más profunda de la religiosidad, fue precursor del nuevo espíritu terrenal, cuya expresión máxima es el nuevo hombre reformado o protestante.

Dentro de la esfera eclesiástica, esta flamante afirmación de la individualidad humana halló su expresión en las disidencias de los grandes concilios eclesiales del siglo xv. El constitucionalismo en el gobierno de la iglesia y el ejemplo de los Concilios compartiendo la autoridad con el Papa (la cabeza y los miembros juntos, no la cabeza aparte imponiéndose despóticamente a los miembros) hubieran podido contribuir, como se reconoció más tarde, a orientar aquella época tan peligrosamente inestable. Pero el papado, al salir de los grandes Concilios, se mostraba más enérgico y más autocrático que antes, pretendiendo convertirse en autoridad moral y siendo ejemplo de simonía, corrupción de costumbres, ignorancia clerical y abuso de autoridad en campos que no le pertenecían. Y el fruto de ello fue la protesta y la revolución.

En este contexto hay que enmarcar la denuncia reformadora de Lutero y de todos los que vinieron después de él. El libre examen, que constituía uno de los principios más característicos de Lutero y que figuraba como título de su libro más importante, aunque el más breve de todos los suyos, fue esgrimido únicamente como arma defensiva contra la despótica autoridad papal que coartaba, entre los miembros de la iglesia católica, la libertad de opinar.

El origen laico de la Reforma es aquel género de individualismo que reconoce en cada persona el derecho o, más bien, el deber de erigirse en juez supremo de la verdad; que reconoce, en una palabra, la opinión del hombre de la calle. El individualismo es el sello de la época.

Consecuencia obligada e importante de tal individualismo es la revuelta del elemento seglar contra el elemento clerical, considerada por algunos como la característica fundamental de la Reforma. De la afirmación según la cual el deber del hombre es obrar con entera independencia, al margen de preocupaciones teológicas, nace toda la diferencia entre el pensamiento medieval y el pensamiento moderno. La filosofía, la ciencia, el arte y la política cesan de estar subordinados a la teología. En cierto modo la vida ha sido emancipada de la religión, entendida de un modo despótico. La religión ahora, la verdadera religión por la que suspiraban los místicos, forma parte de la vida secular y los deberes religiosos son los deberes con la vida y el prójimo. El ideal de la Reforma consiste menos en renunciar al mundo que en utilizar eficazmente lo que, después de todo, es el mundo de Dios y no del diablo. Pese a la viva creencia en el cielo y en el infierno que los reformadores habían heredado de la iglesia medieval, el protestantismo está firmemente anclado en las realidades terrenales, con vistas a la eternidad.

Las aportaciones del Renacimiento a la Reforma y al pensamiento moderno son transcendentales y aún son objeto de nuestra atención y de nuestros desvelos. Las podemos resumir en tres puntos, que desde entonces no han parado de analizarse:

a) El descubrimiento de la historicidad del ser humano.
b) El descubrimiento del hombre y de su naturaleza mundana, natural e histórica.
c) La tolerancia religiosa.

El humanismo renacentista realiza por primera vez la actitud de la perspectiva histórica, que en el sistema tomista pasaba desapercibida. El descubrimiento de la perspectiva histórica es en relación al tiempo lo que el descubrimiento de la perspectiva óptica, realizada por la pintura del Renacimiento, en relación al espacio: la capacidad de guardar la distancia de los objetos unos con otros y con el espectador; de ahí la capacidad de entenderlos en su lugar efectivo, en su distinción de los demás y en su individualidad auténtica. "El significado de la personalidad humana, como centro original autónomo de organización de los diversos aspectos de la vida, está condicionado por la perspectiva en este sentido. La importancia que el mundo moderno atribuye a la personalidad humana es la consecuencia de una actitud realizada por vez primera por el humanismo renacentista"[29].

9. Nicolás de Cusa y la filosofía alemana

Como venimos observando a lo largo de nuestro recorrido por la historia del pensamiento, las dos corrientes fundamentales de la filosofía, los ejes vertebrales en torno a los cuales aún hoy seguimos girando, son el platonismo y el aristotelismo. De nuevo en el Renacimiento vuelven a cobrar una función capital, con una mayor dosis de investigación filológica. El humanismo renacentista está ávido de fuentes originales. Es la única manera de evitar las deformaciones y las tergiversaciones que el fluir de la historia va posando en las aguas puras primigenias.

El platonismo, durante el Renacimiento, representa el sector que cifra sus anhelos de renovación en el renacer religioso. El aristotelismo busca originariamente el renacer especulativo, el retorno a la ciencia natural, libre y rigurosa. El renovador del platonismo en el sentido religioso es Nicolás de Cusa (1401-1464), la personalidad filosófica más completa del siglo xv y el padre del pensamiento alemán.

Nació en Kues, una aldea cerca de Tréveris, donde su padre era viticultor y barquero. Nicolás tuvo que huir de su casa cuando sus inclinaciones espirituales chocaban con las miras de su padre, que veía en él la continuidad del negocio familiar. Gracias al mecenazgo del conde de Manderscheid, que descubrió muy pronto el talento del muchacho, pudo estudiar en el célebre colegio de los Hermanos de la Vida Común de Deventer, donde se educaron otros humanistas alemanes. En la Universidad de Padua estudia leyes y regresa a Alemania con deseos de trasplantar a su patria los conocimientos científicos que florecían en Italia.

Su primera intervención pública importante fue en el Concilio de Basilea, reunido con vistas a establecer reformas radicales en el seno de la iglesia. Para ello escribió un libro, *Sobre la unidad católica*, que muestra la modernidad y lucidez de su pensamiento. En él defiende los derechos del Concilio para llevar a cabo las reformas necesarias contra la debilidad del Papa, cuyas intenciones era disolverlo. Denuncia asimismo la inmoralidad de la iglesia puesta de manifiesto por la codicia de la curia papal, la subasta de cargos eclesiásticos, así como la inmoralidad e ignorancia de los clérigos. Su condena se dirige igualmente a una piedad superficial que consideraba santa devoción pergeñar salmos y oraciones. Cusa fue el primero en la historia en atacar la *Donación de Constantino*, sobre la cual el papado fundamentaba sus pretensiones sobre el poder secular en Italia. Espíritu conciliador que entiende a Dios como la unión de los contrarios (*coincidentia*

---

29. N. Abbagnano, *op. cit.*, III, p. 12.

oppositorum), que es la idea capital de su filosofía, aboga por una reconciliación pacífica con los disidentes. Logró zanjar la cuestión de los husitas, garantizándoles condicionalmente la comunión en ambas especies.

Debido a su conocimiento del idioma griego, fue enviado en una delegación para negociar con los bizantinos la reunificación de las dos iglesias. En Constantinopla encontró un Corán árabe en un monasterio de Pera. Inquieto y preocupado por la conversión de los turcos, concibió un grandioso proyecto de evangelización, mostrando las coincidencias entre el Evangelio y el Corán, después de refutar los errores que este contenía. Sus críticas al Corán y el libro que escribiese sobre la paz religiosa, en el que intenta reconciliar cristianismo e islam basándose en una religión racional común, fueron los frutos de tales estudios.

De vuelta de Constantinopla descubre, como por "iluminación" e inspiración divina, la piedra angular de su filosofía: el concepto de la *docta ignorancia*, título al que obedece su obra más conocida. Responde al deseo de conciliar los contrarios en el infinito. La *docta ignorancia* es un concepto más complejo de lo que a primera vista parece.

Por una parte, nos recuerda a Sócrates y su conocida expresión: "Solo sé que no sé nada", a la que recurre Cusa en el primer capítulo de su obra. Hay hombres, dice, que se detienen en su camino satisfechos de su saber y no advierten que no saben muchas cosas que creen saber. A ésos hay que sacudirlos de su entumecimiento aguijoneándolos para que profundicen más y puedan efectivamente llegar a la verdadera ciencia, lo que nos recuerda la labor de Miguel de Unamuno cuando la comparaba al paseante que descubre gente dormida en la copa de los árboles y los zarandea para que caigan y comiencen a pensar. Cusa está convencido de que hay que airear el saber rutinario, adormecido por una larga tradición de escuela, y aquí apunta él sin duda cuando proclama en alto su consigna de comenzar por saberse "nesciente" para hacerse sabio de verdad.

Amante de las lenguas antiguas y de los libros, es una síntesis de lo mejor de la edad antigua y del pensamiento moderno que con él se inicia. En religión quiere un cristianismo vivo que sepa estar a la altura de las exigencias de la vida y del espíritu. Se trata, por tanto, de un pensador místico en esencia.

"Cusa hablaba de la invocación a los santos como un vestigio pagano. Y dentro de los límites de su autoridad, restringía sobre todo el abuso de indulgencias. Auténtico reformador antes de la Reforma, Nicolás fue el precursor de Lutero, Zwinglio y Calvino. Como Lutero, intentó substituir un pietismo superficial por un sentimiento religioso liberal, antidogmático e ilustrado... Diseñó un proyecto de reforma eclesiástica, que comprendía todos los estamentos, del bajo clero a los cardenales, y en virtud del cual se abolían la venta de indulgencias, el lujo desordenado de las órdenes religiosas y otros hábitos contra los que lucharía Lutero después. De haberse materializado este proyecto y si Pío I hubiera sido un poco menos veleidoso o hubiera alcanzado una edad más avanzada, habríanse olvidado los motivos históricos del protestantismo y la Reforma. Europa se habría ahorrado así la masacre que produjeron las guerras religiosas"[30].

9.1. Teología negativa como afirmación de la libertad divina

Para Cusa Dios existe por sí mismo y está en todo y por encima de todo y todo lo penetra. Si Dios es la totalidad de las cosas, no puede tener nombre, ya que los nombres designan entes individuales para diferenciarlos unos de otros. Una teología auténtica, pues, debe ser negativa, como ya hizo el Pseudo-Dionisio Areopagita. En la primera parte de *La docta ignorancia*, Cusa reconoce las posibilidades de la teología positiva que, sin embargo, necesita de la negativa como complemento indispensable, ya que, si no se dispusiese de ella, Dios seria venerado como criatura y no como ser infinito.

Así pues, la teología negativa sirve a Cusa para advertir contra la idolatría en la que se puede caer al hacer uso de una defectuosa teología "positiva" basada en imágenes mentales impropias, creadas por la autosuficiencia humana que cree posible encerrar a Dios en conceptos y doctrinas y presentarlo a la aceptación humana como un resultado divino, cuando en realidad se trata de un producto humano, una criatura, un ídolo intelectual, para el que se pide obediencia incuestionable. Lo "negativo" de la teología apofática, no es tal, en el sentido corriente de la palabra, sino que las negaciones son verdades que eliminan las afirmaciones imperfectas e insuficientes referentes a Aquel que es perfecto y presencia máxima, de modo que, sin caer en idolatría, podamos alcanzar "el máximo Dios unitrino, de infinita bondad, según los grados de la propia doctrina de la ignorancia, para que con todas nuestras fuerzas podamos alabar siempre al que siempre se nos muestra como incomprensible y que sea bendecido sobre todas las cosas en los siglos"[31]. La teología negativa es, pues, la afirmación más reverente y humilde del misterio de Dios como el ser que se posee a sí mismo, sin dejarse atrapar por el intelecto humano y su afán de explicar todo en términos finitos y limitados, que en eso consiste la idolatría, en limitación de Dios. Dios se protege a sí mismo mediante el misterio, y la teología negativa respeta esa decisión divina. Según el dicho tradicional, Dios es conocido por Dios mismo (*Deus per Deum cognoscitur*); significa que solo podemos alcanzar a Dios si él se nos comunica, o sea, se nos revela de antemano. O lo que es lo mismo: lo que de Dios se conoce viene de Dios por revelación y es siempre relativa a su trato o relación con sus criaturas en la historia. Tampoco la revelación es definitiva ni exhaustiva en lo que se refiere al ser de Dios.

Según la teología de la negación, en Dios no se halla otra cosa que infinitud, que por la eternidad mantendrá su carácter inalcanzable, sin que se pueda decir

---

30. L. von Bertalanffy, *Perspectivas en la teoría general de sistemas*, pp. 53-54.

31. *La docta ignorancia, 1, 26*

que después de la muerte habrá un conocimiento exacto de Dios como el que Él tiene de sí mismo. "La infinidad no es cognoscible en este siglo, ni en el futuro, ya que toda criatura, en cuanto que no puede comprender la luz infinita, está en las tinieblas con respecto a ella, la cual solo es conocida por sí misma"[32]. No puede haber una afirmación más decidida de la suprema soberanía de Dios, entendida como libertad frente a la manipulación teológica. No hay nada que haga más daño al pensamiento cristiano sobre Dios que las libertades que se ha tomado cierta teología afirmativa —dogmática— a la hora de arrogarse una representatividad que no le corresponde.

Puesto que el culto a Dios, que debe ser adorado en espíritu y verdad, se funda por necesidad en las cosas positivas que afirman a Dios, de ahí que toda religión asciende en su culto mediante la teología afirmativa, adorando a Dios como uno y trino; como sapientísimo, piadosísimos, luz inaccesible, vida, verdad y otras cosas más, y siempre le alcanza dirigiendo el culto por la fe, el cual es alcanzado con más verdad por la docta ignorancia; es decir, creyendo que este, a quien adoran como uno, es todas las cosas juntamente; y al que rinde culto como luz inaccesible, no es ciertamente una luz, en cuanto cosa corporal, a la que se oponen las tinieblas, sino la más simple e infinita, en la cual las tinieblas son luz infinita, y que esta luz infinita luce siempre en las tinieblas de nuestra ignorancia, pero las tinieblas nunca podrán abarcarle.

Y así la teología de la negación es tan necesaria a la de la afirmación que sin ella no se le rendiría culto a Dios en cuanto Dios infinito, sino antes en cuanto criatura, y tal culto es idolatría, pues tributa a la imagen aquello que solo conviene a la verdad. De ahí la utilidad que tendrá tratar un poco acerca de la teología negativa.

La sagrada ignorancia nos enseña que Dios es inefable, porque es infinitamente mayor que todas las cosas que pueden ser nombradas, y esto porque sobre lo más verdadero hablamos con más verdad por medio de la remoción y de la negación, como hizo el gran Dionisio, el cual no pensó que Él fuera ni verdad, ni entendimiento, ni luz, ni cualquier otra cosa de las que pueden ser dichas, y al cual le siguió el rabí Salomón y todos los sabios. Por lo cual, según esta teología negativa, no es Padre, ni Hijo, ni Espíritu Santo, en cuanto que es solo infinito. Y la infinidad no es, en cuanto infinidad, ni generante, ni engendrada, ni naciente. Por lo cual, Hilario Perictavensis [de Poitiers] dijo sutilísimamente, mientras distinguía las personas: "*In aterno infinitas species in imagine, usus in numere*", queriendo decir que aunque en la eternidad no podemos ver sino la infinidad, sin embargo, la infinidad, que es la misma eternidad, siendo negativa, no puede entenderse como generadora, sino como eternidad, y que la eternidad es afirmativa de la unidad o presencia máxima, por lo que es principio sin principio.[33]

32. *Id.*
33. *La docta ignorancia, 1, 26.*

Decir que Dios es el *maximun* es afirmar en Él la plenitud por excelencia, a la que nada falta: que no puede hacerse mayor ni tampoco menor. Por ello contiene Dios en sí todo lo que fuera de Él solo es visto y pensado como distinto por nuestro entendimiento. Él es la *complicatio* de todas las cosas, y como en Él no son ellas ya distintas ni diversas, Dios es también la *coincidentia oppositorum,* la unidad de los contrarios. En esta unidad superior queda superada la contradicción: en el máximo infinito coinciden todos los momentos divergentes, idea recogida por Hegel en toda su radicalidad.

Por otra parte, la doctrina de la docta ignorancia implica que el hombre no puede lanzarse al conocimiento de Dios sin tener en cuenta los límites de su subjetividad. Este dato es de máxima importancia. Los *límites* del conocimiento humano de Dios no anulan la *validez* del conocimiento humano de Dios, toda vez que, según la gran tradición, en virtud de la creación hay una semejanza entre la mente divina y la mente humana. Gracias a esta semejanza el hombre puede hallar en los límites de su subjetividad el verdadero rostro de Dios. Esto lleva a Cusa a desarrollar un tema que se ha vuelto problemático en Feuerbach y el humanismo ateo, para el que Dios es una proyección del ser humano, tomada dicha proyección en sentido inmanentista y negativo. Cusa explora el sentido positivo y transcendental.

Según la interpretación que Abbagnano hace de Cusa, el verdadero rostro divino no está determinado cuantitativa ni cualitativamente, ni según el tiempo, ni según el espacio: es la forma absoluta, el rostro de todos los rostros. Se parece a aquellos retratos que dirigen su mirada al observador, en cualquier parte que se halle. Quien mire a Dios con amor ve su rostro que le está mirando amorosamente; quien lo mira con ira ve también su rostro airado; y lo ve lleno de alegría quien lo mira con alegría. La subjetividad humana tiñe con su color el rostro de Dios, como una lente de color tiñe de su tinte los objetos observados. Pero precisamente en esta multiplicidad de rostros divinos, precisamente en este multiplicarse de los aspectos de Dios según la actitud subjetiva de quien lo busca, está la revelación de Dios en su verdad. Dios no puede revelarse más que a través de la subjetividad del hombre; y esta subjetividad no es impedimento para la búsqueda de Dios, sino su condición[34]. La subjetividad humana es reconocida aquí por Cusa en su pleno valor; para acercarse a Dios el hombre no debe negarla ni abolirla, sino reforzarla y desarrollarla. Es una fuerza asimiladora que se convierte en sensibilidad ante las cosas sensibles, y en razón ante las cosas racionales. Es una simiente divina que con su fuerza recoge en sí (*complicans*) los ejemplares de todas las cosas; y ha sido puesta en la tierra para que pueda dar sus frutos y desarrollar por sí conceptualmente la totalidad de las cosas. La subjetividad humana es actividad, capacidad de iniciativa y de desarrollo, posibilidad de adquisiciones siempre nuevas en el terreno del saber.

---

34. *De visione Dei,* 6.

La naturaleza intelectual del hombre es capaz de Dios porque es potencialmente infinita: puede de hecho entender siempre algo más *(Excitationes,* V*)*.

9.2. El camino interminable de la verdad

La fórmula de Anselmo está latente en todas las páginas de *La docta ignorancia*. Hay un ser, *el máximo*, según prefiere llamarlo Cusa, mayor que el cual no puede haber otro. Aplicado esto a nuestro conocimiento, o nivel gnoseológico, se desprende que nuestros conceptos de Dios —y de las cosas implicadas en Él como finitas, susceptibles de más o menos— solo son aproximadamente exactos, pudiendo siempre haber una serie de conceptos constantemente más aproximados a Dios y las cosas. Nada de este mundo es tan exacto, por su finitud, que no pueda ser concebido más exacto; nada tan recto que no pueda ser más recto; nada tan verdadero que no pueda ser aún más verdadero.

> Cualquier cosa que no sea el mismo máximo absoluto, es evidente que es dable que exista una mayor. Y puesto que hallamos una igualdad gradual, de tal modo que una cosa es más igual a una determinada que a otra, según conveniencia y diferencia genérica, específica, influyente según el lugar y el tiempo y otras semejantes, es manifiesto que no pueden hallarse dos o varias cosas tan semejantes e iguales que no sea posible hallar posteriormente un número infinito de otras más semejantes.[35]

Por lo tanto, la verdad absoluta escapa siempre al conocimiento finito, consistiendo en una gradual aproximación sin fin. La aproximación al ser absoluto, así como a la esencia de las cosas, es una constante posibilidad que nunca llegar a ser perfecta actualización. Si la sabiduría es un conocimiento total de las realidades, el hombre ha de conformarse con la ignorancia, pero no con una ignorancia cualquiera —sin sabiduría—, sino con una ignorancia que resulta del conocimiento de las limitaciones del entendimiento humano.

> Esta es la docta ignorancia, que no desemboca en un escepticismo, porque sabe que no sabe y lo sabe con total certidumbre. Además, partiendo de la incomprensibilidad de las cosas, puede introducir este mismo factor de lo incomprensible en su sistema, trascender los moldes impuestos al entendimiento humano por su limitación cognoscitiva y alcanzar de modo incomprensible las más altas realidades. El entendimiento sabe que no sabe. No puede explicar ni concebir la esencia de las cosas, pero por medio de su ignorancia docta, puede señalarlas más allá de su propia limitación y concebir, sin precisión, pero con certeza, un orden de cosas que trasciende sus débiles formas de conocer, determinada por su finitud constitutiva... Para nosotros, la contradicción es

---

35. *La docta ignorancia, 1, 3.*

uno de los principales pilares del discurso. Una cosa no puede ser y no ser al mismo tiempo, reza la fórmula tradicional del principio de contradicción. Y con su guía edificamos todo nuestro mundo racional. La mente humana no puede superar esto. Sin embargo, en Dios lo contradictorio se armoniza en la unidad. Nuestra ciencia se detiene en este principio. Sabemos que hay un universo y cosas opuestas e inconciliables en él. Sabemos que hay un ser absoluto. Hasta ahí nuestra razón. Por tanto, en este ser lo opuesto es uno, porque es la unidad absoluta. Y esto no lo podemos comprender, sino solo intuirlo de modo irracional. Y esto es la docta ignorancia.[36]

La teoría del conocimiento de Cusa sigue una línea entre el sensismo físico y el idealismo mental en afirmar el carácter histórico temporal del ser humano, que trasciende por su entendimiento. Por sus sentidos corporales está en el mundo y en el tiempo. Por su entendimiento excede el tiempo y el mundo. El sentido existe sujeto por movimientos en el mundo y en el tiempo. Existe sometido a la razón, que es la línea fronteriza entre el mundo y el tiempo. La razón está sometida al entendimiento y por encima del sentido, de modo que coinciden en ella las cosas que están por encima y por debajo del tiempo.

El sentido es incapaz para lo que está por encima de lo temporal y para lo espiritual. Así, pues, el animal no percibe las cosas que son de Dios, existiendo Dios como espíritu y más aún que como espíritu. Y por ello el conocimiento sensible está en las tinieblas de la ignorancia de las cosas eternas y se mueve según la carne, por la potencia concupiscible hacia los deseos carnales, y por la irascible cuando ha de remover los impedimentos. La razón, sin embargo, está por encima de esto por naturaleza, por participación de la naturaleza intelectual; contiene ciertas leyes por las cuales, como rectora del deseo de las pasiones, las modera y las reduce a lo justo, para que el hombre no ponga el fin en las cosas sensibles y no se prive del deseo espiritual del entendimiento. Y es la mejor de las leyes que ninguno haga a otro lo que no quiera que le hagan a él; y que las cosas eternas se antepongan a las temporales, y las puras y santas a las caducas e inmundas, Y a esto se dirigen las leyes, sacadas de la misma razón por medio de santísimos legisladores, según la diversidad del tiempo y del lugar, promulgadas como remedio para los pecadores.[37]

9.3. La fe, principio cognoscente y salvífico

Como cristiano y teólogo, el principio gnoseológico de Cusa, siguiendo la gran tradición cristiana, consiste en creer primero para entender después. "Todos nuestros mayores —escribe— han afirmado unánimemente que la fe era el principio

---

36. Manuel Fuentes Benot, Prólogo a *La docta ignorancia*.

37. *La docta ignorancia*, I, 6.

del conocimiento"[38]. Así, para él, la razón tiene que dominar el sentido, carnal y animal, y a su vez, el entendimiento, que vuela más alto, debe dominar a la razón, y con la ayuda de la fe ser atraído por Dios hacia la gloria, mediante la fe en Cristo. Pues "Cristo que es la cabeza y el principio de toda criatura racional, es también la razón máxima de la que procede toda razón"[39].

Basándose en Isaías 7:9, "Si no creéis no entenderéis", Cusa muestra la vinculación del entendimiento a la fe, con un doble efecto: la fe dirige el entendimiento y el entendimiento expande la fe, gracias al entendimiento. "Allí, pues, donde no hay una fe sana no existe un verdadero entendimiento"[40].

La fe es, pues, principio de conocimiento y de salvación, que después cobrará toda su importancia en Lutero, y que en el caso de Cusa se advierten y preanuncian intuiciones notables: "Nuestra justificación no es por nosotros, sino por Cristo, porque por ser Él toda plenitud, conseguimos en Él todas las cosas como si le tuviéramos, y como en esta vida lo podemos alcanzar por la fe no podemos justificarnos más que por la fe"[41]. La fe está vinculada a Cristo en todos los sentidos concebibles. "Es grande, en verdad, la fuerza de la fe que hace al hombre cristiforme"[42]. "Solo Él es capaz de colmar las cosas que nos faltan para que seamos el día de la resurrección un miembro íntegro y noble de Él"[43].

Para Cusa el entendimiento es signo de la presencia de Dios en el alma, como apetencia y apertura que nunca se colma, nunca se cierra, ni aquí ni en la eternidad, por lo que no cabe ningún concepto estático e inactivo de la bienaventuranza eterna. El entendimiento es insaciable en el tiempo, y en este sentido es una pregunta por Dios. Así como el hambriento busca alimentarse y convidado espera ver satisfecho su deseo, el alma desea a Dios y es de fe creer que no defraudará. Elementos todos ellos que juegan un papel muy importante en el pensamiento religioso actual.

> Si tal y como son estas cosas se meditan profundamente, una admirable dulzura espiritual nos embarga. Pues con un interno gusto de bondad inexpresable de Dios se olerá casi como si fuera un aromático humo, y cuando realicemos el tránsito nos la dará al parecer su gloria y nos saciará de ella sin hartura, pues este alimento inmortal es la misma vida. Y como el deseo de vivir crece siempre, se come el alimento de la vida, sin que se convierta en la naturaleza del que come, pues entonces produciría hartura y abrumaría y no podría sostener la vida inmortal, pues sería insuficiente en sí

38. *Id.*, III, 11.
39. *Id.*, III, 9.
40. *Id.*, I, 11.
41. *Id.*, I, 6.
42. *Id.*, I, 11.
43. *Id.*, I, 12.

y se convertiría en lo comido. Pero nuestro deseo intelectual es vivir intelectualmente, es decir, entrar continuamente y cada vez más en la vida y en la alegría. Y como es infinita, los bienaventurados son llevados a ella continuamente con su deseo. Y se sacian como sedientos que beben de la fuente de la vida, y como esta bebida no pasa al pretérito, porque está en la eternidad, siempre están bebiendo los bienaventurados y siempre se están saciando y nunca habrán de hartarse.

¡Bendito sea Dios que nos dio el entendimiento insaciable en el tiempo, cuyo deseo como no tiene fin, conoce lo inmortal por encima de la corruptibilidad temporal, por su deseo insaciable temporalmente y sabe que no puede saciar su deseada vida intelectual más que en la fruición del óptimo e inmenso bien, que nunca defrauda, en el cual la fruición no pasa al pretérito porque no decrece en la fruición![44]

10. Erasmo y el humanismo cristiano

El humanismo cristiano sustituyó los últimos vestigios de la Escolástica y quedó sólidamente implantado en la escuelas y universidades de Europa. Por humanismo se entiende aquel movimiento que preconiza el regreso a los clásicos como precondición de renovación. Humanismos hubo de todos los tipos y para todos los gustos. El humanismo puesto al servicio de la fe, es decir, como regreso a las fuentes de la religiosidad, tuvo su apóstol en la persona de Desiderio Erasmo (1466-1536), una de las personalidades más influyentes de Europa, con amplio seguimiento en España, hasta la inclusión de sus obras en el Índice de obras prohibidas de la iglesia católica.

Hijo ilegítimo de un clérigo y de la hija de un médico, su verdadero nombre era Geert Geertsz (Gerardo, hijo de Gerardo). Tuvo por maestro al notable humanista Alexander Hegius. Contrario al escolasticismo imperante en la Sorbona parisina, entró en relaciones con algunos de los humanistas más prestigiosos del momento como Robert Gauguin y Lefèvre d'Etaples. Reformista convencido considera su obra literaria un medio para "poder corregir el error de aquellos cuya religión está compuesta usualmente de ceremonias más que judaicas y observancia de orden material, y que olvidan las cosas que conducen a la piedad".

Amigo de John Colet y Tomás Moro en Inglaterra, impartió clases de teología y griego en Cambridge. En 1516 dio a conocer su obra más ambiciosa: una edición del texto griego del Nuevo Testamento, con notas y traducción latinas.

Su *Enchiridion militis christiani* (Manual del militante cristiano) marca la pauta de su reformismo cultural y progresivo, que expresa a la vez el primado del principio bíblico, la fuente original y originaria de la renovación religiosa que va a dominar todo el siglo.

---

44. *Id*, III, 12.

Si te dedicas por entero al estudio de las Escrituras, si meditas día y noche sobre la ley divina, nada te atemorizará jamás y estarás preparado para defenderte contra cualquier ataque del enemigo. Podría también añadir que una razonable lectura de los poetas y filósofos paganos es una buena preparación para la vida cristiana. Tenemos el ejemplo de san Basilio, que recomienda los poetas antiguos por su bondad natural. Tanto san Agustín como san Jerónimo siguieron este método. San Cipriano hizo maravillas adornando las Escrituras con la belleza literaria de los antiguos. Por supuesto que no es mi intención que os imbuyáis de la inmoralidad de los paganos al mismo tiempo que de sus excelencias literarias. Pero estoy seguro de que, a pesar de todo, encontraréis en los clásicos muchos ejemplos conducentes a una vida recta. En efecto, no pocos de estos escritores fueron magníficos maestros de la ética.[45]

Para el soldado cristiano no hay nada mejor que la lectura y la meditación de la Biblia. Es el libro de texto del creyente por excelencia, sin exclusión de los demás. Todos deben leer y entender la Biblia, para ello nada mejor que vertida al idioma del pueblo. Como Lutero después, Erasmo, en cuya obra se encuentran todos los temas de la Reforma contra el papado, protesta contra quienes no quieren que las Sagradas Escrituras sean leídas por los ignorantes ni traducidas al idioma vernáculo, pues sería confesar lo inconfesable: que Cristo ha enseñado cosas tan oscuras que apenas unos pocos teólogos pueden entenderlas, o que la defensa de la fe cristiana consiste en ser ignorada. Por el Evangelio sabemos que Cristo quiere que sus misterios sean divulgados lo más posible. Hasta el más ignorante debería conocer los evangelios y las epístolas de san Pablo. En la vuelta a esta lectura se cifra la renovación del hombre, la reforma de su ser.

A pesar de su decidida y valiente defensa de una Biblia abierta al pueblo, hay un punto que le separa de las posteriores reivindicaciones reformadoras. Erasmo no cree que la Biblia sea por sí sola la única autoridad requerida. Es la más *eminente*, pero no *suficiente* sola. No dice que sea necesaria otra guía, por ejemplo, el magisterio romano, pero sí que es peligroso permitir que las masas sometan la fe a examen desde la lectura desnuda de la Escritura. En esta cuestión Erasmo se aleja de la actitud y el convencimiento reformado de una Biblia sola y suficiente por sí misma. Pues la Biblia es la mejor intérprete de sí misma. Eso no quita que el pensamiento reformado no reconozca aspectos difíciles y profundos en la enseñanza bíblica. Lutero habla con frecuencia de *profunda theologia* y similares, *profundissimi theologi*, e incluso de "arcanos sutiles de la teología, que por su misma índole debieran ser debatidos solo entre expertos y no en presencia de personas simples y de escasa erudición",[46] pero esto no quita que cuanto es *necesario* para la salvación está suficientemente declarado para todos, en el lenguaje más comprensible.

45. *Manual del militante cristiano*, cap. 2.

46. *Lecciones sobre Romanos*, 1:24.

Su obra *Elogio de la locura*, compuesta en 1511 durante su estancia en Inglaterra, supone una crítica demoledora de las instituciones de la época, en particular, de la Iglesia, y de la inmoralidad reinante que tomaba cuerpo en el comercio de las indulgencias, de las supersticiones, de la falsa religiosidad de los clérigos, del abuso de las jerarquías eclesiásticas y del poder civil, de la ignorancia de los demás, y de la perduración de un escolasticismo dogmático, estéril y alejado de las verdaderas fuentes del cristianismo.

Escrito en latín, Erasmo utilizó el lenguaje de forma ecuménica. *El elogio de la locura* ha sido señalado por los historiadores como una obra fundamental para la Reforma —claro antecedente— el primer intento serio de dar a los hombres "una concepción de lo divino sin la mediación de la Iglesia" (Stefan Zweig). Después de esta crítica, la Reforma encontró el camino allanado para obtener sus fines. Bajo el disfraz de la locura Erasmo pasa revista al pueblo y a la élite por igual, a la iglesia y al gobierno. Nadie se escapa de su crítica moral, pero en especial los teólogos escolásticos, ocupados como estaban en sutilezas sutilísimas, enredados en una maraña de realistas, nominalistas, tomistas, albertistas, occamistas, escotistas y otros menos conocidos. Es tanta, dice, la erudición y tantas las dificultades que ponen, que los mismos apóstoles juzgarían necesaria una nueva venida del Espíritu si tuvieran que disputar de tales temas con ese nuevo género de teólogos. "Ocupados noche y día con sus halagadoras monsergas, no les queda un momento para hojear el Evangelio o las Epístolas de San Pablo"[47]. Es el peligro que corre el pensamiento a medida que crece y forma escuela, cada vez más ocupado con sus propias abstracciones y términos particulares que con la misma realidad. Erasmo aprecia a Agustín y a Tomás de Aquino, "el supremo aristotélico", pero no puede soportar a los bachilleres que con sus sutilezas y sus juicios pervierten el sentido de la Escritura y anulan el Evangelio.

El espíritu humano está hecho de tal suerte, que le es más accesible la mentira que la verdad. Si alguien desea una prueba evidente y palpable de esta afirmación, que vaya a la iglesia cuando haya sermón, en el cual si se narra algo serio todos dormitan, bostezan y se duermen. Pero si el voceador (perdón, quería decir el orador), como ocurre con frecuencia, relata algún cuento de viejas, todos despiertan, atienden y abren un palmo de boca. De igual forma, si se celebra la fiesta de un Santo fabuloso o poético —y si queréis ejemplos, tenéis de ese género a San Jorge, San Cristóbal y Santa Bárbara—, veréis que son venerados con mucha mayor devoción que San Pedro, San Pablo y el mismo Jesucristo (XLV).

Quizá sería mejor pasar en silencio a los teólogos, y evitar remover esa Camarina [laguna mefítica] y tocar esa hierba infecta, no ocurra que esa clase de hombres sorprendentemente severa e irritable tome contra mí mil conclusiones en bloque para

---

47. *Elogio de la locura*, 53.

obligarme a cantar la palinodia, y, si las recuso, clamen tachándome de hereje. No de otro modo suelen aterrorizar con sus rayos a quienes no les son propicios (LIII).

Muy próxima a la felicidad de los teólogos es la de aquellos a los que el vulgo llama Religiosos o Monjes, denominaciones en extremo impropias, porque buena parte de ellos distan mucho de la religión, y nadie circula más que ellos por todos los lugares.

En primer lugar, estiman como signo de la más alta piedad estar tan ayunos de toda clase de estudios que ni siquiera sepan leer... Estos hombres, que profesan la caridad apostólica, si ven en otro un hábito cortado de distinta forma o de color un poco más oscuro, hacen de ello una gran tragedia... Todo su afán consiste en no hacer nada con arreglo a los usos ordinarios de la vida. Su preocupación no es parecerse a Jesucristo, sino distanciarse entre sí (LIV).

Muy semejante a la conducta de los príncipes es la que desde hace tiempo observan los sumos pontífices, los cardenales y los obispos, que no solo les emulan, sino incluso les superan... No se acuerdan siquiera de que la palabra obispo equivale a trabajo, desvelo y solicitud. Solo son realmente obispos cuando se trata de atrapar dinero, abriendo entonces bien el ojo (LVII).

Si los sumos pontífices, que están en el lugar de Jesucristo, procuraran imitarle en su pobreza, en sus trabajos, en su doctrina, en su cruz y en su desprecio de la vida, si pensaran en el nombre de papa, que significa padre, y en el título de santísimo, ¿quién habría en la tierra más acongojado? ¿Quién pondría todo su empeño en alcanzar esa dignidad a toda costa, y quién, una vez alcanzada, querría conservarla mediante el acero, el veneno y toda clase de violencias? ¡De cuántas ventajas se privarían si alguna vez entrara en ellos la sabiduría!

Aunque Pedro haya dicho en el Evangelio «Lo hemos dejado todo para seguirte», al papa le erigen en patrimonio tierras, ciudades, tributos, puertos y todo un reino. Para conservar todo esto, inflamado en el amor de Cristo, combaten con el hierro y con el fuego, no sin gran sacrificio de la sangre de los cristianos, y creen defender apostólicamente a la Iglesia, esposa de Cristo, cuando exterminan sin piedad a los que llaman sus enemigos. ¡Como si hubiera enemigos más encarnizados de la iglesia que esos impíos pontífices, que con su silencio contribuyen a olvidar a Cristo, y lo invocan para sus granjerías, adulteran su enseñanza mediante interpretaciones forzadas y lo inmolan con su escandalosa conducta! (LIX) El espíritu humano está hecho de tal suerte, que le es más accesible la mentira que la verdad. Si alguien desea una prueba evidente y palpable de esta afirmación, que vaya a la iglesia cuando haya sermón, en el cual si se narra algo serio todos dormitan, bostezan y se duermen. Pero si el voceador (perdón, quería decir el orador), como ocurre con frecuencia, relata algún cuento de viejas, todos despiertan, atienden y abren un palmo de boca. De igual forma, si se celebra la fiesta de un Santo fabuloso o poético —y si queréis ejemplos, tenéis de ese género a San Jorge, San Cristóbal y Santa Bárbara—, veréis que son venerados con mucha mayor devoción que San Pedro, San Pablo y el mismo Jesucristo. (XLI).[48]

48. Cf. *El elogio de la locura.*

Pese a la valentía y mordacidad de sus críticas, Erasmo es un humanista que por todos los medios trata de conciliar la sabiduría de la antigüedad clásica con el cristianismo dentro de la autoridad establecida. En todo busca depurar los textos bíblicos acudiendo a las mismas fuentes y reinterpretándolas rigurosamente. Como era de esperar de la naturaleza humana, este método encontró su rechazo más decidido de parte de las viejas escuelas, indispuestas por hábito y costumbre a dejarse enseñar en novedades y, trágicamente, renegando a su condición de teólogos.

> Dos o tres charlatanes, embozados en el hábito de teólogos, se esfuerzan en levantar la envidia contra mí, so pretexto de que he ofendido y herido a la orden de los teólogos" —escribe Erasmo en carta a su amigo Martín Dorpio—. "Doy tanta importancia a la ciencia teológica, que únicamente a ella suelo llamar ciencia. Respeto y venero esta orden hasta tal punto, que es la única en la que me he enrolado y a la que he querido adscribirme, aunque el pudor me prohíbe que me arrogue un título tan eximio, porque no ignoro qué atributos de erudición y de vida se deben al nombre de teólogo. Hay no sé qué de sobrehumano en la profesión de teólogo.[49]

Como haciéndose eco de Tertuliano, aunque en este caso, desesperado de las sutilezas no del paganismo sino de sus propios hermanos de fe, Erasmo pregunta: "¿Qué relación existe entre Cristo y Aristóteles? ¿Qué relación entre las sutilezas sofísticas y los misterios de la eterna sabiduría? ¿A qué vienen los laberintos de todas estas cuestiones? ¿Cuántas entre ellas no son ociosas, cuántas perniciosas, y ello a causa de las disputas y las disidencias que engendran? Ciertamente, hay aspectos que investigar y aspectos que resolver. No lo niego; pero en cambio hay muchos que vale más omitir que indagar (corresponde a la ciencia ignorar algunos); y muchos acerca de los cuales es más prudente dudar que decidir... En resumen, se ha llegado al extremo de que lo básico de la religión depende no tanto de la prescripción de Cristo como de las definiciones de los escolásticos y del poder de los obispos, cualesquiera que sean. Por estas cosas, todo ha sido tan bien embrollado que no existe ninguna esperanza de volver al mundo al verdadero Cristianismo"[50].

La esperanza cristiana se preparaba para el nuevo asalto contra el embrollo que no la dejaba respirar, y este va a venir de la mano de Lutero. Pero los poderes religiosos y seculares no quisieron hacerle caso y lanzaron contra él toda la violencia de que eran capaces, contribuyendo a ensanchar las diferencias y agrandar la rotura. Preocupado de la salvación de las almas confiadas a su cuidado, Lutero enviará el Aristóteles escolástico a paseo, que es lo que mejor solía hacer, y limitarse únicamente a Cristo en su Palabra.

---

49. *Carta*, 17.
50. *Carta a Martín Dorpio*, 19.

11. Lutero y el renacimiento religioso

Los humanistas del Renacimiento querían reformar y renovar la vida religiosa desde las luces que les aportaban la cultura y las letras, pero entonces, como observa Abbagnano, reducían la religión a una actividad intelectual destinada a los doctos. No se trataba de una religión verdadera, sino de una filosofía teológica en la que el cristianismo originario del Nuevo Testamento era solo un elemento entre otros, y ni siquiera dominante. La reforma de la vida religiosa del Occidente cristiano podía ser solo resultado de un retorno a las fuentes del cristianismo como tal, es decir, no a las autoridades patrísticas o a la teología greco-oriental, sino a la palabra misma de Cristo, a la verdad revelada en la Biblia. El *renacer* espiritual, la *reforma* total del hombre, que la predicación de Cristo había anunciado y promovido, podía tener otra vez su sentido originario y convertirse en realidad solo con un retorno a la palabra divina, tal como está expresada en los evangelios y en los demás libros de la Biblia. La Palabra de Dios se dirige, no a los doctos, sino a todo hombre como tal, y no quiere reformar la doctrina, sino la vida. Una renovación religiosa, en el espíritu del Renacimiento, tenía que *revivir* directamente la Palabra de Dios en la *conciencia* de los hombres, librándola de las superestructuras tradicionales, devolviéndola a su forma genuina y a su poder salvador. Esa fue la tarea de la Reforma protestante, e inicialmente de un hombre: Martín Lutero.

Martín Lutero (1483-1546), fraile y profesor de Sagrada Escritura, estaba animado por una fe muy sentida en la inmediatez divina. Conocía el hebreo y el griego, es decir, no pertenecía a aquella categoría de frailes ignorantes que Erasmo criticara. Al contrario, Erasmo le apreció desde el principio, si bien llegó un momento en que cada cual tuvo que tomar posiciones y seguir un camino distinto. El 28 de marzo de 1519 Lutero escribió una carta a Erasmo rogándole que se pronunciara públicamente en favor de la Reforma. Erasmo, aun aprobando los principios de que partía Lutero, rehusó seguirle y animarle en su obra. En la lucha que el movimiento reformador desencadenó, Erasmo quiso mantenerse neutral. No quería ligarse a ningún partido y era totalmente ajeno a cualquier movimiento que provocara rebeliones o desórdenes. A su favor, decir que no condenó la Reforma, ni siquiera cuando polemizó con la tesis luterana sobre el libre albedrío.

Hombre del Renacimiento, Lutero se propone renovar el cristianismo con un retorno a la enseñanza evangélica originaria. Frente a los tradicionalistas él grita: "¡Evangelio! ¡Evangelio!"

Como hemos apuntado, Lutero no es un fraile ignorante y obscurantista; está convencido de que los estudios humanistas podían hacer por la sociedad más y mejor que la jerga de los escolásticos, siempre y cuando se pusieran al servicio de la doctrina y la piedad cristianas.

Estoy convencido —escribe— de que sin la formación seria en las letras humanas no es posible crear ni mantener una auténtica teología, pues el único camino para llegar a una revelación de la verdad divina pasa por una renovación y práctica del estudio de las lenguas y su literatura. Ciertamente nada hay que yo desee menos que suceda que nuestros jóvenes descuiden la poesía y la retórica.[51]

En ningún momento entiende Lutero que el motivo bíblico elimine la aportación de la cultura. Es un hombre religioso y lo único que le preocupa es que, por unos u otros medios, los hombres se escuden tras falsas razones para ignorar a Dios y su Palabra. Como médico de almas su pretensión máxima es la salud espiritual de las personas confiadas a su cuidado. Todo lo que no sea perjudicial, sino contribuya al esclarecimiento de la voluntad de Dios, es deseable y necesario.

Conforme a la aspiración mística, Lutero busca el contacto directo e inmediato con Dios, dejando a un lado las instancias mediadoras, que han revelado históricamente su carácter entorpecedor al libre acceso a Dios. Las mediaciones, en peligro de ser constantemente aumentadas, separan más que unen. La verdadera religión consiste en ir directamente a Dios por el camino de Dios, o sea, su Verbo, su Hijo. Los enemigos más preclaros de Lutero comprendieron que el aspecto más peligroso de sus miras reformadoras consistía, no en su crítica de la corrupción eclesiástica o monacal, sino en su rechazo de la mediación religiosa, en nombre de una religión del libre espíritu. El español Melchor Cano, dominico y hombre de vasta erudición, con fino instinto para detectar la desviación heterodoxa, denunció a Lutero como un auténtico revolucionario del espíritu.

Para Cano, las tesis de Lutero solo eran la expresión revolucionaria de una tendencia general hacia la religión interior e inspirada, una religión de libre inspiración, que encontraba muchos adeptos en España, y que respondía a la necesidad de las almas de entrar en comunicación libre con Dios. Era una interpretación del cristianismo que respetaba poco el magisterio de teólogos y filósofos, que acentuaba la oposición entre la razón y la fe, y para la que esa fe era al mismo tiempo la fe en la gracia divina y esa misma gracia, que es amor de Dios y presencia de Dios en el hombre. El hombre con esa fe es justo, no peca, no tiene otra voluntad que la de Dios. Su única oración es "Hágase tu voluntad", una oración en que pide el socorro divino, una oración que no tiene nada que ver con la oración vocal y con las ceremonias, las cuales no tienen más utilidad que prestar puntos de apoyo para que la verdadera oración se eleve a Dios.

Existía antagonismo evidente entre esta religión de inspiración y las exigencias dogmáticas y ceremoniales del catolicismo, antagonismo exagerado quizá por Cano, teólogo antimístico. Cano levantaba el catolicismo, con sus instituciones y su tradición, contra este cristianismo de inspiración. Si se permitía esa religión de interioridad, era la total revolución religiosa. La crítica de las ceremonias traería la muerte del culto; el pueblo se sacudiría los mandamientos de la iglesia; se hundiría la teología escolástica;

---

51. *Carta a Eobanus Hessus*, 29 de marzo de 1523.

se hundiría la razón; habría que cerrar los libros; habría que abandonar las cátedras y las Universidades. Cano, como decimos, levantaba al catolicismo con sus instituciones y su tradición, contra ese cristianismo de inspiración, y hacía elegir entre la herejía y la institución eclesiástica, a la que quería restaurar en todo su antiguo esplendor. Los decretos del Concilio de Trento vinieron, después de los escritos de Cano, a dar la sanción a esos esfuerzos de restauración, dejando todo el edificio de la devoción ceremonial depurado, pero consolidado por siglos.[52]

11.1. Ambivalencia de la razón

La teología de Lutero está basada en una repulsa de toda comprensión racional de Dios, es decir, en el aserto de que el hombre no puede, por la sola razón, adquirir conocimiento alguno de Dios porque es incapaz por sí mismo de llegar a saber quién o qué es Dios (*quid sit Deus*). El entendimiento natural debe quedar al margen en materias de fe.

En esta manera de proceder no hacía sino seguir la corriente general de su época, como precedente inmediato, y la escuela occamista, como precedente lejano. En una de sus *Charlas de sobremesa* se refiere a Ockham como "mi querido maestro". "*Occam, magíster meus, summus fuit dialecticus, sed gratiam non habuit loquendi*". Melanchthón atestigua que Lutero leía con asiduidad los escritos de Ockham, y se sabía casi de memoria los de Pedro d'Ailly y Gabriel Biel, típicos representantes del nominalismo. Para los occamistas estaba prácticamente excluida una fundamentación lógica y racional de la fe. No otra es la opinión de Lutero.

Aborrecía a todos los escolásticos, teniéndolos por "asnos y bestias", y a los centros universitarios, como Paris, Lovaina y Colonia, los denominaba "burdeles de Satanás", porque violaban y corrompían la Palabra de Dios, a la que se considera estrechamente ligado. Como hemos visto en el caso de Erasmo, Lutero no se hallaba solo en esta invectiva contra el escolasticismo decadente. Casi todos los humanistas por igual vapuleaban a los "teologastros", desdeñando la forma externa y el método escolástico. Es por amor al Evangelio que Lutero no permite la intromisión del pagano Aristóteles, en cuanto es utilizado por los enemigos de la reforma para fundamentar sus vanas tradiciones humanas. Los escolásticos citaban con frecuencia el pasaje de Aristóteles que dice "llegamos a ser justos realizando acciones justas",[53] que Lutero había aprendido en sus clases de teología y que tantos problemas le causó a la hora de elevarse al concepto bíblico de justicia, y rechazar el insuficiente sistema sacramental católico. "Para Aristóteles —escribe Lutero en su comentario a Romanos 1:17—, la justicia es el resultado de las obras, y se origina en ellas. Pero para Dios, la justicia precede a las obras, de modo que las obras son

---

52. Alberto Jiménez, *Historia de la Universidad Española*, pp. 206-207.

53. *Moral a Nicomaco*, I, 7.

el resultado de la justicia". Este postulado será el principio de la reforma y de la comprensión evangélica de la vida y de la salvación: *la justificación por la fe sola*. Si los teologastros-filosóficos no lo entendían así, peor para ellos.

Otro motivo dominante en el pensamiento de Lutero es su doctrina de los dos reinos, que no solo tiene repercusiones políticas, sino teológicas. Como es sabido Lutero divide la historia y la experiencia humana en dos ciudadanías o reinos: *regnum mundi y regnum Christi*. El reino de Cristo no pertenece a este mundo, está fuera del alcance de la razón. Siguiendo a Ockham, Lutero rechaza los universales, aceptando únicamente la realidad de las experiencias particulares e individuales. Al negar la realidad de los universales, Lutero limitaba por el hecho mismo el alcance de la razón a la experiencia de los fenómenos de "este mundo", es decir, al *regnum mundi*. La razón, afirmaba, se ciñe exclusivamente al reino del mundo; dentro de este campo de acontecimientos terrenos la razón es autónoma y redunda en la adquisición de conocimientos demostrables. Esto es lo que Lutero llamaba "razón natural" *(ratio naturalis)*, cuya legitimidad quedaba para él fuera de toda discusión o duda. Su bien conocida hostilidad hacia la razón, expresada con todo dramatismo en su último sermón de Wittenberg en 1546, pero que impregna también la mayor parte de su obra escrita, apuntaba hacia lo que él consideraba como una razón presuntuosa, una razón que se arroga el conocimiento de aquello que pertenece al "reino" de la fe. La *ratio naturalis* no es otra cosa que el método de discusión e investigación lógicas, y es necesaria al hombre; la razón arrogante, que sobre todo es la obra de los escolásticos y de Tomás de Aquino en particular, ha dejado de ser ya un método, para convertirse en un cuerpo de doctrinas establecidas. Esto era para Lutero una prostitución de la razón al servicio de la injustificable presunción humana de conocer definitivamente a Dios; semejante razón solo podía estar al servicio del diablo, y Lutero la apellidaba en consecuencia *Frau Hulda*, la prostituta del demonio.

> Porque todo cuanto el orden o la razón de este mundo descubran cae muy por debajo de la ley divina. Más aún, la Escritura prohíbe seguir el dictamen de la razón (Dt. 12:18; Gn. 6:5)… Por eso todo intento de salvaguardar o fundamentar el orden de Dios mediante la razón, a menos que esta haya sido previamente instruida e iluminada por la fe, es como si yo quisiera alumbrar el sol con una linterna apagada o utilizar un cañizal como cimiento de una roca.[54]

En la aclaración preventiva, "a menos que la razón haya sido previamente instruida e iluminada por la fe", se advierte que Lutero no tiene nada contra la razón en sí, trabajando en armonía con la fe, sino cuando aquella opera por su cuenta y contra la fe misma. Lutero aprueba y anima a cultivar las disciplinas profanas o seculares

---

54. *Sobre el papado de Roma*, 1520.

que ayudan al desarrollo del intelecto humano, lo que le preocupa y reprueba es la intromisión indebida de los conocimientos naturales en los revelados.

Lutero fue un fraile que devino reformador de la iglesia, y por ende de la Cristiandad. Sus contrincantes no eran los filósofos árabes, o los profesores averroístas, como ocurrió durante la Escolástica, ni tampoco los filósofos paganos neoplatónicos y estoicos, tal como fue durante la Patrística, sino unos profesores de teología, nominalmente cristianos, que con recurso a una filosofía defectuosa habían complicado, oscurecido y negado la simplicidad y libertad del Evangelio de salvación. El discurso de Lutero estaba dirigido a reformar la iglesia en cabeza y miembros, con vistas a la renovación de la piedad y la seriedad evangélicas, y no entraba en sus planes convencer ateos o convertir filósofos descreídos. Dios era para él tan real como los rayos de una tormenta, o los dolores de cabeza. Su enemigo era el papado en cuanto encarnación institucional de la corrupción del puro Evangelio de Jesucristo. No hay que esperar en este religioso refinamientos filosóficos. Lutero se queda con el pensamiento bíblico, toda vez que la filosofía aristotélica que conoce es utilizada por los teólogos contra su concepto del Evangelio. La Palabra de Dios le es suficiente, como debe serlo para cualquier buen creyente, y si no lo es, de nada le valdrá el razonamiento filosófico, pues la fe viene mediante la Palabra de Dios, no como consecuencia de un silogismo filosófico. Del mismo modo que Tertuliano, Lutero podría haber formulado idéntica pregunta: ¿Qué tiene que ver Jerusalén con Atenas? Pero con el agravante de que la cuestión ya se había discutido y ofrecido una respuesta favorable a la convivencia necesaria entre la fe y la razón. Lutero retrocede en esa confrontación y en lugar de integrar la filosofía en la teología, la desintegra, desentendiéndose de ella, toda vez que la única filosofía que él conoce es un escolasticismo decadente y caduco, que entierra la semilla del Evangelio bajo un manto irrespirable de silogismos y preceptos sobre preceptos. Pero la falta de visión para una auténtica filosofía, una filosofía acorde a la fe redescubierta, hizo que muchos humanistas, que habían visto con buenos ojos las primeras acciones de Lutero, terminaran desentendiéndose de su reforma.

Lutero pertenece a esa nunca extinta tradición cristiana que mantiene el prejuicio antigriego como condición *sine qua non* para expresar la fe en toda su pureza, sin añadidos ni distorsiones, por eso insta a los creyentes a que abjuren de Aristóteles. El Evangelio remite a la palabra divina y al acto de escucharla que constituye lo más elevado del encuentro con Dios. El "motivo antigriego" de la Reforma fue responsable de la enajenación de los humanistas que esperaban una Reforma menos exclusivista, más universal.

Solo hubo un momento, con la incorporación del humanista Felipe Melanchtón al movimiento reformador, que podría haberse dado la reconciliación, pero al final, el motivo religioso (que considera la filosofía como un intruso), entendido primordialmente en términos de salvación ultraterrena, acabó por absorber los elementos culturales del Evangelio. Como buen humanista, Melanchtón creía que la reforma de la Iglesia pasa necesariamente por la vuelta a las fuentes, es decir, a la verdad evangélica (*quam quod Evangelicae Veritati*), para lo cual es imprescindible la gramática. Pero el *momento filológico* no dio paso al desarrollo filosófico en consonancia con la nueva experiencia del espíritu y de la vida. Lo más que Melanchtón hizo, al ver que los alumnos a sus clases aumentaban, fue llegar a establecer en su propia casa una escuela de humanidades, donde se enseñaba latín, griego, hebreo, matemáticas, ética y la física de Aristóteles. Un Aristóteles cercenado de su metafísica, reducido a sus aspectos filológicos y físicos. La filología, momento previo de la investigación, va a estancarse en sí misma y no da paso al siguiente momento de la libertad de reflexión. El énfasis en lo filológico va a marcar la dirección del pensamiento protestante, hasta el punto de que Hegel diga que en el protestantismo no se hace teología, sino pura y simple filología. La Reforma perdió su gran oportunidad. A nosotros nos toca corregir el malentendido, o bien perpetuar el entuerto a riesgo de caer en un hoyo.

El énfasis en la fe como medio de recibir la salvación, extendido a todo lo que se refiere al contenido de las verdades reveladas, conduce a un fideísmo que paraliza y disuade la investigación filosófica creativa en línea con esas verdades. O por decirlo con otras palabras, el momento de la fe no tiene por qué eliminar el momento del pensamiento. En clave de humor, Hegel cita la frase de Anselmo respecto a la necesidad de mantenerse firmes en la fe y esforzarse por llegar a comprender lo que se cree, y apostilla: "Hoy se considera esto como un acto de soberbia, reputándose el saber inmediato y la fe como superiores al conocimiento"[55].

En descargo de los reformadores hay que decir que siempre es preciso analizar la Reforma en su contexto religioso, como reforma religiosa que realmente fue, movimiento de protesta en nombre del Evangelio de Cristo contra las intromisiones del pensamiento humano. Más que comprender, los hombres del siglo XVI sienten necesidad de seguridad, por eso les parecen terriblemente innecesarias las distinciones teológicas que expresan el mensaje de salvación, toda vez que lo complican y dificultan para la fe simple y sencilla que, ante todo, busca sentirse segura del perdón divino.

Hay también algo de ingenuidad en el biblicismo reformado. Los reformadores descubren la frescura y la novedad del mensaje cristiano en las fuentes originales, sin aditamentos posteriores, y no logran salir de su asombro. Han entrado en mundo nuevo que les fascina por entero. Una vez puesto el pie en él creen que ya no resta más que seguir caminando. Animan a todos por doquier a que lean las Escrituras y descubran lo que ellos han descubierto. La primera sorpresa será que no todos los ojos ven las mismas cosas. Que lo que para uno dice el Señor, para otros no lo dice. Que no es lo mismo "según la clara y diáfana enseñanza de la Biblia", que "según mi interpretación de la enseñanza de la Biblia". A poco

---

55. Hegel, *Lecciones sobre la historia de la filosofía*, II, 124.

que uno se descuide la afirmación "la Biblia dice" se transmuta en "la Palabra de Dios es mi palabra y dice lo que yo digo". Toda la Reforma se convertirá en un problema hermenéutico, reviviendo de este modo la polémica de Cristo y los apóstoles en torno a la verdadera interpretación del Antiguo Testamento, disputada con los escribas y fariseos.

Por otra parte, la labor reformadora se emprendió y llevó a cabo como una cuestión popular, con vistas al pueblo descarriado. Mientras que Erasmo desconfía del pueblo y de sus dirigentes, la Reforma busca su regeneración mediante la palabra evangélica. Aunque los promotores de la Reforma fuesen hombres de letras, sacerdotes y profesores en su mayor parte, ellos entendieron su acción como un movimiento popular, una verdadera revolución del pueblo llano contra las sofisticaciones de los intelectuales. Todo el afán de sus protagonistas fue llegar al pueblo con el Evangelio, hacerse entender por él, para abrirles con sencillez los misterios de la fe. De ahí sus invectivas contra el uso del latín en el culto y sus desvelos por traducir la Biblia a las lenguas vernáculas. Si hubo un movimiento verdaderamente enemigo de todo tipo de esoterismo y exclusivismo académico, ese fue la Reforma. William Tyndale (1494-1536) traductor de la Biblia al inglés, arremetió contra las sutilezas del escotismo, de modo que llegó a popularizar entre los reformadores el apelativo de "duns" o *dunce* (tonto, zopenco) a cualquiera cuyas ideas parecían oscuras para el común de la gente, aunque el mismo Tyndale era un teólogo graduado en Oxford, la universidad de Duns Escoto. Refleja ya la típica impaciencia reformada ante el estilo filosófico, sutil y novedoso por naturaleza.

Lutero, sin embargo, es, conforme a su formación monacal, un dialéctico lleno de sutilezas, que usa toda la fuerza de su fogoso intelecto para desacreditar la razón natural, en cuanto incapaz de alcanzar el conocimiento verdadero de Dios, pues nada que procede del hombre puede mejorar su situación. Lutero, amigo de los contrastes, introducirá en el juego teológico el uso continuo de la contradicción y de la paradoja, y lo hará de un modo atrevido y sin timideces.

> Es correcta la afirmación: Dios quiere el mal, o los pecados. Correcta es también aquella otra: Dios sabe lo que es el mal, y lo que son los pecados... Si Dios no quisiera el mal, el mal no se produciría. Y viceversa, Dios no quiere el bien; pues, aunque su voluntad es que todos nos sintamos atados a sus mandamientos, sin embargo, no quiere que todos los cumplan. Dios quiere el mal, Dios quiere el bien; Dios no quiere el mal, Dios no quiere el bien. Al oír esto, algunos pondrán el grito en el cielo diciendo que la culpabilidad recae en el libre albedrío. Pero para una teología que va a lo más profundo, este argumento es del todo inconsistente.[56]

56. *Lecciones sobre la carta a los Romanos.*

Reparemos ahora en otra antítesis, con que Lutero inicia uno de sus escritos más importantes: "El cristiano es libre señor de todas las cosas y no está sujeto a nadie. El cristiano es servidor de todas las cosas y está supeditado a todos"[57].

Bajo la influencia directa de Lutero, la Universidad de Wittenberg abandonó casi por completo el tradicional estudio de Aristóteles sustituyéndolo por disciplinas humanísticas: lenguas, matemáticas y autores clásicos en el cuadrivio, mientras que en el trivio el interés se desplazó de la dialéctica a la gramática. Wittenberg, y tras ella otras universidades alemanas, se despojaron de su ropaje medieval escolástico y filosófico para adoptar en adelante una impronta bíblico-exegética en su manera de enfocar la cultura[58]. Queda así sellada la proscripción oficial de la filosofía en la teología. La consecuencia trágica de esta decisión es provocar un divorcio en el seno del pensamiento y obligar al enfrentamiento de la filosofía con la teología, luego de haber sido desterrada de las facultades de teología. Muchos filósofos modernos comenzaron estudiando teología como preparación previa para el pastorado, sin embargo, en algún momento de su carrera universitaria, giraron bruscamente hacia la filosofía, no para enriquecer la teología, sino para volverle las espaldas, y hasta enfrentarse a ella, como en el caso de Nietzsche, en cuyas obras es difícil entrever su formación teológica y su amplio conocimiento del Nuevo Testamento y de las obras de Lutero. A la poca simpatía de la teología evangélica hacia la filosofía, Nietzsche respondió con su más aguda animosidad anticristiana, fruto amargo de una amistad presentida, querida, pero imposible de realizar. Se puede decir que la filosofía moderna es un pensamiento en busca del ser, y la teología protestante un ser en busca del pensamiento. Es posible que la abolición de la filosofía, experimentada ingenuamente como libertad, como quien arroja lastre por la borda, llegara con el tiempo a transformarse en abolición de la religión.

Desde los días de la Reforma, la filosofía moderna ha ido distanciándose de la religión. Fue esta la que primero desencadenó el proceso al intentar sustraerse de la amenaza del conocimiento filosófico y científico. Lutero y los reformadores hicieron resaltar grandemente la independencia de la fe frente a todas las formas del saber. Esta solución, destinada a conjurar un peligro, hizo surgir otro nuevo, como demuestra Max Horkheimer: apareció una separación teórica entre el mundo y la fe. "El individuo, el hombre unitario, se dividió en diversos fragmentos y fue abandonado a las diversas disciplinas. Esta tendencia a la desmembración del ser humano continúa también en la realidad moderna en otros campos, por ejemplo, las diversas disciplinas médicas ya no ofrecen la visión de conjunto de la totalidad del hombre. Tal especialización forma parte de la decadencia de la

---

57. *La libertad cristiana*, 1.

58. James Bowen, *op. cit.*, II, p. 505.

cultura"[59]. Este último aspecto de la medicina lo hemos tratado en un estudio dedicado a la enfermedad y la salud desde la perspectiva de la fe.

11.2. La subjetividad es la verdad

Los críticos de Lutero, en nombre del tomismo y del catolicismo oficial, acusan al reformador principalmente de haber operado la subjetivación, de la tendencia al subjetivismo, justificándola con una acabada formulación teológico-espiritual[60]. Nos parece una crítica cierta, pero sin fundamento, pues todo lo que parece tener de censurable es, en realidad, su mejor recomendación. Depende del punto de vista que se adopte.

Con Lutero, como señala Hegel repetidamente, el espíritu de la verdad se manifiesta al fin en la voluntad subjetiva. La verdad es la subjetividad. La vida cristiana consiste en que la cúspide de la subjetividad se halle familiarizada con la reconciliación operada por Cristo en el Calvario y aplicada por el Espíritu al corazón; en que se apele al individuo mismo y se le considere digno de llegar a esa experiencia de reconciliación que es unión con Dios en el perdón y el amor de vida; digno de que more en él el Espíritu divino, no como una gracia para privilegiados, la iglesia en su sentido restringido —jerarquía—, sino para todo el pueblo de Dios.

Gracias a la subjetividad la doctrina de la reconciliación deja de ser una teoría abstracta sobre los actos de Dios en Cristo, vigentes y desde la eternidad, para convertirse en algo particular, personal, propio. Conforme a las aspiraciones místicas, y siguiendo la línea de razonamiento agustiniano, Dios habita en el interior, y es preciso que la salvación se experimente no como lo exterior —dogma, ritos, sacramentos—, sino como lo más interior y esencial de uno mismo por gracia.

La justificación por gracia sola significa el rompimiento más claro con la religiosidad entendida como exterioridad e impersonalismo, para dar lugar a la libertad de sentir en sí la realización de la obra de Dios y elevarse hacia Él y desde Él.

Dios, como lo Otro, gracias a la justificación mediante la fe, deja de ser algo general, abstracto y ajeno a uno mismo, para convertirse en la posesión más preciada y más íntima del hombre. El proceso de la reconciliación tiene que operarse en la subjetividad, ser llevado a cabo por el hombre mismo y dentro de sí, para llegar a su verdad.

La última palabra no la tiene el pecado, lo accidental, aquello que sobreviene al hombre, que le domina, pero no es él mismo, sino la justificación, el renacer a su realidad primera en comunión con Dios. Por eso el hombre, todo hombre, hasta

---

59. Horkheimer, *Sociedad en transición: estudios de filosofía social*, cap. 3.

60. Carlos Ortiz y José Antonio Burriel, *Filosofía. Curso de orientación universitaria*. Ed. Magisterio Español, Madrid 1975.

el más miserable y alejado del espíritu, es asequible a lo divino, capaz de Dios, pues su naturaleza esencial no es el pecado, sino la "imagen de Dios".

El hombre vive ignorante de su suprema identidad. No tiene conciencia de la misma. Incluso cuando la escucha de labios de un cristiano, o la lee por sí mismo en la Biblia o en un tratado doctrinal, le es por completo ajena, a menos que se le revele de un modo inmediato. Eso es lo que ocurre en la conversión o nuevo nacimiento. Lo absoluto general se revela como lo concreto particular. El Cristo muerto por el mundo, ahora es el Cristo muerto por mí. La subjetividad, en este sentido, el sujeto que toma conciencia de la verdad, que no solo mira, sino que ve, que además de oír entiende, eso es la verdad y la salvación.

> No hay duda de que el alma puede prescindir de todo, menos de la Palabra de Dios: fuera de esta, nada existe con que auxiliar al alma. Una vez que esta posea la Palabra de Dios, nada más precisará...
>
> Acaso preguntes: ¿Qué Palabra es esa que otorga una gracia tan grande y cómo deberé usar de tal Palabra? He aquí la respuesta: La Palabra no es otra cosa que la predicación de Cristo, según está contenida en el Evangelio. Dicha predicación ha de ser —y lo es realmente— de tal manera que al oírla oigas hablar a Dios contigo, quien te dice que para Él tu vida entera y la totalidad de tus obras no valen nada y que te perderás eternamente con todo en cuanto en ti hay. Oyendo esto, si crees sinceramente en tu culpa, perderás la confianza en ti mismo y reconocerás cuán cierta es la sentencia del profeta Oseas: «Oh Israel, en ti solo hay perdición: que fuera de mí no hay salvación" (Os. 13:9). Mas para que te sea posible salir de ti mismo, esto es, de tu perdición, Dios te presenta a su amadísimo Hijo Jesucristo, y con su palabra viva y consoladora, te dice: Entrégate a él con fe inquebrantable, confía en él sin desmayar.[61]

Por lo mismo, decir que a Lutero "no le interesa Dios y Cristo en sí mismo, sino Cristo para él", y concluir que esto supone la subversión "total en la teología: considerar a Dios en función del hombre", es falso y prejuicioso. No se trata de utilizar a Dios en ninguna funcionalidad, sino de realizar la experiencia cristiana: la toma de conciencia del amor y perdón divinos en la reconciliación como míos. Desde el punto de la vista exterior de la historia, la reconciliación es un acto externo realizado por otro, a saber, Dios en Cristo, pero desde el punto de la vista de la *historia de la salvación* como salvación de la conciencia arruinada por el pecado, la reconciliación es un acto supremamente interno, particular y personal, que el Espíritu de Dios no cesa de producir en el individuo creyente.

Por eso Lutero llama la atención sobre la identificación con Cristo en su muerte. Nosotros morimos con Él y Él vive en nosotros. ¿De qué sirve, se pregunta, contemplar la cruz si no nos vemos a nosotros en ella? Para la conciencia, para el

---

61. *La libertad cristiana*, 5, 6.

sujeto, para el hombre de carne y hueso, lo que interesa no es recordar el nacimiento de Cristo en Belén, sino intentar que ese nacimiento se produzca en el propio corazón. Así se justifica la obra de reconciliación del hombre en el hombre mismo. Ya no es más tiempo objeto de especulación, sino de experiencia. Con ello no se anula la doctrina, como contenido que determina y orienta la experiencia, sino que lo que se afirma es que la *doctrina ha de confirmarse* única y exclusivamente en mi corazón. En la doctrina se arranca del contenido externo, pero tomada sin relación con el espíritu personal no tiene en realidad sentido alguno, por más verdadera que sea en sus afirmaciones. "La verdad del Evangelio, la verdad de la doctrina cristiana, solo existe en la verdadera actitud que ante ella se adopta; este comportamiento es esencialmente un empleo del contenido para hacer de ella algo edificante"[62].

Cuando el individuo sabe que el Espíritu de Dios mora en él, desaparecen todas las relaciones de exterioridad, ya no hay diferencia entre clero y laicos, ni una clase está en posesión exclusiva del contenido de la verdad. Todos han de llevar a cabo por sí mismos la obra de reconciliación. "Con esto se ha logrado en la Iglesia la absoluta intimidad del alma, que es propia de la religión; y se ha logrado la libertad. En la iglesia luterana, la subjetividad y certidumbre del individuo es tan necesaria como la objetividad de la verdad. La libertad subjetiva no reside meramente en el sentimiento sin este contenido, sino que es reconciliado"[63].

La idea espiritual, subjetiva e histórica del cristianismo penetró así en el corazón de aquellos tiempos; tiempos, qué duda cabe, abonados y preparados por el Renacimiento y su énfasis en lo individual y subjetivo del ser humano. La esencia cristiana consiste en que la espiritualidad sea válida para mí. El principio espiritual no es real si no es personal como conciencia. La *exterioridad* debe ceder en el cristianismo a la interioridad, lo místico por excelencia. De ahí que el controvertido asunto de la Santa Cena se solucione en la Reforma como subjetividad, afirmando que el pan es solo divino, Cristo en él, en cuanto se recibe con fe. La iglesia de Roma adora literalmente la hostia consagrada como un objeto puramente externo, que la Reforma rechaza decididamente, cualesquiera que fuesen sus discrepancias internas.

En la Reforma, como dice Hegel, se cumplen por fin las palabras evangélicas: adorar a Dios en espíritu y en verdad. Ahora el sujeto se adentra en su propio corazón para elevarlo a Dios. El espíritu cristiano recae en lo externo cuando se olvida que el comportamiento esencial del espíritu es solamente para el espíritu. Los hijos de la Reforma cayeron con rapidez en la trampa del *contenido* como lo absoluto: "sana doctrina", "todo el consejo de Dios", "creencia correcta". La exégesis del Nuevo Testamento, en lo que se refiere a la parte académica, se centró

---

62. Hegel, *Lecciones de historia de la filosofía*, III, p. 197.
63. Hegel, *Lecciones sobre la filosofía de la historia*, I p. 660.

en el método crítico, filológico, histórico, como si de otro libro clásico se tratara. La ortodoxia, con la multiplicación de manuales de teología y confesiones de fe, terminó matando el espíritu del contenido. Lo que antes se destruyó, ahora se volvió a edificar: la escolástica protestante.

Pero el principio del espíritu quedó afirmado, cual ave Fénix para resurgir de las cenizas. El espíritu, que, mediante la fe, toma conciencia de la reconciliación divina, es también espíritu pensante, pues también el espíritu tiene que ser reconciliado. En eso consiste la filosofía cristiana que venimos tratando. La orientación de la Reforma sigue siendo válida, pero es preciso desarrollarla. De hecho, la filosofía moderna tematiza las intuiciones reformadas respecto a la libertad, el sujeto, la persona, la historia, la hermenéutica, etc. "Con Lutero entramos en un espacio en que se ha movido todo el idealismo posterior, siendo Kant el pensador en quien culminan las intuiciones del monje agustino"[64].

11.3. El libre examen

El libre examen fue lo más importante de la Reforma. Nos hemos ocupado de este tema en otro libro (Fe, Historia y Dios, CLIE 1995). Baste decir aquí que el libre examen no es tan absurdo como sus críticos, de confesión católica, quieren hacer creer. Si la verdad es única, se dice, es imposible que interpretaciones diferentes y contrarias puedan ser equivalentes y verdaderas; ninguna, o tan solo una de ellas, puede ser válida. La verdad es absoluta y no puede apoyarse en el subjetivismo interpretativo. Aquí hay toda una serie de falacias, que solo al juicio mal dispuesto pueden pasarle desapercibidas.

Primero, la verdad es única y absoluta. Correcto. Pero desde Nicolás de Cusa sabemos con prístina claridad que el camino hacia la verdad es interminable, que a lo más que puede aspirar el ser humano es a tener perspectivas correctas de la verdad. Las notas de única y absoluta de la verdad se encuentran en Dios, no en el entendimiento humano, que lo más que hace es recorrer tentativamente la senda que conduce a Dios, Verdad máxima, suprema e infinita. Si además resulta que el creyente está asistido por el Espíritu de Dios, es del todo necesario respetar y valorar en lo que tiene de positivo cada contribución individual a la comprensión total de la verdad.

El libre examen no es anarquía de pensamiento, sino ejercicio de responsabilidad y respeto a la subjetividad de cada cual que, en cuanto punto de vista personal, único e irrepetible, contribuye a discernir un nuevo aspecto particular de la verdad total. Habrá que esperar a finales del siglo XIX y a comienzos del XX para que este tema sea desarrollado con plenitud por la filosofía moderna. El resultado es la tolerancia intelectual, la libertad de conciencia y la quiebra del

---

64. Manuel Ballestero, *La revolución del espíritu*, p. 109. (Siglo XXI, Madrid 1970).

monopolio del conocimiento en manos de una élite o casta, o sea, la liberación del pensamiento cautivo.

El libre examen es germen de disolución, no de la verdad, sino de la autoridad que se arroga una competencia interpretativa más allá de la crítica. El libre examen, como el médico que ausculta al paciente, no es otra cosa que una operación encaminada a un mejor entendimiento de las verdades recibidas en orden a adecuar su fundamento original —la revelación, la Escritura— a la situación actual. El ejercicio del libre examen es el hombre llegado a su mayoría de edad. En este sentido el protestantismo es humanismo cuya protesta se dirige contra las instancias que impiden a Dios ser Dios y al hombre ser hombre. El pesimismo antropológico protestante lleva, paradójicamente, al supremo valor y atrevimiento, pues, excepto Dios, todo es criticable y ha de rendir cuentas a la conciencia informada por la revelación. El optimismo antropológico católico lleva, por necesidad, al sometimiento de la libertad, toda vez que el hombre, cifrado en una persona, el Papa, y a quienes él da el visto bueno, se hallan en condiciones de determinar lo que está bien y lo que está mal, lo que es cierto y lo que es falso.

El protestantismo auténtico no substituye la infalibilidad papal por la infalibilidad de la multitud, sino que pone en marcha un nuevo espíritu que dará lugar a la duda como condición previa de conocimiento, no por escepticismo, sino por puro amor a una verdad que le sobrepasa siempre, pues en última instancia depende y consiste en el Dios escondido y supremo, cuyo conocimiento completo nunca alcanza en esta vida ni en la otra. Libre examen, pues, equivale a docta ignorancia, a duda metódica de los propios resultados con vistas a no cerrarse a la comprensión total de una verdad en movimiento. Al protestantismo no le pierde el libre examen, sino la falta de consecuencia con el mismo, la falta de voluntad para respetarlo, la recaída en el antiguo y caduco principio de la autoridad. Pues la autoridad sin poder —propia del protestantismo— lleva a la fragmentación, del mismo modo que la autoridad con poder lleva a la tiranía y a la uniformidad. El libre examen es la intuición de que, en última instancia, toda verdad es verdad de Dios. De ahí el examen, el deseo de captar la Luz en toda chispa de luz.

12. Zwinglio y Calvino, Escritura y Soberanía

El retorno a las fuentes religiosas es concebido y actualizado de una manera más conforme al ideal humanístico por el reformador suizo Ulrico Zwinglio (1484-1531). En él la filosofía cristiana vuelve a buscar la unidad y la reconciliación del pensamiento en la suprema verdad divina revelada en la Escritura.

Inspirado en la doctrina de Pico de la Mirándola (1463-1494), que no es otra que la de la gran tradición, Zwinglio postula una sabiduría religiosa originaria, en la que confluyen y concuerdan los textos de las Sagradas Escrituras y los de los filósofos paganos. La revelación es universal: toda verdad que ha sido dicha, quienquiera la haya dicho, sale de la boca misma de Dios. "Si algunos filósofos han manifestado algunas cosas verdaderas ello procede de la boca de Dios, que esparció algunas semillas de su conocimiento, si bien parca y escondidamente; de otro modo, no sería verdad lo que algunos filósofos han dicho acerca de Dios"[65]. Toda verdad es verdad de Dios, de lo contrario no sería verdad. A Platón y a Séneca, no menos que a Moisés y a san Pablo, Dios mismo reveló, por mediación de la luz interior de la conciencia, elementos esenciales de la verdad. El retorno a las fuentes religiosas debe, pues, significar el retorno a la voz divina que habla con claridad y suficiencia en las Escrituras, testimonio del Verbo de Dios. "Nosotros, a los cuales Dios mismo nos ha hablado mediante su Hijo y el Espíritu Santo, no debemos buscar el conocimiento de Dios siguiendo a sabiondos humanos, sino que nosotros nos atengamos a la Palabra de Dios"[66].

Estas tesis, desarrolladas en el *De vera et falsa religione commentarius* (1525), llevaron a Zwinglio a enriquecer y extender su concepto de Dios, que, en cuanto creador del hombre, es a la vez su mejor revelador. El interés por conocer al hombre, como la materia más importante después de Dios, que también se encuentra en Calvino, es reflejo de la inquietud renacentista por lo humano, aunque su producto sea netamente teológico: antropología teológica.

> Conocer al hombre es tan dificultoso como pescar un calamar. Igual que este se envuelve en su negra tinta a fin de poder escapar, también el hombre, tan pronto advierte que se pretende tomarle, se envuelve repentinamente en una espesa niebla de hipocresía para que ni siquiera le vean los más potentes ojos. El hombre nunca puede ser conocido por otro hombre.
>
> Los secretos del corazón humano únicamente pueden ser conocidos bajo la dirección de Dios, el hacedor celestial del hombre. Porque Dios ha creado al hombre y conoce lo más profundo de sus astucias y también el origen de ellas. Quiere decir esto que ha de buscarse en Dios, el creador del hombre, el conocer al hombre, y también el conocer a Dios..., aunque el conocimiento de Dios resulta demasiado luminoso y potente para la debilidad humana.[67]

En el *De providentia* (1530) Zwinglio identifica a Dios con la potencia que rige el mundo, con el sujeto único y la única fuerza que rige las cosas. En tal sentido Dios es igual a la Providencia. "Si la Providencia no existiera —dice—, Dios no existiría; suprimida la Providencia, queda suprimido también Dios". La salvación de todo hombre es determinada por la acción providencial de Dios.

---

65. *Comentario sobre fe verdadera y la falsa religión*, 3.
66. *Id.*
67. *Verdadera y falsa religión*, 4.

Para Zwinglio, como para Lutero, la fe es la confianza indestructible en la gracia justificante de Dios, la certeza absoluta de estar totalmente en manos de Dios y de no actuar sino en el poder del Espíritu de la promesa que, mediante la fe, pertenece a todo creyente. Confianza y certeza que han formado las grandes almas religiosas y activas de la Reforma y han transformado lo que parece a primera vista un principio de desaliento y renuncia, como es la doctrina de la depravación total y su correlato la negación de la libertad humana, en un elemento de fuerza y exaltación.

En la espiritualización misma de Dios, la fe se purifica y se interioriza al máximo. Zwinglio rechaza, mucho más que Lutero, toda expresión o auxilio exterior con que se pretende ayudar la vida espiritual. La fe se basta a sí misma en su relación con Dios: nada que venga del exterior puede ayudarla o sostenerla, ni tampoco abatirla. Ella lo mueve todo, pero no es movida por nada terreno, porque es la misma acción sobrenatural de Dios actuando en la conciencia. Las ceremonias, los símbolos, las exterioridades religiosas, quedan absolutamente excluidas. La fe de Zwinglio es misticismo exaltado, en cuanto rechazo de todo tipo de mediación, excepto la Palabra de Dios que por su Espíritu resuena en nuestro espíritu.

> Por la Palabra de Dios hemos de ser aleccionados externamente; por el Espíritu Santo, interiormente, en todo cuanto a la piedad atañe, pero no por producciones artísticas. El Señor quiere que desaparezcan.
>
> Solamente quien ha hecho la experiencia de lo perjudicial que las imágenes son para la piedad sabe cuán cierto es esto. En Zúrich empezó (¡gracias a Dios!) la desaparición de las imágenes religiosas por acuerdo del Consejo y del pueblo; y la piedad y la aspiración a la inocencia y sencillez florecieron de manera extraordinaria.
>
> Desde luego, no hablo arrastrado por un pasionalismo personal, ni sé si alguien me gana en admirar más que yo cuadros, estatuas o imágenes. Pero lo que va en contra de la piedad es intolerable y las autoridades seculares tienen que ordenar que no haya imágenes en la casa de Dios.[68]

Zwinglio, que nació y vivió en una sociedad democrática, ve el valor de la renovación que representa para la sociedad de su tiempo volver a las fuentes religiosas de la Biblia. Según Zwinglio, la vida religiosa tiene que determinar activamente y transformar, con un retorno a la sociedad cristiana originaria, la vida política y social. Condena a Lutero por alentar a los príncipes para que persigan inhumanamente a hierro y fuego a unos inocentes, solamente culpables de tener fe en la verdad. Niega la obediencia pasiva a la autoridad política; reconoce como legítimo solamente al gobierno que encauza a la vida cristiana y aprueba la deposición de los tiranos por unánime voluntad del pueblo; todo ello siempre y cuando inter-

---

68. *Verdadera y falsa religión*, 29.

vengan señales de la Providencia en una dirección u otra. La comunidad de los cristianos tiene que convertirse, según el espíritu de la reforma de Zwinglio, en una comunidad política que vuelve a las formas de la sociedad cristiana originaria. Zwinglio sabe que este retorno no es íntegramente posible y reconoce, por ejemplo, que la comunidad de bienes solamente podría realizarse entre santos y no es posible en este mundo, en el cual, sin embargo, podemos aproximarnos a ese estado de perfección mediante la beneficencia. Pero Zwinglio es el primero que sitúa el principio reformador en el plano social y lo convierte en un instrumento crítico de renovación y en la base de una nueva organización política.

> Al príncipe o emperador gobernantes hay que enseñarles a respetar y honrar el mandamiento de Cristo, cuando dice: "Dad a Dios lo que es de Dios y al César lo que es del César".
>
> Por César entendemos toda autoridad que ejerza el poder, sea por herencia, por elección o por costumbre. Pero si un rey o un príncipe se convierte en tirano, le reprocharemos su osadía a tiempo y a destiempo. Y si, quizá, se aferra a la violencia, habrá de prestársele obediencia, hasta que el Señor le despoje de su autoridad y soberanía o diga cómo deben actuar personas idóneas para destituirle o llamarle al orden. De la misma manera observamos y andamos vigilantes cuando la aristocracia se convierte en oligarquía o la democracia empieza a disolverse en revolución.[69]

Calvino es una personalidad compleja, que estuvo destinado a realizar en la historia un papel para el que no se sentía llamado ni preparado: gobernar como teólogo, bajo el signo de Dios, una sociedad secular, bajo el signo del mundo. La teocracia, buena para unos, nefasta para otros, tenía que ser la consecuencia inevitable. Calvino estaba destinado, física e intelectualmente, a ser lo que llamamos un intelectual, un hombre de letras. Su primer escrito versó sobre un comentario al *De clementia* de Séneca.

Convertido en los principios de la Reforma nunca dejó de ser un hombre del Renacimiento. En él se aúnan los dos grandes intereses que preocupan al hombre de su época: Dios y el hombre, el hombre y Dios, así, implicados uno en otro; no como cuestiones aparte y por separado. Calvino, aunque los resultados difieran, procede en ambos temas al modo típico de la inquietud renacentista. El estudio del hombre es de la misma importancia que el estudio de Dios. A la vez, descubrimos en este nuevo interés por el hombre que no es un motivo exclusivamente renacentista sino cabalmente cristiano, en la línea del pensamiento de Agustín, tan querido por Calvino. Agustín fue uno de los primeros teólogos del cristianismo en unir teología y antropología, al entender que Dios está en nosotros por efecto de la creación. Dios no está en nosotros como parte constitutiva de nuestra

---

69. *Profesio fidei*, 7.

naturaleza, susceptible de interpretarse como "proyección" de nosotros mismos (a la manera de Feuerbach), sino que nosotros estamos en Dios, en cuanto de Él hemos salido por el acto creativo de su Palabra. La radicalidad de la fe en Dios, según el cristianismo, consiste en que *estamos radicados en Dios*, nuestras raíces están en Él, lo que explica la necesidad que tenemos de lo Absoluto, lo Eterno, la Divinidad. Precisamente por eso, caminar hacia Dios es caminar hacia uno mismo.

La apertura de la obra magna de Calvino, que es a la vez una obra maestra de la literatura, *La institución de la religión cristiana*, nos ofrece una muestra espléndida de lo que venimos diciendo. El conocimiento de Dios y del hombre, *complicados* mutuamente, vertebran su teología de principio a fin. Haciendo gala de una claridad de ideas y elegancia de estilo, propios del humanismo cristiano, escribe:

> Casi toda la suma de nuestra sabiduría, que de veras se deba tener por verdadera y sólida sabiduría, consiste en dos puntos: a saber, en el conocimiento que el hombre debe tener de Dios, y en el conocimiento que debe tener de sí mismo.
>
> Mas como estos dos conocimientos están muy unidos y enlazados entre sí, no es cosa fácil distinguir cuál precede y origina al otro, pues, en primer lugar, nadie se puede contemplar a sí mismo sin que al momento se sienta impulsado a la consideración de Dios, en el cual vive y se mueve; porque no hay quien dude que los dones, en los que toda nuestra dignidad consiste, no sean en manera algunas nuestros. Y aún más: el mismo ser que tenemos y lo que somos no consiste en otra coso sino en subsistir y estar apoyados en Dios.[70]

Estos dos motivos, el conocimiento de Dios y del hombre, van a vertebrar la filosofía del futuro, con una tendencia cada vez mayor a la antropología. Negativamente, se llegará a decir que Dios es la proyección del hombre, que la teología es antropología. Positivamente, tal cual escribe Calvino, el estudio del hombre será la clave que descifre el misterio de Dios.

Detengámonos un momento en este punto, crucial para entender el desarrollo de la filosofía moderna. Durante la Edad Media el pensamiento estuvo volcado hacia Dios, hasta el punto de que no sería demasiado exagerado decir que el hombre desaparecía en el horizonte. Como bien dijo Antonio Rodríguez Huéscar, Dios no permitía ver al mundo ni al hombre, salvo como expresión y significación de la grandeza del ser divino, es decir, como *criatura*. Pero ya en la última etapa de la filosofía medieval, con el voluntarismo y el nominalismo de Ockham y de sus discípulos, se aprecia una progresiva desviación y apartamiento teórico de Dios y se mira cada vez con más atención sobre lo que al pensamiento le queda cuando el ente divino se le muestra inaccesible, a saber, el hombre y su mundo. Dios se ha hecho lejano, tan lejano que la filosofía mística justifica esta

---

70. *Institución de la Religión Cristiana*, I,I, 1.

lejanía argumentalmente a causa de la transcendencia divina, el totalmente Otro del que después hablará Karl Barth en reacción al inmanentismo cuasi panteísta de la teología liberal de sus días. Ya no es el hombre el que está a la vista en el horizonte lejano del pensamiento, sino Dios. El filósofo moderno ya no cree que tenga que partir *desde* Dios para filosofar, sino *desde el hombre*, en cuanto ser pensante, existente y racional que encuentra en sí la idea de Dios. La existencia de Dios sigue siendo un concepto clave y decisivo en los grandes sistemas filosóficos del siglo XVII y XVIII; se piensa en Él, pero ahora el objeto inminente del pensar es el hombre, objeto y sujeto de la filosofía coinciden en el hombre, y desde él se avanza hacia Dios. La situación no ha cambiado desde entonces.

En relación al fin del hombre y el propósito de su vida en la tierra, Calvino ofrece la respuesta teológica equivalente a las proposiciones clásicas del pensamiento que cifran el sentido de la vida en la felicidad. Felicidad que, como no podía ser de otra manera, Calvino hace depender de la relación con Dios, de la fe, el amor y la obediencia a la palabra de Dios que describe la búsqueda de la felicidad como anhelo de Dios, garantía y razón última de la misma. Quien no pone a Dios como objeto de su felicidad nunca se acercará de verdad y de corazón a Él[71].

Confirmando lo que dijimos anteriormente sobre la Reforma como un movimiento místico por excelencia, se demuestra y refleja desde sus inicios en la obra de Calvino, con palabras no sabemos si aprendidas de algún místico en particular, o extraídas de una memoria alimentada de muchas y universales lecturas, escribe:

> El creyente no deja de pecar por temor al castigo, sino porque ama y reverencia a Dios como a Padre, lo considera y le honra como a Señor; aunque no hubiese infierno, sin embargo, tiene gran horror de ofenderle. Ved, pues, lo que es la auténtica y verdadera religión, a saber: fe unida a un verdadero temor de Dios, de manera que el temor lleve consigo una voluntaria reverencia y un servicio tal cual le conviene y el mismo Dios lo ha mandado en su Ley. Y esto se debe con tanta mayor diligencia notar, cuanto que todos honran a Dios indiferentemente y muy pocos le temen, puesto que todos cuidan de la apariencia exterior y muy pocos de la sinceridad de corazón requerida.[72]

Puede parecer contradictoria esta declaración de amor por parte de Calvino y su inflexible teoría de la predestinación, hasta el punto de postular una doble predestinación: salvación para los elegidos y condenación para los réprobos; esquema en el que no parece haber lugar para el amor y la misericordia. La predestinación en Calvino no está elaborada en abstracto, es una doctrina desarrollada al calor de un encendido amor por Dios. Paradójicamente, el amor a Dios lleva a Calvino a aceptar sin protesta ni racionalizaciones la predesti-

---

71. *Ibíd*. I, II, 2.
72. *Ibíd.*, I, II, 4.

nación en su sentido más absoluto, como elemento incomprensible de un Dios que ama, en cuyo amor no cabe sospecha de injusticia, tiranía o capricho. La teología de Calvino es fruto de una acendrada religiosidad que, al desaparecer en buena medida en sus seguidores, dará lugar a todo tipo de rigurosidades y determinismos. Pese a su lógica, la doctrina de Calvino no es producto de la lógica, sino de la devoción; Calvino no cree lo que cree por deducción lógica de unos postulados doctrinales, sino por amor al texto bíblico, como expresión y revelación de la voluntad de Dios, que se lo enseña en su inmediatez y en toda su crudeza. El hombre religioso no trata de comprender, sino de aceptar en adoración. Su actitud corresponde a la de Job: "He aquí, aunque Él me matare, en Él esperaré" (Job 13:16). Para Calvino no es incompatible, aunque la mente finita no lo pueda comprender, el amor de Dios por la humanidad y su decreto de perdición para una gran porción de esa misma humanidad. El amado tiene razones que la mente no entiende, pero el corazón comprende. Todo lo que hace el amado, porque es amor, está bien. La fuerza renovadora del calvinismo nunca se ha debido al descubrimiento de su teología, sino al de su espíritu, causa originante de múltiples avivamientos religiosos. El dinamismo de la teología siempre es resultado de la actividad del espíritu.

En relación al conocimiento de Dios y la probabilidad de su existencia, Calvino sigue la respuesta neoplatónica, no tanto por lo que tiene de filosófica, sino por lo que él deduce de la enseñanza bíblica, pues la Biblia es libro de texto único y exclusivo de la doctrina cristiana, pese a que Calvino manifiesta, por sus citas, un conocimiento de primera mano de la filosofía griega y del pensamiento clásico. El hombre, dice, tiene un conocimiento natural de Dios, cuya naturalidad transforma en inexcusable el pecado de incredulidad.

> Nosotros, sin discusión alguna, afirmamos que los hombres tienen un cierto senti-
> miento de la divinidad en sí mismos; y esto, por un instinto natural. Porque, a fin de
> que nadie se excusase so pretexto de ignorancia, el mismo Dios imprimió en todos
> un cierto conocimiento de su divinidad, cuyo recuerdo renueva, cual si lo destilara
> gota a gota, para que cuando todos, desde el más pequeño hasta el mayor, entiendan
> que hay Dios y que es su Creador; con su propio testimonio sean condenados por no
> haberle honrado y por no haber consagrado ni dedicado su vida a su obediencia.[73]

Las pruebas de la existencia de Dios son de carácter cosmológico y teleológico. Calvino observa el mundo como un testimonio de poder creativo de Dios y de su infinita sabiduría. Cielo y tierra dan testimonio del Creador. Pues todos, desde el primero hasta el último, contemplan sus atributos invisibles, aun su virtud y divinidad, entendiéndolas por la creación del mundo. La naturaleza humana, la

---

73. *Ibíd.*, I, III, 1.

composición del cuerpo, su proporción, belleza y uso es en verdad propio de un ingenio sutil y vivo. "Como todos reconocen, el cuerpo humano muestra una estructura tan ingeniosa y singular que muy justamente su Artífice debe ser tenido como digno de toda admiración"[74]. Advertimos que el pensamiento de Calvino respecto a Dios, su existencia y el conocimiento de Dios por parte del hombre, son más de sentido común, informado por la Escritura, que de tipo filosófico. Estudiosos competentes de todas partes del mundo se han dedicado a estudiar a Calvino como hombre de ciencia, político, filósofo, teólogo, pero todo su legado y su significado para el cristianismo se encuentra de modo suficientemente claro y universal en la *Institución de la religión cristiana*.

13. Karlstadt y la reforma de la Reforma

A luz de que lo llevamos dicho es evidente que no hubo una Reforma sino varias reformas, conforme a las distintas personalidades que en diferentes lugares y momentos se dieron a la tarea de enderezar lo torcido y purificar lo impuro. Lutero abre la marcha, pero no la termina ni la agota. Por su carácter individual era del todo necesario la insuficiencia del alcance reformador de cada cual, —tomado aisladamente— y la necesidad de complementariedad con nuevas aportaciones. La incapacidad de llegar a un acuerdo entre sí, determinó el carácter fragmentario de cada reforma tomada por separado, y su debilidad inherente. Mientras que en los primeros siglos del cristianismo el pensamiento cristiano fue construyendo uno sobre otro, estando como estaban todos al servicio de una misma iglesia, durante la Reforma y después de ella, cada cual irá edificando para sí, siguiendo líneas paralelas, raramente convergentes. Más que la síntesis se buscó la divergencia y la afirmación de la particularidad, la justificación de la diferencia y de la opción separada. Durante esos siglos el pensamiento cristiano, la filosofía que quiere ser creyente, y la creencia que quiere ser reflexiva, se ha visto aturdida y sin encontrar hogar en la provincia protestante.

Por su impronta individual, a la que hay que sumar las expectativas no cumplidas de un inminente colapso de la historia, la reforma de Lutero no fue suficiente. Desde otro punto de vista y distinta situación social, en toda Europa se reclamó la "reforma" de los reformadores y de los romanistas por igual. La Reforma de las grandes figuras dejó muchas esperanzas truncadas, tanto en el campo de la religión como de la cultura y de la sociedad.

Para quien entienda la historia nada es más triste que la ruptura de Lutero con Karlstadt —o Carlstadt—, y con Müntzer, para quedarse al lado de los príncipes contra los campesinos sublevados. Andreas Bodenstein von Karlstadt (1477-1541) fue uno de los primeros maestros de la recién fundada Universidad de Wittenberg.

---

74. *Ibíd.*, I, IV, 2.

Con anterioridad a Lutero, el 25 de abril de 1517, fijó sus 151 tesis *Sobre la naturaleza de la ley y la gracia, contra los escolásticos* (Lutero clavará sus 95 tesis cinco meses después, el 31 de octubre). En ellas defiende los nuevos principios de la teología luterana, que son una repristinación de la doctrina agustiniana sobre la gracia. Es la gracia de Dios la que vuelve eficaz la voluntad esclava por el pecado del hombre. Es la gracia la que cura y libera al hombre. Todo lo que procede de la naturaleza es enfermizo. Los aristotélicos se engañan al enseñar inclinaciones buenas en la naturaleza fuera de la gracia.

Karlstadt escribe con la pasión del converso. Comenzó por ser un defensor del escolasticismo y enemigo de Lutero, pero después de leer a Agustín se volvió entusiasta de la gracia y de la soberanía divina. En 1519 debatió con Johann Eck en Leipzig sus tesis acerca de la supremacía de las Escrituras y la falibilidad de los concilios. La bula *Exurge Domine*, que condenaba a Lutero y otros reformadores, también incluía a Karlstadt.

Entusiasta de Agustín, Karlstadt desarrolla toda una teología del Espíritu en la tradición del agustinismo. En el interior del hombre, por su origen divino, habita Dios, aquella "centella del alma" de Eckhart por la que la criatura se une a su Creador. Solo el Espíritu despierta la chispa divina en cada persona que se abre a la fe. La Palabra de Dios, palabra interior, viviente y vivificante, en completa oposición a la letra, no puede ser institucionalizada sin quedar falseada: solo vive en acto para aquellos a quienes inspira.

Este es para Karlstadt el fundamento doctrinal de la abolición activa de los sacramentos y de la institución eclesiástica misma, en tanto corrompe con su interpretación literal, idólatra, el mensaje espiritual del Evangelio. Si los sacramentos han de continuar, al menos que se ajusten a la enseñanza bíblica.

Sensible al sentimiento popular, un domingo de diciembre de 1521 mientras Lutero estaba escondido en Wartburgo, celebró la misa conforme al orden evangélico, dando ambos elementos —el pan y el vino— a todo el que lo deseara, sin que mediara confesión previa. Tampoco utilizó las vestimentas litúrgicas tradicionales. Ni qué decir tiene que el pueblo llenó la iglesia. Karlstadt parecía un nuevo hombre, auroleado por la gracia evangélica. En todo se manifestó más consecuente que Lutero a la hora de llevar la reforma hasta sus últimas consecuencias.

En la cuestión de las imágenes Karlstadt se manifiesta decididamente iconoclasta. Lo que la gente gasta en mantenerlas, dice, debe emplearse en ayuda a los pobres. Las imágenes no son, como quieren los papistas, "el libro de los ignorantes", sino la razón y la causa de la ignorancia.

Al frente de los iconoclastas, recorre la ciudad destruyendo las imágenes sagradas. Lutero, desde su refugio en el castillo de Wartburgo, reacciona obteniendo la excomunión de Karlstadt. Más moderado, Lutero prefiere destruir primero las imágenes del corazón cristiano y no entregarse a la anarquía.

Yo toleraría la cólera de Karlstadt contra las imágenes. Lo intolerable es que excite y empuje a las gentes a todo eso como si fuera obligatorio... Sabemos que los ídolos no son nada. Si no lo son, ¿por qué torturarse a su respecto? Si no son nada, que caigan o no, ¿qué importa?[75]

"Lo que Lutero quiere decir es que la voluntad destructora iconoclasta, por el simple hecho de ponerse en el plano de la acción objetiva, se deifica y dogmatiza, aboliendo la vibración libre e infinita de la interioridad, que Lutero también mantiene como buen agustino, intento ingenuo de materializar la libertad del espíritu que conduce a una nueva ritualización y destruye lo que pretende asentar"[76]. La libertad espiritual exige que el hombre espiritual no se comprometa en acción alguna, no se fije normas, actitud negativa que suena a evasión y que Karlstadt no puede entender. Sin embargo, fue Lutero quien ganó la partida; abandonado, Karlstadt tuvo que dejar Wittenberg. "La realidad en Wittenberg era que la ley se había encarnado en Lutero, y solo él actuaba libremente"[77].

Karlstadt partió para Orlamünde, donde adquirió gran popularidad como predicador. Renunció a sus títulos académicos y empezó a vestirse como un campesino, conformándose con que la gente lo llamara "hermano Andrés", toda vez que el Espíritu hermana a todos y los coloca en el mismo plano de igualdad social.

14. Müntzer y el principio del Espíritu

Otra disidencia reformadora viene del anabaptismo, que se niega a admitir la validez del bautismo infantil. Hay aquí consecuencias políticas implicadas, aparte de las teológicas. "Censurar el bautismo de los niños significa implícitamente un derecho del individuo a discutir el orden político en el cual vive. Pues el hecho de estar bautizado es lo que fundamenta teológica y jurídicamente el derecho de las autoridades a castigar a los herejes, así como todo derecho a la presión. Es el bautismo lo que incorpora a los sujetos a la comunidad, les obliga a respetar las leyes y les prohíbe apartarse de ellas. Por consiguiente, rechazando el bautismo se da la posibilidad formal de rechazar totalmente o en parte el orden existente"[78].

Tanto Lutero como Zwinglio y Calvino repudian y persiguen el anabaptismo. Será Tomás Müntzer (1488-1525) quien ejerza el papel de ideólogo del movimiento. En un principio fue seguidor de Lutero, pero después se volvió contra él porque no apoyó la revolución social. Müntzer estudió las obras de Eusebio, Jerónimo,

---

75. Lutero, *Contra profetas celestes*.

76. Manuel Ballestero, *op. cit.*, p. 97.

77. James S. Preus, *Carlstadt's Ordinaciones and Luther's Liberty*, p. 80. Harvard University Press, Cambridge 1974.

78. M. Schaub, en *Historia de la filosofía*, dirigida por F. CHÁTELET, II, p. 28.

Agustín, las actas de los concilios de Constanza y Basilea y las obras de místicos como Tauler.

Con la aprobación de Lutero recibió un llamado para predicar en Zwickau, donde entabló relaciones con un grupo radical denominado Profetas de Zwickau. Es evidente que la reforma espiritual de Lutero, al propagarse, comenzaba a cambiar de signo. Cada grupo social tenía sus problemas y sus reivindicaciones particulares. La Escritura estaba abierta a tantas lecturas como lectores había. Por eso Müntzer comenzó a preconizar un nuevo método de interpretación bíblica. Heredero de la mística alemana, convierte la iluminación espiritual en la garantía de la verdadera comprensión de Dios, próximo a la par que lejano. Dios no permanece mudo en un libro, aunque este sea fruto de su inspiración, y su voluntad no está declarada de un modo petrificado, ni le ha sido confiada a una autoridad eclesiástica, única habilitada para descifrar la Escritura, ni ha quedado depositada en la letra de la Escritura comprensible por sí misma al teólogo, sino que vive en el corazón del hombre, y es revelada mediante el sufrimiento, pues Dios ha escogido el dolor como condición revelatoria, pues no hay comunión más profunda y desinteresada que la comunión en el sufrimiento.

La inmanencia del Espíritu divino en la Humanidad funda la permanente posibilidad de que la Revelación se manifieste, con más o menos intensidad, en formas diferentes. Se despliega generosamente con la exigencia actualizada del amor. Dios, perceptible para el corazón, nos habla en los sueños y en las visiones y nos ayuda a conocer su voluntad por medio de la Escritura. Karlstadt era enemigo de esta manera de concebir el papel del Espíritu en la interpretación del texto bíblico. Para él no es lícito recurrir a los impulsos del Espíritu para apoyar un argumento. El Espíritu habla con claridad mediante la Palabra y la intención del Espíritu es clarificar, iluminar y hacer comprensible la Escritura, no por impresiones ni por ingeniosas alegorías, pues en cuestiones de doctrina —como mantenía Tomás de Aquino— solo es válido el sentido literal como prueba.

Müntzer desarrolla un método moral —subjetivo— de interpretación bíblica con vistas a su funcionalidad práctica. El sentido de los textos resulta a la vez evidente y oscuro; oscuro para el impío, obnubilado por deseos insaciables, y en cambio para el creyente está despejado en la relación viva y activa entre la historia presente y la historia sagrada: obrando en el presente para la realización del Evangelio es como se hace uno capaz de comprender el espíritu del Evangelio. Solo entonces se descubre el carácter revolucionario de la Palabra divina y de la fe auténtica que la percibe.

Esta fe libera al creyente de la tiranía de la letra y da a la razón la clara medida de las normas de lo verdadero, elevándola por encima del entendimiento carnal, que permanece encerrado en los límites fijados por el deseo. El significado de la Escritura no se revela a quienes permanecen cautivos de los espejismos de la letra, sino tan solo a aquellos en quienes habita el Espíritu.

También le da fuerzas para poner por obra lo aparentemente imposible, aunque efectivamente realizable: el reino de Dios sobre la tierra.

Müntzer es el primer pastor que reforma enteramente el culto católico y que crea un nuevo oficio religioso en alemán. Mantener por más tiempo el uso del latín es para él prueba clara de pereza y codicia, que no busca la instrucción del pueblo. El verdadero pastor no se apropia indebidamente del texto sagrado, como si de un "ladrón de la Escritura" se tratase, sino que, a imagen de Cristo, enseña al pueblo y revela plenamente el Testamento de Cristo para que los hombres puedan tomar figura cristiana. El culto, todo en idioma vernáculo, abarca el canto, la lectura de la Biblia y la predicación. Así es como el verdadero pastor se convierte en un dispensador de la Escritura, que no retiene para sí.

La "misa" alemana de Müntzer suscitó una adhesión popular muy amplia que le valió no pocos conflictos con las autoridades; tanto más cuanto que después de un inflamado sermón sobre el tema "derribaréis sus altares, quebraréis sus estatuas", los fieles destruyeron una capilla dedicada a la Virgen.

Para Müntzer el destino de la Iglesia es instaurar una comunidad humana igualitaria, despertando el sacrificio y el amor, oponiéndose por la violencia, si era preciso, a todos aquellos que constituyen un obstáculo para la actualización práctica del Evangelio. El papel real de la Iglesia sería el de pedagogo político, en el sentido de que debe velar por que se suscite una ética y un espíritu cívico, guiadas por la caridad y cuyo fin sea la emancipación de la concupiscencia, la abolición del deseo desordenado.

Esa emancipación se inaugura de hecho mediante la necesaria transformación social, sin la cual el mensaje cristiano queda oculto, pues llama cristiano al orden político opresor. La sociedad encarna el Mal y, en consecuencia, la revolución no es un fin en sí, sino un medio indispensable para la salvación.

Librarse de la concupiscencia exige formar parte de esa revolución que aspira a la fraternidad y supresión de las ambiciones materiales. Los ricos están prisioneros de su codicia, y los pobres solo conocen el sufrimiento *material*; ni unos ni otros pueden experimentar el puro tormento *moral* del creyente que busca a Dios.

Las repercusiones del pensamiento y de la actuación de Müntzer en la historia fueron totalmente negativas. Una vía muerta, condenada por su recurso a la violencia y suprimida violentamente. Tres siglos necesitó el pensamiento cristiano para encarar desapasionadamente y con honestidad la dimensión social del Evangelio, que hoy ocupa un primer plano en las llamadas teologías de la liberación. Müntzer fue objeto de interés para filósofos marxistas como Engels en el siglo XIX, y Bloch en el XX. Mientras tanto, y con menos de medio siglo de diferencia respecto a Müntzer, Francis Bacon realizaba en las Islas Británicas grandes esfuerzos para implantar una filosofía natural en beneficio de toda la humanidad; una reforma filosófica dentro de la reforma religiosa, sin descuidar su aspecto social. Vamos a verlo.

PARTE VI

Filosofía de la Reforma

La suprema característica de la razón consiste en reconocer la existencia de una infinidad de cosas que la superan. Muy débil es la razón si no llega a ello.
Blas Pascal

1. La razón después de la Reforma

Sí, el siglo XVI fue el siglo de la Reforma y la Contrarreforma. En él fue dominante el motivo religioso. La política intenta con Maquiavelo y su *Príncipe* emanciparse de la tutela teológica, pero el imperio religioso del Papa es tan poderoso y menos dispuesto a dejarse mutilar por secesión —cisma, herejía— de los súbditos que le pertenecen por derecho de nacimiento en tierra cristiana, que obliga al Imperio del Estado a movilizar sus hombres y sus recursos para extinguir la herejía y devolver a la obediencia a los disidentes, recuperando así los territorios perdidos por la iglesia. La ceguera de los poderes católicos es total respecto a la fuerza y tesón de la conciencia emancipada aunada al espíritu nacionalista.

La obstinación, por otra parte comprensible, de un poder acostumbrado a hacerse obedecer y respetar de grado o a la fuerza, la negativa del bando (mejor, *bandos*) conminado a retractarse y humillarse ante el Papa y el Emperador, llevan a Europa a un enfrentamiento religioso de dimensiones nunca vistas con anterioridad. Por tierra y por mar se combate en nombre del Dios católico contra el Dios protestante. Europa se vio inmersa en un baño de sangre y crueldad difíciles de olvidar. El empeño de las nacientes iglesias confesionales —luteranas y calvinistas— de persistir en su fe hasta la muerte obligó a los poderes papal-imperialistas a pactar una solución de compromiso. Pero el recuerdo de las matanzas en nombre del mismo Dios cristiano —pese a sus grandes o pequeñas diferencias teológicas— va a perdurar en la memoria colectiva durante más de un siglo. La fe, la creencia, había demostrado a las claras delante de todo el mundo que era imposible esperar de ella un consenso que sirviera a los ciudadanos para vivir pacíficamente. Una Cristiandad desgarrada en partidos opuestos y respirando odio unos contra otros era un lamentable espectáculo —un escándalo— de lo que el Evangelio tenía que ofrecer al mundo.

Los dirigentes políticos e intelectuales, sin negar la fe, se encaminarán, sin embargo, a la razón en busca de soluciones. La creencia es respetable y valiosa en el *fuero interno* de cada cual, pero es incapaz de ofrecer los motivos de convivencia social que se precisan para el buen gobierno, administración y prosperidad de los pueblos. La razón de Estado no puede supeditarse a la razón de Iglesia, como hasta entonces se había venido haciendo y continuará en los países dentro de la órbita de la iglesia de Roma.

El siglo XVII inaugura en política y economía el secularismo y abre la puerta a la modernidad. Ya no es el motivo religioso el que va a determinar las relaciones humanas, sino el más prosaico motivo de la razón secular, es decir, la lógica de este mundo. Las guerras de religión mostraron a las claras que había que buscar en otro lugar el punto de convivencia social. ¿No era la razón la más universal de las autoridades? ¿Qué tribunal superior a la razón puede haber en este mundo donde dirimir los asuntos humanos? ¿No es la razón, como dirá Descartes, el don natural más y mejor repartido de todos? Mientras que la fe es un don sobrenatural concedida a unos pocos elegidos, la razón es la facultad que pertenece a todos los hombres por igual, y no patrimonio restricto de unos cuantos. La razón es el único recurso que el hombre encuentra en sí como algo inmediatamente firme y universal.

"Sin duda corresponde al siglo xvii el título de "era de la razón" con más derecho que al xviii. Nunca se creyó tanto en la razón; nunca se vio a sí misma más absoluta. Atrás quedaba un siglo lleno de sangre de color religioso. La Iglesia se había batido desesperadamente, con su teología y su «poder temporal», sin lograr reconstruir la unidad perdida. Y con la pérdida de la unidad se perdió su legitimidad. La verdad dejó de ser sedentaria en Roma y se hizo nómada"[1]. Así, magistralmente, comienza el profesor Bermudo, su introducción a la cultura moderna. La verdad dejó de ser sedentaria en Roma y se hizo nómada. Todos los caminos ya no llevan a Roma, ahora cada cual tiene que alcanzar su verdad, su legitimación en el tribunal último de la Razón. Con la edad moderna la razón se libera de toda cadena que le obstaculice la busca infinita, eterna, sin posibilidad de término, de desentrañar los misterios de la existencia. La verdad ya no está ahí —en el dogma, en la revelación, en la autoridad—, sino que hay que buscarla desde sí mismo. La verdad, en la filosofía moderna, se concibe como lo que falta y es preciso buscar. La verdad tiene que mostrarse por su propia fuerza lógica. La situación ha cambiado mucho respecto a la Edad Media y, con ella, los intereses que llevan a los hombres a interesarse por la filosofía, que encuentran en las ciencias naturales el paradigma de su reflexión. La filosofía deja por completo de ser sierva de la teología, para ir convirtiéndose poco a poco en filosofía natural o filosofía de la ciencia. El modelo matemático reemplaza al teológico, el natural al sobrenatural, tal como lo describe Kant de un modo sucinto, resumiendo en unas líneas la historia filosófica de cinco siglos.

En los siglos xi y xii aparecieron los escolásticos; explicaban a Aristóteles y llevaban sus sutilezas hasta el infinito. No se ocupaban más que de las puras abstracciones. Este método escolástico de pseudofilosofar fue desplazado en la época de la Reforma, y entonces hubo eclécticos en filosofía; es decir, pensadores independientes, que no se adscribían a ninguna escuela, sino que buscaban y aceptaban la verdad donde la encontraban.

Pero la Filosofía debe su mejoramiento a los tiempos modernos, en parte al mayor estudio de la Naturaleza, en parte a la combinación de la Matemática con la ciencia natural. El orden que resultó en el pensamiento del estudio de estas ciencias se extendió también a las ramas y partes especiales de la Filosofía propiamente dicha. El primero y más grande investigador de la Naturaleza en la época moderna fue Bacon de Verulam.

1. José Manuel Bermudo, *La filosofía moderna y su proyección contemporánea*, p. 5.

Siguió en sus investigaciones el camino de la experiencia, y llamó la atención sobre la necesidad de observaciones y ensayos para el descubrimiento de la verdad. Es difícil decir, por lo demás, de dónde procede propiamente el mejoramiento de la filosofía especulativa. Un mérito no escaso adquirió en ello Descartes pues contribuyó mucho a dar claridad al pensamiento, mediante la formulación de su criterio de verdad, que hizo consistir en la claridad y evidencia del conocimiento.

Pero entre los más grandes y meritorios reformadores de la Filosofía en nuestros tiempos, hay que contar a Leibniz y Locke. Este último intentó descomponer el entendimiento humano y mostrar qué facultades psíquicas y qué operaciones de ellas correspondían a este o aquel conocimiento.[2]

Se ha dicho con razón que la Reforma, por contraposición a la iglesia latina, con su larga nómina de pensadores teológicos y filosóficos, no produjo ninguna filosofía digna de mención. No creo que esta crítica sea totalmente justa. Al menos no considera todos los elementos que entran en juego en la filosofía moderna, cuyo camino fue allanado por la Reforma del único modo que le era posible y legitimo hacerlo: religiosamente. Esta obra obedece especialmente a resaltar esos valores, esos momentos y esos pensadores filosóficos a los que no siempre se les ha concedido la importancia que se merecen. Hemos puesto especial empeño en rescatar, no solo para el protestantismo, sino para la historia de la filosofía y su comprensión, todo aquello de lo que el mundo moderno es deudor al nuevo espíritu y la nueva situación protestante que son, a la vez, los viejos valores y el viejo espíritu cristiano que en todas las épocas se esfuerza por redimir al mundo de su ignorancia, sin olvidar su propia redención.

Pensemos en un solo detalle, y el resto los iremos señalando en el cuerpo de nuestro estudio: la reivindicación del protestantismo de ofrecer culto a Dios en la propia lengua nativa y, sobre todo, hacer accesible al pueblo, en su lengua, la lectura de la Palabra de Dios. Esta reivindicación se hace realidad en la primera mitad del siglo XVI: traducción de la Biblia al alemán por Martín Lutero, al castellano por Casiodoro de Reina, al inglés por William Tyndale... Algunos de estos traductores acabaron en la hoguera. Todo un largo historial de mártires por causa de la Biblia en lengua vernácula. Y ahora, fijémonos en el hecho que marca el comienzo de la filosofía moderna: la publicación en lengua vulgar, en francés —un siglo después de los acontecimientos antes narrados—, del *Discurso del método* (1637) de Descartes. Fue un hecho singular en la época y ejemplar del nuevo espíritu. Hasta entonces la lengua "oficial" de la filosofía, la lengua culta, era el latín, el mismo idioma que hasta hace menos de medio siglo era el idioma oficial de la liturgia católica. Como señalan los estudiosos de Descartes, esto fue una novedad ya de por sí altamente significativa: denuncia un rasgo profundo

---

2. Kant, *Introducción a la Lógica*, IV.

de la actitud de Descartes ante el saber escolástico, un rasgo "revolucionario", un signo positivo de la nueva fe racionalista que él inaugura. Ahora nos preguntamos nosotros, ¿hubiera sido posible esta revolución sin la previa revolución protestante de las traducciones bíblicas en lengua popular, entre otras cosas?

Nos parece a nosotros que la huella protestante también se manifiesta en la afirmación de los derechos de la conciencia, la libertad de investigación, la ilustración de la piedad —¿no es la Ilustración consecuencia del pietismo?—, el replanteamiento de la esencia del cristianismo, el descubrimiento de la subjetividad y de la historia, la hermenéutica como diálogo con los textos antiguos y las posibilidades del conocimiento y sus límites. La duda de Descartes, que echó por tierra todos los conocimientos adquiridos hasta el momento, ¿no tiene algo de reminiscencia de aquella otra duda, dramática, tremenda, que se atreve a afirmar que papas y concilios pueden caer en el error y que es preciso partir de la conciencia de uno mismo? "Tomo la Escritura y la razón como las únicas reglas de mi creencia —dirá el calvinista J. J. Rousseau—; rechazo la autoridad de los hombres y solo me someteré a sus fórmulas si percibo la verdad". Apreciamos aquí lo que, en otro contexto, se llama el coraje del ser, el valor del ser protestante. El fracaso de la Reforma en relación con la filosofía fue no tematizarla convenientemente desde las incitaciones de la fe, contentándose con un no ser molestado por sus abstracciones y un dejarla vivir independiente, a su propia suerte y en diálogo progresivo con la ciencia, mientras no se metiera con la creencia fundamental en Dios, mínimo requerido para profesar filosofía o cualquier otra asignatura en las universidades del Estado.

Hoy estamos en condiciones formales, no sabemos si materiales, de intentar una síntesis de filosofía cristiana que tenga en cuenta cuanto de positivo y verdadero le ha dicho la filosofía a lo largo de la historia, así como las ineludibles e insustituibles aportaciones de las ciencias naturales y humanas. La fe no puede caminar adecuadamente sin el apoyo de la razón y de la ciencia. La existencia de Dios, y todo lo que implica, es un postulado de la fe, en cuanto revelación, pero también de la razón, en cuanto ontología, y de la ciencia, en cuanto creación.

1.1. El renacimiento de Platón

Hay que decir unas palabras sobre el platonismo y su paradójico renacer en el siglo XVI, que cual río Guadiana pierde sus aguas en el subsuelo al poco de su lugar de nacimiento, para resurgir muchos kilómetros después; así el platonismo en sus varias versiones fluyó poderoso durante siglos, hasta casi desaparecer en el siglo XII al llegar el Aristóteles recuperado por los árabes y la Escolástica. Platón resurge, sale a la plena luz del día, tomado de la mano de Cusa, Bruno y la mayoría de los reformadores protestantes. Con el mismo afán que antes se buscaban las traducciones de Aristóteles, ahora, los renacentistas y sus descendientes, buscan manuscritos de Platón y se inspiran en sus diálogos. Los humanistas abandonan la primacía de la filosofía de la naturaleza para explorar, a través de Platón o de Platino, los caminos de una antropología renovada y de una apologética moderna. La sensibilidad, el amor a la vida, los impulsos del alma, se anteponen al rigor conceptual. ¿De qué sirve reflexionar sobre la naturaleza si no se sabe qué es el hombre?

Marsilio Ficino (1433-1499), traductor al latín de las obras de Platón, Plotino, Proclo, Jámbico y de los libros atribuidos a Hermes Trimegisto, escribe una *Teología platónica*, donde explica la concordancia entre platonismo y cristianismo del siguiente modo:

> He aquí por qué todo aquel que lea con seriedad las obras de Platón evidentemente hallará en ellas todo, pero en particular estas dos verdades eternas: el culto agradecido a un Dios que se conoce, y la divinidad de las almas, verdades en las que reside toda comprensión de las cosas, toda regla de vida y toda felicidad. Y esto tanto más cuanto que el modo de pensar de Platón sobre esos problemas es tal que él es a quien Agustín eligió entre todos los filósofos para imitarlo, por considerarlo más próximo a la verdad cristiana, pues afirma que, cambiando un poco las cosas, los platónicos serían cristianos.[3]

En esta recuperación de Platón se trasluce un deseo de unidad y universalidad de la religión por encima de las diferencias religiosas y sectarias, una *perennis religio* en la que el cristianismo aparece más como un momento privilegiado que como un comienzo radical sin conexión con las intuiciones religiosas anteriores y posteriores. El platonismo reúne y concreta los elementos esenciales del pensamiento religioso de carácter místico que deja, a su vez, un amplio margen de libertad para operar en el campo de la naturaleza. Esencial en la existencia humana, la religión, la búsqueda de la trascendencia y de la inmortalidad, queda definida por una especie de síntesis mística en la que se depuran y se espiritualizan los diversos símbolos de la fe religiosa, de las creencias, quitando importancia a la fuerza doctrinal e intelectual de los dogmas, para resaltar el acuerdo básico de todas las doctrinas en el espíritu.

El platonismo, esencialmente ecuménico y sincretista, fue ortodoxo en Ficino, pues considera que la filosofía eterna, la religión perenne, encuentra su expresión más plena y perfecta en Cristo; la filosofía preanuncia lo que el Evangelio cumple con la llegada del Verbo de Dios: la manifestación en el tiempo de la eterna verdad de Dios. Porque Cristo es revelación auténtica de la verdadera idea de Dios, la revelación cristiana es superior a la filosofía y autónoma en su saber teológico (*De Christiana Religione*). Pero no todos los humanistas siguen la línea emprendida

---

3. Ficino, *Teología platónica*.

por Ficino, antes se asemejan a Pico de la Mirándola y aquellos que hacían una lectura paganizante del Evangelio. Esta última tendencia disgustó tanto a los reformadores que, a las innovaciones renacentistas y la tradición de la iglesia de Roma, oponen la sola y exclusiva autoridad de las Escrituras en materia de religión. Es la revelación la que debe controlar el entendimiento de Cristo y su significado eterno, antes que las especulaciones humanas, que añaden y quitan por igual. Todos a una, Lutero, Zwinglio, Calvino, Bucero, Beza, pese a sus desavenencias doctrinales, se levantaron contra lo que entendían como un ataque al núcleo esencial de la fe cristiana. Unos cargaban el Evangelio con pesadas supersticiones, otros lo diluían en un lenguaje pseudofilosófico que no era otra cosa que el viejo gnosticismo restaurado. La verdad se halla en los textos sagrados y no en una amalgama del pensamiento pagano antiguo con el cristianismo.

> Lutero se dio cuenta de que, antes de filosofar, el cristiano tenía primero que asumir la «locura» de la cruz: «El que quiera filosofar sin peligro como un Aristóteles, es necesario que primeramente se vuelva bien loco en Cristo. Así como no se usa bien del mal de la *libido* a menos que se esté casado, del mismo modo nadie filosofa bien a menos que esté loco, es decir, si no es cristiano.» La amalgama, procedimiento tan del gusto de los florentinos, es rechazada por contraria a la fe verdadera.[4]

1.2. Petrus Ramus y la reacción contra Aristóteles

René Descartes pasa por ser el primero y el último gran filósofo de los grandes, el padre de la filosofía moderna. Qué duda cabe que toda la metafísica moderna se alimenta de la interpretación de la verdad introducida por Descartes, pero no olvidemos que Descartes no es posible sin la gran transformación que se produjo un siglo antes, cuyo espíritu busca manifestarse por medio de diversos canales y que está presente, anticipándolo y presintiéndolo todo, en la figura egregia de su compatriota Ramus.

Pierre de la Ramée, conocido por su nombre latinizado Petrus Ramus (1515-1572), fue un estudiante precoz, ingresó en la Universidad de París cuando solo contaba doce años, suficientes para atreverse a levantar su juvenil cabeza y, contagiado del nuevo espíritu de radical independencia, llegó a rebelarse y protestar contra el excesivo escolasticismo de las universidades, en las que Aristóteles era el modelo y la base de toda investigación filosófica. Para Ramée, por el contrario, según su atrevido examen de graduación, "Todo lo dicho por Aristóteles es falso". Comprensiblemente, se ganó la hostilidad permanente de los académicos. En la formación de su ideario interviene la filología de los humanistas, especialmente la de Valla y de Agrícola.

---

4. Hélène Vérdine, en *Historia de la filosofía*, II p. 50.

Ramée se dedicó por entero a las matemáticas —el nuevo paradigma filosófico— con la misma pasión y fuerza que desplegó contra las doctrinas aristotélicas. Autor de *Dialecticae partitiones* (Estructura de la dialéctica, 1543), *Dialecticae Institutiones* (1543) y *Aristotelicae Animadversiones* (1543). Sus tesis se discutieron durante largo tiempo en las universidades europeas, con Ramus y contra-Ramus. La Sorbona recurrió al rey, Francisco I, para que prohibiera sus obras. Alejado de la universidad fue acogido en el Colegio de Presles, pero en 1547 Enrique I anuló la prohibición de La Sorbona. Los jesuitas, bien situados y poderosos en Paris, pusieron la obra de Ramus en el *Índex de libros prohibidos*. Gracias a la política real de apoyo al humanismo, Ramée ocupó la cátedra de matemáticas en el *Collège de France* (1551), para la que contó con la protección del cardenal de Lorena. A pesar de ello, dando muestras de independencia de ideas y espíritu, después del *Coloquio de Poissy* (1561), en el que protestantes y católicos trataron de hallar un acuerdo, Ramée se puso de parte del calvinista Teodoro de Beza, contra el cardenal de Lorena, y abjuró de la fe católica. Hubo de abandonar de nuevo la cátedra universitaria y al año siguiente se vio obligado a huir de Paris. Regresó en 1563 con la Paz de Ambroise y reanudó la enseñanza, pero en 1567 tuvo que marchar otra vez. Al año siguiente lo encontramos en Alemania y Suiza, como profesor en Heidelberg, Ginebra y Lausana. La Paz de Saint Germain (1570) le llevó otra vez a Paris, a la cátedra y rectorado del Colegio de Presles, dentro de la universidad, a lo que se opusieron fuertemente los jesuitas desde su Colegio de Clermont.

En Presles le alcanzó la venganza de sus enemigos, durante la matanza de la infame noche de San Bartolomé (1572), en la que miles de protestantes franceses fueron cruelmente perseguidos y asesinados por las calles, las plazas y las casas. Una vez más, el espíritu fratricida se cebaba derramando la sangre de sus hermanos.

La filosofía de Ramée ejerció una influencia considerable en la formación de la filosofía de la Nueva Inglaterra, especialmente en virtud de su adaptación a las necesidades de la "teología del pacto" (*Covenant Theology*) dentro de las iglesias congregacionalistas. Los discípulos de Pierre de la Ramée, entre los que se encontraba el español Pedro Núñez Vela (1522-1602), elaboraron una síntesis lógico-dialéctica en sustitución al aristotelismo de los escolásticos. Esta nueva manera de hacer filosofía se introdujo sobre todo en el Platonismo de Cambridge, al que haremos referencia más tarde.

En su testamento final, Ramée dotó a la Universidad de Paris de una cátedra de matemáticas, que habían de enseñarse, no de acuerdo con las opiniones personales, sino a partir de la verdad de la lógica. Esta preocupación por las matemáticas se debía a la capacidad que estas tienen de proporcionar un razonamiento deductivo, que Ramée consideraba como el método esencial para encontrar la verdad, tan patente en Descartes. La lógica aristotélica, objetaba, ofrece un modelo erróneo del intelecto, y aunque aceptaba la distinción medieval entre el intelecto activo y pasivo, su discrepancia estriba en la concepción que tenía sobre el modo en que los procesos lógicos interpretan los datos de la experiencia. En esto se movía en la misma dirección que otros muchos estudiosos reformistas. Lo que estos eruditos se preguntaban cada vez más era: ¿Cuál es la naturaleza de los procesos lógicos y mentales? ¿Cuáles son los nexos entre la inducción y la deducción? ¿Cuál es, de hecho, el modelo genuinamente científico? Ramus buscó respuestas, y sus esfuerzos, aunque limitados, apuntaban en una nueva dirección.

Las tendencias reformadoras en Francia, religiosas, educativas y sociales, encontraron en él su portavoz más destacado. El Coloquio de Poissy de 1561, que puso de acuerdo en buena medida al protestantismo francés, estimuló el establecimiento de iglesias hugonotes, como allí eran conocidos los protestantes. En 1559 había setenta y dos, pero en 1561 eran ya 2.150, lo que habla a las claras de la importancia de la unidad eclesial y de la locura suicida de la división, que fragmenta todas las fuerzas intelectuales, sociales y espirituales hasta destruirlas. A partir del Edicto de Nantes de 1598, por el que Enrique IV dio a los hugonotes una amplia gama de libertades, estos las utilizaron de modo conjunto para establecer seis academias del tipo de la de la Ginebra calvinista y 35 colegios según el modelo del gimnasio de Sturm. Gracias a estas iniciativas educativas, el protestantismo se consolidó fuertemente en Francia, llegando a figurar sus escuelas entre las mejores de Europa. Desgraciadamente, el protestantismo francés, ilustrado y culto, fue suprimido a sangre y fuego, en oleadas sucesivas de terror. Proscritos, perseguidos, los supervivientes se refugiaron en las montañas de Cevennes, mientras se procedía a la recatolización forzosa del país. La tolerancia, la libertad y el derecho a la vida de los protestantes franceses solo llegaron con el advenimiento de la Revolución de 1789 y del régimen napoleónico.

1.3. Giordano Bruno y el amor a la vida

Alma inquieta, Giordano Bruno (1548-1600), es una de las figuras más representativas del anhelo espiritual que busca la concordia del mundo consigo mismo en Dios. A los 15 años ingresó en la orden de los dominicos de Nápoles, donde por sus excepcionales cualidades de memoria e ingenio, creció corno un niño prodigio. Pero, a los 18 años, las primeras dudas sobre la verdad del catolicismo romano le pusieron en conflicto con el ambiente eclesiástico y, algunos años después (1576) fue obligado a refugiarse, primero en la Ginebra calvinista y después en Lyon, Toulouse y Paris, donde fue profesor de la Sorbona. En 1583 pasó a Inglaterra, donde fue muy bien acogido y favorecido por la reina Isabel y su corte y por los intelectuales. Enseñó en Oxford y compuso muchas de sus obras italianas. En Cambridge sostuvo una memorable disputa contra los aristotélicos ingleses. De regreso a París fue obligado a marcharse por la hostilidad de los círculos aristotélicos a los que había atacado ásperamente. Establecido en Alemania (1586), enseñó en Marburgo, Wittenberg, Helmstadt y Fráncfort del Meno. Después se trasladó a Venecia (1591), donde fue denunciado por Mocenigo, detenido el 23 de mayo de 1592 por la Inquisición veneciana y obligado a abjurar de sus creencias y reconocer en su lugar la superioridad de la religión católica. Eso no bastó para salvarlo. En 1593 fue transferido a la Inquisición de Roma. Permaneció en la cárcel siete años sometido a espantosas condiciones: torturas, miseria física, interrogaciones. A las repetidas invitaciones de retractarse de sus doctrinas, opuso esta vez una resistencia firme, afirmando que no tenía nada de qué retractarse. El 17 de febrero de 1600 fue quemado vivo en el Campo de las Flores, en Roma.

Neoplatónico, se encendió de furor contra todos aquellos pedantes, gramáticos, académicos, aristotélicos, que hacían de la cultura un puro ejercicio libresco y apartaban la vista de la naturaleza y de la vida. Bruno es ante todo un enamorado de la vida. De este amor a la vida nace su interés por la naturaleza y su rechazo de la religión, en cuanto conjunto de supersticiones contrarias a la razón y a la naturaleza; a los religiosos les gustaría hacer pasar la ignorancia por ciencia. Para él hay una "santa asnalidad", contraria a la naturaleza y a la investigación racional, y una "religiosidad teológica", esto es, de los sabios que en todo tiempo y en toda nación han buscado el camino para llegar a Dios. Esta religiosidad es el mismo filosofar, donde concuerdan los griegos, los orientales y los cristianos.

El pensamiento desbordado busca por todos los medios comprender todo, abarcar todo, reconciliar todo, justificar todo. Máxima vitalidad para la que su época no estaba preparada.

Bruno es de tendencias panteístas, llevando un poco más lejos las tesis de Nicolás de Cusa. Dios es la complicación de todas las cosas y la coincidencia de todos los opuestos, así como la causa inmanente del mundo y de la materia y la forma de todos los seres naturales. El mundo es infinito en el espacio y en el tiempo. El universo entero está animado. La sustancia única del mundo se particulariza, se circunstancializa en una multitud infinita de individuos invisibles e imperecederos. Cada uno de ellos es una mónada. Bruno se defendió del panteísmo distinguiendo entre *natura naturans* y *natura naturata*. La primera es la naturaleza creadora, Dios como alma del mundo. La segunda es el conjunto de las cosas creadas. Para él Dios está *presente*, mejor que inmanente, en el mundo y continúa siendo, sin embargo, distinto del mundo. Dios y mundo, aunque unidos, no son de hecho un solo ser. Giordano Bruno dejó honda huella en la filosofía del racionalismo, concretamente en Descartes, Spinoza, Leibniz y Schelling.

2. Francis Bacon, la primera filosofía científica

En el clima propiciado por la Reforma protestante en Inglaterra, Bacon va a lanzar el ataque más demoledor y despiadado contra la filosofía antigua, especialmente la griega, en lo que tiene de actividad contemplativa sin fines prácticos para la vida cotidiana. Las relaciones del hombre con el hombre, la sociedad, la política, y con la naturaleza, el trabajo, la industria, interesan a la generalidad de los ciudadanos y no solo a la élite intelectual, preocupada, en la mayoría de los casos, por temas abstractos y sin referencia al bienestar común. Con Bacon la filosofía se democratiza y se pone al servicio del pueblo. "Lo que me interesa —escribe en una carta a su amigo Casaubon— es la vida y los asuntos humanos, con todos sus sinsabores y dificultades. Esto es lo que me propongo mejorar mediante ideas auténticas y constructivas". La teología hecha por y para los teólogos, la filosofía de consumo interno y académico, sin referencias al bien general de la sociedad, son un fraude. La teología, la filosofía, la ciencia y el arte deben rendir cuentas al hombre. Sin pensarlo dos veces arrojó por la ventana tanto a Aristóteles como a Platón en lo que tenían de improductivos para la vida real. La Reforma, en su primer intento, había logrado desmitificar la vida religiosa de monjes y prelados, y elevó a la misma esfera de la consagración religiosa las actividades cotidianas de la vida diaria. La vida secular era tan digna de consagrar a Dios como la obra religiosa más sublime. A partir de ahora lo profano es sagrado y lo sagrado profano. Ese mismo trasvase de valores realizado por la Reforma en el plano religioso, lo va a realizar Bacon en el plano filosófico.

La ideología dominante en los días de Bacon estaba constituida por la dirección de un calvinismo emprendedor. Los teólogos calvinistas, motejados de "puritanos", dominaban la vida intelectual y llegaron a predominar en la fundación de la *Royal Society*, destinada al estudio y desarrollo de la ciencia. La madre del filósofo era una fervorosa calvinista, aunque él nunca compartiera esta creencia. De temperamento apacible y noble se inclinaba por las ideas de reconciliación, extendida hasta los católicos, y tolerancia universal. Las guerras por motivos de religión habían desangrado Europa, hasta el punto de que, como comenta Bacon en su ensayo *Of Unity of Religion* (Unidad de religión), hubieran hecho a Lucrecio "siete veces más epicúreo y ateo de lo que era", Bacon rechazará las discusiones teológicas en lo que tienen de conflictivas para la convivencia social en paz. La misma preocupación, dentro del protestantismo, manifestarán Locke y Leibniz.

En Bacon se desarrollan muchas de las implicaciones contenidas en las doctrinas protestantes, cuyo rechazo global e indiscriminado de la filosofía obedece a un sentido práctico, propio de la ascendente burguesía. El protestantismo cierra los conventos no porque sean focos de corrupción moral (como vulgarmente se pensaba), sino porque rompen con el cuadro general de una ciudadanía dedicada al bienestar general de la sociedad mediante el trabajo. El protestantismo no tiene sentido de vida contemplativa, por eso Bacon, alimentado en ese espíritu, arremete contra la filosofía escolástica en lo que tiene de contemplación, actividad especulativa abstracta sin repercusiones en la práctica y eficiencia social. "La filosofía —dice— es estacionaria, la ciencia aplicada es progresiva". El interés de Bacon se va a centrar en lo que él llama filosofía natural, y nosotros física, en lo que tiene de efectividad para la mejora de la humanidad, cuya justificación está en sus resultados. Solo el resultado práctico decide la verdad de las cuestiones. Como se dirá después, lo que importa no es interpretar el mundo, sino cambiarlo, aunque para lo uno haga falta lo otro. Se trata del carácter pragmático, poco dado a la especulación del protestantismo, que está a la vez animado por un inmenso espíritu de compasión y piedad hacia todos los hombres.

> Dentro de la filosofía natural, los resultados prácticos no son solo medios de mejorar el bienestar humano. Son también de garantía de la verdad. Hay una regla cierta en religión y es que un hombre debe demostrar su fe por medio de sus obras. La misma regla se puede aplicar a la filosofía natural. La ciencia, también, debe conocerse por sus obras. Es más, por el testimonio de las obras que, por la lógica, o incluso por la observación, por lo que se revela y establece la verdad. Se desprende de ello que el mejoramiento de la suerte de la humanidad y el de la mente humana son una y la misma cosa.[5]

Francis Bacon (1561-1626) nació en York, Inglaterra, el menor de los hijos de Sir Nicholas Bacon, Lord Guardian de la Reina Isabel I. A los trece años ingresó en el Trinity College de Cambridge, donde desarrolló su antipatía hacia la filosofía aristotélica. Su padre lo envió a Francia donde estuvo bajo la protección de Sir Amyas Paulet, embajador inglés en aquel país. De regreso, en Inglaterra ingresó en la academia de jurisprudencia Gray's Inn. En 1584 fue elegido miembro del Parlamento. En 1586 fue admitido en el cuerpo de abogados. Jacobo I le nombró Fiscal del reino y posteriormente consejero privado, papel que desempeñó en forma admirable, por lo que el rey le otorgó el puesto más alto en la corte: Lord Canciller del reino (1618), con lo que se hizo acreedor de la envidia de muchos. Tres años después fue sometido a juicio y encerrado durante unos días en la Torre de Londres. De esta manera concluyó su actividad política e inició sus trabajos científicos y filosóficos.

A Bacon le unía una estrecha amistad con el obispo Lancelot Andrewes (1555-1626), el más santo de los Padres de la Iglesia anglicana, y quizá también el más docto. Sabía hebreo, caldeo, sirio, griego, latín y otras diez lenguas más. Era la figura principal de la comisión de eruditos que, entre 1604 y 1611, elaboraron la versión autorizada de la Biblia. Existe un paralelismo entre este esfuerzo por proveer a Inglaterra con una versión satisfactoria de las Escrituras, y el proyecto de Bacon de interpretar el otro libro de Dios, el libro de la naturaleza[6].

"Erráis por no conocer las Escrituras ni el poder de Dios —escribe Bacon citando un texto evangélico: Mt. 22:29—, poniendo ante nosotros dos libros o volúmenes

---

5. F. Bacon, *Thoughts and Conclusions*.

6. Benjamin Farrington, *Francis Bacon, filósofo de la revolución industrial*, p. 81. Endymión, Madrid 1991.

que hemos de estudiar si queremos asegurarnos contra el error; primero las Escrituras, que revelan la voluntad de Dios, y luego las creaturas, que manifiestan su poder; de las cuales las segundas son una llave de las primeras, no solo porque a través de las nociones generales de la razón y las normas del discurso abren nuestro entendimiento para que conciba el sentido verdadero de las Escrituras, sino principalmente porque abren nuestra fe, al llevarnos a meditar debidamente sobre la omnipotencia de Dios, que principalmente está impresa y grabada sobre sus obras"[7]. Respetando siempre y en primer lugar el libro de Dios, la Biblia, o la *revelación especial*, como se dice en teología, Bacon se dedicó por entero a estudiar el otro libro natural, o *revelación general*, de modo que reemplazase con una nueva filosofía, más práctica, la filosofía antigua, impracticable. Por eso llama a Aristóteles miserable sofista; a su lógica, manual de locura; a su metafísica, superestructura de telarañas. Llega incluso a comparar a Aristóteles con el Anticristo. Otro tanto dice de Platón, que "corrompió la filosofía natural con su teología, tan completamente como Aristóteles la corrompió con su lógica"[8]. El motivo central de su pensamiento está guiado por los resultados prácticos, que redunden en beneficio de la sociedad, pues "en ciencia, como en religión, la sabiduría se justifica por sus frutos".

Ya había ocurrido en los primeros siglos del cristianismo en relación al pensamiento filosófico, y vuelve a ocurrir ahora en el caso de Bacon en relación al pensamiento científico. El filósofo tiene que enfrentarse a aquellos que, en nombre de la ortodoxia y del dogma cristiano, negaban carta de residencia al saber científico en la "república de los santos", por lo que pudiera tener de peligroso para la fe sencilla. Aunque Bacon comparte el interés por el pueblo llano, de ningún modo acepta el gazmoño y reaccionario paternalismo. En su ensayo sobre *El avance del saber* comienza por defender la dignidad de la ciencia como un saber necesario en la sociedad, frente al "descrédito e insultos de que ha sido objeto por parte de la ignorancia, pero de la ignorancia diversamente disfrazada, mostrándose ora en el celo y suspicacia de los teólogos, ora en la severidad y arrogancia de los políticos, ora en los errores e imperfecciones de los sabios mismos. Oigo decir a los primeros que el conocimiento es una de esas cosas que han de ser admitidas con limitación y cautela grandes; que el aspirar a un conocimiento excesivo fue la tentación y pecado original de los cuales se siguió la caída del hombre... cuando la forma de la tentación fue el conocimiento soberbio del bien y del mal, con la intención en el hombre de darse una ley a sí mismo y no depender ya de los mandamientos de Dios"[9].

---

7. *El avance del saber*, I, 16.
8. *The Masculina Birth of Time*.
9. *El avance del saber*, I, 1, 2, 3.

Bacon mantiene que la religión no tiene nada que temer del avance del saber, precisamente porque este, orientado por la fe, conduce a Dios. "Un conocimiento —dice— pequeño o superficial de la filosofía puede inclinar la mente humana al ateísmo, pero un mayor avance en la misma la vuelve a la religión"[10]. Más grave que temer el aumento de la sabiduría, es "ofrecer al autor de la verdad el sacrificio impuro de una mentira"[11].

Bacon sabía perfectamente, e insistió repetidas veces, que el progreso material no daría en absoluto la felicidad al hombre, a menos que estuviera regido por la soberana virtud del amor, pero también enfatizó que amor son obras y no buenas razones. La ciencia facilita el amor al aumentar el bienestar y mitigar las miserias de la humanidad. La Reforma, al revalorizar la dignidad y sentido sacral de la vida secular, produjo un nuevo gusto por la vida y un afán de renovación en pro de la redención integral del hombre, cuyos conatos fracasados pudimos advertir en reformadores radicales como Müntzer.

Entre los papeles de Bacon se halló la siguiente plegaria, reflejo de la nueva orientación y temples protestantes que consideran el trabajo cotidiano la esfera de su consagración divina: "A Dios Padre, Dios Verbo, Dios Espíritu, derramamos nuestras humildes y ardientes plegarias, para que tengan en cuenta las miserias de la raza humana y este peregrinaje de nuestra vida, en el que consumimos nuestros escasos y penosos días, y para que abran de nuevo la fuente reconfortante de su piedad para alivio de nuestros sufrimientos". El nuevo conocimiento debe ir animado por el amor, amor que no es indiferente a la suerte de los demás, sino que busca lo mejor para ellos. Encuentra en Jesucristo el modelo de sus ideas, quien con la doctrina beneficiaba al alma, y con los milagros al cuerpo. "Devolvía el movimiento a los tullidos, la luz a los ciegos, el habla a los mudos, la salud a los enfermos, la limpieza a los leprosos, el entendimiento a los poseídos por los demonios, la vida a los muertos. No hubo milagros de Juicio, sino que todos fueron de piedad, y todos referidos al cuerpo humano"[12].

El cuerpo, tan denigrado y maltratado durante la Edad Media, mediante prácticas ascéticas y penitenciales en nombre de la religión y el amor a Dios, torturado y mutilado en nombre de la ley, levanta su cabeza en Bacon y reclama sus derechos. Es el nuevo impulso proporcionado por la orientación protestante, que en el orden de la religión mira con desprecio la mortificación física de la carne, y en el orden legal la aplicación de la tortura a los presuntos culpables, a la que puso fin en los países protestantes.

---

10. *Id.*, I, 5.
11. *Id.*
12. *Meditaciones Sagradas.*

Si existe humildad ante el Creador; si existe veneración y alabanza de sus obras; si existe caridad para con los hombres, y celo para disminuir las necesidades humanas y los sufrimientos humanos; si existe amor a la verdad en las cosas naturales, odio a la oscuridad, deseo de purificar el entendimiento; se debe suplicar a los hombres una y otra vez que desechen por un tiempo o al menos dejen a un lado esas veleidosas y absurdas filosofías, que prefieren las tesis a las hipótesis, han hecho prisionera a la experiencia y triunfado sobre las obras de Dios; que humildemente y con una cierta reverencia se acerquen al libro de la Creación; que permanezcan allí algún tiempo, que mediten sobre él y que, una vez lavados y limpios, modifiquen su opinión de castidad e integridad.[13]

Una vez que la Reforma pasó de ser un movimiento estrictamente espiritual para convertirse en un fenómeno cultural, la misma actividad que ejerció en el campo de la religión tenía que continuarla en el de la filosofía y la ciencia. La fe sola nunca va sola, había dicho Lutero, la acompañan las obras y los frutos del Espíritu. El protestantismo, que era una exaltación de la gracia de Dios y la más absoluta negación de los actos meritorios del ser humano, se había convertido, por la dirección de su pensamiento, en una religión de alto contenido moral y sentido de responsabilidad ética. Las obras religiosas por excelencia dejaron de ser los rezos y las penitencias para convertirse en el trabajo y el abono con vistas a la redención de la pobreza y de la miseria. El protestantismo produjo una transmutación de valores que iba a modificar la faz de Europa por completo.

Cuando Francis Bacon era un joven estudiante en Cambridge, aún no había cumplido quince años, repudió por completo la filosofía imperante, por la sola razón de que no producía frutos en beneficio de la vida cotidiana. Bacon encarnaba el nuevo espíritu protestante-burgués. En las antípodas se encontraban los remanentes de la mentalidad feudal, añorando el viejo orden y apegados al aristotelismo de los escolásticos. Bacon se sentía llamado a derribar los obstáculos que impedían el firme establecimiento de una verdadera filosofía de la naturaleza. No le fue fácil. Sabía bien que los prejuicios tardan en morir. Solo su convicción, fundada en la Biblia, de que él era el instrumento elegido por Dios para llevar a cabo esa reforma, le dio fuerza toda la vida.

Los prejuicios, los conceptos falsos, son verdaderos ídolos tribales que dificultan el acceso a la verdad y el progreso.

En las costumbres y estatutos de las Escuelas, Academias, Colegios e Instituciones semejantes que están destinadas a servir de morada a los hombres doctos y al fomento de la cultura, todo resulta contrario al progreso de las ciencias. Pues las explicaciones y los ejercicios de tal manera están dispuestos que a nadie le es fácil pensar ni considerar

13. *The Masculina Birth of Time.*

algo que se aparte de la diaria rutina. Y si por casualidad alguno que otro se empeña en hacer uso de la libertad de juzgar, este se hunde en una empresa aislada sin poder recibir ayuda alguna de sus colegas. Y si es capaz de pechar con semejantes dificultades, llegará a comprobar que su diligencia y magnanimidad constituyen un estorbo no insignificante para alcanzar su ventura. Porque en esta clase de establecimientos, los estudios que el hombre puede hacer están encerrados, como en una cárcel, en los escritos de ciertos autores; y si alguno se permite pensar de otra manera, al instante es reprendido como hombre díscolo y afanoso de novedades.[14]

Los *ídolos* —correctamente así llamados—, comparten la cualidad religiosa de intocables objetos sagrados, expuestos a veneración pero nunca a discusión, y representan en el mundo "los conceptos falsos que se han apoderado de la inteligencia humana, en la que han echado profundas raíces; no solo bloquean el espíritu de tal modo que el acceso de esta a la verdad resulta muy difícil, sino que además, aun suponiendo que la mente haya conseguido forzar la entrada, reaparecerán aquellos en el momento de construir las ciencias, sirviendo de obstáculo; a no ser que los hombres, una vez prevenidos, se defiendan contra ellos todo cuanto sea posible.[15]

Dadas las actuales circunstancias, la condición en que se encuentran los estudios sobre la Naturaleza se ha tornado difícil y peligrosa debido a las *Summas* y Métodos de los teólogos escolásticos; estos, al exponer ordenada y sistemáticamente la teología (lo cual es de su incumbencia), han sobrepasado las fronteras de su misión, incorporando más de lo que convenía al dogma religioso la contenciosa y espinosa filosofía de Aristóteles.[16]

Puedes ver, por la ineptitud de ciertos teólogos, que está cerrado casi totalmente el acceso a la filosofía, incluso reformada. Pues unos temen, con gran simpleza, que la investigación más profunda de la Naturaleza vaya más allá de los modestos límites al hombre concedidos; transportando una torcida interpretación de lo que en las Sagradas Escrituras se dice —referente a los misterios divinos, contra los que quieren penetrar en los misterios de Dios—al campo de los secretos de la Naturaleza, que en modo alguno está prohibido explorar. Otros, con más astucia, opinan y sostienen que si se desconocen las causas intermedias será posible atribuir más fácilmente al poder y azote de Dios todo lo que sucede; esto, según ellos piensan, es lo que más importa a la religión, pero en realidad no es más que pretender hacerse grato a Dios sirviéndose de la falsedad. Otros temen que por la fuerza del ejemplo caigan sobre lo religión los cambios y mutaciones que se operan en el área de la filosofía y hagan decaer el sentimiento religioso. Finalmente, otros parecen hallarse preocupados de que al investigar la Naturaleza pueda descubrirse algo que destruya la religión, so-

14. *Nuevo órgano*, I, 50.
15. *Id.*, 39.
16. *Id.*, I, 89.

bre todo entre los ignorantes; o, que, por lo menos, la ponga en peligro. Pero estos dos últimos temores parecen denotar una prudencia puramente animal, como si los hombres en la intimidad de su alma y en sus secretas reflexiones, desconfiaran y dudaran acerca de la firmeza de la religión y del poder de la fe sobre la razón; y, por consiguiente, temieran que les amenace algún peligro por investigar la verdad en el reino de la Naturaleza. Pero es que, pensándolo bien, la filosofía natural es la mejor medicina contra la superstición después de la Palabra de Dios, y es, además, el más seguro sustento de la fe; por eso, justamente, ha sido designada como fidelísima servidora de la religión; la Escritura pone de manifiesto la voluntad de Dios; la filosofía natural, a su vez, descubre el poder de la divinidad; no se equivocó el que dijo: "andáis descaminados al desconocer la Escritura y el Poder de Dios", expresión en donde se unen y combinan con lazo indisoluble la información de la voluntad y la meditación sobre el poder. Por lo demás, no es extraño que la filosofía natural haya visto contenido su progreso desde el momento en que la religión, que tanto poder ejerce sobre el espíritu humano, se ha visto arrastrada, por la torpeza y celo ignorante de algunos, a predisponerle contra aquella.[17]

Un punto a destacar en el carácter de Bacon es su optimismo de base teológica: "El primer fundamento de nuestras esperanzas parte del mismo Dios. Efectivamente: lo que vamos a emprender es debido a la gran bondad intrínseca que procede manifiestamente de Dios que es el Autor del Bien y el Padre de la Luz. Ahora bien, en la esfera del acontecer divino, lo que ha comenzado una vez, llega necesariamente al término señalado. Y lo que del orden espiritual se dice: *El reino de Dios llega sin que se le vea*, eso mismo suele acontecer en todas las grandes obras de la Providencia divina; todo se realiza plácidamente, sin ruido ni estrépito, y la obra está acabada antes de que los hombres piensen que se puede producir o vean que se está produciendo[18].

Al final su optimismo se transforma en el atrevimiento y confianza del nuevo hombre propiciado por el mundo moderno, que cada vez da más importancia al individuo, que poco a poco va liberándose de todas las mediaciones para llegar, por sí mismo, y con sus propias fuerzas, al meollo de la existencia, desde la realidad primera a la última. Frente a los timoratos de siempre que desconfían de la ciencia, como susceptible de corrupción e instigadora de impiedad, "nadie —escribe Bacon— se deje impresionar por tales razones. Pues eso mismo se puede achacar a todos los bienes del mundo: talento, fortaleza, vigor, hermosura, riqueza, incluso la luz, etc. Recupere ya el hombre el derecho que le compete por divina donación; désele recursos, y, por lo demás, la recta razón y la sana religión

17. *Id.*, I, 89.
18. *Id.*, I, 93.

regulará su empleo"[19]. Henos aquí, frente a frente, con el nuevo hombre protestante que, desconfiando de todo, llega a la máxima confianza. Solución paradójica que radica en la justificación gratuita que por gracia devuelve a las obras su verdadero carácter ontológico. El hombre justificado, despreocupado de las obras en lo que tienen de meritorias, se puede aplicar ahora a ellas desinteresadamente, sin miedo a sus insuficiencias e imperfecciones, en cuanto expresan en la existencia la fuerza del nuevo ser, el nuevo ser en Cristo.

3. René Descartes y la filosofía moderna

René Descartes (1596-1650 es el hombre del siglo XVII la figura clave de la modernidad. Representa la primacía del yo humano (*cogito ergo sum*), constituida en fundamento y medida de todas las cosas puestos por él mismo para fundar y medir toda certidumbre y toda verdad.

Hijo de una familia distinguida —su padre era consejero del Parlamento de Rennes— se educó en el colegio de los jesuitas de La Flèche, donde permaneció de 1604 a 1612. Los estudios que hizo en este periodo fueron sometidos por él mismo a crítica en la parte primera de su *Discurso del método*; no bastaron para darle una orientación segura, por contra le revelaron la íntima vacuidad de la cultura escolástica de su tiempo. La incertidumbre que le había dejado su primera educación, le convenció de que debía viajar para "leer el gran libro del mundo". Recordemos que los filósofos griegos fueron grandes viajeros. Descartes se sirvió del ejército para realizar su propósito.

En noviembre de 1618, después de un periodo de esfuerzo intelectual particularmente intenso, Descartes tuvo tres sueños, cuya interpretación influyó grandemente en su vida. Creyó que había sido llamado por el Espíritu de la Verdad para reconstruir el conocimiento humano de tal manera que incorporase la certeza que hasta entonces solo poseían las matemáticas.

En 1619 se alistó como voluntario en el ejército del príncipe holandés Mauricio de Nassau y durante cuatro años realizó múltiples viajes y participó en diversas campañas militares: Baviera, Bohemia, Silesia, Hungría, Polonia..., pero no participó en ningún acontecimiento bélico, aprovechando los días de inactividad para sumergirse en la contemplación de la realidad y el estudio de las ciencias matemáticas y naturales. Enrolado en el ejército imperial de Maximiliano de Baviera al comienzo de la Guerra de los Treinta Años, recorrió Alemania, Austria, Suiza e Italia.

En 1622 abandonó el ejercicio de las armas. Regresó a Francia donde permaneció dos años que transcurrieron en medio de tertulias literarias, discusiones, conferencias, encuentros con personajes del mundo intelectual, visitas de admiradores

---

19. *Id.*, I, 129.

y compromisos sociales. No pudiendo soportar por mucho tiempo una vida tan agitada en 1629 se retiró a Holanda. Vivió veinte años en ese país cambiando a menudo de domicilio para eludir la inoportuna curiosidad de amigos y extraños, siempre solitario, consagrado a la redacción de numerosos tratados. Preparó un tratado, *Le Monde* (Tratado del mundo), en el que daba una interpretación mecanicista del universo, donde todos los cambios eran causados por choques o por presión. Sin embargo, guardó el manuscrito al ver que la Inquisición condenaba la teoría heliocéntrica de Galileo de la que Descartes era partidario. En el *Discurso del método* afirma su fe y seguridad en la existencia de Dios y en la naturaleza puramente espiritual del alma como tranquilizadora contraposición al carácter mecanicista de sus opúsculos.

Pese a su afán de tranquilidad, las obras de Descartes suscitaron acaloradas polémicas y se vio obligado a tomar parte en algunas discusiones con matemáticos, teólogos y catedráticos universitarios. El presidente de la Universidad de Utrecht le acusó de ateísmo y fue condenado en 1642 y 1643 por las autoridades locales. En 1647 fue acusado de pelagianismo y se llegaron a quemar varios de sus escritos. Descartes pasó a convertirse en el filósofo más influyente de la época; con la fama le vinieron, como es costumbre, envidias, calumnias y muchos otros sinsabores.

Molesto por el clima de agitación que le rodeaba, Descartes aceptó la invitación de la emperatriz Cristina de Suecia, para pasar un tiempo en la corte. Víctima de los rigores del clima sueco, Descartes murió de pulmonía en febrero de 1650. Diecisiete años más tarde sus restos fueron trasladados a Paris, y cuando el sacerdote Lallemand se disponía a pronunciar el elogio fúnebre del filósofo, en la iglesia de Sainte Geneviève du Mont, una orden del rey prohibió que se dijera una palabra. Desde entonces se desató una verdadera persecución contra las ideas de Descartes, sus libros fueron incluidos en el Índice de libros perseguidos por la Inquisición. Durante algunos años, en Francia constituía un delito declararse cartesiano. Pese a todo, las medidas reaccionarias y prescripciones prohibitivas no pudieron evitar la difusión universal de la filosofía cartesiana, que representa el punto de partida del pensamiento moderno.

Con Descartes la filosofía inicia su andadura por sí sola. Ya no va a gravitar en torno a los problemas planteados por la teología. Esta parece haberse suicidado a sí misma en los campos de batalla durante la Guerra de los Treinta Años. El interés se va centrar única y exclusivamente en el hombre, y desde él en el resto de la existencia. A partir de Descartes la filosofía cobra tal bulto, tal extensión y área de intereses, que solo nos limitaremos a sus implicaciones para la fe cristiana, remitiendo a los interesados a los manuales más completos y detallados de historia de la filosofía en general. Lo esencial respecto a la filosofía cristiana ya está dicho en cuanto actitud filosófica: la fe es un tipo de conocimiento que busca entender, que entendiendo cree y creyendo entiende. La filosofía cristiana es una exploración de la verdad desde la fe, no un sistema cerrado ni incompatible con nuevas y ulteriores investigaciones que, en cuanto perspectivas particulares de la realidad, substrato común de toda verdad, piden integración y asimilación en una unidad superior general. Todo cuanto teníamos que decir en cuanto al *principio y motivación* de la filosofía cristiana, ya está dicho, queda por resolver el método, el sistema que mejor corresponda a la revelación. Cada cual, a su manera, desde su comprensión filosófica y creyente, tiene que decidir el camino a seguir.

También decir que con Descartes se inaugura la filosofía secular. Hasta él, desde la Patrística, los filósofos habían sido, invariablemente, eclesiásticos, hombres de iglesia, obispos, monjes, sacerdotes —seguirán siéndolo en el catolicismo, con raras excepciones: Malebranche, Gratry, Brentano, Ruibal, etc.—, ahora la filosofía comienza a ser laica, con precedentes en Petrus Ramus y Francis Bacon. Los grandes nombres de la historia de la filosofía moderna corresponden a profesores universitarios e independientes, sin vinculación con el oficio religioso: Hobbes, Hume, Locke, Leibniz, Voltaire, Rousseau, Kant, Hegel, Kierkegaard, Husserl...

3.1. Derecho a saber por uno mismo

Aunque Descartes es católico, adopta en su filosofía dos reivindicaciones de la teología protestante. Primera, el derecho a leer por uno mismo, directamente, sin mediaciones, el gran libro de la naturaleza. La mediación religiosa, que es puesta bajo sospecha y eliminada en la fe evangélica o protestante, toda vez que la mediación acaba por usurpar el término de mediación, y deja al adorador con una sombra de Dios en lugar de conducirle directamente a la presencia de Dios, gracias a la única y exclusiva mediación de Cristo, que es la mediación y el término en sí mismo. También Descartes sospecha que toda mediación en el conocimiento es un riesgo, por lo que la filosofía está obligada a recuperar la inmediatez, el contacto directo, la letra original sin comentarios ni añadidos.

En segundo lugar, Descartes realiza en filosofía, lo que el libre examen en teología: el derecho de cada individuo a investigar las razones y los motivos de su credo. La duda metódica no es pecado sino, en cierto sentido, deber de la persona que quiere estar informada de sus ideas y creencias. Todas las cosas de las cuales quepa dudar, pueden ser puestas en tela de juicio. Lo que importa es ilustrarse, sin caer en el nihilismo ni en la relativización perezosa y frívola. Todo presupuesto, por el hecho de ser una afirmación humana, de carácter histórico, encierra en sí el peligro de la idolatría denunciada por Bacon. Las cosas en que creemos simplemente porque nos han sido referidas, deben ser completamente desechadas, no para entregarnos al escepticismo, sino para desbrozar el terreno en que ha de basarse el verdadero conocimiento.

Al analizar este método, encontramos que hay solamente una proposición de la que el hombre no puede dudar, y es que él existe; pues forzosamente debe existir para que pueda dudar de su propia existencia. Descartes lo expresó en una frase famosa: *cogito, ergo sum*; pienso, luego existo. Cualquier cosa puede ser puesta en duda excepto que yo, como ser pensante, existo. Esta es la primera verdad y criterio de toda verdad.

Sobre esta base procedió Descartes a construir su filosofía. El primer principio de su doctrina, *cogito, ergo sum*, es aceptado porque resulta, a todas luces, evidente. Tan claro y distinto resulta que no necesita ser demostrado. La mente se desembaraza así de todo conocimiento dudoso. De ello se sigue que todo cuanto conocemos debe ser claro y distintamente conocido, y que todo cuanto aparece así en nuestra mente es verdaderamente conocido y debe ser, por tanto, aceptado como verdadero.

La duda es legítima como método de investigación, no como conclusión, pues la duda como conclusión se convierte ella misma en una certeza. Descartes rechaza así el escepticismo del que, apresuradamente, deduzca de su método que nada es cierto. Descartes cree en la verdad, lo que no cree es que un método cualquiera pueda dar con ella por sí mismo. El método es un *instrumento*; la verdad la encuentra quien utiliza correctamente el método. La duda es una herramienta intelectual puesta al servicio de la investigación lógica. Es la pala del arqueólogo de las ideas que remueve la tierra acumulada por siglos sobre la realidad última y definitiva de la vida humana, el yo existo. La duda es un instrumento para proceder al desenterramiento de la verdad, no la verdad misma.

Descartes solo tendrá por verdadero aquello que *clara y distintamente* reconoce ser verdadero. Sostiene, sin embargo, que entre estas ideas claras y distintas, figura la idea de Dios. Dios es concebido como un ser perfecto, de lo que se deduce que Dios existe. Luego la mente, poniendo a prueba sus ideas y descubriendo hasta qué punto lo que reclama el nombre de "conocimiento" es realmente claro y distinto, empieza a examinar el mundo físico, y descubre que lo que conoce como cualidades "secundarias" de la materia —color, sabor, etc.— es muy cambiante y no parece formar parte de los objetos. Cuánto hay de permanente en la materia, cuánto hay en ella de estable, positivo y a cubierto de toda crítica, y aparece, por tanto, "claro y distinto", se reduce a extensión y movimiento. La extensión y el movimiento constituyen lo que ofrece de verdaderamente real el mundo físico.

Descartes reconoce tres géneros de *substancias*: Dios, el alma pensante y la substancia extensa, que posee la capacidad de moverse en el espacio. Por substancia se entiende aquello que de tal manera existe que no necesita de ninguna otra cosa para existir. En rigor de términos, esta definición de substancia solo conviene a Dios, de ahí que no pueda explicar de qué modo el alma y la materia pueden actuar una sobre otra. No explica cómo podemos conocer el mundo exterior, material. Para ello Descartes tiene que apelar a un hecho sobrenatural que explique esta acción reciproca del alma y de la materia, afirmando que la creencia de que los seres físicos concuerdan con las ideas que de ellos formamos se debe a la presencia de Dios. Descartes sostuvo que los animales son unos autómatas conscientes (para ser consecuente hubiera debido incluir entre ellos al hombre) y que todos los movimientos de sus cuerpos obedecen a principios mecánicos, sin influencia alguna de ningún principio espiritual o vital.

Descartes, como antes había hecho Petrus Ramus, aplicó con rigor las matemáticas a las ciencias físicas. Se anticipó en esto a Galileo, descubriendo el método que hizo posible la obra de Newton. De una vez para siempre destruyó lo que la ciencia contenía de fabuloso y mágico, con sus "cualidades ocultas", sus "deseos", sus "afinidades" y sus "formas substanciales". Antes de él, la ciencia había sido francamente antropomórfica (alquimia, astrología...). Descartes se forjó el ideal de convertirla en puramente mecánica. "Dadme el espacio y el movimiento —dice— y crearé el mundo". A partir de Descartes, el modelo de toda ciencia es la matemática. Solo esta reúne, completamente y en sus mejores detalles, la condición prescrita por su criterio de la verdad: la de resultar "clara y distinta". Cualquier hecho puede darse por "explicado" una vez logramos determinar su "causa". El ideal de la física y de la astronomía es construir un sistema completo del universo, concibiéndolo a modo de una máquina cuyo futuro desarrollo puede ser enteramente deducido de su condición presente; y la química, la biología y la psicología se ajustarán al ideal del método cartesiano cuando todos los fenómenos que cada una de dichas ciencias estudie hayan sido felizmente expresados por medio de ecuaciones matemáticas; cuando, en otras palabras, la materia, así inorgánica como orgánica, y los diversos organismos e inteligencias, hayan sido explicados como explicaríamos el funcionamiento de una máquina o de una construcción mecánica. El espíritu que se atribuía a la Naturaleza queda relegado al olvido. Para la teoría mecanicista del mundo la palabra "finalidad" carece en absoluto de sentido. Y por "sobrenatural" se entiende lo que todavía desconocemos.

Nuestro siglo ha sido testigo del rechazo del mecanicismo físico, primero desde la psicología de un William James y después desde la misma física cuántica y de la medicina psicosomática, que ha mostrado el papel determinante que el espíritu —la mente— juega en la materia[20].

La filosofía cartesiana —de Descartes— goza del raro privilegio de alimentar una visión netamente determinista y materialista del mundo, por una parte, y por otra, constituye, con todas sus virtudes y defectos, el punto de partida del idealismo subjetivo por el que el espíritu y la libertad reivindican sus derechos. Si la única proposición absolutamente indubitable es: "Pienso, luego existo", síguese de ello que las únicas cosas que conozco directamente son los estados de mi propia mente, y no tengo, lógicamente, ninguna escapatoria ante el escéptico que me recuerda que no conozco ninguna otra cosa, o ante el idealista que afirma que todo cuanto existe es enteramente mental. Alguien podría apurar el sentido de la duda de Descartes y sostener que la proposición "Pienso, luego existo" es ya

20. Cf. nuestra obra *Enfermedad, salud y fe*.

el resultado de una inferencia basada en una experiencia inmediata. Eso de que exista un "yo", es a lo sumo una presunción, o mejor, una construcción. Propiamente hablando, la intención última de Descartes debe haber sido: "Existe una conciencia". Pero, como la idea de un estado de conciencia o de una sensación que no forme parte de uno mismo carece de sentido, aquella proposición es poco convincente. Constituye una objeción más grave contra Descartes el que la conciencia sea esencialmente una relación entre el sujeto y el objeto. La conclusión obligada no es, pues, "pienso, luego existo", sino "tengo conciencia de alguna cosa, luego yo y el mundo exterior existimos". Más general y fundamental aún que la anterior es la objeción según la cual no tenemos ninguna razón para creer que la claridad y la distinción sean los signos comunes de la verdad del actual universo en que vivimos. Parece, en efecto, sumamente probable que la realidad es de tal naturaleza que una descripción adecuada de ella debe ser, inevitablemente, no simple, clara y distinta, sino compleja, intrincada y difícilmente comprensible. La claridad y la distinción son probablemente los caracteres de la verdad en las matemáticas, que son la más abstracta de las ciencias; pero otro es el caso de la metafísica, que es la más concreta de todas.

La influencia de Descartes fue notable en la esfera de las matemáticas y de la ciencia física, bajo la forma naturalista que caracteriza su modo de tratar ambas materias. Los cambios que en ellas introdujo explican muchas de las modalidades del pensamiento moderno. Esto nos ayuda a comprender que, una tras otra, las ciencias se hayan emancipado de la teología, La tendencia general de los tres últimos siglos ha sido la de circunscribir el pensamiento y la vida del hombre al mundo material y cognoscible. Todas las actividades humanas encuentran en él su inspiración y su objetivo, su fundamento y su razón de ser. El hombre ha cesado de ser un peregrino rumbo a la ciudad celestial. Lo trascendente es una palabra huera. La vida eterna ha dejado de ser real. El espíritu ha sido proscrito. El hombre es solamente una máquina compleja. Descartes todavía necesitaba a Dios en su teoría, pero no así sus herederos. Para estos la materia se basta a sí misma para explicar cuanto existe. La materia es el verdadero Dios tangible y demostrable: ni se crea ni se destruye, simplemente se transforma; tiene en sí misma su principio y finalidad suficientes, En el universo no hay ánimas, sino ánimos regulados y puestos en funcionamiento por elementos materiales y leyes mecánicas. Estamos de lleno en el *materialismo mecanicista* de La Mettrie (1709-1751), autor del libro famoso *L'Homme Machine* (1748); Helvecio (1715-1771), Holback (1725-1789) y Buffon (1707-1788). Según Descartes la mitad del hombre, el cuerpo humano, es máquina. Holback y La Mettrie dan un paso más y concluyen: el hombre entero debe ser máquina. Henos aquí en el precedente inmediato de la filosofía de Karl Marx (1818-1883) y su *materialismo dialéctico*. La nueva trinidad de este credo confiesa que la realidad primera, única y eterna es la materia; todo lo que existe es manifestación o producto de esta. Los fenómenos psíquicos del hombre

—conciencia, pensamiento, voluntad...— son solo productos del cerebro, órgano material corpóreo, pieza indispensable del robot humano. Por cuanto la materia es eterna, no se crea ni se destruye, se transforma, no necesita de un creador; Dios no existe.

3.2. Las pruebas de la existencia de Dios según la razón cartesiana

Dios no existe para materialistas mecanicistas y dialécticos, pero para el padre de todos ellos, Descartes, Dios es la primera verdad indubitable, aquella de la que no es posible dudar sin dudar de todo. ¿Existe Dios en realidad o en el pensamiento?

Descartes procede a demostrar la existencia de Dios partiendo de la comparación entre lo perfecto y lo imperfecto. El argumento es más o menos como sigue: encontramos la idea de un ser infinitamente perfecto, la cual contiene una realidad objetiva infinita; pero la realidad objetiva de una idea solo puede ser causada por un ser en el que esa misma realidad exista formal o eminentemente; por tanto, no puede proceder de mí, pues soy imperfecto, ni de las cosas, que tampoco son infinitas y perfectas; luego tiene que proceder del ser mismo infinito y perfecto que es Dios[21].

> La realidad objetiva de cada una de nuestras ideas requiere una causa en la cual esté contenida esta misma realidad, no solo objetivamente, sino formal y eminentemente. Es así que tenemos idea de Dios y que la realidad objetiva de esta idea no se halla contenida en nosotros formal o eminentemente y solo puede estar contenida en Dios mismo. Luego esta idea de Dios que en nosotros se da tiene que tener por causa a Dios y, por consiguiente, Dios existe.[22]

La segunda demostración es formulada de la siguiente manera: existo yo, sustancia pensante, teniendo idea de perfecciones de que carezco, es decir, idea de un ser infinitamente perfecto (Dios) y reconociéndome por ello imperfecto; pero a la sustancia pensante que se reconoce imperfecta no puede haberse dado el ser ni conservarlo; luego tiene que haber sido creada y es conservada por el ser infinitamente perfecto que es Dios[23].

> Es necesario que investiguemos quién es el autor de esta alma o pensamiento que posee idea de las perfecciones infinitas que hay en Dios; porque es evidente que el que conoce algo más perfecto que él mismo no se ha dado el ser, pues por el mismo medio se hubiera dado todas las perfecciones que hubiese conocido, y, por con siguiente, no

---

21. *Discurso*, 4; *Meditaciones*, III; *Principios*, I, n. 17-18.
22. Descartes, *Respuesta a las segundas objeciones*.
23. *Meditaciones*, III; *Discurso*, 4 p.

podrá subsistir sino por virtud del que efectivamente posee todas esas perfecciones, es decir, Dios.[24]

La tercera demostración cartesiana es el argumento ontológico tomado de san Anselmo y otros autores. Descartes encuentra en el ámbito de su yo la idea del Ser perfecto, de la que tiene intuición; encuentra también intuitivamente la idea de existencia; y examinando entonces lo que es el Ser perfecto y lo que es existir, encuentra que este está comprendido en aquel, deduciendo que el Ser perfecto existe.

> Mi argumento es este: lo que clara y distintamente concebimos como perteneciente a la naturaleza, esencia o forma inmutable y verdadera de alguna cosa, puede predicarse con verdad de ella; pero una vez investigado cuidadosamente lo que Dios es, clara y distintamente concebimos que la existencia pertenece a su naturaleza verdadera e inmutable; luego podemos afirmar con verdad que Dios existe.[25]

Vemos que el examen de las demostraciones cartesianas de la existencia de Dios se despliega en cuatro momentos deducibles uno del otro: 1) Dios es el ser perfecto; 2) un ser perfecto no puede engañarnos ni engañarse; 3) todo lo que hay en nosotros procede de Dios; y 4) todas las ideas claras y distintas que hay en nosotros son posiciones divinas. Descartes fue sincero en su creencia de que, en último análisis, no dependía de su argumentación filosófica, sino de su personal vivencia alimentada por la Escritura, como él mismo afirma en el prólogo de sus *Meditaciones metafísicas*. Sus escritos sobre el tema de la existencia de Dios obedecen a un propósito claramente apologético, en orden a convencer a los que no creen en otra autoridad que su propia razón o experiencia, nunca a los que por fe en la autoridad bíblica, creen sin dudar.

> He estimado siempre que las dos cuestiones de Dios y del alma son las principales de las que han de ser demostradas más bien por las razones de la filosofía que por las de la teología, ya que si bien a quienes somos fieles nos basta creer por la fe que hay un Dios y que el alma humana no muere con el cuerpo, es bien cierto que no parece posible convertir a los infieles a religión alguna, ni atraerles a ninguna virtud moral si primeramente no se les prueban ambas cosas por la razón natural, pues como a menudo se proponen en esta vida mayores recompensas por los vicios que por las virtudes, pocas personas preferirían lo justo a lo útil si no las retuviera ni el temor de Dios ni la esperanza de otra vida, y aunque sea absolutamente cierto que hay que creer que hay un Dios porque así lo enseñan las Sagradas Escrituras, y por otra parte que hay que creer en las Sagradas Escrituras porque tratan de Dios (la razón de ello

---

24. *Principios*, I, n. 20.
25. *Respuesta a las primeras objeciones.*

es que, siendo la fe un don de Dios, el mismo que da la gracia para hacer creer en otras cosas puede darla también para hacer creer que existe), no se podría, sin embargo, proponer esto a los infieles, que podrían imaginar que se comete el fallo que los lógicos denominan círculo.

En Romanos, capítulo 1, se dice que son inexcusables; también en el mismo lugar, por estas palabras: Lo que es conocido de Dios es manifiesto en ellos, parece que se nos advierte que todo lo que se puede saber de Dios puede ser demostrado por razones que no hay que extraer sino de nosotros mismos y de la simple consideración de la naturaleza de nuestro espíritu. Por ello he creído que no estaría en contra de los deberes de un filósofo el hacer ver aquí cómo y por qué vía podemos, sin salir de nosotros mismos, conocer a Dios más fácil y ciertamente de como conocemos las cosas del mundo.[26]

4. Arnold Geulincx y el problema del dualismo

Descartes legó a la filosofía futura un problema difícil de resolver: el de la comunicación de las esencias o substancias ¿Qué vías utilizan las esencias para comunicarse? Descartes había dividido la existencia en dos grandes campos, o en dos órdenes de *res*. Las realidades espirituales, cuya característica esencial era el pensamiento, pura actividad sin corporeidad, sin extensión: el mundo de la *res cogitans*; los materiales, cuyo carácter típico era la extensión, el mundo de la *res extensa*. *Res cogitans* (alma o yo) y *res extensa* (materia, cuerpos) estaban una frente a la otra, a veces estrechamente unidas, como en el hombre, pero distintas e incomunicables. Ni la sustancia pensamiento podía recibir influencia de los cuerpos, ni la sustancia material podía recibirla del pensamiento, ¿Cómo explicar entonces las aparentes relaciones entre cuerpos y espíritus, espíritus y cuerpos?

El yo pensante, la autoconciencia, es realmente quien pone la existencia de las dos sustancias, auxiliadas, como hemos dicho, por la sustancia primaria; propiamente tal, es decir, Dios. Como de Dios no se puede conocer su esencia, solo su existencia, lo que queda para la investigación filosófica es el dualismo representado por el pensamiento y la extensión o materia. Dos sustancias componen el mundo, afirma Descartes, la *res cogitans* (alma-espíritu) y la *res extensa* (cuerpo-materia), ambas están separadas, sin nada en común para poder compararlas, sin posibilidad de relacionarlas. Si es así, el problema reside en explicar cómo conocemos el mundo. ¿Cómo la *res cogitans* puede tener una representación de la *res extensa*? ¿Cómo el pensamiento —espiritual— puede representarse lo extenso —material—? ¿Cómo la extensión en movimiento puede producir ideas en la mente?

El primero de los filósofos en ocuparse del tema y tratar de ofrecer una respuesta racional fue el holandés Arnold Geulincx (1624-1669), formado en la escuela

---

26. *Meditaciones metafísicas.*

de Descartes y convertido al calvinismo alrededor de 1658, después de un largo proceso de estudio y reflexión. Merece un puesto de honor en la historia de la filosofía cristiana. Su contribución a la filosofía moderna fue tratar de solucionar el aludido conflicto dualista suscitado por Descartes.

Geulincx aportó una solución extremosa, divulgada y reforzada por Malebranche. Para Descartes no hay una idea clara y distinta de la interacción entre las dos sustancias. Geulincx se pregunta cómo el alma, si actúa sobre el cuerpo, no tiene tal idea. Y concluye: si el alma no tiene esa idea es porque no existe tal relación. Las sustancias quedan definitivamente aisladas y solitarias. Se consuma el dualismo, sin mediación posible. La acción de cuerpo sobre la conciencia es un hecho de la experiencia, sin embargo, resulta incomprensible en virtud de su irreductible dualismo, no puede ser una "causa", es más bien una "ocasión", el momento que permite a Dios intervenir e influir en el cuerpo y en la mente.

Por otra parte, había que explicar el aparente acuerdo que existe entre ambas sustancias, material y espiritual. Constantemente tenemos experiencias como esta: mi deseo de mover una mano va seguido del movimiento, Y Geulincx pone aquí todo su ingenio y encuentra la solución del misterio en Dios, la sustancia infinita. Nos propone lo siguiente: pensemos un Dios que, en cada *ocasión*, en cada instante, pone el movimiento en la sustancia extensa, y la idea en la sustancia pensante. Su poder y su sabiduría infinitos nos permiten pensar que es capaz de hacer las cosas con perfecta adecuación y precisión, de modo que mi deseo de mover la mano se produce perfectamente coordinado en el tiempo con el movimiento físico de la mano. Al sujeto le parece como si una cosa siguiera a la otra, en virtud de la ilusión causa-efecto, lo que enreda el problema de pensar cómo el alma puede afectar al cuerpo; pero si lo pienso desde la teoría *ocasionalista*, el problema desaparece. Lo que en realidad hay es una constante y ordenada creación divina en dos niveles sustanciales, tan perfectamente sincronizados y coordinados que pueden producir en nosotros la ficción de la interacción, la apariencia de una falsa ley de causa y efecto.

De esta forma no solo se elimina la acción causal entre las dos sustancias, sino también la acción causal en el seno de cada una. Si Dios está creando constantemente la sustancia extensa, si pone en ella en cada ocasión tal o cual movimiento, lo que hay es sucesión y solo sucesión de uno respecto a otro. Nosotros, que los vemos en esa relación de sucesión, que a uno sigue el otro con regularidad, nos formamos la idea de que entre ellos hay relación causal; pero Geulincx dirá que no hay tal, que Dios es la única causa de todo.

El filósofo que no admite la existencia de Dios encuentra sospechoso el recurso a una instancia que, por ser definida como infinita y omnipotente, puede resolver toda contradicción o disolver todo límite. Ahora bien, Geulincx ha respetado las reglas del juego, no ha aceptado el misterio, se ha lanzado a pensar lo que quizá sea impensable y, en esos casos, la razón suele recurrir a recursos semejantes que son llamados «extravagancias» o «absurdos» luego, cuando la razón misma establece otras reglas. Y, al fin y al cabo, Geulincx nos ha dado una solución coherente, con sus puntos débiles, al igual que Hume nos dará otra, no sin flancos desguarnecidos, a un problema que recorrerá la historia de la filosofía hasta nuestros días"[27].

Geulincx representa en el pensamiento protestante el valor de la razón natural como guía en el estudio de la Escritura. La razón ayuda a agudizar la visión y a distinguir con más claridad las verdades de la revelación de Dios.

Las operaciones de la razón no se dan en el vacío, sino como funciones de una persona, que, por definición es un ser ético, obligado por naturaleza propia a practicar las virtudes cardinales de la diligencia, obediencia, justicia y humildad. Todas ellas son importantes e imprescindibles en el ejercicio del intelecto aplicado a la verdad.

Interesa destacar que para Geulincx, amar a Dios equivale a amar la razón, que en su ejercicio práctico es humildad, pues "el amor a Dios y a la razón lleva al amante a hacer dejación de sí, a apartar de sí la atención, a no pensar en sí". El amor a la razón es también amor a Dios, porque la razón es la ley y la imagen de Dios en nuestra alma ("*ratio autem est lex et imago Dei in mentibus nostris*"). Así es que por la razón nosotros nos situamos, no ya en el mundo, sino por encima del mundo, en Dios. De ahí la variación que introduce Geulincx en las palabras de san Agustín: "Nuestra alma está inquieta hasta que encuentra el descanso en la razón". Aquí están las grandes posibilidades del hombre, su libertad moral: con la razón se hace bueno el que con ella se enfrentó malo"[28].

5. Malebranche y la visión de Dios

Con Nicolás Malebranche (1638-1715), vuelve a levantar cabeza el Platón cristianizado de las doctrinas de Agustín, no se olvide que Agustín fue la figura teológica dominante de la Reforma protestante y la que está en la base de todas las revoluciones del espíritu, como ocurrió en el caso del jansenismo católico y en el pensamiento moderno de muchos filósofos cristianos.

Hijo de una familia distinguida, Malebranche nació en París, cursó estudios de filosofía en el Collège de La Marche y teología en la Sorbona. Ordenado sacerdote ingresó en la Congregación del Oratorio, fundada por el cardenal Pierre de Bérulle, con el fin de reunir un grupo de sacerdotes que se dedicasen al estudio y al ministerio religioso, con gran libertad, sin votos ni reglas. Murió pocos días después de un encuentro con Berkeley, emocionado por la coincidencia de sus conclusiones racionalistas con las extremadamente empiristas del filósofo irlandés.

---

27. José Manuel Bermudo, *op. cit.*, p. 34.
28. J. Hirschberger, *op. cit.*, II, p. 57.

En Malebranche domina también el *motivo apologético*, peculiar en la historia del pensamiento cristiano. Esta recurrencia tiene fácil explicación. El cristianismo se concibe a sí mismo como depositario de la verdad absoluta de Dios, una e idéntica en el devenir de la historia, que es cambio y flujo, sucesión de paradigmas y perspectivas. El diálogo de la sabiduría perenne cristiana con el devenir del pensamiento exige, por fuerza, el planteamiento apologético o filosofía primera, por la que la fe se justifica y reacciona a las nuevas situaciones.

Malebranche considera que la crítica a que estaba sometido el cristianismo se debía esencialmente a la insuficiencia de la escolástica, en el seno de la cual la religión cristiana, que es verdad, ha unido su suerte a la filosofía y la ciencia de Aristóteles, que son error. Por tanto, dice, no hay que extrañarse de que muchas mentes extienden a las afirmaciones de la fe unas críticas que, en realidad, solo surten efecto contra las proposiciones del aristotelismo. El papel del apologista es separar lo que se unió de un modo arbitrario y desdichado, y constituir una nueva filosofía cristiana. Es la tarea a la que Malebranche decide consagrarse.

Su confianza reside en que la verdad no puede ser contraria a la verdad. Esta es la convicción básica de la fe desde el principio. El filósofo, en cuanto creyente, no duda jamás de las verdades de la fe, y en cuanto filósofo, tampoco duda de las que va descubriendo la razón: unas y otras son enseñadas por Dios. Por lo tanto, no podrá encontrarse ninguna contradicción ni ninguna dificultad en la reconciliación entre la religión y el saber filosófico y científico: la más estricta investigación racional, la más exigente, tiene que conducir necesariamente a resultados que solo pueden coincidir con las enseñanzas del cristianismo. La razón que Dios nos ha concedido para conocer la verdad es infalible si usamos bien de ella. "Malebranche profesará un racionalismo sin oscuridad y sin concesiones"[29].

Siguiendo la investigación abierta por Descartes, a Malebranche le interesa analizar la prioridad cognoscitiva del yo sobre Dios. El conocimiento del yo es la primera verdad y, sin embargo, "en cierto modo tengo en mí mismo la noción de lo infinito antes que la de lo finito, es decir, antes la de Dios que la de mí mismo". Luego Dios es primero en el orden del conocimiento.

En segundo lugar, Malebranche se enfrenta al problema de las relaciones del alma y el cuerpo, o si se quiere, el problema más general de la comunicación de las sustancias. Malebranche tendrá que observar que, como todo conocimiento pasa por Dios, toda causalidad tiene en Dios su asiento. Malebranche no hace sino continuar la filosofía de Arnold Geulincx, de quien recogió la orientación hacia el *ocasionalismo*. Según hemos visto, para el ocasionalismo las "causas naturales" son una ficción, la única causa inmediata es Dios, y esto tanto para la extensión y el movimiento como para las ideas y el pensamiento. "El Autor de la Naturaleza es la causa universal de todos los *movimientos* que se hallan en la materia,

---

29. Ferdinand Alquié, en *Historia de la filosofía*, II, p. 141.

es también Él la causa general de todas las *inclinaciones* naturales que se hallen en la materia"[30]. El espíritu depende de Dios en todos sus pensamientos. Así el espíritu puede ver en Dios las obras de Dios, lo que significa que el hombre ve el mundo con los ojos de Dios y a Dios en las cosas.

Es absolutamente necesario que Dios tenga en sí mismo las ideas de todos los entes que ha creado, puesto que de otro modo no hubiera podido producirlos, y así ve todos esos entes considerando las perfecciones que Él encierra, con las que ellos tienen relación. Hay que saber además que Dios está estrechísimamente unido a nuestras almas por su presencia, de suerte que se puede decir que es el lugar de los espíritus, del mismo modo que los espacios son en cierto modo el lugar de los cuerpos. Supuestas ambas cosas, es cierto que el espíritu puede ver lo que hay en Dios que representa los entes creados, puesto que es muy espiritual, muy inteligible y muy presente al espíritu. Así el espíritu puede ver en Dios las obras de Dios supuesto que Dios quiera descubrirle lo que hay en él que las representa...

Pero hay que observar bien que, de que los espíritus vean todas las cosas en Dios de este modo, no se puede inferir que vean la esencia de Dios. La esencia de Dios es su ser absoluto, y los espíritus no ven la sustancia divina tomada absolutamente, sino solo en tanto que relativa a las criaturas o participable por ellas. Lo que ven en Dios es imperfectísimo, y Dios es perfectísimo. Ven materia visible, figurada, etc. Y en Dios no hay nada que sea divisible o figurado, pues Dios es todo ser, porque es infinito y lo comprende todo; pero no es ningún ente particular. Sin embargo, lo que nosotros vemos no es más que uno o varios entes en particular, y no comprendemos esa perfecta simplicidad de Dios que encierra todos los entes. Aparte de que puede decirse que no se ven tanto las ideas de las cosas, como las cosas mismas que las ideas representan; pues cuando se ve un cuadrado, por ejemplo, no se dice que se ve la idea de ese cuadrado, que está unida al espíritu, sino solo el cuadrado que está en el exterior.

La segunda razón que puede hacemos pensar que vemos todos los seres, porque Dios quiere que lo que está en Él y lo representa nos sea descubierto, y no porque tenemos otras tantas ideas creadas en nosotros como cosas podemos ver, es que esto coloca a los espíritus creados en una total dependencia de Dios, la mayor que pueda existir; pues, siendo esto así, no solo no sabríamos ver nada que Dios no quiera que veamos, pero no podríamos ver nada que Dios no quisiera enseñamos. *Non sumus suficienttes cogitare aliquid a nobis tanquam ex nobis, sed sufficientia nostra ex Deo est* (2 Co. III, 5). Dios mismo es quien alumbra a los filósofos en los conocimientos que los hombres ingratos llaman naturales, aun cuando no les vienen más que del cielo: *Deus enim illis manifestavit* (Ro., I, 17). Él es quien es propiamente la luz del espíritu y el Padre de las luces: *Pater luminum* (Jac., I, 17); Él enseña la ciencia a los hombres: *Quic docet hominem scientiam* (Ps., XCIII, 10). En una palabra, que es la luz verdadera

---

30. Malebranche, *Investigación de la verdad*, I, 1, 2.

que ilumina a todos los que vienen a este mundo: *Lux vera quae illuminat omnem hominem venientem in hunc mundum* (Jo., I, 11)...

La prueba de la existencia de Dios, la más bella, la más notoria, la más sólida y la primera, o la que supone menos cosas, es la idea que tenemos del infinito. Porque constatando que el espíritu percibe lo infinito, aun cuando no lo comprende, y que tiene una idea muy distinta de Dios, que no puede tener más que por la unión que tiene con Él; puesto que no se puede concebir que la idea de un ser infinitamente perfecto, que es la que tenemos de Dios, sea nada creado.

Pero no solo el espíritu tiene la idea del infinito, tiene antes incluso, la de lo finito. Porque concebimos el ser infinito, solo porque concebimos el ser, sin pensar si el ser es finito o infinito. Mas para que concibamos un ser finito, hay que quitar algo de esta noción general del ser, que, por consiguiente, debe precederla. Así, el espíritu no percibe nada más que en la idea que tiene de lo infinito; y es lo mismo que esta idea esté formada por el ensamblaje confuso de todas las ideas de seres particulares como piensan los filósofos, o que, por el contrario, todas estas ideas de seres particulares no sean más que participaciones de la idea general del infinito, lo mismo que Dios no recibe su ser de las criaturas, pero todas las criaturas no son más que participaciones imperfectas del ser divino.

He aquí una prueba que será, quizá una demostración para los que están acostumbrados a los razonamientos abstractos. Es cierto que las ideas son eficaces, puesto que actúan en el espíritu y lo iluminan, puesto que lo hacen feliz o desgraciado mediante las percepciones agradables o desagradables con que lo afectan. Pero nada puede actuar inmediatamente sobre el espíritu sí no es superior a él; nada puede hacerlo, sino solo Dios; pues solo el autor de nuestro ser puede cambiar sus modificaciones. Por tanto, es necesario que todas nuestras ideas se encuentren en la sustancia eficaz de la Divinidad, única que es inteligible o capaz de iluminarnos, porque solo ella puede afectar a las inteligencias. "*Insinuavit nobis Christus* —dice san Agustín—, *animan humanam et menten rationalem non vegetari, non beatificari, non illuminari nisi ab ipsa substantia Dei*"...

Dios no puede, pues, hacer un espíritu para que conozca sus obras, si ese espíritu no ve de algún modo a Dios al ver sus obras. De suerte que puede decirse que si no viéramos a Dios de algún modo, no veríamos cosa alguna; de igual modo que si no amásemos a Dios, quiero decir, si Dios no imprimiera incesantemente en nosotros el amor al bien general, no amaríamos ninguna cosa.[31]

En sus *Diálogos sobre metafísica y sobre religión*, abunda Malebranche en las pruebas de la existencia de Dios, fundadas en la infinitud y manifiestas en la existencia —desarrollando el pensamiento de Pablo en Romanos 1— que, por otra parte, no revelan a Dios en sí mismo, pues Dios "nos ilumina sin dejarse ver de nosotros

---

31. *De la recherche de la vérité*, lib. III, part. II, cap. VI.

tal como es, o según su realidad particular y absoluta". En filosofía cristiana nos movemos siempre en los parámetros señalados por la teología negativa o apofática. Malebranche afirma con rotundidad que lo finito se conoce en lo infinito, lo determinado en lo indeterminado; Dios inmediato, directo al conocimiento en las cosas, lo cual no significa que se vea a Dios en sí mismo, por lo que Él es, sino por la relación que tiene con las criaturas materiales. Gracias a esta relación llegamos a la conclusión de que Dios existe, pero manteniendo el misterio de ser existencial. "Ves ciertamente, por la extensión inteligible, que Dios es, pero no ves lo que Dios es"[32].

La extensión inteligible, infinita, no es una modificación de mi espíritu; es inmutable, eterna, necesaria. No puedo dudar de su realidad ni de su inmensidad. Ahora bien, todo cuanto es inmutable, eterno, necesario, y sobre todo infinito, no es una criatura, y no puede pertenecer a la criatura. Por tanto, pertenece al Creador y no puede hallarse más que en Dios. Por tanto, hay un Dios y una Razón; un Dios en el que se encuentra el arquetipo que contemplo del mundo en que vivo; un Dios en el que se encuentra la Razón que me alumbra mediante las ideas puramente inteligibles que suministra abundantemente a mi espíritu y el de todos los hombres. Porque estoy seguro de que todos los hombres están unidos a la misma razón que yo, porque estoy seguro de que ven o pueden ver lo que yo veo cuando entro en mí mismo, y descubro las verdades o las referencias necesarias que encierra la substancia inteligible de la Razón universal que vive en mí, o más bien en la que viven todas las inteligencias...

La Razón lleva a Aquel que la engendra de su propia substancia y que la posee eternamente. Pero no os imaginéis que os ha descubierto la naturaleza del Ser supremo a que os ha llevado. Cuando contempláis la extensión inteligible, no veis aún más que el arquetipo del mundo material en que vivimos y el de una infinidad de otros posibles. Es verdad, veis entonces la substancia divina, porque solo ella es visible, o puede aclarar el espíritu. Pero no la veis en sí misma, o con arreglo a lo que es. No la veis más que según la relación que tiene con las criaturas materiales, en la medida en que es participada por ellas, o que es representativa de ellas. Y, por consiguiente, no es Dios, propiamente hablando, lo que veis, sino tan solo la materia que Él puede producir.

Ciertamente veis, por la extensión inteligible infinita, que Dios es; porque solo Él encierra lo que veis, porque nada finito puede contener una realidad infinita. Pero no veis lo que es Dios; porque la Divinidad no tiene límites en sus perfecciones; y lo que veis, cuando pensáis en espacios inmensos, está privado de una infinidad de perfecciones. Digo lo que veis, y no la substancia que os representa lo que veis; porque esta substancia que no veis en sí misma, tiene perfecciones infinitas.[33]

---

32. *Entretiens*, II, 2.

33. *Diálogos sobre metafísica y sobre religión*.

Para Malebranche la razón de que el hombre ignore a Dios y sea incapaz de verle, reside no en la diferencia de naturaleza existente entre el Creador y su criatura, ni tampoco en la incapacidad de la finitud para comprender la infinitud, sino en el *pecado* que ha roto la unión y la comunión Dios-hombre que al principio pertenecía al orden *natural* creado por Dios. Con Malebranche, pues, reaparece la doctrina religiosa del pecado, como clave hermenéutica en filosofía. Y lo que asombra a Malebranche es que los filósofos *cristianos* no cuenten con él más en sus sistemas a la hora de interpretar las negaciones de Dios y de la verdad. El pecado tiene estatuto explicativo en filosofía pues es una dimensión realísima —ontológica—, una estructura existencial de la vida humana que determina las inclinaciones y la dirección de la mente, de la voluntad y de los sentidos.

El espíritu del hombre se encuentra, por su naturaleza, como situado entre su creador y las criaturas corporales; pues según san Agustín, no hay nada por encima de él sino Dios, ni nada por debajo más que los cuerpos. Pero, así como la gran elevación en que está por encima de todas las cosas materiales no impide que esté unido a ella, y que incluso dependa en cierto modo de una porción de la materia, tampoco la distancia infinita que hay entre el Ente supremo y el espíritu del hombre impide que esté unido a él inmediatamente y de un modo muy íntimo. Esta última unión lo eleva sobre todas las cosas. Por ella recibe su vida, su luz y toda su felicidad; y san Agustín nos habla, en mil lugares de sus obras, de esta unión como de la que es más natural y más esencial al espíritu. Por el contrario, la unión del espíritu con el cuerpo rebaja infinitamente al hombre; y es hoy la causa principal de todas sus miserias.

No me extraña que la mayoría de los hombres, o los filósofos paganos, no consideren del alma más que su relación y su unión con el cuerpo, sin reconocer la relación y la unión que tiene con Dios; pero me sorprende que filósofos cristianos que deben preferir el espíritu de Dios al espíritu humano, Moisés a Aristóteles, san Agustín a algún miserable comentador de un filósofo pagano, consideren más el alma como la forma del cuerpo que como hecha a imagen y para imagen de Dios, es decir, según san Agustín, para la verdad, a la que solo ella está inmediatamente unida. Es cierto que está unida al cuerpo y que es naturalmente su forma, pero también es cierto que está unida a Dios de un modo mucho más estrecho y mucho más esencial. Esa relación que tiene con su cuerpo podría no existir; pero la relación que tiene con Dios es tan esencial, que es imposible concebir que Dios pueda crear un espíritu sin esa relación.

Es evidente que Dios solo puede obrar para sí mismo, que solo puede crear los espíritus para que lo conozcan y lo amen, que no puede darles ningún conocimiento ni imprimirles ningún amor que no sea para Él y que no tienda hacia Él; pero pudo no unir a cuerpos los espíritus que están unidos a ellos ahora. Así, la relación que tienen los espíritus con Dios es natural, necesaria y absolutamente indispensable; pero la relación de nuestros espíritus con nuestro cuerpo, aun cuando natural para nuestro espíritu, no es en absoluto necesaria ni indispensable.

No es este el lugar de aportar todas las autoridades y todas las razones que pueden llevar a creer que es más propio de la naturaleza de nuestro espíritu el estar unido a Dios que el estar unido a un cuerpo; estas cosas nos llevarían demasiado lejos. Para que esta teoría tenga toda su claridad, será preciso arruinar todos los cimientos principales de la filosofía pagana, explicar los desórdenes del pecado, combatir lo que falsamente se llama experiencia, y razonar contra los prejuicios y las ilusiones de los sentidos. Así, es demasiado difícil hacer comprender perfectamente esta verdad al común de los hombres para intentarlo en un prefacio.

Sin embargo, no es difícil probarla a espíritus atentos y que están al corriente de la filosofía verdadera. Pues basta con hacerles recordar que, regulando la voluntad de Dios la naturaleza de cada cosa, corresponde más a la naturaleza del alma estar unida a Dios por el conocimiento de la verdad y por el amor del bien, que estar unida al cuerpo; puesto que es cierto, como acabamos de decir, que Dios ha hecho los espíritus para que le conozcan y para que le amen más que para informar a los cuerpos. Esta prueba es capaz en un principio, de conmover a los espíritus poco esclarecidos, hacerles que presten atención, y después convencerles; pero moralmente es imposible que espíritus de carne y de sangre, que no pueden conocer más que aquello que se deja sentir, puedan convencerse jamás mediante semejantes razonamientos. Para esta clase de personas hacen falta pruebas groseras y sensibles, porque nada les parece sólido a menos que deje alguna impresión en sus sentidos.

El pecado del primer hombre ha debilitado de tal modo la unión de nuestro espíritu con Dios, que solo se hace sentir a aquellos cuyo corazón está purificado, y su espíritu iluminado; porque esta unión parece imaginaria a todos los que siguen ciegamente el juicio de los sentidos y los movimientos de las pasiones.

Por el contrario, ha fortificado de tal modo la unión de nuestra alma con nuestro cuerpo, que nos parece que estas dos partes de nosotros mismos no son más que una misma substancia; o más bien, nos ha sometido de tal modo a nuestros sentidos y a nuestras pasiones, que nos vemos llevados a pensar que nuestro cuerpo es la más importante de las dos partes de que nos hallamos compuestos.[34]

6. Pascal, ciencia y mística

Contemporáneo de Malebranche, matemático y creyente, Blas Pascal (1623-1662), es una de las figuras más atractivas del pensamiento cristiano. Nacido en Clermont-Ferrant, débil, enfermizo, su padre lo educó en su propia casa, bajo la dirección de Marino Mersenne.

En 1646, a los 23 años tuvo lugar lo que se ha llamado su "primera conversión". Entró en relación con Port Royal, fortaleza del jansenismo —versión católica del calvinismo a partir de Agustín—, y realizó durante los años siguientes una serie

---

34. *Investigación de la verdad*, Prefacio.

de trabajos científicos, especialmente de física, entre los que destacaron sus experiencias sobre el vacío. El 23 de noviembre de 1654 tuvo una fulgurante revelación del Dios escondido, ignorado por los sabios, rechazado por el mundo, salvador de la humanidad pobre y miserable. Dos meses después ingresaba en Port-Royal, el centro jansenista. La vida ascética, la exaltación de la religión, la defensa de algunos ideales del jansenismo, le absorbieron por completo, agotaron su débil físico, atormentado por atroces sufrimientos, hasta el día de su temprana muerte a los treinta y nueve años de edad.

En Pascal se dan cita las raras dotes de un gran físico y un gran matemático y al mismo tiempo un gran místico. Se conocía casi de memoria las Escrituras, leía a Agustín, junto a Montaigne, su "Biblia profana", y a Descartes, al que acepta y rechaza por igual. Como dice en dos de sus pensamientos: "Dos excesos igualmente equivocados: excluir la razón, no admitir más que la razón", "La suprema característica de la razón consiste en reconocer la existencia de una infinidad de cosas que la superan. Muy débil es la razón si no llega a ello".

Su conocida colección inconclusa de Pensamientos, representa una de las apologías más completas y originales del cristianismo moderno.

Escribe: Es propio de una mente grande y agudísima intuir: *"pienso, luego existo*, y descubrir en este principio una serie admirable de consecuencias, que prueban la distinción de las naturalezas materiales y espirituales; y hacer de él un principio sólido y fundado de toda una física, como ha pretendido hacer Descartes"; pero es ilegítimo reducirlo todo a esto, es un error demostrar a Dios con la naturaleza.

Agustiniano en teología y filosofía, Pascal no está muy conforme con las llamadas "pruebas racionales de la existencia de Dios", pues con la naturaleza se llega a conocer que Dios existe y poco más —deísmo—, pero "el deísmo está casi tan alejado de la verdadera religión como el ateísmo"; el primero sabe que Dios existe, pero ninguno de los dos conoce y escucha su Palabra sublime.

"Las verdades divinas están infinitamente por encima de la naturaleza, y yo sé que Él ha querido que ellas entren por el corazón en el espíritu, y no por el espíritu en el corazón".

El hombre es precisamente un espíritu, un "ser pensante": "el hombre no es más que una caña, la más débil de la naturaleza, pero es una caña que piensa. No es necesario que todo el universo se levante para aplastarlo. Basta para matarlo un vapor, una gota de agua. Pero, aun cuando el universo lo aplastase, el hombre continuaría siendo más noble que el universo que lo mata, pues el hombre sabe que muere, y la superioridad que el universo tiene sobre él es ignorada por el mismo universo. Toda nuestra dignidad consiste, pues, en el pensamiento. Es de él del que debemos enorgullecernos, no del espacio y de la duración".

En Pascal se aprecian temas que saltarán a primera línea de la reflexión filosófica en el existencialismo. Su íntima penetración en la existencia humana hace que sus pensamientos no pierdan frescura, sino que permanezcan tan sugerentes como al principio. El estremecimiento de la pequeñez humana, por una parte, y la capacidad de eternidad, por otra, recorre su filosofía con el soplo esperanzador de la fe.

88. Cuando considero la escasa duración de mi vida, absorbida en la eternidad que la precede y que la sigue, el pequeño espacio que lleno, y aun que veo, hundido en la infinita inmensidad de los espacios que ignoro y que me ignoran, me estremezco y me asombro de verme aquí y no allí, porque no hay razón alguna para estar aquí más bien que allí, para existir ahora y no en otro momento. ¿Quién me ha puesto aquí? ¿Por orden y mandato de quién me ha sido asignado este lugar y este tiempo?

90. ¡Cuántos reinos nos ignoran!

91. El hombre está hecho de tal modo, que a fuerza de decirle que es tonto, se lo cree; y, a fuerza de decírselo a sí mismo, se lo hace creer. Porque el hombre tiene a solas una conversación interior que importa dirigir bien: *Corrumpunt mores bonos colloquia prava*. Es preciso mantenerse en silencio siempre que sea posible, y no conversar más que acerca de Dios, que sabemos que es la verdad; y así se persuade uno mismo de ella.

107. Nuestra imaginación nos agranda tanto el tiempo presente, a fuerza de hacer reflexiones continuas sobre él, y empequeñece de tal modo la eternidad, a falta de reflexionar sobre ella, que hacemos de la eternidad una nada, y de la nada una eternidad; y todo esto tiene raíces tan vivas en nosotros, que toda nuestra razón no puede impedírnoslo.

306. ¿Qué es el yo? De un hombre que se asoma a la ventana para ver a los que pasan, ¿puedo yo decir, si paso por allí, que se ha asomado para verme? No; porque no piensa en mí en particular. Pero el que ama a alguien a causa de su belleza ¿lo ama? No; porque la viruela, que matará la belleza sin matar a la persona, hará que la deje de amar.

Y si se me ama por mi mente, por mi memoria, ¿se me ama a mí? No; porque yo puedo perder estas facultades sin perderme a mí mismo. ¿Dónde está ese yo, si no está ni en el cuerpo, ni en el alma? Y ¿cómo amar el cuerpo o el alma, sino por esas cualidades, que no son las que constituyen el yo, puesto que son perecederas? Porque ¿amaría uno la substancia del alma de una persona abstractamente, y cualesquiera que fuesen sus cualidades? Esto es imposible, y sería injusto. No se ama, pues, nunca a nadie, sino solamente sus cualidades.

Por tanto, no nos burlemos más de los que se hacen honrar con cargos y empleos, porque no se ama a nadie más que por las cualidades que tiene en préstamo.

333. Censuro igualmente a los que se dedican a alabar al hombre, a los que se dedican a censurarlo y a los que se dedican a divertirse; y no puedo aprobar más que a los que buscan gimiendo.

334. Antes de entrar en las pruebas de la religión cristiana, encuentro necesario mostrar la injusticia de los hombres que viven en la indiferencia de buscar la verdad de una cosa que es tan importante para ellos y que los afecta tan de cerca.

De todos sus extravíos, es, sin duda, el que los convence más de locura y de ceguera, y en el que es más fácil confundirlos por medio de las primeras visiones del sentido común y por los sentimientos de la Naturaleza. Pues es indudable que el tiempo de esta vida no es más que un instante, que el estado de la muerte es eterno, sea de la naturaleza que quiera, y que así todas nuestras acciones y todos nuestros pensamientos deben tomar caminos tan diferentes según el estado de esa eternidad, que es imposible actuar con sentido y juicio más que guiándose por la visión de ese punto que debe ser nuestro objeto.

Nada hay más visible que esto y que, por tanto, según los principios de la razón, la conducta de los hombres, es completamente irracional si no toman otro camino.

Júzguese, pues, de los que viven sin pensar en este último fin de la vida, que se dejan conducir a sus inclinaciones y a sus placeres sin reflexión y sin inquietud y, como si pudiesen aniquilar la eternidad apartando de ella su pensamiento, no piensan en hacerse felices sino solo en este instante.

Sin embargo, esta eternidad subsiste, y la muerte, que ha de abrirla y que los amenaza a todas horas, ha de ponerlos infaliblemente dentro de poco tiempo en la horrible necesidad de ser eternamente o aniquilados o desgraciados, sin que sepan cuál de estas eternidades les está preparada para siempre.[35]

7. Thomas Hobbes y la filosofía política

Un poco mayor que Descartes, e influido por él, es el pensador inglés Thomas Hobbes (1588-1679). Cuando Descartes publicó sus *Meditaciones Metafísicas*, invitó a amigos y conocidos a que expusieran las objeciones que el libro les sugiriera, y de las seis series a las cuales replicó en detalle, la tercera fue escrita por Hobbes, que a la sazón pertenecía al círculo de intelectuales reunidos en torno al sacerdote Mersenne.

Aunque es popularmente conocido por su *Leviathan* (1651), Hobbes fue un escritor prolífico, que llegó a publicar unos cuarenta tratados distintos. Su doctrina se contiene en tres obras tituladas: *De Corpore* (Tratado de los cuerpos), *De Homine* (Tratado del hombre) y *De Cive* (Tratado del Estado).

Nació en Wiltshire, Wesport, cerca de Malmesbury (Inglaterra). Su tío, artesano acomodado, cuidó de su educación y lo hizo esmeradamente.

Estudió en el famoso Magdalen Hall de Oxford, donde destacó por su buen conocimiento de griego, latín y filosofía escolástica. Fue preceptor del conde de Devonshire hasta 1628; luego lo fue de otros nobles y del que había de ser Carlos I cuando era Príncipe de Gales. Durante un tiempo fue secretario de Francis Bacon. Residió en París poco más de una década y mantuvo relaciones de amistad con Mersenne, el gran amigo de Descartes. Conoció a Galileo y se interesó vivamente

---

35. *Pensamientos.*

por las matemáticas. En 1660 el rey inglés Carlos II otorgó a Hobbes una pensión que le permitió continuar su actividad intelectual y artística. Hombre de múltiples inquietudes y gran laboriosidad, a los 70 años compuso una historia de la Iglesia en verso, y a los 87 hizo una traducción completa de Homero. Murió a los 91 años de edad en Hardwich.

A Hobbes se le ha hecho pasar por ateo, pero se trata de una interpretación equivocada. Hobbes admite que Dios da a conocer al hombre su ley mediante la recta razón (*De cive*, 15, 3). Por este "dictamen de la recta razón" solo se puede conocer que Dios existe, pero no puede ser identificado con el mundo ni con el alma del mundo, sí se puede afirmar que tiene el gobierno del género humano y del universo físico. Siguiendo esta teología negativa, a la que ya estamos acostumbrados en el pensamiento tradicional, Hobbes cree que no se deben atribuir a Dios atributos finitos o que limiten de alguna manera su perfección, sino solo atributos o nombres negativos, como infinito, eterno, incomprensible, etc., o indefinidos, como bueno, justo, fuerte, etc., con los cuales no se significa lo que Él es, sino solamente se expresa admiración y obediencia hacia Él. La noción de Dios pertenece al dominio de la religión, y la religión forma parte de la ley civil. "La religión —escribe— no es filosofía, sino, en toda comunidad, es ley: por lo cual no se ha de discutir sino satisfacer"[36].

Hobbes vacía el aspecto intelectual de la fe, para reducirlo a culto. Con el avance del secularismo, el culto, nacional en Hobbes, se reducirá todavía más, para dejarlo en culto privado, que es la opinión general de hoy día. Ahora bien, en esta actitud de Hobbes se esconde un malestar provocado por el capricho y la arbitrariedad con que algunos disfrazaban su ignorancia amparándose en la omnipotencia divina, retrasando de ese modo el advenimiento de la ciencia humana y el progreso del conocimiento.

> No cabe duda de que Dios puede producir apariciones sobrenaturales, pero que lo hace con tanta frecuencia, de modo que los hombres tengan que temer tales cosas más de lo que temen la permanencia, o cambio, del curso de la Naturaleza, que Él también puede hacer permanecer y cambiar, no es ningún punto de la fe cristiana.
>
> Pero los hombres perversos, con el pretexto de que Dios puede hacer cualquier cosa, son tan atrevidos como para decir cualquier cosa cuando les es conveniente, aunque sepan que no es cierta. El deber del hombre prudente consiste en no creerlos más que en aquello que la recta razón haga aparecer digno de crédito. Si este supersticioso temor a los espíritus se desechara y con él los pronósticos basados en sueños, las falsas profecías y muchas otras cosas que dependen de todo esto, por medio de lo

---

36. *De homine*, 14, 4.

cual las personas hábiles y ambiciosas abusan de las gentes ignorantes, los hombres estarían mejor preparados de lo que están para la obediencia civil.[37]

Para Hobbes el hombre es malo por naturaleza, está dominado por un deseo de poder que solamente cesa con la muerte, de manera que el sistema parlamentario favorece y simula la guerra de todos contra todos; en cambio, cuando el poder se concentra en una sola persona terminan los conflictos. Hobbes fue ciego a lo específicamente humano. Solo tuvo ojos para la filosofía materialista mecanicista en su evolución tendiente al reduccionismo de la vida, por la que iba a ser conocido después. Es verdad que el hombre es materia y mecánica, cuerpo y movimiento, pero no toda la verdad.

8. Los Platónicos de Cambridge, Escrituras, razón e inspiración

El enfrentamiento bélico por motivos religiosos, la intolerancia dogmática y la intransigencia en nombre de Dios, llevó a muchas personas a rechazar por inconsistentes y peligrosas para la convivencia pacífica toda suerte de creencias y dogmas religiosos. Muchos se refugiaron entonces en el individualismo extremo que dominó en Inglaterra durante el caos religioso del periodo de la República; otros se refugiaron en el racionalismo, o sea en la autoridad de la razón individual, entendida como una e idéntica para todos los hombres y regida por las mismas leyes.

Las manifestaciones de liberalismo, actitud antidogmática, individualismo y fe en la razón, llamaron extraordinariamente la atención de un grupo de pensadores y profesores que eran conocidos con el nombre de Platónicos de Cambridge (¡Platón, una vez más!). A excepción de uno de ellos, todos habían pertenecido al Emmanuel College y habían actuado de profesores en Cambridge entre 1683 y 1688. Los más conocidos son:

Benjamin Whichcote (1607-1683),
Nathaniel Culverwell (muerto en 1651),
John Smith (1618-1652),
Ralph Cudworth (1617-1688),
Henry More (1614-1687).

En cuestiones eclesiásticas —y los partidos eclesiásticos tenían en aquel tiempo extraordinaria importancia— se mostraban moderados. Creían en la tolerancia y defendían la libertad de pensamiento, tanto en cuestiones de filosofía como de teología. Estos pensadores fueron llamados "latitudinarios" (despreocupados) por aquellos que se aferraban al viejo orden.

Atribuían a la razón un papel central y fundamental dentro de la religión, si bien por tal concepto entendían algo más que el seco y tajante racionalismo.

---

37. *Leviatán*, I, 4.

"La razón —dice Benjamín Whichcote— es el divino regulador de la vida del hombre, es la mismísima voz de Dios". La razón es la facultad que comprende y juzga toda verdad, así revelada como natural. Comprende las verdades de la ciencia natural, que afirma que Dios existe y es bueno y todopoderoso, y también las verdades reveladas de las Escrituras; y la razón las encuentra todas igualmente razonables.

Dios es el verdadero objetivo de la razón humana, y, ejercitando su razón en el estudio de la ciencia y de la ética, el hombre ahonda más y más en el conocimiento de Dios, hasta que logra reconocer su "divina sagacidad". La presencia real de Dios en la razón humana capacita a esta para juzgar lo que contienen de esencial las Sagradas Escrituras. Es digno de observar que este movimiento representa la primera tentativa algo seria para dotar de un contexto filosófico a la teología protestante. Así, frente a los puritanos y anglicanos, cada uno de cuyos grupos apelaba a su propia autoridad, los Platónicos de Cambridge recurren a la característica fe del Renacimiento en la razón del hombre. "El juicio del hombre bien adoctrinado y virtuoso merece —dicen— ser tenido en cuenta en religión, en moral y en política". Es especialmente peculiar en ellos el considerar esa bien adoctrinada razón individual, en la interpretación de las Escrituras, como la suprema autoridad en materia de religión.

Los antecedentes intelectuales inmediatos de los Platónicos de Cambridge son probablemente de dos órdenes. Uno de ellos lo constituye el movimiento anticalvinista que surgió en Inglaterra, durante el reinado de Isabel (Hooker es la figura más relevante de este movimiento), y vino a representar la sobria y culta tradición del pensamiento inglés. El inflexible dogmatismo de Ginebra, con su terrible lógica, hubo de sucumbir ante una actitud moderada que se distinguió notablemente en la interpretación de las Sagradas Escrituras.

Mucho más influyente, desde el punto de vista filosófico, fue la revuelta del Renacimiento contra el aristotelismo, que había llegado a ser la filosofía oficial de la Iglesia medieval. Esta revuelta se inició en Florencia, durante el siglo xv, en el seno de una Academia platónica fundada por Cosimo de Medici. Ya hicimos referencia a la figura principal de este movimiento: Marsilio Ficino, el cual es citado con frecuencia por los pensadores de Cambridge. El platonismo, como experiencia religiosa, representa ciertamente un factor considerable dentro del pensamiento de los profesores "latitudinarios" de Cambridge. Ellos consideraron esta "experiencia" como la habitual concentración del sentimiento, voluntad y conocimiento en Dios, porque de Dios proviene todo amor, excelencia y belleza. La razón, entonces, es transformada por la íntima presencia de Dios; se convierte en "sagacidad divina", en una "natividad celeste". El profesor JA. Stewart dijo claramente que, en su opinión, el intérprete de las Escrituras inspiradas debe estar inspirado a su vez.

Los platónicos de Cambridge sostenían que la facultad que nos eleva al conocimiento de las verdades religiosas es la razón, una razón transformada y sublimada por la comunión con Dios, aunque siempre una razón humana. Creen que todo lo que contienen de saludable las doctrinas de Platón y de Pitágoras fue extraído por ellos del Antiguo Testamento (la postura clásica de Filón y la Escuela de Alejandría) y afirman que las verdades de la revelación que, aunque comprendidas por la razón, no podían haber sido descubiertas por ella, aparecen en forma obscura y fragmentaria en los escritos de los filósofos paganos. La platónica unión con Dios les parece comparable a la experiencia del apóstol Pablo que dijo: "Cristo vive en mí" (Gá. 2:20).

También es importante tener en cuenta la influencia de Pierre de la Ramée sobre los Platónicos ingleses, que como sabemos llegó a Inglaterra por medio de sus discípulos esparcidos por toda Europa. Consideraban su filosofía de la naturaleza como el cuerpo del que el platonismo es el alma.

La invocación que hacían de la claridad matemática como criterio de la verdad es manifiestamente compatible con el espíritu del latitudinarismo.

Los Platónicos de Cambridge ocupan un lugar relevante en la esfera de la educación moral de Inglaterra. Hobbes había sostenido que el hombre es naturalmente egoísta y violento. Whichcote y sus sucesores afirmaron, contra Hobbes, que era naturalmente bueno y compasivo y que son estas cualidades las que establecen entre los hombres una verdadera unidad. Shaftesbury, a fines del siglo XVII y Butler, en el XVIII, difunden esta idea de la "bondad" natural del hombre, pero la noción arranca de las observaciones psicológicas de los Platónicos de Cambridge.

El Platonismo de Cambridge ejerció una influencia notable sobre el desenvolvimiento de la filosofía en Nueva Inglaterra, especialmente a través de la introducción, por William Temple, en 1750, del sistema de Pierre de la Ramée en Cambridge. Constituyeron la base intelectual de los estudios filosóficos en los Padres fundadores del cristianismo americano, donde el ramismo, el platonismo de Cambridge y la teología congregacionalista del pacto se fundieron en una especulación que echó los cimientos del espíritu filosófico puritano y fijó los principios de una *Technología* práctico-especulativa no ajena a la ulterior evolución filosófica.

9. John Locke y la racionalidad del cristianismo

John Locke (1632-1704) es el último gran filósofo inglés del siglo XVII y el expositor principal de la corriente empirista que dominó el siglo siguiente. Junto con Newton imprimió su sello a toda una época marcada por el signo del progreso.

Locke nació en Wrignton, cerca de Bristol. Perteneciente a una familia de comerciantes se preparó para la vida eclesial estudiando en el Christ College de Oxford, donde obtuvo el nombramiento de lector de griego y retórica. Atraído por la medicina y las ciencias físicas comenzó a estudiar a Francis Bacon, a la vez que establecía contacto con el químico Robert Boyle y con el médico Sydenham.

En 1664 publicó su primera obra, *Ensayos sobre la naturaleza*, en la que aparece su preocupación por desmarcarse de la tradición filosófica imperante, subrayando el nexo entre razón y experiencia.

En ese mismo año recibió su licencia para ejercer la medicina y en 1667 entró al servicio del primer Conde de Shaftesbury, y se convirtió en consejero, médico y amigo de la casa.

De 1668 a 1670 Locke residió en Francia, donde frecuentó los círculos cartesianos. De vuelta a su patria fue llamado nuevamente por Shaftesbury, quien influyó en sus ideas políticas. Participó en la política liberal de los Whigs, el partido del parlamento opuesto al de los Tory o del rey. En 1677 Shaftesbury cayó en desgracia, dadas sus conspiraciones contra el rey, Locke perdió sus cargos y tuvo que viajar por Francia, hasta establecerse en Holanda, donde tomó parte en la preparación de la revolución liberal inglesa y en el advenimiento de Guillermo de Orange al trono de Inglaterra (1688).

Siempre llevó una vida honesta, religiosa, iluminada por los ideales de la tolerancia y de la libertad. "Amar la verdad por amor de la verdad misma" fue el programa de su labor. Retirado en Oates (Essex), en casa de sus amigos Francis y Lady Masham, se consagra al estudio en profundidad de las Sagradas Escrituras y da a conocer su obra *La racionalidad del cristianismo* (1695). Más tarde, póstumamente, se publican sus *Comentarios a las epístolas de san Pablo* (1704).

La filosofía de Locke se distingue por un cauteloso propósito de asentar los pies sobre el suelo firme de la experiencia; con ella se inicia de una manera definida aquel empirismo característico de la filosofía inglesa, cuyo precedente más claro es el pensamiento de Bacon, para quien "cuando la filosofía es arrancada de sus raíces en la experiencia, de donde brotó y crecía, se convierte en cosa muerta" (*Thoughts and Conclusion*). "El hombre, ministro e Intérprete de la Naturaleza, obra y conoce en la medida que ha observado, apoyándose en la experiencia o en la razón, el curso regular de la Naturaleza. No sabe más; no puede más"[38]. De Bacon va recoger, pues, Locke, el valor de la experiencia como fuente del conocimiento humano.

Locke es a la vez el primer filósofo *crítico*, el iniciador del estudio de las posibilidades del intelecto que culminará en Kant, pero que será siempre el motivo central, antes y también después de Kant, de las investigaciones filosóficas, la gnoseología y la epistemología.

La doctrina de Locke revela la influencia de Descartes no solo en cosas tan insignificantes como su gusto por la palabra "idea", sino también en su frenético horror por toda obscuridad dialéctica; revela asimismo una abierta oposición contra el escolasticismo que le habían enseñado en Oxford, con una repugnancia casi morbosa hacia toda sistematización y hacia el empleo de vocablos técnicos.

---

38. *Nuevo órgano*, I, 1.

Locke hizo que la filosofía hablase el lenguaje del hombre de la calle. Sus obras filosóficas fueron extraordinariamente populares, porque, para las clases cultivadas de la época, representaban la esencia del "sentido común". Aunque Locke integre en su filosofía muchos elementos de Descartes, hay un punto principal que rechaza: el tocante a las ideas innatas. El punto de partida de su obra más importante, *Ensayo sobre el entendimiento humano*, publicado en 1690, es que en la conciencia no hay, no puede haber ningún contenido que sea previo a la experiencia. La investigación demuestra a Locke que no hay en los hombres, antes de nacer, ninguna zona preconstituida, idéntica para todos e inmodificable. La mente es una *tabula rasa* una hoja de papel en blanco en la que no hay nada escrito. Toda idea proviene de la experiencia. "No hay nada en el entendimiento que antes no haya estado en los sentidos, excepto el entendimiento mismo".

Todas las ideas proceden de dos fuentes: sensación y reflexión. La sensación es, la percepción exterior que es obtenida mediante los órganos sensoriales. La reflexión es el *sentido interno*, que proporciona las ideas cuando la mente las alcanza reflexionando sus propias operaciones internas.

La idea es todo aquello que es pensado por el hombre, es decir, todo aquello que conforma el contenido de la conciencia. Las ideas se dividen en simples o complejas.

Simples son las reales apariciones o fenómenos de las cosas, y constituyen "los materiales de todo nuestro conocimiento. Llegan a la mente, como queda dicho, por medio de la "sensación: y por medio de la "reflexión".

Las ideas simples no son, sin embargo, una copia exacta de las cosas, ni por supuesto, las cosas mismas, sino que son principalmente el efecto que en nosotros producen las cosas. A este respecto, Locke introduce una distinción fundamental entre "cualidades primarias" y "cualidades secundarias" de los objetos.

Las cualidades primarias —extensión, movimiento, solidez, figura, número, etc.— son aquellas que efectivamente existen en los objetos, mientras que las cualidades secundarias —temperatura, color, etc.— además de presentarse de forma constante, están vinculadas al efecto que en nosotros producen los objetos mediante sus cualidades primarias.

Las ideas "complejas" están formadas de varias ideas simples; son las ideas de belleza, de gratitud, del universo. Su número es infinito, pues las crea de forma activa la mente —que permanece pasiva en las ideas simples—.

Locke distingue tres categorías de ideas complejas:

1) Modos
2) Sustancias
3) Relaciones.

Los *modos* son ideas complejas que "aunque compuestas, no contienen en ellas suposición de subsistir por sí mismas, sino que se consideran como dependientes o como afecciones de las sustancias". Tales ideas son significadas por la palabra triángulo, gratitud, asesinato, etc.

Las *sustancias* son "combinaciones de ideas simples que representan cosas particulares y distintas subsistentes por sí mismas".

Las *relaciones*, finalmente, son ideas complejas que consisten en la consideración y comparación de una idea con otra.

De enorme importancia en la historia de la filosofía es esta concepción que sostiene Locke acerca de la *sustancia* como mera combinación de ideas simples. En los sistemas cartesiano y spinozano, y en general en todos los grandes sistemas metafísicos, la sustancia ocupa un lugar central en tanto que substrato objetivo de la realidad, como aquello que permanece por debajo de los cambios de cualidades o accidentes, y que, en consecuencia, garantiza metafísicamente el orden del universo.

Para Locke la cuestión central de su filosofía consiste en investigar la multiplicidad de procesos de la mente. Es decir, lo que le interesa no es únicamente el conocimiento científico sino, más generalmente, todo lo que se refiere al entendimiento humano.

Con Locke asistimos a la plena racionalización de la fe, hasta el punto de que razón y fe vienen a ser sinónimos. La fe se reduce a razón: siempre habrá más razones futuras por conocer que la razón presente ignora, pero tampoco le puede ser contraria. Fe y razón se complementan. Una no tiene nada que temer de la otra, pues el Autor de ambas es el mismo. No hay dos niveles de verdad, uno para la religión y otro para la filosofía. La verdad es verdad en todos los planos y la revelación no hace sino confirmar esa estructura verídica de la realidad. Quien recurre a la fe contra la razón no respeta los límites marcados por Dios mismo, sino que se atreve a hacer uso de ella de una forma idolátrica y condenable, por faltar al primer principio de la verdad que es atenerse a la realidad de las cosas.

> Nada que sea contrario o incompatible con los dictados de la razón, claros y evidentes por sí mismos, tiene derecho a que se recomiende o asiente como una materia de fe sobre la que la razón nada tenga que ver. Todo lo que es revelación divina debería regir sobre nuestras opiniones, prejuicios e intereses, y tiene derecho a que se le preste total asentimiento. Tal sumisión de nuestra razón a nuestra fe no hace desaparecer los mojones de nuestro conocimiento. Esto no hace vacilar los fundamentos de nuestra razón, sino que nos deja el uso de nuestras facultades para lo que nos fueron dadas.
>
> Si las jurisdicciones de la fe y la razón no se guardan mediante estos límites, la razón no servirá de nada en materia de religión, y no habrá por qué censurar las extravagantes opiniones y ceremonias que se hallan en ciertas religiones del mundo. A este encumbramiento de la fe por encima de la razón, creo que podemos adscribir gran parte de los absurdos que llenan casi todas las religiones que dividen a la humanidad.[39]

39. *Ensayo sobre el entendimiento humano*, XI (XVIII), 4.

La verdad plena y armoniosa, que integra todos los puntos de vista y no deja nada verdadero fuera, no es algo establecido de una vez para siempre, a lo que pueden acomodarse los hombres sin esfuerzo; es una conquista intersubjetiva en la que cada cual aporta su perspectiva personal. Por eso mismo la tolerancia no es una cuestión religiosa ni política, sino que es una exigencia auténticamente filosófica, pues la práctica de la tolerancia posibilita la construcción intersubjetiva de la verdad y contribuye al progreso de las ciencias.

Con estas ideas Locke no hace sino dar un paso más en la dirección marcada por el principio protestante del libre examen, que es principio de autonomía. Cada persona, desde la más ignorante a la más culta, tiene el derecho y capacidad intelectual de juzgar las creencias que se le exponen como objeto de fe o aceptación. Renunciar a ese derecho es caer en la superstición, en el caso religioso, en la dictadura en el terreno político y en absolutismo en el reino de la ciencia. El mundo moderno sería incomprensible sin el protestantísimo principio del libre examen.

"El poder liberador del cristianismo reside precisamente en su capacidad de fundar la autonomía de la propia conciencia del individuo de manera tal que este no tenga por qué estar supeditado incontroladamente a ninguna totalidad supraindividual, llámese iglesia o estado. La racionalidad exige que cualquier totalidad pueda ser controlada intersubjetivamente. Esta es una característica irrenunciable del liberalismo democrático de Locke. Este autor es el primer exponente claro de la razón ilustrada. La fe, que tradicionalmente había sido colectiva frente a las individualidades que profesaban incredulidad, sufre una profunda transformación. Es decir, la incredulidad pasa a ser un fenómeno social y la fe se va transformando más y más en fenómeno individual. Ante esta nueva problemática, caben soluciones diversas: la teísta, la atea y la creyente, en la que se somete a crítica no el hecho mismo de la fe, sino su formulación. Esta actitud tiene toda una tradición que va a intentar oponer al cristianismo eclesiástico un cristianismo racionalizado de acuerdo con el ideal de la humanidad y que va a volver a las fuentes históricas de las distintas religiones con la esperanza de encontrar apoyo en sus ideas"[40].

También en Locke se manifiesta el aspecto "místico" y radical de la espiritualidad protestante, tendiente a eliminar el apoyo externo de la fe —ritos, ceremonias y espacios sagrados—, síntomas de inmadurez y atavismo mágico, para penetrar más directamente al interior de la misma, en el espíritu y la verdad con inclinación a la ética y el comportamiento justo. Comentando el conocido pasaje del Evangelio de Juan 4:23, escribe:

---

40. Cirilo Flórez Miguel, "Introducción" a *La racionalidad del cristianismo* de Locke, Paulinas, Madrid 1977.

Ser adorado en espíritu y en verdad con aplicación de la mente y sinceridad de corazón, era lo único que Dios requería desde ahora. Templos magníficos y el encierro en ciertos lugares ya no eran necesarios para su adoración, que se podía realizar en cualquier lugar con un corazón puro. Ahora se podía ahorrar el esplendor y distinción de costumbres, la pompa de ceremonias y todas las funciones externas. Dios, que era un espíritu y revelado como tal, no requería ninguno de estos, sino el espíritu solo y que en las asambleas públicas (donde algunas acciones tienen que estar a la vista del mundo) todo lo que pudiera aparecer y ser visto sea hecho decentemente, en orden y en edificación. La decencia, el orden y la edificación regularían todos los actos públicos de adoración y la apariencia externa (que vale poco a los ojos de Dios) no debía de ir más allá de lo que estos requerían. Habiendo excluido la indecencia y la confusión de sus asambleas, no necesitaban ser solícitos en ceremonias inútiles. Las alabanzas y la oración, ofrecidas humildemente a la Deidad, eran la adoración que ahora pedía y, en estas, cada uno había de cuidar su propio corazón y saber que era solo lo que Dios estimaba y aceptaba.[41]

Para Locke la existencia de Dios es evidente y su demostración tiene valor de certeza cuando se reflexiona sobre la existencia humana. El conocimiento del hombre lleva al conocimiento indudable de Dios. Como Descartes había dejado probado, algo existe sin duda, el ser humano. Además, el hombre sabe, por una certeza intuitiva, que la mera nada no puede producir un ser real. Sin embargo, sabemos que existe un ser real y que la nada no puede producir un ser real. Luego el ser real tuvo un comienzo. Lo que tiene un principio debe haber sido producido por algún otro ser.

Es evidente que lo que tiene su ser y principio de otro también debe tener de otro todo lo que es y le pertenece. Todas las facultades que posee deben proceder de la misma fuente. Es preciso que esta fuente eterna de todo ser sea, pues, la fuente y origen de toda facultad o potencia; y así, este Ser eterno debe ser también el más poderoso.[42]

10. George Berkeley y el idealismo según Dios

George Berkeley (1685-1753) nació en Kilkenny, Irlanda. A los 15 años de edad ingresó en el Trinity College de Dublín, donde destacé en matemáticas y física. Tras su graduación fue ordenado pastor de la Iglesia anglicana, alternando la actividad filosófica con la predicación evangélica.

En 1708 comienza a redactar sus *Comentarios filosóficos*, serie de apuntes en los que analiza las principales ideas de Locke, Descartes, Spinoza, Malebranche,

---

41. *La racionalidad del cristianismo.*
42. *Ensayo sobre el entendimiento humano*, VII (X), 4.

Newton, Barrow y Hobbes, entre otros pensadores de la época. El conjunto de estos apuntes constituye el embrión del futuro sistema filosófico berkeleyano. Solo tiene 25 años cuando publica su *Treatise Concerning the Principies of Human Knowledge* (Principios del conocimiento humano, 1710), donde desarrolla su visión central que consiste en afirmar que "ser, es ser percibido", y que en un principio tuvo escasa repercusión.

Viajó por Francia, España e Italia, experiencia que le llevó a la conclusión de que Europa estaba demasiado corrompida como para lograr un cambio sustancial, así que en 1723 partió rumbo a América con la idea de fundar un colegio de misioneros en las Bermudas, pero, a falta de recursos económicos, se estableció en Newport, Rhode Island, donde ganó muchos simpatizantes entre el clero norteamericano. Decepcionado por no encontrar apoyo para su empresa de evangelización, regresó a Europa en 1731, llevando consigo el manuscrito de la obra que publicaría apenas desembarcado en Londres: *Alcifron* o el filosofito.

En 1734 fue nombrado obispo de la diócesis anglicana de Cloyne, en Irlanda. Allí desarrolla una enorme labor de difusión del pensamiento cristiano contemporáneo y se ocupa de problemas vinculados con la enseñanza de las ciencias en los institutos religiosos.

En 1740 una epidemia de peste asoló su patria, para combatir la cual elaboró un remedio que había conocido en América, el agua de alquitrán y, como logran algunas curas sorprendentes, se convirtió repentinamente en popular, y no solo sus dotes medicinales, sino que hasta su filosofía empezó a divulgarse en Irlanda, Inglaterra y otros países, con el pretexto de ser una especie de ilustración teórica sobre la medicina milagrosa. O sea, que Berkeley llegó a la gloria filosófica gracias al agua de alquitrán. Ilustración ejemplar de qué poca cosa es la sublimidad del pensamiento.

La teoría de Berkeley obedece a lo que en filosofía se llama idealismo, y surge al calor de la serie de problemas planteados por el dualismo cartesiano entre la *res cogitatio* y la *res extensa*, el espíritu y el cuerpo, la mente y la materia. Berkeley comienza por afirmar la imposibilidad de que existan ideas abstractas. Su conclusión es que la extensión de los objetos no existe sino en la mente que los percibe, pero la materia no puede identificarse con la extensión, pues es el conjunto de todas las cualidades, pero habrá que inferir que la materia existe en tanto es percibida. Sostiene la teoría, aparentemente paradójica, de que las cosas que percibimos existen únicamente en cuanto son percibidas por un espíritu. "Ser —dice— es ser percibido" (*esse est percipi*).

> Aunque afirmamos ciertamente que los objetos del sentido no existen si no son percibidos no hay que deducir de ello que solo existan cuando nosotros los percibamos, ya que puede haber otros espíritus que los perciban, y nosotros no. Cuando decimos

que los cuerpos no tienen existencia en la mente, o fuera de ella, no nos referiremos a esta o aquella mente en particular, sino a cualquiera mente en general.[43]

Si el objeto que estoy percibiendo ahora continúa existiendo cuando dejo de percibirlo, necesariamente he de suponer que algún otro o algunos otros espíritus humanos en particular, ni todos ellos reunidos, pueden abarcar la Naturaleza en conjunto. De ello se sigue que la Naturaleza, globalmente considerada, ha de existir como un objeto de percepción para el eterno e infinitamente poderoso espíritu de Dios.

> La tesis que repetiré hasta la saciedad es esta: que la existencia absoluta de las cosas desprovistas o independientes de todo pensamiento implica un absurdo o es imposible de entender por carecer de sentido. Esto es lo que quiero inculcar a mis lectores, recomendándome únicamente a su atención.[44]

El idealismo de Berkeley es mucho más difícil de refutar de lo que a primera vista parece. Para Locke las cualidades de los objetos externos, de las "cosas materiales", son lo que llama "ideas"; Berkeley las define como "ideas de los sentidos". Lo mismo se aplica esto a las cualidades *secundarias* (color, sabor, olor, etc.) que a las cualidades *primarias* (forma, extensión, impenetrabilidad, etc.). Es evidente que, para unas y otras, ser es ser percibidas. El sentido común, sin embargo, considera estas cualidades como inherentes a las cosas particulares. Decimos: la sangre es roja, la rosa es fragante, y así sucesivamente. Juzgamos la substancia como "algo" indefinido, imperceptible, que en cierta forma inexplicable "posee" las cualidades o que "causa las "ideas" de los sentidos" que se imprimen en nuestro espíritu. Berkeley no admitirá ninguna de esas "substancias". Una "cosa", para él, es simplemente una "colección" de ideas de los sentidos, que se distingue de otras "colecciones" o "cosas". Una cosa es un "algo" substancial dotado de cualidades; es un grupo de colores, sabores, olores, etc. Berkeley sustituye "la cualidad" inherente a una substancia por la idea de "un objeto percibido por un espíritu". Su teoría, naturalmente, no distingue entre lo que percibimos, pero establece una gran diferencia entre la forma como pensamos y lo que percibimos. Lo que percibimos es el efecto, esto es, ciertas sensaciones, y de ello inferimos la causa que es la materia. Pero Berkeley no logra comprender cómo la *materia* puede actuar sobre el *espíritu*. Percibe el efecto, las sensaciones, e infiere la causa, que es Dios. A su modo de ver, la Naturaleza es un instrumento de relación entre Dios y los espíritus creados,

---

43. *Principios del conocimiento humano*, XLVIII.
44. *Id.*, XXIV.

exactamente como los cuerpos humanos son instrumentos de relación entre las diversas personalidades humanas. El universo es una comunidad de espíritus.

Berkeley acepta, no obstante, los hechos de percepción tan abierta y completamente corno el sabio y el artista. No niega la existencia real de las cosas que el hombre puede tocar o ver, pero esta existencia solo se da en la mente, por eso "existir es ser percibido". Pero si percibimos solo ideas ¿cómo se producen estas? Según Berkeley, Dios pone en el hombre las Ideas, y el orden y coherencia que guardan es lo que se conoce como "leyes de la naturaleza", los milagros no serían sino una modificación, por voluntad divina, de tales leyes.

No se olvide de que Berkeley era un eclesiástico; para él hacer filosofía no significaba nada contrario a la revelación bíblica, que incorpora en su sistema. Llega a sorprendernos cuando toma literalmente como categorías científicas expresiones sacadas directamente del lenguaje religioso de la Escritura. Para Berkeley lo que la Biblia tiene que enseñar sobre la *naturaleza* y su ser le parece mucho más correcto que lo que enseñan los filósofos paganos, quienes, al ignorar la omnipotencia y perfección de Dios, tienen que conferir a la naturaleza una *autonomía* de la que carece. Hay en Berkeley un decidido propósito de seguir las enseñanzas bíblicas al pie de la letra, en lugar de las especulaciones filosóficas.

En los tres diálogos ficticios que Hilas mantiene con Filonus, se trata de responder a las objeciones suscitadas por la tesis central del sistema berkeleyano: *ser es ser percibido*. ¿Qué sentido podía tener semejante afirmación? Berkeley admite la perplejidad, pero no entiende que personas instruidas en la enseñanza bíblica no sean capaces de seguirla.

HILAS: Por muy verdadera que sea tu opinión, no negarás que es chocante y contraria al sentido común de las gentes. Pregunta a una persona si aquel árbol tiene una existencia fuera de su mente ¿qué crees que respondería?
FILONUS: Lo mismo que yo respondería, a saber, que existe desde luego fuera de su inteligencia. Pero entonces, a un cristiano no puede seguramente resultarle chocante decir que el árbol real que existe fuera de mente es conocido verdaderamente y comprehendido por (es decir, existe en) la mente infinita de Dios. Probablemente, quizá a primera vista no se percate de la prueba directa e inmediata que hay de que la realidad misma de un árbol o de cualquier cosa sensible implica una mente en la cual estar. Pero no puede negar el hecho en cuestión. El problema entre los materialistas y yo, no es si las cosas tienen una existencia real fuera de la mente de esta o aquella persona, sino si tienen una existencia absoluta, distinta del ser percibidas por Dios, y exterior a todas las mentes. Esto, desde luego, lo han afirmado paganos y filósofos, pero todo el que tenga acerca de la divinidad una noción conforme con los Sagradas Escrituras será de otra opinión.[45]

45. *Tres diálogos entre Hilas y Filonus*, "tercer diálogo".

10.1. El Dios evidente de las Escrituras

Cuando se tiene en cuenta la perspectiva teológica de Berkeley, se comprende que para él probar la existencia de Dios es más evidente que la del hombre. Como para Malebranche, Dios es para Berkeley la única fuerza activa en el mundo. La intención y el propósito de los ensayos de Berkeley consistía en combatir el materialismo, para lo cual, partiendo de la teoría de las ideas de Locke, terminó por negar la existencia de la materia. Solo existen *ideas percibidas y espíritus percipientes*. El resultado lógico de esta teoría no podía ser otro que el *realismo espiritual* descrito por Berkeley. El realismo espiritual no es nada sin Dios, hunde sus raíces en la actividad de Dios, cuya existencia se postula como evidente al conocimiento. Las cosas materiales no causan en nosotros las ideas. Las ideas son puestas en nuestra mente por Dios, negarlo es consecuencia de una ceguera culpable que no soporta la idea de un Dios presente y activo en la vida humana.

La existencia de Dios es más evidente que la del hombre.

Por lo dicho se comprenderá que Dios es conocido tan cierta e inmediatamente como cualquier otro espíritu distinto de nosotros mismos.

Aún más: podemos asegurar que la existencia de Dios es percibida con mucha más evidencia que la de los hombres, porque los efectos de la naturaleza, a Él solo atribuibles, son más numerosos e impresionan más vivamente que los que puedan producir los agentes humanos.

No hay una sola obra humana que no demuestre con mayor fuerza la existencia y presencia de aquel Supremo Espíritu, al que llamamos Autor de la naturaleza.

Porque es evidente que, al influir sobre otras personas, la voluntad humana no consigue otro efecto que el movimiento de los miembros del cuerpo; pero solo de la voluntad del Creador depende el que un movimiento determinado vaya seguido de ideas que se despiertan en una mente distinta.

Solo Él es el que, "sosteniendo todas las cosas con la palabra de su poder", permite la comunicación entre los espíritus, en virtud de la cual estos se perciben mutuamente.

Y a pesar de todo, esta purísima y clara luz que todo lo ilumina es en sí misma invisible para la mayor parte del género humano.

Parece ser convicción muy arraigada entre el vulgo irreflexivo el pensar que no es posible ver a Dios. Si pudiéramos verlo, dicen, como vemos a los seres humanos, creeríamos en su existencia y cumpliríamos sus mandatos.

¡Oh ceguera! Basta que abramos los ojos para ver al soberano Señor de todas las cosas con mayor claridad, con más plena luz, incomparablemente mejor de lo que podamos ver a nuestros semejantes.

Pero no hay que entenderlo en el sentido de que podamos contemplar a Dios en visión directa e inmediata (como pretenden algunos), ni en cuanto que vemos los seres corpóreos no en sí mismos sino en aquello que los representa en la esencia divina, doctrina para mí incomprensible; es muy diferente la interpretación que debe darse a nuestra afirmación: un espíritu humano o persona no se percibe por el sentido, puesto que no es una idea; luego al ver el color, estatura, aspectos y movimientos de un hombre, percibimos únicamente ciertas sensaciones o ideas provocadas en nuestro entendimiento, las cuales, por presentarse ante nosotros en agrupaciones diferentes, nos sirven como de señales que atestiguan la existencia de espíritus creados y finitos, semejantes a nosotros mismos.

De aquí que no podamos decir que vemos un hombre, si por tal se entiende aquello que vive, se mueve, percibe y piensa como nosotros: vemos tan solo un conjunto tal de ideas que necesariamente nos lleva a pensar que existe un principio de acción y pensamiento, distinto y a la vez análogo a nosotros, el cual está representado y acompañado por aquella agrupación de ideas.

Pues de manera semejante vemos a Dios. Toda la diferencia está en que una mente humana en particular se nos señala por conjuntos finitos muy circunscritos, a dondequiera que dirijamos nuestra vista, mientras que de la divinidad vemos signos manifiestos en todos los tiempos y en todos los lugares.

Todo lo que vemos, oímos, sentimos o de cualquier modo percibimos por los sentidos es un signo o efecto del poder de Dios, como lo son también nuestras percepciones de los movimientos o acciones de los hombres.

En consecuencia, para todo el que sea capaz de hacer una ligera reflexión, es cosa muy evidente la existencia de Dios, esto es, de un espíritu que se halla íntimamente presente en nuestras almas, produciendo en ellas toda esa variedad de ideas que de un modo continuo nos impresionan, Ser Supremo del cual dependemos enteramente y en el que vivimos, nos movemos y somos.

Decir que solo muy pocas inteligencias son capaces de descubrir esta verdad tan obvia y al alcance de la mente humana, es una prueba lamentable de la estupidez e irreflexión de los hombres, los cuales a pesar de verse rodeados de tantas y tan claras manifestaciones de Dios permanecen insensibles ante ellas como si se hubiesen cegado con el exceso de luz.

Pero se dirá: ¿acaso la naturaleza no tiene parte alguna en la producción de lo que llamamos seres naturales y forzosamente hay que atribuirlos a la sola e inmediata operación de Dios?

Respondo que, si por naturaleza se entiende únicamente la serie visible de efectos o sensaciones que nuestra mente recibe de acuerdo con leyes fijas y determinadas, es indudable que la naturaleza en este sentido no puede producir nada.

Y si llamamos naturaleza a un ser diferente de Dios, distinto también de las leyes naturales y de las cosas que el sentido percibe, debo confesar que esa palabra resulta para mí un sonido vacío de sentido. La «naturaleza» en esa acepción es una vana quimera introducida por los paganos que no tuvieron nociones exactas de la omnipresencia y de la perfección de Dios. Pero es del todo inexplicable que la admitan los cristianos, que profesan creer las Sagradas Escrituras, las cuales constantemente atribuyen a

Dios los efectos que los filósofos paganos acostumbran considerar como producidos por la naturaleza. El Señor "con una voz reúne en el cielo una gran copia de aguas y levanta de la extremidad de la tierra las nubes; resuelve en lluvia los relámpagos y saca el viento de los repuestos suyos" (Jer. 10:13). "Él cambia las tinieblas en la luz de la mañana y muda el día en noche" (Am. 5:88). "Tú visitaste la tierra y la has como embriagado con lluvias saludables; multiplica sus producciones; con los suaves rocíos se regocijarán las plantas todas; coronarás el año de tu bondad y serán fertilísimos los campos. Se pondrán lozanas las praderas del desierto y vestirán de gala los collados. Se multiplicarán los rebaños de los corderos y ovejas y abundarán en pasto los valles» (Sal. 75:10-14).

Y sin embargo de ser este el lenguaje usual de los Sagrados Libros, sentimos no sé qué suerte de aversión a creer que Dios interviene de un modo tan directo en el gobierno de las cosas que nos atañen. Aun cuando quisiéramos suponer que Él está muy alejado de nosotros, y colocáramos en su lugar un ser ciego, sin entendimiento, san Pablo nos sale al paso cuando dice que «no está muy lejos de cada uno de nosotros».[46]

El dualismo cartesiano había conducido a algunos pensadores a negar la existencia de Dios y postular en su lugar el materialismo mecanicista, principio suficiente para dar razón de los fenómenos del mundo. Como cristiano, Berkeley no puede aceptar esta conclusión atea, o cuando menos, escéptica. Por eso escribe y reflexiona en el modo que lo hace "Porque, en definitiva, lo que merece el primer lugar en nuestra investigación es el conocer a Dios y reconocer nuestros deberes: conseguir esto fue lo que me impulsó a escribir este libro, y ciertamente juzgaría inútil y sin objeto mi trabajo si con él no he logrado inspirar a mis lectores un piadoso sentimiento de la presencia de Dios"[47].

11. Baruch Spinoza y la negación del dualismo

La solución ocasionalista que trataba de dirimir el problema de la comunicación de las dos sustancias era demasiado artificiosa para ser satisfactoria. El problema fue resuelto por Baruch Spinoza recurriendo al más explícito y coherente *monismo*, declarando que no existe más que una sustancia única, de la cual los seres singulares —sean naturales o espirituales— no son más que modos de presentarse y diversificaciones empíricas. En este punto Spinoza procedió con más lógica que Descartes.

Baruch Spinoza (1632-1677), nació en Ámsterdam de una familia judía sefardita emigrada a Holanda para huir de la Inquisición española. Realizó estudios rabínicos, estudió el Talmud, la Cábala, la filosofía judía medieval y la filosofía

---

46. *Principios del conocimiento humano*, CXLVII-CL.
47. *Principios del conocimiento humano*, CLVI.

árabe, al tiempo que aprendía latín. Leyó a Bacon, Bruno, Descartes, Maquiavelo y Hobbes. Sus primeros contactos con el pensamiento cristiano fueron a través de Francisco Van den Enden, un exjesuita que le enseñó latín y filosofía escolástica. Alrededor de los veinte años empezó a frecuentar círculos no gratos para la colonia judía, relacionándose con seguidores de la filosofía cartesiana. A la muerte de su padre en 1654 dejó de asistir a la sinagoga. Desde entonces comenzó a exponer algunas de sus ideas contrarias a la ortodoxia judía.

Temido y amado a la vez por los judíos ortodoxos, dadas sus grandes dotes intelectuales, le fue ofrecida la posibilidad de retractarse. Spinoza rehusó; entonces se procedió a separarlo definitivamente (*jerem*) de la comunidad religiosa de sus antepasados. Era 1656 y Spinoza contaba 24 años. Entre otras maldiciones y diatribas se decía lo siguiente en el acta de excomunión:

> Por el juicio de los ángeles y la sentencia de los santos anatematizamos, execramos, maldecimos y rechazamos a Baruch Spinoza, frente a los Santos Libros con 613 preceptos y pronunciamos contra él la maldición con que Eliseo ha maldecido a los hijos y todas las maldiciones escritas en el Libro de la Ley. Que sea maldecido de día y sea maldecido de noche, maldecido cuando se acueste y maldecido cuando se levante; maldecido cuando entre y maldecido cuando salga. Que el Señor lo separe como culpable de todas las tribus de Israel, lo cargue con el peso de todas las maldiciones celestes contenidas en el Libro de la Ley, y que todos los fieles que obedecen al Señor, nuestro Dios, sean salvados desde hoy.
>
> Todos están prevenidos, pues, por la presente, de que no deben mantener ninguna relación con este hombre, ni por palabra, ni por escrito; que nadie le ayude, que nadie permanezca bajo el mismo techo que él, que nadie se acerque a él en distancia menor a cuatro codos y que nadie lea ningún documento escrito por su mano o dictado por su boca.

Marginado y enfermo, Spinoza hubo de mantenerse con las modestas ganancias que le proporcionaba el oficio de pulidor de cristales ópticos, al mismo tiempo que proseguía con tenacidad el desarrollo de su sistema filosófico, rodeado de unos pocos fieles, sospechoso para la mayoría, perseguido por su fama de ateo y de diabólico descreído. Aquejado por la tuberculosis, abandonó Ámsterdam en 1660 y se estableció en Rijnsburg, donde la tranquilidad del campo mejoró su salud y te ayudó a realizar una fecunda labor. En el transcurso de los tres años que permaneció en aquel retiro, concluyó la redacción de su *Breve tratado sobre Dios, el hombre y la felicidad*, así como también el único libro que firmó con su nombre: *Principios de la filosofía de Descartes*.

La evolución de su pensamiento encontró un nuevo aliciente con la lectura del Evangelio, ya que pudo establecer una comparación entre los profetas, Cristo y los apóstoles. De ahí que en el capítulo primero de su *Tratado teológico-político* contraste la revelación otorgada a Moisés, que nunca vio el rostro de Dios, con la de Jesucristo, que contempló a Dios directamente. Con este reconocimiento de la superioridad del mensaje de Cristo en orden a la revelación de la divinidad, Spinoza no está haciendo profesión de fe cristiana, simplemente está dando fe de un hecho histórico que para él le parece evidente desde la sola razón.

> No creo que ningún otro (distinto a Moisés) haya llegado a tanta perfección, por encima de los demás, a excepción de Cristo; pues a él le fueron revelados los designios de Dios, que conducen a los hombres a la salvación, sin palabras ni visiones, sino inmediatamente; hasta el punto de que Dios se manifestó a los apóstoles a través de la mente de Cristo, como en otro tiempo a Moisés por medio de una voz aérea. Por eso la voz de Cristo, al igual que aquella que oyera Moisés, puede llamarse la voz de Dios. En igual sentido puede afirmarse que la sabiduría de Dios, entiéndase sobrehumana sabiduría, se revistió de nuestra naturaleza en la persona de Jesucristo, y que este es el camino de la salvación.[48]

En 1663 viajó a Voorburg, cerca de La Haya y entabló amistad con Jan de Witt, político holandés de ideas republicanas que ayudó económicamente al filósofo. Las ideas de Spinoza eran ciertamente revolucionarias para su época, sobre todo en cuanto se refieren a Dios y al problema del mal, pero no dejaron de despertar la admiración de otros filósofos que se vieron sorprendidos por su originalidad y riguroso planteamiento.

En 1676 la Universidad de Heidelberg le ofreció una cátedra, que rechazó. Murió de tuberculosis en un pueblo cerca de La Haya. Su vida transcurrió acorde con su misticismo panteísta, fijo en el ideal del amor universal entre los seres, que a sus ojos eran todos esencialmente divinos.

Exaltó la búsqueda de la verdad en el Absoluto, defendió la libertad religiosa y la tolerancia frente al fanatismo, e introdujo la investigación histórico-filológica de la Escritura, o método histórico-crítico. Por propia experiencia sabía que los hombres, por lo general, son de tal índole que nada soportan con menos paciencia que el que se tenga por un crimen opiniones que ellos creen verdaderas, y que se les atribuya como maldad lo que a ellos los mueve a la piedad con Dios y con los hombres. De ahí que detesten las leyes y se atrevan a todo contra los magistrados, y que no les parezca vergonzoso, sino muy digno, incitar por ese motivo a la sedición y planear cualquier fechoría. Dado, pues, que la naturaleza humana está así constituida, se sigue que las leyes que se dictan acerca de las opiniones, no se dirigen contra los malvados, sino contra los honrados, y que no se dictan

---

48. *Tratado teológico-político*, I.

para reprimir a los malintencionados, sino más bien para irritar a los hombres de bien, y que no pueden ser defendidas sin gran peligro para el Estado[49].

Ortodoxo o heterodoxo, lo que importa destacar en la biografía de Spinoza es el pésimo servicio a la fe cristiana de aquellos que creen defenderla mejor condenando y anatematizando lo que ignoran o les supera intelectual y moralmente. Nunca se ha conseguido nada en la causa de la verdad mediante la condenación y el recurso a leyes y coacciones. "Nada podemos contra la verdad, sino por la verdad" (2 Co. 13:8). La verdad es insobornable y solo se alcanza en el amor. Spinoza es un testimonio histórico contra los teólogos, judíos, cristianos y musulmanes por igual, que amparados en la soberbia de su fe en Dios se vuelven petulantes y odiosos ante el tribunal de la historia. La misericordia inmisericorde, aquella que consiste en un dogma, tanto más difícil de denunciar cuanto más apegada a la letra, no ha hecho en la historia del pensamiento y del espíritu otra cosa que cavar la fosa que separa a la Iglesia del mundo y que se convierte en su sepultura. La fe sin obras es fe muerta, recordara Spinoza, la sabiduría se conoce por sus frutos, las creencias se justifican por el comportamiento ético y moral.

> Me ha sorprendido muchas veces que hombres, que se glorían de profesar la religión cristiana, es decir, el amor, la alegría, la paz, la continencia y la fidelidad a todos, se atacaran unos a otros con tal malevolencia y se odiaran a diario con tal crueldad, que se conoce mejor la fe por estos últimos sentimientos que por los primeros. Tiempo ha que las cosas han llegado a tal extremo, que ya no es posible distinguir quién es casi nadie —si cristiano, turco, judío o pagano—, a no ser por el vestido y por el comportamiento exterior, o porque frecuenta esta o aquella iglesia o porque, finalmente, simpatiza con tal o cual opinión y suele jurar en nombre de tal maestro. Por lo demás, la forma de vida es la misma para todos.[50]

Para comprender plenamente a Spinoza y no interpretarlo mal, basta solamente cumplir una condición: no olvidar ni un instante que su sistema es un *monismo rigurosísimo y absoluto*, que es el *sistema inmanentista* de la absoluta *identidad* entre la *sustancia universal única* —Dios— y *los modos de ser* de la misma sustancia única, los diversos seres naturales y espirituales.

Entre Dios y el mundo, Ser y seres, sustancia única y modos de ser de la sustancia única no hay ninguna distinción. Así como el bosque es todos los árboles, y todos los árboles son el bosque, también la sustancia única es el mundo, y el mundo es la sustancia única en acto. Dios no está más allá del mundo, no se distingue del mundo ni siquiera como principio originado: *Dios es el mundo —natura sive*

---

49. *Id.*, XX.
50. *Id.*, "Prefacio".

Deus— y las leyes del mundo son las leyes mismas de la naturaleza de Dios y de su ínfima explicación.

Descartes había partido del *pensamiento* como certeza primera: *pienso, luego existo*. Spinoza parte del ser. Lo que existe, existe; el ser no se demuestra, se constata; lo existente existe. Del ser no se podrán dar razones, no se podrán dar explicaciones, pero que el ser existe es indudable. En sentido propio, es ser lo que es por sí mismo; lo que tiene un ser propio y originado, no un ser participado; lo que no es causado, sino que es "causa de sí mismo", o sea, ser causante, pero que no tiene una causa de existencia anterior a él; lo que es incondicionado: lo absoluto. Es decir, el ser es sustancia en sentido propio.

Dios es el Ser universal, que no es causa creadora de un mundo exterior y distinto de sí, sino que se despliega como mundo, como suma orgánica de todos los seres diferenciados. Como Dios es sus propias explicaciones los seres singulares y finitos no son más que las formas concretas del ser único y universal, el mismo Dios es manifestación. Ellos no están en Dios, sino que son Dios. Si Dios es la sustancia única del universo, todo lo que es y llega a ser no es más que la estructuración de la sustancia única en aquel mundo y en aquel momento de su desarrollo. El sistema spinozano es precisamente el absoluto *monismo*, el absoluto *panteísmo*, el perfecto *inmanentismo*.

Dios es todo. Pero no es un Dios inerte, sino más bien un Dios en acto y en expansión constante, que se está continuamente explicando en los ciclos y en las formas que nosotros vemos en el universo y que no son otra cosa que los cielos y las formas del ser mismo de Dios y de sus manifestaciones.

Dios es, en suma, *Natura naturans* que se despliega perpetuamente en *natura naturata*. No hay una emanación del mundo a partir de Dios, sino que Dios es el mismo ser universal especificado: se trata del panteísmo.

Hay un elemento místico y otro ético en esta concepción de Dios, no sabemos si lo uno lleva a lo otro o viceversa, pero lo cierto es que, para Spinoza, una vez que afirmamos que todo es Dios, la actitud correcta y consecuente en este mundo es un amor universal. Nos amamos verdaderamente a nosotros mismos cuando amamos a Dios y amamos a todos. La ley que debemos seguir no es el egoísmo, sino el amor, el *amor intellectualis*, el amor iluminado por el intelecto consciente, el *amor universalis*.

El conocimiento que capta la profunda identidad de todas las cosas en Dios se convierte en conocimiento de Dios, en amor de Dios y de todos los seres en ti, en una mística de felicidad de verse y sentirse Dios como esencia y Dios como individuo. Porque lo que en la esfera del conocimiento es conciencia de verdad, en la esfera de los afectos es amor: es conocer a Dios y, por ello mismo, amar a Dios.

Entre otros problemas planteados a la doctrina cristiana, hay uno que destaca por su negación del núcleo antropológico más vital de la fe cristiana: la *individualidad personal* y su continuidad. Si todo es Dios, cada cosa no es más que un modo divino en constante transformación. Hay *caracteres* individualizadores, pero no *esencia* individual, que en el hombre supone negación de su *personalidad*, una de las doctrinas más queridas del cristianismo, que desde el principio de sus días incluye en el credo apostólico: la resurrección de la carne. Pues la carne, el cuerpo, son las señas de identidad del individuo a perpetuidad. La persona unida a Dios no desaparece en su radical individualidad diferenciada. Es una historia personal única e irrepetible, un yo para siempre. En defensa de la *individualidad personal* —diferenciada y constante en su ser, nunca absorbida en el Ser divino— salió uno de los pensadores más activos y preparados de la época; nos referimos a Leibniz.

12. Leibniz y la visión integradora

Pocas vidas conocemos tan intensamente productivas y polifacéticas como la de Leibniz. Este hombre fue el fundador de la filosofía alemana y la inteligencia más completa de cuantas iluminaron su siglo. Prácticamente no hubo terreno de la ciencia que le fuera ajeno, pues incursionó en las matemáticas, la física, la geología, la astronomía, la filosofía, la jurisprudencia, la historia, la lingüística, la teología y, lo que resulta aún más admirable, hizo aportaciones valiosas en cada una de estas disciplinas.

Gottfried Wilhelm Leibniz (1646-1716) nació en Leipzig, de familia modesta, culta y de arraigadas convicciones luteranas. Su padre fue profesor de filosofía moral en la Universidad de Leipzig, pero murió cuando Leibniz apenas tenía seis años de edad, dejándole como herencia una biblioteca considerable que hizo las veces de su primera escuela. Como autodidacta, Leibniz aprendió el griego y el latín, cuyo conocimiento le permitiría adentrarse en el mundo de la cultura clásica.

Estudió en la universidad de su padre y en la de Jena, donde comenzó estudios de jurisprudencia y descubrió las ideas de Bacon, Galileo, Hobbes, Cardano, Gassendi y Descartes. Cuando quiso doctorarse fue rechazado, no por motivos académicos sino por causa de su corta edad, de manera que se trasladó a Baviera para probar suerte en la pequeña universidad de Altdorf. En este lugar reconocieron su talento y además de obtener el doctorado en Derecho, le ofrecieron una cátedra que no aceptó, pues deseaba conocer mundo, nada extraño en la vocación filosófica, como ya sabemos.

En Paris conoció a Etienne Périer, sobrino de Pascal, quien le mostró los trabajos inéditos de su tío. En ellos aparecían elementos que fueron como "un rayo de luz" en sus incipientes trabajos. Visitó también al filósofo Malebranche y trabó amistad con Tschirnhaus, discípulo de Spinoza. En la persona de Leibniz confluyen, pues, todos los intereses vivos de la filosofía del momento.

En muy poco tiempo, Leibniz realizó grandes avances sin darse un minuto de descanso ya que, según dijo, "el ocio es el grado anterior al embotamiento". En

Londres pudo ver los papeles de Isaac Newton, y la consiguiente polémica sobre la paternidad del cálculo infinitesimal.

De regreso a Alemania fue nombrado bibliotecario e historiador de la corte al servicio de la casa de Hannover y Brunswick, cargo en que desplegó una actividad extraordinaria en favor de la unificación de luteranos y católicos. En 1679 inicia su correspondencia con el católico francés Jacques Béningne Bossuet y en 1684 da a luz su *Systema theologicum*, donde expone sus proyectos de conciliación entre la Iglesia evangélica y la católica. Por esta actividad, a la que dedicó muchas fuerzas y desvelos, nos recuerda a su correligionario Locke. Mantuvo extensa correspondencia con los principales pensadores de su época y promovió activamente la cooperación científica, aprovechando para ello su pertenencia a la Royal Society, a la Academia Francesa y a la Academia Prusiana.

Comprensivo, de carácter conciliador, infatigable a la hora de superar antagonismos, pugnó siempre por la construcción de un saber unitario, una *visión integradora*, a la que dedicó su enorme cultura. Introdujo en la filosofía un principio fundamental que es el principio de la "razón suficiente", por el cual nada es sin que haya una razón para que sea; es decir, todo ocurre porque hay una razón para que ocurra de esta manera y no de otra. Esta es la convicción que está en la base de sus *Ensayos de teodicea* (1710), donde afirma que este el mejor de los mundos posibles.

Leibniz es el precursor de la dialéctica de Hegel, el cual trata de salvar la historia del pensamiento, y la historia en general, en un proceso universal de acción, reacción y síntesis, esto gracias a las aportaciones de la filosofía de Leibniz cuya visión integradora le llevó a postular el *perspectivismo*, que hará escuela en Nietzsche y Ortega y Gasset. Hay *momentos* de la verdad, que representan las diferentes aprehensiones que cada individuo y cada época aportan al *conjunto total* de la misma. Máxima intuición intelectual que en el orden de las ideas busca reconciliar antes que desintegrar; supremo amor intelectual extendido a la producción humana, por el que el mundo deja de ser un manicomio, donde cada loco con su tema añade desorden al ya existente, para convertirse en una gran aula construida sobre la roca de la realidad, que avanza y se reforma conforme a los descubrimientos de cada nueva aportación. Los nuevos horizontes no anulan los viejos, los enmiendan. El error, cuando lo hay, se debe esencialmente a una *diferencia* de plan y ejecución, a veces se trata de una mayor o menor claridad de percepción, de énfasis. En el fondo, todas las contradicciones son *puntos de vista* diferentes de un mismo objeto. Por eso todas las filosofías son conciliables en cuanto expresión de un mismo objeto contemplado desde ángulos diferentes.

Como una misma ciudad contemplada desde diferentes lugares parece diferente por completo y se multiplica según las perspectivas, ocurre igualmente que, debido a la multitud infinita de substancias simples, hay como otros tantos diferentes universos, que no son, empero, sino las perspectivas de uno solo, según los diferentes puntos de vista de cada Mónada.[51]

Alguien ha dicho que hoy Leibniz aparece en la historia del pensamiento como un genio universal, como una de las mentes más poderosas de todos los tiempos, equiparable a Aristóteles por su altura y por los portentosos conocimientos que tuvo. Conocía muy bien a los antiguos y a los escolásticos medievales, a la vez que toda la ciencia del Renacimiento, inmerso en la problemática racionalista de su tiempo y abriendo nuevas vías. Poseía un conocimiento tan amplio y universal de la teología que en sus páginas asoman con frecuencia nombres de teólogos españoles. Su idea de la *mónada*, muy diferente a la *sustancia* de Descartes, será la intuición que culmine en la noción de *persona*, como ser dinámico e independiente, singularmente único que excluye todo panteísmo y cualquier noción que niegue la continuidad personal. La sustancia personal no puede comenzar más que por creación, ni perecer más que por aniquilación. "Toda sustancia es como un mundo entero y como un espejo de Dios". Esta será la respuesta de Leibniz a Spinoza.

> El alma inteligente, que conoce lo que es y puede decir eso soy yo, que dice mucho, no solo permanece y subsiste metafísicamente, mucho más que las otras, sino que además permanece moralmente la misma y constituye él mismo el mismo personaje. Pues quien la hace capaz de castigo y de recompensa es el recuerdo y el conocimiento de ese yo. Igualmente, la inmortalidad que se pide en la moral y en la religión no consiste solo en esa subsistencia perpetua que conviene a todas las sustancias, pues sin el recuerdo de lo que ha sido no tendría nada de deseable. Supongamos que algún particular haya de convertirse de repente en rey de China, pero a condición de olvidar lo que ha sido, como si acabara de nacer de nuevo; ¿no es en la práctica, o en cuanto a los efectos de que puede uno darse cuenta, lo mismo que si hubiera de ser aniquilado y hubiera de ser creado en el mismo instante en su lugar un rey de China? Lo cual no tiene ninguna razón para desearlo ese particular.[52]

Con Leibniz acaba propiamente el periodo filosófico del racionalismo instaurado por Descartes y se inicia la nueva época del idealismo. Ahondando en la problemática planteada por Descartes respecto a las sustancias y su comunicación que, como vimos, conducía a un callejón sin salida, Leibniz niega que los cuerpos se reduzcan a extensión. La esencia de los cuerpos no es la extensión, sino la fuerza, la *vis*, la energía, por eso la física de Leibniz no será estática —pura mecánica—, sino dinámica.

---

51. Leibniz, *Monadología*, 57.
52. *Discurso de metafísica*, 34.

La fuerza, la energía, la actividad, tienen un centro, un núcleo, una *sustancia*, siguiendo el lenguaje tradicional. Pero esta sustancia no es doble, como en Descartes (espíritu y materia), ni una, como en Espinosa; sino infinita en número. El mundo está compuesto de sustancias infinitas, las *mónadas*, como queda dicho. Con esta teoría se afirma clara y absolutamente la pluralidad de seres singulares, poniendo de relieve las irreductibles diferencias entre las diversas sustancias individuales.

"El significado más profundo de la especulación de Leibniz estaba en lo siguiente: *la personalidad debe ser salvada;* contra Spinoza y contra Malebranche, que la habían destruido al negarle la sustancialidad; contra el mecanicismo, que le quitaba la libertad; contra Hobbes, que después de haber hecho de ella un mecanismo, la había aplastado bajo el despotismo; contra todo contractualismo político, ya que el derecho surge de un principio natural que instituye el estado para bien de todos y funda los principios jurídicos en la ética, poniendo el estado al servicio del desenvolvimiento de la persona"[53].

Leibniz no admite, como Malebranche, que conozcamos las cosas contemplándolas en Dios, sino por haber recibido de Él todas las ideas que están en nosotros y en armonía con la evolución de las sustancias "exteriores".

28. Solo Dios es el objeto inmediato de nuestras percepciones que existe fuera de nosotros y Él solo es nuestra luz.

En rigor de la verdad metafísica no hay causa externa que obre en nosotros, excepto Dios solo, y Él solo se comunica con nosotros inmediatamente en virtud de nuestra dependencia continua. De donde se sigue que no hay otro objeto externo que afecte a nuestra alma y que excite inmediatamente nuestra percepción. Así, solo tenemos en nuestra alma las ideas de todas las cosas en virtud de la acción continua de Dios en nosotros, es decir, porque todo efecto expresa su causa y así la esencia de nuestra alma es una cierta expresión o imitación o imagen de la esencia, pensamiento y voluntad divinos y de todas las ideas que están comprendidas en ellos. Se puede, pues, decir que Dios solo es nuestro objeto inmediato fuera de nosotros y que vemos todas las cosas por Él: por ejemplo, cuando vemos el sol y los astros, es Dios el que nos ha dado y el que nos conserva sus ideas y el que nos determinó a pensarlos efectivamente, por su concurso ordinario, en el tiempo que nuestros sentidos están dispuestos de un modo determinado, según las leyes que Él ha establecido. Dios es el sol y la luz de las almas, *lumen illuminans omnem hominem venientem in hunc mundum* (Juan 1:11); y no es solo de hoy esta opinión. Después de la Sagrada Escritura y los Padres, que han estado siempre más por Platón que por Aristóteles, recuerdo haber observado en otra ocasión que en la época de los escolásticos varios han creído que Dios es la luz del alma y, según su manera de hablar, *intellectus agens animae rationalis*. Los averroístas le dieron un mal sentido, pero otros, entre los cuales creo que está Guillaume de

---

53. Aldo Agazzi, *op. cit.*, II, p. 232.

Saint-Amour, y varios teólogos místicos lo han entendido de un modo digno de Dios y capaz de elevar al alma al conocimiento de su bien.[54]

12.1. Profesión de fe de un filósofo

Para Leibniz Dios existe como origen de todas las mónadas, en base a cuatro argumentos demostrativos:

a) *El argumento de los existentes*, los cuales son todos contingentes, unido cada uno al precedente, según una cadena que remonta necesariamente al primero de la serie, o más bien, la razón de la serie.

b) *El argumento de los posibles*, por el cual se observa que lo que es posibilidad real es tendencia y *conatus* efectivo de existir, por lo cual debe también existir; pero los posibles remiten a una posibilidad real precedente, formando una cadena a cuya cabeza se encuentra la posibilidad real por sí, origen de todas las otras.

c) *El argumento ontológico*: si Dios, Ser perfecto, es posible, debe tener entre sus perfecciones la de la existencia, y por ello debe existir.

d) *El argumento de la armonía preestablecida*, la cual, sin Dios, no sería posible ni explicable.

Resumiendo estos cuatro argumentos, y superándolos en inmediatez, Leibniz halla en Jesucristo la revelación final más completa de la existencia de Dios.

37. Jesucristo ha descubierto a los hombres el misterio y las leyes admirables del reino de los cielos y la grandeza de la suprema felicidad que Dios prepara a los que lo aman.
Los antiguos filósofos han conocido muy poco estas importantes verdades: solo Jesucristo las ha expresado de un modo divino y de una manera tan clara y tan familiar que los espíritus más groseros la han comprendido: así su Evangelio ha cambiado enteramente la faz de las cosas humanas; él nos ha dado a conocer el reino de los cielos o esa perfecta república de los espíritus que merece el título de ciudad de Dios, cuyas leyes admirables nos ha descubierto; Él solo nos ha hecho ver cuanto nos atañe; que teniendo cuidado de los pajarillos, no abandonará a las criaturas racionales, que le son infinitamente más queridas, que están contados todos los cabellos de nuestra cabeza; que el cielo y la tierra perecerán antes que se cambie la Palabra de Dios y lo que pertenece a la economía de nuestra salvación; que Dios atiende mejor a la más pequeña de las almas inteligentes que a toda la máquina del mundo; que no debemos temer a los que pueden destruir los cuerpos, pero que no podrían dañar las almas, puesto que solo Dios puede hacerlas felices o desdichadas; y que los justos están en su mano a cubierto de todas las revoluciones del universo; pues nada puede obrar en

54. *Discurso de metafísica.*

ellas más que Dios; que ninguna de nuestras acciones se olvida; que todo está contado, hasta las palabras ociosas y hasta una cucharada de agua bien empleada; en fin, que todo tiene que resultar para el mayor bien de los buenos; que los justos serán como soles y que ni nuestros sentidos ni nuestro espíritu han gustado jamás nada parecido a la felicidad que Dios prepara a aquellos que lo aman.[55]

Porque en el mundo todo se manifiesta con un dinamismo insaciable, y la persona humana como un continente nunca colmado por más contenidos que se le agreguen, Leibniz deduce que la felicidad eterna no se agota en un momento de éxtasis, aunque sea este la plena visión de Dios. La felicidad, también en la eternidad, consistirá en progreso perpetuo.

La felicidad suprema, aunque vaya acompañada de beatíficas visiones o conocimientos de Dios, no puede ser nunca plena, porque siendo Dios infinito no puede ser conocido por entero.

Así, pues, nuestra felicidad no consistirá nunca, y no debe consistir, en un goce pleno, en el que nada quedara por desear y volviera estúpido nuestro espíritu, sino en un progreso perpetuo hacia nuevos deleites y nuevas perfecciones.[56]

12.2. El problema del mal y el mejor de los mundos posibles

Hay un hecho incuestionable y desgarrador contra el que se estrella la lógica de la fe: la existencia del mal en el mundo. Dios es perfecto, pero su creación, por lo que vemos, es imperfecta. Dios es bueno, pero la vida en el mundo creado de Dios, es mala. "El hombre nacido de mujer —se queja Job—, corto de días y hastiado de sinsabores, sale como una flor y es cortado, y huye como la sombra y no permanece" (Job 14:1-2). ¿Cómo se explica el *mal* en un mundo creado por el Dios cuyo ser es bondad y justicia? Pregunta eterna y angustiosa desde los mismos albores de la humanidad. Leibniz ensaya una respuesta que dice: este mundo no es perfecto, de acuerdo, pero no puede serlo, si lo fuera, sería Dios. Por el hecho de ser creado, el mundo es finito y limitado, es decir, imperfecto. Y el grado de perfección —o de menor imperfección— que él posee es el grado máximo de perfección que él podía poseer.

Dios mismo no habría podido hacer un mundo mejor que el que ha hecho. Perfecto no podía hacerlo, pues ni siquiera Dios puede hacer que una criatura no sea criatura. El hecho de tratarse de un ser participado y no un ser originario implica imperfección metafísica: el conjunto de las mónadas creadas por Dios y que llevan en sí el diseño del todo —en una palabra, el mundo— es por fuerza

---

55. *Discurso de metafísica.*
56. *Principios de la naturaleza y de la gracia fundados en la razón*, 18.

un ser inferior. Tampoco Dios puede sustraerse a las leyes eternas de las verdades lógico-geométricas de razón; el principio de no contradicción no perdona ni siquiera a Dios: una cosa no puede ser criatura y creador, imperfecta y perfecta al mismo tiempo. *El mundo es, pues, imperfecto.*

Pero hubiera podido ser imperfecto de muchísimas maneras: Dios era libre para realizar el mundo imperfecto que más le agradase. Aquí entra Leibniz en el campo de la razón suficiente, con sus diversas posibilidades.

Ahora bien, Dios es perfección y bondad absoluta; por lo tanto, es la realización del mundo, *por su misma naturaleza buena*, por su bondad y su amor constitutivos, Dios ha tenido que atenerse al *criterio de lo mejor*, realizando, entre todos los mundos imperfectos, *el mejor posible.*

Este *criterio de lo mejor* es el ámbito de la libertad de Dios, como también de la libertad moral del hombre, cuando el hombre, actuando según razón, escoge, entre las diversas acciones posibles, la que es mejor según razón. Pero el mundo de la necesidad lógica limita también la libertad de Dios.

Este argumento se presta a un estudio más profundo: en la infinita naturaleza de Dios, las posibilidades son también infinitas y, por tanto, algo imperfecto admitía siempre algo más perfecto que él. El mundo es ciertamente imperfecto, pero podría haberlo sido menos.

De todos modos, el mal aparece *ex parte creature* y no *ex parte Dei*; Dios había creado las mónadas, no sus obras, "la fuente, no la corriente"; y el problema del mal lo enfoca Leibniz procediendo a las siguientes distinciones o gradaciones del mal en el mundo:

— *Mal metafísico*, imperfección en orden al ser, y "mal" solo impropiamente.

— *Mal moral*, desviación del ser y de la voluntad siguiendo el *conatus* naturalista y sensual, elección de valores inferiores en lugar de los valores superiores presentados por la razón.

— *Mal físico*, enfermedades, dolores, consecuencia del mal moral, como transgresión del orden cósmico, de no vivir en armonía con el todo y con las leyes constitutivas del propio ser; la muerte no era un "mal", sino una simple metamorfosis, el momento de pasar de una forma inferior a una superior.

Entre Dios y el mundo hay el abismo insondable que existe "por naturaleza", no solo por grado, entre Creador y criatura, entre Perfecto e imperfecto: Dios es la Mónada suprema, pero infinitamente superior a las mónadas y causa de las mismas. No es la respuesta definitiva al problema del mal, pero tiene el mérito de mostrarnos nuevas alternativas a la comprensión del mismo (hemos tratado este tema desde la perspectiva del dolor de Dios en *Filosofía y cristianismo*, cap. V).

PARTE VII

Ilustrados, críticos e idealistas

Hubo un tiempo en el que toda ciencia era ciencia acerca de Dios; nuestro tiempo, por el contrario, tiene como característica el saber de todas y cada una de las cosas y ciertamente de una cantidad ilimitada de objetos, pero nada acerca de Dios. Ya no le causa a nuestra época pesadumbre alguna no saber nada acerca de Dios; se considera más bien como el punto de vista más elevado el decir que ese conocimiento no es siquiera posible.

Georg Wilhelm Friedrich Hegel

1. La Ilustración

La Ilustración, también llamada Iluminismo, y *Siglo de las luces* por el espacio temporal que ocupa, es el movimiento cultural que durante el siglo XVIII colocó la razón humana por encima de cualquier otra autoridad para gobernar reciamente los pueblos y entender la religión sin fanatismos. Las solas luces de la razón se bastan para comprender el mundo y nuestra relación con él. La razón humana *ilumina* las cosas, *ilustra* a los hombres, *aclara* los hechos, *resuelve* los problemas, *mejora* la vida, *efectúa* el progreso y *crea* la filosofía. "La Ilustración profesa la fe más absoluta, bañada incluso en religiosidad, en la razón humana. Es una razón unitaria e invariable, siempre idéntica a sí misma en todos los hombres, en todos los pueblos, en todas las épocas y en todas las culturas"[1]. La razón será para la filosofía de la Ilustración la piedra de toque de toda verdad, natural o sobrenatural. Supone el movimiento decidido y definitivo en pro de una plena secularización de las relaciones humanas.

Esta corriente de pensamiento tiene su lugar de origen en Inglaterra, coincidiendo con la Revolución inglesa y los doce años de la dictadura de Cromwell, de 1648 a 1660. De allí pasó a Francia y se extendió por Alemania. La decadencia del movimiento ilustrado coincide con la Revolución francesa de 1789.

Desde el punto de vista social, la *protesta y contestación ilustradas venían* siendo reclamadas, como una exigencia de humanidad, por las condiciones culturales y políticas de la época, dominadas por un dogmatismo acrítico y conservador en religión, un absolutismo del poder real, unido a una acusada división de clases o estamentos sociales, que provocaba una desigual situación en la distribución de los bienes, en el reparto de las cargas tributarias, en la participación en los cargos públicos, en la producción, en el comercio, en las finanzas; un desconocimiento ya intolerable de los derechos naturales de la humanidad; una escuela opresiva y, peor aún, en manos de una sociedad cuyas clases dirigentes se valían de ella para mantener la creencia en la legitimidad de su supremacía y de sus privilegios de censo, de monopolio, de honores y de gobierno; estas eran las características que continuaban informando las costumbres, las opiniones y la vida de los siglos XVII y XVIII.

Las ideas nuevas, declaradas impías y utópicas —irrealizables—, eran perseguidas porque, siendo revolucionarias, amenazaban, según sus detractores, con destruir la sabiduría tradicional y los fundamentos del legítimo orden social. Como bien dice Aldo Agazzi, las nuevas ideas eran indudablemente revolucionarias, pero las revoluciones no dependen verdaderamente de la novedad de las ideas y de los programas, sino más bien de los motivos que las suscitan. Son la consecuencia de la vana y obstinada oposición a lo que es justo y necesario. Las revoluciones se

---

1. Ángel González, *op. cit.*, p. 392.

desencadenan cuando no se realizan las oportunas reformas, o cuando se realizan demasiado tarde, arrancadas en el último instante ante el temor a peores desastres.

Los ilustrados, convencidos de su misión redentora, se lanzaron contra la monarquía de derecho divino, la nobleza y el alto clero en cuanto estamento político, social y económico, b mismo que contra la religión, a la que acusaban de ser el "sistema filosófico" del absolutismo, de la desigualdad entre los hombres, del absurdo dogmatismo cerrado en sí mismo. Irónicamente, los ideales de igualdad, fraternidad y libertad de la Ilustración coincidían más plenamente con los principios del Evangelio que aquellos de los detentadores del poder eclesial y político.

1.1. La Ilustración inglesa

Benjamín Whichcote, a quien ya consideramos al frente de la escuela platónica de Cambridge, se puede considerar el precursor del pensamiento ilustrado en cuanto comienza a adelantar la idea de que la razón humana no debe ser solo un instrumento de investigación (como en Descartes), sino que debe convertirse en un instrumento critico que guíe al hombre en sus acciones y en sus decisiones, frente a los que sostenían una desvalorización total de la razón humana.

Las figuras propiamente ilustradas surgen durante el período de treinta años comprendidos entre 1660-1690, periodo que se caracteriza precisamente por el hecho de que en 1690 aparece la obra principal de Locke, el *Ensayo sobre el entendimiento humano*, que está en la base de la actitud ilustrada.

Después de la explosión de los ensayos de Locke y Newton, es decir, después de 1690, comienza el florecimiento de los «librepensadores» ingleses favorecido también por el edicto de tolerancia de 1689.

Con Isaac Newton (1642-1727) la ciencia moderna y la filosofía de la naturaleza lograban la prueba del principio que las distinguía de la ciencia mágica y animista: *la simplicidad, la unidad, la regularidad y el mecanismo matemático de las causas universales*. Las leyes físicas que rigen aquí en la tierra, están también vigentes en todo punto del espacio y son reductibles a una sola ley comprensiva y admirablemente simple, la ley de la atracción universal. La fuerza que hace caer un fruto maduro es la misma ley que rige el curso de las estrellas. La *ley de la gravitación universal* es la más sustancial aportación a la *religión natural* y se va a convertir en objeto de especulación de los *deístas*.

El principal representante del movimiento es John Toland (1670-1772), irlandés, hombre casi desconocido porque poco es lo que sabemos de su vida, pero cuyas obras están entre las más vivas de toda la ilustración: la *Cristiandad no misteriosa* (1696), dirigida a mostrar que los misterios del cristianismo no son más que falsos misterios, deformaciones supersticiosas de la religión natural, corrompida por las imposturas de los sacerdotes; y las *Cartas a Serena*, de 1704, que pueden considerarse como una especie de breviario del perfecto ilustrado.

Toland suprime la revelación; el orden sobrenatural queda sometido a la sola luz de la razón natural. Dios es autor de la naturaleza, pero no interviene en la misma. La adoración verdadera consiste en libertad de dogmas y ritos.

Después de Toland viene el inventor del término mismo de «librepensador», Anthony Collins (1676-1729), inquieto discípulo de Locke, cuyo decidido inconformismo le hizo imposible la permanencia hasta en la liberal Inglaterra, y tuvo que buscar refugio en Holanda. Su *Discurso sobre el librepensamiento*, de 1713, presenta el más decidido ataque que haya sido realizado en el siglo XVIII inglés contra la teología tradicional. A Toland y Collins se añade otro ingenio despierto, Matthew Tindal (1653-1733), autor, en 1730, de un ensayo titulado *El cristianismo tan viejo como la creación*. La religión de estos ilustrados no ateos es la religión natural de un Dios trascendente que no choca con la ciencia, pues esta se había convertido en el fundamento de la misma *religión natural*, no revelada. La naturaleza, con su armonía, con su orden, con su belleza, se convertía en el camino hacia la Divinidad, apareciendo como una obra perfecta y racional de Dios, lo cual era una demostración científica de la bondad de todos y cada uno de los seres y de la infalibilidad de la naturaleza. La naturaleza convertida en el ideal de la racionalidad.

La culminación y, al mismo tiempo, la disolución de la ilustración inglesa del XV estuvo representada por el escocés, David Hume, cuyo *Tratado sobre la naturaleza humana* (1739-1760) y sus *Investigaciones sobre el entendimiento humano* (1748) sientan las bases teóricas de un escepticismo absoluto, donde el espíritu crítico de la Ilustración encuentra su máxima expresión; sus *Diálogos sobre la religión natural* (1751-1757) son la expresión de la crisis misma de la Ilustración, que en su proceso de destrucción crítica de todo mito acaba destruyendo también el mito de sí misma. En relación con esto, *Diálogos sobre la religión natural* representa la obra ilustrada por excelencia, porque aun lo más radical de la ilustración no puede carecer de valor de ser autodestructivo. En los *Diálogos*, Hume muestra cómo, precisamente, el instrumento con que el hombre puede demoler todos los mitos y los miedos, o sea, el cerebro, carece de todo título para erigirse en juez de lo que le rodea. La actitud escéptica, que el ilustrado Hume propugna, resulta, por lo tanto, preferible en cuanto que aparece como más funcional y simpática al intelectual anticonformista que las actitudes de sumisión a la tradición, pero no puede presumir de tener validez absoluta.

"En su conjunto, los ilustrados ingleses de finales del siglo XVII y XVIII muestran, con respecto al resto de los ilustrados europeos y en particular con respecto a los franceses, una neta superioridad en la agudeza y libertad de sus críticas"[2].

---

2. Armando Plebe, *Qué es verdaderamente la Ilustración*, pp. 48-49. Doncel, Madrid 1971.

1.2. La Ilustración francesa

A causa de las diversas condiciones políticas y sociales, los ilustrados aparecen en Francia con medio siglo de retraso respecto a los ingleses, sin embargo, adquieren una significación social mucho mayor que en Inglaterra. En este país el conjunto de doctrinas ilustradas se había mantenido dentro de los reducidos círculos intelectuales; solo en Francia se divulga su doctrina entre el gran público. Los franceses convirtieron las ideas de los filósofos en creencias populares por medio de libros audaces, de opúsculos y de artículos ágiles, irónicos, brillantes, inspirados en la razón y en la ciencia corno fuentes de verdad y de progreso ininterrumpido. Por esta causa, la ilustración se asocia popularmente y en exclusiva con Francia.

El más notable de los pensadores ilustrados franceses fue Pierre Bayle (1647-1704), filósofo inquieto, nacido en el seno de una familia protestante, pasado al catolicismo en su juventud, después nuevamente protestante y finalmente, critico de ambas religiones. Las dos obras conocidas de Bayle son características de la mentalidad que precede a la ilustración. La primera, los *Pensamientos sobre el cometa* (1681-1682), fue escrita tomando como punto de partida las supersticiones astrológicas difundidas después de la aparición, en 1680, de un cometa sobre el cielo francés; en ella el filósofo opina que su deber es dar una lección de concreción y despreocupación «a gente exaltada por la remota antigüedad y por sus ritos y basada en la fe y en el culto de sus ídolos». Más importante aún es la segunda obra, el *Diccionario histórico y crítico* (1695-1696), que anticipa una actitud típica de la ilustración francesa: la de realizar el propósito de «claridad» enunciado por Locke en el *Ensayo* de 1690 a través de la obra divulgadora de diccionarios y enciclopedias.

Ya hemos hecho referencia en un capítulo anterior a los estragos que las guerras por motivos religiosos causaron en las mentes de Europa y las profundas heridas que dejó en el sentimiento y la sensibilidad de los pueblos. Es como protesta contra los fanatismos de este tipo como hay que entender la reacción escéptica ilustrada respecto a la religión. Por eso preconizan un Estado laico, incluso ateo, en todo momento neutral respecto a materias religiosas, las cuales llevan a los hombres a destrozarse entre sí. Bayle es el primero en afirmar lo que nadie antes se atrevió: la honestidad y el comportamiento ético es compatible con el ateísmo. El ateo puede ser tan virtuoso como el cristiano. Bayle se convierte así en el precursor de la *moral autónoma*, realizando en el campo de la ética lo que Descartes había efectuado en el del pensamiento: convertir la razón en el árbitro supremo de la verdad teórica y práctica. Karl Marx le alabará por haber quitado todo crédito a la metafísica que fundamentaba la religión y por haber preanunciado la "sociedad de ateos honorables".

Si Voltaire luchó con tanta obstinación contra la religión, contra el *infame*, como él gustaba decir, no fue con el único afán de destruir el sentimiento religioso.

Se trataba, muy al contrario, de ordenar la estancia de los hombres en la tierra de modo que el Dios invocado por sus seguidores fuera menos cruel que ellos. Voltaire no quería derribar el altar del Dios verdadero, sino el del Dios sanguinario en cuyo nombre se perseguía, se torturaba y se mataba. "De todos los países, Francia es quizá el que ofrece una mayor alianza de crueldad y ridículo. No hay tribunal en Francia que no haya hecho quemar a buen número de brujos. En la antigua Roma había locos que se creían brujos; pero no había bárbaros que pensaran en quemarlos"[3].

A lo largo de toda su vida Voltaire estuvo obsesionado por el problema de Dios; en este sentido, lo mismo que en el de su preocupación por combatir la denigración, puede considerársele un hombre fundamentalmente religioso. «Moriría consolado —escribe a un amigo— si lograse ver a la verdadera religión, la del corazón, establecida sobre las ruinas de todas las demás farsas. Nunca he predicado otra cosa que la adoración de un Dios, la beneficencia y la indulgencia. Con tales sentimientos, desafío al diablo que no existe y a los otros que existen en demasía»[4].

Voltaire, cuyo nombre era François-Marie Arout de Voltaire (1694-1778), fue el primer ilustrado del pensamiento francés.

El resto podría ser, más o menos, como sigue:

Étienne Bonnot de Condillac (1716-1780).
Julien Offray de La Mettrie (1709-1751).
Jacques Turgot (1727-1781).
Jean-Jacques Rousseau (1712-1778).

Por cuanto todos estos pensadores, geniales escritores en su mayoría, se dedican a difundir y propagar las ideas del siglo anterior —que ya hemos considerado—, a hacerlas accesibles a las masas y, por tanto, según Julián Mañas, a alterarlas en un sentido más profundo, ahorraremos tiempo y complicación pasando de largo para detenernos únicamente en los filósofos cuyos sistemas han llegado hasta nosotros y nos conviene estudiar, por su repercusión en el ámbito de la teología.

2. Hume, precursor de la Ilustración escéptica

Contemporáneo de los ilustrados franceses, perteneciente a su misma generación, pero inserto en la tradición empiricista inglesa que concluye en su persona, tenemos al pensador escocés David Hume (1711-1776). Su influencia se dejó sentir principalmente en los autores de la Enciclopedia, así como en Kant, que inicia la filosofía *crítica*.

---

3. *Ensayo sobre las costumbres*, cap. XXXV.
4. A. Dufour, 20 de diciembre de 1768.

Nacido en Edimburgo, perteneció a una familia de alto nivel cultural, aunque sin grandes recursos económicos. Dotado de una inteligencia superior y muy aficionado a la lectura, realizó estudios académicos de filosofía y derecho con excelente aplicación; a la vez se interesó por otras muchas disciplinas y llegó a tener profundos conocimientos de historia y economía, campos en los que hizo notables aportaciones.

Hombre de gran vitalidad, su reputación trascendió los límites de Escocia para extenderse a Inglaterra, Francia y Alemania. Fue bibliotecario de la Escuela de Abogados y residió varios años, en diferentes ocasiones, en Francia, donde alcanzó popularidad y ejerció una influencia decisiva sobre los enciclopedistas. Rousseau lo tuvo en muy alta estima.

Hume fue el ideólogo de la burguesía comercial, plenamente identificado con la revolución industrial que comenzaba a despuntar y progresar en Inglaterra. Hume estaba convencido, con esa fe tan típicamente burguesa, que la sociedad se dirigía inevitablemente hacia el bien común. Amigo y coterráneo del economista liberal Adam Smith, Hume perteneció a la generación anterior; no obstante, ambos vivieron circunstancias similares que explican las correspondencias de sus respectivos planteamientos, aunque Smith es mucho más importante para la economía y Hume para la filosofía.

En este campo Hume prosigue la meditación del concepto de sustancia, sometiéndola a una revisión completa. Niega la realidad sustancial del yo pensante y en su lugar afirma una serie de percepciones o estados de conciencia, muy semejante a las especulaciones de la filosofía budista sobre los compuestos, agregados o *skanda* —montones— del ser humano, que para nada implican identidad permanente de un yo sustancial. Para Hume, el hombre es un repertorio de impresiones incesantemente renovadas, colección de actos perceptivos.

Hume llevó el empirismo a sus últimas consecuencias, convirtiéndolo en sensualismo. Todos los conocimientos humanos tienen su base en la experiencia y se reducen a *impresiones e ideas*. El conocimiento descansa enteramente en la sensación. A las impresiones atribuimos por fe valor objetivo. Las leyes de la asociación explican posteriormente la elaboración de los datos de la experiencia. Siguiendo la empresa demoledora de Berkeley respecto al concepto de sustancia corpórea o material, Hume consuma la obra, al extender su crítica al concepto de sustancia espiritual o yo, y a la idea de causalidad.

La identidad percibida psicológicamente, a la que asociamos la sustancialidad del yo, no es, según Hume, otra cosa que la persistencia invariable e ininterrumpida de una percepción a través del tiempo. Pero la persistencia de la percepción es mantenida durante muy poco tiempo, y tan pronto cesa, la identidad deja de ser percibida. Las percepciones sucesivas y discontinuas no pueden ofrecernos ciertamente la identidad del objeto. La sustancia puede ser definida como la *identidad de una idea compleja*, es decir, como la causa permanente de la persistencia de un repertorio de impresiones. En consecuencia, la idea del yo sustancial no será otra cosa que la *idea* de identidad personal.

Hay algunos filósofos que imaginan que somos conscientes íntimamente en todo momento de lo que llamamos nuestro YO, que sentimos su existencia y su continuación en la existencia, y se hallan persuadidos, aún más que por la evidencia de una demostración, de su identidad y simplicidad perfecta...

Desgraciadamente, todas estas afirmaciones positivas son contrarias a la experiencia que se presume en favor de ellas y no tenemos una idea del Yo de la manera que se ha explicado aquí... El Yo o persona no es una impresión, sino lo que suponemos que tiene referencia a varias impresiones o ideas. Si una impresión da lugar a la idea del Yo, la impresión debe continuar siendo invariablemente la misma a través de todo el curso de nuestras vidas, ya que se supone que existe de esta manera. Pero no existe ninguna impresión constante e invariable. El dolor y el placer, la pena y la alegría, las pasiones y sensaciones se suceden las unas a las otras y no pueden existir jamás a un mismo tiempo. No podemos, pues, derivar la idea del Yo de una de estas impresiones y, por consecuencia, no existe tal idea.[5]

Según Hume, no tenemos conocimiento sensible, y menos intuición intelectual, de la identidad personal o permanencia sustancial del yo. La conciencia rinde testimonio únicamente de un repertorio de diversas percepciones que se suceden con inconcebible rapidez y que están en flujo continuo y perpetuo movimiento. En esta multiplicidad huidiza y cambiante y en esta movilidad incesante y sucesiva introducimos nosotros mismos la unidad y la permanencia, es decir, la identidad. ¿Qué derecho nos asiste para ello?, se pregunta Hume. Apelar a la memoria no es suficiente. La memoria, al poner en orden seriada nuestras percepciones, nos puede inducir a la ilusión de afirmar lo que llamamos yo sustancial. Hume cree que el hombre es un repertorio de impresiones incesantemente renovadas, colección de actos perceptivos que se suceden sin interrupción, agrupación de puros accidentes. No hay yo sustancial.

La crítica que se puede hacer a la filosofía de Hume, es que pasa por alto que el yo no es igual a sus actos, percepciones, impresiones, compuesto biológico o como se quiera decir. Hay un sentido muy real en que el yo es muy distinto de los actos, aun con ser suyos. Los actos brotan de la persona, del yo, y a la vez se encuentra con ellos, decidiendo a cada instante qué va a hacer en el siguiente, cómo va a actuar. El yo es el poder ejecutivo que hace que los actos sean *míos*, no yo de ellos, pues hasta cuando me arrastran a mi pesar, lo hacen por encima del yo, debido a las circunstancias, que son, siempre, el marco de referencia y el polo opuesto del yo. No olvidemos que la doctrina cristiana está montada por

---

5. *Tratado de la naturaleza humana*, I, IV.

entero en el concepto del yo, de la persona, de Dios al hombre. Leibniz supo ver su importancia religiosa y por eso la hizo objeto de su investigación filosófica.

El pensamiento de Hume conduce irremediablemente al *escepticismo* metafísico, satisfecho en mera constancia de las leyes psicológicas que ponen orden en las percepciones. ¿Saldrá el sol mañana? Yo solamente puedo decir que ha salido siempre, o más bien, que a la representación de la noche ha sucedido siempre la representación del alba y de la aurora y de la salida del sol: esta sucesión psicológica se ha hecho habitual, pero una costumbre no es una ley y menos una ley de naturaleza. El sol sale cada mañana. Así ha sucedido siempre, así es previsible que siga ocurriendo ahora, e incluso siempre, pero esto no es científica y positivamente cierto. La ciencia es una mera constatación y descripción empírica, sin unidad ni causalidad. Existe la experiencia, pero no la ciencia de la experiencia. La causalidad no es más que una ley psicológica, como la sustancia no es más que una ilusión psicológica; tienen gran utilidad teórica y práctica, y nosotros las aplicamos instintivamente, sin las incertidumbres de la razón y de la reflexión, pero no son más que procesos subjetivos e irracionales.

La única ciencia que existe es la de los estados representativos, la matemática, pero también ella es subjetiva; no es ciencia de las cosas ni metafísica de la naturaleza. *No hay nada universal y necesario*: las cosas y los hechos son así, ahora, en este lugar, pero ningún principio nos asegura que puedan, que deban ser siempre y en todas partes así.

Paradójicamente, David Hume fue el primero en no aceptar su escepticismo. Solo había pretendido demostrar la impotencia de la razón para descubrir el mundo y servir de guía y árbitro infalible de la vida. Atribuía un valor meramente práctico, como *creencia instintiva*, a la existencia del mundo y creía que las conclusiones de la razón conducían al escepticismo. El optimismo ilustrado respecto a la razón llega a su ocaso con Hume.

3. Clausura de la Ilustración

Al pensamiento ilustrado puso fin otro movimiento complejo, basado en la oposición a la pura razón empirista y dialéctica y en la apelación a otras fuerzas, sentimentales o afectivas. Como término de la ilustración inglesa puede señalarse la filosofía del *sentido común* de la Escuela escocesa, cuyo representante capital es Thomas Reid (1704-1796), a quien siguen, entre otros, Dugald Steward (1733-1828) y Thomas Brown (1778-1829), que ejercieron una omnipresente influencia en la teología de Princeton: Hodge y Warfield.

Para Reid el espíritu tiene muchos conocimientos originarios, infundidos directamente por Dios, una especie de "instintos" del pensamiento y de la conciencia, patrimonio del buen sentido de todo, o mejor, del sentido común —*common sense*—. Cada uno siente y advierte con una intuición inmediata qué es el bien y el mal, lo bello y lo feo, lo verdadero y lo falso; en todo campo cognoscitivo, moral, religioso, estético, basta preservarse de los análisis y de las sutilezas filosóficas y racionales que llevan a las más extrañas conclusiones, para conocer según verdad y obrar sin engaños. *El sentido común no se equivoca; la conciencia ingenua no yerra.*

Respecto a los franceses, fue F. P. Maine de Biran (1766-1824), quien puso fin a la aventura ilustrada, aportando un vigoroso pensamiento espiritual. La ilustración alemana cesa con la nueva ruta ensayada y recorrida por Kant (1724-1804). Con todo, el balance definitivo de la Ilustración fue positivo.

4. Kant y el período crítico

Kant es una de las claves de la época moderna. En él el espíritu humano se esfuerza por determinar los límites, las posibilidades, la justificación del conocimiento. Intentando mediar entre la conclusión dogmática del racionalismo, la escéptica conclusión del empirismo y la falta de crítica del sentido común, se verá obligado a producir una «revolución copernicana» en el orbe filosófico, que tendrá por definitivo resultado el establecimiento del *idealismo trascendental*.

La vida de Immanuel Kant (1724-1804) transcurrió apaciblemente, consagrado por completo al estudio y la enseñanza en un ambiente caracterizado por la austeridad de las costumbres y la rigidez metódica en el trabajo. Nació en Königsberg, Prusia oriental, el cuarto de ocho hermanos en el seno de una familia pobre y profundamente religiosa. Educado en la más rigurosa tradición pietista, aparte de sus estudios de filosofía y física, se interesó por la teología. Hasta llegó a predicar varias veces en algunas iglesias próximas a la universidad, sin embargo, prefirió dedicarse a la enseñanza y no a seguir la carrera teológica. Uno de sus hermanos, Hans Heinrich, nueve años menor que él, sí llegó a ser teólogo y sirvió como pastor en Alt-Rahden.

En 1770, a los cuarenta y seis años de edad, se le designó profesor ordinario en la cátedra de lógica y metafísica de la Universidad de Königsberg. Fue muy popular entre los estudiantes, quienes siempre vieron en él un hombre sabio y justo. En el tema religioso, el emperador Federico Guillermo I le prohibió, por medio de su ministro Wölner, que tratara temas religiosos, pues el filósofo aplicaba su método crítico incluso en materia de religión. Kant consideraba la religión como un complemento de la moral, en la cual se podía creer o no; opinaba que, sobre Dios, el alma humana, su inmortalidad y otras cuestiones transcendentes, no era posible enunciar algo seguro. Este fue siempre su punto de vista científico.

En la obra de Kant se distinguen dos períodos: el precrítico y el crítico. Al primero pertenecen obras como *El único argumento posible para la demostración de la existencia de Dios* (1763); *Los sueños de un visionario ilustrados con los sueños de la metafísica* (1766) y *De mundi sensibilis atque intelligibilis forma et principiis* (1770).

Al segundo, o periodo crítico, corresponden sus conocidas *Crítica de la razón pura* (1781); *Prolegómenos a toda metafísica futura que quiera presentarse como ciencia* (1783); *Fundamentación de la metafísica de las costumbres* (1785); *Crítica de la razón práctica* (1788); *Crítica del juicio* (1790); *Antropología* (1800) y *Lecciones de lógica* (1800).

Para Kant el conocimiento real es solo posible cuando a los principios formales se añade la experiencia, de ahí que la metafísica especulativa la tuviese por un intento frustrado de pretender un conocimiento real de aquello que está al margen de toda experiencia posible. En consecuencia, la filosofía, según Kant, tiene como objeto la reflexión sobre el quehacer humano, y en especial sobre la ciencia. Este será el camino seguido por la filosofía contemporánea.

La filosofía obedece a un doble interés, *teórico y práctico*. Kant prefiere este último, pues solo el filósofo práctico es el verdadero filósofo. "Filosofía es la idea de una sabiduría perfecta, que nos muestra los fines últimos de la razón humana". El campo de la filosofía en esta significación universal se puede reducir a estas preguntas:

1. ¿Qué puedo yo saber?
2. ¿Qué debo hacer?
3. ¿Qué puedo esperar?
4. ¿Qué es el hombre?

A la primera pregunta responde la *metafísica*; a la segunda, la *moral*; a la tercera, la *religión* y, a la cuarta, la *antropología*. Pero en el fondo podría atribuirse todo a la antropología, pues las tres primeras preguntas se refieren a la cuarta. Es importante tener esto en cuenta.

Kant no llevó a plena realización el programa planteado en esta cuádruple división, por contra se dirigió a conseguir tres objetivos capitales:

1. Fundamentar la posibilidad del conocimiento científico —matemático y físico— y determinar la no posibilidad de la metafísica como ciencia, legitima en cuanto disposición natural.
2. Fundar una moral autónoma y formal que satisfaga prácticamente las exigencias metafísicas que habrían sido teóricamente imposibilitadas.
3. Conciliar la necesidad del ámbito de la naturaleza con la libertad del reino de la moralidad mediante una representación teleológica del universo.

A la consecución de estos tres objetivos se aplican, respectivamente, la *Crítica de la razón pura*, la *Crítica de la razón práctica* y la *Crítica del juicio*.

Los conceptos deben tener su soporte en la experiencia, dirá Kant siguiendo a los ilustrados ingleses, pero, para evitar las consecuencias escépticas de Hume, habrá de reformar el concepto de experiencia. Como vimos, para Hume la experiencia no ofrece necesidad alguna; el principio de causalidad se origina de la experiencia, luego el principio de causalidad no es necesario. Kant corrige este razonamiento y juzga que, si bien la experiencia no ofrece necesidad alguna, el principio de causalidad es necesario, luego no se origina de la experiencia y habrá que buscar, por tanto, fuera de la experiencia una fuente de necesidad para él, que le lleva a admitir la existencia de juicios sintéticos a priori. No vamos a entrar en esto ahora, solo señalar, como hace Hirschberger, que "el sistema de Kant se sostiene o cae en bloque con su teoría de los juicios sintéticos y aprióricos de la matemática y física puras; pues en ellos cree él haber encontrado lo que buscaba. Puede objetarse a Kant: o la intuición es sensible y entonces es pura, o es pura y entonces no es sensible"[6].

4.1. El lugar de la voluntad en el conocimiento de Dios

La filosofía de Kant es bastante completa y extensa como para resumirla aquí en unas líneas, por lo que nos limitaremos al tema que nos preocupa directamente: su relación con la fe cristiana, si bien esta relación no puede desligarse de su elemento formal, el sistema que define los modos de conocer.

Es sabido que, según Kant, mediante la *razón pura* no podemos ascender al conocimiento transcendental de Dios y otras cuestiones metafísicas. Pero como los problemas al respecto persisten, Kant se ve obligado a transferirlos al campo de la *razón práctica*. No olvidemos que Kant quiso, ante todo, ser un filósofo práctico.

Para él, junto al conocimiento especulativo, en el radio de acción de la razón pura, se encuentra el conocimiento práctico, en el radio de acción de la *razón pura práctica*, llamada correctamente por Kant, *voluntad*. La voluntad, en este sentido, no significa el mero deseo, sino la interior disposición que conduce a la acción.

En el mundo de la naturaleza encontramos al yo empírico determinado por las leyes psicofísicas, en el mundo inteligible aparece el *yo puro*, determinado por las leyes de la moralidad. En el mundo inteligible encontramos el hecho de la moralidad. El yo puro tiene conciencia del deber, siente el hecho de la moralidad.

A través de la puerta abierta por el hecho de la moralidad, Kant penetra en el mundo de la inmortalidad. La perfección del orden moral exige premio o castigo; mas, como esta recompensa o pena no tiene cumplimiento en la vida presente, es necesario admitir otra existencia en la que tenga realidad. Por lo mismo, el alma es inmortal. A la vez es necesario postular la existencia de Dios: un Dios de justicia, distribuidor de premios y castigos, con lo que se dé cabal cumplimiento a las exigencias del orden moral. Dios y la inmortalidad del alma no son objetos del conocimiento teórico, sino postulados de la razón práctica. No hay, pues, en la *Crítica de la razón práctica*, una demostración, ni un conocimiento de la

---

6. *Op. cit.*, vol. II, p. 170.

inmortalidad y de Dios. Postular no es demostrar, porque para Kant, la demostración es imposible en este campo allende la experiencia sensible.

Sería desde luego más satisfactorio para nuestra razón especulativa resolver estos problemas por sí y sin ese rodeo, y conservarlos como conocimiento para el uso práctico; pero nuestra facultad de la especulación no se halla dispuesta de un modo tan favorable. Aquellos que se jactan de tales y tan elevados conocimientos, deberían no guardarlos paro sí, sino exponerlos públicamente al examen y apreciación. Ellos quieren demostrar; ¡enhorabuena! Demuestren y si salen victoriosos, la crítica rinde sus armas a sus pies. *Quid statis? Nolunt. Atqui lict esse beatis.* Pero como ellos, en realidad, no quieren, probablemente porque no pueden, debemos nosotros volver a tomar en nuestras manos aquellas armas, para buscar en el uso moral de la razón y fundar sobre él los conceptos de Dios, libertad e inmortalidad, para cuya posibilidad no encuentra aquella especulación garantía suficiente.

Aquí se explica así también, por primera vez, el enigma de la crítica, de cómo se puede denegar realidad objetiva al uso suprasensible de las categorías en la especulación y concederles, sin embargo, esa realidad en consideración de los objetos de la razón pura práctica; pues esto tiene que parecer necesariamente inconsecuente, mientras ese uso práctico se conozca solo por el nombre. Pero si por medio de un análisis completo de este último, nos convencemos ahora de que esa realidad pensada no viene a parar aquí a determinación alguna teórica de las categorías, ni a ampliación alguna del conocimiento en lo suprasensible, sino que solo se quiere con esto significar que en todo caso les corresponde, en esa relación, un objeto, porque o ellas están contenidas en la necesaria determinación *a priori* de la voluntad o están unidas inseparablemente con el objeto de la misma, entonces desaparece aquella inconsecuencia, porque se hace otro uso de aquellos conceptos que el que necesita la razón especulativa. En cambio, muéstrase ahora una confirmación muy satisfactoria y que antes apenas si se podía esperar del modo de pensar consecuente de la crítica especulativa, y es saber: que la crítica especulativa se esforzó en dar a los objetos de la experiencia como tales, y entre ellos, a nuestro propio sujeto, el valor de meros fenómenos, en ponerles, sin embargo, como fundamento, cosas en sí y, por consiguiente, en no considerar todo suprasensible como una ficción y su concepto como falto de contenido.[7]

De Kant arranca la creencia de que la existencia de Dios no puede ser demostrada, ni tampoco su inexistencia. Es imposible demostrar teóricamente la existencia de Dios, pero es más difícil todavía probar que Dios no existe, pues hay muchos elementos del espíritu que nos inducen a afirmar la existencia de Dios, aunque sea imposible demostrarla. No se puede "considerar todo suprasensible como una ficción y su concepto como falto de contenido".

7. *Crítica de la razón práctica*, "Prólogo".

El *primado de la razón práctica* es la dignidad más alta del ser humano, en cuanto ser moral por naturaleza. La razón pura o teórica es un intento por escapar a la inclinación humana hacia lo trascendental, La certeza de las doctrinas sobre Dios y la inmortalidad del alma escapan a la razón teórica y a sus sofismas, pues su certeza se funda sobre la conciencia moral y suprasensible de la humanidad, la voluntad.

> Dos cosas llenan el ánimo de admiración y respeto, siempre nuevos y crecientes, cuanto con más frecuencia y aplicación se ocupa de ellas la reflexión: el cielo estrellado sobre mí y la ley moral en mí. Ambas cosas no he de buscarlas y como conjeturarlas, cual si estuvieran envueltas en obscuridades, en lo trascendente fuera de mi horizonte; ante mí las veo y las enlazo inmediatamente con la consciencia de mi existencia. La primera empieza en el lugar que yo ocupo en el mundo exterior sensible y ensancha la conexión en que me encuentro con magnitud incalculable de mundos sobre mundos y sistemas de sistemas, en los ilimitados tiempos de su periódico movimiento, de su comienzo y de su duración. La segunda comienza en mi invisible yo, en mi personalidad, y me expone en un mundo que tiene verdadera infinidad, pero penetrable por el entendimiento y con el cual me reconozco (y, por ende, también con todos aquellos mundos visibles) en una conexión universal y necesaria, no solo contingente como en aquel otro. El primer espectáculo de una innumerable multitud de mundos aniquila, por decirlo así, mi importancia como criatura animal, que tiene que devolver al planeta (un mero punto en el universo) la materia de que fue hecho después de haber sido provisto (no se sabe cómo), por un corto tiempo, de fuerza vital. El segundo, en cambio, eleva mi valor como inteligencia infinitamente por medio de mi personalidad, en la cual la ley moral me descubre una vida independiente de la animalidad y aun de todo el mundo sensible, al menos en cuanto se puede inferir de la determinación conforme a un fin que recibe mi existencia por esa ley que no está limitada a condiciones y límites de esta vida, sino que va a lo infinito.[8]

El hombre es finito y perecedero en su naturaleza corporal, *criatura animal*, que nos recuerda al *hombre animal* de San Pablo; pero infinito por el lado del espíritu, de la razón y la voluntad moral; creador, en cuanto suscita mediante su razón teórica la causalidad inagotable e infinita del universo. También el filósofo tiene que cruzar la puerta estrecha que conduce a la *teoría de la sabiduría*, esto es, la ciencia buscada con crítica y encarrilada con método.

4.2. Fe eclesial y fe espiritual

Los padres de Kant, particularmente la madre, seguían la corriente de renovación espiritual luterana denominada pietismo que entonces imperaba y que

---

8. *Crítica de la razón práctica*, "Conclusión".

en nada se parece a la imagen deformada existente del mismo. El pietismo, sin abandonar el estudio académico, buscaba la salvación del hombre en su sentido más puramente evangélico, que ya hemos descubierto en todos los movimientos espirituales renovadores del cristianismo: en *la interioridad*. No es en la letra, ni en la manifestación externa que se encuentra el espíritu y la verdad, sino en la pureza interior y la piedad del corazón. Se trata una vez más, del aspecto místico del cristianismo, sobre el que nunca diremos suficiente, pues encierra en sí lo mejor de su doctrina y de su práctica; es una de las enseñanzas más claras y directas del Evangelio, que es, a la vez, su mayor promesa de reconciliación y entendimiento entre los verdaderos creyentes y el mundo —repárese en la contundente frase de Voltaire citada—. En el pietismo descubre Kant aquel valor que hace más justicia a la fe como experiencia interior, que como conjunto de doctrinas, por las cuales muchos son capaces de matar y dejarse matar, pero no vivir por ellas, conforme al espíritu y la verdad de la adoración divinas.

Kant afirma el valor supremo de la *Escritura* sobre la *tradición*. La fe pura, para permanecer inmutable y universal difícilmente puede cuidarse lo bastante mediante la *tradición*, y sí, en cambio, mediante la sola *Escritura*, la cual, a su vez, en cuanto revelación divina, ha de ser ella misma para los contemporáneos y la descendencia un objeto de gran respeto[9]. *Está escrito*, es la sentencia que aplasta todas las objeciones. La fe fundada en la Escritura nunca ha podido ser exterminada ni siquiera por las más devastadoras revoluciones de Estado, en tanto que la fe que se fundaba sobre la tradición y antiguas observancias públicas, en la desorganización del Estado encontró a la vez su ruina. Es evidente que las doctrinas luteranas pesan mucho en Kant en su valoración y crítica de la religión.

> Solo hay una (verdadera) *Religión*; pero puede haber múltiples modos de creencia. Se puede añadir que, en las iglesias diversas, que se separan unas de otras por la diversidad de sus modos de creencia, puede encontrarse sin embargo una y la misma verdadera Religión.
>
> Es, pues, más conveniente (como también efectivamente más usual) decir: este hombre es de esta o aquella creencia (judía, mahometana, cristiana, católica, luterana), que decir: es de esta o aquella Religión. Esta última expresión no debería en justicia ser empleada hablando al gran público (en catecismos y sermones), pues es para este demasiado erudita e ininteligible; además, las lenguas modernas no suministran ninguna palabra de la misma significación. El hombre común entiende siempre por Religión su fe eclesial, que se le presenta a los sentidos, en tanto que la Religión está interiormente oculta y depende de intenciones morales. A la mayor parte de las gentes se les hace demasiado honor al decir que profesan esta o aquella Religión, pues no conocen que profesan esta o aquella Religión, pues no conocen ni piden ninguna; la

---

9. *La religión dentro de los límites de la mera razón*, III, 1, 5.

fe eclesial estatutaria es todo lo que entienden bajo esta palabra. También las llamadas disputas de Religión, que tan frecuentemente han turbado y regado con sangre el mundo, no han sido otra cosa que peleas acerca de la fe eclesial, y el oprimido no se quejaba propiamente de que se le impidiese estar ligado a su Religión (pues esto no puede hacerlo ningún poder externo), sino de que no se le permitía seguir públicamente su fe eclesial.

Ahora bien, cuando una iglesia —como de ordinario ocurre— se hace pasar por la única universal (aunque está fundada sobre una particular fe revelada, que —en cuanto que es histórica— no puede jamás ser exigida a todos), entonces el que no reconoce la fe eclesial (particular) de esa iglesia es llamado por ella infiel y odiado de todo corazón; el que solo en parte (en lo no esencial) se aparta de ella es llamado heterodoxo y, al menos, evitado como contagioso. Finalmente, si se reconoce miembro de la iglesia en cuestión, pero se aparta de ella en lo esencial de la fe (es decir: en aquello de lo cual se hace lo esencial), entonces se llama —especialmente si extiende su creencia errónea— hereje y, como un agitador, es tenido por más punible aún que un enemigo externo, expulsado de la iglesia por un anatema (como el que pronunciaron los romanos sobre aquel que pasase el Rubicón sin la aquiescencia del Senado) y entregado a todos los dioses infernales. La pretendida rectitud de creencia única de los doctores o cabezas de una iglesia en cuanto a la fe eclesial se llama ortodoxia que podría dividirse en despótica (brutal) y liberal. Si una iglesia que hace pasar por universalmente obligatoria su fe eclesial debe ser llamada católica, en tanto que aquella que se pone en guardia contra esas pretensiones por parte de otra (aunque ella misma con frecuencia las ejercería gustosamente si pudiese) debe ser llamada protestante, un observador atento encontrará más de un ejemplo laudable de católicos protestantes y, frente a ello, aún más ejemplos chocantes de protestantes archicatólicos; los primeros son hombres cuyo modo de pensar (ciertamente no se trata del de su iglesia) se ensancha, frente a los cuales los últimos con su modo de pensar limitado contrastan mucho, pero en ningún modo ventajosamente.

6. La fe eclesial tiene por intérprete supremo a la fe religiosa pura.

Hemos observado que, si bien una iglesia carece de la señal de mayor peso de su verdad —a saber: la de una pretensión legítima de universalidad— cuando se funda sobre una fe revelada la cual, en cuanto fe histórica (aunque muy extendida mediante una Escritura y asegurada así a la más tardía posteridad), no es susceptible de ninguna comunicación universal que produzca convicción, sin embargo, a causa de la necesidad natural que tienen todos los hombres de exigir siempre para los supremos conceptos y fundamentos de Razón algún apoyo sensible, alguna confirmación empírica o similar (a lo cual efectivamente hay que atender cuando se tiene la mira de introducir universalmente una fe), ha de utilizarse alguna fe eclesial histórica, que generalmente uno encuentra ya ante sí.

Pero para unir con una creencia empírica semejante, que, según parece, un azar nos ha puesto en la mano, la base de una fe moral (sea fin o solamente medio), se requiere una interpretación de la revelación que nos ha venido a la mano, esto es: una explicación general de ella que concuerde con las reglas prácticas universales de una pura Religión racional. Pues lo teórico de la creencia eclesial no puede interesarnos moralmente si no opera en orden al cumplimiento de todos los deberes humanos como mandamientos divinos (que constituye lo esencial de toda Religión). Esta interpretación puede incluso frecuentemente parecernos forzada con respecto al texto (de la revelación), puede con frecuencia serlo efectivamente, y, sin embargo, con tal que sea posible que el texto la acepte, ha de ser preferida a una interpretación literal que o bien no contiene absolutamente nada para la moralidad o bien opera en contra de los motivos impulsores de esta. Se encontrará también que así se ha dicho siempre con todos los modos de creencia antiguos y modernos, en parte redactados en libros santos y que maestros populares racionales y de buen pensamiento los han explicado hasta traerlos poco a poco a concordancia, por lo que se refiere a su contenido esencial, con los universales principios de fe morales. Los filósofos morales entre los griegos y luego entre los romanos hicieron poco a poco eso con su doctrina fabulosa de los dioses. El más grosero politeísmo supieron explicarlo al fin como mera representación simbólica de las propiedades del ser divino uno, y atribuir a las diversas acciones viciosas e incluso a las fantasías bárbaras pero bellas de sus poetas, un sentido místico que acercaba una creencia popular (que no habría sido sensato extirpar porque de ello hubiera podido resultar quizá un ateísmo aún más peligroso para el Estado) a una doctrina moral comprensible para todos los hombres y única provechosa. El judaísmo tardío e incluso el cristianismo constan de tales explicaciones, en parte muy forzadas, pero en ambos casos con fines indudablemente buenos y necesarios para todos los hombres. Los mahometanos saben atribuir muy bien a la descripción de su paraíso, dedicado a toda sensualidad, un sentido espiritual, y los hindúes hacen eso mismo con la interpretación de sus Vedas, al menos por lo que se refiere a la parte más ilustrada de su pueblo. Que esto pueda hacerse sin faltar siempre mucho al sentido literal de la creencia popular viene de que mucho antes de esta estaba oculta en la Razón humana la disposición a la Religión moral; las primeras manifestaciones rudas de esta disposición se encaminaban solo al uso del servicio de Dios y con este motivo mismo dieron lugar a aquellas presuntas revelaciones, pero por ello han puesto también en estos poemas —aunque impremeditadamente— algo del carácter de su origen suprasensible. No se puede culpar de deslealtad a estas interpretaciones, supuesto que no se quiera afirmar que el sentido que damos a los símbolos de la creencia popular o a los libros santos haya sido en absoluto tenido como mira por ellos también, sino que se deje sin decidir eso y se acepte solo la posibilidad de comprender así a los autores de ellos. Pues la lectura misma de estos libros santos o el estudio de su contenido tiene por mira final hacer mejores a los hombres; lo histórico, que no contribuye en nada a ello, es algo en sí totalmente indiferente, con lo cual se puede obrar como se quiera (la fe histórica es "muerta en sí misma", esto es: por sí, considerada como profesión, no contiene nada que tenga para nosotros un valor moral).

Así, pues, aunque una Escritura haya sido aceptada como revelación divina, el criterio supremo de ella en cuanto tal será: "Toda Escritura inspirada por Dios es útil para la enseñanza, para el castigo, para el mejoramiento", etc., y, puesto que lo último, el mejoramiento del hombre, constituye el fin auténtico de toda Religión racional, esta contendrá también el principio supremo de toda interpretación de la Escritura. La Religión racional es «el espíritu de Dios, que nos guía en toda verdad». Pero este espíritu es aquel que, instruyéndonos a la vez también nos vivifica con principios en orden a acciones, y refiere por completo a las reglas y motivos de la fe racional pura —única que en toda fe eclesial constituye aquello que en la misma es auténtica Religión— todo lo que la Escritura puede contener además para la fe histórica. Toda investigación e interpretación de la Escritura ha de partir del principio de buscar en ella este espíritu, y "se puede encontrar en ella la vida eterna solo en tanto que da testimonio de este principio".[10]

Tenemos aquí delineados los prolegómenos de una teología pura práctica, que hace plena justicia al devenir histórico del pensamiento cristiano. Una teología que hoy culmina en su imbricación en la vida y desde ella en los grandes temas de la teología de todos los tiempos.

5. Fichte y la posición del yo

Johann Gottlieb Fichte (1762-1814), toma la filosofía allí donde la dejó Kant, a saber, en el primado de la razón práctica sobre la teórica, pues en ella puede el filósofo dar rienda suelta a su admiración por el invisible yo, la personalidad y la vida independiente de la animalidad, a la que se refería Kant.

Nacido en Eammenau de familia modesta, pudo estudiar gracias a la protección del barón von Miltitz en la prestigiosa escuela de Pforta y más tarde, no sin dificultades económicas, cursó teología en la Universidad de Jena, dedicado a la enseñanza privada. En 1794 se incorporó al claustro de profesores de la universidad, donde se convirtió en uno de los catedráticos más populares. En 1798 fue acusado de ateísmo a causa de un trabajo relativo a la identidad de la providencia divina con el orden moral, lo que motivó su destitución, trasladándose a Berlín. Posteriormente escribió un libro para responder a sus críticos, donde afirma: "Bendigo la hora en que me decidí a pensar en mí mismo y en mi destino. Todas mis dudas están disipadas, sé lo que puedo saber, y no me preocupa lo que no puedo saber. Estoy liberado; en mi espíritu reina perfecta armonía y claridad, y empieza a vivir una nueva y más hermosa existencia... Que nunca me ocurra querer sustituir al eterno Padre en el gobierno del mundo, ni dar oídos a la voz de mi limitada sabiduría en vez de querer prestar atención a la voz que resuena en mí

---

10. *La religión dentro de los límites de la mera razón*, 3, I.

conciencia, y querer reemplazar con el plan de un entendimiento finito como es el mío el plan sapientísimo de su suprema omnisciencia. Intentarlo sería querer ir más allá del orden actual del mundo y de todo orden posible"[11].

Hombre de temperamento apasionado y gran energía, concibió la actividad intelectual como un compromiso con la vida. Para él pensar fue una forma de acción, ya que, según él mismo afirmó, *la clase de filosofía que se elige depende de la clase de persona que se es*. Para Fichte, el punto de partida de la filosofía es el yo; aquello que es vitalmente lo más propio: *su-yo*, el yo que desde la Antigüedad reclamaba la atención e importancia que merecía, y que muy raramente se le había prestado.

Kant había dicho que la existencia es la *posición* absoluta de una cosa con todas sus determinaciones, la posición de una cosa en el contexto de la experiencia. Fichte recoge esta idea kantiana y en su lugar *pone* el yo. El yo se *pone*, se pone autónomamente, libremente, gracias al ejercicio de su propia actividad.

El yo, al ponerse, pone el no-yo, es decir, todo lo otro que yo, este no puede darse sin aquel. El yo limita con el no-yo; el no-yo limita con el yo. El método de la doctrina teórica es el mismo método de los fundamentos: la dialéctica tricotómica tesis-antítesis-síntesis. La limitación del yo por el no-yo implica la investigación de los opuestos producidos por la misma síntesis. Estos opuestos consisten, por una parte, en la determinación del yo por el no-yo; por otra, en la determinación del yo por sí mismo, en su propio acto de limitación. La tesis comienza con la conciencia originaria del "yo" que se pone a sí mismo. Pero a la posición del yo, debe seguir al punto la antítesis, el no-yo. Operar una síntesis de estas dos oposiciones significa superar ambas concepciones particulares y llegar a la afirmación de un idealismo crítico en el cual quede comprendida no solo la actividad infinita del yo, sino su limitación por el obstáculo del no-yo. La solución o síntesis de la tensión existente entre la pura actividad del yo y el obstáculo que lo limita, equivale al proceso de la conquista de la libertad.

Fichte interpreta la realidad del yo de un modo dinámico, activo, como un puro hacer, actividad, agilidad o hazaña. "Yo soy para mí; esto es un hecho. Ahora bien, yo solo puedo haberme producido por medio de un actuar, puesto que soy libre... Este actuar es precisamente el concepto del yo, y el concepto del yo es el concepto de este actuar, ambas cosas son enteramente la misma, y ni se piensan por aquel concepto nada más, ni puede pensarse nada más que lo señalado. *Es así, porque así lo hago*". El ser humano es pura dinamicidad. Y esto lo lleva a palpar genialmente la realidad misma de la vida, a la que dedica páginas esenciales. Su pensamiento, según Julián Marías, es un claro antecedente de nuestro tiempo, que ha descubierto la evidencia de la realidad del vivir humano. Su acción, presente en Maine de Biran, y continuada, sobre todo, por esa doble vía en Dilthey, ha

11. *El destino del hombre*, III, 3.

contribuido en no escasa medida al alumbramiento de una de las ideas centrales de que se nutre la filosofía actual.

Como en el caso de Agustín, para Fichte la verdad reside en el interior de uno mismo. "Fíjate en ti mismo. Desvía tu mirada de todo lo que te rodea y dirígela a tu interior. He aquí la primera petición que la filosofía hace a su aprendiz. No se va a hablar de nada que esté fuera de ti, sino exclusivamente de ti mismo"[12]. El ser humano solo cuenta con él mismo para filosofar, no tiene nada fuera de su experiencia; todo lo que está más allá de la finitud pertenece a la revelación. La experiencia contiene toda la materia de su pensar[13]. En cuanto la revelación cae dentro de la esfera de la experiencia es objeto de reflexión, pero esta es objeto de la teología y no de la filosofía.

La experiencia es un concepto amplio que incluye tanto la experiencia *interna*, como la *externa*, sin la cual sería imposible la elevación metafísica. "El hombre no es un engendro de este mundo sensible, y no puede alcanzar su destino en la tierra. Su destino está por encima del tiempo, del espacio y de todo lo sensitivo. El hombre debe saber lo que es y lo que será, pues por lo mismo que su destino es tan alto, debe elevarse sobre los estrechos límites de la sensibilidad; su pensamiento es de la misma estirpe que su destino, y la única actitud propia de su dignidad es la del que, elevándose sobre todo lo sensible, considera lo material como morada que solo tiene valor para los ojos mortales"[14].

5.1. Vida, felicidad y amor

Fichte distingue con toda claridad entre dos tipos de vida. Una, aparente, viviendo no vive, es pura caducidad y muerte. Otra, la vida verdadera, aquella que por el amor se une a Dios, vive en ti y vence la apariencia y la corrupción de la muerte. Todo su discurrir es una bella pieza del pensamiento espiritual que conviene leer con atención. Las repercusiones de su teoría sobre los grados del vivir llegan a nosotros vía Nietzsche y Ortega y Gasset.

> La vida misma es la felicidad. No puede ser de otro modo: pues la vida es el amor y toda la forma y la fuerza de la vida consiste en el amor y nace del amor... Pero el amor es contento consigo mismo, alegría en sí mismo, gozo de sí mismo, y así felicidad; y es claro que vida, amor y felicidad son en absoluto una y la misma cosa.
>
> El ser; digo, y la vida son una y la misma cosa. Solo la vida puede existir independientemente por sí, mediante sí misma; y a su vez la vida, solo en cuanto es vida, lleva consigo la existencia. Usualmente se imagina el ser como algo permanente, rígido y

12. *Primera y segunda introducción a la Teoría de la Ciencia*, 1.

13. *Id.*, 3.

14. *El destino del hombre*, III, 3.

muerto; incluso los filósofos, casi sin excepción, la han pensado así, hasta expresándolo como absoluto. Pero esto ocurre solamente porque no se lleva consigo para pensar el ser un concepto vivo, sino solo uno muerto. No está la muerte en el ser en sí y por sí, sino en la mirada amortecedora del muerto contemplador.

A la inversa, así como el ser y la vida son una y la misma cosa, del mismo modo la muerte y el no ser no son uno y lo mismo. No hay una pura muerte, ni un puro no ser... Pero sí hay una apariencia, y esta es la mezcla de la vida y la muerte, del ser y el no ser.

Ahora tenemos trazado y abierto el camino para la intelección de la distinción característica entre la verdadera vida, que es una con el ser y la mera vida aparente, la cual, en cuanto es mera apariencia, es una con el no ser. El ser es simple, invariable, y permanece eternamente igual a sí mismo; por esto la vida verdadera es también simple, invariable, eternamente igual a sí misma. La apariencia es una incesante mudanza, siempre oscilante entre el hacerse y el perecer y está desgarrada por incesantes alteraciones. El centro de la vida es siempre el amor. La vida verdadera ama lo uno, invariable y eterno; la mera vida aparente intenta amar —si fuera siquiera capaz de ser amado, y si quisiera al menos resistir a su amor— lo caduco en su caducidad.

Aquel objeto amado de la vida verdadera es el que significamos, o al menos debiéramos significar con la denominación Dios; el objeto del amor de la vida solo aparente, lo caduco, es lo que nos aparece como mundo y que llamamos así. La vida verdadera vive, pues, en Dios y ama a Dios; la vida solo aparente vive en el mundo e intenta amar el mundo.

La vida verdadera vive en lo invariable; por tanto, no es susceptible ni de una interrupción ni de un incremento, como tampoco lo invariable mismo en que vive es susceptible de tal interrupción o incremento. Es en cada instante entera; la vida más alta que es posible en absoluto; y permanece necesariamente en toda eternidad, que es en todo instante. La vida aparente vive solo en lo variable, y por ello no permanece igual a sí mismo en dos instantes sucesivos; cada momento que llega devora y absorbe el precedente; y así la vida aparente se convierte en un morir ininterrumpido, y solo vive muriendo, y en el morir.

El afán de lo eterno, este impulso de unirse y fundirse con lo imperecedero, es la más íntima raíz de toda existencia finita, y no se puede extirpar en ninguna rama de esta existencia, a no ser que esta rama haya de fundirse en el total no ser.[15]

En Fichte la acción incansable del yo se convierte en la aspiración al conocimiento de Dios; el progreso hacia el iluminismo se convierte en un proceso que, rechazándolo como una caída y pecado, parte de un estado primitivo de razón natural instintiva y llega a un estado de perfección y de santificación completas en donde la libertad no es ya mera potencia y posibilidad de acción, sino conformidad con el propio destino racional. Por eso el concepto del Yo absoluto

---

15. *Advertencia para la vida beata*, lección I.

cede el paso paulatinamente a la noción de la divinidad como conocimiento absoluto y razón absoluta. Más allá del yo empírico hay el Yo absoluto, que no es sino una entidad trascendente. Solo la dificultad implicada en la noción de un Absoluto semejante y de un Yo que se pone a sí mismo con independencia de aquel, condujo a Fichte últimamente a hacer también del Absoluto un principio del cual se derivan por emanación los contrarios. De ese modo se aproximó al neoplatonismo y a una interpretación particular del Evangelio de Juan consistente en mantener que la doctrina del Verbo hecho carne puede explicar el tránsito de Dios a la "conciencia finita"[16].

6. Schelling, biología e identidad

Friedrich Wilhelm Joseph von Schelling (1775-1854), hijo de un pastor protestante, nació en Leonberg, una bella aldea de Württemberg. De una precocidad extraña en filosofía, alcanzó muy pronto el pináculo de la celebridad: a los 20 años ya había estructurado todo un sistema de pensamiento, pero como alcanzó una larga vida de casi 80 años, hizo cuatro sistemas distintos.

Sus obras principales son *Sobre la posibilidad de la filosofía* (1795); *Del yo como principio de la filosofía o sobre lo absoluto de la ciencia humana* (1795); *Cartas filosóficas sobre el dogmatismo y el criticismo* (1796); *Ideas para una filosofía de la naturaleza* (1797); *Primer esbozo de un sistema de filosofía natural* (1797); *Sistema del idealismo trascendental* (1800); *Exposición de mi sistema* (1800-1801); *Filosofía y religión* (1804).

Si Fichte partió de Kant, Schelling lo hará de Fichte. Cursó estudios en el Seminario Teológico de Tubinga, con vistas a seguir la carrera eclesial de su padre. Geniales condiscípulos suyos fueron el poeta Hölderlin y el futuro filósofo Hegel. En Tubinga, Schelling descubrió la obra de Fichte que le causó una fuerte y positiva impresión. De él heredó la tarea de fundamentar filosóficamente la legitimidad de la conciencia subjetiva, el yo. A pesar de su aprecio por Fichte, a quien conoció personalmente en la Universidad de Jena, Schelling rompió con él abiertamente al final de su vida.

Con la aparición de Schelling, el romanticismo —rebelión y reacción desesperada contra el formalismo kantiano— encontró en él el principio racional destinado a lograr la libertad humana, es decir, Schelling dotó al romanticismo de una base filosófica. Encabeza, junto a Fichte, la reacción contra la tradición, nacida con Descartes y reforzada por Hobbes, para la cual el saber humano queda reducido a las formulaciones mecánicas y matemáticas dominantes en las ciencias naturales. Una batalla que aún no ha concluido, Schelling estudió medicina y pudo investigar los fundamentos de la biología y de la química —poco desarrolladas en

16. José Ferrater Mora.

aquella época—, que llegaron a jugar en su sistema filosófico el mismo papel que la mecánica juega en la obra de Kant. Hoy, gracias a la nueva física cuántica, el paradigma científico orgánico propio de la biología, el debate filosófico contra el mecanicismo puede conducirse desde postulados científicos. Ni qué decir tiene que el modelo mecanicista no hace justicia a la compleja experiencia humana donde la relación cuerpo-espíritu se hayan estrechamente vinculados.

A Schelling se debe el impulso y el desarrollo que la biología y la química recibieron en Alemania. Él puso el fundamento en su obra *Diálogo sobre el principio divino y el principio natural de las cosas*. Lo que en Schelling eran intuiciones fue probado luego en las investigaciones posteriores. "Después de un largo periodo de eclipse, Schelling y su "sistema de idealismo trascendental" volvieron a tener vigencia en la primera mitad del siglo xx, cuando la filosofía renunció a los grandes sistemas y se inclinó a analizar las formas y los contenidos de la existencia contemporánea. Schelling parece uno de los pocos datos en común que poseen pensadores existencialistas tan dispares como Martin Heidegger, Karl Jaspers y Jean-Paul Sartre. La descripción de la existencia humana que aparece en *Ser y tiempo*, de Heidegger, posee una indiscutible raigambre schellingiana"[17].

Sobre el tema religioso Schelling escribió prolijamente como filósofo. Su pensamiento no es uniforme, sino bastante complejo y contradictorio, con su progreso y evolución interior. En su *Filosofía y Religión* (1804) y su *Investigación sobre la esencia de la libertad humana* (1809), se separa del panteísmo a que le había conducido la identificación del universo con lo Absoluto, para postular una clara diferencia entre el mundo finito y el Absoluto, expresada en términos neoplatónicos y místicos, en especial de Jacob Böhme. El mundo es comparado como algo separado, algo que se ha desprendido de lo Absoluto en una caída en el pecado hecha posible por su libertad. Al liberarse de lo Absoluto, lo finito cae en el pecado, pero desde aquel momento comienza su aspiración a reincorporarse a su origen, reincorporación que se efectúa a través del gran ciclo de la evolución natural y del proceso histórico. La historia de la humanidad, según esto, es también la historia de la salvación y del retorno del mundo a Dios. Sumergido lo inteligible en lo sensible, la filosofía tiene por misión narrar la gran epopeya de su paulatina elevación a la divinidad. De este modo se convierte la filosofía en explicación de una teofanía o manifestación del Absoluto-Dios, y el universo en un autodesarrollo o revelación de ese Dios.

Schelling concibe esta revelación de un modo universal que se particulariza según sus modos y objetos. Por ejemplo, la creación es la revelación progresiva de Dios —*revelación general*, diríamos en teología— pero que en ese plano no se identifica con la revelación propiamente dicha, por cuanto esta presupone una toma de conciencia de Dios de parte humana, que origina la creencia, la vida religiosa.

17. Alfonso Castaño Piñán.

Dios se revela primero en la naturaleza como necesidad, pero no nos dice nada de su personalidad. La revelación de la *naturaleza de Dios* tiene lugar en la *religión revelada*, que se concreta en un libro inspirado, donde Dios manifiesta su verdad personal y libre. Solo la fe, no la filosofía, puede alcanzar el término más elevado de la revelación, y por eso la fe es el objetivo de la filosofía de la revelación, y es fe filosófica o religión filosófica. Para ello se valió de complicadas interpretaciones bíblicas y teológicas por medio de una filosofía de la mitología. La mitología expresa los momentos necesarios en el retorno del universo a Dios a través de la historia.

Donde la gracia aparece en forma perfectamente realizada, la obra es perfecta por parte de la naturaleza, no le falta nada, todas las condiciones están consumadas. El alma y el cuerpo están también en perfecta consonancia; el cuerpo es la forma, la gracia es el alma, aunque no el alma en sí, sino el alma de la forma, o el alma de la naturaleza.

El arte puede detenerse y permanecer en este punto, pues al menos en un aspecto, ha realizado ya todo su cometido. La imagen pura de la belleza que se detiene en este grado es la diosa del amor. Pero la belleza del alma en sí se funde con la gracia sensible: esta es la más alta divinización de la naturaleza.

El espíritu de la naturaleza no está contrapuesto al alma nada más que en apariencia, porque en sí mismo es el instrumento de su manifestación. Produce, ciertamente, la oposición de las cosas, pero solo para que la única esencia pueda aparecer como la más alta dulzura y reconciliación de todas las fuerzas. Todas las restantes criaturas están impulsadas por el espíritu de la naturaleza simplemente, y por él afirman su individualidad; en el hombre solo, como situado en un punto central, aparece el alma, sin la cual el mundo sería como la naturaleza privada del Sol.

El alma, por tanto, no es en los hombres el principio de individualización, sino aquello que les hace elevarse por encima de toda personalidad, que los hace capaces del sacrificio de sí mismos, del amor desinteresado, de lo que hay de más sublime, como contemplar y comprender la esencia de las cosas y que le da, al mismo tiempo, el sentido del arte. El alma no se ocupa ya de la materia, no tiene trato inmediato con ella, sino solo con el espíritu, que es la vida de las cosas. Aunque aparezca en un cuerpo, está, sin embargo, libre del cuerpo, cuya conciencia, en las más bellas formas, flota sobre ella como un sueño liviano que no la estorba. No es ninguna cualidad, ninguna facultad, ningún modelo especial; ella es la bondad; no es bella, como puede serlo el cuerpo; es la belleza misma.[18]

7. Hegel y la reflexión sobre la vida

Georg Wilhelm Friedrich Hegel (1770-1831), nació en Stuttgart, en el seno de una familia de la pequeña burguesía. En su ciudad natal asistió a la escuela latina

---

18. *La relación del arte con la naturaleza.*

y posteriormente al Gimnasio, donde cursó la enseñanza media y pudo asimilar la herencia cultural suaba de carácter humanístico religioso; su formación en la casa paterna obedecía al ambiente protestante-pietista. Hegel siempre se confesó y consideró luterano de por vida.

La muerte de su madre, en 1783, afectó profundamente su ánimo adolescente; se sentía muy unido a ella. Gracias a la fortaleza de su espíritu pudo superar tan difícil prueba. En 1788 ingresó en la Universidad de Tubinga. Hasta 1790 se dedicó a la filología, la filosofía y las matemáticas. Durante los tres años siguientes cursó disciplinas teológicas. En el Seminario de Tubinga compartió la misma habitación con el poeta Hölderlin y el filósofo Schelling, con los que cultivó una larga amistad.

Hegel no se consagró al ministerio pastoral porque deseaba disponer del mayor tiempo posible para adentrarse en el conocimiento de la literatura antigua y de la filosofía. Después de desempeñar algunos trabajos de poca importancia, heredó de su padre un pequeño patrimonio que le permitió consagrarse a la carrera académica. Gracias a la intervención de Goethe le fue otorgada una cátedra en la Universidad de Jena con sueldo anual de cien táleros. Por entonces publicó la obra que representa la cima de su pensamiento: *La fenomenología del espíritu*. Más tarde llegó a ser profesor en Heidelberg y Berlín.

Hegel fue un investigador incansable; hasta el final de su vida solicitó información sobre cualquier dominio del saber filosófico, artístico, político y científico (o paracientífico); y constantemente se mantuvo sensible a la urgencia política.

Su pensamiento es de una importancia comparable solo a la dificultad de su comprensión, circunstancia que en parte se explica por la novedad de su lenguaje, considerado oscuro por muchos críticos y amigos por igual. "La dialéctica de Hegel es una fuente constante de irritación"[19].

El hegelianismo se presenta en primer lugar como suma y compendio de todo el pasado histórico y cultural de la humanidad. Constituye la última etapa de una forma de pensamiento —la filosofía especulativa— que tuvo como objetivo construir el razonamiento unificante, el *texto* único, el libro que responde, directa o indirectamente, a las interrogaciones que se imponen a las sociedades en los contratiempos de su evolución que, al mismo tiempo, propone soluciones «lógicas» a los problemas prácticos de los individuos y de los grupos.

Con Hegel asistimos a una transfusión, la vida en la sangre espesa de la razón. Esta ya no es concebida como estática, sino como un razonar, una función de la vida que se despliega en el tiempo. La realidad es racional; y no solo comprensible racionalmente —como lo era para Kant, mediante las formas del pensar—, sino que es ella misma razón, que es razón la manera de *ser* de las cosas mismas. El mundo es pensamiento. Lo real es racional, lo racional es real.

19. H. G. Gadamer, *La dialéctica de Hegel*, p. 9.

"Pensar la vida, he aquí la tarea". Esa fórmula perentoria del joven Hegel permite comprender en su raíz el proyecto que llegará a ser supremo administrador del pensamiento especulativo. Especifica, en primer lugar, el hecho de que, para Hegel, el sentido primordial de la investigación filosófica es el *presente*, que hay que hacer inteligible. La referencia al pasado, por indispensable que sea, solo tiene un valor *explicativo*: lo que se propone es formar el pensamiento de tal modo que sea capaz actualmente de responder a sus objetivos contemporáneos. La «vida» —del individuo, de la cultura, de la humanidad— es el fenómeno que dura, que se repite renovándose y que, en todo caso, se impone por su constante presencia.

La vida que hay que pensar no es la totalidad indiferenciada del sentimiento ni la multiplicidad comprobada de los hechos orgánicos, sino el conjunto de las acciones de los hombres en su realidad dolorosa e inventiva.

7.1. Filosofía de la religión

Hegel nos presenta la religión como aquel ámbito en el que los pueblos dieron forma a su concepción del carácter último de la realidad, su concepto de Dios y del mundo. Hegel se propone examinar filosóficamente ese ámbito de la realidad, y tal va a ser el contenido de su *Filosofía de la religión*. En realidad, toda la filosofía, según Hegel, tiene como objeto a Dios, y por ello la filosofía viene a ser una especie de teología y el quehacer filosófico algo así como un culto divino.

Educado en el luteranismo, Hegel considera que el cristianismo, aquel que sitúa la realidad de Dios en la interioridad del espíritu, halla en la Reforma su auténtica realización. La Reforma realiza al cristianismo; da a cada uno la posibilidad de vivir según Cristo, con sus medios y en la civilización a que pertenece; indica una conducta, no la prescribe. Hace que el amor de Dios exista, no como ritual, sino como posibilidad práctica que ha de realizarse en el comportamiento cotidiano. Lutero hace realidad la libertad subjetiva prometida por el mensaje de Cristo.

Respecto a la fuente de la filosofía de la religión no hay que buscar otra que la razón. Razón que es igual en Dios que en el hombre, operando conforme a las mismas leyes lógicas. No existe tal cosa como una razón divina que no tenga nada que ver con la razón humana, o que, finalmente, le sea opuesta o contraria. "La razón es tan solo una". La razón del hombre es lo que hay de divino en el hombre, a la vez que el espíritu de Dios no es un espíritu que esté más allá de las estrellas como algo extramundano, ajeno a la vida de los hombres. El esfuerzo constante de Hegel va a consistir, en opinión de Fackenheim, en encontrar lo Absoluto no más allá del mundo, sino presente en él: en el mundo en el que los hombres sufren y trabajan, dudan y esperan, destruyen y crean, mueren y creen.

En este punto Hegel es un agudo crítico de la Ilustración que había escindido la fe en un más allá tremendamente empobrecido al concebir a Dios meramente como un Ser Supremo alejado de la vida, y un más acá divinizado en la figura de la Naturaleza y el Hombre, que resultaron ser menos inocentes de lo que a primera vista parecía. Los ilustrados han convertido a Dios en "un fantasma infinito", dice Hegel, abstracto, lejano; un Dios que no inquieta ulteriormente a la ciudad de los hombres. Un Dios, en suma, sin validez ni efecto.

Hegel es a la vez un crítico de la teología protestante, que caminaba a la deriva después de la Reforma, que no es suficientemente teológica por no tener en cuenta la otra dimensión del espíritu que es la filosofía y haberse quedado únicamente con la exégesis de la letra: la teología transmutada en pura y simple filología, esta es la severa denuncia de Hegel.

En la Iglesia católica no se había establecido ninguna separación entre la filosofía y la teología. Esta conexión ya había tenido lugar en los Padres de la Iglesia que estaban especialmente inmersos en el estudio de la filosofía neopitagórica, neoplatónica y neoaristotélica. Algunos pasaron por primera vez al cristianismo desde esas posiciones, otros aplicaron a las doctrinas cristianas aquellas profundidades del espíritu. La Iglesia debe a su cultura filosófica los primeros inicios de la doctrina cristiana, el desarrollo de una Dogmática.[20]

Hegel, por tanto, presenta batalla en dos frentes distintos, pero unificados en su pensamiento: la filosofía y la teología de su época. "Volver a colocar a Dios en la primera página, en el comienzo de la filosofía, como único fundamento de todo, como único principio del ser y del conocer, después de haber tenido situado durante tanto tiempo *junto* a otras finitudes, o incluso al final, como un postulado que surge de una finitud absoluta"[21]. Hegel no sabe concebir la realidad al margen de lo Absoluto, escribe Arsenio Guinzo.

Hegel fue el primero en utilizar positivamente una metáfora, que luego gozará de mucho predicamento, en sentido negativo; nos referimos a la "muerte de Dios". Dios ha muerto, reflexiona Hegel, al meditar sobre la Pasión y Resurrección de Cristo, pensamiento temible, que indica la presencia de lo negativo, de la escisión y muerte en el seno de Dios mismo. Pero Dios "surge de nuevo a la vida", porque "la resurrección pertenece esencialmente a la fe". Lo que muere con la muerte de Dios es el carácter abstracto del ser divino y la finitud que quiere mantenerse independiente y autónoma de la vida divina. Dios no desaparece de la vida en la muerte de Cristo, al contrario, con la resurrección indica que está presente en una "subjetividad renovada", que corresponde a la presencia del Espíritu Santo en el creyente. La muerte y la resurrección de Cristo dan paso al tiempo del Espíritu, el reino de la religión en el corazón.

20. Hegel, *Filosofía de la religión*, Introd. sec. 4ª, a.
21. *Obras*, I, 144.

7.2. Sentimiento, razón y pensamiento

Hegel subraya que Lutero al colocar la fe en la subjetividad, en el interior del alma creyente, no está sino respondiendo a la dirección espiritual del Evangelio. "Con la Reforma comienza el Reino del Espíritu, en el que Dios es conocido realmente como espíritu. Esta es la bandera bajo la que servimos y que nosotros llevamos"[22].

Pero la actitud subjetiva por sí sola es unilateral y corre el peligro de convertirse en algo trivial y vacío: un sentimiento sin contenido. Por eso el principio de la subjetividad puede degenerar en subjetivismo, que no tiene nada que ver con aquel. En pro del contenido de la fe cristiana Hegel se enfrenta a Schleiermacher, su colega en la Universidad de Berlín.

Friedrich Daniel Schleiermacher (1768-1834), no fue realmente un filósofo, sino un teólogo y predicador, aunque fue profesor de filosofía en la Universidad de Halle. Sus obras principales son: *Discurso sobre la religión a las personas cultas y a las que la desdeñan* (1799); *Monólogos* (1800); *Crítica de las doctrinas morales* (1803); y *La fe cristiana* (1821). Descubrimos, pues, en él un apologista cristiano de la época. Respecto a su filosofía de la religión, Schleiermacher rechaza la teología *racional*, en cuanto el objeto de la teología es Dios como el Incognoscible. El conocimiento humano solo conoce distinguiendo los contrarios, y Dios es la misma indiferencia de todos los contrarios. Tampoco le es válida la teología *revelada*, ni la moral, con base en Kant, con lo que deja muy mal parada la teología. De hecho, la teología es una labor imposible, lo único que queda es hacer filosofía de la religión. Schleiermacher no especula sobre Dios, sino sobre la religión. ¿Y cómo lo va a hacer? Diciendo que la religión no se funda en el conocimiento, ni en la voluntad, ni siquiera en la convicción moral. Solo puede fundarse en el *sentimiento*. La filosofía de la religión de Schleiermacher es filosofía del sentimiento religioso. La religión nace del sentimiento de *dependencia absoluta*. El hombre se siente absolutamente insuficiente. Dios es el ser del que dependemos, el que sostiene nuestra radical insuficiencia. No sabemos si es personal o impersonal, natural o sobrenatural; lo único que nos es dado es esta nuestra absoluta dependencia captada mediante el sentimiento religioso, en el cual va implicado todo el ser del hombre. La religión es, pues, competencia exclusiva del sentimiento. Los dogmas no pertenecen al contenido religioso. Hegel va a protestar vigorosamente contra esta teoría de la fe cristiana, que juzga su disolución definitiva, aunque Schleiermacher nunca pretendió negar el *contenido específico* de la fe cristiana, lo que buscaba era proveer un fundamento religioso de validez universal, con lo cual la crítica de Hegel acierta solo en parte.

Hegel parte de la base de que el mero replegarse en el sentimiento es, en último término, dar la razón al adversario, puesto que situados sobre la base del mero

---

22. *Lecciones de filosofía de la historia*, IV.

sentimiento no somos capaces de eludir un planteamiento subjetivista en el que se hace valer la arbitrariedad del sujeto individual. Solo los planteamientos auténticamente racionales son capaces de ofrecer una base sólida a la intersubjetividad humana. Hegel insiste una y otra vez sobre este punto.

El sentimiento es de por sí algo indeterminado que puede corresponder a toda clase de contenidos, dado que no existe nada que no pueda ser sentido, de modo que se precisa de algún ulterior criterio para zanjar el problema de la validez de ese contenido. La tarea de la Filosofía de la religión consiste en eliminar esa grieta y, por otro lado, tiene que infundirle a la religión el coraje de conocer, el coraje de la verdad y de la libertad.

En nuestro sentimiento no solo se encuentra lo real, lo existente, sino también lo imaginario, lo falso, todo lo bueno y lo malo, todo lo real y lo irreal; en él se encuentra lo opuesto. El sentimiento contiene tanto lo más contradictorio, lo más vil, como lo más elevado, lo más noble... El problema consiste en saber si esto es verdad, si las cosas son tal como las sentimos.

Cuando hemos comprobado el ser de Dios en nuestro sentimiento, dicho ser se encuentra ahí de un modo totalmente contingente, como un contenido particular junto a otros. Dios, en la medida en que se encuentra en nuestro sentimiento, no aventaja en nada, en lo referente a la forma, al peor de los contenidos; por el contrario, la más regia de las flores crece en el mismo terreno, junto a la mala hierba que prolifera allí. Es más, estamos tan lejos de poder encontrar a Dios solo y verdaderamente en el sentimiento que deberíamos conocer ya de otra parte ese contenido, si lo debemos encontrar ahí.

Se piensa que encontramos en nuestro corazón lo que es Dios; el corazón es considerado como la fuente, la raíz, la justificación de tal contenido.

El sentimiento es algo tan apreciado porque cuando sentimos estamos implicados, personal y subjetivamente, según nuestro modo de ser particular.

Pero con la apelación al sentimiento propio se viene abajo la comunidad entre nosotros... En esta esfera cada uno hace de la cosa su cosa, su particularidad y si uno exige: debes tener sentimientos, el otro puede contestar: no los tengo, no soy precisamente así.

El sentimiento es la forma que el hombre tiene en común con el animal; es la forma animal, sensible. Dios, lo absolutamente universal, tiene su raíz no en el sentimiento, sino en lo universal, en el pensamiento. La sospecha de que Dios se revela esencialmente a través del pensamiento, y solo en el pensamiento, tiene que surgir ante nosotros por el hecho de que únicamente el hombre, no el animal, tiene religión.

El corazón es lo que yo soy como esta realidad universal concreta, es mí carácter; mis principios. En cuanto ser real debo estar determinado así, el contenido debe formar parte de mi carácter, y de este modo es una condición esencial que todo verdadero contenido se encuentre en el sentimiento, en el corazón. La religión ha de ser llevada así al corazón, y de esta forma se requiere que el individuo haya de ser formado ética, jurídica y religiosamente.

Lo que el hombre lleva en el corazón forma parte de su personalidad, de su realidad íntima.

De esta forma, la religión del sentimiento posee, de hecho, un carácter verdadero. El corazón es lo que justifica creer tal contenido, obrar de acuerdo con tales determinaciones.

Mediante la doctrina, la enseñanza, son despertados, purificados y formados los sentimientos, llevados al corazón.

La certeza inmediata de Dios, el saber que Él existe, reviste la forma del sentimiento y de la representación. Pero también asume la forma del pensamiento; la llamamos convicción.[23]

Si Dios no pasa de la esfera del sentimiento a la del pensamiento, la relación del hombre con Dios se relativiza, dando como resultado el ateísmo, predicción hegeliana que se cumple en Feuerbach. La subjetividad del conocimiento de Dios dado por el sentimiento, es un saber materialista, un producto finito que conduce con facilidad a concluir que Dios es lógica y psicológicamente una proyección del hombre. Pero resulta que "Dios no es la sensación más elevada, sino el pensamiento supremo".

Aquello que solo hunde sus raíces en mi sentimiento, solo existe también para mí, no es algo en y para sí, sino tan solo mío. Según esto debería exigirse y mostrarse de antemano que Dios no tiene únicamente como raíz el sentimiento; parece necesario atribuirle una objetividad en y para sí. Por eso la antigua metafísica ha demostrado, primero, que existe un Dios y no meramente un sentimiento acerca de Dios. Desde la Edad Media se exige de modo general que Dios sea demostrado en y para sí, de un modo independiente a nuestras representaciones y que esta demostración tenga que llevarla a cabo la Filosofía de la religión.[24]

La religión cristiana, en cuanto religión absoluta, es para Hegel la religión manifiesta, pues se tiene a sí misma como contenido. Pero esta religión es a la vez la religión revelada en el sentido de que Dios se ha revelado a sí mismo en ella y, a la vez, en el sentido de que en cuanto revelada viene a ser una religión positiva por cuanto ha llegado al hombre desde fuera.

Las doctrinas de la religión cristiana están contenidas de un modo positivo en la Biblia, y en este sentido, las Escrituras sirven como fundamento de la fe; por eso Hegel se preocupa de interpretar adecuadamente la Escritura, precisando el

---

23. *Filosofía de la religión*, I, sección 2ª.
24. *Id.*, Introd. sec. 4ª c.

sentido de las distintas nociones fundamentales del mensaje cristiano. Pero Hegel se complace en mostrar que no se puede permanecer en la pura letra, sino que es precisa una profundización y elaboración de ese contenido que se nos ofrece ahí de un modo inmediato, lo que sitúa a Hegel en la tradición de la escuela cristiana de Alejandría.

La letra se transforma en teología tan pronto ponemos la mediación lectora y hermenéutica, de este modo entran en juego la filosofía, la lógica, el análisis y la comprensión de los elementos verbales y simbólicos. Aunque con toda seriedad se ponga por base la Biblia, "la naturaleza de la explicación interpretativa lleva consigo que el pensamiento intervenga en ello; el pensamiento encierra para sí determinaciones, principios, presuposiciones que después se hacen valer en la tarea de su interpretación. Por ello los teólogos han podido, partiendo de la Escritura, demostrar exegéticamente las opiniones más opuestas, y así la Sagrada Escritura se ha convertido en una nariz de cera. Todas las herejías tienen en común con la Iglesia el apelar a la Sagrada Escritura"[25]. Para evitar este vicio es precisa la "teología razonante", el conocimiento racional, objeto de la filosofía, que es lo que hay de común en el conocimiento de todos los hombres. La grandeza formal del cristianismo consiste precisamente en no haber renunciado a la razón.

Hegel se da perfecta cuenta de que la teología negativa —*sabemos que Dios es, pero no qué es*— se ha llevado a un extremo imposible a fuerza de resaltar lo incognoscible de Dios, con lo que termina por traicionar lo que pretende salvaguardar: la plena realidad libre y transcendente de Dios, para perderse en reflexiones antropológicas que suponen la ocultación y, finalmente, la negación de Dios.

La doctrina de que no podemos saber nada acerca de Dios, de que no podemos conocerlo, se ha convertido en nuestro tiempo en una verdad totalmente reconocida, en un asunto concluido —una especie de prejuicio—, y quien intenta, quien concibe la idea de ocuparse del conocimiento de Dios, de comprender su naturaleza mediante el pensamiento debe contar con que no se le preste atención alguna y se le despacha sencillamente con la afirmación de que ese pensamiento es un error resuelto hace tiempo, al que no se ha de seguir prestando atención. Cuanto más se ha ido desarrollando el conocimiento de las cosas finitas, en la medida en que la extensión de la ciencia se ha hecho casi ilimitada, y todos los dominios del saber se han ampliado hasta lo inabarcable, tanto más se ha estrechado el círculo del saber acerca de Dios. Hubo un tiempo en el que toda ciencia era ciencia acerca de Dios; nuestro tiempo, por el contrario, tiene como característica el saber de todas y cada una de las cosas y ciertamente de una cantidad ilimitada de objetos, pero nada acerca de Dios... Ya no le causa a nuestra época pesadumbre alguna no saber nada acerca de Dios; se considera más bien como el punto de vista más elevado el decir que ese conocimiento

25. *Filosofía de la religión*, Introd. sec. 4ª, a.

no es siquiera posible. ¿Cómo podremos seguir respetando, dando un sentido a este mandamiento: "Sed perfectos como vuestro Padre celestial es perfecto", dado que no conocemos nada de Él, de su perfección?

Tal punto de vista, según su contenido, debe ser considerado como la última etapa de la degradación del hombre, en la que él se muestra a la vez tanto más orgulloso cuanto que se ha demostrado a sí mismo que esta degradación constituye lo más elevado y su verdadero destino.[26]

Como no podía ser de otra manera, el espectáculo de las desviaciones respecto al conocimiento de Dios lleva a Hegel a meditar seriamente en la doctrina del "pecado original", doctrina sin la cual el cristianismo resulta incomprensible. Hegel sabe bien que la religión pagana lleva en sí desde su origen la reconciliación serena, no conoce la escisión de la conciencia resultante del pecado. Frente al paganismo, la religión cristiana es desapacible, ella misma suscita el estado de indigencia, la conciencia de culpa; comienza por el dolor y lo mantiene despierto, desgarra la unidad del espíritu, la unidad del hombre con la naturaleza, destruye la paz natural. Fue Cristo quien dijo "no penséis que he venido para traer paz a la tierra; no he venido para traer paz, sino espada" (Mt. 10:34).

Aquí topamos inmediatamente con el pecado original: el hombre es malo desde el origen, se enfrenta por tanto con algo negativo en su realidad íntima y original, que la fe le revela. Kierkegaard llevará la reflexión sobre el pecado a sus cotas más altas. Mientras tanto Hegel se queja de que en los tiempos recientes se halla difundida la creencia en la bondad natural del hombre, pues semejante doctrina supone la destrucción de la religión cristiana. La escisión del sujeto, afirmada por la religión cristiana, del yo contra su esencia infinita, absoluta, hace que el espíritu retorne a sí mismo y lleve a cabo la reconciliación. Esta reconciliación se encuentra allí en la fe bajo la forma de la revelación opuesta a la razón. Esto implica que el espíritu se enfrente en sí con su inmediatez natural. Yo me hago distinto, pecador, distante, alienado. "La fe cristiana comienza por esta representación: yo no soy esto —no soy como la serenidad griega—, solo mediante la reconciliación me libero de nuevo del estado de escisión"[27].

Esta reconciliación se extiende al conocimiento por el que la persona reconciliada llega a saber si esa reconciliación es realmente tal, si es verdad, pues tan pronto surge la desavenencia entre la inteligencia y la religión, ella conduce, si no se soluciona mediante el conocimiento, a la *desesperación*, que anula tos efectos de la reconciliación y pasa a ocupar su lugar. La filosofía de Hegel no pretende otra cosa que reconciliar en Cristo el mundo de la fe y el mundo del pensamiento,

26. *Id.*, Nota preliminar.
27. *Id.*, Introd. sec. 2ª, c.

consciente de que su divorcio no beneficia ni a unos ni a otros, antes bien los perjudica gravemente.

7.3. Filosofía, arte y religión

La fe, corno señaló con tanta convicción Lutero, es confianza, confianza en la relación con Dios. Seguridad en la palabra de la promesa de perdón y salvación. Asimismo, señala Hegel, la confianza respecto a Dios no está separada y aislada del resto de la existencia y de la vida, sino que más bien difunde su espíritu sobre todas sus sensaciones y actividades, y su conciencia refiere todos los fines y objetos a Dios, como fuente última e infinita de los mismos. Eleva por encima de su esfera limitada cada momento de su existencia y actividad finitas, de su dolor y de su alegría, y suscita al mismo tiempo la representación y la sensación de su esencia eterna, dando gracias por ello durante su disfrute o incluso sacrificándose libremente a Dios, aun cuando él los tome como don, es decir, en este caso, como una gracia, como una suerte que no comprende. Por la fe el cristiano se acerca al mundo con libertad, la libertad infinita de los hijos de Dios, porque en Él encuentra los elementos de su santificación, el contenido de su meta final: glorificar a Dios en la grandiosidad de su ser en el mundo.

En su *Filosofía del arte* Schelling mantenía que "el universo está en Dios como absoluta obra de arte y como eterna belleza", y que la causa inmediata de todo arte es Dios mismo. Hegel afirmará también, que el arte tiene en común con la religión y la filosofía, su objetivo final, que es la expresión y la revelación de lo divino, hasta el punto de asegurar que el futuro del arte está en la religión. En la historia se han sucedido distintas fases artísticas hasta alcanzar su cima más alta en el cristianismo, pues este, al concebir a Dios como espíritu absoluto, y procurando representarlo en *espíritu y verdad*, ha renunciado a la representación puramente sensible y corpórea en favor de la expresión espiritualizada e interiorizada. La belleza, en esta fase del arte, no es ya la belleza corpórea y exteriorizada, sino la belleza puramente espiritual, de la interioridad como tal, de la subjetividad infinita en sí misma.

> La facultad más elevada que el hombre puede encerrar en sí mismo la designamos con una palabra: libertad. La libertad es el más alto destino del espíritu. Consiste en que el sujeto no encuentra nada extraño, nada que limite en cuanto está frente a él, sino que se reconoce en ello. Es claro que entonces la necesidad y la infelicidad desaparecen. El sujeto está en armonía con el mundo y goza en él. En ella expira toda oposición, toda contradicción. Pero esa libertad es inseparable de la razón general, de la moralidad en la acción, de la verdad en el pensamiento. En la vida real, el hombre comienza por intentar la satisfacción de sus necesidades físicas. Pero todo es relativo, limitado, finito en estos goces. Busca entonces en otra parte, en el dominio del espíritu, para

procurarse la dicha y la libertad por medio de la ciencia y la acción. Por la ciencia, en efecto, franquea la naturaleza, se la apropia y la somete a su pensamiento. Se hace libre por la actividad práctica, realizando en la sociedad civil la razón y la ley con las cuales se identifica en su voluntad. No obstante, aunque la libertad se reconozca y respete en el mundo del derecho, por todas partes se manifiesta su aspecto relativo, exclusivo y limitado; por todas partes encuentra límites. Entonces, encerrado en lo finito y aspirando a salir de esa limitación, el hombre vuelve sus miradas hacia una esfera más superior; más pura y verdadera, donde todas las oposiciones y contradicciones de lo finito desaparecen, donde la libertad, desplegándose sin obstáculos y sin límites, alcanza su fin supremo. Tal es la región de la verdad absoluta, en el seno de la cual la libertad y la necesidad, el espíritu y la naturaleza, la ciencia y su objeto, la ley y el impulso; en una palabra, todos los contrarios, se suman y concilian. Elevarse por el pensamiento puro a la inteligencia de esta unión que es la verdad misma, tal es el fin de la filosofía.

El hombre también llega por la religión a la conciencia de esta armonía y de esta identidad, que constituyen su propia esencia y la de la naturaleza; la concibe bajo la forma de la suprema potencia que domina lo finito y por la cual lo dividido y opuesto vuelve a la unidad absoluta.

El arte, que se ocupa igualmente de lo verdadero como objeto absoluto de la conciencia, pertenece también a la esfera absoluta del espíritu. A este título, se coloca, en el riguroso sentido del término, en el mismo nivel que la religión y la filosofía; pues tampoco la filosofía tiene otro objeto que Dios; es esencialmente una teología racional. Es el culto perpetuo de la dignidad bajo la forma de lo verdadero…

Si el arte se eleva por encima de la naturaleza y de la vida común hay, sin embargo, algo por encima de él, un círculo que sobrepasa en la representación de lo absoluto. Muy pronto el pensamiento ha protestado contra la representación sensible de la divinidad por el arte. Sin hablar de judíos y mahometanos, entre los griegos Platón condena los dioses de Homero y de Hesíodo. En general, en el desenvolvimiento de todo pueblo llega un momento en que el arte ya no es suficiente. Tras el período del arte cristiano, tan potentemente favorecido por la Iglesia católica, viene la Reforma, la cual quita a la representación religiosa la imagen sensible para retraer el pensamiento a la meditación interior. El espíritu está poseído por la necesidad de satisfacerse en sí mismo, de retirarse dentro de sí, en la intimidad de la conciencia como verdadero santuario de la verdad. Por esto hay algo después del arte. Podemos esperar que el arte esté destinado a elevarse y a perfeccionarse aún más. Pero en sí mismo, ha cesado de responder a la necesidad más profunda del espíritu. Podremos siempre encontrar admirables las divinidades griegas, ver dignamente representados a Dios-Padre, a Cristo y María; pero ya no nos arrodillamos.

Inmediatamente, por encima del dominio del arte, se encuentra la religión, la cual manifiesta lo absoluto en la conciencia humana, ya no por la representación exterior, sino por la representación interna, por la meditación. La meditación transporta al fondo del corazón, el centro del alma, aquello que el arte hace contemplar en lo exterior. Es el culto de la sociedad religiosa en su forma más íntima, más subjetiva y verdadera.

La filosofía o la libre razón es, por fin, la tercera forma del espíritu absoluto; lo propio de esta es concebir, comprender por la sola inteligencia cuanto había sido dado como sentimiento o como representación sensible. Aquí se encuentran reunidos los dos aspectos del arte y de la religión, la objetividad y la subjetividad; pero transformados, purificados y logrados al grado supremo en que el objeto y el sujeto se confunden, y donde el pensar los aprehende bajo la forma de pensamiento.[28]

7.4. El legado hegeliano

A la muerte de Hegel, y con el desarrollo de su sistema, sus discípulos se dividen en partidos muy diversos que, según la terminología parlamentaria, se clasifican en *derecha hegeliana*, representada por teólogos conservadores y filósofos cristianos, como K. Daub (1765-1836) y P. K. Marheineke (1780-1846); *izquierda*, en la que se agrupan críticos bíblicos y revolucionarios político-sociales, tales como D. F. Strauss (1808-1874); B. Bauer (1809-1882), L. Feuerbach (1804-1872) y K. Marx (1818-1883). Son particularmente arreligiosos —ateos— y culpan a Hegel de sus excesivas concesiones a la teología. "Entre alemanes todos me entienden en seguida cuando digo que la filosofía está viciada por la sangre teológica" (Feuerbach, Nietzsche). Strauss y la crítica racionalista de la Biblia representan el abuso de la interpretación alegórica y su peligro. La historia bíblica se disolvió en alegoría y los conceptos religiosos en filosofía.

Por último, el *centro*, con K. Rosenkranz (1805-1879), quien en sus ensayos filosófico-teológicos aspira a conciliar el cristianismo confesional con la filosofía hegeliana.

En Inglaterra el sistema hegeliano tuvo a su favor dos generaciones enteras de seguidores, principalmente en la Universidad de Oxford: T. H. Green (1836-1882), Benjamin Jowett (1817-1893), Edward Caird (1835-1908), A. S. Single-Pattison (1859-1931), F. H. Bradley (1846-1924), B. Bonsanquet (1848-1923) y E. McTaggart (1866-1925).

Representantes conspicuos en Italia fueron B. Croce (1866-1952) y G. Gentile (1875-1944). En Norteamérica J. Royce (1855-1916).

En el próximo capítulo nos ocuparemos en concreto de la evolución de la llamada izquierda hegeliana, que es la de mayor dimensión y la que más abiertamente desafía la concepción cristiana de Dios, del hombre y de la historia.

Durante décadas la filosofía de Hegel desempeñó el papel de cabeza de turco y pasó por representante, desde el punto de vista de las ciencias empíricas, de la quintaesencia de una especulación recusable, pero en nuestro siglo experimentó

---

28. *De lo bello y sus formas*, I.

un sorprendente retorno. Todavía hoy los anglosajones no tienen buen concepto de Hegel —la idiosincrasia racial también juega un papel muy importante en algo tan abstracto como la filosofía—. En la actualidad la filosofía hegeliana goza de buena salud y gradualmente cobra nueva vida.[29]

8. Schopenhauer y el mundo como voluntad

Adversario de Hegel fue Schopenhauer, quien le acusa de "charlatán vulgar, sin espíritu, repugnante, ignorante, que con una frescura, una sin razón y una extravagancia sin par compiló un sistema como si fuera la sabiduría inmortal"[30]. "La máquina hegeliana, la peor de todas las invenciones"[31]. Mientras que para Hegel lo real es racional, para Schopenhauer la realidad es voluntad y la voluntad es irracional.

Arthur Schopenhauer (1788-1860), nació en Danzig (la actual Gdansk polaca). Su padre era un acaudalado comerciante y su madre una escritora de novelas. En 1805 sufrió un golpe terrible con la muerte de su padre quien, según parece, se suicidó. Siguiendo los deseos de su padre, Schopenhauer comenzó a trabajar como empleado de una importante firma comercial de Hamburgo. Fueron años muy difíciles y de completa soledad en los que tuvo que enfrentarse al doloroso descubrimiento de la realidad con todas sus miserias. Al evocar aquellos tiempos, el filósofo escribió que sus impresiones resultaron tan impactantes como las que tuviera Buda en su juventud cuando miró la enfermedad, la vejez, el dolor y la muerte. Tenía apenas diecisiete años de edad, por lo cual no parece exagerado pensar que semejantes experiencias marcaron para siempre su actitud ante la vida.

En 1807 decidió cambiar el mundo del comercio por los estudios humanísticos. En la Universidad de Gotinga estudió bajo la dirección del filósofo G. E. Schulze, al mismo tiempo que se dedicaba a estudiar con atención a Platón y Kant, el filósofo que más respeta entre los modernos, y de quien se considera su continuador verdadero. Asistió a las clases de Fichte en Berlín, cuya filosofía rechaza. En 1814 estrechó sus relaciones con Goethe, del que recibe profundas influencias. De esta época datan sus primeros contactos con la filosofía hindú, de tanta importancia en el desarrollo de su pensamiento. En 1819 publicó, después de tres años de intenso trabajo, *El mundo como voluntad y representación*, su obra más importante y en la que se contienen sus principales aportaciones filosóficas en los campos de la teoría del conocimiento, de la filosofía de la naturaleza, de la ética y de la estética.

Schopenhauer fue uno de esos raros hispanistas enamorados de la literatura española. Sabemos que estudió la lengua castellana hacia 1825 y que la llegó a

---

29. Cf. H. G. Gadamer, *op. cit.*, p. 75.
30. *Fragmentos sobre la historia de la filosofía*, 13.
31. *Id.*, 14.

conocer con bastante desenvoltura. En su biblioteca estaban presentes Huarte de San Juan, Francisco Suárez, Calderón, Cervantes, Iriarte, Larra, Moratín y Gracián, entre otros. En las obras de Schopenhauer aparecen constantemente ideas de Gracián y demás clásicos del pensamiento español.

El punto de partida de la filosofía de Schopenhauer es la distinción kantiana entre los *fenómenos* y el *noúmeno*. El *fenómeno*, en Kant, es la única realidad posible para el conocimiento humano, mientras que el *noúmeno* es el límite intrínseco de ese conocimiento. Todo lo que podemos conocer pertenece exclusivamente al mundo fenoménico. Schopenhauer da un sentido nuevo a estos conceptos. Buen conocedor de las filosofías india y budista, dice que el fenómeno es apariencia, ilusión, sueño, "velo de Maya", en el lenguaje de los *Vedas*. El noúmeno es la realidad que se oculta detrás del sueño y la ilusión. Kant pensaba que no hay vía de acceso al noúmeno, excepto la relación que se da en la moral (postulados de la razón práctica). Según Schopenhauer el camino de acceso al noúmeno es la *voluntad*, no la voluntad finita, individual y consciente, sino la voluntad *infinita*, y, por eso, una e indivisible, independiente de toda individuación. Tal voluntad, que vive en el hombre como en cualquier otro ser de la naturaleza, es, pues, un principio infinito. "Toda representación, todo objeto, es un fenómeno, una manifestación visible u objetivación de la voluntad. Ella es lo íntimo del ser, el núcleo de todo lo particular e igualmente del todo. Se manifiesta en toda fuerza ciega natural y también en la conducta meditada del hombre"[32].

A diferencia, pues, de Kant, que pensaba que no podemos conocer la cosa en sí (noúmeno), sino tan solo la cosa como aparece, el fenómeno, Schopenhauer sostiene que el hombre descubre en su interior la voluntad, como conjunto de impulsos que tienden a *conservar la vida*. La voluntad es anterior al mundo como representación; en sí misma es inconsciente, se hace consciente de sí mediante el hombre, porque el hombre es la objetivación más elevada de la voluntad, es capaz de contemplar sus ideas y esto le permite liberarse del aspecto irracional de la voluntad.

> Yo soy el primero que ha reivindicado para la voluntad la primacía que le pertenece, transformando así todo el dominio de la filosofía.[33]

La voluntad consciente de sí en el hombre no es privativa de él, pues la voluntad es esencialmente *voluntad de vivir* y, como tal, no es algo propio en exclusiva del yo humano, sino del mundo entero, la voluntad se encuentra en todas partes. Cada cosa del mundo, el mundo mismo es voluntad de ser; el fondo último de la realidad es la voluntad.

Como la tendencia de la voluntad es siempre querer más, la vida es de por sí *insatisfacción* y, por lo mismo, constante *dolor*. Mientras el placer es transitorio, el

32. *El mundo como voluntad y representación.*
33. *Fragmentos sobre Historia de la Filosofía*, 12.

dolor es permanente. La vida es en esencia dolor. El resto de la filosofía de Schopenhauer es semejante, punto por punto, a la de Buda. La voluntad de vivir es un mal, un dolor. No vivimos, como pretendía Leibniz en el mejor de los mundos posibles, sino en el peor de todos los mundos posibles. Toda existencia es dolor. El ser humano debe tender a aliviar el dolor, tanto en sí como en los demás. Por eso, el sentimiento moral por excelencia es la compasión, que tiende a mitigar el dolor propio y la miseria de todos los seres. La salvación solo se alcanza negando esta voluntad misma, eliminando el deseo. El suicidio no consigue nada, porque, más que negar la voluntad, la afirma, y la voluntad encarnará de nuevo. Solo negando radicalmente la voluntad de vivir, mediante un acto de libertad, podemos hacer que pase de cosa en sí (noúmeno) a fenómeno, y llegada la muerte, la voluntad no se encarnará otra vez y el individuo entrará en la nada, en el *Nirvana*. Solo así puede ponerse fin al dolor y alcanzar la verdadera salvación.

Las tesis de Schopenhauer, como las de Kierkegaard, sirven para mostrar que las instancias racionalistas, que en ciencia condujeron al más craso mecanicismo, no pueden penetrar en la auténtica realidad; el conocimiento científico, al ser solo conocimiento del mundo fenoménico, deja de lado la verdad, la profunda verdad de la realidad humana, que va a entrar con fuerza en la investigación filosófica a partir de la revolución filosófica iniciada por Schopenhauer y Kierkegaard, continuada por Nietzsche, Bergson, Dilthey y Ortega y Gasset.

Schopenhauer fue especialmente crítico del teísmo y su afán por hacerse con credenciales racionales y científicas que lo avalen. Schopenhauer quiere que la fe en Dios quede en el campo de la religión y no se meta a comprobaciones de carácter filosófico, que solo llevan a la discusión. Está convencido de que Kant ha demostrado claramente la imposibilidad de las pruebas tocantes a la realidad de la existencia de Dios, y así quiere que permanezcan, como ha venido siendo la tónica general del pensamiento protestante desde entonces.

> En la religión cristiana la existencia de Dios es una cosa hecha y por encima de toda discusión. Está bien así, porque la cosa es aquí esencial y basada en la revelación. Por eso considero como una equivocación de los racionalistas el pretender demostrar, en sus dogmáticas, la existencia de Dios mediante otras pruebas que la Sagrada Escritura. En su inocencia no saben lo peligroso que es ese entretenimiento. La filosofía es una ciencia, y como tal, carece de artículos de fe. Por tanto, no puede ser admitido nada en ella como existente, salvo lo que viene dado directamente por la experiencia, o lo que es demostrado por conclusiones indudables.[34]

Respecto a la solución panteísta, de un Spinoza, por ejemplo, considera que el panteísmo es un concepto que se suprime a sí mismo, porque la idea de Dios presupone, como corolario esencial, un mundo diferente de él. Si el mundo ha

---

34. *Fragmentos sobre Historia de la Filosofía*, 13.

de tomar el papel de Dios, queda un mundo absoluto, sin Dios, y entonces el panteísmo tan solo es un eufemismo del ateísmo, que es la misma conclusión a la que llegó Miguel de Unamuno. "Un Dios impersonal no es ningún Dios, sino tan solo una palabra mal empleada, un falso concepto, una *contradictio in adjecto*, un *shibboleth* para uso de profesores de filosofía"[35]. Es evidente que Schopenhauer se decanta por un concepto búdico del "Ser primordial", que a nosotros nos suena a puro y llano ateísmo. "Podría calificarse mi sistema de *dogmatismo inmanente*, pues sus doctrinas son muy dogmáticas, pero no va más allá del mundo dado a la experiencia, sino que tan solo explican lo que es este, al descomponerlo en sus últimos elementos"[36].

Bajo pretexto de filosofía, Schopenhauer "enseña una religión sin trascendencia y sin horizonte escatológico, una religión de la nada y de la muerte, una religión atea"[37]. Ni qué decir tiene que el pensamiento cristiano tendrá que ir, cada vez con mayor fuerza y dedicación, por la magnitud del fenómeno, enfrentándose al ateísmo ideológico, que la progresiva universalización de la cultura y determinados acontecimientos político-sociales, lo convertirán en un fenómeno popular.

---

35. *Id.*, 13.
36. *Id.*, 14.
37. Wanda Bannour, en F. Châtelet, *Historia de la filosofía*, III, p. 214.

PARTE VIII
Tiempos modernos

El cristianismo se ha desvanecido tanto en el mundo, que ante todo hay que hacerse una concepción exacta de él.

Søren Aabye Kierkegaard

1. Positivismo y materialismo

Con Comte llegamos a ese momento histórico del espíritu humano que considera que los únicos objetos del conocimiento son los hechos y fenómenos de la experiencia y no las realidades abstractas del pensamiento. Comienza el positivismo. No hay otro modo de saber que el llamado saber positivo dado por la experiencia y el método científico. Nos encontramos cada vez más lejos de las preocupaciones metafísicas —hasta su misma negación— y de la reflexión filosófica de la religión, tan común a Hegel. Ambas, metafísica y religión, son para el positivismo especies en vías de extinción, pseudociencias del pasado. Pero la cosa no fue tan sencilla como imaginaron ni la gente tan dispuesta a abandonar sus creencias religiosas. Entonces se propuso una religión positiva que substituyera la religión metafísica. Mediante una hábil operación alquímica, se quiso transmutar la religión transcendental en religión secular. Despoblado el cielo de Dios y almas inmortales, se erige en medio de este mundo la «Religión de la Humanidad», que consiste en rendir culto y tributo al hombre mismo. La religión deviene relación con uno mismo; el sentimiento religioso se psicologiza, la consejería pastoral se confía a especialistas de la mente, la oración ya no es comunicación con Dios sino con los deseos más íntimos de uno mismo. No hay otro Dios que el Gran Ser, que es la propia humanidad. Esta hazaña fue realizada por Comte y sus seguidores, los positivistas franceses.

Los *materialistas históricos o dialécticos*, la "izquierda hegeliana", niegan de plano toda referencia a la religión. Ludwig Feuerbach transforma la filosofía hegeliana en el más cerrado naturalismo. Para él solo existe la naturaleza, que es eterna y se explica por sí misma. Apelar a Dios para explicar la naturaleza es una pretensión de aclarar lo natural por lo innatural, lo existente por lo inexistente, lo concebible por lo inconcebible. La noción de Dios no expresa otra realidad que el conjunto de perfecciones pertenecientes a la naturaleza humana. Todos los atributos de Dios son los que el hombre aplica a su propia naturaleza idealizada. En la religión no hay nada que no se encuentre referido al hombre. Dios es la proyección del hombre, por tanto, no está fuera de él, ni es distinto a él, ocupando un lugar en el más allá —el Cielo—, Dios no es otra cosa que el hombre mismo. En palabras de Feuerbach: "El hombre es Dios para el hombre". Dios reducido a hombre, eliminado por completo. Marx partirá de Feuerbach a la hora de asentar las bases teóricas de su ateísmo. Positivismo, materialismo, ateísmo, son los grandes retos que se le plantean al cristianismo moderno, sin poder decir que el debate haya concluido. Al contrario, se ha complicado con nuevos conocimientos y datos, aportados principalmente por el progreso de la ciencia y la teoría de la evolución. Un desafío formidable. El desafío de la cosmología científica a las viejas cosmogonías religiosas.

2. Auguste Comte y la «Religión de la Humanidad»

El positivismo se presenta como algo nuevo, pero no deja de ser, como toda producción del espíritu humano, la consecuencia y continuidad de la investigación filosófica precedente, en especial la que circunscribe el conocimiento humano a la experiencia sensible. Esta manera de proceder en el pensamiento se debe al empirismo inglés, y especialmente a David Hume, sin olvidar la filosofía de Kant ni la de la Ilustración.

La experiencia sensible solo ofrece la apariencia de las cosas, los *fenómenos*, nunca la *cosa en sí*. Los fenómenos, objetivables por el conocimiento humano, están sometidos a la inmutabilidad de las leyes naturales, y es lo único que nos es dable pensar. El espíritu positivo se atiene a lo que se ofrece *dado* en la experiencia y se *abstiene* de buscar las causas y principios de las cosas. No hay conocimientos absolutos. Todo es relativo a nuestros órganos de conocimiento. El espíritu positivo, es decir, relativo, se convierte en positivismo y relativismo.

El padre del positivismo y máximo representante en Francia es August Comte (1798-1857); en Inglaterra corresponde a John Stuart Mill (1806-1873) y Herbert Spencer (1820-1903).

Entre los seguidores de August Comte destacan Littré (1801-1881), Taine (1828-1893) y Renan (1823-1892). Su influjo se advierte entre los psicólogos positivistas, Binet y Ribot, y entre los sociólogos Emile Durkheim (1858-1917) y Lucien Lévy-Bruhl (1857-1939).

Auguste Comte (1798-1857) perteneció a una familia modesta y estudió en la Escuela Politécnica de Paris. Discípulo de Saint-Simon, se enemistó con él en 1824. En 1826 comenzó la enseñanza privada de filosofía, interrumpida casi inmediatamente por una enfermedad nerviosa resultado de su inmenso trabajo intelectual. Reemprendió la enseñanza en 1829 y publicó su *Cours de philosophie positive*, pero no consiguió ningún éxito económico en esta época. Abandonado por su esposa Caroline Massin, vivió hasta la muerte gracias a la ayuda de sus amigos. En 1844 inicia sus relaciones amorosas con Clotilde de Vaux, que muere en 1846. Al final de su vida elaboró una nueva religión.

Además del famosísimo *Cours*, deben recordarse entre sus obras *Discours sur l'esprit positif* (1844); *Système de politique positive our Traité de sociologie instituant la religion de l'humanité* (1851-1854) y *Catéchisme positiviste* (1852).

Para Comte el desenvolvimiento moral de la humanidad debe hallar su fundamento en la sociología, como ciencia positiva de la sociedad o física de las costumbres, que, descubriendo las leyes de las asociaciones humanas, regula su destino ético y político. La dinámica del organismo social (e individual) está regida por la «ley de los tres estadios». La humanidad, en un primer tiempo, atribuye la génesis de los fenómenos a entidades extranaturales (*edad teológica*); luego, a «virtudes» inmanentes en la naturaleza, como la fuerza química, la *vis vitales*, etc., (*edad metafísica*); finalmente, a causas inmediatas que pueden ser estudiadas según las leyes de sus relaciones (*edad positiva*). En este último estadio, la búsqueda del «cómo» de los fenómenos sustituye a la del «por qué», cuando el hombre elimina de su saber toda sombra de misterio: la ciencia abraza exclusivamente el conjunto de las cosas cognoscibles (aunque no se conozcan todas en el momento), y el infinito misterioso queda solo como una proyección fantástica.

El orden de las ciencias es tal que permite pasar gradualmente desde un máximo de abstracción hasta un máximo de concreción y complejidad: la moral depende de la sociología, la sociología de la biología (de la que forma parte la psicología), la biología de la química, la química de la física, la física de la astronomía y la astronomía de la matemática. La sociología, como ciencia del comportamiento humano asociado, es estática o dinámica, según considere a la sociedad en la situación de equilibrio de una fase o en evolución progresiva de todas sus fases. El individuo está siempre considerado en el conjunto social de que forma parte, y por eso la unidad social no es el individuo, sino la familia. Sobre los grupos de familias se estructuran la sociedad y la división social del trabajo, que requieren la variedad de clases y la unidad de gobierno. La propiedad individual es necesaria para el desarrollo de la sociedad, y las objeciones contrarias de los teóricos del socialismo son juzgadas por Comte como abstractas. La dinámica social abraza a todos los hombres: del presente, del pasado y del futuro, que constituyen juntos el Gran Ser (*Grand Être*) y cuyo destino está regulado por la ley de los tres estadios.

Retengamos el esquema de los tres estadios o peldaños que ha recorrido el hombre en su evolución histórica, y que corresponden a los estados sucesivos de su actitud ante la naturaleza y la comprensión de su lugar en la misma, desde la interpretación animista a la científica. Detrás de gran parte de la crítica sociológica de la religión, se encuentra esta influyente construcción intelectual, que ya fue contestada por William James, al considerar la nítida división positivista en estadios sucesivos demasiado tajante y compartimentalizada, toda vez que los estudios antropológicos demuestran que los primeros intentos del teorizar humano mezclaban la explicación teológica con la metafísica. Desde un punto de vista moderno, donde la perspectiva histórica ha cobrado tanta importancia, Mircea Eliade advertía que hoy comenzamos a ver que la parte ahistórica y previa a la actual de todo ser humano no se pierde, como se pensaba en el siglo XIX, sino que, por el contrario, se bifurca y se eleva muy por encima de ella. El ser humano pasa de un nivel o estadio a otro por vía acumulativa, sin perder nada del pasado, que pervive en el subconsciente en forma de símbolos y figuras. "Cada ser histórico lleva en sí una gran parte de la humanidad anterior a la Historia"[1].

1. M. Eliade, *Imágenes y símbolos*, p. 12. Taurus, Madrid 1955.

Según el positivismo de Comte, la historia de la evolución humana se divide como sigue:

1) El *estado teológico*. Es el más primitivo; en él, el hombre explica los fenómenos naturales por causas sobrenaturales en las que interviene la divinidad, o divinidades. Dentro de este estado, el conocimiento nace de la imaginación, y la sociedad se organiza concediendo primacía a los estamentos militar y sacerdotal y a la clase social aristocrática.

2) El *estado metafísico*. Supera al anterior en cuanto que la divinidad se sustituye por causas inmanentes en la naturaleza, aunque todavía estas sean abstractas, ocultas y misteriosas (sustancia, esencia, etc.). En este caso, el conocimiento es fuente de un proceso deductivo, y en la sociedad obtienen primacía el estamento jurídico y la clase media.

3) El *estado positivo*. El último, que coincide con la época de Comte y supera a los anteriores en cuanto que los fenómenos naturales se explican ateniéndose a los hechos que se presentan en la experiencia y a sus relaciones. En este estado, el conocimiento se origina de la observación experimental, y socialmente, se concede el valor máximo al estamento industrial y proletario. Nos vamos acercando a nuestros días, con sus sueños e ilusiones respecto al progreso humano, que tantos descalabros va a ocasionar. En el estado positivo, la moral y la política positivistas revelan y realizan las naturales tendencias altruistas y sociales del hombre, instaurando el amor y el respeto recíprocos. En este estadio la única religión posible es la «Religión de la Humanidad», donde la doctrina del ángel custodio se resuelve en la del eterno femenino, de la mujer ángel, que endulza con su presencia la lucha fatigosa del hombre, y la esperanza de la inmortalidad ultraterrena se convierte en la seguridad del recuerdo inmortal de las acciones dignas.

Comte espera integrar a los hombres en una iglesia, especie de comunidad mística en la que los vivos se ponen bajo el báculo de los muertos. Encarnando al Gran Ser, «el conjunto de los seres pasados, futuros y presentes que concurren libremente a perfeccionar el orden universal», la nueva Iglesia asegura la subordinación del presente a lo eterno, de los vivos a los muertos, de la historia al universo inmóvil. La Síntesis subjetiva define el sentido de esa religión: «Apartando todos los prejuicios teóricos, tanto científicos como teológicos o metafísicos, propios de la iniciativa humana, la sabiduría última instituye la sinergia según una síntesis basada en la simpatía, concibiendo toda actividad dirigida por el amor hacia la armonía universal».

Se comprende que Comte dirija contra el ateísmo las más virulentas críticas; ¿no tiene relaciones con el partido revolucionario y con la fermentación anárquica? —mientras que juzgará con menos severidad a la teología, en la que solamente descubre una interpretación errónea de la religión—. Innumerables textos confiesan la admiración de Comte por el catolicismo medieval, por sus papas y por sus príncipes; recupera una visión integrista del catolicismo. Y no cabe duda de que Comte habría podido subscribir el texto pontificio del *Syllabus*. Por eso Comte excluye de sus conmemoraciones a los hombres «negativos»: Lutero, Calvino, Juan Jacobo Rousseau. Como bien dijo Fichte, la persona que uno es determina la filosofía que uno escoge; este es el caso de Comte.

"El fenómeno Comte solo podría comprenderse sobre el fondo de una sociedad sacudida y traumatizada por la Revolución francesa. La conmoción revolucionaria introdujo una especie de terror ante la historia, monstruo temible y cruel, que prepara catástrofes para los tiempos futuros. A su manera vivió Comte el mal del siglo y propone una psicoterapia... Los contemporáneos de Comte exigen que se refuerce el Estado, desean una policía que ejerza una vigilancia sobre las agitaciones peligrosas, con la esperanza de detener el curso de la historia. A su manera, liquida Comte la filosofía, a la vez como instancia de síntesis teórica y como centro de crítica cultural. Y restaura la religión como la clase de arco de un inmovilismo histórico para uso de la sociedad occidental del siglo XIX. El positivismo se ofrece así como un camino de disolución de la filosofía en no-filosofía"[2].

3. Marx y el marxismo

Como ya sabemos, las raíces de Marx se encuentran en el materialismo de Feuerbach y en el método dialéctico de Hegel.

La influencia del marxismo ha sido decisiva en el mundo moderno. Algunas de sus teorías han pasado a formar parte del existencialismo, del estructuralismo e incluso se hallan presente en el pensamiento cristiano, especialmente en la teología de la liberación.

Karl Heinrich Marx (1818-1883), segundo hijo de una familia judía de Tréveris en la que figuraban varios rabinos, el padre de Karl, Heinrich, no será, sin embargo, creyente. Abogado de profesión, fue nombrado funcionario del Estado bajo Napoleón, y en esa época adoptó la fe evangélica. Todos sus hijos fueron bautizados en la Iglesia evangélica.

Karl Marx estudió Jurisprudencia en Bonn y más tarde en la Universidad de Berlín, donde se incorporó al campo de los «hegelianos de izquierda». A la muerte de su padre, que quería ver en él un buen abogado, Marx se decidió por la filosofía a la que se sentía llamado. En 1841 defendió su tesis doctoral sobre la *Diferencia entre la filosofía de la naturaleza de Demócrito y de Epicuro*. Al mismo tiempo comenzó a editar una revista de militancia atea y que contaba con firmas como Bruno Bauer y Feuerbach. En 1842 se hace redactor jefe de la *Gaceta Renana*, que le llevó a interesarse cada vez más por las cuestiones políticas y económicas.

---

2. René Verdenal, en Châtelet, *Historia de la Filosofía*, III.

Por motivos políticos, en 1844 se trasladó a Paris, donde se reencontró con Friedrich Engels (1820-1895), al que había conocido en Colonia. Sus actividades revolucionarias dieron lugar a que fuera expulsado de Francia un año más tarde. Entonces se instaló en Bruselas, donde organizó la Liga de los Comunistas, oficina de informaciones obreras. Después del Congreso de 1847, redactó, con Engels, el *Manifiesto del partido comunista*, que se publicó en 1848. Perseguido, se refugia en París (1848) y en Alemania (1849), y fija su residencia definitivamente en Londres, donde en 1864 funda la Primera Internacional Obrera.

Casado en 1843 con Jenny von Westphalen, que le acompañó toda su vida —murió en 1881—, Marx tuvo una vida familiar desgraciada. Dos de sus tres hijas, que tuvieron una participación muy activa en el movimiento socialista, se suicidaron: una, Jenny, en 1882; otra, Laura, en 1911. Marx tuvo además tres hijos varones, pero todos fallecieron a edad muy temprana: uno, dos y once años respectivamente.

Obras principales: *La Sagrada Familia* (1845), *La ideología alemana* (1845-1846), *Miseria de la filosofía* (1847), *El 18 brumario* (1852), *Contribución a la crítica de la economía política* (1859), *Salarios, precios y rentas* (1865), *El capital* (a partir de 1867, inacabado), *La guerra civil en Francia* (1871), *Crítica del programa de Gotha* (1875).

3.1. Una nueva ciencia de la historia

Aunque Marx arranca de Hegel y adopta conceptos del sistema hegeliano, esto se da solo en el plano formal; con Marx surge algo nuevo, parte del pasado, pero, en contacto con las fuerzas sociales e intelectuales de su época, alumbra una nueva idea: la *ciencia de la historia*. La historia, que había sido descuidada en la Escolástica y recuperada a partir de la Reforma, en Marx adquiere carácter de ciencia, de sistema científico que encara la historia como objeto de investigación y permite un intento de explicación no místico ni ideológico, sino inmanente al mismo proceso histórico. Por eso Marx no es un continuador de las categorías de la dialéctica hegeliana; Marx no es una réplica de nadie, sino un rechazo, una *ruptura* con los planteamientos de las filosofías precedentes, aunque la intención y la dirección de su esfuerzo intelectual, esté en continuidad con los planteamientos que la situación posreformada, o espíritu protestante, ha introducido en la historia. Recordemos que Francis Bacon —situado en el epicentro de la nueva situación provocada por la Reforma— se rebeló contra la Escolástica en lo que tenía de improductiva en orden al bienestar humano, y preconizó en su lugar una manera de filosofar que supone la transformación de la metafísica en física y, por tanto, de la filosofía en filosofía de la ciencia. Bacon llegó a esta conclusión preocupado como estaba por dominar las fuerzas caprichosas de la naturaleza, permeables a la acción humana mediante la técnica. Al igual que sucede en religión, la filosofía tiene que rendir frutos, dar cuenta de su trabajo en servicio a los hombres que esperan de ella no solo respuestas abstractas, sino soluciones a problemas del aquí y ahora. El pensamiento filosófico tiene que justificarse en la acción, del mismo modo que el sentimiento religioso sin caridad es tan vacío como una campana que retiñe. La fe sin obras es muerta, la ocupación intelectual infructuosa es pura ociosidad. Marx obedece al espíritu propiciado por estos planteamientos que, poco a poco, va ganando el ánimo de las gentes.

También para Marx el problema del pensamiento humano se resuelve en su dimensión práctica. Los filósofos tienden a olvidar con frecuencia al hombre concreto, al hombre de carne y hueso del que hablaba Unamuno, que trabaja, sufre, ama y muere. Faltaba por hacer una filosofía del trabajo humano, dejar los salones académicos, entrar en las fábricas y comenzar a dirigir la mirada especulativa a la realidad más tangible del ser humano: la productividad, el fenómeno económico que está en la base de las divisiones y antagonismos de las sociedades humanas.

> El problema de si puede atribuirse al pensamiento humano una verdad objetiva no es un problema teórico, sino un problema práctico. Es en la práctica donde el hombre debe mostrar la verdad, es decir, la realidad y el poder, la terrenalidad de su pensamiento. La disputa en torno a la realidad o irrealidad del pensamiento —aislado en la práctica— es un problema puramente escolástico" (*La ideología alemana*, "Tesis sobre Feuerbach", 2). Por consiguiente, no hay que limitarse a interpretar el mundo de distintos modos; de lo que se trata es de transformarlo.[3]

Marx proporciona una nueva práctica de la filosofía, una problemática nueva, centrada en elementos *objetivos* como el económico, el político y el ideológico, que funcionan a modo de *niveles* que estructuran la realidad humana. El nivel preponderante es el económico, pero no el único; juega un papel determinante, sin que esto anule la eficacia propia de los niveles políticos e ideológicos. No hay que atribuir a Marx, por pereza intelectual, un monismo esencialista que interpretara todo en términos económicos, como si la economía fuese la esencia de la historia. Para Marx la sociedad está compuesta por un conjunto de niveles específicos con relativa *autonomía*, aunque en última instancia uno predomine sobre los demás y los determine. A lo que realmente se opone Marx es a la interpretación *idealista* de la historia, que estudia el hombre y su relación con los demás como una especie de fantasma que ni come, ni bebe, ni trabaja; historiografía que ni siquiera prestaba atención a los intereses políticos, hipnotizada como estaba por los "pensamientos puros". A la dialéctica de la idea ha de suceder la dialéctica económica.

> Toda la concepción histórica, hasta ahora, ha hecho caso omiso de esta base de la historia, o la ha considerado simplemente como algo accesorio que nada tiene que

3. *Id.*, 11.

ver con el desarrollo histórico. Esto hace que la historia deba escribirse siempre con arreglo a una pauta situada fuera de ella; la producción real de la vida se revela como algo protohistórico, mientras que la historicidad se manifiesta como algo separado de la vida usual, como algo extra y supraterrenal. De este modo, se excluye de la historia el comportamiento de los hombres hacia la naturaleza, lo que engendra la antítesis de naturaleza e historia. Por eso, esta concepción solo acierta a ver en la historia las acciones políticas de los caudillos y del Estado, las luchas religiosas y las luchas teóricas en general, y se ve obligada a competir, especialmente, en cada época histórica, las ilusiones de esta época. Por ejemplo, una época se imagina que se mueve por motivos puramente "políticos" o "religiosos", a pesar de que la "religión o la "política" son simplemente las formas de sus motivos reales; pues bien, el historiador de la época de que se trata acepta sin más tales opiniones. Lo que estos determinados hombres se "figuraron", se "imaginaron" acerca de su práctica real se convierte en la única potencia determinante y activa que dominaba y determinaba la práctica de estos hombres. Y así, cuando la forma tosca con que se presenta la división del trabajo entre los hindúes y los egipcios provoca en estos pueblos el régimen de castas propio de su Estado y de su religión, el historiador cree que el régimen de castas fue la potencia que engendró aquella tosca forma social. Y, mientras los franceses y los ingleses se aferran, por lo menos, a la ilusión política, que es, ciertamente la más cercana a la realidad, los alemanes se mueven en la esfera del "espíritu puro" y hacen de la ilusión religiosa la fuerza motriz de la historia.[4]

En todas las formas de sociedad lo económico tiene un papel *predominante*, sin embargo, esto no quiere decir que sea siempre el único, como lo interpretaron muchos autores ya en vida de Marx. Marx en persona les respondió. En las sociedades esclavistas es lo político lo que tiene el papel dominante, mientras que en las sociedades feudales el papel dominante corresponde a lo ideológico en su forma religiosa. Solo en el modo de producción capitalista y en una formación social capitalista es donde lo económico desempeña el papel dominante, además del papel de determinación en última instancia.

"Entonces, ¿cómo se puede hablar, para las sociedades esclavistas y feudales, de una determinación en última instancia de lo económico? Es, responde Marx, porque el funcionamiento mismo de la economía esclavista y feudal hace que sean lo político y lo ideológico los que ejerzan el papel dominante. Así, es lo económico mismo lo que exige que sea otro nivel el que tenga el papel dominante. Lo económico es lo que *determina* el *papel dominante* de lo político en las sociedades esclavistas, el de lo ideológico (de la religión) en las sociedades feudales y, por último, su propio papel dominante en las sociedades capitalistas.

4. *La ideología alemana.*

"Mas ¿qué es, entonces, lo económico, y cómo determina esos desplazamientos de la predominancia? La región económica está constituida por ciertas *relaciones* que engloban en general las correlaciones entre los hombres y la naturaleza en la producción material. Se trata de *relaciones de producción*, pues, en efecto, lo que aquí resulta determinante no es el consumo, sino la producción misma. Son relaciones de los *agentes de producción*, de los hombres, con el *objeto y con los medios de trabajo* (las fuerzas productivas), y así, mediante ese rodeo, son relaciones de los hombres entre sí, es decir, son relaciones de clase"[5].

3.2. El credo marxista

En un nivel puramente objetivo la filosofía marxista sostiene que la realidad primera, única y eterna es la *materia* (materialismo), luego todo lo que existe es manifestación o producto de esta. Los fenómenos psíquicos del hombre —la conciencia, el pensamiento, etc.— son solo productos del cerebro, que es el órgano material corpóreo.

La materia es eterna, no necesita de un creador, Dios no existe. Ateísmo *científico*.

La característica más destacada de la materia es que posee en sí misma el principio del *movimiento* (materialismo dialéctico). De esta forma, la materia es una realidad con movimiento propio que se despliega en acción y, por tanto, está sometida al proceso dialéctico: tesis o afirmación, antítesis o negación y síntesis o negación de la negación.

Por donde se llega, consecuentemente, al resultado de que todas las formas y todos los productos de la conciencia no brotan de la crítica espiritual, sino de la revolución, la antítesis generadora de nuevas síntesis, aunque sin caer en el simplismo que reduce el fenómeno de la compleja personalidad humana a la conjunción de circunstancias casuales. Marx no está convencido de que el ser humano sea un mero juguete de las circunstancias, pues al mismo tiempo que es determinado por los factores materiales en los que al vivir se encuentra, el hombre los transforma con su acción. El hombre es básicamente productor y no solo ejecutor de una historia impuesta. "Cada generación transfiere a la que le sigue, una masa de fuerzas productivas, capitales y circunstancias, que, aunque de una parte sean modificados por la nueva generación, dictan a esta, de otra parte, sus propias condiciones de vida y le imprimen un determinado desarrollo, un carácter especial que, por tanto, las circunstancias hacen al hombre en la misma medida en que este hace a las circunstancias"[6].

---

5. Nicos Poulantzas, en F.Châtelet, *Historia de la filosofía,* III, pp. 287-288.
6. *La Ideología alemana*, II, 2.

Téngase en cuenta que hasta principios del siglo xx, las ideas respecto al universo y la materia correspondían a las leyes de la mecánica clásica de Isaac Newton, que ofrecían la imagen de un cosmos infinito e inmutable. El escándalo de la teoría de la Gran Explosión (*Big Bang*), a la que muchos científicos se opusieron con irritación, demuestra sin lugar a dudas que la materia y el universo que nos rodea no es eterno, tuvo un comienzo, que casi es posible datar con certeza. Según la reciente teoría complementada del Universo inflacionario, antes de que se produjera la Gran Explosión el estado del universo era de un *vacío de alta energía*. Para esta teoría del universo inflacionario, el cosmos estuvo sometido a una súbita expansión (inflación) debido a esta *energía de vacío*. Dicho en otras palabras, que nos recuerdan la definición clásica de la doctrina cristiana sobre la creación: el universo surgió de la *nada*. Entendiendo que la nada no era absoluta, ahí estaba el poder o energía de la Palabra creadora de Dios.

3.3. Leyes dialécticas

El marxismo explica el desarrollo de la naturaleza, el progreso de la sociedad y del pensamiento mediante cuatro leyes que se encuentran dispersas en la obra de Marx y Engels y que pueden sintetizarse de esta manera:

1. *Ley del cambio dialéctico.* No hay nada fijo, toda la realidad está en un continuo hacerse, es un perpetuo devenir.
2. *Ley de la acción recíproca.* El movimiento dialéctico, el devenir de la realidad se produce por medio de un encadenamiento de procesos y fases que surgen unas de otras y que se desarrollan de manera progresiva en el tiempo. Tanto el mundo como la naturaleza y la sociedad evolucionan de esta forma gracias a su automovimiento.
3. *Ley de lo contradicción.* El proceso evolutivo de la realidad se explica por medio de la contradicción: cada cosa se transforma porque está en contradicción consigo misma. Si la contradicción cesara, la vida terminaría.
4. *Ley de la transformación de la cantidad a la cualidad* (ley del progreso y saltos). Alcanzados ciertos grados de conversión cuantitativa, se produce una conversión cualitativa.

La aplicación del materialismo dialéctico a la historia social nos lleva al materialismo histórico. Según este, la historia social sigue un proceso dialéctico en el que cada etapa histórica (*tesis*) da origen a otra que se le opone (*antítesis*) y de cuya oposición se origina una nueva etapa cualitativamente distinta a la anterior (*síntesis*). La historia es reducida a factores objetivamente materiales.

Las oposiciones históricas se manifiestan como lucha de clases. Las sociedades están divididas en clases sociales, una de las cuales es la explotadora, la capitalista, que detenta los medios de producción; y otra la explotada, la de los trabajadores y productores activos de riqueza.

Por eso desde siempre han existido amos y esclavos, señores y siervos, capitalistas y proletarios, ricos y pobres.

Para el marxismo las clases sociales están determinadas por la economía, un individuo pertenece a una clase social o a otra dependiendo de sus medios económicos y la función social que desempeña. Ahora bien, hay que entender correctamente esta proposición. Marx no creía, como popularmente se cree, que las relaciones de clase estén basadas en la cuantía de ingresos o medios económicos. No se trata de una simple distinción entre "ricos" y "pobres". Las diferencias de los ingresos solo son un efecto del lugar de los agentes sociales en las relaciones de producción. Lo que determina el lugar de los agentes sociales, la diferencia en clases sociales, no es la cuantía de los ingresos, sino el *proceso de producción*, que da lugar a una relación de clase, fundada en la *explotación* de los trabajadores no-propietarios de los medios de producción por parte de quienes controlan realmente esos medios.

En consecuencia, Marx sostiene que la clase obrera se halla en una situación pésima, puesto que su función social le impide gozar de seguridad e independencia, aunque sus condiciones económicas sean buenas.

La sociedad se organiza para la producción mediante el trabajo. El fin de la sociedad es la producción. Antiguamente la producción se conseguía artesanalmente, mediante actos individuales: cada individuo realizaba su trabajo independientemente. Actualmente esta producción se lleva a cabo por medio de máquinas, lo que precisa de un trabajo colectivo. Esto da lugar a una producción de carácter industrial, que despoja a la persona de su individualidad, alienándola.

La burguesía ha despojado de su aureola a todas las profesiones que hasta entonces se tenían por venerables y dignas de piadoso respeto. Al médico, al jurisconsulto, al sacerdote, al poeta, al hombre de ciencia, los ha convertido en sus servidores asalariados.

La burguesía ha desgarrado el velo de emocionante sentimentalismo que encubría las relaciones familiares, y las ha reducido a simples relaciones de dinero... Una revolución continua en la producción, una incesante conmoción de todas las condiciones sociales, una inquietud y un movimiento constantes distinguen la época burguesa de todas las anteriores. Todas las relaciones estancadas y enmohecidas, con su cortejo de creencias y de ideas veneradas durante siglos, quedan rotas, las nuevas se hacen añejas antes de llegar a osificarse. Todo lo estamental y estancado se esfuma; todo lo sagrado es profanado, y los hombres, al fin, se ven forzados a considerar serenamente sus condiciones de existencia y sus relaciones recíprocas...

El creciente empleo de las máquinas y la división del trabajo quitan al trabajo del proletario todo carácter propio y le hacen perder con ello todo atractivo para el obrero. Este se convierte en un simple apéndice de la máquina, y solo se le exigen las operaciones más sencillas, más monótonas y de más fácil aprendizaje.[7]

7. Marx y Engels, *Manifiesto del Partido Comunista*, I.

El proceso de producción industrial conlleva la división de la sociedad en dos clases distintas: la capitalista, que aporta el capital, y el proletariado, que aporta el trabajo. "Estos obreros, obligados a venderse al detalle, son una mercancía como cualquier otro artículo de comercio, sujeta, por tanto, a todas las vicisitudes de la competencia, a todas las fluctuaciones del mercado"[8].

El proletario se encuentra en una situación desfavorable frente al capitalismo ya que obtiene por su trabajo un valor que no está en relación con lo que se consigue por la venta o intercambio de la producción resultado de su trabajo. Esta diferencia o *plusvalía* origina un enriquecimiento del capitalista y, por consiguiente, una desigualdad progresiva entre esta clase y la proletaria que da lugar a una irreconciliación entre ambas.

De este modo, el capitalismo constituye el primer momento del proceso dialéctico, la tesis, y el proletariado que se opone a la anterior constituye la antítesis.

El capitalismo y el proletariado se enfrentan en una *revolución socialista* que solo triunfará si se implanta la *dictadura del proletariado*. Al final de esta lucha se impondrá la sociedad comunista y la síntesis, que se caracteriza por la desaparición de clases sociales y, por tanto, de la lucha entre ellas.

3.4. Marxismo y humanismo

Detrás de la mera enunciación lógica del pensamiento socioeconómico de Marx, se encuentra una preocupación claramente humanista, que es preciso no perder de vista, oculta en fórmulas abstractas, a la hora de disolver la filosofía de Marx en marxismo. Marx, inspirado por la vieja inspiración de los profetas de la humanidad, busca terminar con la alienación del hombre consigo mismo, provocada por el sistema productivo capitalista. El obrero, como consecuencia del sistema capitalista de producción, separa al trabajador de su trabajo, al hombre del resultado de su acción y por eso no se siente feliz, sino desgraciado; no desarrolla una libre energía física y espiritual, por el contrario, le hace sufrir en cuerpo y alma. Arruina su creatividad.

> Por eso el trabajador solo se siente en sí fuera del trabajo, y en el trabajo fuera de sí. Está en lo suyo cuando no trabaja y cuando trabaja no está en lo suyo. Su trabajo no es, así, voluntario, sino forzado, trabajo forzado. Por eso no es la satisfacción de una necesidad, sino solamente un medio para satisfacer las necesidades fuera del trabajo. Su carácter extraño se evidencia claramente en el hecho de que tan pronto como no existe una coacción física o de cualquier otro tipo huye del trabajo como de la peste. El trabajo externo, el trabajo en que el hombre se enajena, es un trabajo de autosacrificio, de ascetismo. En último término, para el trabajador se muestra la exterioridad

8. *Id.*

del trabajo, en que este no es suyo, sino de otro, que no le pertenece; en que cuando está en él no se pertenece a sí mismo, sino a otro.[9]

Cuando Marx lee la historia se siente reconfortado porque no descubre desorden o confusión, sino una coherencia perfecta, ya que toda la historia desemboca en el "nuevo hombre" proletario. Las esperanzas futuras de Marx, mediante la praxis revolucionaria comunista, tienen todas las características de una escatología gloriosa, de una nueva fe de dimensiones históricas, no distinguible en nada de una nueva religión, religión que completa las tendencias seculares del mundo moderno, que hace consistir todo en la relación del hombre consigo mismo sin referencias a la Eternidad. El marxismo no es una nueva religión, pero tiene elementos religiosos y representa para muchos una doctrina soteriológica, de salvación, que les redima de su miseria.

Aunque desmentidas por los acontecimientos políticos recientes, Karl Marx se aventuró a lanzar una serie de profecías que reflejan el espíritu mesiánico del marxismo y que, como tal, fue aceptado con fervor por sus seguidores, hasta la ofrenda suprema de la vida en el servicio del advenimiento de la utopía, a cuyo cumplimiento histórico se le presta la misma fe que a un dogma indiscutible.

> Una vez que en el curso del desarrollo hayan desaparecido las diferencias de clase y se haya concentrado toda la producción en manos de los individuos asociados, el poder público perderá su carácter político. El poder político, hablando propiamente, es la violencia organizada de una clase para la opresión de otra. Si en la lucha contra la burguesía el proletariado se constituye indefectiblemente en clase, y si mediante la revolución se convierte en clase dominante y, en cuanto clase dominante, suprime por la fuerza las viejas relaciones de producción, suprime, al mismo tiempo que estas relaciones de producción, las condiciones para la existencia del antagonismo de clase y de las clases en general, y, por tanto, su propia dominación de clase.
>
> En sustitución de la antigua sociedad burguesa, con sus clases y sus antagonismos de clase, surgirá una asociación en que el libre desenvolvimiento de cada uno será la condición del libre desenvolvimiento de todos.[10]

Vemos aquí que la concepción histórica de Marx está dominada por el optimismo redentor que busca eliminar los elementos trágicos de nuestro mundo, la maldición pronunciada sobre el trabajo, que deja entrever su carácter alienante y hostil hasta un nuevo tiempo que pertenece al futuro escatológico de Dios, sin que esto disminuya en lo más mínimo el compromiso del hombre con su medio en pro de una mayor humanización del mismo. El libre desenvolvimiento de cada uno será

9. *Manuscritos: Economía y filosofía.*
10. *Manifiesto*, II.

la condición del libre desenvolvimiento de todos siempre y cuando el concepto del individuo obedezca a una visión netamente personal, trascendente, sagrada como la vida misma, como Dios que es su fundamento, origen, meta y medida.

La pregunta que forzosamente tenemos que hacer al mesianismo marxista es la siguiente: ¿De dónde ha sacado su seguridad acerca del resultado de la historia? ¿Qué realidad presente —saturada de conflictos e intereses egoístas— le permite aguardar esperanzado el futuro y trazar su evolución? 'Toda la doctrina marxista sobre el final de la historia, del reino de la libertad y de la reconciliación entre los hombres, está subordinada al éxito o realización de la abundancia. Y si, por ventura, la superabundancia no llegara a realizarse, seria, como dijo el mismo Marx, la misma «porquería» que volvería a empezar de nuevo. ¿Quién nos garantiza, cuando eliminamos toda fe en el Dios maestro sabio de la historia y redentor, que la historia va hacia su cumplimiento y que este estado final significará paz y reconciliación?"[11].

Una pregunta inquietante para el pensador marxista: ¿Qué es del individuo concreto en la concepción filosófica de Marx? Nada sino un momento pasajero de la evolución histórica. Por mucho que se valore su acción, se menosprecia su persona cuando se la sacrifica en pro de un hipotético futuro mejor, que se ha cobrado millones de víctimas inocentes, sin sentido y sin razón. Más todavía, ¿justifica la esperanza de un mañana presuntamente idílico el sacrificio de una sola persona? ¿Puede la sociedad confiar descansada sobre el sacrificio de sus mejores miembros? "Indudablemente el marxismo es un humanismo, porque su preocupación por el hombre es auténtica; pero no es un personalismo debido a que no reconoce la importancia y el valor de los problemas que se plantean hoy al hombre y porque no reconoce que estos problemas tienen un sentido positivo, a menos que concuerden con las perspectivas de la filosofía histórica. La angustia y el sufrimiento humano merecen una respuesta inmediata o cuando menos nuestra atención y afecto. El hombre de hoy necesita urgentemente la salvación, tanto si es capitalista como reaccionario"[12].

A esta inquietud y preocupación por el hombre de carne y hueso —de cuño cristiano—, la persona humana, el individuo concreto, van a responder las distintas filosofías de la vida, los varios existencialismos y personalismos ateos y creyentes.

4. El resurgir de la vida

El siglo XIX es pletórico en sistemas y escuelas filosóficas, como corresponde a un siglo en constante movimiento y procesos revolucionarios. Las nuevas ideas político-sociales hacen entrar en crisis los gobiernos con servadores, mientras que

---

11. Roger Mehl, *Imágenes del hombre*, p. 21. Casa Bautista de Publicaciones 1967.

12. R. Mehl, *op. cit.*, p. 23.

el avance imparable de las ciencias naturales en el campo de la investigación y de la aplicación técnica a la industria, modifica no solo las condiciones de vida, sino también de pensamiento. Algunos individuos se sienten perdidos y reclaman el derecho a ser ellos mismos, a su vida personal e interior. Aquí podríamos incluir a vitalistas y existencialistas, que acapararán la atención y producción filosófica del primer tercio del siglo xx.

Aquellos que se mantienen más cerca del paradigma científico, se interesan principalmente por avenirse a la ciencia y sus resultados comprobados y verificables. Son los neopositivistas y los filósofos analíticos y de la ciencia. En medio de estos y otros múltiples intereses, el cristianismo conoce un renacer filosófico de mano de pensadores como Kierkegaard, en cuanto precursor de un nuevo modo de ver la vida. También la filosofía escolástica, llamada neotomista, cobra una importancia considerable con ramificaciones en todo el mundo, congresos y simposios internacionales, favorecida por la jerarquía católica.

5. Kierkegaard, un pensador único ante Dios y los hombres

Sören Aaby Kierkegaard (1813-1855), hijo de un pastor de ovejas, primero, y un próspero negociante en telas después, nació en Copenhague, Dinamarca, y pudo dedicarse por completo al estudio y la escritura gracias a la pequeña fortuna que, al morir, le dejó su padre en herencia.

Estudió teología y se doctoró en la misma, pero nunca llegó a ejercer de pastor, ni siquiera a ordenarse. Muchas veces tuvo el propósito de hacerlo, pero las circunstancias de sus polémicas teológico-filosóficas le obligaban a postergarlo una y otra vez.

En Kierkegaard encontramos un testigo de la verdad evangélica, un alma quebrantada que sufre y padece un terrible dolor oculto: la convicción de que ni la Iglesia ni los creyentes quieren atender al Evangelio. Kierkegaard siempre se consideró a sí mismo un "espía al servicio de Dios", un espía que descubre el pecado de la Cristiandad, llamarse cristiana sin serlo.

En 1850 Kierkegaard dio a conocer *Ejercitación del cristianismo*, que contiene un velado ataque a las jerarquías eclesiásticas, en especial al obispo Jacob Pier Mynster, amigo de su difunto padre. Cuatro años después fundó la revista *Oejeblikket* (*El Momento*), enteramente escrita por él y desde la que ataca, en esta ocasión frontalmente, a los eclesiásticos y los acusa de acomodaticios y estar excesivamente influidos por el hegelianismo. El cristianismo, dice, solo puede practicarse a imitación de Cristo. Kierkegaard, sin embargo, pasó más bien desapercibido en los medios culturales daneses.

Aunque ignorado, solitario predicador en el desierto, no se dejó llevar nunca por la amargura ni el desprecio de que era objeto. Irónico, pero caritativo, mantuvo hasta el final su amor a la humanidad. Poco antes de morir dijo a uno de sus pocos amigos: "Saluda de mi parte a los hombres, a todos, pues a todos los he amado muchísimo".

Kierkegaard fue descubierto a partir de 1914, cuando la Primera Guerra Mundial sacó a los hombres de sus bellos sueños sobre el ideal de la "humanidad" y el progreso indefinido. La religión de los países nórdicos, saturada de filosofía hegeliana, se había convertido en una cuestión de estética tradición cultural de buena sociedad; triste decirlo, pero en la Iglesia evangélica no se predicaba la Palabra de Dios, y cuando se sermoneaba sobre el Evangelio, no era para seguir a Cristo de un modo personal y apostólico, sino "ejemplarizante". Se era cristiano "en masa", del mismo modo que se era ciudadano de una nación. Cristianos de partida de bautismo, pero no de nuevo nacimiento. Precisamente por eso no se quería escuchar la voz áspera, irónica y, por otra parte, tremendamente pastoral de Kierkegaard, a quien hay que situar en la línea del pensamiento místico de la gran tradición.

A Cristo, enfatiza Kierkegaard, no se le sigue como "sociedad", en rebaño, sino como "individuo", no en masa, sino de uno en uno, La fe es un acto individual. Lo que Kierkegaard pregona es la vieja enseñanza de Lutero, la vuelta al cristianismo del "sígueme tú". "¡Deja de ser un número y sé tú mismo!", exclama Kierkegaard.

El hombre natural quiere pasar felizmente por esta vida y conseguir con facilidad la eternidad. El hombre cristiano pasa felizmente por esta vida, aunque sea dura, si tiene certeza de la salvación eterna. "Lo malo es que tener la seguridad de la eterna bienaventuranza nos lo han presentado como algo muy sencillo, como si no fuera una realidad, sino una ilusión".

"La lucha por el cristianismo no podrá continuar siendo la lucha por una doctrina, sino será una lucha por la existencia".

> Me pareció que la Providencia extendía sobre mí la mano y me decía: tu tarea es llamar la atención hacia el cristianismo... El cristianismo se ha desvanecido tanto en el mundo, que ante todo hay que hacerse una concepción exacta de él.[13]

A partir del dato revelado Kierkegaard desafía el pensamiento en boga en sus días, y conduce a los hombres a pensar en sí mismos, no como seres humanos que quedan absorbidos y disueltos en la razón, sino como hombres individuales, que existen concretamente por un acto creativo de Dios. "La raza humana, el notable rasgo de que, justamente porque cada individuo está creado a imagen de Dios, el individuo único es superior a la especie"[14].

Muchos filósofos habían hecho del hombre un género animal, ya que solo en los animales el género es superior al individuo. El género humano tiene, en

13. *Diario*, 1840.
14. *Diario*, 1850.

cambio, la característica de que el individuo es superior al género. Esta es, según Kierkegaard, la enseñanza fundamental del cristianismo y es el punto en que hay que entablar la batalla contra la filosofía hegeliana y, en general, contra toda filosofía que se valga de la reflexión objetiva.

Kierkegaard considera como aspecto esencial de la tarea que se ha propuesto, la inserción de la persona individual, con todas sus exigencias, en la investigación filosófica. *"Hay pecado cuando delante de Dios, o teniendo la idea de Dios, uno no quiere desesperadamente ser sí mismo"*[15].

5.1. Contemporáneos de Cristo

El pensamiento central y decisivo de Kierkegaard respecto al cristianismo es el de que cada creyente individual puede y debe llegar a ser contemporáneo de Cristo. Suponiendo la Encarnación del Verbo de Dios, ¿qué relación tienen los creyentes de las diferentes generaciones con Cristo y entre ellos mismos? La respuesta está enmarcada en la doctrina kierkegaardiana general sobre la historicidad de la existencia y los caracteres de credibilidad de la aprehensión histórica. Se llama histórico a un acontecimiento en tanto que su existencia se debe a un proceso del devenir temporal. Puesto que el devenir implica tanto un elemento contingente o de incertidumbre cuanto un elemento de certidumbre de hecho, el proceso histórico viene a ser aprehendido solo por un acto de fe. Ahora bien, la naturaleza de la Fe será especificada posteriormente según la clase de devenir histórico que se esté considerando. En el caso de un acontecimiento temporal ordinario, basta con la "fe de primer grado", o sea, la clase de conocimiento histórico usual en este caso. En este terreno se da mayor valor al testimonio y a la confianza que inspiran los testigos oculares. La probabilidad de lo que se afirma está en proporción con la acumulación de datos, más o menos exacta y exhaustiva, que hagan tales testigos o los eruditos posteriores, en los que tienen que poner su confianza las generaciones presentes como intermediarios. Estos procedimientos no nos pueden dar más que un alto grado de probabilidad.

La Encarnación es un hecho histórico y, por lo tanto, un objeto adecuado de fe. Pero no es un acontecimiento histórico corriente, sino la venida de lo eterno en el tiempo: el que Dios infinito haya tomado carne humana en una situación histórica real. Por eso puede aprehendérsele solo por un acto de fe "de segundo grado", o sea, la fe religiosa en sentido estricto. La naturaleza divina de Cristo no está de incógnito en Su naturaleza humana, en el sentido de que esté hábilmente escondida para todos, menos para las mentes filosóficas mejor adiestradas. Su presencia es más bien un misterio absoluto y una paradoja, inaccesible hasta para los intentos más ingeniosos y sublimes de la mera inteligencia natural; pero, no

---

15. *La enfermedad mortal*, II, I.

obstante, está al alcance de quien quiera que pida en la oración el poder para reconocerlo. La fe está del otro lado de la "muerte de la razón, o más bien, el franco reconocimiento de su incapacidad para aprehender esta verdad. Además, la fe viene como un don de Dios mismo; Él es quien da la condición especial para captar Su presencia encarnada. Kierkegaard llama "instante" a la situación en la que un individuo recibe la fe para confesar la Encarnación, la presencia del Dios eterno como un hombre individual en la historia.

El significado de la contemporaneidad es proporcional al hecho histórico mismo. En el caso de la Encarnación, Kierkegaard distingue entre los creyentes y todos los demás interesados en el hecho; y sostiene que solo el primer grupo es contemporáneo de Cristo en Su realidad histórica plena, y que todos los miembros de este grupo son *igualmente* contemporáneos de este acontecimiento teándrico, es creer en él. Así, no podría uno haber oído y visto a Cristo en la tierra sin llegar a creer en Él y, por lo tanto, sin participar en la verdad histórica de la Encarnación. Ese testigo ocular estaría a una distancia tan remota de Cristo como cualquier historiador o filósofo incrédulo de una época posterior. El ser contemporáneo de Cristo, como de un acontecimiento histórico cualquiera, es únicamente una ocasión para tener fe en Él, ocasión que se les dio tanto a quienes lo siguieron como a los que lo condenaron a muerte. Pero los primeros se convirtieron en sus discípulos solo porque creyeron en Él y solo de esta manera fueron plenamente contemporáneos suyos.

El carácter histórico especial de la Encarnación se puede advertir también comparándola con otros hechos conocidos de los hombres. Un "hecho" puede entregar una verdad puramente eterna, una puramente temporal, o bien una que es a la vez completamente temporal y completamente eterna. Un acto eterno, por su esencia, no es histórico. Domina todo el proceso histórico y puede ser conocido en todas las edades, sencillamente porque está fuera del tiempo y cancela el significado de la historia. Un acontecimiento histórico ordinario es enteramente temporal en su constitución; y su constitución y su conocimiento están sujetos a las vicisitudes y limitaciones del tiempo. El captar históricamente un hecho semejante nunca llega a ser más que probable, a pesar de que la probabilidad se acreciente día a día con nuestros estudios históricos. Ahora bien, la Encarnación ni trasciende más allá de la historia, ni está enteramente sujeta a las condiciones inmanentes impuestas por el tiempo. Por ser un hecho histórico auténtico, debe ser tratada como una verdad existencial e histórica. Pero por ser también la presencia de lo eterno en el tiempo, este hecho puede conocerse (y solamente así) por el acto de fe, que desvanece toda duda y es más cierto que cualquier percepción inmediata. La fe no es un acto de la voluntad en el sentido de que sea un deseo de creer o una determinación absoluta de creer. Pero sí implica la voluntad, en tanto concierne a una verdad existencial, trasciende el ámbito natural de la razón por medio de un "salto" de la decisión personal y requiere la libre aceptación de las condiciones de fe que vienen de Dios.

La consecuencia principal que Kierkegaard dedujo de este examen, se relaciona con las diferencias entre las varias generaciones de creyentes. Dios mismo da el poder de participar en el instante, y Dios es dueño del proceso temporal. Por eso Dios da, inmediatamente, las mismas condiciones de fe a todo aquel que cree en Cristo, aunque viva en una época posterior. Lo que fue para sus primeros discípulos la presencia de Cristo en la tierra (una ocasión de recibir la fe, pero no la fe en sí), lo proporciona ahora el testimonio de los creyentes, la tradición "pasada de padres a hijos". Sin embargo, el poder creer es un don directo de Dios a cada discípulo individual, y hace de cada creyente, cualquiera que sea su periodo histórico, un contemporáneo de Cristo en su actualidad histórica única. No se pasa, pues, por alto la diferencia entre haber tenido como ocasión para la fe la presencia de Cristo en la tierra y tener el testimonio de fe entre los creyentes. Pero del misterio de Cristo participan todos los que se unen en el instante, o sea, los que realmente creen, estos participan contemporáneamente.

"Esta es la respuesta que da Kierkegaard a los teólogos y eruditos bíblicos hegelianos; por ejemplo, Daub en las derechas y Strauss en las izquierdas. Tiene una deficiencia de consideración; pero, aparte de esto, son muchas sus ventajas para restaurar una actitud sana, en el momento en que surgía el racionalismo teológico e histórico. La verdad real de la fe en el Dios encarnado queda sin solución en las *Migajas*; mientras que en las obras religiosas se toma como la verdad existencial más radical. Pero Kierkegaard, en su ansia de separar la fe de un escueto asentimiento racional y de una pretendida demostración filosófica de la revelación, desconfía de *cualquier* motivo intelectual de la fe. La probabilidad no se supera por una adhesión intelectualmente cierta, de la mente y de la voluntad, a la verdad revelada, sino por el puro valor y la tenacidad del salto de la entrega personal a un modo de vida. Este salto combina una extrema «incertidumbre objetiva», o carencia de prueba filosófica, y una «certidumbre subjetiva» igualmente extrema, o una adhesión de la voluntad y de toda nuestra personalidad a las demandas de tal fe sobre nuestra existencia. Al separar la fe de la razón especulativa, Kierkegaard no da a la inteligencia su participación normalmente plena y explícita en el acto de aprehensión de la verdad. No es un anti-intelectual, porque sugiere que, si la razón tiene bastante confianza en Dios para romper a través de su propia autonomía, descubrirá que está en secreto acuerdo con la fe. Pero analiza en forma inadecuada la función de la razón de establecer los fundamentos de la religión natural y preparar la fe.

"Por otra parte, el punto de vista de Kierkegaard sobre la fe y la historia ayuda a corregir algunos conceptos equivocados a que dan lugar algunas veces los procedimientos de los apologistas cristianos. Para confirmar lo anterior basta con indicar tres tendencias de la apologética de su tiempo y de tiempos posteriores, que sus escritos trataban de desafiar y corregir:

a) Por más que sea necesario cultivar el método histórico de estudiar las Escrituras, este trabajo de reconstrucción no debe tomarse como equivalente a una captación completa de la verdad histórica de la Encarnación, o como el único camino para alcanzar la verdad. Los estudios históricos, por su propia naturaleza, se ven obligados a tratar la vida de Cristo según las reglas establecidas para la investigación histórica. El resultado nunca podrá poner en claro el meollo del misterio divino-humano, aunque puede sugerir razones sólidas de nuestra fe. Ni puede tampoco minar el mismo terreno de la fe el trabajo de los críticos de la Biblia que le son opuestos. La Encarnación y la vida de Cristo tienen un significado histórico único, que no espera los resultados de las controversias y las investigaciones bíblicas para ser aprehendido más allá de toda duda, por los hombres comunes y corrientes. La historia sagrada contiene más de lo que los historiadores pueden establecer formalmente.

b) No hay que permitir nunca que las pruebas de credibilidad, filosóficas e históricas, hagan superfluo el acto de fe o lo reduzcan a una mera conclusión sacada de premisas que la requieren intrínsecamente. De manera semejante, el testimonio de otros creyentes y el peso de la tradición no deben intervenir como si constituyeran un motivo formal de fe. En este respecto, no hay discípulos de segunda mano, aunque haya discípulos de una época primitiva y otros de épocas posteriores de la tradición cristiana. Kierkegaard vuelve a darle un lugar prominente al carácter sobrenatural de la fe y de la necesidad del *Deus revelans* como motivo suficiente de fe, cosas que ignoraban los apologistas filosofantes que él leía. Usando sus propias palabras: "El sucesor cree *por medio* del testimonio de sus contemporáneos, y en virtud de la condición que él mismo recibe de Dios".

c) Finalmente, el estudio de la vida histórica de la Iglesia puede, algunas veces, descarriar, si se trata a la Iglesia únicamente según los métodos históricos ordinarios y no se la ve también con los ojos de la fe. Si solo se cultiva el primer punto, en un esfuerzo por preparar las bases de la fe, es fácil que se produzca una confusión entre lo que tiene grandes probabilidades y causa admiración, y la fe misma. Además, el paso de los siglos puede hacer aparecer como remota y difusa la presencia de Cristo. Poniendo en claro la contemporaneidad de todos los creyentes con Cristo, indica Kierkegaard cómo puede uno despertar un sentimiento vivo de la cercanía de Cristo y de Su interés personal por cada uno de los cristianos a través de la historia.[16]

16. James Collins, *El pensamiento de Kierkegaard*, pp. 240-247. FCE, México 1970.

5.2. Los tres estadios de la vida

Para Kierkegaard la existencia tiene tres estadios: estético, ético y religioso. El *estadio estético* es la forma de vida de quien existe en el *instante* huidizo e irrepetible, cuyo punto final es la desesperación; el estadio ético es la reafirmación de sí, del deber y de la fidelidad de sí mismo. En la vida ética el hombre individual se ha sometido a una forma y resuelve la desesperación de la vida estética en la conciencia moral. En el estadio religioso el hombre comunica con Dios gracias al renunciamiento voluntario a los vínculos temporales y a la aceptación forzosa del dolor. Mantenerse en lo absoluto es la fe de la religiosidad natural, la cual es superada por la cristiana, porque esta nos presenta, en irreductible paradoja, el poder eterno que se coloca en las circunstancias humanas como algo que se cumplió en el tiempo, la Encarnación, que ya hemos estudiado.

> Un yo cabalmente delante de Cristo es un yo potenciado por la inmensa concesión divina y por la enorme fuerza expresiva que se encierra en el hecho de que Dios mismo, por culpa de ese yo, se haya dignado nacer y hacerse hombre, padecer y morir. De la misma manera que antes decíamos que cuanto mayor era la idea de Dios en el hombre, mayor era sin duda alguna el yo de este, así también ahora tenemos que afirmar que cuanto mayor sea la idea que se tenga de Cristo, mayor será el yo humano. Porque un yo siempre será cualitativamente lo que sea su medida. Dándonos a Cristo por medida, Dios nos ha testimoniado con una claridad meridiana hasta dónde alcanza la enorme realidad de un yo, porque en definitiva solo en Cristo se hace verdad el que Dios sea el fin y la medida del hombre, o la medida y el fin.[17]

5.3. El pecado "delante de Dios"

En 1849, y bajo el seudónimo de Anti-Climacus, Kierkegaard publicó una de sus obras más importantes: *La enfermedad mortal* o *De la desesperación y el pecado*. En ella desarrolla, desde un punto de vista teológico, psicológico y filosófico el problema del pecado original. Para Kierkegaard es una de las cuestiones más importantes de la existencia, pues es mediante el pecado original que el hombre descubre su existencia. El pecado es la "categoría de la individualidad", aquello que singulariza al hombre y que constituye, por tanto, su verdadera naturaleza existencial. Los escritos de Kierkegaard son tan densos y su argumentación tan estrechamente entrelazada que es muy difícil siquiera extraer un pasaje amplio que ofrezca una idea adecuada de lo que está tratando de decir. Para entender a Kierkegaard es imprescindible leerle por completo.

---

17. *La enfermedad mortal*, II, 2ª, 2.

El crecimiento gradual de la conciencia del yo se mueve dentro de la categoría del yo humano, o del yo cuya medida es el hombre. Pero este yo alcanza una nueva cualidad y una nueva calificación al ser precisamente un yo delante de Dios. Ahora ese yo ha dejado de ser simplemente un yo humano para convertirse en lo que estoy dispuesto a llamar —con la esperanza de que no se me comprenda mal— el yo teológico, es decir, el yo precisamente delante de Dios. ¿Acaso no es una nueva realidad infinita la que alcanza el yo al saber que existe delante de Dios y convertirse en un yo humano cuya medida es Dios? Un vaquero —si es que esto no es una imposibilidad— que no fuese más que un yo delante de sus vacas sería indudablemente un yo muy inferior; y la cosa tampoco cambiaría mucho, aunque se tratara de un monarca que solo fuese un yo frente a todos sus esclavos. Tanto el vaquero como el monarca absoluto carecerían en realidad de un yo, pues en ambos casos faltaba la auténtica medida. El niño que hasta ahora solamente ha tenido a los padres como medida, pronto será un hombre en cuanto tenga al Estado por medida. Pero, ¿qué rango infinito no adquiere el yo cuando Dios se convierte en medida suya? La medida del yo siempre es aquello ante lo cual precisamente el yo es lo que es en cuanto yo, pero esto es a su vez la definición de "la medida". De la misma manera que no se pueden sumar más que cantidades del mismo orden, así también cualquier cosa es cualitativamente idéntica a aquella con que se mide. Ahora bien, lo que es la medida cualitativa de algo es también su meta en el sentido ético; medida y meta expresan, pues, la calidad de las cosas. Sin embargo, en el mundo de la libertad suele transformarse este orden de cosas, ya que muchas veces el individuo no es de la misma calidad que la que su medida y meta le exigen, de suerte que se hace responsable de semejante descalificación. Claro que en este caso la meta y la medida permanecen las mismas, juzgándole y poniendo de manifiesto de una manera flagrante que no se ajusta a lo que cabalmente es su medida y su meta.

La más antigua Dogmática tenía una idea muy exacta, a la que recurría con mucha frecuencia —aunque también solía cometer muchos errores en su aplicación—, cuando hacía hincapié en que lo terrible del pecado consistía en que se pecaba delante de Dios. Esta es la razón en que se apoyaban para demostrar la eternidad de las penas del infierno...

Nuestro yo individual y concreto solamente llega a ser un yo infinito mediante la conciencia de que existe delante de Dios; y este yo es cabalmente el que se pone a pecar delante de Dios. Por eso, el egoísmo en el paganismo —a pesar de todas las cosas que puedan decirse sobre él— era mucho menos calificado que el que hay dentro de la cristiandad, la cual sin duda no está tampoco libre del egoísmo. La razón de esta diferencia es muy sencilla, ya que el pagano no tenía su propio yo delante de Dios. El pagano y el hombre natural no tienen más medida que la del yo humano. Por eso, desde un punto de vista más elevado, puede ser muy razonable ver que todo el paganismo yacía en el pecado, pero el pecado del paganismo no era en el fondo más que la desesperada ignorancia de Dios, la ignorancia de que se existía delante de Dios; en una palabra, "que se estaba sin Dios en el mundo". Por otra parte, también es verdad que el pagano estrictamente no pecaba, ya que no lo hacía delante de Dios, y ya hemos dicho que todo pecado es delante de Dios. Además, podemos afirmar con toda seguridad que muchas veces los paganos vivieron la vida sin que nadie les pueda echar nada en cara en cierto sentido, pues en realidad los salvaba su representación superficial y pelagiana de las cosas.[18]

5.4. El individuo y la realización de uno mismo

El tema central del pensamiento de Kierkegaard es el individuo que hay que llegar a ser, tal cual ya se planteaba en las filosofías de Fichte y Hegel; lo cual para él coincide con llegar a ser cristiano. Hallar una verdad, pero una verdad "para mí", en el más puro sentido luterano, hallar la idea por la cual quiero vivir y morir y no ser más que una sola cosa con la verdad; vivirla, en lugar de pensarla. "Lo subjetivo es lo verdadero", dice Kierkegaard. Pero ve una lucha a muerte entre la existencia y el pensamiento; entre el cristianismo y la filosofía, que jamás pueden ir, a sus ojos, unidos, ya que lo cristiano se le aparece como contradictorio del hombre.

Para Kierkegaard, la subjetividad culmina en la pasión. La pasión es la cumbre de la subjetividad y, por consiguiente, la experiencia más perfecta de la existencia. Por definición, la existencia es apasionada. El instante y el "pathos" van juntos. Las conclusiones de la pasión son las únicas dignas de fe, las únicas que prueban. El cristianismo, por otra parte, es la paradoja; pero paradoja y pasión se unen bien y la paradoja concuerda completamente con lo que existe en el más alto grado.

El hombre, de cualquier manera que quiera obrar, se estrella contra sus propios límites. Siente que por sí solo no puede realizarse a sí mismo y que el mundo entero no puede realizarlo. Su existencia es relación a lo trascendente, relación absoluta al Absoluto, o no es nada. La angustia es la forma que toma esta conciencia y la desesperación es el término a que conduce. Como tal, la desesperación arranca al hombre de sí mismo en lo que tiene de eterno. La desesperación está ligada al fracaso. La angustia, en cambio, precede al pecado y está ligada a la posibilidad y a la libertad. Ninguna vida humana puede escapar a la angustia y la angustia misma es, como la desesperación —una por delante de la libertad, la otra por detrás—, el signo de la existencia.

El pensamiento central de Kierkegaard podrá, pues, definirse como una preocupación por la personalidad espiritual, considerada en su realidad existencial. Nos recuerda constantemente las condiciones absolutas de una conjunción de lo individual y universal, es decir, de una existencia espiritual y de un pensamiento viviente.

Kierkegaard, en realidad, no fue fundamentalmente filósofo, ni quiso serlo. Su pensamiento más bien fue teológico, aunque hubiera rechazado también el

---

18. *La enfermedad mortal*, II, 2ª 1.

rótulo de teólogo, por lo que le evocaba de profesionalismo y sistematización; pero, como en el caso de todo pensamiento profundo y original, ha ejercido una poderosa influencia, tanto en filosofía como en teología. Como bien dice Richard J. Bernstein, cualquier intento de leer e interpretar a Kierkegaard está minado de peligros y trampas. Kierkegaard es un ironizador. Muchas de las obras que han servido como base para comprender a Kierkegaard fueron publicadas bajo seudónimo. Una lectura atenta de las mismas revela que los seudónimos representan diferentes papeles en diferentes obras, por eso hay que prestar atención y discernimiento a lo que se está diciendo. Es desastroso pensar que las obras con seudónimo son vehículos directos de sus ideas. Mejor comenzar con su libro *Mi punto de vista como escritor*, donde aclara su método e intenciones.

Kierkegaard *utiliza* la filosofía, pero su preocupación es metafilosófica. Admite la verdad objetiva, lo cree y lo mantiene, pero lo que él pretende es entender el papel que la verdad juega en la vida humana. Pone de manifiesto cómo el "cebo" de la verdad objetiva puede llegar a ser una tentación que nos ciegue al reconocimiento de lo que implica ser un existente individual.

"En el *Tractatus*, Wittgenstein abre una brecha profunda e infranqueable entre lo que puede ser dicho y lo que puede ser mostrado. Lo que puede ser mostrado no puede, estrictamente hablando, ser dicho. Kierkegaard hubiera simpatizado con esta distinción y sus comentarios sobre la "comunicación indirecta" y "la doble reflexión", revelan el conocimiento de esta diversidad —y el problema de usar el lenguaje para decir lo que no puede ser dicho, sino solo intuido directa e íntimamente"[19]—.

El mérito de Kierkegaard fue acometer la empresa apologética no desde la razón ni el sentimiento, sino desde el sentido cristiano mismo de la fe como camino de salvación, mediante la instauración de una relación inmediata con Dios. "En este aspecto, Kierkegaard se encuentra entre los predicadores de la fe de Cristo religiosamente más serios, teológicamente más profundos y retóricamente más eficaces. Quien es dirigido por Kierkegaard no puede terminar en otro sitio que junto a Juan de la Cruz.

"Fue capaz de hablar religiosamente, no solo sobre lo santo, sino también sobre lo profano y neutro de un modo que lo religioso resuena en el fondo y el subsuelo"[20].

6. Friedrich Nietzsche, pasión de vida

Mientras que Kierkegaard se esfuerza en argumentar el cristianismo desde la vida individual, la existencia de cada cual, Nietzsche sueña con el fin de la religión,

19. R. J. Bernstein, *Praxis y acción*, p. 109. Alianza Editorial, Madrid 1979.
20. T. Kampmann, *Kierkegaard como educador religioso*, p. 38. CSIC, Madrid 1953.

la muerte de Dios, y la venida, no del Hijo del Hombre celestial, sino del Super-hombre terrestre.

Federico Nietzsche (1844-1900), nació en la ciudad prusiana de Röcken, en el seno de una familia de larga tradición eclesiástica. Su abuelo y su bisabuelo maternos habían sido pastores luteranos, mientras que los paternos habían ense-ñado teología. Su padre era pastor y él mismo, por deseo de su madre, estudió teología, con vistas a seguir la tradición familiar, cosa que, como es bien sabido, no hizo, sino todo lo contrario. Llegó a convertirse en un implacable crítico del cristianismo. Quizá la muerte de su padre, al que amaba mucho, pudo influir a la hora de emprender y seguir esta ruta. "Para mí es un gran honor haber tenido el padre que tuve"[21].

Para Víctor Massuh, en la filosofía de Nietzsche se distinguen tres etapas o pasos escalonados. El primero, que pude ubicarse entre 1871 y 1876, caracteriza-do por una gran confianza en la cultura y en las figuras de su país, apareciendo como paradigmas Wagner y Schopenhauer. El segundo periodo puede ser abar-cado entre 1876 y 1882 y en él hace su aparición el nihilismo nietzscheano que empieza a volcarse en *Humano, demasiado humano* y *Aurora*. El último paso es el de la rebelión total. Entre 1882 y 1888, Nietzsche se manifiesta contra todos los valores establecidos, contra toda norma moral objetiva y, en especial, contra el cristianismo como autor de una jerarquía de valores injusta, degradante para el hombre y falsa. Junto a la proclamación de la "muerte de Dios" surge el naci-miento del superhombre, cuyas características serán totalmente diferentes a las consideradas ideales por el cristianismo. A esta época pertenecen, entre otros, *Así habló Zaratustra, Más allá del bien y del mal* y *El Anticristo*[22].

La última parte de la obra de Nietzsche es un enfrentamiento constante con la Iglesia luterana, la fe, la ética y el Dios por ella representados. Un ataque sin tregua al cristianismo. Sin embargo, sorprende la renuncia de Nietzsche a ha-cer matizaciones, a analizar con un mínimo de cuidado la fe a la que aplica su martillo de demolición. Leyendo sus obras nadie diría que estaba al tanto de la teología, la cual conocía de primera mano. Sabemos que leyó minuciosamente el Nuevo Testamento, así como las obras de Lutero. Pero en su ofensiva contra el cristianismo no hay ninguna consciencia de la enorme complejidad cultural del cristianismo, de la variedad de sus fuentes y de la diversidad de sus formas, instituciones y prácticas. Arrasa con todas por igual, pero sin convencernos de-masiado, aunque reconozcamos lo grave, serias, dignas de ser tenidas en cuenta, de algunas de sus críticas.

En la universidad estudió con Schopenhauer, del que aceptó su ateísmo declarado e inflexible, y que Nietzsche se va a encargar de llevar a sus últimas

---

21. *Ecce Homo. Cómo se llega a ser lo que se es*, § 3.

22. Víctor Massuh, *Nietzsche y el fin de la religión*. Ed. Sudamericana, Bs. As. 1976.

consecuencias, enfrentándose incluso a su maestro, en el tema de la dirección de la voluntad, no hacia el pesimismo sino hacia la vida. "Schopenhauer: A excepción del cristianismo, no hay en la historia un fraude psicológico mayor"[23]. El ateísmo anticristiano de Nietzsche es mantenido sin vacilaciones en nombre de la vida, de la voluntad de poder. Es un motivo vital más que intelectual. Para él "la vida termina donde *empieza* el reino de Dios"[24].

Su ateísmo es una preocupación heredada, hecha y, por tanto, intelectualmente secundaria a su original y demoledora labor filosófica. Nietzsche parte del ateísmo, pero no se esfuerza por convencer ni por argumentarlo. Construye desde la elaboración atea ya preparada y servida por sus contemporáneos, en especial Schopenhauer. Su originalidad en este campo consiste en proclamar la muerte de Dios como un logro de la voluntad de poder que aspira a vivirse a sí misma en toda su naturalidad sin el supuesto chantaje a la vida de un Dios garante de la moral, de lo bueno y de lo malo, como resignación y miseria. Su ateísmo es de índole *psicofilosófica* y, por tanto, precursor de Sigmund Freud.

Antes de él, Strauss, Feuerbach, Bauer, habían realizado la alquimia proteica de transmutar a Dios en hombre, de hacer de este el Dios de sí mismo, O simplemente, de hacer ver al hombre que lo que él llamaba Dios era solo el conjunto de virtudes ideales proyectadas fuera de sí. Según esta nueva escuela antropológica, el hombre realizado es el Dios del hombre. Y Nietzsche es el primero en plantear el problema en el terreno de la vida. ¿Qué significa que no Dios, sino la Humanidad —el Superhombre— sea lo último, lo trascendente? Pues, ciertamente, una reversión de todos los valores inculcados por la fe del Dios cristiano. La divinidad sigue en pie, pero esta ya no es, como en Spinoza, la Naturaleza —solución panteísta—, sino la Vida humana —solución vitalista—. La vida como *voluntad de verdad*, que reconoce su continuidad con el pensamiento cristiano en cuanto este tiene de amor a la verdad. Para el cristiano existe una identificación clara entre la verdad y Dios, por eso, precisamente cuando no se aprecia esta identidad, se echa en falta o se niega; la fe no puede mantenerse, pues la creencia no es cuestión de voluntad emocional —como sentimiento de dependencia o anhelo de seguridad—, sino de voluntad de verdad. Nietzsche considera que no hay adecuación entre Dios y la verdad, y por eso prefiere declararse ateo, antes que vivir de una ilusión, o lo que es peor, de una mentira, pues "nada es tan necesario como la verdad y, en relación a ella, el resto solo tiene una importancia secundaria".

Siempre existe una fe metafísica en la que se apoya nuestra fe en la ciencia, que también nosotros, los que hoy estamos en el camino de conocer, nosotros ateos y antimetafísicos, encendemos también nuestro fuego en la lumbre que ha encendido

23. *El ocaso de los ídolos*, § 21.
24. *Id.* § 42.

la fe de milenios, esa fe cristiana, que fue también la fe de Platón de que Dios es la Verdad, que la Verdad es divina… Pero ¿qué ocurre, cuando esto precisamente se hace cada vez más increíble, cuando ya no se presenta nada divino, de no ser el error, la ceguera, la mentira…, cuando el mismo Dios se nos presenta como la mayor mentira?[25]

6.1. El eterno retorno y la transmutación de los valores

En el pensamiento de Nietzsche late el innegable anhelo de autotranscendencia del ser humano, pero sin conseguir llenarlo de contenido real. Para ello el filósofo recurre a un mito que ocupe el lugar dejado vacante por Dios. El mito del "eterno retorno", "el anillo de la existencia", como escribe Nietzsche, y que no es sino un respiradero de su sentir trascendente, de su apéndice cristiano. El "retorno eterno de lo mismo" es el fraude intelectual al que ha de inmolarse para negar a Dios y conservar la ineludible transcendencia que anhelaba con todas las fibras de su alma, pues habiendo descubierto la vida superior no estaba dispuesto a rendirse ante la nada o el absurdo, como harían otros menos llenos de su fuerza vital.

"Zaratustra es el «maestro del eterno retorno», pero no lo enseña realmente: solo alude a él"[26]. El retorno eterno es una pobre caricatura del eterno Dios, pero al menos representa esa tensión humana que es imposible eliminar por completo. Precisamente en ese pasaje donde el loco anuncia la "muerte de Dios" delatamos el alto concepto que Nietzsche tenía de la divinidad. Dios es referido allí como el *mar*, semejante a la estrofa de nuestro poeta que se refería a nuestra vida como un río que va a parar a la mar, que es el morir, y que, en este caso, es el Dios en quien todos los ríos —la vida humana— confluyen. "¿Dónde está Dios?, exclamó, ¡os lo voy a decir! *¡Nosotros lo hemos matado!* —vosotros y yo— ¡Todos somos unos asesinos! Pero ¿cómo lo hemos hecho? *¿Cómo hemos podido vaciar el mar?*"[27].

Nietzsche llegó al *eterno retorno* después de negar la existencia de Dios y de la inmortalidad del alma. Sin fe, pero con una inmensa voluntad de vivir, se vio abocado a postular el retorno eterno de las cosas. Su razonamiento es bastante fácil de seguir: nuestro mundo está constituido por un número finito de elementos; por consiguiente, la totalidad de estados cósmicos, producto de las distintas combinaciones, será también finita. Mas, quedando todavía un tiempo infinito por delante, las combinaciones de los elementos cósmicos comenzarán de nuevo, y así indefinidamente.

Esta idea del eterno retorno producía en Nietzsche una honda depresión, pues todo lo pequeño y mezquino, todo lo malo y miserable, todo lo vil e injusto, retornará eternamente. Ante esta idea insoportable es preciso realizar una labor

---

25. *La gaya ciencia*, V, 344.

26. Eugen Fink, *La filosofía de Nietzsche*, p. 108. Alianza Editorial, Madrid 1980.

27. *La gaya ciencia*, II § 125.

revolucionaria, la epopeya de transformar el mundo mediante la *transmutación de los valores* y transformarse a sí mismo hasta alcanzar el ideal del *superhombre*. A esto le ha llevado a Nietzsche la negación de Dios, unido a su voluntad de vivir.

No toda vida es válida, ni dada por buena. Como había enseñado Fichte con otras palabras, según Nietzsche existen dos tipos de vida, una ascendente y otra decadente. Lo que favorece la vida y su poderío es bueno, lo que la anula o debilita es malo. La moral cristiana es la rebelión de los inferiores, de las clases sometidas y esclavas. Su verdadero fundamento es el *resentimiento*: el resentimiento de aquellos a los que les está prohibida la verdadera reacción y encuentran su compensación en una venganza imaginaria. Los fundamentos de la moral cristiana, el desinterés, la abnegación, el sacrificio, son el fruto del resentimiento del hombre débil ante la vida. Es la vida poniéndose contra la vida, la fuga frente a la vida. El ideal ascético es un expediente para conservar la vida en el estado de degeneración y decadencia a que lo ha reducido la frustrada aceptación de la misma. Y los puros de corazón son también hombres de resentimiento, que rugen con un subterráneo sentimiento de venganza contra los que encarnan la riqueza y la potencia de la vida.

El superhombre es la *superación* del hombre, la libertad de espíritu, el poder volar libremente, sin temor, por encima de los hombres, de las costumbres, de las leyes y de las apreciaciones tradicionales. Su espíritu debe renunciar a toda fe, todo deseo de certeza y acostumbrarse a tenerse de pie sobre la cuerda floja de todas las posibilidades. Su máxima fundamental es: *llega a ser lo que eres*, que en Nietzsche no es como en Kierkegaard, ser uno mismo delante de Dios, a la medida de Cristo, sino encerrarse en la propia excepcionalidad, ahondar el sentido de la diferenciación de los demás.

«La filosofía de Nietzsche —escribe Abbagnano— es la filosofía de un gran romántico. La sed de infinito se manifiesta en todas sus actitudes, en cada elemento de su doctrina, en cada página de sus escritos. Pero Nietzsche ha querido alcanzar y realizar el infinito *para* el hombre y *en* el hombre. Ha querido que el hombre reabsorbiera en sí mismo y dominase, con una voluntad también infinita, el infinito poder de la vida. Por esto, la aceptación de la vida y del mundo no es, para Nietzsche, la aceptación del hombre como criatura finita; no pretende fundamentar las positivas facultades humanas en su misma limitación, sino que trata de transferir al hombre la infinitud de la vida y lo ilimitado de su poder"[28].

6.2. Cuestión de honestidad

Para Nietzsche Dios no es el problema, sino lo que a lo largo de la historia se ha hecho pasar por Dios. Su alta estimación de la vida, su toma de conciencia del valor

---

28. *Op. cit.*, V, p. 235.

del individuo, le llevan a denunciar a voz en cuello la mentira, la mezquindad, la superstición, el miedo a la vida, que se hacen pasar por culto a Dios. Frente a un concepto utilitario de Dios, Nietzsche propone la muerte del mismo en lo que tiene de indigno para un Dios que se precie de sí. "Bastaría un mínimo de esfuerzo intelectual, por no decir ya un rasgo de *decencia*, para hacer ver a esos intérpretes la puerilidad y la indignidad que supone abusar así de la idea de un Dios en términos de prestidigitador. Si tuviéramos una cierta dosis de piedad, por muy pequeña que fuera, un Dios que nos cura a tiempo un resfriado, o que nos hace encontrar un taxi cuando se pone a llover, habría de ser para nosotros un Dios tan absurdo que, si existiera, habría que eliminarlo. Se acaba así, convirtiendo a Dios en un criado, en un cartero, en un mercader ambulante"[29].

"Entre quienes sueñan y añoran a los dioses abundaron siempre los enfermos: odian con furia a quien ama de veras el conocer, y a la más juvenil de todas las virtudes, la *honradez*. Siempre miran hacia atrás, hacia los tiempos oscuros. Entonces el ilusionarse, el alocarse y el creer, resultaban ser por cierto muy diversos: el delirio de la razón era semejanza con Dios, y el dudar era pecado"[30].

Téngase en cuenta que durante mucho tiempo un tipo de fe cadavérica ha pasado por la fe en el resucitado. Se ha entendido la vida creyente en términos de celda monástica en lugar de banquete de bodas, del que habló Jesús. En muchas ocasiones Dios se ha presentado como enemigo consumado de la vida. "El cristianismo inventó a Dios para aniquilar la vida; el alma, para denigrar al cuerpo; el cielo, para desvalorizar la tierra". A partir de Nietzsche el pensamiento cristiano se esforzará en reconciliar lo que nunca debió de estar separado, y colocar a Dios en el centro de la vida, y a la vida en el centro de Dios.

Yo solo creería en un Dios que supiera bailar.

Ahí están los tísicos del alma; apenas han nacido, ya comienzan a morir, y sueñan con doctrinas de cansancio y de renunciación... "¡Guardaos de resucitar esos muertos y de violentar esos féretros que andan!". "¡Vaya con los predicadores de resignación!" Dondequiera que hay pequeñeces, y enfermedades, y tiña, allí aparecen arrastrándose como piojos: y solo el asco que me dan me impide aplastarles.

Pues bien, voy a decir a sus oídos este sermón:

"Yo soy, en efecto, Zaratustra el ateo; el que dice: ¿quién es más ateo que yo, que me permita disfrutar de sus enseñanzas?

"Yo soy Zaratustra, el ateo: ¿dónde encontraré a mis iguales, a aquellos que se dan a sí mismos su propia voluntad, y rechazan toda resignación?".[31]

---

29. *El anticristo*, § 52.

30. *Así habló Zaratustra.*

31. *Id.*

7. Wilhelm Dilthey y la razón histórica

"Me pregunta usted qué cosas son idiosincrasia en los filósofos", escribe Nietzsche. "Por ejemplo, su falta de sentido histórico, su odio a la noción misma de devenir, su egipticismo. Ellos creen otorgar un *honor* a una cosa cuando la deshistorizan, *sub specie aeterni* (desde la perspectiva de lo eterno) cuando hacen de ella una momia"[32]. Deshacer este prejuicio e introducir el sentido histórico en el pensamiento va a constituir la gran labor de W. Dilthey, dando así paso a una de las investigaciones más fecundas y extraordinarias de la filosofía moderna, cuyas repercusiones en la teología evangélica no son de menospreciar, en especial la escuela de la Historia de la Salvación.

Wilhelm Dilthey (1823-1911) nació en el seno de una familia protestante, de confesión calvinista. Su padre era predicador en la corte. Siguiendo la tradición, Dilthey fue destinado a los estudios teológicos, pero el temprano descubrimiento de la filosofía de Kant determinó su orientación futura. Estudió en la Universidad de Berlín, donde se graduó con una tesis sobre la ética de Schleiermacher: *Ensayo de análisis de la conciencia moral* (1864).

Formado en la escuela historiológica de Leopold von Ranke, concibió muy pronto una reflexión filosófica que fuera esencialmente histórica, pues, según su punto de vista, la filosofía no tiene un valor objetivo, sino "vivencial", enraizado en los hombres que la hacen y en el tiempo que a estos les ha tocado vivir. Así Dilthey afirmó que la finalidad del quehacer filosófico consistía en interrogar a la historia, a la vez que conformaba un sistema cultural. La filosofía en Dilthey será *hermenéutica*, interpretación histórica, análisis descriptivo y comprensivo de la vida humana.

En 1883 publicó su *Introducción al estudio de las ciencias humanas*, una de sus obras más conocidas, cuya influencia posterior ha sido enorme. A ella le siguieron: *Sobre nuestra creencia en la realidad del mundo exterior* (1890), *Ideas referentes a una psicología descriptiva y analítica* (1894), *Origen y desarrollo de la hermenéutica* (1900), *La esencia de la filosofía* (1907).

Dilthey distingue las ciencias de la naturaleza de las ciencias del espíritu, considerando la superioridad de las últimas, en función del objeto que tratan. Las ciencias de la naturaleza abordan la realidad tal como la perciben los sentidos, en cambio, las ciencias del espíritu analizan la realidad humana, la realidad histórico-social. Sus ideas tuvieron una fuerte repercusión en el ámbito de la psicología, sobre todo en Hermann Nohl y Eduard Spranger.

En todo filósofo moderno —escribe Julián Marías— resuena la historia entera de la filosofía, pero en Dilthey actúan especialmente los pensadores de la época moderna: los humanistas del Renacimiento, los hombres de la Reforma, Leibniz, los idealistas alemanes y todo el movimiento romántico: Goethe, Hölderlin, Novalis; sobre todo

---

32. *El crepúsculo de los ídolos*, 1.

Schleiermacher; la Escuela histórica en bloque, y también Maine de Biran, Comte y, por supuesto, sus contemporáneos. Con tan amplio bagaje a sus espaldas intelectuales, Dilthey fue capaz de percibir aquello en lo que toda filosofía se cuece y se deja pasar inadvertido, la vida, la vida desde la que se reflexiona e investiga. Todas las filosofías se dan en la vida, que es la realidad radical, aquella en que radican todas las ideas y todas las creencias. Dilthey será el primero en aplicar de un modo consciente la *razón vital*, es decir, la razón extraída de la vida misma, el largo proceso de la historia humana. La razón, que se da en la vida, es una *función* de la misma y, en cuanto histórica, en constante evolución, La vida no solo tiene historia, sino que es historia. El pensamiento histórico, como razón, entra definitivamente en el amplio campo de las disciplinas académicas, incluida la teología, con resultados fecundos y absorbentes. Todo el pensamiento religioso moderno se mueve en torno a los términos y conceptos planteados por la filosofía de la historia, como filosofía de lo real en sus fundamentos.

La última raíz de la visión del mundo es la vida. Esparcida sobre la tierra en innumerables vidas individuales, vivida de nuevo en cada individuo y conservada —ya que como mero instante del presente escapa a la observación— en la resonancia del recuerdo; más comprensible, por otra parte, en toda hondura de inteligencia e interpretación, tal como se ha objetivado en sus exteriorizaciones, que en toda percatación y aprehensión del propio vivir, la vida nos está presente en nuestro saber en innumerables formas, y muestra, sin embargo, en todas partes los mismos rasgos comunes. Entre sus diversas formas hago resaltar una. No trato de explicar ni de clasificar; meramente describo la situación que todos pueden observar en sí mismos. Cada pensamiento, cada acto interno o externo se presenta como una punta de condensación y tiende hacia adelante. Pero también experimento un estado interno de reposo; es sueño, juego, esparcimiento, contemplación y ligera actividad: como un fondo de la vida. En ella aprehendo a los demás hombres y las cosas no solo como realidades que están conmigo y entre sí en una conexión causal; parten de mí relaciones vitales hacia todos lados; me refiero a hombres y cosas, tomo posición frente a ellos, cumplo sus exigencias respecto a mí y espero algo de ellos. Unos me hacen feliz, dilatan mi existencia, aumentan mi energía; los otros ejercen sobre sí una presión y me limitan. Y dondequiera que la determinación de la orientación individual que impulsa hacia adelante deja al hombre espacio para ello, observa y siente esas relaciones. El amigo es para él una fuerza que eleva su propia existencia; cada miembro de la familia tiene un puesto determinado en su vida, y todo lo que lo rodea es entendido por él como vida y espíritu que se han objetivado allí. El banco delante de la puerta, el árbol umbrío, la casa y el jardín tienen en esta objetivación su esencia y su sentido. Así crea la vida desde cada individuo su propio mundo.[33]

33. *Dilthey, Teoría de las concepciones del mundo,* I, 1.

Del mismo modo que Kant se propuso una crítica de la razón pura y práctica, Dilthey lleva a cabo una crítica de la razón histórica.

> El método es el siguiente: todo elemento del pensamiento abstracto, científico actual, lo confronto con la naturaleza humana entera, tal como lo muestran la experiencia, el estudio de la lengua y la historia, y busco su conexión. Y resulta esto: los elementos más importantes de nuestra imagen y de nuestro conocimiento de la realidad, con la unidad vital de la persona, el mundo exterior; los individuos fuera de nosotros, su vida en el tiempo y su interacción, todos ellos pueden explicarse desde esa naturaleza humana entera, cuyo proceso vital real en el querer, sentir y representar tiene solo distintos aspectos. No la suposición de un rígido a priori de nuestra facultad de conocer sino solo la historia evolutiva que parte de la totalidad de nuestro ser puede dar respuesta a las preguntas que todos hemos dirigido a la filosofía.[34]

La vida, según la ha percibido genialmente Dilthey, no es ni una noción biológica, ni un concepto metafísico, sino la existencia del individuo singular, la vida de cada cual, cuyo carácter más notable es su esencial historicidad. "Qué sea el hombre, solo se lo dice su historia. En balde arrojan otros tras de sí el pasado entero, para empezar, la vida, por decirlo así, de nuevo, sin prejuicios. No pueden desprenderse de lo que ha sido, y los dioses del pasado se les convierten en fantasmas. La melodía de nuestra vida está condicionada por las voces del pasado, que la acompañan. Solo se libera del tormento del instante y de la fugacidad de toda alegría mediante la entrega a los grandes poderes objetivos que ha creado la historia. La entrega a ellos, no la subjetividad del capricho y del goce, es la reconciliación de la personalidad soberana con el curso universal"[35]. Solo en la historia se conoce el hombre a sí mismo, más aún: solo en ella puede ser plenamente. El hombre no es sino lo que ha sido; lleva consigo su pasado; como suele decir Ortega, es *heredero*. El que intenta renunciar a la historia, *renuncia a sí mismo*. Porque cada uno solo es el que precisamente es en función de esa historia, inserto en ella.

8. Franz Brentano y el optimismo de la racionalidad

Franz Brentano (1838-1917), sacerdote católico, profesor en Viena, separado de la Iglesia de Roma a raíz de la declaración dogmática sobre la infalibilidad papal, es, junto a Dilthey, la figura máxima de la filosofía de su época y, según Julián Marías, los dos constituyen el antecedente más eficaz e inmediato de la filosofía actual. Con una diferencia, Brentano toma como modelo las ciencias de la naturaleza, mientras que Dilthey, como es sabido, encuadra todo en el marco de la historicidad.

---

34. *Introducción a las ciencias del espíritu.*
35. *Teoría de las concepciones del mundo*, II, 8.

Brentano representa para nosotros el optimismo en filosofía, de raíces humanístico-cristianas, de corte netamente místico. Frente al escepticismo al que gradualmente se va abocando la filosofía moderna, Brentano no se deja amilanar y proclama su fe optimista, hasta en las negaciones más radicales. "Es verdad que existen y existirán siempre de hecho límites para nuestro conocimiento. En muchas cuestiones no podemos lograr sino probabilidad, y en muchas otras, ni tan siquiera lograremos alcanzar esta en suficiente medida. Pero, aunque todo nuestro saber sea fragmentario, este fragmento es, sin embargo, algo grandioso. El hombre es el más prodigioso de todos los vivientes, dice Sófocles... Sin conocer la esencia de la materia, hemos conocido, sin embargo, que es esencialmente incorruptible; sin conocer la esencia del espíritu tal vez podamos mostrar que abriga una fundada esperanza en una existencia sempiterna; y sin conocer la esencia de razón última del mundo, podemos llegar, sin embargo, a la razonable convicción de que el mundo está ordenado por aquella hacia lo mejor. Con ello habremos dado al problema del optimismo una solución que verdaderamente satisface al ánimo"[36].

Para Brentano las objeciones pesimistas hechas por Schopenhauer están desposeídas de todo valor científico, porque descansan en una metafísica absurda. El progreso de la investigación científica ha conducido, según Brentano, a mostrar el carácter teleológico incluso en el nivel inorgánico. La disposición primaria del mundo, conforme a las investigaciones evolucionistas, parece tener una dirección, un *telos*, una dimensión teológica, que abarca igualmente lo orgánico que lo inorgánico.

Es precisamente en lo teleológico —el sentido y propósito del Universo— donde Brentano encuentra el asidero más firme para creer en la existencia de Dios. Para él las objeciones basadas en la ley de la entropía, la temida cesación de todas las cosas, lo malo como algo puramente negativo, y otras muchas dificultades, son como nudos factibles de ser desatados. Más aún, al soltarlos surge al mismo tiempo el descubrimiento de nuevas e insospechadas excelencias, cumpliéndose el dicho de aquel antiguo optimista, Heráclito: "La armonía invisible es más hermosa que la visible". Brentano es un optimista en filosofía y ciencia, porque es un optimista teológico, o, dicho de otro modo, su fe le ha curado del pesimismo. No se encuentra solo. Los filósofos más notables le acompañan.

> Los más grandes pensadores de las fases ascendentes, que, como la Historia enseña, fueron radicalmente optimistas, Platón y Aristóteles, Agustín y Tomás de Aquino, Descartes y Locke y Leibniz, han suministrado en este punto una enorme labor digna de nuestra gratitud; y no es tolerable en manera alguna atreverse a colocar en la misma línea los pensamientos optimistas de aquellos con los pesimistas de nuestros últimos filósofos de moda.

36. *El porvenir de la filosofía*, 19.

Todo saber aporta en su esfera una cierta libertad y redención. Y esto vale más que para otro saber alguno, para aquel que de una manera satisfactoria da razón de lo que en este mundo sentimos como malo. Pues las inquietudes pesimistas son la más triste pesadilla que gravita sobre la Humanidad.

Nuestra religión popular, con su doctrina de un Padre de todas las cosas omnipotente e infinitamente bueno, es una religión optimista; por esto solamente, y bajo el signo del optimismo, es como yo creo que ha ganado para sí el mundo, quiero decir, aquella parte de la Humanidad que ha venido a ser el verdadero soporte de la historia universal. Ciertamente existen indicios de que no lo ha ganado para siempre. Pero aun cuando hubiera de desaparecer este fenómeno, el más grandioso de la cultura, no acontecería esto simplemente dejando vacío su puesto, y todavía menos para dejarse reemplazar por una concepción pesimista del mundo. Antes bien, lo único que de una manera estable puede triunfar sobre ella, es un optimismo purificado, que da razón de los males del mundo mejor que el cristianismo con su doctrina del pecado original y de la expiación redentora. Cayeron todas las leyes rituales tenidas hasta entonces como esencia de la religión; se conservó la verdadera esencia manifestándose purificada y esclarecida. Así es también preciso que caigan nuevamente muchas cosas que la hora actual tiene por esenciales —y lo digo aunque sé que se levantará airada contra mí más de alguna persona noble, al igual que un día se levantó contra Pablo más de un bien intencionado partidario de la circuncisión—; pero las tres palabras de la fe, como las llama Schiller resonarán por ello tanto más potentes en el espíritu y conducirán creadoramente la vida interior y exterior hacia el bien.

¡Dios lo quiera! Y yo confío en que lo querrá.[37]

9. Ortega y Gasset y la razón vital

Aunque tengamos que dar un pequeño salto en el tiempo, este es el lugar indicado para considerar, en línea de continuidad, la aportación filosófica de Ortega y Gasset al tema de la razón histórica como razón vital. Ortega es, en el mundo de habla hispana, el filósofo más admirado y con mayor seguimiento en ambos lados del Atlántico. "Ha sido el máximo pensador de nuestra lengua, y su proyección sobre el alma nacional gravitará enérgicamente en los estratos mentales de los pueblos de habla hispánica"[38].

Ortega, como él mismo escribe, no llegó a conocer personalmente a Dilthey, pues *daba la casualidad*, que cuando el filósofo español estudiaba en Berlín, en 1906, hacia unos años que Dilthey había dejado de explicar sus lecciones en el edificio universitario y solo admitía a sus enseñanzas, que practicaba en su propia casa, a unos cuantos estudiantes especialmente preparados. "Esta *casualidad* hizo

---

37. *Id.*, 20, 21.
38. Paulino Garagorri, *Introducción a Ortega*, p. 15. Alianza Editorial, Madrid 1970.

que yo no tropezase con su persona. Sin embargo, yo quise entonces conocer su obra"[39].

Entre las filosofías de Dilthey y Ortega se dio una relación de paralelismo y de superación en el último. La *razón vital* de Ortega, representa, en el problema de la vida, un nivel más elevado que la idea de la *razón histórica* de Dilthey.

Ortega descubrió en Dilthey un espíritu congenial. Como escribe Gadamer, situado en el centro de su propia vida, Ortega había elaborado ya hacía tiempo las líneas capitales de su orientación. Su conocimiento de Dilthey pudo ser para él una sorprendente constatación de sus propias tendencias. "Ortega está en deuda con la riqueza de la obra de Dilthey. Sin embargo, se halla sorprendentemente cerca de esa generación, marcada por las sangrientas experiencias de la Primera Guerra Mundial y por la conmoción de la conciencia cultural liberal que comienza a percibirse en Dilthey: la historicidad como distinción ontológica del hombre"[40].

Ortega distinguió entre el vitalismo que se orienta hacia la vida orgánica, hacia la *zoé* (de donde viene nuestra zoología) —el hombre como animal—, y el vitalismo que se orienta hacia la vida experimentada y vivida, hacia el *bios* (que se emplea tanto en biología como en biografía) —el hombre como persona—, tan enfatizado por la Filosofía de Julián Marías. La filosofía de Ortega es la filosofía del *bios*, de la vida individual, la de cada cual; percibimos en ella el cambio de paradigma científico mecanicista por el orgánico o biológico.

José Ortega y Gasset (1883-1955) nació y murió en Madrid. Estudió en Leipzig, Berlín y Marburgo. De 1910 a 1936 fue catedrático de Metafísica en la Universidad de Madrid. En 1948 fundó, junto con Julián Marías, el Instituto de Humanidades. El florecimiento filosófico de España en el siglo XX arranca de Ortega, a quien están vinculados, entre otros, los nombres de Manuel García Morente, Fernando Vela, Xavier Zubiri, José Gaos, Luis Recaséns Siches, María Zambrano, Antonio Rodríguez Huéscar, Manuel Granell, José Ferrater Mora, José A. Maravall, Luis Díez del Corral, Alfonso G. Valdecasas, Salvador Lissarrague, Paulino Garagorri, Pedro Laín Entralgo, José Luis Aranguren, Carlos París y Julián Marías. A esta lista se le podría añadir otra semejante correspondiente a pensadores latinoamericanos, pues a raíz de la visita de Ortega a América Latina en 1916, por primera vez y con él surgió un nuevo modo de filosofar, una verdadera renovación de la filosofía, con pensadores como Samuel Ramos en México y Francisco Romero en Argentina. Les siguen Risieri Frondizi y Francisco Miró Quesada, entre otros.

El punto más importante del pensamiento de Ortega es la superación del "intelectualismo", el prejuicio ciego y tenaz que cree que el conocimiento empieza y acaba en sí mismo. Es obvio y claro, dice Ortega, que todo hecho de conciencia

---

39. Ortega y Gasset, *Dilthey y la idea de la vida*, I.

40. Hans Gadamer, "Dilthey y Ortega: un capítulo de la historia intelectual de Europa", *Revista de Occidente*, nº 48-49. Madrid, mayo 1985.

se presenta siempre y constitutivamente en conexión con otros hechos de conciencia. Si yo creo algo lo creo *porque* pienso tal otra cosa. Si yo quiero algo es por tal motivo y para tal fin. En suma, lo más esencial del hecho de conciencia es que se da en complejo, conexión, interdependencia y contexto con otros hechos de conciencia.

Es un error, pues, suponer que los hechos de la conciencia cognoscente son impermeables a la conciencia volitiva y sentimental, de suerte que estas no intervengan *constitutivamente* en aquellos. Dicho en forma más precisa, es un error creer que el motivo, fundamento o suficiente *porqué* de una creencia nuestra no sea un querer o un sentimiento. La realidad es estrictamente lo contrario: el conocimiento depende de la voluntad y el sentimiento, como estos de aquel. Las ideas o convicciones elementales no tienen su motivo, "razón" o fundamento en otras *porque* lo tienen en voliciones y sentimientos. En otros términos: el conocimiento no se explica por sí solo, sino como miembro de la conciencia humana total[41].

No fue Ortega sino uno de sus discípulos, Xavier Zubiri, de quien nos ocuparemos luego, quien llevó a cabo la impresionante tarea de ofrecer una crítica de la "razón sentiente" en tres tomos agrupados bajo los siguientes títulos: *Inteligencia sentiente* (1980), *Inteligencia y logos* (1982), *Inteligencia y razón* (1983), donde Zubiri lleva a cabo una fundamentación crítica de la filosofía, colocando este fundamento no en la crítica misma, entendida como discernimiento de lo que se puede saber, como hicieron Descartes y Kant, sino en algo tan primario como la *intelección*, que es el modo de conocimiento que se da en la realidad. *Inteligir* consiste formalmente en aprehender lo real como real, así corno *sentir* es aprehender lo real en impresión. Inteligir es un modo de sentir, y sentir es en el hombre un modo de inteligir. Por la intelección, estamos instalados ya inadmisiblemente en la realidad. El logos y la razón no necesitan llegar a la realidad, sino que nacen de la realidad y están en ella". Sale de nuestros propósitos siquiera reseñar brevemente la fecundidad de la teoría del conocimiento de Zubiri; quede como apunte para ulteriores estudios, no sin advertir que el pensamiento de Zubiri es denso, sin la más mínima concesión al lector perezoso.

9.1. La radicalidad de la vida

En la época en que Ortega comenzó a filosofar, la vida no era un tema nuevo, pero para *la filosofía de la vida* (*Lebensphilosphie*) la vida era lo irracional al margen de la razón. La actitud filosófica de Ortega fue diametralmente opuesta. La vida consiste, precisamente, en un drama, en una acción o diálogo del hombre con las cosas de su entorno. No existe, pues, el yo en y por sí mismo, sino un yo viviendo con las cosas. "Yo soy yo y mis circunstancias", dice Ortega. La vida es

---

41. *Dilthey y la idea de la vida*, IV.

por esto la realidad radical, la realidad donde todo radica. "La vida humana es una realidad extraña de la cual lo primero que conviene decir es que es la realidad radical, en el sentido de que a ello tenemos que referir todas las demás, ya que las demás realidades, efectivas o presuntas, tienen de uno u otro modo que aparecer en ella"[42]. La acción dramática en la que la vida consiste no es irracional, todo lo contrario, es la razón misma, la razón vital, que no es vida más razón, ni razón más vida, sino la vida misma como forma radical de la razón. Por esto, la filosofía de Ortega no es ni racionalismo sin vida ni vitalismo irracionalista.

Hemos visto que desde Descartes el pensamiento occidental arrastra un grave problema: el de la realidad de las cosas como independientes del yo pensante. Los idealistas dijeron que las "cosas" son "contenidos de mi conciencia, de mi pensar, estados de mi yo". Ortega va a corregir magistralmente este desenfoque y parcialidad, pues la "verdad radical" es la coexistencia de mí con el mundo, *Existir es primordialmente coexistir* —es ver yo algo que no soy yo, amar yo a otro ser, sufrir yo de las cosas"[43]—.

La coexistencia a la que se refiere Ortega no significa un estar una cosa junto a la otra, sino que "el mundo es lo que está siendo para mí, en dinámico de frente y contra mí, y yo soy el que actúo sobre él, el que lo mira y lo sueña y lo sufre y lo ama o lo detesta"[44]. A esta realidad compleja, a la vez unitaria y doble, activa y pasiva "es lo que desde siempre se llama «vivir», «mi vida», «nuestra vida», la de cada cual"[45]. Por lo tanto, la realidad radical del universo es "mi vida", porque mi vida no soy yo solo, yo sujeto, sino que vivir es también mundo.

La vida es "encontrarse a sí mismo en el mundo y ocupado con las cosas y seres del mundo", ser "afectado" por esas otras cosas. "Lo importante no es que las cosas sean o no cuerpos, sino que nos afectan, nos interesan, nos acarician, nos amenazan y nos atormentan"[46].

La estructura mínima y necesaria de la vida procede de la tensión entre un yo y lo otro. En el concepto otro entra el contorno físico, los demás hombres, la naturaleza, la tradición histórica, mi cuerpo, mi psique. Abarca, en suma, a todo cuanto sea una cosa mía, salvo a mí mismo, es decir, a mi yo.

En el mundo o circunstancia de cada uno de nosotros no hay nada que no tenga que ver con uno, y uno tiene, a su vez, que ver con cuanto forma parte de esa circunstancia o mundo. Esta está compuesta exclusivamente de referencias a mí, y yo estoy

42. *Historia como sistema.*

43. *¿Qué es filosofía?*, p. 218. *Revista de Occidente*, Madrid 1972.

44. *Id.*, p. 220.

45. *Id.*

46. *Id.*, p. 229.

consignado a cuanto en él hay, dependo de ello para mi bien y para mi mal: todo me es favorable o adverso, caricia o rozadura, halago o lesión, servicio o daño.[47]

El *mundo* es definido en sentido estricto diciendo que mundo es aquello que nos afecta. Con lo cual, la realidad de nuestra vida no se reduce al ámbito cerrado de nuestra persona, sino que engloba dentro de su seno también nuestro mundo. Por eso, lo que vaya a ser nuestra vida depende tanto de lo que sea nuestra persona como de lo que sea nuestro mundo.

Mundo y persona concurren a formar la realidad de nuestra vida simultánea e inseparablemente. Esto da a nuestra existencia un gesto de terrible dramatismo, porque "vivir no es entrar por gusto en un sitio previamente elegido a su sabor, como se elige el teatro después de cenar, sino que es encontrarse de pronto y sin saber cómo, caído, sumergido, proyectado en un mundo incanjeable, en este de ahora"[48].

Al definir la vida como coexistencia del yo con las cosas, estamos formando la existencia de una realidad dual; el yo y el mundo no son la misma cosa, pero las dos concurren a formar una realidad única que es mi vida. Es necesario determinar el contenido de esos dos términos que concurren a formar la realidad radical.

¿Qué es el mundo con el cual forma mi yo la realidad radical que es mi vida?

"Mundo no es naturaleza... El mundo vital no tiene misterio alguno para mí, porque consiste exclusivamente en lo que advierto, tal y como lo advierto. En mi vida no interviene sino aquello en que ella se hace presente". Eso que yo advierto y tal como lo advierto, que actúa sobre mí, que se halla frente a mí en la forma de contorno, eso y solamente eso es el mundo. El mundo consiste en todo aquello de lo que me ocupo y en nada más. "Cuando lo que hago es un pitillo, lo hecho no es propiamente un pitillo, sino mi acción de liarlo —el pitillo por sí y aparte de mi actividad no tiene ser primario, este era el error antiguo—. Él es lo que yo manejo al irlo haciendo y cuando he concluido mi actividad y ha dejado de ser el tema de mi acción de liar, se convierte en otro tema: es lo que hay que encender y luego lo que hay que fumar. Su verdadero ser se reduce a lo que refrenda como tema de mi ocupación". Su ser es funcionante: su función en mi vida es un "ser para", para que yo hago esto o lo otro. Por lo tanto, el ser primario de las cosas es un ser servicial, usual y vívido. Esto no quiere decir que las cosas no tengan un ser por sí. Pero incluso "ese ser por sí de las cosas, su ser cósmico y subsistente, es un ser también para mí, es lo que son cuando dejo de vivirlas, cuando finjo no vivirlas"[49].

47. *Id.*, p. 110.
48. *Id.*, p. 230.
49. *Id.*, p. 149.

Ortega no niega el ser en sí de las cosas, las cosas tienen un ser en sí, pero no es esta dimensión de las cosas la que concurre a formar esa realidad primaria y radical que llamamos vida.

> El hombre, al tener que estar en el mundo, se encuentra con que este es un derredor suyo, una intrincada red, tanto de facilidades como de dificultades. Apenas hay cosas en él que no sean en potencia lo uno o lo otro. La tierra, por ejemplo, es algo que le sostiene con su solidez y le permite tenderse para descansar o correr cuando tiene que huir... Pero la tierra es también distancia; a lo mejor, mucha tierra le separa de la fuente cuando está sediento, y a veces la tierra se empina: es una cuesta penosa que hay que subir. Este fenómeno radical, tal vez el más radical de todos —a saber: que nuestro existir consiste en estar rodeado tanto de facilidades como de dificultades—, da su especial carácter a la realidad que llamamos vida humana.[50]

Respecto al yo, el otro término de la realidad dual que forma nuestra vida, es el que tiene que vivir con las cosas en torno. No es materia ni espíritu. Es algo previo, es sencillamente el que tiene que vivir una cierta vida. No una vida cualquiera, sino por el contrario, una vida determinada. El sujeto, el yo, en la perspectiva de la vida no es una cosa, de la misma manera que el mundo tampoco es una cosa en sí. "Yo no soy ni mi cuerpo ni mi alma. Cuerpo y alma son cosas mías, cosas que me pasan a mí; los más próximos y permanentes acontecimientos de mi vida, pero no son yo"[51].

9.2. Naturaleza, espíritu e historia

Las ciencias naturales estudian al hombre en cuanto cosa: organismo físico-psíquico. Pero la física, la biología y la psicología no han resuelto todavía eso que cada cual llama "su vida". Lo humano se les escapa porque piensan que el hombre es una cosa, buscan su naturaleza y el hombre no tiene naturaleza.

> El caso es que así llevamos trescientos años, y que todos los estudios naturalistas sobre el cuerpo y el alma del hombre no han servido para aclararnos nada de lo que sentimos como más estrictamente humano, eso que llamamos cada cual su vida y cuyo entrecruzamiento forma las sociedades que, perviviendo, integran el destino humano. El prodigio que la ciencia natural representa como conocimiento de cosas contrasta brutalmente con el fracaso de esa ciencia natural ante lo propiamente humano. Lo humano se escapa a la razón físico-matemática como el agua por una canastilla... La

---

50. *Ensimismamiento y alteración.*
51. *En el centenario de Hegel.*

causa tiene que ser profunda y radical; tal vez, nada menos que esto: que el hombre no es una cosa, que es falso hablar de la naturaleza, que el hombre no tiene naturaleza.[52]

Ortega insiste una y otra vez que el hombre no tiene naturaleza, que no es su cuerpo, tampoco su alma, porque alma y cuerpo son cosas y el hombre no es una cosa. Es algo más, es un drama. "El hombre no es su cuerpo, que es una cosa; ni su alma, psique, conciencia o espíritu, que es también una cosa. El hombre no es cosa ninguna, sino un drama: su vida, un puro y universal acontecimiento que acontece a cada cual y en que cada cual no es, a su vez, sino acontecimiento"[53].

Al lado de este descubrimiento de la pura dinamicidad del ser humano, frente a su "cosificación", se encuentra el concepto básico de la vida como libertad, pues resulta que la vida nos es dada, pero no nos es dada hecha, sino que necesitamos hacérnosla nosotros. "Antes de hacer algo, tiene cada hombre que decidir por su cuenta y riesgo lo que va a hacer"[54]. El hombre no tiene otro remedio que estar haciendo algo para mantenerse en la existencia. La vida es acción constante. No es sustancia. El hombre es un ser creador de su propia libertad. Es creador como Dios, con una diferencia: la creación humana no es absoluta, como la de Dios, sino limitada por la ocasión. "Por tanto, literalmente, lo que yo oso afirmar: que el hombre se hace a sí mismo en vista de la circunstancia, que es un Dios de ocasión"[55].

Como la razón física no da razón suficiente de los fenómenos típicamente humanos, se intentó comprender estos con las ciencias del espíritu, ciencias morales o ciencias de la cultura. Pero tampoco estas ciencias han conseguido resultados positivos.

El concepto de "espíritu" pretendía oponerse al de la naturaleza. Se presentía que la naturaleza no era la única realidad y, sobre todo, que no era la primaria o fundamental. Cuanto más se la apretaba, más parecía depender de lo humano. El idealismo alemán como el positivismo de Comte significan el ensayo de poner al hombre antes que la naturaleza. Fue aquel quien dio al hombre en cuanto no es naturaleza el nombre de *Geist*, espíritu.

Pero el intento de comprender lo humano como realidad espiritual tampoco ha dado resultado. ¿Por qué? Porque tanto Descartes como los "caballeros del espíritu" no llevaron a cabo la reforma de la filosofía que intentaban. Aplicaron a la nueva realidad la doctrina antigua sobre el ser. "La razón física no puede decirnos nada claro sobre el hombre. ¡Muy bien! Pues esto quiere decir simplemente que debemos desasirnos con todo radicalismo de tratar, al modo físico y naturalista, lo humano. En vez de ello, tomémoslo en su espontaneidad, según lo vemos y nos

52. *Historia como sistema.*
53. *Id.*
54. *Id.*
55. *Id.*

sale al paso. O, dicho de otro modo: el fracaso de la razón física deja la vía libre para la razón vital e histórica"[56].

> La realidad específicamente humana —la vida del hombre— tiene una consistencia histórica. Esto nos obliga a "desnaturalizar" todos los conceptos referentes al fenómeno integral de la vida humana y someterlos a una radical "historización". Nada que el hombre ha sido, es o será lo ha sido, lo es o lo será de una vez para siempre, sino que ha llegado a serlo un buen día y otro buen día deja de serlo.[57]

Dentro de esta dimensión histórica de la vida humana se entrecruzan como en una simbiosis el pasado, el presente y el futuro. Nuestra vida está anclada en el momento presente. Pero ¿qué es mi vida en este instante? No es decir lo que estoy haciendo; es, por el contrario, "estar pensando lo que voy a decir; en este instante me estoy anticipando, me proyecto en un futuro". Ahora bien, para decir lo que estoy pensando, necesito emplear ciertos medios y esto me lo proporciona el pasado, mi pasado. Mi futuro me hace, por tanto, descubrir mi pasado para realizarse. "El pasado es ahora real porque lo revivo, y cuando encuentro en mi pasado los medios para realizar mi futuro es cuando descubro mi presente"[58]. Constantemente estamos decidiendo nuestro ser futuro y para realizarlo tenemos que contar con el pasado y servirnos del presente operando sobre la actualidad. Esto añade una nueva dimensión a la vida: la preocupación. "Vida es preocupación y lo es no solo en los momentos difíciles, sino que lo es siempre y, en esencia, no es más que eso: preocuparse. En cada instante tenemos que decidir lo que vamos a hacer en el siguiente, lo que va a ocupar nuestra vida. Es, pues, ocuparse por anticipado, es preocuparse"[59].

El cristiano tiene que felicitar la filosofía de Ortega en lo que tiene de recuperación de lo humano. Su analítica de la existencia es estupenda y certera. Pero caben un par de preguntas: la vida, la realidad radical, ¿se encierra enclaustrada en sí misma? ¿O, por el contrario, se transciende proyectándose en la Eternidad? No hay duda de que Ortega sustituye la Divinidad por la "vida", No tiene otro horizonte que el antropológico, la realidad humana, aunque en ocasiones hable de "Dios a la vista", como horizonte absoluto, que Ortega no se detiene a explorar. Para el cristianismo la vida es el ámbito de la transcendencia, la preocupación infinita, el desvivirse para vivir la plenitud, tal como desarrollarán Zubiri y Marías, de los que nos ocuparemos en un próximo capítulo.

---

56. *Id.*

57. *Apuntes sobre el pensamiento.*

58. *¿Qué es filosofía?*

59. *Id.*

La meditación excesivamente naturalista había conducido el pensamiento griego a la cosificación del hombre. La protesta de Ortega es justa y profética. Pero, sin olvidar, como en su día apuntó Carlos París, que la primera gran navegación hacia la radicalidad la cumple el pensamiento cristiano. Fue él quien ofreció la clave de la vida humana. Dedujo la realidad humana no a partir de la naturaleza, sino de la personalidad divina. A esta revelación obedece la preocupación filosófica del personalismo cristiano de Mounier, al que después haremos referencia.

"El mundo empírico, mudable y plural, es categorizado en el cristianismo como «contingente» (creado), adquiriendo, sin renunciar a su realidad, una insuficiencia, una transitividad ontológica que lleva a Dios como causa del ser y realidad suprema. Toda la sensibilidad medieval vibra en esta misma vivencia, en que nuestro mundo se reviste del carácter de criatura, soportada por Dios en el ser. La idea de realidad radical nos aparece así en sentido causal y ontológico, como raíz última de todo lo que es, encarnada por la Divinidad. El motor de tal proceder no es sino la búsqueda de la plenitud del ser"[60].

De este modo la vida humana, la realidad radical donde todo radica, incluida la existencia de Dios, como creencia que alcanza nuestro espíritu mediante la cultura, se convierte en una ventana abierta a la transcendencia. La vida encerrada en sí misma termina por agotarse, a falta de impulso y fundamento que fundamente su arrojo y valor de vivir. El análisis existencial ateo de Jean-Paul Sartre, por ejemplo, lleva a la pesimista conclusión de un "ser para la muerte", mientras que el mismo análisis existencial teísta termina en un confiado y optimista "ser para la gloria". Somos para la gloria, dirá el teólogo Emil Brunner, porque somos de Dios, a partir de Él y para Él. Ser-a-partir-de-Él, o ser-para-Él. Es lo que habremos de considerar filosóficamente, y no solo desde la fe.

---

60. Carlos París, "Meditación sobre la filosofía de Ortega", *Arbor* nº 123, Madrid, marzo 1956.

PARTE IX

Materia, mente y espíritu

¿Tiene, sí o no, la vida humana un sentido, y el hombre un destino?
Maurice Blondel

1. La filosofía actual y su idiosincrasia

La filosofía no es una actividad atemporal y abstracta que se realice ajena y como de espaldas a la situación en que el filósofo vive. No hay ciencia humana, ni divina, en cuanto relacionada con este mundo espacio-temporal, que no acuse las influencias de las circunstancias históricas y de la región donde se hace. Así, en términos generales, se podría hablar de filosofía "rusa", "europea", "angloamericana", "africana", "asiática" y "medio oriental". No es lo mismo escribir desde París, que desde Lisboa, Nueva York o Buenos Aires. Aunque los filósofos suelen conocerse unos a otros, no a todos les interesan las mismas cuestiones, por la simple razón de que, partiendo de la situación en que se encuentran, no conceden la misma importancia a los temas que preocupan a habitantes de otras latitudes. No se trata ya de diferencias lingüísticas, geográficas y políticas, sino que nos encontramos ante una cuestión de "temple" o "carácter" social, que cohesiona e inmantiza los distintos caracteres personales. De aquí se derivan las diversas tendencias filosóficas cultivadas desigualmente por los varios bloques filosóficos mencionados. Esto, que puede sonar a poco científico y demasiado subjetivo, es lo más filosófico de todo. Tenerlo en cuenta nos evitará muchos problemas y nos ahorra inútiles enfrentamientos. Así las filosofías científicas y las humanistas reciben asimétrica atención dependiendo del "clima" intelectual que las suscite.

Los filósofos que en unas latitudes son manejados con soltura y tenidos por oráculos casi sagrados, en otras son ampliamente ignorados y tenidos en poco. Se podrían ofrecer muchas explicaciones coyunturales al respecto, nada filosóficas, como el dominio y control de un tipo de filosofía sobre el resto de la producción intelectual, pero aun con todo quedaría esa idiosincrasia nacional que hace a unas filosofías más proclives a unos temas que a otros.

Por regla general, nosotros los europeos, y parte de América por lo que tiene de trasplante de Europa, solemos centramos en cuestiones humanas, o relativas al hombre. "¿Qué es el hombre?" es la pregunta central y omnipresente. La respuesta es bien múltiple: para unos el hombre es una criatura de Dios, para otros el resultado de la sociedad, o el producto de un proceso evolutivo natural, pero estas concepciones contrapuestas giran en torno a una y la misma cuestión. En nuestra cultura, la metafísica se ha cultivado siempre con rigor y es muy extraño el filósofo que, aparte de la atracción de confrontación, se haya dedicado a labores puramente científicas y analíticas.

El mundo filosófico de los "europeos", dejando a un lado Inglaterra y el mundo angloparlante, es muy variado e incluye muchos intereses, adopta múltiples formas y métodos, pero todos tienden a centrarse en lo humano. Es interesante, hace notar Ferrater Mora, que la mayor parte de los fenomenólogos, existencialistas, personalistas, estructuralistas, etc., representantes de tendencias diversas, puedan ser encuadrados en una "actitud" más o menos unificada. "En el seno de ella se suscitan los problemas que se dilucidan con más frecuencia: problemas relativos a estructuras ontológicas a diferencia de estructuras ónticas; al ser y a la nada; a la temporalidad y a la intencionalidad; a la razón y a lo irracional; a lo analítico y a lo dialéctico; a la inmanencia y a la trascendencia, etc. No siempre es necesario que estos problemas sean tratados desde un punto de vista metafísico; hasta es posible que se rechace la metafísica por excesivamente abstracta en nombre de «lo concreto». Pero no se puede evitar que, contrastados con los problemas tratados por muchos de los filósofos de otros «imperios», los dilucidados por los europeos «suenan» casi siempre a «metafísica». En todo caso, metafísicos o no, estos problemas suelen centrarse en cuestiones humanas —o en cuestiones relativas a actitudes humanas— más bien que en torno a «cuestiones naturales"[1].

La tendencia europea y latina es "humanizar" los problemas filosóficos, mientras que la de los angloamericanos, por hacer referencia al otro polo de nuestras relaciones humanas y religiosas, es "naturalizar" las cuestiones mediante el recurso al ideal de objetividad, propio y común de la investigación científica. "Los filósofos del continente europeo —escribía John Wild en 1958— se preocupan muy en particular de la existencia humana y del mundo humano, en tanto que los de Inglaterra y Estados Unidos se han consagrado durante algún tiempo ante todo al análisis lógico y lingüístico". A la hora de orientarnos filosóficamente hemos de tener siempre presente estas diferencias de carácter cultural no para relativizar los problemas tratados por las varias filosofías, sino para encuadrarlos correctamente y ver qué aspectos de la realidad entran en la parcela de su investigación concreta.

1.1. Carácter de la filosofía latinoamericana

Por razones político-sociales, la filosofía que se hace en la América latina desde principios de siglo es decidida y *agresivamente* humanista. Pueblos que en su secular historia han sufrido el dominio y la opresión de los dictadores de turno, no pueden estar dispuestos a renunciar a las libertades que protegen el ser humano de sistemas que, en nombre de la objetividad científica o de un dogma, terminan por oprimirle. "No podemos aceptar una filosofía que anonada la personalidad humana, reduce su unidad a un fenómeno biológico, le niega el derecho a forjar sus valores y sus ideales y le prohíbe trascender con el pensamiento el límite de la existencia empírica"[2].

Casi todos los pensadores latinos provienen de las humanidades y aun aquellos de formación biológica revelan su interés por la literatura, siguiendo la tradición de la influencia del buen decir filosófico de Unamuno y Ortega.

---

1. *La filosofía actual*, 7. Alianza Editorial, Madrid 1969.
2. Alejandro Korn, *Obras*, vol. 3, pp. 279-80.

Otra característica de los filósofos latinos es la preocupación por los problemas políticos y sociales. Según Risieri Frondizi, "no se cultiva la filosofía como forma desinteresada de conocimiento, sino como una guía orientadora para la conducta individual y social. Por ello, el estudio no es neutro sino apasionado, porque una u otra doctrina conducen a estilos de vida distintos. Es el hombre y su propio destino el que está en discusión, y resulta difícil mantener la objetividad cuando se juega el significado de la propia vida. El excesivo ingrediente pasional y polémico que tiene la filosofía latinoamericana no se debe, como creen algunos, a que somos emotivos sino al tipo de problema que nos preocupa. El filósofo norteamericano mantiene su serenidad porque estudia problemas técnicos, metodológicos, semánticos, donde no hay lugar para las emociones. La solución, por otra parte, no puede alterar el tipo de vida, como ocurre en el campo científico. En la América latina, por el contrario, hay verdaderas conversiones que cambian la personalidad total del filósofo al alterar su posición frente a problemas fundamentales de la vida"[3].

Para entender el sentido de la filosofía latinoamericana es imprescindible reparar en su íntima vinculación con los problemas del medio sociocultural. No es una tarea aislada de la realidad, sino una teoría para una praxis. De ahí que la gente se apasione por una u otra doctrina, pues conducen a formas de comportamiento muy dispares.

Dadas estas determinaciones de la labor filosófica actual, que ha dejado de ser como en el pasado inmediato una actividad casi exclusivamente europea, nosotros vamos a recoger en este capítulo la contribución de aquellos pensadores que más se relacionan con nuestra problemática, sin dar a entender por ello que aquellos "excluidos" o no mencionados carecen de importancia filosófica —cuando quizá pueda darse el caso contrario—, sino que, de momento, no entran en el área de interés del pensamiento cristiano que aquí estamos tratando de analizar e historiar.

1.2. La realidad espiritual del universo

Retomando el hilo de nuestra exposición anterior sobre la evolución del pensamiento occidental, llegamos a una etapa de plenitud, donde las inquietudes filosóficas se dispersan cada vez más, se alejan casi por completo de las preocupaciones religiosas, pero a la vez retornan a las mismas, bajo uno u otro aspecto. Como cristianos no podemos tomarnos demasiado en serio la huida de Dios, toda vez que este reaparece bajo diversas imágenes, en virtud de una antropología que en su raíz y dirección se encuentra teológicamente orientada. El ateísmo hay que tomárselo muy en serio y, precisamente por eso, interpretarlo desde la fe como un momento de la experiencia humana que obedece a múltiples factores histórico-culturales,

---

3. R. Frondizi y Jorge J. E. Gracia, *El hombre y los valores en la filosofía latinoamericana del siglo XX*, pp. 19-20. FCE, México 1975.

amén de las disposiciones naturales del ser humano que, aunque parte de Dios por creación, se rebela contra Él por reacción. Pero nunca hay que conceder al ateísmo un estatuto final y absoluto.

Vivimos en un universo espiritual y a veces, en nuestros días, han sido las personas ajenas a la fe quienes más han contribuido a hacer notar la realidad del mismo.

Si recordamos que el positivismo había dado un golpe de muerte a la religión en su sentido corriente de relación con lo sobrenatural, no es menos sorprendente que, a pesar de ello, nuestro siglo haya presenciado un renacimiento espiritual asombroso en todos los ámbitos de la cultura. La exigencia filosófica y científica de verificación, extrapolada del reino de la naturaleza al del espíritu, resultó en una lamentable reducción de la vida. Esta pasó a convertirse en pura reacción bioquímica, mecánicamente condicionada, psicología sin alma, puro comportamiento reactivo a elementos físicos.

Pero el espíritu del hombre, en cuanto radicado en la realidad espiritual de la vida, no iba a sentirse cómodo durante demasiado tiempo en semejante jaula determinista. En todas las áreas del pensamiento surgió una fuerte reacción del espíritu libre contra el reduccionismo mecanicista. Términos como libertad, novedad, creación, irracionalidad, vida, son tantos gritos de protesta en nombre de lo más propio del hombre: su interioridad, su fondo irreductible.

Los datos de la conciencia no son datos materiales, sino creaciones del espíritu. La naturaleza no es una máquina, es vida, acción, voluntad. En esta reacción al positivismo y el materialismo se encuentran figuras de primera línea como Bergson, James, Blondel, Le Roy (1870-1954), Boutroux (1845-1921), y un largo etcétera. Para E. Boutroux es cierto que sin fisiología no hay pensamiento, sin vida no hay fisiología, sin química no hay vida, sin física no hay química, sin materia no hay movimiento y sin posible no hay ser, pero la filosofía materialista se equivoca cuando se detiene en este estadio. La materia inerte, de por sí, no puede engendrar el menor movimiento inicial: es necesaria una intervención de una fuerza *nueva*. Del movimiento físico, que aproxima la materia y las fuerzas, pueden salir complejos mecánicos, pero no las cualidades nuevas de las combinaciones químicas. De estas no puede salir una célula, que es otra *creación*. Del simple vitalismo no puede salir una conciencia sensible ni un pensamiento; "el hombre, que está dotado de conciencia, es más que un ser viviente", porque la conciencia transforma lo externo en interior, transfigura la realidad de las cosas en un mundo de ideas y de conceptos, desconocido para cualquier realidad física o mecánica. No son las cosas las que producen la conciencia, sino la conciencia la que transfigura las cosas: "Si la aurora anuncia al sol, es porque de él emana". Y aún los hechos de voluntad son más antideterminados y menos "mensurables": ¿dónde está su unidad de medida? ¿Dónde está en el hombre esa "inmutabilidad" de lo necesario? El hombre es acción y cambio continuo.

En cada paso, pues, hallamos un elemento *nuevo*; y de tal modo que, lejos de ser el inferior el que engendra el superior, es el superior el que usa y se vale del inferior para su propio despliegue, por la fuerza de un cierto elemento completamente propio que es irreductible al inferior. El más contiene al menos, pero no se pasa del menos al más con solo los datos del menos. El determinismo materialista, según Boutroux, no es más que una producción intelectual, hecha como orientación aproximativa al múltiple mundo de los hechos; es una mecanización del flujo vario y siempre espontáneo de la vida. La naturaleza no es más que la forma fenoménica de la profunda realidad *espiritual* del universo para cuya comprensión perfecta son necesarios métodos distintos de los de las ciencias positivas.

Unos y otros enfatizan que la vida no es deducible de hechos psíquico-químicos, ni es reducible la evolución de los seres a puros influjos externos: ambiente y lucha por la vida (Darwin, Spencer); se trata más bien, como dice Bergson, de un movimiento constante del mismo impulso vital, que despliega sus formas una junto a otra, en muchas direcciones a la vez, aquí avanzando, allí parándose, a veces alcanzando conformaciones análogas y a veces muy diversas entre sí, en una evolución que expresa formas irreductibles a las precedentes, dado que no existe antecedentemente como dato, sino un puro impulso vital, señor de la materia y no determinado por ella.

En el terreno de la psicología Bergson muestra que el cuerpo es el punto en que el alma inserta su propia acción en la realidad; no es el cuerpo el que produce el espíritu, él es un producto del espíritu (*impulso vital*) y un instrumento del alma. De aquí derivaba Bergson lo que está plenamente demostrado por la ciencia moderna: el *problema de la mortalidad* en el nivel meramente orgánico. La consecuencia del espíritu, del impulso vital, es la inmortalidad del alma, por tanto, no es la inmortalidad lo que hay que probar, sino la mortalidad del alma. William James fue el primero que se dio cuenta de que era la hora de rehacer toda la psicología. Estudiando el alma en el laboratorio descubrió que eso que allí estudiaba no era el alma, sino el complejo fisiológico en que se despliega su actividad. Era la casa, no "el habitante". Se trata de una de las grandes cuestiones modernas que ha alcanzado un grado muy alto de especialización en lo que respecta a neurofisiología.

2. Henri Bergson y el impulso religioso

Henri Bergson (1859-1941), de padre polaco y madre inglesa, fue educado en la religión judía de su familia. Agregado de filosofía en 1881, doctor en letras en 1889, maestro de conferencias en la Escuela Normal Superior (1897), profesor del Colegio de Francia en 1900, miembro de la Academia de Ciencias Morales y Políticas, elegido para la Academia Francesa en 1914, premio Nobel en 1927, cosechó muchos triunfos en su vida profesional.

El punto esencial de su filosofía es la intuición de la duración, tal como la expuso en su tesis doctoral *Ensayo sobre los datos inmediatos de la conciencia* (1889) donde establece que "el yo profundo es cualidad pura, duración pura". La segunda de sus grandes obras es *Materia y memoria* (1896), donde se plantea la relación entre el cuerpo y el espíritu, rechazando la idea de oposición formulada por materialistas e idealistas, pues Bergson concibe una diferencia de grado, pero no de naturaleza en cuanto que el hombre es alma contemplativa y ser corporal, encarnado. Por consiguiente, en este sentido su posición está más próxima de Agustín que de Platón. Bergson, que había comenzado con el positivismo, que en sus días de estudiante le hizo pasar por ateo, terminó en el espiritualismo, que tiene representantes y defensores en todos los países de Europa. *La Evolución creadora* (1907) es su obra principal, dedicada a poner de manifiesto la naturaleza de la vida como una corriente de conciencia (*impulso vital*), que se insinúa en la materia, sujetándola a sí, pero quedando también limitada y condicionada por ella.

El tema fundamental de la investigación de Bergson es la conciencia. Su originalidad consiste en el hecho de no considerar la conciencia como una energía infinita e infinitamente creadora, sino como una energía finita, condicionada y limitada por situaciones, circunstancias y obstáculos, que pueden incluso solidificarla, degradarla, bloquearla o dispersarla. Su espiritualismo de corte evolucionista, se diferencia del espiritualismo común en un punto:

> El gran error de las doctrinas espiritualistas ha sido el creer que aislando la vida espiritual de todo lo demás, suspendiéndola en el espacio más alto posible sobre la tierra, la ponían a cubierto de todo ataque: como si con ello no la hubieran expuesto a ser confundida con el efecto de un espejismo.[4]

Las doctrinas espiritualistas han apuesto el testimonio de la conciencia a los resultados de la ciencia, sin tener en cuenta estos últimos o aun ignorándolos. Bergson, en cambio, pretende aceptar y hacer suyos los resultados de la ciencia, tener presente la existencia del cuerpo y del universo material para entender la vida de la conciencia, y así reinstalar la conciencia misma a su existencia concreta, que es condicionada y problemática.

En el campo de la religión, Bergson contribuye haciendo una distinción entre *religión estática* y *religión dinámica*. La religión, según Bergson, es el decurso de la evolución por una exigencia puramente vital. La inteligencia, que es el instrumento principal de la vida humana, amenaza con volverse contra la vida misma. El ser dotado de inteligencia es llevado a pensar solamente en sí mismo y a descuidar sus lazos sociales. La religión es la reacción defensiva de la naturaleza contra el poder disolvente de la inteligencia. Los mitos y los símbolos sirven para empujar

---

4. *La evolución creadora.*

al hombre hacia sus semejantes, sustrayéndolo al egoísmo. Además, la inteligencia muestra al hombre su naturaleza mortal, a la que responde con la creencia en la inmortalidad y el culto a los muertos. La religión también ofrece al hombre un sentimiento de protección sobrenatural que lo guarda de los peligros y de la incertidumbre del futuro. Una religión así constituida es, en general, la reacción defensiva de la naturaleza contra lo que puede haber de deprimente para el individuo y de disolvente para la sociedad en el ejercicio de la inteligencia. Es pues, una religión natural en el sentido de que es un producto de la evolución natural. Pero junto a esta *religión estática*, la *religión dinámica* constituye la forma de religión que emprende y continúa directamente el impulso vital originario. Bergson identifica esta religión dinámica con el *misticismo*. Así, en filosofía, nos hallamos de nuevo con el principio esencial y el elemento reformador que a lo largo de la historia del cristianismo ha buscado ocupar el lugar capital que le corresponde.

El misticismo, ciertamente, es muy raro y supone un hombre privilegiado y genial. Pero apela a algo que está en todos los hombres, y aun cuando no llega a comunicar a los demás hombres su fuerza creadora, tiende a sustraerlos al formalismo de la religión estática y produce así numerosas formas intermedias de religión.

> El resultado del misticismo es una toma de contacto y, por consiguiente, una coincidencia parcial con el esfuerzo creador que la vida manifiesta. Este esfuerzo es de Dios, si no es Dios mismo.[5]

Para Bergson la experiencia mística ofrece la única prueba posible de la existencia de Dios. El acuerdo entre los místicos no solo cristianos, sino también pertenecientes a otras religiones, es "el signo de una identidad de intuición, que se puede explicar del modo más simple con la existencia real del Ser con el cual se creen en comunicación"[6]. La experiencia mística conduce a considerar al universo como el aspecto visible y tangible del amor y de la necesidad de amar. "Dios es amor y es objeto de amor: aquí está todo el misticismo"[7].

Como era de esperar, la crítica filosófica se ha cebado en la parte de la religión dinámica, el misticismo, que sucintamente hemos expuesto, como el aspecto más débil de su filosofía e incluso de su teología, al no deslindar con claridad las cuestiones que rozan con el panteísmo. Sea como fuere, Bergson mostró al pensamiento cristiano que, en medio de un mundo dominado por la técnica y la mecánica, era posible abrir nuevas vías a la reflexión espiritual y religiosa.

"Bergson busca en la filosofía el secreto de una conversión espiritual que inicie a los hombres en un nuevo arte de vivir, mas ello es a condición de que la filosofía

---

5. *Las dos fuentes de la moral y de la religión.*

6. *Id.*

7. *Id.*

misma se «transmute». Se trata de poner fin a la tradición histórica de la filosofía y de imaginar un nuevo filosofar. En efecto, la filosofía se ha vuelto demasiado sospechosa por sus relaciones con esa verdad que se halla depositada «en los cartapacios administrativos de la sociedad». Hija del lenguaje, se ha prestado sobre todo a las combinaciones de la «pura dialéctica» que se mezclan en las disputas de la sociedad. Bergson se niega «a alimentar indefinidamente las discusiones entre escuelas en el campo cerrado de la pura dialéctica". Sueña con un filosofar ingenuo, «sin pasar por los sistemas». Al comienzo de *Materia y memoria*, escribía lo siguiente: «Nos situamos en el punto de vista que ignorase las discusiones entre los filósofos.» Solo podremos volver a dar al espíritu esa inocencia si logramos poner entre paréntesis la historia de la filosofía. Y ello tiene lugar mediante una crítica radical de la especulación filosófica que se fundamenta en el manejo del concepto.

"Bergson creyó escapar a los conceptos, a las antinomias y a los sistemas del pensamiento especulativo mediante una especie de pirueta filosófica; en lugar de emprender una detenida crítica de la especulación metafísica creyó en las virtudes de una evasión mediante el milagro de una intuición metafísica... En lugar de crear una nueva espiritualidad, se ahoga al querer expresar la espiritualidad en una formulación metafísica que le encierra en la retórica del «espiritualismo» familiar a esos patinazos místicos y a esas moralizaciones conservadoras"[8].

3. Blondel, acción y sentido

Maurice Blondel (1861-1949), es, después de Bergson, la figura más original e interesante de la filosofía francesa contemporánea, con un enorme interés para el pensamiento cristiano, tanto por su valor apologético como por su análisis fenoménico de la existencia humana.

Nacido en un ambiente profundamente creyente, desde su infancia vivió fervorosamente la fe católica. En la universidad se enfrenta al problema de fundamentar filosóficamente el cristianismo. Por un lado, se hallaba limitado por la tradición religiosa y sus afirmaciones impuestas autoritariamente; por el otro, el positivismo científico y racionalista arrinconando la fe en el subsuelo del espiritualismo y el utilitarismo, carentes de significado.

Desde ese momento, el proyecto de Blondel consistirá en esclarecer la *inteligencia de la fe* en el contexto de la fe en busca de entendimiento. Frente a la incredulidad tan generalizada aun entre los fieles que desde la infancia respiran una atmósfera que debilita o destruye el vigor de la fe. ¿Será posible restaurar la vitalidad cristiana y hacer renacer una de esas épocas como la que Comte llamaba "orgánica", uno de esos siglos en que el equilibrio espiritual se establece entre la ciencia y la vida del alma, entre la orientación general de las costumbres y la

---

8. René Verdenal, en F. Châtelet, *op. cit.*, Tomo III.

profesión franca e integral de la religión? Con estas y semejantes preocupaciones en mente, Blondel quiere esperar y trabajar en pro de una renovación de la fe que vuelva más felices a los individuos y los pueblos.

El punto de partida de Blondel es la pregunta de si la vida humana tiene sentido y el hombre tiene un destino. Desde aquí va Blondel a ensayar una crítica de la vida y una ciencia de la práctica sumamente interesante. Se trataba de un término y un tema tan nuevo en filosofía que, como Blondel mismo se complacía en recordar, tuvo dificultad en obtener que se inscribiese en la Sorbona como título de su tesis de doctorado. Fue admitida, sin embargo, y en 1893 salía de las prensas el grueso volumen que llevaba por título esta palabra corta y sonora: *L'Action*, y como subtítulo: "Ensayo de una crítica de la vida y de una ciencia de la práctica". Con rememoraciones de Pascal, desde las primeras líneas Blondel se enfrenta al problema del destino humano.

¿Tiene, sí o no, la vida humana un sentido, y el hombre un destino? Actúo, pero sin siquiera saber lo que es la acción, sin haber deseado vivir, sin conocer con justeza ni quién soy ni siquiera si soy. Esta apariencia de ser que se agita en mí, estas acciones ligeras y furtivas de una sombra, oigo decir que soportan una responsabilidad eternamente pesada, y que, incluso a precio de sangre, no puede comprar la nada, porque no existe para mí: estaré, pues condenado a la vida, condenado a la muerte, condenado a la eternidad. ¿Cómo y con qué derecho, si no lo he sabido ni querido?

Sabré a qué atenerme. Si hay algo que ver tengo necesidad de verlo. Sabré quizás, sí o no, si este fantasma que me soy a mí mismo, con este universo que llevo en mi mirada, con la ciencia y su magia, con el extraño ensueño de la conciencia, tiene alguna solidez. Descubriré sin duda lo que se oculta en mis actos, en su último fondo en el que, sin mí, o a pesar mío, sufro el ser y me apoyo a él. Sabré si tengo un conocimiento y una voluntad del presente y del porvenir suficientes para no sentir jamás la tiranía, cualquiera que sea.

El problema es inevitable, y el hombre lo resuelve inevitablemente; y esta solución, justa o falsa, pero voluntaria al mismo tiempo que necesaria, la lleva cada uno en sus acciones. He aquí por qué es necesario estudiar la acción. La significación misma de la palabra y la riqueza de su contenido se irán desplegando poco a poco. Está bien proponer al hombre todas las exigencias de la vida, toda la plenitud que oculta en sus obras, para reafirmar en él, con la fuerza de afirmar y de creer, el coraje de actuar.[9]

El problema de la acción, desde un punto de vista científico, no es un postulado moral, ni un dato intelectual. Tampoco se trata de una cuestión particular, una cuestión como otra que se nos ofrece. Se trata de la cuestión, aquella sin la que no hay otra.

9. *La acción*, Introducción.

Blondel descubre en la acción humana un impulso inicial en virtud del cual el hombre no puede limitar su destino ni a los goces de los sentimientos, ni a las conquistas de las ciencias positivas, ni al desarrollo de la vida individual, familiar o social, ni a las concepciones de las metafísicas o de las morales puramente especulativas, ni a las supersticiones o seudovalores que inventa para completar y cerrar sobre sí mismo su vida espiritual.

Así pueden determinarse, extrayéndolas de la experiencia, las condiciones del acabamiento de la acción humana, y se es conducido a la alternativa en la cual el hombre puede optar por o contra el transcendente y su propia *deificación*, o unión final con Dios, cuya solución positiva es "la vida de la acción" que conduce a plantear necesariamente la hipótesis de un más allá de lo humano, imposible de ser adquirido por sus solas fuerzas. "Necesario e imposible", así aparece, al término de esta dialéctica ascendente, el orden sobrenatural con sus dogmas, preceptos revelados y práctica literal respecto a los cuales la filosofía no tiene jurisdicción, que no pertenece a la ciencia, sino a la conciencia el encontrar y afirmar, por una libre acción que es al mismo tiempo una gracia, pero que puede ser objeto de una investigación fenomenológica que se aplique a desentrañar su significación inteligible de integral caridad.

Dentro de la esfera católica, Blondel se vio envuelto en frecuentes discusiones acerca del modernismo teológico que llevó la revista *Annales de Philosophie Chrétienne* a ser incluida en el Índice de libros prohibidos en 1913, dirigida conjuntamente con el sacerdote Laberthonnière, que ya había sufrido la condenación de dos obras filosóficas.

Blondel fue profesor en la Facultad de Aix-en-Provence, donde continuamente llegaban amigos y discípulos. En orden al pensamiento cristiano, Blondel creía que era preciso estar alerta antes dos peligros que amenazan a la fe constantemente. Uno consiste en buscar significaciones idealizadas, interpretaciones menos brutales, formas simbólicas en las que los mismos incrédulos podrían encontrar hermosas alegorías y mitos encantadores, camino siempre peligroso del alegorismo que puede terminar en una pendiente de sublimación que haría desvanecerse la realidad auténtica del único cristianismo verdadero.

El otro peligro, simétrico, no menos funesto y aterrador que surge de la orilla opuesta, como reacción a una deletérea idealización, es el simple y puro literalismo, que no atiende más que a la envoltura de los hechos, de las fórmulas, de los ritos, de los preceptos tradicionales, como si se tratase de una práctica mágica que conservar sin poner en ella el alma y la vida entera.

> Entre estas das deformaciones del espíritu cristiano, ¿cuál es la actitud que convendrá definir o justificar? Lo que constituye el rasgo propio y verdaderamente único del cristianismo, es la coincidencia de la realidad histórica y de la verdad dogmática. Los hechos están situados en el orden positivo en lo que tienen de más singular, personal,

contingente en apariencia; todo está encarnado en relatos que tratan de seres de carne y hueso, de acontecimientos humildemente mezclados en la trama general de este mundo que pasa. Pero al mismo tiempo dos auténticos datos sirven de soporte y aun de sustancia a las intervenciones divinas, a causas sobrenatural y eternamente actuantes: la concepción virginal, el valor redentor de la cruz, el hecho de la resurrección no son parábolas y su realidad histórica que es de fe no pide solamente que sean aceptados, como hechos tomados literalmente así como los otros hechos del orden fenoménico, o como símbolos análogos a las enseñanzas mitológicas y morales, sino que constitutivos de una verdad intrínseca cuyo valor dogmático es absoluto. En este sentido, puede decirse que la letra de los hechos es al mismo tiempo el espíritu viviente, la realidad encarnada sin la cual ni la letra ni el espíritu seguirían siendo lo que deben ser

En suma, frente a los dogmas fundamentales, debemos guardar siempre en la unión más indisoluble la doble creencia en la letra de los hechos y en el espíritu divino del que son la envoltura, el vehículo y la manifestación auténtica. Se puede, pues, concluir que hay que tomar la letra a la letra, porque la verdadera letra no es tal sino por el espíritu y el espíritu por su parte no se mantiene como espíritu sino cuando se le toma absolutamente a la letra.[10]

Con su tema de la acción, Blondel se adelanta a muchos planteamientos de las filosofías existencialistas, en cuyo análisis de la vida humana coinciden en punto a la descripción del fenómeno del vivir humano, que como tal reclama la apuesta de la fe, el lugar de Dios en la vida. Se podrían colocar en dos columnas paralelas las afirmaciones de Blondel y de muchos pensadores vitalistas posteriores sobre la "ciencia de la vida", para descubrir sus asombrosas coincidencias. Donde unos ponen estoy condenado irremediablemente a ser libre, otros dicen, estoy obligado a actuar.

Si se consulta la evidencia inmediata, la acción en mi vida es un hecho, el más general y más constante de todos, la expresión en mí del determinismo universal; se produce incluso sin mí. Más que un hecho es una necesidad que ninguna doctrina niega, puesto que esta negación exigiría un supremo esfuerzo, que ningún hombre evita, puesto que el suicidio es también un acto; se produce incluso a pesar mío. Más que como una necesidad, la acción se me presenta frecuentemente como una obligación, es necesario que se produzca por mí, incluso cuando exige de mí una lección dolorosa, un sacrificio, una muerte: no solamente uso mi vida corporal, sino que daño siempre a los afectos y deseos que lo reclamarían todo, cada uno para sí. No se anda, no se aprende, no se enriquece uno más que cerrando todas las vías menos una, y desprendiéndose de todo lo que ha podido saberse y ganarse de otro modo: ¿Hay dolor más sutil que el del adolescente obligado para entrar en la vida, a limitar su curiosidad como por

10. *Exigencias filosóficas del cristianismo*, "Introducción".

unas anteojeras? Cada determinación suprime una infinitud de actos posibles. Nadie escapa a esta mortificación natural.

¿Tendré, al menos, el recurso de pararme?; no, tengo que seguir andando; ¿suspender mi decisión para no renunciar a nada?; no, hay que comprometerse so pena de perderlo todo. No tengo el derecho de esperar o dejo de tener el poder de elegir. Si no actúo con mi propio movimiento, hay algo en mí o fuera de mí que actúa sin mí; y lo que actúa sin mí, actúa de ordinario contra mí. La paz es una derrota; la acción no tolera más dilación que la muerte. Cabeza, corazón y brazo tengo que darlos de buen grado, o me los toman. Si rechazo mi libre sacrificio, caigo en la esclavitud; nadie puede prescindir de los ídolos: devotos, los más libertinos. Un prejuicio de escuela o partido, una palabra de orden, una conveniencia mundana, un placer, son suficientes para que se pierda todo reposo, se sacrifique toda libertad... ¡y he aquí por lo que frecuentemente se vive y se muere!

¿Me quedará la esperanza de conducirme, si quiero, a plena luz, y gobernarme por mis solas ideas? No. La práctica que no tolera ningún retraso, nunca implica entera claridad; el análisis completo no es posible a un pensamiento finito. Toda regla de vida que estuviera únicamente fundada sobre una teoría filosófica y de principios abstractos sería temeraria; no puedo diferir el actuar hasta que haya aparecido una evidencia, y toda evidencia que brilla ante el espíritu es parcial. Un puro conocimiento jamás es suficiente para movernos porque no nos comprende por entero: en todo acto hay un acto de fe.[11]

Para Blondel el cristianismo entero es superior a la razón, pero en ningún momento le es contrario. "¡Cuánto daño han hecho a la religión hombres que no podemos juzgar en su fuero interno, pero que han asociado la profesión católica a todas las miserias intelectuales, morales o sociales!"[12]. Es deber del cristiano no convertirse en un obstáculo para la fe de los demás, dando la impresión de un pensamiento superficial, tajante o inconsecuente. Su esfuerzo, por tanto, consistirá en perfeccionar la naturaleza con la ayuda de lo sobrenatural —la gracia—, que no aplasta ni oprime lo natural, sino que lo perfecciona, convicción esencial del pensamiento de Tomás de Aquino, y de toda la tradición cristiana.

Blondel, como es de esperar, no comparte el pragmatismo de William James, para el que las ideas o conceptos son auténticos y verdaderos en cuanto útiles, en cuyo criterio la doctrina de la Trinidad no tiene interés filosófico y además carece de utilidad para el ser humano. "¡Qué profunda ilusión! Por un análisis verdaderamente penetrante de nuestro pensamiento y de la vida de nuestro espíritu, nos vemos conducidos a descubrir que el misterio mismo de nuestra inteligencia se origina en ese misterio supremo de la unidad en la Trinidad, y que la historia del

11. *La acción*, I.
12. *Id.*, II.

mundo, desde el *fiat lux* (hágase la luz) hasta la consumación de la ciudad celestial, se encuentra suscitada, orientada por lo que la teología y la filosofía cristianas han dicho del designio creador: *omnia intendunt assimilari Deo* (el hombre es asimilable a Dios, en virtud de su unión final con Él)[13].

4. William James y el valor de la filosofía práctica

William James ocupa un puesto aparte dentro de la filosofía moderna en lengua inglesa. Es el más importante filósofo que ha producido Estados Unidos. En estrecha conexión con la filosofía inglesa, pero con un amplio conocimiento de la francesa y la alemana, cultivó especialmente la psicología. Como Blondel, James parte de la acción como actividad y de ahí deduce que las ideas son instrumentos al servicio de la vida en movimiento. La esencia del hombre reside en su actividad. "Nuestras creencias son realmente reglas para la acción", escribe. O también: "La verdad en nuestras ideas significa su poder de actuación".

William James (1842-1910), nació en Nueva York; su padre era un ferviente seguidor del teólogo, científico y visionario Emmanuel Swedenborg, y tuvo una influencia perdurable en su vida y su obra. Estudió medicina en la Universidad de Harvard, donde se doctoró en 1869. En 1879 se le otorgó la cátedra de psicología. Interesado por el estudio filosófico, se convirtió en profesor titular de filosofía en Harvard en 1885, Llegó al pragmatismo, influido, en gran medida, por el filósofo Charles S. Peirce, de quien había sido condiscípulo en un curso de química. A diferencia de Peirce, James se interesó más por los problemas de índole moral y religioso. En 1902 escribió a Henri Bergson, preámbulo de una larga y entrañable amistad, con el que compartía ciertos aspectos relativos a la experiencia psíquica.

Se ocupó de cuestiones de Filosofía de la Religión en obras como *Variedades de la experiencia religiosa* (1902); *Pragmatismo* (1907) y *El significado de la verdad* (1909).

Defensor de la filosofía frente a sus críticos, que en nombre de las conquistas de la ciencia desprecian la filosofía como "jerga escolástica" o "dialéctica medieval". A la hostilidad antifilosófica, James responde con el asombro, el motor que pone en marcha la reflexión filosófica. El progreso de la sociedad se debe al hecho de que ciertos individuos se han dejado arrastrar por el amor a la sabiduría y, maravillados, han sido capaces de imaginarlo todo diferente de lo que es. El filósofo nos despierta de nuestro sueño dogmático nativo y rompe la costra de nuestros prejuicios.

Históricamente, ha sido siempre una especie de fecundación recíproca de cuatro intereses humanos diferentes: Ciencia, Poesía, Religión y Lógica. Ha buscado por la vía del razonamiento difícil resultados valiosos desde el punto de vista emocional.

13. *Id.*

Tomar contacto con ella, sentir su influencia, es, por tanto, conveniente tanto para los estudiantes científicos como para los literarios. Por su poesía atrae a las mentes literarias, pero su lógica endurece y remedia su blandura. Por su lógica atrae al científico, pero lo ablanda por sus otros aspectos y le impide caer en una tecnicidad demasiado seca. Ambas clases de estudiosos deben sacar de la Filosofía un espíritu más vivaz, más aire, un mayor fondo mental. "¿Hay en ti alguna filosofía, pastor?": esta pregunta de prueba es la pregunta con que debían saludarse todos los hombres. Un hombre que no tenga ninguna filosofía es el menos propicio e inaprovechable de todos los prójimos posibles.[14]

Como pragmatista, James reacciona contra el idealismo, por un lado, y el monismo y el determinismo científico, por otro. No le preocupa la verdad abstracta y especulativa, que, en último término es un *instrumento*, una herramienta intelectual, al servicio de la actividad del hombre. "Lo que ustedes necesitan es una filosofía que no solo ejercite sus facultades de abstracción intelectual, sino que tenga una conexión positiva con este mundo real de vidas humanas finitas"[15]. En James está presente la orientación vital del pensamiento, que da prioridad a la existencia sobre la esencia y la teoría. "A veces los filósofos operan con sombras, mientras que los que viven y sienten conocen la verdad"[16].

Por eso James ofrece una filosofía que puede satisfacer las exigencias del pensamiento puro y de la vida real, se trata del pragmatismo. En primer lugar, es un método para apaciguar las disputas metafísicas, que de otro modo serian interminables. "Cuando la discusión sea seria, debemos ser capaces de mostrar la diferencia práctica que implica el que tenga razón una u otra parte[17]. "Sorprende realmente advertir cuántas discusiones filosóficas perderían su significación si las sometieran a esta sencilla prueba de señalar una consecuencia concreta"[18]. El pragmatismo se deriva de la palabra griega *pragma*, que quiere decir "acción', y de la que vienen nuestras palabras "práctica" y "práctico". El pragmatismo, pues, es una filosofía *práctica*, pero no por eso menos que *filosofía*. Una y otra vez James avisa contra los advenedizos en filosofía, espíritus ingenuamente eclécticos que no reparan en las contradicciones.

El pragmatismo no supone resultados particulares, sino solamente una actitud de orientación. "El pragmatismo sería en primer lugar, un método, y, en segundo, una teoría genética de lo que se entiende por verdad"[19].

14. *Some Problems of Philosophy*, pp. 4, 1911.
15. *Pragmatismo*, I.
16. *Id.*
17. *Id.*, II.
18. *Id.*
19. *Id.*

Como Fichte, como Unamuno después, siguiendo a ambos, James dirá que la filosofía que uno prefiere depende del tipo de persona que se es, que la filosofía es una cuestión de temperamento más que de razón. Asentando este juicio previo y esta valoración de la historia intelectual, es como James dio lugar a sus conferencias sobre el pragmatismo. No se puede entender este sin aquella referencia al carácter temperamental de las construcciones intelectuales. "La filosofía es a la vez el más sublime y el más trivial de los afanes humanos —dice—. La historia de la filosofía, considerada de un modo general, es un cierto choque de temperamentos humanos"[20]. Los temperamentos, con sus apasionadas tendencias y oposiciones determinan a los hombres en sus filosofías, ahora y siempre. Como el temperamento no es una razón convencionalmente reconocida, el filósofo profesional creerá que debe aducir solamente razones impersonales para sus conclusiones. Estamos de lleno en la vieja problemática, de sabor agustiniano, de las razones del corazón, de la inteligencia sentiente, de la prioridad de la voluntad sobre el intelecto. Filosofar es un continuo dar vueltas a los mismos temas de siempre a la luz de las nuevas experiencias.

> La verdad puramente objetiva, aquella en cuyo establecimiento no desempeña papel alguno el hecho de dar satisfacción humana al casar las partes previas de la experiencia con las partes nuevas, no se halla en lugar alguno. Las razones por las que llamamos a las cosas verdaderas son las razones por las que son verdaderas, pues "ser verdadero" significa solamente llevar a cabo esta función de maridaje.[21]

4.1. La religión según el pragmatismo

James ve el pragmatismo como una revolución que guarda relación con la Reforma protestante, en lo que respecta a la "sede la de la autoridad". El pragmatismo es el protestantismo de la filosofía. "Así como para los espíritus papistas el protestantismo les ha parecido con frecuencia anarquía y confusión, tal parecerá sin duda el pragmatismo a los espíritus ultrarracionalistas en filosofía. Parecerá una extraña basura, filosóficamente. Pero la vida sigue, a pesar de todo, y cumple sus fines en los países protestantes. Me aventuro a pensar que el protestantismo filosófico logrará una prosperidad análoga"[22].

El centro de gravedad de la filosofía debe, por tanto, cambiar de lugar. El mundo de las cosas, largo tiempo oscurecido por las glorias de las regiones etéreas, debe reasumir sus derechos.

---

20. *Id.*, I.
21. *Id.*, II.
22. *Id.*, III.

Como el protestantismo en teología, el pragmatismo en ética se rebela contra la noción del "mérito", en lo que tiene de usurpación del juicio de Dios. "Hacer que nuestra ética humana gire alrededor de la cuestión del «mérito» es una lamentable irrealidad. Solo Dios puede conocer nuestros méritos, si es que tenemos algunos"[23]. James no hace aquí sino desarrollar el incoado pensamiento protestante que debe asumirse en toda su radicalidad.

Para James el pragmatismo amplía el campo de búsqueda de Dios. El racionalismo se aferra a lo lógico y a lo empíreo, el empirismo, a los sentidos externos. El pragmatismo se halla dispuesto a ambas cosas, a seguir lo lógico o los sentidos y a tener en cuenta la más humilde y la mayor parte de las experiencias personales. Tendrá en cuenta las experiencias místicas, si poseen consecuencias prácticas. Admitirá un Dios que habite en el polvo mismo de los hechos particulares, si le parece un lugar verosímil para encontrarlo[24]. Vemos aquí reasumido el carácter concreto y terreno del Dios que se mancha del polvo de los caminos humanos, *el mundo de las cosas* oscurecido por las glorias de las esferas celestes.

Aunque el concepto de Dios de James está lejos de la doctrina cristiana, pone el dedo en la llaga cuando dice que él mismo cree "que la evidencia de Dios descansa sobre todo en la experiencia personal íntima. Cuando esta nos ha dado una vez a Dios, su nombre significa, al menos, la ventaja de la paz"[25]. El Dios del teísmo clásico está demasiado lejos de la realidad. "Pero yo confío en que habrán advertido suficientemente que los Absolutos solo tiene en común con el Dios teísta su sobrehumanidad. Según los principios pragmatistas, si la hipótesis de Dios actúa satisfactoriamente, en el más amplio sentido de la palabra, es verdadera"[26].

La filosofía pragmática acepta la religión en cuanto establece una norma de conducta valiosa y ofrece una esperanza confiada, imposible al materialismo.

> Desdeñamos el materialismo por lo que no es: porque no es ni una permanente garantía de nuestros más ideales intereses, ni un cumplimiento de nuestras más remotas esperanzas… El materialismo significa simplemente la negación de que el orden moral es eterno y de toda última esperanza; el espiritualismo, la afirmación de un orden moral eterno y la posibilidad de esperanza.[27]

Para James la verdad es una *especie de lo bueno. Verdadero es cuanto demuestra ser bueno por vía de la creencia, como así mismo por razones asignables y definidas.* Si las ideas verdaderas no fuesen buenas para la vida, o fueran útiles solo las ideas falsas, nunca

23. *Id.*
24. *Id.*, II.
25. *Id.*, III.
26. *Id.*, VIII.
27. *Id.*, III.

se hubiera llegado a la noción corriente de que la verdad es divina. Así como ciertos alimentos son, no solo agradables al paladar, sino convenientes para la nutrición, las ideas también nos gustan, no solo por ser agradables para pensar, o por servir de fundamento a otras, sino por su utilidad para las contiendas de la vida práctica.

> Si hubiese otra vida realmente mejor que esta, a ella deberíamos encaminarnos, y, de existir una idea que, creída, nos sirviese mejor para orientarnos en la vida, sería preferible para nosotros creer en tal idea, a menos que la creencia en ella viniese a chocar incidentalmente con otros grandes beneficios vitales.[28]

Luego la creencia en lo Absoluto, Dios, *es verdad en tanto que* aporta consuelo y actúa en una función concreta. En este sentido el pragmatismo es mediador y reconciliador. Suaviza nuestras teorías. Carece de prejuicios y de dogmas; no posee cánones rígidos a los que apelar. Examina toda hipótesis y considera toda prueba, por lo que, en el campo religioso, tiene gran ventaja, tanto sobre el empirismo positivista, como sobre el racionalismo religioso, con su exclusivo interés por lo remoto, lo noble, lo simple y lo abstracto.

No cabe duda, como observa John Macquarrie[29], que estas filosofías de la vida y pragmáticas tienen un poder atractivo muy considerable, en cuanto nos devuelven a la realidad concreta, nos hacen mirar a los hechos de la experiencia, y nos recuerdan que se puede hilar muy fino elaborando bonitas teorías que no tienen nada que ver con el mundo real con el cual topamos en cuanto nos levantamos de la mesa de trabajo. Frente a toda teoría, o al menos, frente a toda teoría que pretenda tener algo que ver con el mundo real en el que vivimos, merece la pena preguntarse: "Y eso, en la práctica, ¿cómo funciona?" Tiene razón quien afirma que las ideas tienen que ser viables. Pero, ¿son verdaderas? James, por ejemplo, apoya su argumento en favor de la existencia de Dios especulando que lo inconsciente sería nuestro canal de comunicación con el mundo espiritual. No obstante, lo inconsciente es una jungla más que una puerta abierta hacia Dios. Por eso, el pensamiento cristiano, admitiendo las aportaciones de estas corrientes filosóficas, no puede descansar en ellas. La práctica cristiana no solo es viable, sino recomendable a todos los hombres, porque su teoría es cierta. Es lo que está obligado a mostrar, y cuyo equilibrio se aprecia en la teoría de la acción de Blondel.

5. Alfred North Whitehead

Alfred North Whitehead (1861-1947), de procedencia británica, es el pensador que mayor influencia ha ejercido en los Estados Unidos, donde marchó en 1924,

---

28. *Id.*, I.
29. *El pensamiento religioso en el siglo xx*, xi, 55.

como profesor en la Universidad de Harvard. Su obra intelectual ha sido matemática y filosófica; probablemente es la figura más importante del pensamiento de lengua inglesa en el siglo xx.

Alfred North Whitehead nació en Ramsgate (Inglaterra), hijo de un pastor anglicano. Estudió en el Trinity College de Cambridge. Comenzó a impartir clases de matemáticas en Cambridge, donde, en colaboración con su alumno Bertrand Russell, publicó los monumentales *Principia Mathematica*. Posteriormente, en Londres, desarrolló una modernísima filosofía de la ciencia, resultado de sus conocimientos sobre los más recientes avances de la física. Es autor de obras tan importantes como *La ciencia y el mundo moderno* (1926), *El devenir de la religión* (1926), *Proceso y Realidad* (1929), *Aventuras de las ideas* (1933), *Naturaleza y vida* (1941), *Modos de pensamiento* (1945), todas ellas traducidas al castellano.

En Estados Unidos pasó de la investigación lógica y matemática a la filosófica. Trató de superar las limitaciones de la lógica tradicional, a la vez que formulaba un sistema metafísico universal.

Frente a las tendencias positivistas y analíticas de Russell, Whitehead creyó llegada la hora de una nueva síntesis comprensiva del conocimiento. Y mientras Russell permanecía apegado a unas concepciones materialistas, Whitehead elaboró una filosofía que está muy lejos del materialismo, si bien en estrecho contacto con las ciencias naturales. El contraste entre ambos autores se hace sobre todo patente en sus respectivas interpretaciones de la religión. Russell concibe la religión como una reminiscencia inútil que ha de ser superada y substituida por el humanismo científico; cifra sus esperanzas de cara al futuro en la ciencia. Whitehead considera, por el contrario, que la visión religiosa es "el único elemento de la experiencia humana que manifiesta inquebrantablemente una tendencia ascendente. El hecho de la visión religiosa y su historia de expansión permanente constituyen el único fundamento en el que puede apoyarse el optimismo. Fuera de ello, la vida humana es un destello de goces ocasionales que iluminan un conjunto de dolor y de miseria"[30].

> La religión es la visión de algo que se halla detrás, más allá y dentro del fluir pasajero de las cosas inmediatas; algo que es real, y que espera sin embargo el momento de su realización; algo que es al mismo tiempo una posibilidad remota y el mayor de todos los hechos presentes; algo cuya posesión supone el bien supremo, pero que está perfectamente fuera de nuestro alcance.[31]

La filosofía subyacente a esta apreciación de la religión recibe en Whitehead el nombre de "filosofía del organismo", entendiendo la palabra "organismo" no en

---

30. *Science and the Modern World*, p. 275.

31. *Id.*

su sentido estrictamente biológico, sino como una concepción de la realidad que incluye e interrelaciona todos los aspectos de la experiencia: los intereses estéticos, morales y religiosos al mismo tiempo que las ideas sobre el mundo que proceden de las ciencias naturales.

Para Whitehead el cristianismo institucional ha caído en decadencia, pero el espíritu religioso sigue siendo vigente en múltiples manifestaciones, tipo religión "sin Dios", o tipo espiritualidad difusa "Nueva Era". Por su actualidad es importante reparar en esta reflexión. Whitehead cree encontrar la explicación de semejante situación en un análisis de la evolución histórica en tres fases distintas.

a) Viene, en primer lugar, la intuición de Platón según la cual la persuasión divina constituye el fundamento del orden del universo, intuición que anuncia ya una doctrina de la gracia.

b) En una segunda fase, la vida de Cristo revela en los hechos aquello que Platón había adivinado teóricamente.

c) Por último tenemos el intento de síntesis teológica de la intuición intelectual de Platón en el cristianismo práctico: pero se trata de un intento fallido. La teología cayó de hecho en la finalidad dogmática, y se aferró a unas ideas caducas que convierten la noción de persuasión divina en la doctrina de un Dios despótico que se sitúa frente al universo en calidad de poder coercitivo.

Los ideales eternos, proclamados por Platón y actualizados por Cristo, siguen en pie; pero la teología precisa de una nueva reforma para poder conducirnos efectivamente a ellos[32].

6. Wittgenstein y el silencio de Dios

Ludwig Wittgenstein (1889-1951), amigo y colaborador de Bertrand Russell, ocupa un lugar privilegiado en el panorama de la filosofía contemporánea, por sus valiosas aportaciones a la teoría lógica y al estudio del lenguaje.

De familia culta y adinerada, Wittgenstein nació en Viena y murió en Cambridge. Estudiante de ingeniería en Manchester, trabó amistad con Bertrand Russell en Cambridge, donde estudió matemáticas y, posteriormente, trabajó con él para elaborar la teoría de los «hechos atómicos». Soldado voluntario y oficial en la Primera Guerra Mundial, cayó prisionero de los italianos; durante su reclusión terminó el célebre *Tractatus logico-philosophicus* (1921), que constituye un análisis de la estructura lógica del lenguaje.

Estimulado por un libro de Tolstoi, leyó los Evangelios y quedó profundamente conmovido. A partir de ese momento, Wittgenstein llevó una vida monacal. Repartió su herencia entre sus hermanos, impartió clases en una escuela primaria

---

32. John Macquarrie, *op. cit.*, XVIII, 80.

de la Baja Austria y, más tarde, sin ingresar en la orden, trabajó como jardinero en un convento de monjes benedictinos.

En 1929 regresó a Cambridge, obtuvo su doctorado y aceptó una cátedra, sin abandonar su estilo de vida monacal. Durante la Segunda Guerra Mundial trabajó como enfermero en un hospital de Londres y, en 1947, a los 58 años de edad, renunció a la cátedra de Cambridge.

Wittgenstein sostenía que lo importante no es el contenido de una proposición sino su estructura, esto es, su forma; que las proposiciones solo pueden decir cómo es algo y no qué es. Ya que la mayoría de las proposiciones y preguntas filosóficas carecen de sentido, la filosofía debe consistir en una crítica del lenguaje. Todo lo que puede ser pensado puede ser dicho con claridad. Las proposiciones pueden representar toda la realidad, pero no lo que tienen en común con la realidad, o sea, la forma lógica. Wittgenstein negaba la posibilidad de inferir del presente los acontecimientos futuros y en su opinión las afirmaciones del tipo "mañana saldrá el sol", son simplemente hipótesis. Las "leyes de la naturaleza" son una ilusión y nada es forzoso sino el orden lógico.

Wittgenstein consideraba que "la ciencia y la filosofía pueden decirnos cómo es el mundo, pero no qué es, pues Dios no se revela en el mundo. La filosofía debe limitarse a hablar de aquello de lo que puede hablar. En lo demás guardará silencio, pues lo demás es el misterio".

Tras su muerte se publicaron *Investigaciones filosóficas* (1953), *Los Libros Azul y Marrón* (1958) y *Diario* (1961), entre otros. A este periodo pertenece el llamado "segundo Wittgenstein".

La existencia de Dios no podemos verificarla, ni tampoco comprobar empíricamente su no-existencia. Esto implica que la afirmación de que "Dios existe" no puede tener ninguna significación teórica, y por tanto "carece de sentido". Esto tiene mayor alcance que el agnosticismo en el que se dice que no se sabe ni se puede saber si Dios existe o no. Aquí no se trata de ignorancia humana, sino de denunciar una manera de hablar que es ilusoria, *nonsensical*: carente de sentido, absurda. Sin embargo, Wittgenstein no llegó tan lejos como otros de su misma escuela; lo que él dice es que los límites de lo enunciable lógicamente coinciden con los límites del mundo, es decir, con todo lo que el mundo es de hecho. Dios no se revela dentro del mundo. No podemos sobrepasar los límites del mundo, los límites de lo contrastable, de lo que puede enunciarse con sentido. Pero Wittgenstein afirma también: ello es inexpresable. Dios, para él, está ausente, porque Dios no existe sino dentro del horizonte del silencio. Hay que callar acerca de lo que uno no es capaz de hablar. El misterio es lo inexpresable y existe, lo inexpresable se *muestra*, es lo que Wittgenstein llama lo místico.

6. 432 Cómo sea el mundo, es completamente indiferente para lo que está más alto. Dios no se revela en el mundo.

6.4321 Los hechos pertenecen todos solo al problema, no a la solución.

6.44 No es lo místico como sea el mundo, sino que sea el mundo.

6.45 La visión del mundo *sub specie aeterni* [desde la perspectiva divina] es su contemplación como un todo —limitado—.

6.5 Sentir el mundo como un todo limitado, es lo místico.

6.522 Hay, ciertamente, lo inexpresable, lo que se muestra a sí mismo; esto es lo místico.[33]

En su evolución y obra póstuma Wittgenstein fue concediendo al lenguaje posibilidades de adaptación cada vez más amplias. Vemos que lo que más le interesa es el uso del lenguaje. Hablar sobre la experiencia interior y estrictamente personal, sobre el alma, Dios, es lícito dentro de una determinada adaptación del lenguaje. Lo ilícito es presentar todo esto dentro de una teoría que pretenda tener obligatoriedad universal, es decir, comprobabilidad factual. Hay que estar en guardia contra el hechizo del entendimiento por parte del lenguaje, y para ello hay que prestar atención al uso de lenguaje.

7. El personalismo

Como escribe Carlos Díaz, uno de los representantes más activos del personalismo cristiano en España, el personalismo es una visión de la realidad que, tomando como pilar la persona, lucha por la dignidad y se esfuerza por encontrar un punto de inflexión, un frente común, en el que confluyan todas las filosofías que, desde diferentes perspectivas, busquen sustancialmente la liberación del hombre.

Como tal personalismo no tiene por qué ser doctrinalmente cristiano, hay y ha habido muchas formas de personalismo desde el sistema de Platón al marxismo actual. El personalismo cristiano se distingue del resto en cuanto añade, a la reflexión filosófica sobre la persona, la dignidad y trascendencia de la misma en relación a Dios.

El personalismo cristiano se manifestó especialmente en Francia en torno al pensamiento de Mounier, Lacroix, Ricœur y Nédoncelle. Se incluyen dentro de esta corriente al neotomista Jacques Maritain, a Gabriel Marcel, René Le Seene (1882-1955) y Louis Lavelle (1883-1951), a Theilard de Chardin (1881-1955) y al filósofo judío Martin Buber (1878-1965).

7.1. Emmanuel Mounier y la revolución de espíritu

Emmanuel Mounier (1905-1950) fundó y dirigió la revista *Espirit* en torno a la que se aglutinó la corriente personalista cristiana. La filosofía de Mounier se fundamenta en el tema de la persona.

---

33. *Tractatus lógico- philosophicus.*

Mounier establece una distinción entre el individuo y la persona. El individuo representa la dimensión material del hombre que tiene consistencia interna y que está sometida a las necesidades biológicas; por el contrario, la persona constituye la dimensión espiritual del mismo que va conquistando mismidad consistente a lo largo de un proceso. Quizá con más rigor y acierto Julián Marías prefiere llamar "estructura empírica" a lo que Mounier conceptúa de individuo, pues la distinción entre individuo y persona introduce una división artificial, toda vez que el individuo se refiere a la especie, y la persona al carácter personal, humano, del individuo y, en cuanto tal, espiritual.

Mounier caracteriza a la persona como un ser espiritual constituido como tal por una forma de subsistencia y de independencia en su ser; mantiene esa subsistencia mediante su adhesión a una jerarquía de valores libremente adoptados, asimilados y vividos en un compromiso responsable y en una constante conversión, unifica así toda su actividad en la libertad y desarrolla, a impulsos de actos creadores, la singularidad de su vocación.

Los rasgos más destacados de la persona son la espiritualidad, la libertad y la acción creadora. La *espiritualidad* no es una propiedad poseída por el ser pasivamente, sino que la tiene que ir adquiriendo, imitando al Verbo Divino.

La *libertad* consiste en el cumplimiento de la vocación que cada persona tiene asignada. Mounier afirma que para llevar a cabo la vocación y, por tanto, para que la persona se desarrolle en plenitud, tiene que estar en *comunión* con las otras personas que constituyen la comunidad. La persona es un yo que forma parte de un nosotros y solo así puede ser entendida.

Referente a la *acción creadora*, Mounier expresa que es propio de la persona el hecho de que desarrolle una actividad que, produciendo cosas materiales, cree cultura y riqueza espiritual.

Para que la persona se realice plenamente es necesaria una revolución que no engendre tiranía y que conlleve una reforma de las estructuras económicas, sociales y políticas. Según Mounier esta revolución no debe ser violenta, sino una revolución de espíritu, una revolución cristiana, una revolución de sacrificio y de entrega a los miembros de la comunidad.

Su analítica de la vida humana coincide con la doctrina cristiana respecto al hombre *dividido* —enajenado— en sí mismo a causa del pecado. Pero, en cuanto el pecado es accidental, no esencial a la naturaleza humana —entró en el mundo en el tiempo y en el espacio humanos—, hacer depender la fuerza de la fe y la necesidad de Dios de la miseria humana —que Dios combate regenerándola— no ofrece un buen servicio a la revolución del espíritu, sino que alimenta los argumentos de sus críticos.

No se puede hablar de enajenación esencial en perspectiva cristiana. El mismo sentido de la historia divina es reconciliar al hombre consigo mismo y con la naturaleza. Sin embargo, el pecador es víctima de una enajenación accidental, la que le separa de Dios por el pecado, y por los efectos del pecado, de la creación entera y de sí mismo. La acentuación del mal moral es una tendencia común a todo el existencialismo cristiano. Él nos constituye en un estado permanente de enajenación. De esta manera, al menos tanto como sobre su mancilla, se insistirá sobre su fuerza de desviación y de disociación. Es conocida la importancia que tiene este tema en Pascal. Este cristianismo aplastante va todavía más lejos. Si hay una exégesis de la condición humana que haya dado sus armas a la crítica de Feuerbach, es esta. Exagera de tal manera la relación de dependencia de la criatura a su Dios, con el fin de realizar la trascendencia; refuerza en tal grado el carácter secreto, celoso, autoritario de la Divinidad (y en términos tan humanos so pretexto de no humanizar), que introduce la idea de que todo lo que gana el Creador lo gana "a costa" de la criatura. Con esto queda abierto el camino a todos los que, viendo la criatura vaciarse en provecho del Creador, denunciaran en Dios una proyección de la criatura.[34]

8. Gabriel Marcel y el Tú absoluto

Gabriel Marcel (1889-1973), parisino, es uno de los primeros exponentes de la filosofía existencialista con *Existencia y objetividad*, publicado en 1914.

Educado al margen de toda religión, sufriendo sin poder explicárselo por esta atmósfera desvitalizada en que tenía que vivir, no se convirtió sin embargo al catolicismo hasta el año 1929. Pero, cosa curiosa, las primeras páginas del *Journal Métaphysique*, que datan de 1914, nos muestran que, en aquella época, cuando aún no pensaba ni por asomo en una conversión, tomaba ya en serio la realidad de Dios. Incrédulo él mismo en apariencia, creía en la fe de los demás y analizaba sus condiciones con tal penetración que nunca tendrá que renegar de su intención fundamental. Varios meses antes de adherirse exteriormente al catolicismo, defendía contra León Brunschvick la verdadera noción de la fe religiosa, en el curso de una sesión memorable de la Sociedad Francesa de Filosofía, dedica da a "la cuestión del ateísmo" (24 de marzo de 1928).

Desde los comienzos de su reflexión filosófica le había parecido evidente que el *yo creo* es irreducible al *yo pienso*. Esto no significa que el acto de fe no pueda ser pensado, pero no lo es más que en el interior de sí mismo. El sujeto que cree no es el pensamiento en general, sino el existente. El *yo creo* se articula al *yo existo*. La fe es una afirmación de que yo soy antes que una afirmación que profiero. Debe participar de la naturaleza de la sensación, viviendo como ella de un inmediato. El papel de la metafísica es el de redescubrir este inmediato por el pensamiento y más allá del pensamiento.

---

34. *Introducción a los existencialismos.*

En el curso de esta tentativa, hay que guardarse de tratar a Dios como un objeto. "Cuanto hablamos de Dios, sepamos bien que no es de *Dios* de quien hablamos"[35]. "Dios no puede serme dado más que como Presencia absoluta en la adoración; toda idea que me forme de Él no es más que una expresión abstracta, una intelectualización de esta presencia"[36]. Como han visto los seguidores de la teología negativa, los atributos de Dios no tienen otra significación que la de distinguirle de los ídolos con los que tan dados somos a confundirle. Mediante exclusiones concéntricas, estrechan el círculo de la afirmación central con la que yo formo cuerpo hasta el punto de no poder ya proferirla. Hemos de reconocer aquí los caracteres de un Tú que no podemos tratar como un él sin desnaturalizarle. No conozco verdaderamente a Dios sino en el momento en que, en la plegaria, me inmolo ante Aquel que es mi único Recurso y le invoco como el Tú absoluto[37].

Si Dios es esencialmente un Tú para quien yo existo, resulta fácil concebir que pueda no ser para mi vecino. La prueba de Dios supone que nos hemos establecido previamente en Dios. Se refiere siempre a la creencia y no puede sino confirmarnos lo que nos ha sido dado por ella. "Si la prueba ontológica resiste es porque se instala en Dios desde el primer momento"[38].

Una meditación así es evidentemente inseparable de la reflexión sobre la relación de los seres entre sí. Gabriel Marcel siempre ha unido en su búsqueda el afán de lo trascendente y el de lo individual, "la exigencia del *ser*" y "la obsesión de *los seres* comprendidos en su singularidad y al mismo tiempo sorprendidos en las misteriosas relaciones que los unen"[39].

Poco a poco, y desde la fe, Marcel fue presenciando en su mismo ser la emergencia cada vez más firme de la persona humana como un "tú" personalísimo, más allá del frío y cosificado "él". Nada hay en el mundo que sea para Dios un puro objeto, un "él"; todo lo que existe cuenta para Dios, porque todo es amado por Él. De aquí se concluye que "yo no me elevo verdaderamente a Dios hasta el momento en que pienso, en que quiero con todas mis fuerzas que una infinidad de otros seres cuenten también para Él". "La verdad como encuentro es la palabra comunicativa que devuelve el yo a la posición que le corresponde, y por la cual se transforma de nuevo en el yo-a-partir-del-Tú, oyéndolo"[40].

---

35. *Journal Métaphysique*, p. 131.
36. *Id.*, p. 158.
37. *Être et Avoir*, p. 248.
38. *Journal Métaphysique*, p. 255.
39. *Du Refus à l'Invocation*, pp. 192-193.
40. E. Brunner, *La verdad como encuentro*, p. 29. Barcelona 1967.

Cuando hablo de alguien en tercera persona, le trato como independiente, como ausente, como separado; más exactamente, le defino de manera implícita como exterior a un diálogo en curso que puede ser un diálogo conmigo mismo.[41]

Cuando entablo conversación con un desconocido en un vagón de tren, se me representa primero como "un tal" de quien poco a poco voy conociendo los gustos, la vida y muchas cosas más. "Pero puede ocurrir que yo vaya adquiriendo conciencia en medida creciente de dialogar conmigo mismo (lo que en modo alguno quiere decir que el otro y yo seamos o siquiera parezcamos idénticos)"[42]. El otro entra cada vez más en una unidad que yo formo con él. Llegamos a ser verdaderamente *nosotros*, y en función de este *nosotros*, él es *tú*.

El tú nos es dado más allá de la objetividad, como presencia. A esta realidad transobjetiva se refieren el amor y la fidelidad. En ella está implicado un absoluto. El amor incondicionado de la criatura hacia la criatura es como la "palpitación prenatal" de la fe en el Tú absoluto[43]. Dios es la condición de la relación amorosa.

Hay que declarar con el mayor énfasis posible que el amor humano no es nada, que se niega a sí mismo, cuando no está cargado de posibilidades infinitas. Esto tiene una explicación extremadamente precisa; quiere decir muy exactamente que si ese amor se centra en sí mismo, si degenera en un narcisismo de dos, se transforma en idolatría y pronuncia para sí una sentencia de muerte.[44]

Dios es el fundamento de la comunicación amorosa, por eso el amor y la fe deben estar íntimamente unidos e incluso llegar a identificarse. La fe y el amor son inseparables. Amar a una persona concreta es entonces entrar en relación con una libertad que se ha creado a sí misma por la fe. De esto se sigue que cuando la relación amorosa no está fundada en Dios, se destruye a sí misma. No es posible disociar la fe en un Dios santo de toda afirmación sobre el destino de la unidad intersubjetiva formada por seres que se aman y que viven los unos en y para los otros. El pensamiento de Marcel converge aquí (sin influencia recíproca) con el Martin Buber, el genial pensador judío. En el centro vivo del amor brota también la esperanza de la inmortalidad —"deseo de eternidad" en Marcel—, tema tan presente y acuciante en nuestro Miguel de Unamuno. "Amar a un ser es decir: tú no morirás". La relación amorosa implica la eternidad y lleva a buscar su fundamento último, que no es otro que Dios[45].

41. *Journal Métaphysique*, p. 137.
42. *Journal Métaphysique*, p. 145.
43. *Du Refus à l'Invocation*, p. 179.
44. *El misterio del ser*, p. 252.
45. *Cf.* Henri Bouillard, *Lógica de la fe*, p. 180 ss. Taurus, Madrid 1966.

Creer en un Dios vivo, si no es caer en la mitología, consiste en decir no exclusivamente, pero al menos secundariamente, que, por ejemplo, todo atentado a la justicia o a la caridad en la persona de mi prójimo es, al mismo tiempo, un atentado contra ese Dios mismo, lo que supone una relación muy concreta, aunque muy misteriosa, entre ese Dios vivo y esa criatura que es mi semejante (*El misterio del ser*, p. 278).

9. Unamuno, el hombre y su inmortalidad

Miguel de Unamuno (1864-1936) nació en Bilbao. Catedrático de griego en Salamanca, fue profesor y rector de la Universidad de Salamanca hasta su jubilación en 1934. Muy interesado por el pensamiento europeo y protestante, con devoción por Kierkegaard desarrolló un pensamiento muy singular, que luego va a florecer en la corriente existencialista.

Para él la filosofía tiene como objeto al hombre concreto, no a la abstracta humanidad, sino al individuo vivo y particular, "el hombre de carne y hueso", fundamento de una oposición al cientificismo racionalista impotente para confirmar o refutar lo que constituye el verdadero ser de este individuo real y actual proclamado en su filosofía: el hambre de supervivencia y el afán de inmortalidad. El fundamento de la creencia en la inmortalidad no se encuentra en ninguna construcción silogística ni inducción científica, se encuentra simplemente en la esperanza.

"El hombre de carne y hueso", el que nace, sufre y muere —sobre todo muere—, el que come y bebe y juega y duerme y piensa y quiere; el hombre que se ve y a quien se oye, el hermano, el verdadero hermano. "Este hombre concreto, de carne y hueso, es el sujeto y el supremo objeto a la vez de toda filosofía, quiéranlo o no ciertos sedicentes filósofos"[46]. Objeto, y a la vez sujeto, pues "si un filósofo no es un hombre, es todo menos un filósofo; es, sobre todo, un pedante, es decir, un remedo de hombre"[47].

La filosofía de Unamuno es una protesta contra el hombre abstracto, contra el hombre tal como ha sido concebido por los filósofos en la medida en que hacían filosofía en vez de vivirla. El hombre, que es objeto y sujeto de la filosofía, no puede ser, según Unamuno, ningún "ser pensante"; por el contrario, siguiendo una tradición que se remonta a san Pablo y que cuenta entre sus cultivadores a Tertuliano, Agustín, Pascal, Rousseau y Kierkegaard, Unamuno concibe el hombre como un ser de carne y hueso, como una realidad verdaderamente existente, como "un principio de unidad y un principio de continuidad", cuya nota característica no es tanto la razón como el sentimiento. "El hombre, dicen, es un animal

---

46. *Del sentimiento trágico de la vida*, I.

47. *Id.*

racional. No sé por qué no se haya dicho que es un animal afectivo y sentimental. Y acaso lo que de los demás animales le diferencia sea más el sentimiento que no la razón. Más veces he visto razonar a un gato que no reír o llorar. Acaso llore o ría por dentro, pero por dentro acaso también el cangrejo resuelva ecuaciones de segundo grado"[48].

Su preocupación humanista salta a la vista cuando sale en defensa del hombre como fin y no medio. La civilización toda debe enderezarse al hombre, a cada hombre, a cada yo. "Sí, sí, lo veo; una enorme actividad social, una poderosa civilización, mucha ciencia, mucho arte, mucha industria, mucha moral, y luego, cuando hayamos llenado el mundo de maravillas industriales, de grandes fábricas, de caminos, de museos, de bibliotecas, caeremos agotados al pie de todo eso, y quedará ¿para quién? ¿Se hizo el hombre para la ciencia, o se hizo la ciencia para el hombre?"[49].

La esencia del hombre concreto es esfuerzo por perdurar en el ser, por no morir. La razón, cuya función es unificar los datos dispersos de la conciencia, es naturalmente monista, y en cuanto tal, materialista, negadora de la inmortalidad del alma, al explicar esta como conciencia dependiente de la organización del cuerpo. "Por cualquier lado que la cosa se mire, siempre resulta que la razón se pone enfrente de ese nuestro anhelo de inmortalidad personal, y nos lo contradice. Y es que, en rigor, la razón es enemiga de la vida"[50]. Si la inteligencia racional no nos puede dar certeza, es preciso que indaguemos, no en la irracionalidad, como quiere Unamuno, a falta de un término mejor, sino en la *inteligencia sentiente* desarrollada por Zubiri en toda su lógica, límites y alcance. Pues es la vida, la voluntad de vivir, la que pide eternidad como condición de vida auténtica. Los satisfechos de la vida, que se contentan con existir hoy y dejar de existir mañana, ¿existen realmente?, se pregunta Unamuno. "¿Existen de verdad? Yo creo que no, pues si existieran, si existieran de verdad, sufrirían de existir y no se contentarían con ello. Si real y verdaderamente existieran en el tiempo y el espacio sufrirían de no ser lo eterno y lo infinito"[51]. El destino eterno de todas las cosas es el problema más acuciante de la vida. Poco se puede esperar de quien no ha reflexionado sobre el mismo. ¿Cómo es posible trabajar en algo serio y duradero, olvidando el enorme misterio del universo y sin inquirirlo? ¿Es posible contemplarlo todo con alma serena, pensando que un día no se ha de reflejar todo eso en conciencia alguna?

Por cualquier lado que se mire, dice Unamuno, siempre resulta que la razón se pone enfrente de nuestro anhelo de inmortalidad personal, y nos lo contradice, y esto porque la razón es enemiga de la vida, en la peculiar concepción unamuniana,

---

48. *Id*.
49. *Id*.
50. *Id*., V.
51. *Vida de Don Quijote y Sancho*.

más poética que rigurosamente filosófica. Ortega y Gasset, diecinueve años más joven que Unamuno, siempre se sintió molestó con esta oposición, más retórica que filosófica, entre razón y vida. Delata pereza mental. Si Unamuno hubiera prestado más atención a su propia lógica, hubiera descubierto que razón y vida son interdependientes y que la razón emerge de la propia vida para comprenderla. Unamuno mismo después de escribir "todo lo vital es irracional y todo lo racional es antivital", escribe a renglón seguido: "Mal que pese a la razón, hay que pensar con la vida, y mal que pese a la vida, hay que racionalizar el pensamiento". Pero, aclaramos: el maridaje perfecto entre razón y vida no fue oficiado por Unamuno sino por Ortega. Unamuno, no obstante, supo hacer valer como nadie los derechos de la vida concreta, individual y personal, más allá de cualquier reduccionismo abstracto.

> Es una cosa terrible la inteligencia. Tiende a la muerte como a la estabilidad la memoria. Lo vivo, lo que es absolutamente inestable, lo absolutamente individual es, en rigor, ininteligible. La lógica tira a reducirlo todo a entidades y a géneros, a que no tenga cada representación más que un solo y mismo contenido en cualquier lugar, tiempo o relación en que se nos ocurra. Y no hay nada que sea lo mismo en los momentos sucesivos de su ser. Mi idea de Dios es distinta cada vez que la concibo. La identidad, que es la muerte, es la aspiración del intelecto. La mente busca lo muerto, pues lo vivo se le escapa; quiere cuajar en témpanos la corriente fugitiva, quiere fijarla. Para analizar algo hay que matarlo, enrigidecerlo en la mente. La ciencia es un cementerio de ideas muertas, aunque de ellas salga vida. También los gusanos se alimentan de cadáveres. Mis propios pensamientos, tumultuosos y agitados en los senos de mi mente, desgajados de su raíz cordial, vertidos a este papel y fijados en él en formas inalterables, son ya cadáveres de pensamientos. ¿Cómo, pues, va a abrirse la razón a la revelación de la vida? Es un trágico combate, es el fondo de la tragedia, el combate de la vida con la razón. ¿Y la verdad? ¿Se vive o se comprende?
>
> No hay sino leer el terrible *Parménides* de Platón, y llegar a su conclusión trágica de que "el uno existe y no existe", y él y todo lo otro existen y no existen, aparecen y no aparecen en relación a sí mismos, y unos a otros. Todo lo vital es irracional, y todo lo racional es antivital, porque la razón es esencialmente escéptica.[52]

La lógica puede llevar al ateísmo, pero se engaña a sí misma cuando da lugar a conceptos como la felicidad, en Spinoza, o el eterno retorno, en Nietzsche, que es un remedo de la inmortalidad del alma y la más formidable tragicomedia o comitragedia.

> Es que tanto Spinoza como Nietzsche eran, sí, racionalistas, cada uno de ellos a su modo; pero no eran eunucos espirituales; tenían corazón, sentimiento y, sobre todo,

---

52. *El sentimiento trágico de la vida*, V.

hambre, un hambre loca de eternidad, de inmortalidad. El eunuco corporal no siente la necesidad de reproducirse carnalmente, en cuerpo, y el eunuco espiritual tampoco siente el hambre de perpetuarse.

Cierto es que hay quienes aseguran que con la razón les basta, y nos aconsejan desistamos de querer penetrar en lo impenetrable. Mas de estos que dicen no necesitar de fe alguna en vida personal eterna para encontrar alicientes de vida y móviles de acción, no sé qué pensar. También un ciego de nacimiento puede asegurarnos que no siente gran deseo de gozar del mundo de la visión, ni mucha angustia por no haberlo gozado, y hay que creerle, pues de lo totalmente desconocido no cabe anhelo, por aquello de *nihil volitum quin praecognitun*; no cabe querer sino lo de antes conocido; pero el que alguna vez en su vida o en sus mocedades o temporalmente ha llegado a abrigar la fe en la inmortalidad del alma, no puedo persuadirme a creer que se aquiete sin ella. Y en este respecto apenas cabe entre nosotros la ceguera de nacimiento, como no sea por una extraña aberración. Que aberración y no otra cosa es el hombre mera y exclusivamente racional.

Más sinceros, mucho más sinceros, son los que dicen: "De eso no se debe hablar; que es perder el tiempo y enervar la voluntad; cumplamos aquí con nuestro deber y sea luego lo que fuere", pero esta sinceridad oculta una más profunda insinceridad. ¿Es que acaso con decir: "De eso no se debe hablar", se consigue que uno no piense en ello? ¿Que se enerva la voluntad?... ¿Y qué? ¿Que nos incapacita para una acción humana? ¿Y qué? Es muy cómodo decirle al que tiene una enfermedad mortal que le condena a corta vida y lo sabe, que no piense en ello.[53]

La ciencia podrá satisfacer, y de hecho satisface en una medida creciente, nuestras siempre insatisfechas necesidades lógicas o mentales, nuestro anhelo de saber y conocer la verdad; pero la ciencia no puede satisfacer nuestras necesidades afectivas y volitivas, nuestra hambre de inmortalidad, lejos de satisfacerla, la contradice. "El más trágico problema de la filosofía es el de conciliar las necesidades intelectuales con las necesidades afectivas y con las volitivas"[54]. No hay solución posible, es inútil buscar síntesis conciliadoras, lo único que queda es la paz en la guerra y la guerra en la paz, la fe que duda y la duda que cree. "La paz de la conciencia, la conciliación entre la razón y la fe, gracias a Dios providente, no cabe", cabe la lucha, como Jacobo luchó contra Dios, concluye Unamuno en su *Sentimiento trágico de la vida*. "La fe en la inmortalidad es irracional, Y, sin embargo, fe, vida y razón se necesitan mutuamente. Ese anhelo vital no es propiamente problema, no puede tomar estado lógico, no puede formularse en proposiciones racionalmente discutibles, pero se nos plantea, como se nos plantea el hambre. Tampoco un lobo que se echa sobre su presa para devorarla, o sobre la loba para fecundarla,

53. *Id.*
54. *Id.*, I.

puede plantearse racionalmente y como problema lógico su empuje. Razón y fe son dos enemigos que no pueden sostenerse el uno sin el otro, Lo irracional pide ser racionalizado, y la razón solo puede operar sobre lo irracional. Tienen que apoyarse uno en otro y asociarse. Pero asociarse en lucha, ya que la lucha es un modo de asociación"[55].

9.1. Dios y el sentido

Amante de los libros y de las ideas originales, Unamuno leía sobre todo la Escritura, en especial el Nuevo Testamento en griego y las cartas del apóstol Pablo, al que admira sobremanera. De los teólogos prefiere a los protestantes, en concreto aquellos más críticos y liberales respecto al dogma, pues el resto, lo que tienen que decir, "ya me lo sé". Para él la originalidad del cristianismo consiste en haber descubierto la relación de filiación entre el hombre y su Dios, Dios es el padre de Jesús y Jesús es el hijo del hombre. San Agustín tiene en sus *Confesiones* un pasaje maravilloso, recuerda Unamuno, en que, hablando de Dios, dice: "¿Quién comprenderá, quién expresará a Dios? ¿Qué es lo que brilla así por momentos a los ojos de mi alma y hace latir mi corazón de terror y de amor? Es algo muy diferente de mí, y por eso estoy helado de miedo; es algo idéntico a mí mismo, y por eso estoy inflamado de amor". Para Unamuno no puede expresarse mejor el origen del miedo a Dios y del amor hacia Él. Agustín también dice: "Dios viene a ser nuestro yo proyectado al infinito. Esta proyección le hace, a la vez que algo como nosotros, algo en que podemos confiar, porque sus caminos y procederes son corno los nuestros, una potencia antropomórfica, algo también enteramente diferente de nosotros, tan diferente como puede serlo lo infinito de lo finito, algo ante lo cual hay que temblar, porque puede sorprendernos, cuando menos lo creamos, como alguna cosa inesperada".

Para Unamuno Dios es ante todo su propio yo llevado al infinito. Dios no existe como una cosa o un hombre finito, Dios *sobre-existe*, es decir, *nos existe*, es más que existir, *hace existir*. Unamuno no está sino ensayando las viejas sendas místicas que buscan la unión con Dios como vías de acceso a uno mismo, penetrando en el fondo del ser. El punto de partida es el hombre mismo, el hombre como *imagen de Dios*, aquello que es lo más propiamente suyo. A Dios se asciende trascendiendo del sí propio, pasando de la propia intimidad, porque Dios está sustentando nuestra existencia, además de haberla creado. "No solo nos hace existir, sino que *nos existe*. Esto es lo más hondo y radical que Unamuno ve, o al menos adivina, en su insegura indagación en torno a Dios"[56].

---

55. *Id.*, VI.
56. Julián Marías, *Miguel de Unamuno*, p. 246. Espasa Calpe, Madrid 1976.

Hay quien vive del aire sin conocerlo. Y así vivimos de Dios y en Dios acaso, en Dios espíritu y conciencia de la sociedad y del Universo todo, en cuanto este también es sociedad.

Dios no es sentido sino en cuanto es vivido, y no solo de pan vive el hombre, sino de toda palabra que sale de la boca de Él (Mat. IV, 4, Deut. VIII, 3).

Y esta personalización del todo, del Universo a que nos lleva el amor, la compasión, es la de una persona que abarca y encierra en sí a las demás personas que la componen.

Es el único modo de dar al Universo finalidad dándole conciencia. Porque donde no hay conciencia no hay tampoco finalidad que supone un propósito. Y la fe en Dios no estriba, como veremos, sino en la necesidad vital de dar finalidad a la existencia, de hacer que responda a un propósito. No para comprender el por qué, sino para sentir y sustentar el para qué último, necesitamos a Dios para dar sentido al Universo.

Y tampoco debe extrañar que se diga que esa conciencia del Universo esté compuesta e integrada por las conciencias de los seres que el Universo forman, por la conciencia personal distinta de las que la componen. Solo así se comprende lo de que en Dios seamos, nos movamos y vivamos...

¿No es que acaso vivimos y amamos, esto es, sufrimos y compadecemos en esa Gran Persona envolvente a todos, las personas todas que sufrimos y compadecemos y los seres todos que luchan por personalizarse, por adquirir conciencia de su dolor y de su limitación? ¿Y no somos acaso ideas de esa Gran Conciencia total que al pensarnos existentes nos da la existencia? ¿No es nuestro existir ser por Dios percibidos y sentidos?...

Es tal nuestro anhelo de salvar a la conciencia, de dar finalidad personal y humana al Universo y a la existencia, que hasta en un supremo, dolorosísimo y desgarrador sacrificio llegaríamos a oír que se nos dijese que si nuestra conciencia se desvanece es para ir a enriquecer la Conciencia infinita y eterna, que nuestras almas sirven de Alimento al Alma Universal. Enriquezco, sí, a Dios, porque antes de yo existir no me pensaba como existente porque soy uno más, uno más, aunque sea entre infinitos, que como habiendo vivido y sufrido y amado realmente, quedo en su seno. Es el furioso anhelo de dar finalidad al Universo, de hacerle consciente y personal, lo que nos ha llevado a creer en Dios, a querer que haya Dios, a crear a Dios, en una palabra. ¡A crearle, sí! Lo que no debe escandalizar se diga ni al más piadoso teísta. Porque creer en Dios es en cierto modo crearlo: aunque Él nos cree antes. Es Él quien en nosotros se crea de continuo a sí mismo.

Hemos creado a Dios para salvar al Universo de la nada, pues lo que no es conciencia y conciencia eterna, consciente de su eternidad y eternamente consciente, no es nada más que apariencia. Lo único de veras real es lo que siente, sufre, compadece, ama y anhela, es la con ciencia; lo único sustancial es la conciencia. Y necesitamos a

Dios para salvar la conciencia; no para pensar la existencia, sino para vivirla, no para saber por qué y cómo es, sino para sentir para qué es. El amor es un contrasentido si no hay Dios.[57]

10. Husserl y la fenomenología

Edmund Husserl (1859-1938) nació en Prossnitz (Checoslovaquia), en el seno de una familia judía; estudió matemáticas en la Universidad de Berlín. En Viena estudió con Franz Brentano, cuya influencia en él fue tan grande que la filosofía hubo de imponerse por encima de cualquier otra vocación.

En 1886 se convirtió a la fe evangélica y fue bautizado en la Iglesia luterana. Al año siguiente empezó a impartir clases en la Universidad de Halle, de aquí pasó a Gotinga y luego a Friburgo. A principios de siglo publicó su primer libro fundamental: *Investigaciones lógicas*, seguido por *La filosofía como ciencia rigurosa* y *Las ideas sobre una fenomenología pura y una filosofía fenomenológica*, obras que provocaran una verdadera conmoción entre los especialistas. Maestro de Martin Heidegger, este le dedicó su obra capital *Ser y tiempo*.

Husserl dictó conferencias en Londres y en la Sorbona. El acceso de Hitler al poder significó la marginación del filósofo, quien enfermo desde el verano de 1937, murió en Friburgo. El sacerdote católico Hermann Leo Van Breda visitó a la viuda para solicitarle la consulta de algunos manuscritos y descubrió unas carpetas que contenían 40.000 páginas en taquigrafía y cerca de 10.000 manuscritos. Tras incontables peripecias Van Breda logró trasladar aquel tesoro a la embajada de Bélgica y luego a Lovaina, salvándolo así de la destrucción a manos del régimen nazi.

La fenomenología, como bien dice el profesor León Florido, es una filosofía que reacciona ante los movimientos filosóficos del siglo XIX como el positivismo, el irracionalismo y el marxismo. Frente a estos sistemas, que efectúan una crítica de la tradición filosófica llegando incluso a diagnosticar la muerte de la filosofía, la fenomenología pretende recuperar la tradición de la filosofía eterna, buscando establecer la unidad filosófica desde la perspectiva del idealismo, abierta por Descartes.

Husserl sitúa su pensamiento entre el idealismo centrado en el sujeto y el intento por afirmar la filosofía como una "ciencia estricta" capaz de hacer frente a la crisis de fundamento de las ciencias particulares.

Tradicionalmente la filosofía se ocupa del problema del ser del ente, pero a partir del idealismo cartesiano, el ser del ente se descubre en la conciencia; sin embargo, en el racionalismo idealista de Descartes y de sus sucesores se produce una separación entre el sujeto-conciencia, y el objeto-mundo. La fenomenología

---

57. *Del sentimiento trágico de la vida*, VII.

se esfuerza por recuperar la unidad de estos dos polos. Así, la conciencia reúne en sí misma al sujeto y al objeto; la conciencia es siempre *conciencia-de-algo*. Esta característica de la conciencia de referirse siempre a un objeto exterior a ella misma se denomina "intencionalidad"; la conciencia es en cuanto se dirige hacia el mundo, y el mundo solo es en la conciencia. Por tanto, los polos tradicionales sujeto-objeto se transforman en "noesis" (acto intencional y operación de la conciencia; lo que se denominaba concepto formal) y "noema" (objeto conocido por la conciencia; lo que se denominaba concepto objetivo).

Meditando la noción de *intencionalidad* aprendida de su maestro Franz Brentano, Husserl ha logrado eliminar la distancia entre el sujeto y el objeto; a partir de ese momento la fenomenología se ocupa de la investigación de los actos intencionales de la conciencia y esto la enfrenta con una tradición filosófica, que se inicia en cierto sentido con el racionalismo cartesiano y tiene su culminación en el empirismo, que investiga los actos cognoscitivos como operaciones psicológicas de la mente. La fenomenología realiza una crítica del psicologismo, lo que supone la elaboración de dos doctrinas:

a) Los planos de la conciencia, o actitudes; los actos intencionales se dividen en diversos planos, que dependen del carácter o modo en que la conciencia intencional se dirige hacia el objeto; a estos modos se los denomina actitudes (actitud cognoscitiva, actitud moral, actitud deseante, etc.). La fenomenología insiste en la necesidad de superar el psicologismo, puesto que se limita a la mera actitud natural.

b) La *epojé* (reducción): la superación del psicologismo implica la doctrina de la reducción, que se realiza en dos momentos: 1) Reducción fenomenológica. 2) Reducción transcendental.

Partiendo de esta exigencia, Husserl se propone depurar el *fenómeno* dejando a un lado los elementos extraños que aparecen en él procedentes del exterior, del propio fenómeno o del sujeto que conoce, para que únicamente quede la esencia pura de lo aparecido.

Cada *dato* (o "cosa", en sentido de pura "apariencia" a la conciencia) ha de distinguirse de la imagen mental del empirismo y de la psicología, vista con una visión sensible o experimental, porque cada "objeto sensible" posee una *esencia*, un *eidos*, que se coge *directamente*, intelectiva- mente. Para captar esta *esencia* es preciso proceder por sucesivas eliminaciones de elementos (reducción eidética).

Ante todo, no nos debemos pronunciar preliminarmente sobre si existe o no el mundo; debemos suspender el juicio, en una *epojé* que ponga como "entre paréntesis" la existencia, la individualidad, con todas las ciencias de la naturaleza y del espíritu. Igual se debe hacer con Dios. Con esto, la conciencia queda en presencia de los datos de las "cosas" en su esencia ofrecida inmediatamente a la intuición. Es esta la *reducción fenomenológica trascendental*, en la que nosotros vivimos entre los actos de segundo grado (despojados de lo empírico-psicológico), datos que son el campo propio de la fenomenología.

Ahora bien, Husserl descubre que, al hacer la reducción, no se puede prescindir del sujeto mismo del conocimiento, puesto que el fenómeno sería imposible sin la conciencia de un sujeto ante quien se presenta.

De esta forma se concluye que la fenomenología es una ciencia descriptiva de la conciencia pura. Desemboca así en un *idealismo fenomenológico* en cuanto que reduce todas las cosas a la conciencia pura, al yo puro.

La filosofía de Husserl es un pórtico a un nuevo modo de hacer filosofía, que significa respeto a la realidad sin más.

11. Martin Heidegger y el sentido de la muerte

A la fenomenología sucede el existencialismo como hijo natural; este, como aquella, parte de la consideración de la pregunta sobre el ser del ente como la cuestión fundamental de la filosofía. A diferencia de lo que sucedía en el pensamiento griego, que descubría el ser en la naturaleza, la filosofía moderna capta el ser del ente de modo privilegiado en la conciencia del sujeto. Mientras que la fenomenología hablaba de una *conciencia universal*, el existencialismo lo hace de una *conciencia existente*, de una conciencia humana. El hombre no es simplemente una conciencia que se dirige hacia el mundo (intencional), no es solo un ser-para-el-mundo, el hombre es *Dassein*, un ser-ahí, un ser-en-el-mundo, un ser cuyo ser consiste en la existencia. El hombre conoce el ser en su propio existir; por tanto, el fundamento metafísico del existencialismo consiste en dar prioridad al existir sobre la conciencia.

Toda investigación debe, pues, partir del hombre, envolviéndolo, comprometiéndolo necesariamente. El existencialismo es ante todo una fenomenología de la existencia humana tal como esta se presenta y se configura en sí misma. Heidegger, discípulo de Husserl, juega un papel capital en el desarrollo de este pensamiento.

Martin Heidegger (1889-1976), uno de los filósofos alemanes más destacados de este siglo, comenzó por ser discípulo de Husserl, aunque luego tomara un rumbo diferente. Profesor de la Universidad de Friburgo de Brisgovia, su pensamiento es de gran profundidad y originalidad, así como de no menuda dificultad.

Heidegger nació en Messkirch (Alemania), de familia católica modesta. Su padre, además de otros oficios, desempeñaba el cargo de sacristán de la parroquia. En nota autobiográfica nos dice: "Yo, Martin Heidegger, he nacido en Messkirch (Baden) el 26 de septiembre de 1889, hijo del sacristán y maestro tonelero Friedrich Heidegger y de su mujer Johanna, natural del Kempf, ambos católicos. Asistí a la escuela municipal de mi pueblo natal. Desde 1903 a 1906 estudié en el liceo de Constanza; después en el Berthold-Gymnasium de Friburgo de Brisgovia. Obtenido el diploma de fin de estudios (1909), estudié en Friburgo de Brisgovia hasta el *rigorusum*. Durante los primeros semestres he seguido cursos de teología y filosofía, y desde 1911, principalmente de filosofía, matemáticas y ciencias de la naturaleza, así como cursos de historia en el último semestre".

Durante sus estudios en el liceo de Constanza conoce la obra de Franz Brentano, *La pluralidad de significados de la palabra "ente" según Aristóteles*, que despertó en él la pregunta fundamental de su pensamiento: ¿Qué significa Ser? Su pensamiento filosófico influyó decisivamente en el pensamiento teológico de Rudolf Bultmann, por el lado protestante, y de Karl Rahner, por el católico. Heidegger mismo leyó con satisfacción el *Comentario a la carta a los romanos* de Karl Barth, viendo en él un síntoma de lo que debería ser la auténtica vida espiritual.

El problema filosófico que aborda Heidegger gira en torno a la búsqueda del *sentido del ser*. Este es el tema de su investigación.

Heidegger considera que el ser se hace patente en el hombre, luego para desentrañar su sentido es necesario partir del análisis existencial del *Dasein* (ser ahí), o sea, de la existencia humana concreta, considerada con anterioridad a todo dogma o presupuesto sobre la existencia. La existencia más inmediata para nosotros es nuestra misma existencia humana; y en ella se dan indisolublemente la conciencia y el mundo (*conciencia del mundo* y *mundo en la conciencia*); no se puede, ni se debe, por tanto, como pretendía Husserl, poner el mundo "entre paréntesis" para poder contemplar la esencia pura; es menester estudiar nuestro "ser en el mundo". Efectivamente, existir es, para cada uno, esto: *yo estoy en el mundo*.

Luego el primer constitutivo del Dasein es el *ser-en-el-mundo*, lo que significa que el hombre está íntimamente vinculado al mundo en el que se desarrolla. Está ahí, en el mundo, pura y simplemente, con independencia de todo presupuesto. Ahora bien, el hombre se encuentra en el mundo preocupado por las cosas que habitan en él, de tal forma que estas solo adquieren significación en cuanto le son útiles.

Otro carácter del ser del hombre es la *temporalidad* en la medida en que la existencia humana cuenta con un pasado que permite la comprensión de lo que es en el presente y apunta hacia un futuro.

Además, el ser del hombre es un ser-para-la-muerte; su existencia solo cobra sentido, autenticidad, cuando toma conciencia y asume la posibilidad incondicionada e insuperable de la muerte.

Esta comprensión de la muerte se acompaña siempre de un sentimiento de angustia. Para Heidegger la existencia más auténtica es la que obliga a vivir en la angustia de cara a la muerte.

En su conocida obra *Ser y el tiempo* (1927), Heidegger se propuso superar el objetivismo y concebir la vida humana de un modo relacional interferente, tan típico y común a las filosofías de la vida, en cuya denominación genérica tenemos que incluir a Ortega y Gasset, Blondel, Marcel, Jaspers, Zubiri, Sartre y tantos otros. La existencia humana se caracteriza por no venir dada de una vez para siempre, a modo de objeto, perfectamente delimitado y terminado. Debe desplegarse y realizarse de modo dinámico e interrelacional. De ahí que los conceptos movilizados por Heidegger en *Ser y Tiempo* sean relacionales, abiertos, flexibles, vehículos de acontecimientos que tienen un lugar cuando el hombre asume libre y conscientemente su propia existencia y la realiza en vinculación a las instancias nutricias del entorno. Esta inserción-activo-receptiva en el entorno es propia de un ser que acepta la muerte y la finitud que ella implica como una apelación a un modo de existencia comprometido reverentemente con las realidades envolventes que lo nutren y le dan sentido cabal. Heidegger irá precisando cada vez con mayor claridad que esta realidad envolvente es el ser, y, más en concreto, el "ámbito cuatripartito" (tierra, cielos, dioses y mortales).

El ser-para-la-muerte no significa en Heidegger propiamente un ser consagrado a la desaparición, sino un ser que se despliega a través de una acción creadora y que es, en la misma medida, un ser inteligente, locuente, histórico, lúdico, comprometido con el ser y con el "ámbito cuatripartito" mencionado. Al nivel de creación interrelacional en que se sitúa Heidegger, la muerte no es un acontecimiento futuro, sino presente, presente de modo eficaz, porque la creación de interacciones funda modos eminentes de vecindad. *Ser para la muerte es jugar este juego de vecindad interrelacional.*

El vehículo viviente de la *vida en trance creador de interrelaciones* es el lenguaje. El hombre habla en cuanto es "mortal", es decir, en cuanto habita transitivamente el "ámbito cuatripartito". En rigor, solo habla el que desborda el mero decurso biológico mediante la cocreación de ámbitos de convivencia. De ahí la relación de lenguaje y juego; lenguaje, juego y temporalidad (como decurso creador); lenguaje, juego, temporalidad y muerte; lenguaje, juego, temporalidad, muerte y superación de la *mentalidad objetivista*: atenencia rutinaria a los seres del entorno que frena al hombre en su camino hacia la actividad del compromiso cocreador con las entidades que lo apelan a una vida de creatividad en vinculación.

Esta múltiple vinculación nos permite advertir cómo, vista con autenticidad, la muerte da *cumplimiento*, confiere *integridad* a la vida del hombre; no solo da *término* en sentido objetivista-lineal, espacio-temporal empírico, sino que la lleva a su *fin*, entendido como meta y pleno logro. A nivel de interrelación cocreadora, la existencia humana se realiza merced a la fuerza fecundante de los movimientos circulares que se establecen entre las distintas realidades que juegan el juego constelacional. El fin se convierte en motivo impulsor, axiológicamente presente a todos los momentos del proceso vital humano. De aquí arranca el papel existencial y hermenéutico de la muerte. *La presencia de la muerte es principio de vida auténtica.* La consideración de la función que ejerce la muerte permite comprender los diferentes modos de existencia humana.

En sus obras de madurez Heidegger definió al hombre como ser que *puede* morir. *Podemos* (alemán: *vermögen*) morir porque lo *queremos* (*mögen*) en cuanto estamos inmersos nutriciamente en la finitud y nos sentimos *apelados* (*angesprochen*), apelados a ser en plenitud lo que debemos ser, es decir, ser mortales, jugar el juego de la convivencia interrelacional en el dinámico ámbito de "los cuatro".

Frente a la tendencia objetivista a reducir el ser a los entes, Heidegger subraya que la nada que la muerte alberga no es un mero ente, pero se impone como algo (*west*), se impone incluso como el misterio del ser mismo. En cuanto mortales —habitando cocreadoramente en cercanía de la muerte— tomamos parte en el juego que es el ser. La muerte *mide* al hombre, le da la *medida* auténtica de su ser, que es ser que habita, ser cocreador.

La interpretación plenamente existencial de la muerte es interpretación metaobjetiva, relacional, lúdica, que no ve la muerte como mero *hecho*, sino como *acontecimiento*. El análisis existencial de la muerte tiende a destacar el papel funcional que ejerce la consideración del fin en la promoción del hombre a una vida auténtica.

La visión inauténtica de la muerte reduce la vida a mero *ir viviendo*, a mero desgaste de energías que aboca fatalmente a un término ante el que no cabe más actitud sensata que la huida.

"A la luz de una visión auténtica de la muerte la vida cobra la condición de tarea creadora de interrelaciones fecundas. El hombre no solo no huye de la muerte, sino que se comprende formalmente a sí mismo como *mortal*. El *ser para la muerte* pierde así su carácter adusto, disolvente, para ganar el sentido constructivo de ser para una posibilidad que hay que *cuidarse* (*Sorge*) de realizar. Como no es una posibilidad que el hombre pueda dominar —como domina los objetos y sucesos del mundo objetivista—, tal realización significa un estar activo receptivo a la espera, entregado a la tarea de configurar la propia existencia. Se espera porque la muerte no se puede programar coactivamente, sino que viene a *su* tiempo y plenifica al que durante su existencia atendió más a la vida que al cese de la misma. Como Kierkegaard decía que solo puede celebrar una fiesta jubilar —por ejemplo, las bodas de plata— el que durante el correspondiente lapso realizó cumplidamente las tareas de su estado y no se limita a esperar la fecha del jubileo... Ese positivo *"Vorlaufen in die Möglichkeit"* constituye el «ser-para-la-muerte»"[58].

No hay nada negativo, pues, en este ser-para-la-muerte de Heidegger, toda vez que constituye la experiencia primordial de la nada y el grado más alto de la iluminación del Ser. Ir hacia la muerte, aceptarla y hacerse *mortales* es camino hacia alegría y bendición del Ser. Por la muerte, el hombre se transforma de *Dasein*, ser-ahí, en *Da-Sein*, ser el ahí del Ser, el lugar del Ser. Esta realidad de apertura al Ser es tan originaria y primordial que posibilita el ejercicio de la razón. El hombre es hombre no porque posea razón, sino por esa realidad previa de iluminación

---

58. Alfonso López Quintás, "El sentido de la muerte en la filosofía de M. Heidegger", *Arbor* nº 377, Madrid, mayo 1977.

que le distingue de cualquier otro ser y por la cual el pensamiento puede pensar, lo que nos introduce así en la antesala de Dios, no en la presencia de Dios, pues Dios se ausenta.

Al hombre de nuestros días solo le es posible hablar de Dios *como* ausente, como aquello que se sustrae y se retira. Hacerlo así ya es algo positivo, porque la ausencia no es la ausencia vacía, sino que lo que rehúsa su venida es ya un modo de advenir y de llegar. "Lo que se retira está presente de tal manera que nos atrae, ya nos demos cuenta de ella en seguida, o nos la demos más tarde, o nunca... Cuando descubrimos el movimiento de retirada, nosotros ya estamos en movimiento hacia aquello que nos atrae al retirarse". Eso que viene hacia nosotros y hacia lo cual está el hombre desde siempre en movimiento es también lo Sacro y es también Dios, a quien "vemos" como el "Invisible" y a quien "conocemos" como el "Desconocido". Se revela *como* aquello que se oculta y se manifiesta en las realidades más extrañas a su naturaleza y más familiares al hombre.

"Heidegger no fue nunca indiferente al problema de Dios por una razón que él mismo dio: porque «la indiferencia es lo mismo que el nihilismo». Heidegger pensaba que todavía no era la hora de preguntarse «Quién» es Dios, pero esto no da pie para hablar en términos absolutos, como hacen algunos, de una «teología sin teofanía», o sencillamente de «una teología negativa». Más bien hay que pensar en el temor piadoso ante Dios, a quien teme «nombrar» con miedo a perderlo por la objetivación inherente a todo nombramiento.

"No se puede decir, sin más, que la filosofía de Heidegger es una religión en clave filosófica. Esto haría pensar en un intento de secularizar la religión. Lo que en Heidegger aparece es precisamente un colosal y denodado esfuerzo para abrir caminos «intransitados» hacia Dios, descubriendo en el hombre un «espacio sacro» en el que todavía no se puede nombrar a nadie. Tanto es así que podríamos decir que la filosofía de Heidegger gira en torno a la dilucidación de esa «natura» que presupone la gracia"[59].

Dios está con el hombre desde el principio del hombre. Por eso, cuando Dios viene, lo hace desde atrás. Su llegada en la llegada del comienzo: el origen será siempre el futuro. El mundo y su desolación nunca conseguirán oscurecer completamente la luz del horizonte trascendental de lo Sacro.

12. Sartre, honradez intelectual, ateísmo y libertad

Jean Paul Sartre (1905-1980), considerado el intelectual más influyente después de la Segunda Guerra Mundial, fue el principal expositor del existencialismo francés, continuando la investigación iniciada por Heidegger.

---

59. José Luis Cancelo, "En recuerdo de M. Heidegger. Un pensar en camino". *Arbor*, n° 373, Madrid, enero 1977.

Nacido en París, en el seno de una familia acomodada y de confesión protestante, su padre, Jean Baptiste, era oficial de Marina, y su madre, Anne Marie Schweitzer, hermana del famoso filántropo, médico misionero, teólogo y filósofo Albert Schweitzer. A los pocos meses quedó huérfano de padre y junto con su madre fue a vivir en casa del abuelo Charles Schweitzer, profesor y hombre de letras.

Rodeado por adultos, el pequeño Jean Paul se refugió en los libros, como su amor primero y determinante. En su ensayo autobiográfico *Las palabras*, nos dice que él encontró su religión en los libros: "Nada me parecía más importante que un libro. Cuando cogía un libro, por mucho que lo abriese y lo cerrase veinte veces, veía que no se alteraba. Al deslizarse sobre esa sustancia incorpórea que es el texto, mi mirada no era más que un minúsculo accidente superficial, no desordenaba nada, no me gastaba en absoluto. Yo, por el contrario, pasivo, efímero, era un mosquito deslumbrado, atravesado por las luces de un faro. Salía del despacho, apagaba; el libro, invisible en las tinieblas, seguía brillando; para él solo... Me satisfacía gustar y quería tomar baños de cultura; todos los días me recargaba con nuevos aspectos sagrados".

En 1931 fue nombrado profesor en el Liceo del Havre, donde permaneció dos años, trasladándose luego a Berlín como becario del Instituto Francés. Durante su estancia en Alemania pudo observar el crecimiento vertiginoso del nacionalsocialismo, a la vez que profundizaba en la filosofía hegeliana. De vuelta a Francia se reincorpora al Liceo del Havre, armonizando la enseñanza con la investigación por dos años más. En 1937 se le envió al Liceo de Lyon y un año más tarde al Liceo Pasteur, de Paris. En 1940 fue hecho prisionero por los alemanes y permaneció casi un año en la cárcel de Nancy; después logró escapar para unirse a la Resistencia. Terminada la guerra, conquistó el reconocimiento a su labor literaria con *El muro* y *La náusea*.

En 1964 se le concedió el Premio Nobel de Literatura, que rechazó galanamente, privándose así del pingüe beneficio económico que acompaña al galardón. Se puede estar de acuerdo o no con las ideas de Sartre, pero hay que reconocer que esta renuncia fue una más entre las muchas pruebas de autenticidad y buena fe que dio a lo largo de toda su vida. Sartre murió relativamente pobre, sin apenas recursos, en medio del ocaso de su fama y con una reducción de los beneficios derivados de los derechos de autor de tantos libros traducidos a veinte idiomas.

La filosofía de Sartre en su desarrollo evolutivo se puede dividir, al modo que hace Carlos Díaz, en cinco etapas bien marcadas, que esencialmente giran en torno a la ontología fenomenológica, la teoría del ser fundamentada en la descripción de los fenómenos.

Sartre distingue dos modalidades del ser. Una sería el *ser-en-sí*, el ente, lo que es y no puede no ser, que se caracteriza por ser cerrado en sí mismo, compacto y estable: es así y no puede ser de otro modo. Este modo de ser no tiene justificación puesto que la única sería Dios y Dios no existe.

La otra modalidad es el ser-para-sí, el ser de la conciencia y de la libertad, que son los caracteres específicamente humanos. Sartre afirma que el *ser-para-sí*, al ser lo que no es y no ser lo que es, es la nada.

El *ser-para-sí*, además de manifestarse hacia la nada, se manifiesta hacia el otro y hacia el ser. Por una parte, el hombre es un *ser-para-otro* en el sentido de que es esencialmente sexual, y por otra, tiende al ser en cuanto que lo anhela, exactamente el hombre desea convertirse en un *ser- en-sí-para-sí*, pero esto supone la aniquilación del ser ya que en esa modalidad se íntegra la forma de ser y la de no ser. Sartre concluye que el hombre fracasa por su aspiración fundamental de ser, *el hombre es una pasión inútil*. Una vez suprimida la existencia de Dios no se podía llegar a otra conclusión respecto a la existencia humana.

Sartre defiende el ateísmo como la posición más coherente una vez sentado el presupuesto filosófico de que la existencia precede a la esencia, que el hombre no tiene naturaleza, pues su naturaleza es un constante ir haciéndose a sí mismo.

El existencialismo ateo que yo represento es más coherente. Declara que, si Dios no existe, hay por lo menos un ser en el que la existencia precede a la esencia, un ser que existe antes de poder ser definido por ningún concepto, y que este ser es el hombre, o como dice Heidegger la realidad humana. ¿Qué significa aquí que la existencia precede a la esencia? Significa que el hombre empieza por existir, se encuentra, surge en el mundo, y que después se define. El hombre, tal como lo concibe el existencialista, si no es definible, es porque empieza por no ser nada. Solo será después, y será tal como se haya hecho. Así, pues, no hay naturaleza humana, porque no hay Dios para concebirla.[60]

En la base de toda la doctrina de Sartre se halla la negación de la existencia de Dios. Sartre supone que el hombre no pudo haber sido creado por Dios, ya que, si así hubiese sido, tendría el hombre una naturaleza estable, adaptada a la idea previa que Dios hubiese tenido de él. En cambio, "si no hay Dios, existe al menos un ser en el que la existencia precede a la esencia". Cartesiano, Sartre considera como única verdad aquella que el hombre puede descubrir pensando por sí solo y sin buscar ninguna prueba en el mundo exterior. El *Cogito* de Descartes es para Sartre el principio de toda filosofía; cuando un hombre normal dice: "Pienso, luego existo", no solo afirma su propia existencia, sino también la de los otros hombres, ya que ningún ser humano se puede captar en la intuición como pensando y existiendo él solo, sino como reflejado también en la mente y en el juicio de los otros hombres que se reflejan a su vez en los suyos.

Nos encontramos así con que en el mundo existimos "yo" y "el otro", o "yo" y "los otros", pero tanto "yo" como "el otro" somos enteramente responsables ante

60. *El existencialismo es un humanismo.*

nuestro destino, ya que no existe ninguna naturaleza humana que nos esté condicionando desde el principio de los tiempos. Si Dios existiera, tendría desde siempre una *idea* del hombre, y entonces, como el cristianismo afirma, todo hombre debería aproximarse a esa *idea*, es decir, a su esencia, tanto como toda mesa que haga un carpintero se parece a la idea que este carpintero tenga de la esencia de la mesa. Pero si Dios no existe, resulta absurdo pretender seguir creyendo que el hombre tiene que adaptarse a una idea previa que alguien tenga sobre él, ya que esta idea, mantenida por otros hombres, no es técnicamente *necesaria* y no constituye, por tanto, ni una esencia, ni una naturaleza. Según Sartre, el hecho de que no hay naturaleza humana, no significa que no haya una *condición* humana, pero no en calidad de meta ideal a la que debe aproximarse todo hombre, sino tan solo como un conjunto de hechos, de posibilidades y de relaciones, que se dan cita en este ser necesariamente volcado a la muerte, que es el hombre.

"Queda así claro que la existencia precede en Sartre a la esencia y que todo hombre se conquista día a día su propio ser, y que al igual que sucedía en la meditación de los teólogos españoles, nadie es ni bueno ni malo por naturaleza —nadie es héroe ni cobarde, como diría Sartre—, sino que el mayor pecador puede, si quiere, redimirse y el mayor santo puede, si lo desea, envilecerse o traicionar. Confluye aquí el punto de vista de Sartre con el de Ortega, cuando nos hace ver que, en cada instante de nuestra vida, matamos todos nuestros "yos" posibles, para seguir siendo el que somos. El hombre no solo está obligado a vivir en el mundo, sino que necesita elegir algo en cada instante, pero en cada elección, por insignificante que esta sea, se elige de hecho a sí mismo.

El hombre, para Sartre, es libre, dado que no nace moralmente condicionado por nada ni por nadie, sino que en todo instante puede elegir e interpretar los signos que reciba de su Dios o del destino y pedirle consejo a quien ya previamente sabe que se lo dará en la dirección deseada. Obligado a ser libre y a vivir en el mundo y a elegir en cada acto su idea del hombre, claro está que la desigualdad de oportunidades no puede ser la regla, y que el advenimiento de una sociedad sin clases es el objetivo soñado. Ello explica las relaciones de Sartre con el partido comunista.

Se nos plantea ahora un grave problema: si Dios no existe, ¿qué razón puede haber para que elijamos lo bueno, en vez de lo malo; para que llamemos buena a una cosa y mala a otra? La verdad es que encontrar un criterio moral no ha debido ser excesivamente fácil para Sartre. Aquella frase de Dostoievski de que, si *Dios no existe, todo está perdido*, le ha aparecido a veces irrebatible. ¿Quién puede exigirme cuentas de mi conducta? ¿Por qué he de hacer una u otra cosa, si un buen día me he de morir y con la muerte se acaba todo?"[61].

61. Carlos-Antonio Areán, "Sartre". *Arbor* nº 229, Madrid, enero 1965.

13. Jaspers y el Ser envolvente

Karl Jaspers (1883-1969) nació en Oldenburg (Alemania); desde pequeño padeció una enfermedad bronquial que le obligó a llevar una vida reposada, circunstancia determinante para su vocación. La dolorosa experiencia de su enfermedad contribuyó, sin duda, a suscitar en él una temprana reflexión existencial, así como a interesarse por cuestiones filosóficas. Desde la adolescencia leyó a Spinoza sin entenderlo del todo. A la hora de ingresar en la universidad se decepcionó de la filosofía, que le pareció una pseudociencia tal y como era estudiada en los círculos académicos. Decidió entonces estudiar medicina en la universidad de su ciudad natal, donde obtuvo el doctorado en 1909. Después de trabajar en el hospital psiquiátrico de la Universidad de Heidelberg, ingresó como "*Privatdozent*" de psicología en la Facultad de Filosofía de la misma universidad. En 1921 fue nombrado profesor de filosofía y depuesto en 1937 por su espíritu independiente y oposición al régimen nacional-socialista. Su esposa, Gertrud Mayer, era de origen judío. Se llegó a recomendarle el divorcio para no hacerse sospechoso al gobierno nazi y recobrar sus privilegios académicos. El matrimonio permaneció unido y en ningún momento abandonaron Alemania, pese a los peligros reales y potenciales. Terminada la guerra Jaspers fue uno de los principales promotores para la reanudación de actividades en la Universidad de Basilea, donde prosiguió su labor intelectual.

Sus primeros cursos versaron sobre "psicología comprensiva" y sobre la "psicología de las concepciones del mundo", interesándose cada vez más por la filosofía. Si en principio sospechó del carácter "científico" y útil de la filosofía, al tiempo que desarrollaba su propio pensamiento llegó a la conclusión de que la ciencia, o mejor, las ciencias son por sí mismas insuficientes, pues requieren un examen crítico y este solamente puede darlo la filosofía. Enmarcado en el ámbito de la filosofía existencial, muy próximo al pensamiento de Kierkegaard, Jaspers cree que es en la existencia concreta donde se da todo saber y todo posible descubrimiento del ser. La pregunta por el ser y por la realidad es una pregunta humana: la pregunta que se hace a sí mismo el hombre en cuanto "existente". La filosofía no se limita a partir de la "experiencia posible", como quería Kant, sino que debe partir de la "existencia posible".

Mientras que en Dilthey y en Ortega la vida acaba convirtiéndose a sí misma en lo supremo, lo Absoluto, la vida como existencia es en Jaspers el reconocimiento del hecho de que la existencia se halla sumida, dentro de su finitud y humillación, en el ámbito de un posible descubrimiento del Ser verdadero, de la ineludible transcendencia. Lo transcendente como tal es Dios. Así, paso a paso, la filosofía moderna va introduciendo a Dios en la vida desde la misma vida. Aunque Dios, la transcendencia, no pueda ser algo conocido, tal como mantenía la filosofía mística, al menos podemos saber que es algo fundamental, es decir, que "funda" el ser, la realidad. El hombre se halla *fundado* en la transcendencia, *religado* a ella, como dirá Zubiri.

Lo primero que intenta la filosofía de la existencia es *orientarse* en el mundo; se trata de una labor de orientación, un saber a qué atenerse. Esta orientación puede llevarse a cabo de dos modos: de forma científica, con la que se llega a un conocimiento superficial del mundo partiendo de lo objetivo y universal, y de forma filosófica, con la que se accede a un conocimiento algo más profundo, reflexionando sobre la forma de orientación anterior.

Ahora bien, el saber mundano llega a un límite en el que fracasa y en este momento ha de hacerse un *esclarecimiento de la existencia*, respondiendo a cuestiones referentes al ser humano y analizando situaciones límite típicas de este: muerte, dolor, lucha, culpa. La única salida para encontrar sentido a la existencia humana es la metafísica, ciencia que responde a lo absoluto y transcendente, Dios.

Así, por conducto de la filosofía de la existencia, Jaspers introduce el tema de Dios de un modo riguroso y filosófico. En Jaspers, el "yo soy yo y mis circunstancias en el mundo" de Ortega ha pasado a convertirse en "yo soy yo y mis circunstancias *implicadas en Dios, circunvaladas por Él*".

Dios no es mero "objeto" del conocimiento, sino "valor de vida", fundamento e impulso de la existencia. Jaspers está interesado en alcanzar por todos los caminos el origen donde se deje oír en el mundo con la suma convicción la exigencia de valor que proporciona el auténtico Ser. El Ser nos atrae hacia todos lados, pues es el horizonte infinito sin cerrar para nosotros. Este Ser, que se nos presenta como horizonte inabarcable, se retira, se ausenta, se oculta. Este Ser es lo que llamamos lo envolvente (*Umgreifende*). Es aquello que no hace más que *notificarse*, que no se nos presenta él mismo, sino donde se nos presenta todo lo otro.

Existimos en lo envolvente. El ser envolvente en sí es mundo y trascendencia; el ser de lo envolvente que somos nosotros es existencia empírica, conciencia en general, espíritu, existencia. La verdad se nos hace consciente en todas sus posibilidades, su extensión, su amplitud y profundidad únicamente con los modos de lo envolvente (*Umgreifende*). Dios es la circunstancia en la que uno se encuentra al nacer, pues nada existe que no quede envuelto por su presencia. Su presencia lo llena todo y en ella queda nuestra existencia humana esclarecida.

Nuestro filosofar se puede compendiar hasta aquí en las tres preguntas:

¿Qué podemos saber de las ciencias?

¿Cómo hemos de conseguir la comunicación más profunda?

¿Cómo nos es accesible la verdad?

Los tres impulsos fundamentales —deseo de saber, voluntad de comunicación y afán de verdad— provocan estas preguntas. Por ellos nos ponemos en el camino de buscar. Pero los objetivos de esta búsqueda son el hombre y la trascendencia (o sea, el alma y la divinidad). A ellos se dirigen la cuarta y la quinta preguntas fundamentales.

4. En el mundo, el hombre es la única realidad que me es accesible. Aquí hay presencia inmediata, cercanía, plenitud, vida. El hombre es el lugar en el cual y por virtud del cual es real todo aquello que existe en general para nosotros. No cuidarse del ser del hombre significaría para nosotros descender en la nada. Lo que el hombre es y puede ser es una cuestión fundamental para el hombre.

Pero el hombre no es un ser cerrado en sí, que se baste a sí mismo, sino que lo que el hombre es lo es por virtud de las cosas que hace suyas. En todas las formas de su ser está el hombre referido a otra cosa: como existencia empírica, referido a su mundo; como conciencia, referido a objetos; como espíritu, a la idea del Todo; como existencia, a la trascendencia. Siempre el hombre se hace hombre porque se entrega a lo otro que él. Únicamente sumiéndose en el mundo de lo existente, en el inmenso espacio de los objetos, en las ideas, en la trascendencia, es como el hombre se hace real. Si se hace a sí mismo de modo inmediato objeto de su imaginación, entonces sigue su último y peligroso camino en cuanto que es posible que pierda el ser de lo otro, y entonces tampoco encuentra nada en sí mismo, no sabe lo que él es y debe ser propiamente.

Esta confusión ha aumentado como consecuencia del proceso cultural del siglo XIX En la enorme abundancia del saber sobre todas las cosas, el hombre cayó en un estado como si él pudiera apoderarse de todo ser sin ser nada él mismo. Esto le ocurrió cuando dejó de entregarse a las cosas por ellas mismas, convirtiéndolas, en cambio, en una función de su cultura. Entonces tuvo lugar una nueva experiencia: la falta de asiento del ser hombre que se funda únicamente sobre sí mismo.

La pregunta por el ser del hombre se hizo más apremiante. Ya no basta preguntar con Kant, trascendiendo de sí mismo, ¿qué puedo esperar? El hombre se siente más decisivamente apremiado que nunca hacia una certidumbre que le falta, la certidumbre de que es lo que existe eternamente, que es el Ser por virtud del cual únicamente también él mismo es. Si la divinidad existe, entonces es posible la esperanza.

5. De aquí que a la pregunta de ¿qué es el hombre?, se una como la pregunta esencial si hay trascendencia (divinidad) y qué es. Es posible entonces esta tesis: únicamente la transcendencia es el Ser real. Que exista la divinidad, ya es suficiente. Estar cierto de ella es lo único que acerca de ella importa. Todo lo demás se deriva de eso. El hombre no es digno de atención. Únicamente en la divinidad está la realidad, la verdad, la inmutabilidad del ser mismo; allí está la quietud, allí está el lugar de la procedencia y de la meta del hombre, porque en sí mismo no es nada y lo que es solo es en relación con este fundamento.

Pero constantemente se advierte que para nosotros la divinidad, si existe, sin embargo, solo existe tal como se nos aparece en el mundo, tal como nos habla por la lengua de los hombres y del mundo. La divinidad existe para nosotros en el modo como cobra figura, la cual, en las dimensiones y pensamientos humanos, se oculta al mismo tiempo. Solo en los modos que son aprehensibles para el hombre se manifiesta la divinidad.

Así, pues, resulta falso jugar una contra otra la pregunta por el hombre y la pregunta por la divinidad. El hecho de que solo el hombre sea realidad para nosotros en el mundo no impide que la pregunta por el hombre conduzca directamente a la transcendencia, y el que únicamente la divinidad sea realidad auténtica tampoco impide que esta realidad únicamente sea accesible para nosotros en el ser del mundo, pero como en el espejo de la semejanza del hombre, porque algo de la divinidad tiene que existir en él para que pueda ser reclamado por la divinidad. Así el tema de la filosofía avanza en reciprocidad polar hacia dos lados, *Deum et animan scire cupio…*

¿Qué es la trascendencia? El hombre es ciertamente el ser más interesante que hay para nosotros en el mundo. Nosotros, los que somos hombres, queremos saber qué somos y podemos ser. Pero una constante preocupación por el hombre provoca el tedio. Es como si con ello fuera descuidado lo esencial. Pues el hombre no puede ser concebido desde sí mismo, y en la representación del ser del hombre se muestra lo otro, por virtud de lo cual el hombre es. Esto es para el hombre, en cuanto existencia posible, la trascendencia. Pero mientras que el hombre es una realidad intuible en el mundo, la transcendencia no está ahí; tampoco es investigable. Su ser mismo es dudoso. Y, sin embargo, toda filosofía está dirigida a la finalidad de cerciorarse de la transcendencia.

Contra esta pretensión se objeta que la filosofía comete el error de querer realizar lo que solo puede realizar la religión. La religión procura en el culto la presencia corporal o bien la experiencia de la transcendencia. La religión funda al hombre sobre la revelación divina. Muestra el camino de la fe hacia la realidad revelada, la gracia y la salvación, y ofrece garantías. Nada de esto puede prestarlo la filosofía.

Si la filosofía es un rondar en torno a la trascendencia, entonces tiene que relacionarse con la religión. La manera cómo la filosofía y la religión se comportan entre sí es, de hecho, una expresión de cómo se comprenden a sí mismas y de la profundidad a que cada una de ellas se realiza. En la historia, esta relación se nos aparece en forma de combate, subordinación, exclusión. Una relación definitiva y tranquila es posible. Por el contrario, aquí se nos presenta un límite. Donde la cuestión parece no solo concebida, sino resuelta, allí es precisamente donde el hombre queda limitado. Si la religión queda excluida por la filosofía o, al contrario, la filosofía por la religión; si se afirma el predominio de una sobre otra, con la pretensión de ser la única instancia suprema, entonces el hombre deja de estar abierto al Ser y a su propia posibilidad en favor de una oclusión del conocimiento que se encierra en sí mismo. El hombre —por limitarse ya a la religión, ya a la filosofía— se hace dogmático, fanático y, al fin, al fracasar nihilista. La religión necesita, para persistir verdaderamente, la conciencia de la filosofía. La filosofía necesita la substancia de la religión para mantenerse llena de contenido. Pero esto es también una fórmula demasiado sencilla, en la cual queda velado que hay más verdades originarias en el hombre. Lo único posible es impedir las confusiones. La filosofía no puede pretender combatir la religión desde sí misma, sino que ha de reconocerla como su contraposición polar y, sin embargo, ligada a ella por virtud de esta polaridad, como aquello en cuyo torno se esfuerza constantemente porque constantemente se siente inquietada, chocada, desafiada por ella. La filosofía tampoco puede pretender sustituir a la religión, competir con ella, hacer propaganda en su contra. Por el contrario, la filosofía tendría que afirmar la religión, a lo menos como la realidad a la que debe su existencia misma. Si la vida de la humanidad no fuera religión, no habría tampoco ninguna filosofía.[62]

14. Xavier Zubiri y la realidad de Dios

Xavier Zubiri (1898-1983). Nació en San Sebastián y cursó estudios en Madrid, Lovaina, Roma y Alemania. Fue discípulo de Juan Zaragüeta, Ortega y Gasset y Martin Heidegger. Doctor en Filosofía y Teología, muy versado en ciencias matemáticas, físicas y biológicas, así como en lenguas clásicas y orientales. Fue catedrático de Historia de la Filosofía de la Universidad de Madrid (1926-36) y después en Barcelona (1940-42); desde esa fecha dejó la enseñanza universitaria, y posteriormente dictó diversos cursos privados en Madrid.

Sus obras más importantes son *Naturaleza, Historia, Dios* (1944), *Sobre la esencia* (1962), *Cinco lecciones de filosofía* (1963), *Inteligencia sentiente* (1980), *Inteligencia y logos* (1982), *Inteligencia y razón* (1983), *El hombre y Dios* (1984), *Sobre el hombre* (1984), *Estructura dinámica de la realidad* (1984), *El problema filosófico de la historia de las religiones* (1984), *Los problemas fundamentales de la metafísica occidental* (1985), *Sobre el sentimiento y la volición* (1985) y *El problema teologal del hombre: cristianismo* (1998).

Además de las dificultades que la interpretación de un filósofo presenta siempre, en Zubiri el esfuerzo se torna gigantesco por las peculiares circunstancias y el lenguaje de este pensador.

Zubiri introdujo en la investigación filosófica el problema de Dios de un modo riguroso y detallado, partiendo de la realidad humana. El problema de divinidad es algo que se nos plantea por el mero hecho de ser hombres. Es una dimensión que constitutiva y estructuralmente está presente en la realidad humana.

La expresión "problema de Dios" es ambigua. Puede significar los problemas de toda suerte que la divinidad plantea al hombre. Pero puede significar también algo previo y más radical: ¿existe un problema de Dios para la Filosofía? Voy a tratar de esto último; por tanto, no de Dios en sí mismo, sino de la posibilidad filosófica del problema de Dios.[63]

Zubiri inicia su investigación del problema de Dios a partir del dato más inmediato de la experiencia humana: la *existencia*, problema filosófico en pleno apogeo cuando

---

62. *Sobre mi filosofía.*
63. *Naturaleza, Historia, Dios,* "En torno al problema de Dios", I.

Zubiri lo aborda desde la perspectiva de lo divino. Ateniéndose a los datos ofrecidos por la existencia, Zubiri va a desembocar en la *religación*, como explicación del dicho paulino: "Nos movemos, vivimos y somos en Él". La meta que persigue Zubiri es anclar el problema de Dios en la raíz misma del existir humano. El hombre, por ser una realidad personal, está religado a la deidad en las fuentes mismas de su ser. Por eso se esfuerza Zubiri por dejar en claro las profundas implicaciones de la persona humana. El hombre es realidad absoluta porque su realidad es suya propia, y lo es en virtud del poder de lo real, que es absoluto. Obedece al mismo planteamiento moderno de Blondel, Unamuno, Jaspers y Ortega, a su manera, que considera al hombre la escala por la que se sube al cielo.

La existencia humana es por definición, una realidad que consiste en *encontrarse* entre las cosas y *hacerse* a sí misma, *cuidándose* de ellas y *arrastrada* por ellas. En este hacerse, la existencia humana adquiere su mismidad y su ser, es decir, en este su hacerse es ella lo que es y como es. La existencia humana está *arrojada* entre las cosas, y en este arrojamiento cobra ella el *arrojo* de existir. La constitutiva indigencia del hombre, ese su no ser nada sin, con y por las cosas, es consecuencia de este estar arrojado, de esta su nihilidad ontológica radical.

1. El hombre existe ya como persona, en el sentido de ser un ente cuya entidad consiste en tener que realizarse como persona, tener que elaborar su personalidad en la vida.

2. El hombre se encuentra enviado a la existencia, o mejor, la existencia le está enviada. Este carácter misivo, si se me permite la expresión, no es solo interior a la vida. La vida, suponiendo que sea vivida, tiene evidentemente una misión y un destino. Pero no es esta la cuestión; la cuestión afecta al supuesto mismo. No es que la vida tenga misión, sino que es misión. La vida, en su totalidad, no es un simple *factum*; la presunta facticidad de la existencia es solo una denominación provisional. Ni es tampoco la existencia una espléndida posibilidad. Es algo más. El hombre recibe la existencia como algo impuesto a él. El hombre está atado a la vida.

3. Esto que le impone la existencia es lo que le impulsa a vivir. El hombre tiene, efectivamente, que hacerse entre y con las cosas, mas no recibe de ellas el impulso para la vida: recibe a lo sumo, estímulos y posibilidades para vivir...

8. Este hacer que haya existencia no se nos patentiza en una simple obligación de ser. La presunta obligación es consecuencia de algo más radical: estamos obligados a existir porque, previamente, estamos religados a lo que nos hace existir. Este vínculo ontológico del ser humano es religación. En la obligación estamos simplemente sometidos a algo que, o nos está impuesto extrínsecamente, o nos inclina intrínsecamente, como tendencia constitutiva de lo que somos. En la religación estamos más que sometidos; porque nos hallamos vinculados a algo que no es extrínseco, sino que, previamente, nos hace ser. De ahí que, en la obligación vamos a algo que, o bien se nos añade en su cumplimiento, o por lo menos, se ultima o perfecciona en él. En la religación, por el contrario, no vamos a, sino que, previamente venimos de.

Es, si se quiere, un ir, pero un ir que consiste, no en un cumplir, sino más bien en un acatar aquello de dónde venimos, "ser quien se es ya". En tanto vamos, en cuanto reconocemos que hemos venido. En la religación, más que la obligación de hacer o el respeto del ser (en el sentido de dependencia), hay el doblegarse del reconocer ante lo que "hace que haya"…

10. La existencia humana, pues, no solamente está arrojada entre las cosas, sino religada por su raíz. La religación en una dimensión formalmente constitutiva de la existencia. Por tanto, la religación o religión no es algo que simplemente se tiene o no se tiene. El hombre no tiene religión, sino que consiste en religación o religión.[64]

Según Zubiri el hombre aprehende impresivamente realidad. Sin artículo, "la" realidad, pues no es "toda" la realidad lo aprehendido. Las impresiones sensoriales tienen en el hombre un contenido específico: "este" color, "este" sonido. A la vez lo aprehende como "real" como algo "de suyo", "propio". El animal aprehende lo mismo, pero con otra formalidad: con estímulos. Es decir, no como algo que es "de suyo", sino como signos de respuesta. Para él el calor calienta, para el hombre es, además, caliente, esto "de suyo".

El hombre está *comunicado* con la realidad. Se las ha de haber con la realidad, con la realidad como tal. El animal pertenece a la realidad, pero no se las ha de haber con la realidad. La distancia entre el hombre y la realidad desaparece en una comunicación física, como *estar* presente la realidad en el inteligir. La impresión de realidad abre al hombre la posibilidad de conjeturar o representar lo que hay allende esa misma impresión de realidad. Se pasa entonces de la inteligencia al logos y a la razón. Estos no necesitan llegar a la realidad, sino que nacen de la realidad y están en ella.

El hombre no es su vida, sino que vive *para ser*. Pero él, su ser, está *en algún modo*, allende su existencia en el sentido de "vida". El hombre se realiza por sus actos, pero estos los realiza como algo "suyo", unificados en un centro personal. Por tanto, el ser del hombre es un ser personal. A través de la realización en sus actos, la persona va adquiriendo una "personalidad", que es la forma o figura que va cobrando la realidad sustantiva del hombre en sus actos; pues todo acto va configurando al ser sustantivo de mi yo. El hombre es, en sus actos, una realidad religada a la *ultimidad* fundante. Es el fenómeno de la *religación*. Los actos humanos, en cuanto suyos, son la actualización, el carácter absoluto de la realidad humana, y en esa apertura radical hacia las cosas desde la ultimidad fundante a la que el hombre está religado, advierte las cosas como realidades. La religación es el vínculo ontológico del ser humano, pues estamos obligados a existir porque previamente religados a lo que nos hace ser. Si "hay" que hacerse o realizarse, hay también lo que "hace que haya", que se manifiesta como ultimidad fundante

64. *Id.*, II.

de la existencia humana. Estamos, pues, abiertos a esa ultimidad fundante que nos muestra las cosas como realidades; esta apertura es a la *deidad*. El descubrimiento de la deidad no es el resultado de una experiencia determinada del hombre, sea histórica, social o psicológica, sino que es el principio mismo de toda esa posible experiencia. La religación no tiene un "origen", sino un "fundamento". Mostrarlo así es la obra de la inteligencia, no por "demostración", sino por "mostración".

La *religación* no pertenece a la naturaleza del hombre, sino a su persona, o, si se quiere formular unificativamente trascendiendo todo dualismo, a su *naturaleza personal*. El hombre es un ser religado o religioso en cuanto que, además de estar abierto a las cosas, descubre su fundamentación y las coloca en la perspectiva de su fundamentalidad última.

El correlato de la religación es la *deidad*. La deidad es el ámbito de lo fundante y su profundización intelectiva constituye la *segunda etapa* del problema de Dios. La deidad nos remite a la *realidad-deidad*, o *realidad divina*. Esta realidad es causa primera no solo de la realidad material, sino también de las realidades humanas en cuanto dotadas de inteligencia y voluntad. En un sentido eminente es una realidad inteligente y volente. En cuanto primera, esta realidad está allende el mundo precisamente para poder fundarlo como realidad. Es el descubrimiento de la realidad trascendente absoluta. La deidad no es sino reflejo especular de esta su trascendencia divina. La deidad es un reflejo especular en nuestro ser personal de una realidad existente como causa primera y fundamento del mundo, la divinidad.

El problema del mundo está también implicado en el problema de Dios, de tal modo que al llegar a Dios hemos alcanzado también el *sentido del mundo*.

La existencia religada es una visión de Dios en el mundo y del mundo en Dios. La fundamentalidad de Dios *pertenece* al ser del hombre, no porque Dios fundamentalmente forme parte de nuestro ser, sino porque constituye parte formal de él, el *ser fundamentado*, el ser religado. Dios es la *Realidad religante del hombre*, el fundamento último de la propia realidad humana. Dios no está en el hombre, es el hombre quien está en Dios. Es en Él como fundamento ontológico y como presente histórico. Afirmar que Dios *está* en nosotros es "cosificar" a Dios. Dios viene a patentizarse no en el orden del estar, sino en el del *ser como hacer ser*. Esto es de capital importancia, pues Dios no se identifica con *la idea de ser* de la metafísica, sino que *se manifiesta en el orden del ser como fundamento*. Está fuera de todo orden porque todo lo ordena.

Qué es el hombre está también incluido en *el problema de Dios*, pues este se hace patente al realizar un análisis de nuestra dimensión ontológica fundamental. Está ya *planteado* en el hombre porque el hombre está *implantado* en el ser.

En cada uno de sus actos el hombre es una realidad religada a la ultimidad. El fundamento buscado es el momento de la realidad como ultimidad posibilitante e impelente. Se trata de algo distinto de mí, pero a la par muy mío, en cuanto fundante. *Este fundamento último de la realidad es Dios*. En la religión estamos remitidos a Dios, pero en forma de problema. Es problema no de fe, sino de realidad, y está inscrito en todo acto vital. Dios está en el fondo de todo lo real, siendo su raíz y fundamento, pero sin identificarse con él. Dios no es solo el creador del universo, sino el apoyo del ser sustantivo del hombre, y, por tanto, la instancia que confiere sentido a la vida. Dios, tras la creación, no deja al mundo abandonado a su suerte, sino que está en el mundo, trascendiéndolo como fondo y fundamento del mismo.

Esta presencia primaria y constitutiva es una *manifestación* de Dios, y manifestarse es quehacer propio de la "revelación", entendido en su sentido radical y menos enfático. La revelación no es un conjunto de proposiciones que se comunican, sino la *presencia real* de Dios como realidad personal en el fondo de la realidad humana.

Vista desde el punto de vista filosófico, la fe no es la mera aceptación de proposiciones inevidentes, sino una *entrega de adhesión personal* a la persona del Dios revelante. Creer es entregarse por entero al ser entero del Dios vivo, ya que la revelación divina es la actuación misma de Dios que se manifiesta en la creación.

14.1. El problema del ateísmo: la soberbia de la vida

Si es verdad que el hombre está constitutivamente religado, que tiene sus raíces en Dios, que este es su fundamento, la pregunta que el teísta debe formularse es la siguiente: ¿Cómo es posible el ateísmo?

Una aclaración previa: El ateísmo es un fenómeno complejo. Lo que suele llamarse ateísmo suele consistir, en muchas ocasiones, en actitudes puramente prácticas, y casi siempre en negaciones de cierta idea de Dios.

Actualmente se dan tres formas de ateísmo: el vital, que margina a Dios de la propia vida; el politicosocial, que rechaza temáticamente la existencia de Dios, al que considera incompatible con la realidad plena del hombre, y el religioso, "teología de la muerte de Dios", que subraya en exclusiva la función de Dios en la vida humana, intentando dejar al margen a Dios *tomado en sí mismo*. El ateísmo actual se caracteriza por no estudiar el tema de Dios en abstracto, sino referido al hombre, y no al hombre en cuanto ser indigente, que sufre y llora, sino al *hombre en cuanto hombre*.

Hay que aclarar desde el principio que la filosofía de Zubiri hace posible un verdadero ateísmo. El ateísmo es así, por lo pronto —escribe—, problema, y no la situación primaria del hombre. Si el hombre está constitutivamente religado, el problema estará, no en descubrir a Dios, sino en la posibilidad de *encubrirlo*.

La solución ofrecida por Zubiri consiste en señalar el viejo concepto de "la soberbia de la vida", como fundamento del ateísmo, en el sentido de que el hombre se *desliga* de su raíz en Dios a causa de un sentimiento de *suficiencia* personal que le lleva a creer que no necesita para nada a Dios. La *existencia atea* parte del error de identificar su ser con su vida. Sin embargo, el ser es más que la vida, está arrojado en ella, obligado a realizarse en la misma, pero trascendiéndola en cada momento, pues la religación le impulsa a ser siempre más en la vida. Oculto el fundamento de la vida, esta termina por endiosarse. Pues, en realidad, más que negar a Dios, el soberbio afirma que él es Dios, que se basta totalmente a sí mismo. Pero, entonces, no se trata propiamente de negar a Dios, sino de ponerse de acuerdo sobre quién es el que es Dios.

> El ateo, en una u otra forma, hace de sí un Dios. El ateísmo solo es posible en el ámbito de la deidad abierto por la religación. La persona humana, al implantarse en sí misma, se hace por la fuerza que tiene, y que ella cree es su ser; inscribe su ser propio en el área de la deidad; testimonio tanto más elocuente de lo que religadamente le hace ser. En su estar desligado, el hombre está posibilitado por Dios, está en Él, bajo esa paradójica forma, que consiste en dejarnos estar sin hacernos cuestión de Él, o, como decimos en español, «estar dejados de la mano de Dios». El hombre no puede sentirse más que religado, o bien, desligado. Por tanto, el hombre es radicalmente religado. Su sentirse desligado es ya estar religado.[65]

14.2. Cristo, sentido y fin de la humanidad

Entre todas las formas de manifestación divina, la revelación de Dios en Cristo es la más intensa. En Cristo se hace Dios presente con la más robusta de las presencias. En Cristo se incorpora el hombre a Dios. Dios se manifiesta a todos los hombres, pero, al ser su manifestación una relación interpersonal, puede admitir diversos grados de intensidad y plenitud. Este carácter rigurosamente *personal* de la revelación se advierte en la relación del revelante con el testigo de la revelación —que recibe esta por vía no de simple *dictado*, sino de iluminación— y en el carácter elevado de *palabra*, que ostenta la expresión escrita de este mensaje. Toda palabra auténtica, además de continente de ciertos contenidos significativos, es vector que apunta a un destinatario dotado de capacidad de recibirla y darle respuesta. La palabra es el correlato de la voz de la conciencia que resuena en todo hombre. La revelación escrita es, en todo rigor, Palabra de Dios y, como tal, fuente de vida para quienes le dan albergue.

Esta revelación de Dios en Cristo es intrínsecamente *histórica* —como lo es el ser del hombre, destinatario de la misma—, no en el sentido banal de transitoria e inconsistente. La historicidad no es un accidente de la revelación, sino su rigurosa *puesta en acto*.

Cristo es el fundamento de la Historia, ya que todos los hombres encuentran en Él su acceso a Dios. Cristo es el fundamento histórico de la Historia. La vida humana no reposa en sí; desborda siempre lo que el hombre hace a lo largo de

---

65. *Id.*, VI.

su existencia. Esta complementación es obra de Cristo, que se convierte así en el sentido pleno de la vida humana, que la potencia y cualifica. La apelación a Cristo como sentido de la vida no constituye, pues, en modo alguno el opio del pueblo. La vida es algo que perdura más allá de la muerte. La Historia no reposa sobre sí. Todo su dinamismo interno está tenso en torno al *kairos*, el *momento decisivo* de la venida de Cristo al mundo, y ostenta, como la vida de cada hombre, un carácter *escatológico*, entendiendo por escatología no un sistema de castigos y premios, sino la fijación a perpetuidad de lo que el hombre y la Humanidad han querido ser. He aquí la suprema manifestación del respeto de Dios a la *libertad* de la criatura.

Según san Pablo, Cristo es, relativamente a la Encarnación, recapitulación suya. Y esto en un primer sentido elemental, como compendio: en Cristo se hallan el ser divino y todos los estratos de la creación. Pero la recapitulación tiene un sentido todavía más hondo; el modo de estar de toda la creación en Cristo es tenerlo por cabeza. Aquí, cabeza es un concepto que expresa la prioridad de rango y el principio de subordinación jerárquica: "Él es antes de todo". Y esta prioridad la expresa san Pablo en tres conceptos:

a) Cristo es un "comienzo" de todo: "Todo fue creado por Él". Ya conocemos el sentido ejemplar de este comienzo. La epístola a los hebreos dice más plásticamente "hizo los siglos", es decir, el mundo en cuanto tal. Es la idea de creación tomada por su vertiente externa.

b) Es un "término": "Todo fue creado para Él".

c) Es un "fundamento": "Todo se sustenta de Él", es decir, todo adquiere en Él su consistencia.[66]

15. Julián Marías, vocación de filósofo

Julián Marías (1914-2005) nació en Valladolid, estudió en la Universidad de Madrid y fue discípulo de Ortega, Zubiri, Morente y Gaos. Colaboró con Ortega en la fundación y dirección del Instituto de Humanidades de Madrid. Ha sido profesor visitante en varias Universidades de los Estados Unidos: Wellesley, Harvard, California, Yale, Puerto Rico y conferenciante en otras muchas de Europa y América. Es director del Seminario de Estudios de Humanidades (Madrid) y miembro del Instituto Internacional de Filosofía. Muy próximo a Ortega, su obra sigue los principios metódicos de la razón vital, en una dirección distinta de otras de la llamada "Escuela de Madrid". Es uno de los filósofos escritores más voluminosos y prolíficos que se conocen.

Su valor e independencia intelectual como filósofo se advierte en la imposibilidad de obtener el título de doctor en Filosofía, que le cerró para siempre la

---

66. *Naturaleza, Historia, Dios*, "El ser sobrenatural", 1.

posibilidad de acceder a la docencia universitaria en España, pues la filosofía escolástica que reinaba entonces impedía con toda su fuerza cualquier otra filosofía que no fuera la suya. En enero de 1942 Marías intentó doctorarse con una tesis sobre el sacerdote católico Gratry, pero fue rechazada por unanimidad, excepto por Manuel García Morente. A partir de entonces Marías tuvo que arrostrar la penuria que para él esta difícil situación histórica y personal llevaba consigo. Terminada la guerra civil española fue arrestado y encarcelado por la traición y envidia de un compañero de Instituto y Universidad. Marías, calificado como "enemigo del régimen" de Franco, encontró todas las puertas cerradas.

Fiel a su idea de la libertad y de la filosofía nacidas al calor de Ortega, Marías hizo durante años cuanto en su desvalimiento oficial podía hacer como joven filósofo: escribir, traducir, preparar antologías, estudios históricos diversos, etc. Marías considera que, siendo importantísimo que haya libertad, es todavía más importante ser libres, porque si esto es así, siempre hay alguna libertad: la que uno se toma.

Su vocación filosófica no siguió el viejo tópico latino según el cual la norma del filósofo debe ser primero vivir y después filosofar (*primum vivere, deinde philosophari*), sino de acuerdo a este otro: vivir al mismo tiempo que filosofar (*vivere et simul philosophari*). "Siempre desde el pensamiento de Ortega, en él son originalmente expuestas multitud de notas esenciales de la vida humana, persona y yo, instalación, estructura vectorial, mundanidad, corporeidad, condición sexuada, y sugestivamente estudiadas actividades como el amor, el habla y la imaginación, y forzosidades como la muerte"[67].

Mi primera inclinación eran las ciencias —matemáticas, física, química— pero el latín me apasionaba, y la geografía, y el último año de Bachillerato empecé a sentir una vaga inquietud hacia la filosofía, de la que apenas conocía más que el nombre y algunas alusiones. Empecé a estudiar en la Universidad de Madrid, Ciencias y Filosofía y Letras. Al cabo de un año sabía que mi verdadera vocación era la filosofía y a ella me dediqué plenamente desde entonces. La Facultad de Filosofía y Letras de Madrid, en los cinco años que pasé en ella —1931-1936— era simplemente una maravilla; no solo había en ella maestros admirables, como nunca ha tenido, ni antes ni después: Ortega, Zubiri, Gaos, Menéndez Pidal, Asín Palacios, Américo Castro, Montesinos, Salinas, Sánchez Albornoz, Lafuente y tantos otros; no solo tenían espíritu y dedicación y una moral intelectual que penetraba hasta a los menos ilustres y, por supuesto, a los estudiantes; era además una escuela de convivencia, de veracidad, de rigor intelectual,

---

67. Pedro Laín Entralgo, "Pensador en tiempo menesteroso", *Revista de Occidente*, nº 168, Madrid, mayo 1995; Enrique González Fernández, "El valor de la fe", *Cuenta y Razón*, nº 107, Madrid, julio-agosto 1998.

de respeto, de libertad. Mi deuda a aquella Facultad no se puede pagar más que de una manera: siendo fiel a ella, a lo que fue cinco años y debió ser siempre.[68]

15.1. Pretensión de verdad

Desde el principio, la filosofía de Marías se orienta por la *pretensión* de verdad, la voluntad que se preocupa de ser fiel a la verdad ante todo. Tensión mantenida gracias a fuerte impulso y decisión de corte moral, espiritual en esencia. Si todo filosofar es amor a la verdad, en Marías es programa, método, valor y contenido, como corresponde a su teoría de la realidad radical que parte de Ortega. La verdad es el dato del que se parte y no meramente a lo que se tiende. La verdad radical —personal— fundamenta la tensión verdadera. "El hombre, para vivir, necesita saber a qué atenerse respecto a su situación. La razón de esto es clara: el hombre no *reacciona* simplemente a los estímulos de su entorno o ambiente, sino que ese contorno le es presente en forma de *mundo*, con el cual y en el cual tiene que *hacer* su vida, que no le es dada ni se hace mediante un automatismo. Por esto el hombre tiene que elegir entre el repertorio de *posibilidades* con que se encuentra; y esta elección tiene que *justificarse*, no por ninguna razón extrínseca, sino porque esa justificación misma es el *motivo* real de la elección, lo que hace que una posibilidad concreta, y no otra, se realice en mi vida"[69]. A la falta de certeza en la elección corresponde la *pretensión de verdad*, buscándola en la medida en que no se la tiene o resulta insegura. Se puede vivir al *margen de la verdad*, incluso *ir contra ella*, pero entonces la vida deja de funcionar como saber a qué atenerse respecto a la verdad y se transforma en "contravida", en *inautenticidad*, que es el modo de no ser de la vida humana[70].

La realidad radical, previa a las teorías o interpretaciones, es mi vida, la vida concreta, singular, circunstancial de cada uno. Pero a esta vida le pertenece necesariamente una presencia de sí misma, puesto que, al no estar hecho ya de antemano, tiene que hacerse y, para ello, proyectarse imaginativamente. La vida —suele decir Ortega— es futurición y faena poética. No es posible mi vida, por consiguiente, más que cuando es entendida como "vida", esto es, cuando doy razón de ella. Vivir es dar razón, y solo se da razón de algo viviendo, es decir; haciéndolo funcionar realmente en el ámbito o área de mi vida (*Idea de la metafísica*. "Vida y razón").

Realidad radical es aquella en que tienen su raíz todas las demás, es decir, en que aparecen en cualquier forma como realidades, y por eso las "encuentro" y tengo que habérmelas con ellas. En este sentido, todas las otras realidades son "radicadas", se constituyen como realidades en ese "dónde" o ámbito que es la realidad radical, cual-

---

68. Marías, *El tiempo que ni vuelve ni tropieza*, "Carta abierta".

69. *Introducción a la filosofía*, "Verdad y saber".

70. *Id.*

quiera que sea la índole de eso que en cada caso es real, de otro lado, realidad radical es lo que queda cuando elimino todas mis ideas, teorías e interpretaciones; lo que resta cuando me atengo a lo que, quiera o no, encuentro irreductiblemente y me obliga a forjar ideas, teorías e interpretaciones. La realidad radical —esta es una tesis central del pensamiento de Ortega— es la vida humana; más exactamente, mi vida, la de cada cual. Cuando prescindo de todo lo que mi pensamiento agrega a la realidad, cuando me quedo con la realidad nuda, encuentro: las cosas y yo, yo con las cosas, quiero decir, yo haciendo algo con las cosas; y esto es vivir, esto es mi vida. Toda realidad, cualquiera que sea, se me presenta o aparece en mi vida; esta es el ámbito o área donde se constituye toda realidad en cuanto realidad; esto quiere decir aparte de lo que acontezca a "eso que es real"; por ejemplo, si algo es independiente de mi vida es independiente de mi vida, y lo encuentro en ella como independiente; si algo es trascendente a mi vida, en esta acontece mi "encuentro" con ello, que es lo único que me permite hablar de ello y descubrir su trascendencia; si, por último, algo es imposible, y por tanto no existe en ningún sentido, ni en mi vida ni fuera de ella, en mi vida se da, sin embargo, mi encuentro con su "realidad", que en este caso es su imposibilidad…

El hombre no es en modo alguno la realidad radical; es una realidad radicada que descubro en mi vida, como las demás. Incluso el hombre que soy yo, en cuanto hombre, es una interpretación de lo que soy, una elaboración teórica de cierta porción de realidad que encuentro al vivir. En rigor, "hombre", lejos de ser la realidad, es una teoría.

Mi vida, pues, no es el hombre, ni es el yo, ni es el modo de ser de un ente privilegiado que somos nosotros. La vida no se agota en el yo —este es solo un ingrediente o momento abstracto suyo—, ni es cosa alguna, porque toda cosa se encuentra en alguna parte, y la vida es, por el contrario, el "dónde" en que las cosas aparecen. Es el área en que se constituyen las realidades como tales, en que acontece mi encuentro con ellas, mi tener que habérmelas con ellas. Y en la medida en que esto ocurre, todas ellas son ingredientes de mi vida. Mi vida comprende, pues conmigo, las cosas que me rodean, mi circunstancia o mundo, incluido, claro está, su horizonte, el transmundo latente, sus últimos planos o ultimidades.

Por esto, la teoría de la vida humana no es una preparación o propedéutica para la metafísica, ni una fundamentación de esta, sino que es, desde luego, la metafísica, es decir, la busca de la certidumbre radical acerca de la realidad radical.[71]

15.2. Dios como exaltación de la realidad

Doctor *honoris causa* en Teología por la Universidad de Salamanca, Marías siempre ha considerado lo más propio y riguroso de su filosofía, y de toda filosofía que quiera ser radicalmente auténtica, ocuparse del tema Dios desde los presupuestos apuntados por Ortega, la vida humana como realidad radical, a la que Marías añade

---

71. *Id.*, "Metafísica como ciencia de la realidad radical".

lo decisivo: lo personal, la persona que vamos siendo, cuyo núcleo irreductible es su carácter proyectivo y futurizo. La vida tiene un argumento, es creación narrativa, conato divino. "Con Marías vuelve a cobrar fuerza la gran creación del pensamiento cristiano, griego y occidental: la visión (*theoria*) del hombre como creación personal, maravillosa, cuyo fundamento es el amor y cuya proyección ulterior —bien lo veía Unamuno— es hacia la trascendencia. He aquí, pues, tal vez la máxima aportación del pensamiento español a la filosofía europea y occidental"[72]. Frente a las filosofías de corte "científico", analíticas y marxistas, que consideran superada la reflexión metafísica, Julián Marías la hace valer en todas sus reflexiones sobre el hombre, el mundo y todo lo que le rodea, en especial, Dios, que no es proyección de una psicología infantil, ni creación de un supuesto primitivismo humano, sino proyecto vital que funda la realidad y la inyecta de sentido.

El cristianismo significa —ha significado siempre— la exaltación de la realidad. Dios es la realidad suma, perfecta e indeficiente, eterna, personal, consistente en amor efusivo, superior a todo lo que pueda pensarse o imaginarse, inagotable para las capacidades humanas. La creación es un acto de ese amor efusivo, lo cual le confiere un valor que aparece expresado en el Génesis: el mundo es "muy bueno". En cuanto al hombre, está hecho "a imagen y semejanza de Dios", y es hijo suyo, lo cual le otorga la suprema dignidad y las más altas posibilidades. "El cristiano es otro Cristo".

Dios ha creado al hombre como varón y mujer, ha fundado su condición sexuada, y "por esto abandonará el hombre a su padre y a su madre y se unirá a su mujer, y serán los dos en una sola carne". Y esta carne ha sido elevada hasta la unión con la divinidad en la Encarnación, en la persona de Cristo. Y, finalmente, está destinada a la resurrección y la vida perdurable, y a la participación personal en la vida divina.

Por ser imagen de Dios infinito, el hombre es indefinido, nunca concluso, en perpetuo cambio, inventivo, descubridor, creador en el sentido de estar asociado a la creación. Y es capaz de comprender la realidad, de escapar a su limitación para envolver en cierta medida el universo entero y hasta a su Creador.

Se dirá que hay mal en el mundo. Ciertamente, y no es el cristianismo quien lo ha ocultado. Vivimos "en este valle de lágrimas" (la mejor y más científica definición que se ha dado del mundo, dijo Ortega), como se canta en la Salve. Hay pecado, muerte y dolor. Y, sobre todo, el destino humano está abierto a la salvación o a la condenación, a la participación gloriosa en la vida divina o al apartamiento definitivo y penoso de Dios.

Por ello es consecuencia de esa misma *imago Dei*, de la libertad que permite al hombre ser dueño de sí, hacer su vida, elegir, no qué va a ser, sino quién va a ser, decirle al mismo Dios sí o no.[73]

---

72. Harold Raley, "Algunas aportaciones a la filosofía europea actual". *Cuenta y Razón*, nº 104, otoño 1997.

73. *Problemas del cristianismo*, IX.

El ateísmo niega carácter de realidad a esa imagen de Dios en el hombre, toda vez que se excluye la existencia de Dios, e incluso rehúye hablar de la misma. Carece de sentido, según la filosofía analítica. Ahora bien, dice Marías, si la filosofía decide volverse de espaldas a un problema, el problema Dios en este caso concreto, no por eso deja de estar ahí. Lo que pasa es que la filosofía pierde su condición fundamental: *la radicalidad*.

No es que la filosofía "deba" ser radical, sino que consiste en serlo, en ir a las raíces; sin ello desaparece su carácter filosófico: es el precio que cuesta la simplificación de la realidad. Sartre, por ejemplo, describe la vida humana como una acción dirigida por una motivación. Cada acción humana tiene sentido, pero lo que concede a actos aislados, lo niega a la vida en conjunto. Conserva el sentido de cada acto, pero se lo quita a la vida. Esta es la deficiencia radical de su filosofía, y de muchos otros ateísmos. No consideran con rigor la vida en su radicalidad.

Si tomamos en serio lo que es la vida humana, vemos que no se puede justificar un acto sino desde un proyecto, y este, a su vez, solo existe en función de un proyecto total y más vago que envuelve mi vida entera. Y solo puedo hacer algo dando razón de eso que hago; y resulta que solo la vida misma da razón en cuanto *instrumentum reddendi rationem*, en cuanto razón vital. Y esto es lo que Sartre desconoce de raíz.

Por otra parte, ¿qué quiere decir "absurdo"? Absurdo es lo que no tiene sentido, lo que no tiene "buen sentido"; pero esto quiere decir que el absurdo depende del sentido, se mueve, como diría Hegel, en el "elemento" del sentido. Como cuando decimos que algo es falso, nos movemos en el elemento de la verdad. El sentido es previo al absurdo. La vida humana es ya sentido, es el elemento del sentido. Y dentro de ella, dentro de ese sentido radical y originario, decimos que hay cosas que tienen sentido y otras no, porque son absurdas. El absurdo es derivado, como un quiste o infarto de ese gran orden del sentido.

Y finalmente, ¿qué es lo que quiere justificar Sartre, cuando dice lo que parece su máxima incoherencia, que no hay Dios y que todo en el hombre depende de que no lo hay, pero que, a última hora, si lo hubiera daría lo mismo? Pues quiere decir probablemente —y esto sí que tiene sentido— que aunque haya Dios el hombre es libre y tiene que hacerse a sí mismo, dentro de ciertos límites. Y tiene que elegirse a sí mismo, no corno un "qué", pero sí como un "quién", y en cada instante tiene que inventar su vida y ser responsable de ella; y el que haya Dios no afecta a esta condición del hombre.[74]

---

74. *Nuevos ensayos de filosofía*, "Filosofía actual y ateísmo".

PARTE X

La situación contemporánea

Dios ha dicho al mundo todo lo que tiene que decirle, todo lo que el mundo tiene que oír de Él. Dios no podía hacer más por el mundo una vez que le habló y le dio a entender esto; ni el mundo puede esperar ya otra cosa después de que Dios ha hecho precisamente lo inesperado. En su Hijo, Dios se nos revela como el secreto de nuestra existencia.

Karl Barth

1. Retos y desafíos

La pasada centuria ha sido una de sorprendente vitalidad en la que el pensamiento y la acción cristiana han demostrado estar a la altura de su vocación universal. Lejos de haber quedado superado por el curso de los acontecimientos, el cristianismo ha manifestado que no es un apéndice primitivo del que desprenderse sin menoscabo para la totalidad del cuerpo, sino una de las fuerzas más vivas y dinámicas de la cultura occidental. Para ello ha tenido que salvar temibles obstáculos internos, provenientes del tradicionalismo, por un lado, y del progresismo contemporizador, por otro. Los retos, venidos del exterior, proceden principalmente de la nueva cosmovisión científica y el cambio de paradigma en el pensamiento nacido al calor de la ciencia. Uno de los primeros intentos por el lado teológico de correlacionar las doctrinas cristianas con los descubrimientos científicos fue el de James Orr a finales del siglo XIX: *Concepción cristiana de Dios y el mundo*[1]. Nadie puede dudar de que la ciencia aplicada a la técnica haya conseguido éxitos tan espectaculares que, aparte de su ingenio, han repercutido en el bienestar de la humanidad, al que siempre han aspirado las ciencias del espíritu y de la naturaleza. Por su casi inmediata aplicación y uso generalizado, la ciencia ha ido extendiendo su influencia más y más en todos los sectores de la vida pública y privada. Nuestro mundo está dominado por el pensamiento científico, hace acto de presencia en nuestra valoración del comportamiento animal y el modo en que miramos el cielo estrellado. Está en las aulas universitarias y también sobre la mesa de cocina del ama de casa.

La omnipresencia de la ciencia, y su poder casi absoluto para resolver las operaciones más difíciles y dar con nuevas e infinitas aplicaciones, ha favorecido la creación de un mito creado en torno a ella. Filósofos, historiadores y sociólogos de la ciencia han contribuido a la creación del mito científico, dotándole de unos atributos ideales que, en muchas ocasiones, no tienen nada que ver con la vida real. Por el lado de su proceder objetivo, los empiristas lógicos del Círculo de Viena explicaban la ciencia como un proceso exclusivamente lógico y empírico, en el que los científicos proponen hipótesis sobre las bases de la lógica inductiva o refutan mediante su verificación experimental. Los historiadores han reforzado esta percepción con la idea iluminista del progreso científico como una línea ininterrumpida de éxitos, en la que grandes hombres se enfrentan a los prejuicios con la única arma de la razón. "Ciertamente el conocimiento científico constituye una impresionante construcción lógica, pero esta se manifiesta retrospectivamente una vez que el conocimiento ha sido adquirido. La forma en que se produce este conocimiento es una historia completamente diferente. Lógica y objetividad son importantes ingredientes del proceso científico, pero la retórica y propaganda, la descalificación del neófito, el recurso a la autoridad y cualquier otra de las técnicas

1. CLIE 1992, original 1897.

habituales de persuasión humana son también fundamentales para la aceptación de las teorías científicas, como denunciaron Thomas Kuhn y Paul Feyerabend. La ciencia no es un cuerpo de conocimiento abstracto, sino la comprensión humana de la naturaleza"[2].

Vivimos de un *siglo de revisiones*, luego de una borrachera de confianza en los ilimitados recursos del ser humano. Hoy estamos en condiciones de comprender un poco mejor, con algo más de humildad y circunspección, los múltiples elementos que intervienen en la realidad del mundo y la captación de su verdad y su misterio por nuestra parte. Somos más conscientes del aspecto humano de la ciencia y de la teología. Tanto cuando hablamos de Dios como cuando hablamos del universo lo hacemos en términos humanos. No podemos eludir el carácter histórico y antropológico de toda nuestra sabiduría que, por otra parte, lejos de arrojarnos al laberinto del subjetivismo y la relatividad, nos abre un mundo de nuevas posibilidades de entendimiento, menos intolerantes e intransigentes que los anteriores modelos.

1.1. Cambio y permanencia

En la vida, tanto orgánica como intelectual, nada permanece quieto, todo fluye y todo cambia, todo es perpetuo movimiento. La amplitud de conocimientos actuales, desde las nuevas y viejas religiones hasta la ciencia y etnología modernas, exige del pensador un conocimiento multidisciplinar que integre de un modo creativo y complementario tan rico caudal de ideas y creencias. El problema que se presenta al cristiano es cómo integrar en una fe inmutable, firme y absoluta dada en la revelación de una vez para siempre, las nuevas verdades que suceden unas a otras desplazándose y hasta contradiciéndose.

La historia de la teología nos muestra que hasta el conocimiento más decididamente fiel a la revelación ha conocido cambios y singulares transformaciones. No hay duda de que el pensamiento cristiano también está sometido a las vicisitudes del conocimiento humano en general. Para poner un poco de orden en la confusión y no caer en el relativismo cultural, es preciso distinguir los elementos variables e invariables de la doctrina cristiana. ¿Qué es lo variable en la fe y qué es lo invariable? ¿En qué consiste lo firme y en qué lo mudable? ¿Hasta dónde puede cambiarse la formulación doctrinal sin perder la identidad con la verdad fundamental del origen evangélico? Preguntas cuya respuesta es compleja, difícil y, a pesar de todo, de suma actualidad.

La respuesta es *compleja* porque en la teología cristiana se mezclan cosas de origen distinto y naturaleza muy diversa. En la teología se dan cita elementos divinos y humanos, necesarios y contingentes. En ella ha puesto Dios su revelación,

---

2. Ángel Pestaña, "El fraude científico y la estructura de la ciencia", *Arbor* nº 470, Madrid, febrero 1985.

dándole carácter sobrenatural y absoluto, y en ella han puesto los hombres sus manos para leerla e interpretarla, que le dan su carácter contingente y relativo. Es preciso distinguir lo que viene de Dios y lo que procede del hombre, lo que es revelación divina o cosecha nuestra por vía de interpretación, aunque sea lo rebuscado en el campo sagrado de solo la Escritura. La filosofía hermenéutica actual nos ayuda a comprender las leyes que rigen la interpretación de un texto y los pasos que hay que seguir para llevarla a buen término. Ahí tenemos la labor de Hans-George Gadamer y Paul Ricœur.

La respuesta es *difícil*, ya que con las preguntas apuntadas queda planteada la cuestión de la adaptabilidad, del perfeccionamiento y de las reformas de la teología. Nadie puede cambiar las verdades fundamentales de la fe, ni siquiera reformarlas desde una pretendida razón superior ya que han sido enseñadas por Cristo, pero sí cabe formularlas de acuerdo a los modos de pensamiento actuales y a la cultura a la que se dirige. La verdad cristiana está destinada a todos los hombres de todos los tiempos y todas las culturas. El error no cabe en ella, pero toda verdad y todo bien son compatibles con la verdad revelada y con la gracia de Dios. "Todo lo que es verdadero, todo lo honesto, todo lo justo, todo lo puro, todo lo amable, todo lo que es de buen nombre; si hay virtud alguna, si algo digno de alabanza, en esto pensad" (Fil. 4:8).

La respuesta es *actual*, como ha sido siempre. El cristianismo tiene conciencia de su inmutabilidad y de su firmeza, y sabe que se asienta sobre base segura y sobre roca firme, tan firme y tan segura como la Palabra de Dios. También tiene conciencia de que por los imperativos divinos posee una enorme flexibilidad y una gran capacidad de adaptación. En la fe cabe todo cuanto no es pecado o error. Caben psicologías, caracteres, culturas, métodos, ciencias... A ello responden las distintas escuelas de filosofía y de teología existentes, cada cual enfocando la misma verdad desde distintos ángulos, cuando se hacen con conciencia de fidelidad histórica y espíritu cristiano.

La doctrina de salvación de las Escrituras es divina y, por tanto, inmutable. Las verdades reveladas constituyen los primeros principios, los presupuestos que no varían ni pueden variar. Esto no quiere decir que la doctrina revelada sea totalmente estacionaria. La revelación quedó clausurada con la muerte del último apóstol y nada nuevo se le añade desde entonces. Tampoco se rectifica nada. Pero *se explica mucho*, como decía Emilio Sauras, crece por movimiento de dentro a fuera. Crece y aumenta en sentido y significado. En la labor de explicar y desentrañar su virtualidad intervienen factores muy diversos: las verdades naturales, filosóficas o científicas, las estructuras sistemáticas, los métodos, el lenguaje, de todo ello se sirve el hombre para explicarse y explicar lo que Dios le reveló.

1.2. Ciencia y religión

Para muchos teóricos de la investigación científica de principios del siglo xx, esta tenía que desprenderse de cualquier tipo de especulación filosófica y atenerse únicamente a los datos de su especialidad respectiva. Filosofía y ciencia son dos disciplinas distintas, que no guardan relación entre sí. Para Norman Campbell, el gran desarrollo de la ciencia en el último siglo se debía a la separación rigurosa de la filosofía, y no digamos de la teología[3].

Como ya tuvimos oportunidad de ver, Alfred North Whitehead reaccionó frente a esta hostilidad, no de la ciencia sino de los científicos a la especulación propiamente metafísica, y sostuvo consecuentemente la necesidad de relacionarlas para beneficio mutuo. «El efecto de este antagonismo ha sido igualmente perjudicial tanto para la filosofía como para la ciencia»[4].

En 1905 se efectuó un descubrimiento de esos que marcan época: la teoría de la relatividad por parte de Albert Einstein. Demostró que la física no es totalmente independiente de la filosofía. La mecánica cuántica está también llena de problemas filosóficos. A partir de entonces un buen número de científicos comenzaron a adquirir un espíritu crítico que sus predecesores nunca tuvieron, y les hizo caer en la cuenta del valor de las limitaciones de la ciencia misma. Es decir, empezaron a evaluar, más o menos filosóficamente, el método científico y el alcance de las diferentes ramas del saber.

Werner Heisenberg resume magistralmente este cambio de actitud en los siguientes cuatro puntos:

1. La ciencia moderna en su iniciación estuvo caracterizada por una reconocida modestia; se limitaba a investigar relaciones dentro del marco que le correspondía.
2. Esta modestia desapareció en el siglo XIX. Se consideraba que era lícito extender los límites de la ciencia a toda la naturaleza. La física usurpó el puesto de la filosofía y como consecuencia se creía que toda filosofía auténtica tenía que ser filosofía científica.
3. La física de hoy ha experimentado un cambio radical; el rasgo más característico de esta nueva actitud es el retorno a la limitación inicial.
4. El contenido filosófico de la ciencia es posible conservarlo solamente si la ciencia se da cuenta de sus propios límites.[5]

Hoy se ha tomado amplia conciencia del carácter dialéctico de la ciencia. Esta avanza hipotéticamente, cada nueva hipótesis es reemplazada tarde o temprano por otras nuevas, que explican con más exactitud y fidelidad los datos observados en el mundo físico. La física nunca es completa, se acerca a la verdad paso a paso cambiando continuamente.

---

3. *What is Science?* Dover, Nueva York 1952.
4. *Science and the Modern World*, p. 128. Macmillan, Nueva York 1925.
5. *The Physicits's Conception of Nature*, p. 180. Harcourt, Nueva York 1958.

La investigación científica se hermana con el sentimiento religioso cuando recordamos que tienen un *origen común* en la admiración ante los fenómenos del universo y persiguen la *misma meta*: "El problema de entender el mundo en el que nosotros mismos estamos incluidos"[6]. Ambos se encuentran animados por una *misma esperanza*: "Sin la esperanza de que es posible aprehender la realidad con nuestras concepciones teóricas, sin la creencia en la profunda y misteriosa armonía del universo, la ciencia no podría existir"[7].

Lo que ocurre es que muchos convirtieron la ciencia en ideología, el saber científico en "cientismo", por el que podríamos entender, según el profesor Miguel Ángel Quintanilla, una mala versión de la filosofía de la ciencia; entre otras cosas, porque confunde algo tan elemental como el hecho de que la ciencia sea la mejor forma de saber con la idea absurda de que la ciencia pueda proporcionar un saber definitivo y completo, o que la ciencia y la técnica sean con probabilidad los mejores instrumentos que podemos utilizar para intentar resolver un problema con la idea falsa de que exista garantía total respecto a su eficacia en un caso concreto, haciendo abstracción del *factor humano* que tantos horrores ha provocado en el siglo xx.

1.3. Objetividad y subjetividad

Una de las grandes preocupaciones de los positivistas de siglos pasados fue pretender eliminar toda subjetividad del conocer para arribar así a un saber seguro, no arbitrario, objetivo, de validez universal. Estaban cansados de las interminables guerras teológicas y filosóficas. ¿Qué valía un pensamiento si no se ponían de acuerdo entre sí? Había que fundar un conocimiento realmente objetivo basado en hechos incontrovertibles y abiertos a la investigación igualmente objetiva de todos. Así es como se llegó a lo que Kaplan denomina el "dogma de la Inmaculada Percepción". Significa que las opiniones "objetivas" se fundan filosóficamente en un punto de vista *objetivista* que no comprende el papel de la *presencia personal*, o la propiedad (por su necesidad) de esta, y se ve impelido, por tanto, a negar la realidad y las consecuencias de esta presencia o *compromiso personal*. Así, el objetivismo no puede comprender la presencia personal como algo oculto y preñado de consecuencias en todos los esfuerzos por conocer el mundo que nos rodea.

El objetivista piensa que la verdad «objetiva» es algo que existe en el mundo, aparte de los hombres que lo constituyen, y por consiguiente que existe *aparte* de sus valores, intereses o «actitudes». Supone que la verdad es el conocimiento limpio de las impurezas que presumiblemente introduce la presencia de los hombres: sus valores, sentimientos, actitudes o intereses.

6. Karl Popper, *The Logic of Scientific Discovery*, pág. 12. Basic, Nueva York 1962.
7. Albert Einstein, *The Evolution of Physics*. Schuster, Nueva York 1939.

Frente al ideal de objetividad que pretende actuar como si no hubiera una subjetividad que decide últimamente el carácter de lo objetivo, Karl R. Popper escribió la siguiente tesis:

> Es totalmente erróneo suponer que la objetividad de una ciencia depende de la objetividad del científico. Y es totalmente erróneo creer que la actitud del científico natural es más objetiva que la del científico social. El científico natural es tan partidista como cualquier otra persona y a menos que pertenezca al reducido grupo de personas que están creando constantemente ideas nuevas, a menudo es en extremo unilateral y favorece sus propias ideas de forma sesgada y partidista. Varios de los físicos actuales más destacados han fundado incluso escuelas que oponen una fuerte resistencia a toda idea nueva.
>
> Lo que puede denominarse objetividad científica se basa exclusivamente en aquella tradición crítica que, a pesar de todas las resistencias, a menudo hace posible criticar un dogma dominante. En otras palabras, la objetividad de la ciencia no es cosa del científico individual sino más bien resultado de la crítica recíproca, de la amistosa —enemistosa— división del trabajo entre los científicos, de su cooperación y también de su enfrentamiento.[8]

Hasta cuando de nuestra parte ponemos el mayor cuidado y reverencia al leer las Escrituras, no leemos inmediatamente el sentido de sus enseñanzas, sino que "creamos" nuevos sentidos conforme a nuestras preferencias, educación e intereses. El pensador, cristiano o no, por mucho que se esfuerce no puede trascender su propia psicología ni su época histórica. No puede prescindir de sí mismo. Al leer un texto se pone a sí en él. Lo que al final cuenta es su *capacidad de crítica* y examen tanto de sus ideas como de las ajenas.

1.4. Presupuestos y hermenéutica

No hay ciencia estrictamente empírica despojada de presuposiciones metafísicas. El ideal empírico, objetivo, es problemático y exige justificación. El pensamiento positivista es contradictorio. Recela de todos menos de sus propios supuestos. Influencias invisibles determinan la selección de problemas, las preferencias por ciertas hipótesis o esquemas conceptuales y el rechazo de otros. No hay ni puede haber filosofía libre de presupuestos. Esto es inevitable. No existe filosofía, ni teología, ni cualquier otro producto de la reflexión humana, libre de presupuestos, de puntos de partida y de motivos aceptados acríticamente. A la hora de construir nuestro propio pensamiento, de hacernos una idea de la realidad, sea desde el punto de vista sagrado o secular, se impone examinar los supuestos de los que se

---

8. *En busca de un mundo mejor*, pp. 100-101. Ed. Paidós, Barcelona 1994.

parte y los motivos que lo animan. A ello obedece la labor emprendida en este siglo por la filosofía reformada de Herman Dooyeweerd y Alvin Plantinga, entre otros, y en eso reside su mayor aportación.

La doctrina de una ciencia y, por extensión, de una teología libre de supuestos y valores es una prolongación moderna del conflicto medieval entre la fe y la razón, como persuasivamente ha hecho ver Alvin W. Gouldner[9]. Deriva de y reposa todavía en la tendencia prevaleciente desde el siglo XIII a elevar tabiques entre ambas como manera de mantenerlas en paz. Uno de los puntos culminantes de esta tendencia en la Edad Media fue la obra del filósofo árabe lbn Rusd, más conocido como Averroes. Este creía que la verdad absoluta no debía buscarse en la revelación, sino en la filosofía, que para él quería decir Aristóteles. Pensaba que la revelación, la fe y la obra de los teólogos eran una especie de filosofía de los siervos, necesaria para los que carecen de disciplina intelectual y útil corno manera de civilizarlos. Consideraba que la teología contiene una porción de verdad, aunque inferior a la de la filosofía, y como era un hombre prudente, Averroes recomendaba que los filósofos y los teólogos se dedicaran cada cual a lo suyo, y en particular que los filósofos, intelectualmente superiores a los últimos, adoptaran una actitud de *noblesse oblige* hacia estos. Sugería que los filósofos conservaran su verdad para sí mismos y escribieran libros técnicos, que no perturbaran ni confundieran a las mentes simples. Sus discípulos, los averroístas latinos o cristianos, particularmente en la Universidad de París, acentuaron este aspecto prudente de la obra de su maestro; su estrategia para lograr seguridad consistió en definirse a sí mismos como especialistas, como filósofos técnicos. Sostenían que su única tarea era enseñar filosofía y mostrar las conclusiones que se desprendían de ella.

Es totalmente falso e imposible creer que se puede trazar una línea de separación entre las verdades de la ciencia y las de la fe y decir, de aquí no pasarás. No hay un tipo de verdad en filosofía o ciencia y otro en teología. Lo que es verdad en un campo tiene que serlo forzosamente en otro. El problema no reside en los diferentes logros de la fe o la razón, sino en su manera de interpretarlos correctamente. La edad moderna comenzó cuando un monje se atrevió a hacer de la verdad una cuestión de interpretación, en la que hasta concilios y papas podían equivocarse. Otro tanto había hecho Jesucristo en su famoso Sermón del Monte: "Oísteis que fue dicho..., pero yo os digo".

Del mismo modo que el organismo humano es un "traductor" de todo género de alimentos en energía corporal, la actividad principal del intelecto es interpretar correctamente los fenómenos que le acontecen de modo que pueda traducirlos significativamente en ciencia y acción.

La tarea primordial de la filosofía consiste en la hermenéutica, es decir, en un quehacer interpretativo subyacente a todas las ciencias, como ha demostrado

9. *La sociología actual: renovación y crítica*, Alianza Editorial, Madrid 1979.

Hans Georg Gadamer, sucesor de Karl Jaspers en la cátedra de filosofía de la Universidad de Heidelberg. A diferencia del concepto general de hermenéutica como arte para entender correctamente, considera Gadamer la hermenéutica como el quehacer filosófico fundamental, que no se reduce a unas reglas prácticas para la interpretación. Gadamer intentó poner de relieve algo que las ciencias habían pasado por alto, a saber, aquello que es anterior a toda reflexión científica, por ser presupuesto que la hace posible, es decir, la cuestión: "Cómo es posible entender?"

Esta cuestión antecede a la propia investigación y la hace posible, pues si entender no fuera posible, no sería posible, de ningún modo, ni siquiera pensar, cuánto menos investigar. Por tanto, el primer paso tendrá que ser considerar lo que se entiende por entender. Siguiendo a Heidegger, Gadamer explica cómo "entender" no significa para él una forma accidental de comportamiento, sino un "existencial", es decir, una forma ontológica del ser humano. Ser hombre no es simplemente tener entendimiento, sino entender. Por tanto, hermenéutica no es simplemente un método para interpretar correctamente un texto, sino una doctrina que concierne a todas las acciones humanas, es decir, la teoría de la auténtica experiencia humana que busca las condiciones que hacen posible la verdad como tal. Las implicaciones de la *Verdad y método* de Gadamer ha sido una de las grandes revoluciones de la teología moderna, toda vez que el estudio de las Escrituras es, esencialmente, interpretación, hermenéutica personal y no simple lectura inmediata y objetiva.

Es hora de considerar ya las distintas soluciones que el pensamiento teológico ha ofrecido a los nuevos retos y desafíos de la modernidad. Se podría escribir toda una enciclopedia sobre ello, que no faltan en nuestro idioma, y bastante completas. Por nuestra parte nos limitaremos a reseñar los puntos esenciales, cuyos derivados aún están con nosotros.

2. Escuelas de filosofía y teología católicas

La experiencia filosófica siempre ha permanecido viva dentro del catolicismo en relación a la llamada hoy teología fundamental, pero no solo a ella. En la actualidad en el pensamiento católico se halla vigente la quíntuple tradición filosófico-cristiana: agustinismo, tomismo, escotismo, lulismo y suarismo. Como es comprensible no podemos ni siquiera detenernos someramente en cada una de estas escuelas, solo reseñar la corriente principal y su origen más inmediato, como es la recuperación de Tomás de Aquino. La vuelta a Tomás está motivada por un interés doctrinal y apologético. Frente al antagonismo de las filosofías modernas a la fe, se quiere rescatar la filosofía como un *camino preparatorio* de la fe y disponer convenientemente el espíritu de sus cultivadores para percibir las verdades reveladas. Es filosofía *preliminar*, en cuanto preludia y auxilia al Evangelio en orden a su aceptación intelectual. Por otra parte, en cuanto método, la teología como ciencia necesita la filosofía para sistematizar las verdades reveladas, proponiendo, en cuanto sea posible, la inteligencia esclarecida de los misterios de la fe.

2.1. Balmes en la restauración escolástica

La *restauración de la filosofía escolástica* nace en oposición al racionalismo, al tradicionalismo y al ontologismo, que el catolicismo romano considera incompatibles con la fe. El Papa León XIII apoyó este movimiento con la publicación de la encíclica *Aeterni Patris* (1879). Sus defensores más destacados en España fueron Jaime Balmes, Juan Donoso Cortés, Juan Manuel Ortí y Lara, Ceferino Gonzáles y Juan José de Urráburu. Italia y Alemania también se colocaron en la cabeza de esta restauración de la "filosofía perenne".

Jaime Luciano Balmes (1810-1848), es uno de los pensadores más originales de la escolástica española renovada. Nacido en Vic cursó teología en Cervera y más tarde estudió y enseñó matemáticas y física. Doctor en Teología a los 25 años, viajó por Francia, Inglaterra y Bélgica. Estuvo siempre al corriente de la situación europea en materia filosófica y cuestiones sociales. De vuelta a la península publicó en Barcelona la importante revista *La Civilización* (1842). Un año después fundó *La Sociedad*, que redactó él solo con gran éxito hasta 1844, año que, interesado por la política nacional, se estableció en Madrid, donde creó la revista *El Pensamiento de la Nación*, que también escribió él solo y que encontró la oposición del catolicismo tradicional. Esta publicación semanal fue el órgano de expresión de opiniones políticas, que propugnaban la reconciliación y concordia de las dos ramas dinásticas —carlistas e isabelinos— por medio del matrimonio de Isabel II con el pretendiente carlista, conde de Montemolín, con cuyos representantes gestionó en Paris (1845) un acuerdo que no se llevó a efecto. Enfermo de hemoptisis, regresó a su ciudad natal donde murió.

En los últimos diez años de su vida escribió, entre otras importantes obras: *El protestantismo comparado con el catolicismo* (1844, contra la *Histoire de la civilisation*, de Guizot); *Observaciones sobre los bienes del clero* (1840); *El criterio* (1845), que es una guía para la reflexión; *La filosofía elemental* (1847); la *Filosofía fundamental* (1846), que contiene todo el pensamiento filosófico de Balmes; *Cartas a un escéptico en materia de Religión*, y *Pío IX*, obra en que defendió la política del Papa contra las criticas reaccionarias.

El sistema filosófico de Balmes, de base tomista, no se vincula a ninguna escuela, sino que presenta un cierto eclecticismo de tradición hispana. En filosofía criticó tanto el empirismo inglés como el criticismo y el idealismo alemán. Su preocupación fundamental fue establecer los criterios de verdad, al modo cartesiano, evitando a la vez un planteamiento estrictamente racionalista.

El centro de su filosofía es la conciencia; en ella se encuentran la intuición de la extensión, que fundamenta el conocimiento sensible objetivo, y la idea del ente, que da valor a la constricción metafísica, Influido por la escuela escocesa y el tradicionalismo francés, establece como criterio de verdad el sentido común, la propia conciencia y la certeza. A través del cardenal Mercier y la escuela de Lovaina influyó en el neoescolasticismo.

La certeza es la piedra de toque de la filosofía. La existencia de la certeza es un hecho, pero el filósofo ha de plantearse el problema de sus fuentes y de su justificación crítica. Ni el empirismo ni el racionalismo le satisfacen: son soluciones unilaterales, que dejan siempre algo que explicar. Tampoco el criticismo kantiano puede satisfacerle. La posición de los idealistas, sobre todo de Fichte, le exaspera. Ni siquiera el intelectualismo aristotélico puede resolver, según Balmes, el problema de la certeza. Balmes termina afirmando tres fuentes primarias y conjuntas. Cada una de estas fuentes tiene a su base una primera verdad y fundamenta una región determinada del saber humano.

a) Por la *conciencia* fundamos las verdades de nuestras experiencias internas.
b) La *evidencia* conoce las verdades absolutas y necesarias.
c) El *instinto intelectual* o *sentido común* vive para objetivar nuestras sensaciones y admitir la realidad exterior.

El estudio de la filosofía debe comenzar por el examen de las cuestiones sobre la certeza: antes de levantar el edificio es necesario pensar en el cimiento...

En la cuestión de la certeza están encerradas en algún modo todas las cuestiones filosóficas: cuando se la ha devuelto completamente, se ha examinado bajo uno u otro aspecto todo lo que la razón humana puede concebir sobre Dios, sobre el hombre, sobre el universo. A primera vista se presenta quizá como un mero cimiento de edificio científico; pero en este cimiento, si se le examina con atención, se ve retratado el edificio entero; es un plano en que se proyectan de una manera muy visible, y en hermosa perspectiva, todos los sólidos que ha de sustentar.

Por más escaso que fuere el resultado directo e inmediato de estas investigaciones, es sobremanera útil el hacerlas. Importa mucho acaudalar ciencia, pero no importa menos conocer sus límites. Cercanos a los límites se hallan los escollos, y estos debe conocerlos el navegante. Los límites de la ciencia humana se descubren en el examen de las cuestiones sobre la certeza.

Al descender a las profundidades a que estas cuestiones nos conducen, el entendimiento se ofusca y el corazón se siente sobrecogido de un religioso pavor. Momentos antes contemplábamos el edificio de los conocimientos humanos, y nos llenábamos de orgullo al verlo con sus dimensiones colosales, sus formas vistosas, su construcción galana y atrevida; hemos penetrado en él, se nos conduce por hondas cavidades, y, como si nos halláramos sometidos a la influencia de un encanto, parece que los cimientos se adelgazan, se evaporan, y que el soberbio edificio queda flotando en el aire.

Bien se echa de ver que, al entrar en el examen de la cuestión sobre la certeza, no desconozco las dificultades de que está erizada; ocultarlas no sería resolverlas; por el contrario, la primera condición para hallarles solución cumplida, es verlas con toda claridad, sentirlas con viveza. Que no se apoca el humano entendimiento por descubrir el borde más allá del cual no le es dado caminar; muy al contrario, esto le eleva y fortalece: así el intrépido naturalista que en busca de un objeto ha penetrado en las entrañas de la tierra siente una mezcla de terror y de orgullo al hallarse sepultado en lóbregos subterráneos, sin más luz que la necesaria para ver sobre su cabeza inmensas moles medio desgajadas y descubrir a sus plantas abismos insondables.

En la obscuridad de los misterios de la ciencia, en la misma incertidumbre, en los asaltos de la duda que amenaza arrebatarnos en un instante la obra levantada por el espíritu humano en el espacio de largos siglos, hay algo de sublime que atrae y cautiva. En la contemplación de esos misterios se han saboreado en todas épocas los hombres más grandes: el genio que agitara sus alas sobre el Oriente, sobre la Grecia, sobre Roma, sobre las escuelas de los siglos medios, es el mismo que se cierne sobre la Europa moderna. Platón, Aristóteles, San Agustín, Abelardo, San Anselmo, Santo Tomás de Aquino, Luis Vives, Bacon, Descartes, Malebranche, Leibniz; todos, cada cual a su manera, se han sentido poseídos de la inspiración filosófica, que inspiración hay también en la filosofía, e inspiración sublime.

Todo lo que concreta al hombre, llamándole a elevada contemplación en el santuario de los objetos materiales, le recuerda su alto origen y le anuncia su inmenso destino. En un siglo de metálico y de goces, en que todo parece encaminarse a no desarrollar las fuerzas del espíritu, sino en cuanto pueden servir a regalar el cuerpo, conviene que se renueven esas grandes cuestiones, en que el entendimiento divaga con amplísima libertad por espacios sin fin.

Solo la inteligencia se examina a sí propia. La piedad cae sin conocer su caída; el rayo calcina y pulveriza, ignorando su fuerza; la flor nada sabe de su encantadora hermosura; el bruto animal sigue sus instintos, sin preguntarse la razón de ellos; solo el hombre, en frágil organización que aparece un momento sobre la tierra para deshacerse luego en polvo, abriga un espíritu que, después de abarcar el mundo, ansía por comprenderse, encerrándose en sí propio, allí dentro, como en un santuario donde él mismo es a un tiempo el oráculo y el consultor. Quién soy, qué hago, qué pienso, por qué pienso, cómo pienso, qué son esos fenómenos que experimento en mí, porqué estoy sujeto a ellos, cuál es su causa, cuál el orden de su producción, cuáles sus relaciones: he aquí lo que se pregunta el espíritu; cuestiones graves, cuestiones espinosas, es verdad; pero nobles, sublimes, perenne testimonio de que hay dentro de nosotros algo superior a esa materia inerte, solo capaz de recibir movimiento y variedad de formas; de que hay algo que con su actividad íntima, espontánea, radicada en su naturaleza misma, nos ofrece la imagen de la actividad infinita que ha sacado el mundo de la nada con un solo acto de su voluntad.

La filosofía, o mejor, el hombre, no puede contentarse con apariencias, ha menester la realidad; quien se convenciere de que no tiene más que apariencia, o dudase de si tiene algo más, perdería la misma certeza; esta admite la apariencia, con la condición de que le sea desconocida.[10]

2.2. Amor Ruibal y el correlacionismo

Ángel Amor Ruibal (1869-1930), canónigo compostelano y profesor del Seminario de Santiago, es un pensador independiente, que, aparte de buen filósofo, es un extraordinario filólogo y un notable canonista. Sus obras principales son *Los problemas fundamentales de la filosofía y del dogma* (10 volúmenes).

Con gran independencia de criterio examina los problemas fundamentales de la filosofía en casi todos los sistemas de la antigüedad clásica y la edad media cristiana, oponiéndose a las soluciones aportadas e iniciando una original interpretación del pensamiento cristiano. Ignorado y silenciado en las historias de la filosofía, este pensador está siendo recuperado últimamente, en especial gracias a los esfuerzos de Gonzalo Fernández de la Mora, Ignacio Ellacuría y otros.

Amor Ruibal se propone sentar las bases de la teología católica liberándola del "dogmatismo aristotélico" y "del artificio" de la teología tradicional. En filosofía se encamina hacia una explicación personal y cabal del universo. Expresamente declara que su meta es "una transformación honda de la teoría del ser y el conocer", lo cual supone la elaboración de un sistema filosófico original, al que se ha bautizado con el nombre de "correlacionismo". El cimiento y la clave de su sistema es una tesis que se formula así: "El Universo no es más que un sistema de seres en relación, como cada ser sensible no es sino un sistema de elementos primarios relativos"[11], de donde resulta que "no existe en la naturaleza ser completamente simple en el sentido de que en él no entre alguna relación"[12]. Esta "correspondencia", "coordinación" o "correlación" tiene los siguientes caracteres:

a) Es universal, puesto que nada mundano queda al margen de ella.
b) Es natural, y no el resultado de un artificio del hombre.
c) Es dada y, por lo tanto, previa a cualquier intervención de la inteligencia.
d) Es ontológica, puesto que afecta a las cosas en cuanto son y en su propia entidad.
e) Es intrínseca, o sea, anterior al ejercicio causal y a la actualización de cualquier tipo de interacciones.
f) Es esencial y no la expresión de un accidente.

10. *Filosofía fundamental*, I.
11. VI, 558.
12. VIII, 168-169.

g) Es orgánica en el sentido de que, sin perjuicio de las corrientes bilaterales y multilaterales, cada elemento es relativo a la cosa que constituye y al todo cósmico.

"El mundo es resultante del nexo múltiple de estos seres"[13], pero el mundo no se agota en sí mismo. Cosmos, universo, naturaleza y mundo, son conceptos equiparables que suponen a Dios como entidad distinta, trascendente y absoluta, aunque su estudio no pueda ser descrito con el esquema del correlacionismo cósmico, cuyo campo de análisis es la realidad empírica y fenomenológica. A la teología corresponde estudiar las relaciones entre el Creador y lo creado.

La natural e interna relatividad que es característica de la contingencia del cosmos pone de manifiesto que existe un Absoluto del cual el universo depende, y sin el cual nada relativo tiene explicación y sentido ni en su ser, ni en su obrar, ni en su conexión regulada con todo el engranaje de seres relativos con los cuales está en conexión de realidad y de inteligibilidad[14].

Advertimos aquí, como en la filosofía de la vida, la emergencia de los paradigmas científicos aportados por la biología, con su investigación sobre el organismo y el sistema de relaciones, que sustituyen los rígidos esquemas de la ciencia mecanicista. Por otra parte, y en cuanto hombre de fe, Ruibal puede construir su sistema de correlación en cuanto presupone la existencia de un Creador en "quien todas las cosas subsisten" (Colosenses 1:17); en este sentido el pensamiento de Amor Ruibal coincide con el que, en otra latitud e independencia de criterios, realizaban por aquella época pensadores protestantes como el holandés Abraham Kuyper (1837-1920) y, más cercano a nosotros, el luterano Paul Tillich.

2.3. Neotomismo

La tradición agustina ha encontrado camino en Juan Hessen, A. Przywara, J. F. Yela Utrilla, M. F. Sciacca, Bruno Ibeas, pero es sin embargo la escuela tomista la que ha conocido mayor desarrollo en nuestro siglo. Sus partidarios son en su mayoría católicos, aunque en los ochenta conoció la adhesión y la defensa de Norman L. Geisler, teólogo y pensador evangélico que encabeza la apropiación de Aquino para el protestantismo conservador. También hay que tener en cuenta al profesor R. C. Sproul, y a quienes con el paso del tiempo se han ido añadiendo en número creciente.

Ningún otro grupo filosófico parece disponer de tantos pensadores y de tantos centros de estudios como el tomismo, o neotomismo. Sus centros más importantes son el Instituto Superior de Filosofía de la Universidad de Lovaina, fundado por

---

13. IX, 275.
14. XI, 463.

Désire Mercier (1851-1925); el Instituto Católico de Paris; la Universidad Católica de Milán; el *Angelicum* romano y la Universidad de Friburgo, en Suiza.

Sus representantes más conocidos son Jacques Maritain, Etienne Gilson, Frederick Charles Copleston —cuya monumental *Historia de la filosofía*[15] ha de ser considerada como una de las obras maestras contemporáneas en su género— Josef Pieper, Santiago María Ramírez, Leopoldo Eulogio Palacios y Antonio Millán Puelles, entre otros.

2.4. Maritain y la síntesis tomista

Jacques Maritain (1882-1973), criado dentro del protestantismo liberal —católico por su padre, protestante por la madre, casado en 1904 con una israelita—, estudió en la Sorbona, discípulo de Bergson, fue profesor de Filosofía en el liceo de Paris y en el *Institut Catholique*.

Ante el imperativo que le acucia cada vez más, el de hallar una vía espiritual que sea al mismo tiempo un asidero moral, se lanzó a una búsqueda desesperada que resultó en el encuentro con Léon Bloy, el panfletario exaltado del catolicismo, cuya acción sobre Jacques y su esposa Raïsa determina la conversión de ambos en 1906. Profesa en el *Institut Catholique* de París y escribe con prolijidad.

Embajador de Francia ante el Vaticano (1945-48), fue después profesor en la Universidad de Princeton, hasta su jubilación en 1956.

Escritor fecundo, es autor de *Tres reformadores: Lutero, Descartes, Rousseau* (1925), a los cuales atribuye el desvío fatal del pensamiento moderno respecto a la fuente tomista, tomada por modelo de quehacer filosófico. Intérprete de Tomás de Aquino, se vale de Aristóteles, así como de otras fuentes filosóficas y la moderna investigación empírica en antropología, sociología y psicología. "El tomismo usa la razón para distinguir lo verdadero de lo falso; no quiere destruir sino purificar el pensamiento moderno e integrar toda la verdad descubierta después de Santo Tomás". Ahora bien, "todos cuantos deseen conocer la verdad irán a Santo Tomás". Así como Theilard de Chardin trató de hacer una síntesis del pensamiento católico y los postulados de la ciencia, Maritain pretendió remontarse a Aquino a través de Pascal, pasando por Descartes y Bergson, y demostrar que el pensamiento de Tomás, a pesar de inscribirse en el idealismo moderno, es, ante todo, un pensamiento realista. Maritain mantiene que hay diversas maneras de conocer la realidad:

a) "Ser móvil" (naturaleza).
b) Cantidad (matemática)
c) Ser como ser (metafísica); esta incluye el empleo de la intuición metafísica.

---

15. Ariel, Barcelona 1969, 6 vols.

Respecto a la existencia de Dios, Maritain reformuló las clásicas cinco vías de Tomás para añadir una sexta. Esta prueba incluye llegar a comprender, mediante la intuición y la reflexión, que el "yo" que piensa posee cierta existencia pre-personal en Dios y, por lo tanto, que Dios existe. La razón, ayudada por la fe, puede llegar a Dios.

En efecto, ¿cómo los pobres imbéciles que somos podríamos, por la fe, conocer con plena certidumbre la Verdad sobrenatural revelada, a la cual el espíritu del hombre no está proporcionado, si no pudiéramos conocer con plena certidumbre las verdades de orden racional a las que el espíritu humano está proporcionado? Pienso ahora en las verdades filosóficas que son puramente racionales —entendemos ese "puramente" en oposición a lo que está por encima de la razón, pero no por cierta oposición a lo que está por debajo de ella— (porque todo el saber naturalmente adquirido por el hombre procede de la experiencia de los sentidos, y si hay una casa de locos entre los puros espíritu en el cielo, es en ella solamente donde podrá verse funcionar la Razón Pura kantiana). Y pienso también en las verdades teológicas, que son racionales, pero cuyo objeto es superior a la razón, y que proceden de la luz de la fe —no sin que el teólogo tenga que utilizar para servirlas, verdades filosóficas, las cuales emergen de la experiencia sensible por la virtud del intelecto—.

La gracia perfecciona la naturaleza y no la destruye. Es esencial para el hombre aspirar a la verdad; el hombre tiene la capacidad de lograr la verdad por sus propias fuerzas —aunque sea tropezando y zigzagueando en el camino, camino que no tiene fin—, en las cosas que dependen de la experiencia de los sentidos o en aquellas a las que esta experiencia nos da acceso indirectamente. Esto, respecto a la filosofía y las innumerables ciencias. Y también tiene el hombre la capacidad —ahora le toca a la teología— de llegar a un cierto saber auténtico de las cosas divinas, cuando sus fuerzas naturales trabajan a la luz de la fe, que las sobreeleva y anima.[16]

2.5. Pieper, a la escucha de la realidad

Con el mismo énfasis que Maritain en la realidad como campo de acción de la filosofía, se encuentra el alemán Josef Pieper, que comparte la metodología tomista en diálogo con las ciencias y el pensamiento modernos. Josef Pieper (1904-1997) nació en Elte, un pequeño pueblo de Westfalia; estudió Filosofía, Derecho y Sociología en las universidades de Berlín y Münster, muy influido por el sociólogo católico J. Plenge.

Su investigación se centra en los problemas morales de la vida vistos a la luz de los grandes maestros del pensamiento occidental, como Aristóteles y Tomás de Aquino, no con un afán de mera reconstrucción histórica, sino convencido

---

16. *El campesino de Garona*, V.

de la fuerza insustituible que para el esclarecimiento intelectual de las realidades que estudia puede prestarle ese pensamiento. Pieper comienza por ser un gran intérprete de la tradición cristiana y occidental, que no trata ridículamente de "poner al día" o a la "altura de los tiempos" sino que procura escuchar con respeto su mensaje haciendo ver el permanente valor que encierra.

Pieper se considera fiel a la mente de Tomás de Aquino a la vez que niega la posibilidad de un sistema riguroso y cerrado de la filosofía tomista, y solo acepta ser incluido en el tomismo si por tal se entiende una actitud intelectual, de carácter tradicional y realista, abierta a las verdades de la fe, antes que un conjunto de tesis y soluciones muertas. Para Pieper, Tomás de Aquino no es cabeza de una escuela o partido, sino el representante máximo de la tradición cristiana, de ahí que el interés por su obra no excluya la viva presencia de otros grandes maestros.

En el ámbito de la hermenéutica filosófica, Pieper concede gran importancia al motivo evangélico del saber "escuchar". En las grandes realizaciones de la vida espiritual hay algo de última validez, de madurez, de venerabilidad casi de perfección y solo puede escucharse lo que nos dicen en una actitud de silenciosa disposición receptiva. No todo autor merece este género de atención; solo los verdaderamente "grandes" son dignos de ella y resulta ridículo, como dice Pieper refiriéndose a Platón, querer mirarles por encima del hombro en lugar de sentarse a sus pies. La actitud de escucha auténtica, aunque suponga hasta cierto grado la exégesis de la historia y de la filología, es algo distinto de estas. Escuchar no significa estar conforme; su condición previa es aceptar la cuestión de que se trate, ya que, si lo que hay que oír es la respuesta a una pregunta, es preciso plantearse, realizar seriamente la pregunta, no tomándola ya hecha del autor que sea, sino dejando que sea "encendida y atizada por el contacto con la realidad que me encuentro inmediatamente, por tanto, con la realidad de hoy". Lo que nos interesa no es, pues, que alguien pensara eso, sino la realidad misma; nuestra mirada no se orienta hacia quien habla, sino a la realidad de que se habla. Para esto se necesita ciertamente una dosis de conocimiento histórico, pero no se da aquí una proporción en virtud de la cual al aumentar una parte aumentase necesariamente la otra; el conocimiento histórico más exacto no solo no da por sí mismo un escuchar más fructífero, sino que puede estorbarlo dificultando la verdadera actitud del que escucha e incluso impidiéndola. La filosofía es ella misma historia de la *filosofía*, pero no puede quedar nunca devorada por la *historia*. El objeto del estudio de la filosofía es la realidad en sí misma, en la transparencia inefable del ser y en la naturaleza de las cosas, aunque sin descuidar su temporalidad y su historia, sobre todo al considerar la persona humana.[17]

---

17. *Cf.* Alfonso Candau, "Josef Pieper, Intérprete de la tradición". *Arbor*, Madrid, marzo 1957.

3. Entre la fe y la ciencia: Sánchez Calvo

Al mismo tiempo que tiene lugar el renacimiento del tomismo en la Iglesia católica, pensadores independientes, creyentes, pero no eclesiásticos, intentan construir la síntesis fundamental requerida por la modernidad, bajo el signo del positivismo científico.

A partir de Charles Darwin y sus divulgadores científico-filosóficos, el pensamiento cristiano ya no pudo ignorar por más tiempo los graves problemas que la teoría de la evolución representa para su imagen de Dios como Creador y el hombre como un ser de reciente aparición en una tierra joven. Estas cuestiones eran las de menor cuantía: las más graves hacían referencia a las implicaciones antropológicas, filosóficas, éticas y religiosas del evolucionismo, que por primera vez se presentaba como una teoría científica autosuficiente. La hipótesis Dios sobraba en un universo en evolución y una historia forjada a golpes de azar y selección natural.

Algunos creyentes se cerraron en bloque a la nueva visión del universo aportada por la teoría evolutiva, recluidos en su recinto religioso y siempre a la defensiva. Los más trataron de armonizar los nuevos datos del "libro de la naturaleza" con el "libro inspirado por Dios". Fue un tiempo de grandes construcciones armónicas, de poner en común acuerdo el laboratorio científico y el templo religioso. Al fin y al cabo, el *laboratorium* fue originalmente el lugar donde se *laboraba orando*. Lo que el espíritu religioso necesitaba cara a la modernidad era buscar el equilibrio entre lo revelado mediante la investigación científica y lo revelado en la Escritura mediante un estudio fresco y original de sus enseñanzas a la luz de las aportaciones de la nueva visión del universo.

En España, los intelectuales que, por un lado, reniegan de una Iglesia, la católico-romana —que enfrenta y condena la modernidad—, y, por otro, conservan la fe en Dios, pero sin sometimiento a escuela, vieron en la filosofía de Krause y, creyeron descubrir en él, la filosofía de reconciliación y síntesis que estaban buscando. Como escribe el profesor Diego Núñez, el krausismo era en conjunto un sistema que se ajustaba con bastante fidelidad a las exigencias del liberalismo español del momento, no solo por sus componentes principales —deísmo, armonicismo, proyección en la vida práctica—, sino también por su mismo mecanismo de construcción —alta dosis especulativa, escaso basamento científico-natural—. Las autoridades religiosas y sociales españolas llevaron a los krausistas patrios a realizar desarrollos filosóficos muy personales, o a ofrecer versiones del autor alemán un tanto lejanas de su escueto pensamiento.

Karl C. F. Krause (1781-1832), hijo de un pastor protestante, educado con profundidad religiosa y poseedor de grandes dotes intelectuales, estudió teología en Jena, matemáticas y filosofía con Fichte, Schelling y Schlegel. La filosofía de Krause se caracteriza por una visión armónica y orgánica del mundo, que está compuesto de razón y naturaleza. Dios, en Krause, queda identificado con el orden del universo y con la armonía que se da en el mundo. Desde la época visigótica, la filosofía española, como dice Ganivet, había seguido una tendencia uniforme, inspirada por la idea cristiana, hasta la aparición de la filosofía krausista. "No anduvo desacertado Sanz del Río en la elección del sistema; entre todos los que constituyen la novísima filosofía alemana, ninguno como el armonismo de Krause; conciliación teisticopanteísta, ofrecía condiciones adecuadas para obtener algún éxito"[18].

En este contexto de búsqueda y de apertura a la modernidad, sin querer renegar de la aportación positiva del espíritu religioso, aparece la figura personal y aislada —aunque no única— de Pedro Sala y Villaret (1839-1916). Y otra, no menos interesante, de Estanislao Sánchez Calvo (1842-1895), perteneciente a la misma generación e inspirado por las mismas inquietudes que Sala y Villaret. A veces se tiene la errónea impresión de que hasta Ortega y Gasset no hubo otra filosofía en España que la escolástica, cuando lo cierto es que intelectos brillantes, compactos, bien formados, pero carentes de escuela, de continuidad y de apoyo institucional, lograron elevar el pensamiento español a alturas encomiables, aunque las circunstancias les impidieran formular un sistema que pasara a la posteridad.

Sánchez Calvo, por ejemplo, realizó su labor en solitario en su Asturias natal. Políglota, muy versado en la filosofía y la ciencia europeas, es autor de: *El nombre de los Dioses* (1884), donde indaga acerca del origen primordial del lenguaje y de las religiones a la luz del euskera y de los idiomas turanianos; *Filosofía de lo maravilloso positivo* (1889) y *La elección de Fe en el Mundo Moderno* (1895), inédito. El problema crucial de Sánchez Calvo, como el de tantos de sus contemporáneos, es la relación de la fe y la ciencia, la materia y el espíritu. De espaldas tanto a la solución krausista como a la teológica del catolicismo renovado, Sánchez Calvo explora la metafísica de la ciencia, convencido de las insuficiencias de Comte y Herbert Spencer por igual, así como de otros positivistas que en nombre de la materia en evolución negaban el universo del espíritu.

Con todo, la ciencia no puede ser desdeñada o tenida como un conocimiento del que se pueda prescindir en filosofía o teología; ella es la condición del pensamiento verdadero, incluso para sí misma. "Estamos convencidos —escribe— de que la revelación ha de salir del seno de la ciencia, estamos también interesados en que no se extravíe, en que cumpla sus fines y en que, si el método positivo ha de ser verdad, abarque todos los hechos, todos los fenómenos por raros, por extraordinarios, por maravillosos que parezcan a nuestra insuficiencia, sin prejuicio anterior, sin preconcebido sistema, sin partido tomado de antemano, que así lo exige el verdadero método"[19].

18. Ángel Ganivet, *España filosófica contemporánea*, IV.
19. *Filosofía de lo maravilloso positivo* "Introducción".

Con la misma inquietud que luego animará a Unamuno a desarrollar su peculiar filosofía, Sánchez Calvo también considera que el sentimiento básico que anima la filosofía humana es "saber si es inmortal; si hay un ser o seres superiores de quienes pueda esperar justicia en otra vida"[20]. Lo que quiere ver claro es su destino, su razón de ser en el universo, el fin y propósito para el que fue creado, esto es, lo que le espera de un más allá de la tumba; sobre esta cuestión quiere tener una opinión segura.

Para ello Sánchez Calvo se fía del conocimiento global que provee la ciencia considerada en su totalidad, que incluye la metafísica. Entonces la fe será sustituida por el conocimiento. Optimista respecto a los logros del saber científico afirma: "Es innegable que el reinado de la fe concluye y que empieza el de la razón"[21]. Razón que, en su positividad, no excluye el alma, el espíritu, Dios, sino que los reclama, los hace necesarios. ¡Oh, ciencia! ¡La verdadera ciencia! Eres teología. De ti saldrá el conocimiento de Dios"[22].

> Comte y su escuela se dejarán engañar por esa Crítica de la razón pura, que fue el suicidio, el golpe de gracia de la metafísica y el material envilecimiento de la ciencia.
>
> Importa, pues, devolver a la razón sus funciones; sin ellas nada puede esperarse de la ciencia ni de la filosofía.
>
> Donde la ciencia no llega, llega la inducción, ni acaso con la evidencia de los hechos, pero al menos con el convencimiento de las relaciones lógicas.
>
> ¿Debe despreciarse esto? ¿Por qué se ha de quitar al hombre el sagrado derecho de discurrir? ¿Por qué se han de encerrar sus nobles aspiraciones al saber reducidas en el reducido círculo de un método?
>
> Si la razón se ha desenvuelto en el seno de la dialéctica divina haciendo su evolución en las especies, ¿por qué no la habrá de reflejar y no le habrá de ser posible conocerla?
>
> Respetemos, pues, todos la razón, y trabajemos por el desembarazar de trabas el pensamiento; no le enterremos en estrechos moldes, en métodos insuficientes; tratemos de elevarle en alas de la inducción, fundada en hechos, a las primeras causas, que es donde únicamente residen las grandes leyes, y de este modo, la ciencia se hará más religiosa, y la religión un poco más científica, que es lo que el mundo busca y lo que encontrará.[23]

El filósofo asturiano llega a esta conclusión por analogía con el descubrimiento científico de la fuerza atómica, invisible y verdadero motor de la creación evolutiva o de la evolución creadora. La teoría atómica dinámica es para él la negación de

20. *Id.*
21. *Id.*
22. *Id.*, I.
23. *Id.*, III.

la materia. La fuerza es el verdadero elemento científico. La física explica bien que la materia no es la causa de la resistencia de los cuerpos y que basta la fuerza para explicar el fenómeno. "Luego, verdaderamente, la fuerza, y no la extensión, el espíritu, y no la materia, es lo que constituye la esencia de los cuerpos"[24].

Fue Sala y Villaret el primero que, en España, introdujo el tema de la fuerza como la puerta que abre la mente al mundo más amplio del espíritu, donde Dios se hace presente coma hipótesis suficientemente científica. Para Sala la ciencia ha venido a coincidir con su hipótesis respecto a la composición tripartida del universo: materia, forma y fuerza. Y así como ciertos naturalistas que arrancaron de este punto de partida común fueron a parar al materialismo y al ateísmo, Sala tomó la dirección contraria, colocándose del lado del espiritualismo y del cristianismo más sano.

4. Sala y Villaret, un heterodoxo español

Pedro Sala y Villaret nació en Vic, la misma ciudad de Balmes. Ordenado sacerdote se licencia en Derecho y Filosofía y Letras. Con otros sacerdotes funda un pequeño círculo eclesiástico liberal, que será especialmente vigilado por la jerarquía. En 1868 publica *Materia, Forma y Fuerza,* cuya edición es requisada por el obispo de Barcelona. Cansado de luchas y tensiones con la autoridad eclesiástica, cuelga los hábitos y se dedica al periodismo para poder vivir. Convertido al protestantismo, que en aquellos días estaba en su infancia en España, fue pastor de la Iglesia Española Reformada Episcopal. Colaboró en la revista de la misma, *La Luz.* En 1890 publicó *El Verbo de Dios,* uno de los estudios más completos de la segunda persona de la Trinidad en su relación con Dios y los hombres. Escribió, además, interesantes folletos como *Por qué creo en la Biblia, La abolición del latín* y *¿Los místicos españoles eran protestantes?* Este último reviste la importancia de demostrar, una vez más, que el impulso original de la Reforma protestante y su esencia más evidente es el impulso místico, como corazón y compendio del cristianismo eterno. Para el místico lo que verdaderamente cuenta es la relación directa, personal, del alma con Dios, lo cual significa, según Sala, "una comunión intima, espiritual, *independiente* de los sentidos, por consiguiente, de las manipulaciones sacerdotales, en que hacen consistir hoy nuestros misioneros devotos la esencia de la vida religiosa".

Esta unión con Dios no es resultado de la gracia sacramental, sino de la fe desnuda y amorosa que se confía a la gracia salvífica divina, y por ella alcanza la vida eterna. "No son los sacerdotes, con sus absoluciones y sacramentos, ni la Virgen María, ni nada más que Dios por fe quien nos *justifica y nos hace conformes a la imagen del Hijo de Dios*".

24. *Id*, II.

El motivo que anima el espíritu filosófico de Sala es buscar la vía teórica que posibilite la reconciliación de la fe religiosa con la cultura moderna, en especial la científica.

> Dar unidad real a las diferentes partes de la filosofía, mejor que Spinoza con su Substancia, Modos y Atributos, ni Descartes con su Pensamiento, ni Hegel con su Idea evolutiva. Mi fórmula abarca toda la realidad, sensible y suprasensible, científica y religiosa.[25]

La lectura que hace Sala del evolucionismo, aparte de reconciliar la ciencia con la creencia religiosa, anticipa los desarrollos posteriores en sentido vitalista y espiritualista de Bergson y del mismo Teilhard de Chardin[26].

Por otra parte, su monismo espiritualista y dinámico se presenta como más "moderno", más actualizado, que las anteriores tendencias panteístas de Krause y de Haeckel. Sala dirigió fuertes ataques al movimiento de restauración escolástica que iba cobrando fuerza en su época, sobre todo por la pretensión de dicha escuela de convertirse en el único exponente filosófico ortodoxo de los católicos. El I Congreso Católico Español celebrado en 1889 declaró el tomismo filosofía católica por antonomasia. Nada hay más desdeñable para Sala.

> Si la escuela a quien combatimos tuviera solo pretensiones de científica; si se presentase en el estadio de la discusión con el mero carácter de filosófica; pero ella aspira a ser dogmática y confunde con los suyos los intereses de la religión cristiana... El mérito principal de la filosofía escolástica para sus modernos restauradores, estriba precisamente en lo que constituye para nosotros su ignominia. El carácter de principios cardinales, de un cuerpo de doctrina sujeto a rigurosa unidad; el tener su base y cimiento en la autoridad de los maestros, en vez de apoyarse en la razón, es el carácter que la recomienda a la protección de nuestros reaccionarios.[27]

Su crítica del escolasticismo anticipa la de Ortega y Gasset, que parece copiarla literalmente. La Escolástica para Sala se le asemeja a un espectro de la Edad Media, cuya entronización a finales del siglo XIX le suena a fábula o sueño de la imaginación. La restauración del escolasticismo es la exhibición de un cadáver, "un conato de barbarie, un suicidio intelectual, un anacronismo histórico con que nos amenazan los constantes perturbadores de las leyes que rigen el desenvolvimiento

---

25. *Materia, Forma y Fuerza.*

26. Cf. Diego Núñez, *El darwinismo en España*. Castalia, Madrid 1977; y *La mentalidad positiva en España*. Ed. Univ. Autónoma, Madrid 1987.

27. *La restauración escolástica.*

de la humanidad"[28]. Este juicio nos puede parecer hoy demasiado injusto, pero téngase en cuenta la fecha y las circunstancias del mismo. Sala no ataca un tomismo renovado anclado en la realidad y abierto a la modernidad, como el de Maritain o Pieper, por poner un ejemplo, sino aquel otro servido como un sistema cerrado y concluso en manos del poder eclesial.

4.1. Dios y la fuerza o energía del universo

La clave del sistema filosófico de Sala radica en la categoría de "fuerza", definida como Energía suprema, como "propiedad misteriosa que mantiene todas las cosas en perpetuo movimiento". Nuestro propósito, afirma, "se ha reducido a esclarecer la noción de *fuerza*, completamente desconocida o mal juzgada por las generaciones pasadas". Para nosotros es del todo necesario que comprendamos su originalidad y novedad en el tiempo, pues desde la noción de *fuerza* va Sala a elaborar una filosofía científica afín al sentimiento religioso.

Cuando entramos con la luz interior en el santuario de nuestra conciencia y asistimos al espectáculo viviente y complicadísimo, que se opera en el variado y simultáneo ejercicio de nuestras facultades, una idea se destaca en medio de tan variado fenomenismo, de que es nuestra alma teatro, la de una actividad o una fuerza. Brilla esta de una manera vigorosa, exuberante, en los actos de la voluntad, que es la reina de las facultades y principios de los movimientos de que el hombre es autor; prepondera en las operaciones de la inteligencia, pasiva bajo cierto concepto, más activa en las altas funciones del raciocinio y la razón pura; finalmente, en las bajas regiones de la sensibilidad externa, la más humilde de nuestras facultades, reacciona el yo contra los objetos que le hieren, y aun en medio de su pasividad natural, se encuentra así mismo una fuera.

De este fecundo arsenal de ideas primitivas saca probablemente el yo su idea de causa, fuerza o poder, porque merced a una intuición vivísima, ve y descubre inmediatamente esta noción, que fuera de sí no podría comprender jamás, sino por los efectos. En él fluye por todas partes la actividad, como el agua chorrea y circula por las entrañas y superficie de un monte bañado por las lluvias. Todo vive en la conciencia, todo es fuerza, y el entendimiento la contempla claramente, sin que pueda escapársele, cuando atiende claramente, la más ligera de sus manifestaciones. Los que han negado al hombre la legitimidad de su idea de causa, que en el fondo es la fuerza, debieron estar perpetuamente dormidos.

Si el hombre sale fuera de sí para atender al no yo, que tiene presente, todavía la fuerza se despliega con espléndida magnificencia, como un mar sin riberas, extendiéndose tanto como la creación. Allí donde alcanza su poder de observación, inmediata o

---

28. *Id.*

por medio de instrumentos, en el átomo como en las más soberbias masas, en el suelo que pisa con su planta lo mismo que en los cuerpos inmensos, cuya magnitud resiste a nuestros cálculos; en todas partes encuentra una aptitud, una propiedad anexa a la materia, aun en estado rudimentario. Algunos siglos atrás hubiera sido arriesgada esta generalización, sentada como una ley universal; mas en la actualidad, después de los descubrimientos de Newton y otros sabios, que tras él han escudriñado la naturaleza, es un hecho incontestable para todos los seres este atributo indicado a lo menos en su forma más sencilla de gravitación. La teoría de los cuerpos inertes, en el sentido antiguo, está convencida de falsedad…

Ahora preguntamos, ¿qué es la fuerza, esta propiedad misteriosa que mantiene todas las cosas en perpetuo movimiento; este fondo desconocido que se transforma y varía en cada ser; dotándole de propiedades diferentes; que en el hombre especialmente se reviste de estos divinos matices, más inagotables que las combinaciones del alfabeto o las melodías de la escala musical? ¿Qué es la fuerza, alma del mundo, sin distinguirse de él; tan profundamente identificada con toda materia, que ninguna muerte las separa, que la ciencia no tiene conocimiento de ningún ser desheredado de su benéfico influjo?

Esta es la grande, la única cuestión que debe resolver la filosofía; el gran misterio de la creación, descubierto el cual, dicha ciencia ha concluido su misión y debe ceder por completo su lugar a las ciencias particulares, por haber agotado su objeto…

Somos los primeros (que nosotros sepamos) que recorremos este difícil y árido camino, que no sabemos si nos conducirá a la luz o a las tinieblas. Esperamos lo primero y vislumbramos al fin de nuestro trabajo, como precioso galardón de un leve esfuerzo, el conocimiento más completo del hombre en sus fenómenos y en su substancia, el conocimiento más aproximado de los vivientes inferiores y aún de la vida misma en su eterno foco, que es Dios.[29]

Sala se decanta por un cristianismo antidogmático y evangélico que respeta todo lo que hay de bueno, justo y verdadero en la ciudad de los hombres. Como reacción al "cesaropapismo", que casa la fe con la política, la enseñanza con el autoritarismo, Sala afirma rotundamente: "No tenemos religión". "Entonces seremos más religiosos que antes, al evadirnos de todas las religiones positivas. Lo que haremos será aprovechar algunos de sus elementos, aquellos que estén conformes con el ideal, los que sean compatibles con el nuevo concepto del universo, del hombre y de Dios"[30]. Para él, como para los reformadores, la Iglesia es el conjunto de los que han sido justificados y santificados por la sangre de Cristo. "La Iglesia de Dios, cual nos la describe el código del Evangelio es puramente espiritual, el conjunto de los redimidos por el Verbo de Dios en Cristo; ora estén en la tierra, ora en los

---

29. *Materia, forma y fuerza*. Diseño de una filosofía.
30. *Materia, forma y fuerza*. La religión del porvenir.

cielos; sin distinción de lugares ni de tiempos, de sectas ni de nacionalidades. Tiene por campo el espacio infinito, como tiene por duración la eternidad"[31].

Tanto en Sánchez Calvo como en Sala Villaret observamos la protesta íntima y profunda del espíritu humano que atrapado entre dos corrientes fuertes y poderosas, el materialismo científico y el dogmatismo religioso tradicional, se esfuerza por encontrar un punto de apoyo donde sostenerse y desde el que impulsar la renovación de las ciencias humanas y de la experiencia religiosa, de modo que la creencia en Dios no se presente como reaccionaria y enemiga del progreso humano, tanto en el campo de las ciencias naturales como espirituales, sino como la conclusión lógica y necesaria de la consideración global del fenómeno humano y de la vida en el universo. Porque si el cristianismo tiene algo que decir, ha de hacerlo en el contexto de las preocupaciones de sus semejantes y a la luz de sus logros culturales.

La condenación por sistema de la modernidad es la mejor recomendación para la incredulidad. El "Dios como asilo de la ignorancia", se quejaba Spinoza. Si el cristiano no es generoso, no puede esperar recibir la generosidad de la confianza, única avenida de la fe. Hay que aprender a leer las motivaciones de los escritos humanos, adivinar su espíritu para no tropezar con su letra. No es nada objetivo, ni justo de nuestra parte, atribuir malicia e incapacidad moral al sabio que saca conclusiones diferentes a las nuestras. Como bien escribe Sánchez Calvo, "no se concibe que filósofos y hombres de ciencia hayan querido herir de muerte toda investigación trascendental. Es esto tan absurdo como si los pájaros se cortasen ellos mismos sus propias alas"[32]. Entonces, ¿cómo explicar las negaciones? A veces por temor a las invasiones impropias de la teología en la ciencia, otras por simple error de cálculo. ¡Como si la teología cristiana no hubiera desacreditado el buen nombre de Dios con rotundas afirmaciones nacidas de la soberbia humana, amparadas bajo la cobertura de lo divino!

4.2. El Verbo de Dios, luz de los hombres

Como ya hemos visto que fue frecuente en los Padres de la Iglesia, hasta el punto de convertirse en norma oficial de los autores cristianos que vendrían después, Sala y Villaret ve en el capítulo primero del Evangelio de Juan el fundamento de la apologética y visión cristiana que conecta el pensamiento de la cultura universal con las doctrinas históricas del cristianismo en la persona de Cristo, no como exclusiva figura histórico-espacial, sino como el Verbo eterno de Dios que alumbra a todo hombre que viene a este mundo (Jn. 1:9). "El Verbo de Dios está en comunión inmediata con la razón del hombre, aun en su estado natural;

---

31. *El Verbo de Dios*, X.
32. *Filosofía de lo maravilloso positivo*, III.

como lo habían presentado los más grandes filósofos, entre los cuales citaremos a Platón"[33]. Si así no fuera, los críticos tendrían razón en afirmar que es imposible dar un valor universal a la figura de Cristo, históricamente condicionada como está a un tiempo y lenguaje determinados.

La palabra luz tiene en el lenguaje ordinario dos sentidos; uno natural, y es el que designa el fluido de la naturaleza por medio del cual vemos los objetos; y otro extensivo o figurado, que ha llegado a ser también natural, por el cual designamos la inteligencia o la razón.

El Verbo es Luz en el segundo sentido.

Si fuéramos a estudiar las analogías entre una y otra luz, reales y efectivas desde el momento que todos los idiomas aplican la palabra luz a entrambos ordenes encontraríamos que el fundamento de esta locución consiste en que, así como por la luz material vemos los objetos, que sin ella no llegarían hasta nuestra potencia visual; así por la luz de la razón vemos las verdades, que de otra manera no serían por nosotros percibidas.

¿En qué consiste esta luz intelectual en los espíritus finitos? ¿En qué consiste esta luz en Dios?

Los ateos dicen que el hombre ha hecho a Dios a su imagen y semejanza, mientras la religión afirma que es Dios quien ha hecho al hombre a imagen y semejanza suya. Una y otros convienen en que Dios y el hombre no son concebidos sino como dos cosas semejantes.

Es que hay un orden de verdades que llamamos lo absoluto, contra las cuales ni fuera de las cuales puede el hombre pensar nada, sin dejar de ser racional. No solamente el hombre se halla forzado a aceptar los llamados primeros principios racionales, sino que se siente obligado a admitir que todas las inteligencias actuales y posibles han de aceptarlos y regirse por aquellas primeras verdades o principios. De aquí la fraternidad o semejanza fundamental de todas las inteligencias, incluso la divina, de la cual tienen todas las restantes una participación. Está impresa en nosotros, dice el salmista, la luz de tu rostro, oh Señor.

El Verbo de Dios es la luz divina, equivalente a lo que decimos luz de la razón, aumentada, en perfección e intensidad, hasta lo infinito.

Hemos manifestado que el Verbo, Idea o Concepto, que Dios tiene de sí mismo y de sus obras, es la Verdad, porque está absolutamente conforme a la Esencia infinita que representa. Este Verbo intelectual, ¿puede concebirse de otra manera que como una inmensa Luz intelectual, con la cual Dios se concibe o ilumina a sí mismo?

Por la luz, sea cualquiera el sentido en que la tomemos, el objeto se pone en el sujeto. Cuando la luz es material, el objeto presente, aunque esté lejano, se une a nosotros, se pone y está en nosotros, a la vez también que en su realidad.

33. *El Verbo de Dios*, X.

Esto es lo que pasa, lo que no puede menos de suceder en Dios. Su esencia está a la vez en sí misma, como en su realidad, y en el Verbo, como entendida. ¿Podemos considerar este segundo aspecto de otra manera que como una luz intelectual?

El modo como los objetos están contenidos en la luz de la inteligencia, que llamamos idea, es incomprensible, a pesar de ser un hecho experimental. Veo un objeto, aprendo una ciencia, y desde entonces este objeto y esta ciencia están en mí, alumbrándome, o si se quiere, alumbrándoles yo con mi inteligencia. Siempre empero se forma en mí el fenómeno luz por el mero hecho del conocimiento.

Si esto pasa en lo humano ¿qué será en el Verbo de Dios? Aquella Luz intelectual y el objeto de la misma salen a la vez del seno de Dios, de una manera parecida al alma cuando se conoce a sí misma. Nace en Él la Idea o Verbo, y con este su contenido, que es la Esencia de Dios entendida, y en esta Luz divina se refleja aquella esencia increada, como en el más perfecto espejo, según lo dice de sí misma en el libro de los Proverbios, bajo el nombre de Sabiduría. O como dice Juan: "El Verbo estaba, ya en el principio, delante de Dios".

He aquí la explicación que en este y en otros pasajes nos sugiere la Escritura del Verbo de Dios, como Luz. Después de haberlo presentado como Idea, nos lo presenta como una inmensa aureola luminosa, en donde se refleja la Esencia primitiva de Dios, a manera de Luz intelectual.

Todas las verdades, todas las ideas están contenidas en aquella soberana Luz, que por esto se llama también Sabiduría o Ciencia de Dios, porque por ella entiende o conoce Dios a sí mismo y a todas las cosas creadas por ella y por él.

La luz de la naturaleza ha sido hecha indudablemente a imagen suya, llenando en el orden material análogas funciones a la luz del Verbo. Ella fue la primera creación de Dios y la condición, quién sabe si el origen, de todas las restantes. El Verbo empezó por retratarse a sí mismo en la luz, guardando siempre la diferencia que media de lo material a lo espiritual, de lo creado a lo increado, de lo finito a lo infinito.

Para vislumbrar mejor la Luz del Verbo, hemos de concentrarnos en nosotros mismos, sorprender a nuestro espíritu en el momento de ejercitar la razón, y en aquella luz que brilla en nuestra alma hallaremos una remota imagen, tal vez una centella de la luz infinita del Verbo de Dios.

En esto se cifra nuestra dignidad, este es el camino de nuestra elevación y engrandecimiento, pues por esta luz nos ponemos en comunicación o contacto con la luz increada y la vemos como en una imagen. Ella es la que nos permite elevarnos al conocimiento de las verdades eternas y solo por ella dominamos la naturaleza, somos superiores a cuanto nos rodea y podemos ponernos en comunión con el Verbo de Dios, que es Luz, a la vez que principio y Padre de luz, en quien no hay mudanza ni sombra de variación (Santiago 1:17).[34]

---

34. *El Verbo de Dios*, VII.

5. William Temple y la filosofía anglicana

Desplazándonos en el espacio y el tiempo, pero en el mismo ámbito de problemas planteado por la modernidad al pensamiento religioso, nos encontramos con el inglés William Temple, filósofo en la línea de Alfred Whitehead, eclesiástico, teólogo y hombre de acción, todo en uno. A él le corresponde haber buscado relacionarse creativamente con las grandes preocupaciones de su día: el tema social y la influencia de la ciencia en todas las concepciones de la vida.

William Temple (1881-1944), nació en el palacio episcopal de Exeter, donde a la sazón era obispo su padre, Frederick Temple, que más tarde sería elevado a la dignidad de Primado de la Iglesia de Inglaterra, Arzobispo de Canterbury, al igual que el hijo en los dos últimos años de su vida.

A los cuatro años se trasladó al palacio episcopal de Fulham, donde residió hasta los quince, para mudarse luego al palacio arzobispal de Lambeth. Así, pues, de palacio en palacio, transcurrió la infancia y adolescencia del joven Temple, en contacto con lo mejor de la sociedad británica y recibiendo la educación más espléndida que su condición le ofrecía. Difícilmente se podría concebir en tan holgada vida, aunque estrictamente sometida a la disciplina religiosa de oración temprana y lectura bíblica diaria, ignorante de la situación y condición obrera, que este mismo hombre llegaría a ser, por la fuerza de su propio corazón cristiano, el que involucrara a la Iglesia de Inglaterra en la problemática social, no como una ocupación anecdótica y oportunista, sino como parte constitutiva e inherente de la misión cristiana en la tierra.

Prueba de su temprana preocupación por la justicia social y la imbricación de la vida de las gentes, es la carta que desde Balliol escribe a su amigo Harry Hardy: "Cada vez estoy más convencido de que un ministerio intelectual es absolutamente necesario en estos tiempos... La Iglesia ha sido elevada —por Wesley y otros— a una nueva devoción espiritual; y a un nuevo sentido de la belleza, como una expresión de esta devoción, por Newman; así que tenemos la devoción y su expresión formal, pero queda la parte más importante, a saber, poner todo esto detrás de las acciones e identificar la religión con la vida" (15 mayo de 1901).

Identificar la religión con la vida —seguramente Unamuno habría disfrutado con esta expresión— va a constituir la columna que vertebre todo su pensamiento:

"Todos los profetas condenaron la adoración ceremonial y ritual sin excepción; y así debemos hacerlo nosotros, no porque sean malas en sí mismas sino porque, mediante el abuso, han venido a hacer más daño que bien; debemos tratar el ritual (no quiero decir ritualismo, sino mera asistencia a la iglesia) como hicieron los profetas, y como Platón trató a Homero".

"Tenemos que enseñar la doctrina del apóstol Santiago —escribe en otro lugar—, que «la *adoración* pura y sin mancha delante de Dios es esta, etc.» La razón por la que se quejan los clérigos sobre la falta de cristianismo de cada día es ineficaz, es que ellos no enseñan la verdad de que cuando se produce esta falta no hay cristianismo en absoluto, y que quien no está interesado en «buenas obras» es *por tanto* anticristiano".

Coherente con su pensamiento, Temple se afilió al Partido Laborista inglés y permaneció como militante en él durante muchos años, incluso cuando se dio de baja en razón de su cargo arzobispal, continuó apoyándolo de acuerdo a sus posibilidades. Casi al final de su vida, en 1942, publicó *Christianity and Social Order* (*Cristianismo y orden social*), donde exponía el programa y las convicciones sociales más queridas y mejor meditadas de su vida

Los peores y más escandalosos males que la clase obrera tuvo que soportar durante la llamada Revolución Industrial habían sido eliminados en parte para cuando Temple entró en escena. Pero aún quedaba una vasta área de interés primordial que faltaba al mundo obrero por conquistar si quería participar más conscientemente en la programación del futuro de su destino: la educación. Temple estaba firmemente convencido del papel de la educación en el desarrollo del carácter personal y social de la humanidad. Creía que mientras la educación no alcanzase a todos los miembros de la sociedad esta no podría organizarse sobre bases de justicia. No puede, aseguraba, haber libertad política ni tampoco moral mientras las capacidades intelectuales del pueblo no estén desarrolladas mediante la educación, por la simple razón de que personas con una causa justa, o con mucha justicia de su parte, son incapaces de hacerla triunfar a menos que sepan expresarla. "Existe —argumentaba Temple— una forma de esclavitud mental tan real como la económica. Estamos obligados a destruirla... Si queréis libertad humana entonces debéis tener un pueblo educado". Entre 1908 y 1924 fue Presidente de la Asociación Obrera de Educación. Fue Kant quien dijo que "el hombre solo puede llegar a ser hombre a través de la educación".

5.1. «Realismo dialéctico»

Como los primeros filósofos-apologetas cristianos, Temple quiso ofrecer a sus contemporáneos un "mapa del mundo" en el cual la realidad toda pudiera interpretarse a la luz de la doctrina cristiana del Logos como principio de unidad, muy semejante a la visión de Sala y Villaret.

Temple acusa a Descartes de haber inducido erróneamente a la filosofía moderna a la creencia de que lo que conocemos son nuestras propias ideas; sin embargo, lo que conocemos, dice Temple, es un mundo situado frente a nosotros. Como cristianos creemos, argumenta, en la supremacía del Espíritu, pero también creemos en la realidad de la Materia que el espíritu informa. En este sentido, a menudo hizo notar que el cristianismo es la más materialista de todas las grandes religiones. Siguiendo a los metafísicos realistas británicos, Temple concibe este mundo como un proceso en el que cabe distinguir la emergencia de varios niveles del ser. Según su esquema, estos niveles son cuatro en total:

1) Materia.
2) Vida
3) Inteligencia
4) Espíritu.

En ellos "lo superior solo puede existir gracias a lo inferior; pero en vez de ser controlado por lo inferior, es lo superior el que controla"[35]. Temple insiste en que es la etapa superior del proceso evolutivo la que hace inteligible el conjunto del proceso como una unidad. En el hombre cabe distinguir los cuatros niveles del ser: podemos considerarle como objeto material, como organismo viviente, como inteligencia animal, o como espíritu; pero es su espíritu el que hace de él una unidad y el que le confiere su humanidad específica.

Del mismo modo hemos de considerar el conjunto del universo. Partimos del proceso natural, pero cuando nos remontamos hasta la emergencia de su nivel superior —el espíritu— tenemos que volver atrás para interpretar la unidad de todo el proceso en términos del espíritu. Por esta razón denomina Temple "realismo dialéctico" a su filosofía.

La interpretación espiritual del proceso universal conduce al teísmo, porque el espíritu que emerge del proceso posee un carácter transcendente que halla en Dios el principio unificador que controla y, en realidad, crea todo el proceso. Descubrimos la "transcendencia de lo inmanente", pero ello nos conduce a su vez a concebir el mundo en términos de la "inmanencia de lo transcendente". Entendido así, el mundo posee un carácter sacramental, manifestando en sus procesos naturales los valores que se derivan del Dios transcendente. "Con esta idea de un universo sacramental apunta Temple a la plenitud de la teología natural mediante la revelación cristiana y su doctrina fundamental de la encarnación"[36].

6. Karl Barth, profeta de la gracia

La primera parte de este siglo, concluida la Primera Guerra Mundial, y destrozadas muchas de las ilusiones humanistas tocantes al progreso y el avance espiritual de la civilización, fue testigo de uno de los movimientos teológicos más importantes de la historia del cristianismo que, como siempre, se debe a un individuo singular, el suizo Karl Barth, considerado uno de los gigantes del protestantismo moderno en línea con las grandes figuras de la Iglesia, cuyo pensamiento tuvo repercusiones

---

35. *Nature, Man and God*, p. 478.
36. John Macquarrie, *op. cit.*, p. 364.

intelectuales más allá de las fronteras académicas de la teología. En el campo de la historia de la filosofía, Karl Barth aparece como el renacimiento de Kierkegaard y se sitúa en la órbita de la reflexión existencialista. Lo que Barth desarrolló en el ámbito teológico, llegó a ser *filosofía de la existencia* en Heidegger, Jaspers y Sartre.

De signo contrario a Temple, optimista y confiado en la "encarnación" de la verdad de Dios en el mundo, Barth enfatiza la caída en pecado de la humanidad, estado del que es posible únicamente salir mediante la gracia salvífica de Dios, eje central de la fe cristiana, tal como se definió en la Reforma: la doctrina de la justificación por la fe sola es la piedra en la que uno se apoya o cae. La obra de Barth significó un revés decisivo para la corriente liberal de su día y produjo un renacimiento vigoroso del cristianismo basado en la Biblia. Su voz resuena por todas partes, como la de los viejos profetas con su llamamiento de vuelta al "Dios dice", llena de un entusiasmo y un vigor desconocidos en los medios académicos. Barth se siente movido por la energía —poder— del Evangelio. Su mensaje representa una vuelta, una recuperación de la confianza del cristianismo en sus propios presupuestos, los presupuestos que se derivan de la revelación dada por Dios, en otro tiempo a los padres por los profetas y en estos días por medio de su Hijo a quien constituyó heredero de todo.

Karl Barth (1886-1968), nació en Basilea en el seno de una familia de teólogos. Estudió en Berna y luego en Marburgo, donde acudió a las clases del que sería su maestro preferido durante diez años: Wilhelm Hermann. De él aprendió que es la experiencia humana lo que constituye la clave de la teología.

Tras una corta estancia de dos años como pastor reformado en Ginebra (1909-1911), se hizo cargo de la Iglesia Reformada de Safenwill, pequeña comunidad cuya estructura social le indujo al estudio de los problemas económicos y sociales. Bajo la influencia del pastor reformado y pionero de la praxis social cristiana, Leonhard Ragaz (1862-1945), Karl Barth se relacionó con el movimiento del cristianismo social y se lanzó a la lucha en pro de la justicia social en la perspectiva del advenimiento del reino de Dios. El cataclismo de la guerra de 1914 y la reacción de los profesores de teología, conformes con la política de guerra de Guillermo II, le llevó a perder la confianza y el respeto en quienes hasta ese momento había confiado. "Y puesto que se habían engañado tan lamentablemente en su *ethos*, se me imponía una conclusión: no me era posible seguirlos ni en su ética ni en su dogmática, ni en su exégesis de la Biblia, ni en su manera de enseñar la historia: en una palabra, a partir de aquel momento, la teología del siglo XIX, al menos para mí, empezaba a carecer de porvenir"[37].

Como pastor y como teólogo tuvo que acudir directamente a la Biblia, donde logró encontrar las respuestas que buscaba a sus preguntas. Desde 1916 se puso a estudiar, junto a su amigo Edward Thurnheysen, la carta a los romanos, de la que

---

37. *La teología evangélica en el siglo XIX.*

escribió su famoso comentario en 1919. Este comentario se convertiría muy pronto en un signo de contradicción en los ambientes teológicos alemanes de la época y señala la aparición de la "teología de la ruptura" barthiana, llamada también "de la crisis", "de la existencia" o "dialéctica". *Ruptura* con el mundo teológico en medio del cual creció y cuyas enseñanzas recibió: ruptura con el subjetivismo, con el pietismo, con el historicismo, con el liberalismo. "Pero esta ruptura no es, evidentemente, más que la consecuencia de una ruptura decisiva que el teólogo, a la escucha de la revelación, descubrió en la Sagrada Escritura: la ruptura que existe entre Dios y el hombre, entre el reino de Dios y el mundo"[38]. En el prólogo a la segunda edición de su comentario a romanos, Barth escribe, dejándonos ver sus lecturas formativas:

> Si yo tengo un sistema consiste en que veo ante mis ojos en toda la medida de lo posible y con perseverancia, aquello que Kierkegaard ha llamado la diferencia cualitativa infinita entre el tiempo y la eternidad, Dios está en el cielo y tú en la tierra. La relación de este Dios con el hombre, la relación de este hombre con este Dios, son para mí el único tema de la Biblia y de la filosofía.

En lo mejor del espíritu protestante, Barth parte de la situación de crisis humana que no es otra que la consecuencia del pecado y, por tanto, de juicio. Toda la realidad terrena, toda la historia del mundo y de los hombres están situadas bajo los signos del pecado y del juicio. No son más que vanidad, debilidad, impotencia y pecado. Cuando el Dios del Evangelio se revela, se revela como el Dios desconocido, el Dios totalmente otro que transciende absolutamente la tierra y el mundo de los hombres, que dice "no" a todas las empresas culturales, morales, espirituales, por las que el hombre se esfuerza en afirmar su autonomía y su poder. De todas estas empresas la religión es ciertamente la más perniciosa, ya que en ella intenta el hombre atraer para su provecho al mismo Dios y se hunde más claramente que en todas las demás en la mentira y la idolatría. El cristianismo, precisamente al convertirse en cristian-*ismo*, y la Iglesia cristiana no se han librado de esta perversión: al comprometerse con el mundo, la civilización y la historia, no han hecho caso del "no" que Dios ha pronunciado sobre la humanidad viva, en su totalidad, bajo la determinación del pecado.

Sin embargo, si nosotros percibimos ese "no", es porque el Dios-totalmente-otro, el Dios oculto, se nos revela. Dios habla, y quiere establecer una relación con este hombre pecador para salvarlo. Sale al encuentro del hombre, invitándolo a la decisión existencial de la fe. De esta forma, el "sí" está en el "no", y el "no" en el "sí", la gracia en el juicio, la promesa en el abandono.

---

38. Jean Bosc.

La fe por la que se recibe la promesa de Dios es un vacío por el que el hombre, inclinándose ante el Dios-hombre, Cristo Jesús, discierne su "sí" y recibe la salvación. No existe un camino de la tierra al cielo, al modo religioso. El único camino es el que Dios, absolutamente trascendente, abre al venir de este modo verticalmente, de arriba abajo. "Si se interpreta la Biblia según los reformadores, se sabe que tales posibilidades humanas no existen, y que la unión entre el hombre y Dios se hace desde lo alto, por un milagro de Dios. Por naturaleza, el hombre no está dispuesto a oír la Palabra de Dios: somos hijos de la ira (Ef. 2:3)"[39].

De esta teología del pecado y la gracia, en lo mejor del pensamiento cristiano, es fácil bosquejar una serie de planteamientos que reflejan la concepción cristiana de la vida en relación al hombre, o antropología teológica.

Así vemos que el hombre está caído en pecado y con él han decaído la naturaleza y todas las obras y facultades —razón incluida— del hombre. El hombre es pura caducidad y muerte; la vida empírica del "estar ahí" no es más que una "carrera hacia la muerte".

Entre Dios infinito y eterno y el hombre finito y caduco hay un abismo, y en el confín entre los dos mundos se encuentra el hecho y la línea de la muerte. Dios es eso que nosotros *no somos* y que *no conocemos*; nosotros somos eso que Dios no es, efímero no-ser y "nada". De una parte está, pues, la absoluta trascendencia divina; de la otra, el naufragio del hombre.

Si el hombre quiere *ser*, y no simplemente *estar ahí*, debe negarse, y entonces dejará de *no ser* o ser la "nada", y la línea de la muerte se le convertirá en línea de vida, en ese acto de fe que Dios infundirá en él para que suba hasta Sí; en el don de la gracia que lo rescatará, insertándolo en lo eterno.

Analizando este punto de encuentro entre lo divino y lo humano, aparece toda la dialéctica de la crisis que resuelve lo caduco en lo eterno, lo finito en lo infinito.

El hombre decaído es pecado, culpa radical, finitud. Nada puede hacer por su parte para redimirse. Es Dios quien cala en él la fe y la gracia; así desciende lo infinito en lo finito, lo divino en lo humano, y lo eterno en lo temporal. Este punto de encuentro de los contrarios cualitativos es la crisis, la paradoja en acto, "implicación de negativo y positivo" que se resuelve en lo positivo, infinito, eterno, es el estado de *hombre nuevo* que es la *existencia*.

La *existencia* tiene por debajo de sí el *estar ahí* (la inmanencia temporal, caduca, de muerte y nada) y por encima la trascendencia, el ser, Dios.

El hombre, que es pecado y nada, no puede "subir" a Dios; es Dios quien ha de bajar al hombre, por pura gracia, salvándolo y resucitándolo a la nueva vida en Cristo. El hombre nuevo suplanta al viejo y nace de su negación. El titanismo del hombre que presume de poder endiosarse es un absurdo. El hombre, por el

---

39. *La proclamación del Evangelio*, 3.

contrario, debe desvanecerse para ser; su fracaso como hombre se convierte en éxito en Dios, porque en el instante de la crisis es elevado a la eternidad de la existencia.

Barth no es, en rigor, un existencialista, como escribe Aldo Agazzi, en cuanto para él la existencia no es la paradójica convivencia de los contrarios, lo que solo se da en el momento transitorio de la crisis, sino la solución en la victoria de lo eterno. Es decir, que mientras para el existencialismo la existencia es una inseparable paradoja de tiempo y eternidad, para Barth solo es eternidad. Y mientras para el existencialismo la crisis es debida a la elección libre, a la toma de la situación por parte del singular, para Barth es provocada por la intervención radical de Dios, de modo que el hombre, que no puede provocarla, solo la puede acoger.

"Con todo, Barth repropuso los temas de Kierkegaard, elaboró el concepto de estar ahí como negatividad, «nada», «carrera a la muerte» y restauró el concepto de «implicación de negativo y positivo». De este modo preparó el existencialismo ofreciéndole algunos de sus elementos característicos"[40].

6.1. La Palabra y su radicalidad

A finales de 1921 Karl Barth dejó su comunidad suiza para convertirse en profesor de dogmática en Alemania, primero en Gotinga, luego Münster y después Bonn. En esa época descubre en toda su fuerza la obra de los reformadores y en especial la de Calvino, y empezó, unos años más tarde, a elaborar su famosa teología dogmática o dogmática de la Iglesia. Durante su profesorado en Bonn, se negó a firmar el juramento de lealtad exigido por Hitler y regresó a la Universidad de Basilea, donde permaneció el resto de su vida.

En todo momento Barth pretendió ser un teólogo de la Palabra. Según Barth, el conocimiento de Dios ocurre en la revelación del Padre, mediante el Hijo, y por obra del Espíritu Santo. La base de toda relación Dios-hombre es así la misma Trinidad. La Palabra de Dios no es una cosa u objeto, ni un manual de salvación caído del cielo, sino el mismo Dios revelándose desde lo ya revelado de una vez para siempre. "Con ello Dios ha dicho al mundo todo lo que tiene que decirle, todo lo que el mundo tiene que oír de Él. Dios no podía hacer más por el mundo una vez que le habló y le dio a entender esto; ni el mundo puede esperar ya otra cosa después de que Dios ha hecho precisamente lo inesperado... En su Hijo, Dios se nos revela como el secreto de nuestra existencia"[41]. En Cristo, Dios se nos revela como el que realmente es y actúa. En su Hijo está Él mismo personalmente como Palabra. Y hoy esa Palabra se contiene en la Escritura. Esta es soberana en relación a nuestro pensamiento, pues su soberanía está fundada en la soberanía de Dios. Nada podemos hacer ni pensar sin tener en cuenta la revelación de Dios

---

40. Agazzi, *op. cit.*, III, p. 383.

41. *La palabra soberana de Dios y la decisión de la fe.*

en su Palabra. La Biblia es el libro del cristiano, antes incluso de poder dar razón de la misma.

> La Escritura tiene un carácter concreto, y no es un sistema de pensamiento. Es un acontecimiento que solo se realiza una vez. El hecho de que nos atengamos estrictamente a la Escritura es un signo de carácter único, único en el tiempo y único en la forma, de la revelación.
>
> No podemos dar razón de esta preferencia por la Biblia, ni decir por qué elegimos esta literatura. Partimos de este hecho: la Iglesia es el lugar donde se abre la Biblia. Ahí habló y habla Dios. Ahí nos da una misión, una orden. Fundándonos en la Biblia nos atrevemos a hacer lo que hay que hacer. Estos escritos que están ahí delante de nosotros son anteriores a nuestro testimonio, y la predicación debe tener en cuenta lo que anteriormente ha sido dado. Respecto a la Biblia, nuestra independencia es tan pequeña como la que un niño puede tener frente a su padre.[42]

Para Karl Barth la soberanía de Dios fundamenta la soberanía de su Palabra en la Escritura, por lo que ambas soberanías guardan una estrecha relación entre sí. Haber ignorado esto es el fracaso de la teología liberal y de cualquier otra teología que presta atención a fuentes que no sean exclusivamente bíblicas. Es importante, dice, saber lo que nos enseñaron los reformadores del siglo XVI, pero, y aquí está su valentía, hay que ir *más lejos* de lo que ellos fueron. "Debemos identificar a Dios y su Palabra con mayor fuerza, mayor alegría y mayor lógica de lo que lo hicieron los reformadores; debemos dejar que Jesucristo sea el único mediador entre Dios y los hombres con mayor claridad de lo que ellos lo hicieron"[43].

La Palabra de Dios se conoce solo por medio de la Escritura, que es la medida que sirve para probar si la proclamación de la fe es genuina o no. Por cuanto ha sido la voluntad de Dios el revelarse en esta forma, todo intento de llegar a él por otros caminos resulta impracticable y, en cierto sentido, prohibido.

La revelación se centra en Cristo, es cristológica y cristocéntrica de principio a fin. Es importante mantener esta perspectiva, pues es el mayor acierto de la teología de Barth, ya que si el pensamiento cristiano tiene algún derecho a ser oído es en cuanto expresa la enseñanza y el espíritu de Cristo. Otras teologías reformadas, ortodoxas en lo que tienen de fidelidad a las Confesiones de fe históricas, son menos útiles y verdaderas en cuanto colocan un principio abstracto dominando todo el sistema: sea la soberanía de Dios, la autoridad de las Escrituras, el camino de la salvación, las doctrinas de la gracia, todo el consejo de Dios, que, en última instancia representan un nuevo tipo de gnosis teológica, una teosofía religiosa especulativa. Cristianismo es el reconocimiento de la centralidad de Cristo, clave,

---

42. *La proclamación del Evangelio*, 2.
43. *La palabra soberana de Dios y la decisión de la fe.*

principio y fin de la Revelación, de las Escrituras y del Universo. Cristo no es un elemento más en la teología, una doctrina particular inserta en la doctrina general sobre Dios y la Trinidad, es el eje en torno al cual giran el resto de los conceptos doctrinales, sin el cual andan descentrados y terminan por vaciarse de contenido, entregados al poder de lo demoníaco.

> Una dogmática eclesial tiene que ser cristológica en su conjunto y en cada una de sus partes. Porque su único criterio de verdad es la Palabra de Dios revelada, atestiguada por la Escritura santa y predicada por la Iglesia; y esta Palabra revelada es idéntica a Jesucristo. Cuando la dogmática no se comprende y no sabe hacerse comprender fundamentalmente como cristología, entonces cae bajo un dominio extraño, está en trance de perder su carácter de dogmática eclesiástica.[44]

Dentro de esta línea, Barth niega, con un vigor poco común, toda teología natural, o sea, toda teología que procura fundamentar el conocimiento de Dios en la capacidad de la razón humana para captarlo en la naturaleza o en la historia, o sea, en cualquier otro sitio distinto de la revelación que hay en Jesucristo. A este propósito, Barth condena con singular violencia la doctrina católica romana de la *analogía entis* y se enfrenta al otro gran teólogo reformado Emil Brunner, en lo que este admite de la teología natural.

Barth no quiere saber nada de una alianza con una filosofía o con una teología natural. Para él no es una cuestión académica o de preferencia intelectual, Barth cree que en ella la teología se juega la fidelidad de la Iglesia a su mensaje y a su misión. En el terreno de la vida secular, los acontecimientos le dieron la razón con la llegada al poder de Hitler y del nacionalsocialismo. El movimiento cristiano-alemán, en lugar de enfrentarse abiertamente a las intrusiones ilegítimas del poder político, intentó imponer una doctrina de compromiso en su afán de conseguir una síntesis entre las afirmaciones de la fe cristiana y ciertas tesis nacionalsocialistas, pues al haber olvidado la soberanía de la Palabra, la *Sola Escritura* de la Reforma, se argumentó que si bien es cierto que Dios se revela en su Palabra, también lo es que se da a conocer en el suelo terrestre, en la historia, en la raza; la Iglesia tenía que ponerse al servicio del pueblo alemán y de su misión histórica. El cristianismo cayó en la trampa de una analogía realizada con precipitación e irresponsabilidad.

En relación al conocimiento de Dios, Barth afirma una y otra vez que "no hay otra prueba de Dios que la aportada por Dios mismo". *Dios viene* de Dios, dirá su seguidor E. Jüngel. El cristiano no tiene que establecer la realidad de Dios, su tarea es la de construir el reino de Dios, en la medida de lo posible. La Iglesia debe conducir al mundo hacia una decisión, pero solo desde la Escritura. "Yo no tengo que hablar sobre, sino de (*ex*), sacando de la Escritura lo que digo. No tengo que

---

44. *Kirchliche Dogmatik*, I, 2, 135.

decir, sino repetir"[45]. "Desobedecemos si nos imaginamos podernos colocar ante la Escritura con nuestra propia libertad y nuestro poder autónomo"[46].

Barth quiere que la teología cristiana sea fiel solo a sí misma, indócil a axiomas forasteros, al buen decir de Ortega y Gasset. Fue este mismo filósofo español quien supo valorar con acierto la protesta de Barth como una rebelión contra la jurisdicción filosófica. "Porque hasta la fecha fue la teología un afán de adaptar la verdad revelada a la razón filosófica, un intento de hacer para esta admisible la sinrazón del misterio. Mas la nueva teología dialéctica rompe radicalmente con tan añejo uso y declara al saber de Dios independiente y «totalmente» soberano. Invierte así la actitud del teólogo, cuya faena específica consistía en tomar desde el hombre y sus normas científicas la verdad revelada; por tanto, habla sobre Dios desde el hombre. Esto daba una teología antropocéntrica. Pero Barth y sus colegas vuelven del revés el trámite y elaboraron una teología teocéntrica. El hombre, por definición, no puede saber nada sobre Dios partiendo de sí mismo y de su intrahumana mente. Es mero receptor del saber que Dios tiene de sí mismo y que envía en porciúnculas al hombre mediante la revelación. El teólogo no tiene otro menester que purificar su oreja donde Dios le insufla su propia verdad revelada, verdad divina inconmensurable con toda verdad humana y, por lo mismo, independiente. En esta forma se desentiende la teología de la jurisdicción filosófica. La modificación es tanto más notable cuanto que se ha producido en medio del protestantismo donde la humanización de la teología, su entrega a la filosofía, había avanzado mucho más que en el campo católico"[47].

Desde los días de la Reforma la filosofía no solo se había independizado de la teología, sino que además, por circunstancias ajenas a ella misma, la filosofía se había visto obligada a construirse a partir de sí misma, autónoma y soberana en su esfera, toda vez que la teología solo quiso seguir la exégesis, interpretación gramatical de la Escritura. Con el paso del tiempo, la filosofía comenzó a invadir el terreno de la teología y a dictarle las reglas del juego intelectual, que influirá forzosamente en la teología, toda vez que esta es ocupación eminentemente intelectual, aunque se base en la Escritura. De resultas, la filosofía se transformó en señora, luego de haber pasado por esclava y emancipada. En este contexto hay que entender el "no" de Barth a la teología o razón "natural', y su vuelta decidida y sin compromisos a la Palabra de Dios; no tiene nada de extraño que a los ojos de muchos de sus contemporáneos de la vieja escuela, Barth pasara por ser un "fundamentalista"[48].

---

45. *La proclamación del Evangelio*, 2.

46. *Id.*, 3.

47. *Obras completas*, IV, pp. 104-105.

48. Cf., nuestra *Filosofía y cristianismo*.

6.2. Cristo y la auténtica humanidad

Creer, dice Barth, quiere decir que la Palabra de Dios, que Jesucristo, es para mí lo que ni yo mismo soy ni puedo darme: mi verdad, mi bondad, mi justicia, mi felicidad; y dejar que la Palabra de Dios sea mi Dios, mi creador y conservador, mi Señor y Salvador. Esta es nuestra participación en el acto de soberanía de Dios y nuestra auténtica humanidad. "No olvidemos que la decisión de la fe es anuncio de la soberanía de la Palabra de Dios precisamente porque es anuncio del auténtico ser del hombre y, digámoslo tranquilamente, de la verdadera humanidad. Esa decisión es, pues, lo único auténticamente humano, lo *humanum*, lo que agrada a Dios y lo que participa en la promesa de la vida eterna... La decisión por la humanidad, solo se da como decisión de fe"[49].

El humanismo no creyente siempre ha visto horrorizado la doctrina cristiana sobre el pecado original, y en especial, la doctrina reformadora sobre la total depravación humana. Karl Barth, que como Kierkegaard trae el pecado al primer plano, es a la vez quien mejor lo interpreta a la luz de su perdón en Cristo, de modo que el pecado queda definido por su verdadero sentido bíblico, como un "accidente" de la naturaleza y no como una perversión o supresión de la misma. Solo a la luz de Cristo puede salvarse la doctrina cristiana del pecado del peligro de quedar transformada en un principio filosófico de corte negativo.

Pues si bien el pecado ha pervertido al hombre y llenado el mundo de tinieblas, no ha eliminado sin embargo la creación de Dios ni la ha suplantado por otra. No ha aniquilado la naturaleza buena con que Dios creó al hombre. El pecado solo la ha hecho inaccesible, inoperante y —como Dios mismo— extraña al hombre.

Mas la naturaleza del hombre no ha dejado de ser buena, como Dios la creó. Como ni tampoco la gracia de Dios, pese a que el hombre ha abusado y pecado contra ella, deja de ser su gracia libre y total. El hombre sigue destinado a la comunión con Dios y con su prójimo. Persiste la unidad psicosomática del hombre, querida y ordenada por Dios. Y persiste la orientación de la existencia humana, enmarcada en el tiempo, hacia su vida eterna con Dios. El pecado y sus consecuencias son transgresión y castigo, injusticia e infelicidad en su forma más pavorosa, pero en el marco de la naturaleza humana creada por Dios, no en su destrucción. Por cuanto Dios forma al hombre nuevo, pronuncia —pese a toda la injusticia e infelicidad— por segunda vez su sí en favor de esa naturaleza humana creada por Él y se reafirma como su creador en medio de una humanidad pervertida, en medio de un mundo preso de las tinieblas. Por ello, se le llama al hombre nuevo, en 2 Timoteo 3:17, "El hombre perfectamente formado, apto para toda obra buena". El hombre nuevo es la restauración del primer Adán en la persona del segundo (1 Co. 15:45).[50]

49. *La decisión de la fe.*
50. *La realidad del hombre nuevo.*

Teocéntrico, en cuanto toda su teología no pretende ser otra cosa que cristología, Karl Barth no se deja arrastrar por una interpretación demasiado lógica del pecado como un principio independiente sin relación con la doctrina central del Evangelio, que es la encarnación de Dios para salvación del género humano. El pecado no es obstáculo para la humanización del hombre. Por eso Dios se hace hombre. Con ello Dios nos dice que no quiere ser otra cosa que el Dios del hombre y para el hombre. Esta es la humanidad de Dios: la relación y donación de Dios al hombre.

> Este es el misterio con que Dios nos sale al encuentro en la existencia de Jesucristo: en su libertad no quiere de hecho estar sin el hombre, sino con él, y en esa misma libertad no quiere estar contra sino a favor de él, ello aun en contra de su propio beneficio; quiere de hecho ser el compañero del hombre, su salvador omnipotente y misericordioso. Prefiere que su poder, que abraza la altura y la lejanía, pero también la bajeza y la cercanía, redunde precisamente en favor del hombre, dentro del marco que su divinidad asegura para mantener la comunión con Él. Se decide precisamente a amarle, a ser precisamente su Dios, su Señor, su perdonador, su sostenedor y salvador para la vida eterna, se decide precisamente a solicitar su alabanza y servicio.[51]

Así llegamos a la última visión cristiana del hombre que es visión de gloria. Con la consumación de la redención, el hombre habrá consumado su destino en una dirección de pleno humanismo, que si al presente permanece escondido, no por eso deja de ser menos importante, pues es la culminación del misterio futuro de Cristo, cuando el mundo será en Cristo, aunque de momento no sabemos el *cómo* de este ser en Cristo. En este punto, Barth cierra su teología con un broche de oro, que es a la vez un canto de alabanza transido de poesía a la gracia triunfante de Dios.

> Pero, justamente por eso, no sabemos lo que veremos cuando, contemplando a Dios cara a cara, nos veamos tal como somos, y a todos los hombres y cosas tal como son. No sabemos lo que se nos revelará cuando el último velo sea removido de nuestros ojos y de los ojos de todos; cómo nos veremos entonces unos a otros y cómo apareceremos entonces: los hombres de hoy y los hombres de los siglos y milenios pasados, los antepasados y los nietos, los hombres y las mujeres, los sabios y los necios, los opresores y los oprimidos, los engañadores y los engañados, los asesinos y los asesinados, los de Oriente y los de Occidente, los alemanes y los no alemanes, los cristianos, los judíos y los paganos, los ortodoxos y los herejes, los católicos y los protestantes, los luteranos y los reformados; sobre tales separaciones y fusiones, sobre tales encuentros y tropiezos, cuando los sellos de todos los libros hayan sido abiertos, lograremos comprender cómo muchas cosas, que antes nos parecían pequeñas y sin importancia, por primera vez y con sorpresa de todo tipo, eran cosas grandes e importantes.

51. *La humanidad de Dios.*

Tampoco sabemos lo que será entonces para nosotros la naturaleza del cosmos en el que, ahora y aquí, vivimos y seguimos viviendo, lo que entonces nos dirán y darán a entender las estrellas, el mar, los valles y montañas, como los vemos y conocemos ahora. ¿Qué sabemos nosotros? A veces pensamos saberlo cuando contemplamos los altos montes al amanecer o al escuchar ciertos acordes y melodías. Mas tampoco entonces lo sabemos. No deberíamos actuar como si aquí supiésemos esto o aquello, aunque solo fuese en sus elementos, y no simplemente que lo imaginamos. Que la gracia de Dios es una gracia libre es lo que no deberíamos perder de vista ni por un imposible en esa situación, si es que de algún modo pudiésemos pasarlo por alto. Pero afirmémoslo decididamente: también aquí y precisamente aquí es gracia.[52]

7. Filosofía reformado-calvinista

Bajo el mismo signo de la teología reformada, pero desde un planteamiento diferente, cristiano, pero no *radicalmente* cristocéntrico en su exégesis e interpretación de la Escritura, como es el caso de Barth, controlado por un principio abstractamente racionalista ("idea de la ley"), se originó en Holanda un movimiento de filosofía reformada con un ambicioso proyecto de renovación de las ciencias y humanidades desde una perspectiva bíblicamente reformada.

Este movimiento tiene muchos puntos de contacto con la teología de Barth, en lo que ambos tienen de vuelta a las Escrituras y no querer ser otra cosa que escucha auténtica de la Palabra de Dios. Ambos niegan a la razón natural la capacidad, y hasta la posibilidad, de conocer a Dios por sus propias fuerzas. La razón humana no solo no es autónoma, sino que es además rebelde a Dios, contraria a la mejor luz de la Revelación.

Unos y otros quieren volver a repensar el cristianismo a partir de sus propios presupuestos, independientemente de que los presupuestos cristianos sean siempre presupuestos determinados de un momento de la historia de la Iglesia y, como tales, sujetos a verificación y corrección. "Por despierto que sea nuestro espíritu, todos nos sentimos inclinados a emplear los caminos trillados —escribe Barth—. Debo renunciar a las costumbres más queridas, a las mejores intenciones, a todo esto, para poder escuchar. No es necesario que, a causa de ellas, sean rechazadas las cosas que brotan de la Biblia. Continuamente debo dejarme contradecir, estar disponible, y dejar de lado lo que pueda ser obstáculo"[53].

El valor de estos enfoques, tan necesarios como urgentes siempre que uno se mueve en contacto abierto con otras ideologías, formas de pensamiento y concepciones distintas de la vida, consiste en recordarnos que el fundamento cristiano no puede ser otro que el que está puesto, el cual es Jesucristo (1 Co. 3:11).

52. *El mensaje de la libre gracia de Dios.*
53. *La proclamación del Evangelio*, 2.

El cristianismo tiene que mantenerse en pie desde sí y para sí en la Revelación. Entonces tendrá algo que decir a sus semejantes. Tal es el reto.

Este movimiento de filosofía reformada o calvinista nació en los años 30, gravitando en torno a la "idea de la ley" (*Wetsidee*). Sus creadores son Herman Dooyeweerd y Dirk Hendrik Theodoor Vollenhoven. Su pretensión fue convertirse en una filosofía cristiana radical, en el sentido de partir de los presupuestos que se desprenden espontáneamente de la revelación bíblica, sin plegarse a los "motivos" que controlan las filosofías "autónomas". Sus continuadores en Estados Unidos, cada cual aportando sus propios esquemas individuales y circunstanciales pero fieles a la línea central del pensamiento de Dooyeweerd, son: Cornelius Van Til, como maestro y profesor, Francis A. Schaeffer, a nivel popular, Alvin Plantinga y otros.

Este sistema de "filosofía" reformada acentúa la antítesis con respecto al pensamiento no cristiano en general. Mantiene que toda filosofía nace *interesadamente*, es decir, significa una toma de partido, un punto de partida que condiciona el resultado. No hay pensamiento sin presupuestos. Esto es correcto y va más allá de lo que muchos están dispuestos a admitir. Es un fenómeno de alcance universal, y lo mismo vale para unos que para otros, es decir, para cristianos y no cristianos, y dentro del cristianismo, para reformados y no reformados.

7.1. Herman Dooyeweerd y la fuerza de los motivos

Herman Dooyeweerd (1894-1977) nació en Holanda, en el seno de una familia de creyentes reformados fiel a los principios del teólogo y hombre de Estado Abraham Kuyper (1837-1920).

Dooyeweerd fue Director de la Fundación Abraham Kuyper de la Haya (1922-26) y Profesor de Filosofía del Derecho en la *Vrije Universiteit* (Universidad Libre) de Ámsterdam, desde 1929 hasta su jubilación en 1965. Su contribución al proyecto de una filosofía cristiana comenzó en 1935 con *Una nueva crítica del pensamiento teórico*, revisada en 1953. Durante años fue editor de la revista del movimiento: *Philosophia Reformata* (1936-76), y miembro de la Real Academia de Ciencias Holandesa (1954-64).

Dooyeweerd está convencido de que los reformadores no supieron estar a la altura de su teología a la hora de desarrollar una filosofía propiamente cristiana, reformada. La Reforma significa para el cristianismo un retorno al sentido verdaderamente bíblico del Evangelio, pero no se reduce a eso, según Dooyeweerd, pues el firme llamado de vuelta a los orígenes, el retorno al espíritu puro de las Santas Escrituras, dirigía la inteligencia hacia el poder conducente del motivo bíblico central en su significado integral y radical, el cual abarca todas las esferas de la vida terrestre, culturales y económicas. En el dominio de la ciencia, dice Dooyeweerd, la Reforma tenía una gran oportunidad para efectuar una reforma básica de la instrucción universitaria en los países que se habían unido a ella. Pero, desafortunadamente, la Reforma no aprovechó esta oportunidad.

El magnífico programa de Melanchtón para la reforma de la educación no fue del todo inspirado por el espíritu bíblico. Por el contrario, tenía un espíritu filológico humanista, que se había acomodado a la doctrina luterana y que daba nacimiento a una nueva filosofía escolástica. Esta, a su vez, preparó el camino para la secularización humanista del tiempo del renacimiento. En las universidades calvinistas Theodore Bezo restauró el aristotelismo como la verdadera filosofía, adaptándolo a la teología reformada.

Esta reforma protestante del conocimiento científico llegó a un punto miserable cuando nuevamente tomó la máxima dualista: «por fe uno debe ir a Jerusalén, por sabiduría, a Atenas». Fue igualmente decepcionante ver en el siglo XVII al celebrado teólogo reformado Voetius protestando como un campeón el aristotelismo contra las innovaciones de Descartes. El verdadero espíritu bíblico que había inspirado la *Institución de la Religión Cristiana* de Juan Calvino había sido reemplazado por el espíritu escolástico de la acomodación, que había sido absorbido por el antibíblico motivo de la naturaleza y la gracia. Fue la fuerza dirigente de este motivo dialéctico —herencia del catolicismo romano—, lo que impidió la fuerza de la reforma y que por más de dos siglos eliminó la posibilidad de un serio adversario a la secularización de la ciencia.[54]

Dooyeweerd parte de una analítica del ser humano fundado en el carácter religioso de la *motivación* humana, motivación esencialmente religiosa, ya en versión atea, pagana o teísta. Todo individuo está condicionado, consciente o inconscientemente, por un *motivo religioso* concreto. La filosofía reformada tiene que partir de este hecho y de su reconocimiento consecuente, que no es un dato derivado por ningún tipo de conocimiento antropológico independiente de la revelación, sino extraído de la misma. El *motivo religioso* que domina la existencia humana se encuentra en la raíz del teorizar y actuar humanos en virtud de la creación del hombre a imagen de Dios; la religión —y su posible negación de naturaleza forzosamente religiosa— domina todo en una forma u otra. "No hay razón natural que sea independiente de la fuerza religiosa conducente que controla el corazón de la existencia humana", afirma Dooyeweerd. Para los hijos de la Reforma calvinista no hay, pues, que perder el tiempo sobre discusiones escolásticas sino acometer directamente el estudio de la filosofía y de la ciencia desde los presupuestos bíblicos.

El resultado de los esfuerzos de Dooyeweerd fue la creación de la Asociación de Filosofía Calvinista, instituida en 1935 y que en la actualidad cuenta con miembros en todo el mundo, así como el Centro de Filosofía Reformada (*Centrum*

---

54. *La secularización de la ciencia*, VI.

voor Reformatorische Wijsbegeerte) en Utrecht. Recientemente se ha comenzado a traducir y publicar sus obras en castellano por esta misma editorial.

Mediante un detenido y profundo análisis de la historia de la filosofía mostró que la crisis de la cultura Occidental radica en la reivindicación de los derechos de libertad y autonomía de la razón humana desligada del tutelaje religioso, revelado o no. Desde ese momento, tanto la filosofía como la ciencia iniciaron su camino separadas de la fe, ajenas a la misma, y contrarias a ella. "La ciencia, secularizada y aislada, se ha convertido en un poder satánico, un ídolo que domina toda la cultura"[55]. "Nunca ha existido una ciencia que no esté fundada en presuposiciones de una naturaleza religiosa, ni existirá"[56].

A su manera, Dooyeweerd realizó lo que otros estaban haciendo desde ángulos diferentes: una crítica de la absolutización de la razón y del secular prejuicio ilustrado de que es posible pensar sin prejuicios, es decir, sin presupuestos. Consciente o inconscientemente la existencia humana se rige por ineludibles motivos religiosos, correctos cuando se mueven en la esfera de la revelación bíblica, idolátricos cuando le dan la espalda.

La filosofía y la ciencia pueden logar su mayor realización cuando parten de una sana base cristiana. "Es una vana ilusión —escribe— suponer que la fe cristiana solo tiene que ver con el mundo venidero y que no puede decir nada a la ciencia". "Ninguna esfera de la vida puede ser divorciada del servicio a Dios. Al revelarse a sí mismo como el Creador, Dios ha descubierto al mismo tiempo al hombre el significado de su propia existencia"[57].

La filosofía, como todo producto humano, nace impulsada por "motivos". En el pensamiento griego domina el motivo "forma-materia"; en la escolástica, "naturaleza-gracia", en la modernidad, "libertad-naturaleza". Estos motivos tratan de hallar en lo creado un fundamento, o bien, por lo que se refiere a la escolástica, de hacer una síntesis con ese pensamiento que está enraizado en lo inmanente. Frente a esto se halla entonces la filosofía cristiana de la "idea de la ley", que toma como punto de partida el motivo "creación-caída" en el "pecado-redención". Al resto de sistemas, en comparación con el cristiano habrá que considerarlos sistemas insuficientes e intransitables para el creyente.

Desde un punto de vista bíblico, debemos establece desde un principio que la revelación divina tiene un motivo central (bíblico), el cual es la clave del conocimiento y que, debido a su carácter integral y radical, este motivo al mismo tiempo excluye cualquier concepción dualista del hombre y del mundo. Este motivo es: la creación, la caída y la redención en Cristo Jesús en comunión del Espíritu Santo.

55. *Id.*, I.
56. *Id.*, VII.
57. *Id.*

El motivo bíblico no es, sin embargo, una doctrina que pueda ser aceptada sin que trabaje poderosamente en nuestros corazones. Es por encima de todo un motivo de fuerza en el centro de nuestro ser, la clave para un conocimiento de Dios y de sí mismo que puede abrirnos a la revelación de Dios en las Escrituras y en todo el trabajo de sus manos. Es un motivo tan central que está en el fundamento aun de la exégesis científica de las Escrituras mismas.

Este motivo es triple; sin embargo, es de una pieza. Es imposible entender el verdadero significado bíblico del pecado y la redención sin haber entendido el verdadero significado de la creación. Al revelarse a sí mismo como el creador, Dios se revela asimismo como el único origen de todo lo que es. Ninguna fuerza puede ser opuesta a Él que tenga algún poder por su propio derecho. Nosotros no podríamos establecer algún área de la vida terrestre como un asilo para nuestra autonomía con respecto al creador. Él tiene derecho a todo en nuestra vida, a todo nuestro pensamiento, y a todo de nuestra acción. Ninguna esfera de la vida puede ser divorciada del servicio a Dios. Al revelarse a sí mismo como el creador, Dios ha descubierto al mismo tiempo al hombre el significado de su propia existencia. Nosotros somos creados a la imagen de Dios. Teniendo cuidado de desligarnos a nosotros mismos de todas las especulaciones inspiradas en los griegos, tal como sucedió en la teología escolástica, afirmamos que en la revelación del *imago Dei*, Dios revela a nosotros la unidad radical de nuestra existencia.[58]

¿Cree, por tanto, Dooyeweerd, que todo el pensamiento no cristiano, tanto en filosofía como en la ciencia, es un pensamiento no verdadero, porque no toma como punto de partida a Dios, sino que escoge como fundamento lo creado? Responde que no, en cuanto admite "momentos de verdad" en otros sistemas, ya que, en realidad, uno puede apoyarse sin cesar en hechos y en estructuras realmente existentes.

Ahora bien, escribe el profesor C. A. van Peursen, frente a esto habría que afirmar que no se trata de hechos sueltos, sino que el descubrimiento de un hecho o de una estructura se realiza ya desde una visión teórica. Y entonces no se trata tampoco de momentos de verdad, ya que una filosofía constituye un conjunto orgánico e incluso el descubrimiento de hechos no queda fuera de la visión del horizonte religioso que abarca todo lo existente. Sin embargo, tales momentos y el reconocimiento de tal existencia factual nos hacen ver que, en semejante filosofía, existe —en lo profundo— un contacto con la Verdad. Pero ¿cómo y en qué sentido?

"Por eso, los motivos de los sistemas no cristianos son menos antitéticos de lo que se había afirmado. E, inversamente, el motivo cristiano no se opone de forma tan radical y, en cierto modo, es menos cristiano. Convendría, más bien, someter el pensamiento sistemático, incluso el cristiano, a una crítica y contrastarlo con el

---

58. *Id.*, II.

mensaje bíblico. En efecto, el esquema tradicional que formulamos de «creación, caída y redención», a partir de la Biblia, está lejos de tener un estatuto idéntico de esta. El esquema, desde luego, solo apunta retrospectivamente hacia la Biblia y, sin embargo, constituye el fundamento de toda la teología cristiana. El esquema es fruto de la exégesis, una determinada interpretación de la Biblia que ha recibido el influjo de su tiempo y de la teología en él desarrollada. Parece indudable que el esquema en cuestión podría ser también un tenor enteramente distinto. Podría ser, por ejemplo: reino de Dios, o redención (actual), creación (en el pasado), renovación (en el futuro). Ahora bien, tales esquemas, en sí discutibles, ¿pueden considerarse, de modo absoluto, definitorios del carácter cristiano?"[59].

Es sabido que dos guerras mundiales aniquilaron, desde dentro de la secularidad, la fe en el poder exaltante de la ciencia y de la razón autónoma como caminos de humanidad y progreso. De sus mismas filas surgieron voces de protesta y rebelión. Es decir, que los mismos hombres ajenos a la revelación bíblica y a la inspiración directa del Espíritu de Cristo, fueron capaces por sí mismos de interpretar correctamente los signos de los tiempos y sacar las lecciones pertinentes. No siempre ni en todas las áreas es una pérdida de tiempo la filosofía humana. Una y otra vez debemos tener en cuenta que la vida, la realidad tal cual es en su multiforme y varia manifestación, es el tribunal supremo donde toda doctrina y teoría debe presentar sus cuentas, y que ante ella todos estamos a descubierto por igual. Es Dios quien, de un modo general, y situado en el corazón mismo de la realidad va revelando de un modo seguro e infalible el sentido de la vida y sus logros. Es la injusticia humana la que detiene la verdad de Dios dando la espalda a la vida y resistiendo su impulso de veracidad.

7.2. Alvin Plantinga y la epistemología reformada

Si de Holanda pasamos a Estados Unidos, nos encontramos con el pensamiento de Alvin Plantinga, nacido al calor de la tradición arraigada en el suelo patrio de sus predecesores y trasplantada al nuevo mundo. Según Francisco Conesa, el abandono casi unánime de los criterios verificacionistas de significado y la atención prestada al "segundo Wittgenstein" dio lugar en el mundo anglosajón a una filosofía más flexible y atenta a fenómenos humanos comprendidos por la religión. De modo que un grupo importante de pensadores cristianos, influenciados por la escuela de Dooyeweerd, comenzó a pulir los argumentos a favor del teísmo usando las modernas armas de la filosofía analítica y de la lógica simbólica, que antes se usaban para desacreditar las mismas creencias.

Un hito en la historia del cristianismo protestante evangélico estadounidense es la creación, en 1978, de la *Society of Christian Philosophers* (Sociedad de Filósofos

---

59. C. A. van Peursen, *Orientación filosófica*, p. 177.

Cristianos), que agrupa a pensadores como William Alston, Alvin Plantinga, R. M. Adams, M. M. Adams, Arthur Holmes, Nicholas Wolterstorff y George I. Mavrodes. Se le calcula un millar de miembros. A partir de 1984 comenzaron a publicar la revista *Faith and Philosophy*, perteneciente al departamento de filosofía del Asbury College (Wilmore), cuyo objetivo es "contribuir al esfuerzo continuo de la comunidad cristiana de un modo que resista el examen crítico y explorar las implicaciones de la fe en todos los aspectos de la vida humana".

Alvin Plantinga, su representante más autorizado, nació en 1932; educado en la Iglesia Cristiana Reformada (de origen holandés), estudió en el Calvin College de Grand Rapids (Michigan), se licenció en la Universidad de Michigan (1955) y se doctoró en Yale University (1958). Su primer cargo de profesor de filosofía fue en Wayne State University (1958-1963), de donde al cabo de unos pocos años pasó a su alma mater, el Calvin College (1963-1982); aquí permaneció casi dos décadas, hasta la toma de posesión de la Cátedra John A. O'Brien de filosofía en la Universidad de Notre Dame (1982-2002). Calvinista en teología, cristiano convencido desde la infancia, considera que la tarea del filósofo cristiano consiste básicamente en hacer obra apologética, entendida como defensa del cristianismo de los ataques de sus detractores. Esta es la tarea ineludible de todo filósofo que se considere cristiano. Por ello Plantinga reacciona al positivismo lógico y advierte a la comunidad de fe contra la acomodación fácil a las modas actuales, llevados quizá por un complejo de inferioridad intelectual. Los filósofos cristianos han de tener más confianza en sí mismos y en lo que creen. Han de tener coraje y valentía para expresar su visión de las cosas. Desde esta perspectiva Plantinga ha intervenido en los principales debates que en la filosofía analítica se han sostenido en torno a la religión. En sus primeros escritos, intervino en la cuestión de la significatividad del lenguaje religioso, rechazando los presupuestos epistemológicos del positivismo lógico. Más tarde desarrolló una versión modal del argumento ontológico, de gran influencia en el ámbito analítico. Otra preocupación constante ha sido la racionalidad de la creencia religiosa. Es lo que le llevó a desarrollar la denominada "epistemología reformada", acorde a los presupuestos bíblicos, de gran vigor entre los filósofos evangélicos norteamericanos.

Autor de obras como *God and Other Minds* (1967), *The Nature of Necessity* (1974), y *God, Freedom and Evil* (1980), está trabajando en la *racionalidad y justificación* de las creencias religiosas en una trilogía de obras que llevan por título *Warrant: the Current Debate; Warrant and Proper Function* y *Warranted Christian Belief* (1993).

La "epistemología reformada" de Plantinga defiende la racionalidad de la creencia en Dios, aunque falten evidencias, porque tal creencia es "propiamente básica" en el modo de conocer humano. ¿Qué significa esto? ¿Que la creencia en Dios no tiene fundamentos? Ni mucho menos: lo que se pretende hacer es resaltar la prioridad propiamente básica de la fe en Dios en el orden cognoscitivo. "Lo que yo mantengo es que la creencia en Dios es propiamente básica; de aquí no se deduce, sin embargo, que es *infundada*"[60]. "¿Qué quiere decir que la creencia en Dios es adecuadamente básica? Esto significa, desde luego, que es racional creer en Dios aun cuando uno no conozca ningún buen argumento en favor de la existencia de Dios, y aun cuando *no exista* de hecho ningún buen argumento". Creer en Dios no es nada caprichoso ni arbitrario; está fundado en la estructura misma de la realidad, aunque su demostración es difícil de probar cuando se parte de la negación.

Las premisas, los presupuestos, son inevitables. El cristiano tiene tanto derecho a iniciar su reflexión dando por supuesto que Dios existe como el ateo de negarlo. Ambas posturas iniciales son prefilosóficas y lo que importa es avanzar a partir de ellas. Es falsa e ilusoria, según demostró el filósofo francés Merleau-Ponty (1908-1961), la afirmación de que la filosofía de corte fenomenológico, analítico y científico no hace presuposición alguna. La mera percepción de la realidad, de las cosas, está implicada en el lenguaje. Lo que percibimos depende de nuestro sistema conceptual y, por tanto, de nuestro lenguaje. El lenguaje es en sí filosofía, la primera filosofía. "La filosofía —decía Wittgenstein— es la batalla contra el aturdimiento de nuestra inteligencia por medio del lenguaje"[61]. La filosofía, por consiguiente, cualquier filosofía, no se da sin presuposiciones. Ser conscientes de ello nos facilita el camino a seguir, al no quedar enredados en inútiles razonamientos en círculo, tras los que se esconden intereses y prejuicios doctrinales y temperamentales. Como escribía James, el medio más frecuente de tratar los fenómenos nuevos, que suponen una reordenación de nuestras preconcepciones, consiste en ignorarlos enteramente o en menospreciar a quienes facilitan testimonios acerca de ellos[62]. De ahí lo difícil que es *pensar en protestante*: estar siempre dispuesto a comenzar de nuevo, examinarlo todo y retener lo bueno.

Para Plantinga, el filósofo cristiano tiene que invitar a sus colegas no cristianos a replantear sus presupuestos y a pensar filosóficamente a partir del teísmo los diversos problemas filosóficos. "La lectura de los textos de Plantinga invita a plantearse con seriedad la necesidad de tener en cuenta las implicaciones filosóficas del cristianismo y a prestar más atención a las necesidades de la comunidad cristiana que a los filósofos de turno que dominen el panorama intelectual"[63].

---

60. *Faith and Rationality*, IV, B.

61. *Investigaciones filosóficas*, § 109.

62. *Pragmatismo*, II.

63. Francisco Conesa, "El debate actual sobre la filosofía cristiana en Norteamérica", *Pensamiento*, nº 208, Madrid, enero-abril 1998. Ver la tesis doctoral del mismo autor, *Dios y el mal. La defensa del teísmo frente al problema del mal según Alvin Plantinga*. EUNSA, Pamplona 1996.

8. Paul Ricœur, hermenéutica y precomprensión

Paul Ricœur nació en Valence (Dróme, Francia) el 27 de febrero de 1913. Estudió en Rennes, y se licenció en Filosofía en 1933. Colaborador activo en la revista *Espirit*, fundada por Mounier, fue Rector en la Universidad de Paris IV (Sorbona) y después en Nanterre (1965). Hombre de fe, Ricœur pertenece a la Iglesia Reformada Francesa y, como cristiano, busca la unidad, la reconciliación, tanto en el campo del pensamiento como de la política humana, toda vez que la gracia supera las limitaciones humanas, armonizándolas en una unidad superior.

La fenomenología de Husserl ejerció una influencia preponderante en el desarrollo de su pensamiento. En sus trabajos, aúna la descripción fenomenológica al análisis reflexivo y existencialista. "Es uno de los filósofos cuya obra más se ha esforzado por hacer conversar a los más diferentes espacios filosóficos, por explotar todo su potencial de sentido, no para mezclarlos, sino para abrir entre ellos vías más originales"[64].

Su obra es una filosofía de la voluntad que va de una fisiología del querer, en *Le volontaire et l'involuntaire* (Lo voluntario y lo involuntario, 1950), a una ética y hasta una metafísica del querer en *Finitude et culpabilité* (Finitud y culpabilidad, 1960). Su contribución más importante sigue siendo su confrontación con el psicoanálisis y su reflexión de fenomenólogo sobre Freud. En 1965, apareció *De l'interpretation. Essai sur Freud* (De la interpretación. Ensayo sobre Freud) en el que, enfrentándose al problema del símbolo, toma a Freud como ejemplo. Concebía entonces el psicoanálisis como una especie de ascesis de la reflexión filosófica que le permitía eliminar las ilusiones de la conciencia. Freud fue igualmente un maestro de la acción, en la medida en que enseñó una especie de educación perpetua en la realidad. En 1969, *Le conflit des intérprétations* (El conflicto de las interpretaciones) que reúne varios ensayos hermenéuticos, que cubren un período de diez años de actividad, ofreció posiblemente el panorama más vasto y más exacto de su pensamiento. En primer lugar, la filiación con respecto a Heidegger y a Husserl, gracias a los que el problema de la comprensión y del conocimiento histórico dejó de ser una simple cuestión de método para convertirse en un problema "ontológico": la cuestión de la historicidad ya no es la del conocimiento histórico concebido como método; esta designa la manera en que lo existente "está con" los existentes; la comprensión más la réplica de las ciencias del espíritu a la explicación naturalista; se refiere a una manera de estar junto al ser, un estar previo al encuentro de estados particulares. A la vez, el poder de la vida para distanciarse libremente con respecto a ella misma, para trascender, se convierte en una estructura del ser finito. Si el historiador puede medirse con la cosa misma, igualarse a lo conocido, es porque él y su objeto son ambos históricos. La explicación de

---

64. Antonio Gómez Ramos.

este carácter histórico es previa a toda metodología. Lo que era un hito para la ciencia —saber la historicidad del ser— se convierte en una constitución del ser. Lo que era una paradoja —saber la pertenencia del intérprete con respeto a su objeto— se convierte en un rasgo ontológico.

De este modo, a partir de allí, Ricœur definió su propio pensamiento, su propia "hermenéutica": "Queda en el aire una dilucidación simplemente semántica siempre que no mostremos que la comprehensión de las expresiones polívocas o simbólicas es un momento de la *comprehensión de sí*... Pero el sujeto que se interpreta al interpretar los signos ya no es el *cogito*: es un existente que descubre por la exégesis de su vida que ha puesto en el ser antes incluso de que él se ponga y se posea. Así la hermenéutica descubriría una manera de existir que permanecería en su totalidad «ser interpretado»".

Al mismo tiempo, al referir la interpretación de los "sentidos escondidos" esencialmente a la exégesis, al conservar el análisis como una exégesis de su propia vida, Ricœur marcó la unión que se establece con la filosofía de las religiones y, de una manera general, con el pensamiento religioso. No obstante, el cristiano y el humanista deciden aceptar este volver a poner en cuestión de modo fundamental la conciencia que es el psicoanálisis. De este, escribió Ricœur, hay que esperar "una verdadera destitución de la problemática clásica del sujeto como conciencia... La lucha contra el narcisismo —equivalente freudiano del falso cogito— conduce a descubrir el enraizamiento del lenguaje en el deseo, en las pulsiones de la vida. El filósofo que se entrega a este duro aprendizaje practica una verdadera ascesis de la subjetividad, se deja desposeer del origen del sentido...".

Dura lección, duro aprendizaje para el filósofo de la reflexión clásica, pero que, a fin de cuentas, se articula con la nostalgia filosófica siempre presente de la ontología y, por ello, de la vida: "Es, efectivamente, a través de la crítica de la conciencia como el psicoanálisis apunta hacia la ontología". Ahora bien, "la ontología es la tierra prometida para una filosofía que empieza por el lenguaje y por la reflexión; pero, como Moisés, el sujeto parlante y reflexivo puede percibirlo solo antes de morir".

Característico del pensamiento de Ricœur es una actitud esencialmente "afirmativa" frente al "negativismo' de algunos filósofos existenciales o existencialistas. Fundamental en el pensamiento de Ricœur es la relación entre la conciencia y el cuerpo, que le ha llevado a una fenomenología del cuerpo y a un análisis de la distinción entre lo subjetivo y lo objetivo.

¿Qué es el hombre? ¿Y qué el hijo del hombre para que Tú cuides de él?, se pregunta el Salmo 8. De pronto, el hombre es un interrogante que la filosofía viene haciéndose desde el principio, porque en él se encuentra la clave del misterio del universo, de Dios y de todo cuanto existe.

Según Ricœur hay que llegar a comprender que la existencia humana en su totalidad es un texto que hay que aprender a leer para enfocar nuestra visión desde la perspectiva correcta. Una vez realizada esta operación nos encontraremos en el umbral de la hermenéutica general por medio de la cual se define la filosofía futura. Para comprender la existencia humana no basta el dato científico o la reflexión intelectual volcada sobre sí misma: es preciso tomar en cuenta la revelación. "Lo revelado es como tal, una apertura y una posibilidad de existencia".

> Feuerbach, el maestro común de todo ateísmo, nos dice: devolvamos al hombre lo que él ha dado a Dios y de esta forma, que el hombre vuelva a apropiarse de aquello que ha volcado sobre lo sagrado vaciándose a sí mismo. Sin embargo, pienso que nuestro problema —que hoy comprendemos mejor gracias a Marx, Freud y Nietzsche— es: ¿qué es el hombre? ¿Conocemos mejor al hombre de lo que conocemos a Dios? En el fondo no sabemos qué es el hombre. Mi propia confesión es que el hombre se instituye por la palabra, es decir, por un lenguaje que no es tanto hablado por el hombre, sino que es hablado al hombre.[65]

Ahora bien, el proceso de secularización ha creado una gran distancia entre el mundo de la cultura y el mundo del Evangelio. Esto obliga a una "contextualización" del mismo, contextualización que no es lo mismo que "claudicación" a los instrumentos culturales de la época. "Es necesario también luchar contra las presuposiciones del hombre moderno, contra las presuposiciones de su modernidad". Ricœur aquí indica la dirección correcta y devuelve al cristianismo la confianza en sus propias posibilidades en su encuentro con la cultura, tanto para asimilar como para informar constructivamente, cuya perspectiva le hermana con los filósofos reformados en sus reivindicaciones contra el pensamiento puramente objetivo y sin prejuicios. Hay toda una mitología del "hombre moderno" y su pretendida mayoría de edad, cuyo poder hipnótico es preciso evitar.

> En este punto quiero afirmar lo siguiente: predicar no significa capitular frente a las categorías de lo creíble e increíble del hombre moderno, sino luchar contra las presuposiciones de su cultura, a los efectos de restaurar este espacio para la interrogación en el cual las preguntas cobran sentido. Considerar el problema de la secularización no solo como el fin de la mitología y de la era religiosa, sino como el distanciamiento de la propia situación kerigmática, permite que el problema del mito cambie de aspecto...
>
> La descripción del hombre como un ser que nace en el mundo y está ligado a un cuerpo, que es a la vez él mismo y su apertura al mundo —su finitud y su apertura—, tiene profundas implicaciones para la significación de nuestra cultura, por el hecho de ser la única crítica filosófica de la ciencia.[66]

---

65. *El lenguaje de la fe.*
66. *Id.*

El pensador cristiano reflexiona sobre la precomprensión que el hombre moderno tiene de sí mismo, de modo que pueda llevarle a una reflexión global y venir así en auxilio de una predicación evangélica verdaderamente significativa e interesante.

9. Paul Tillich, teología y filosofía de la cultura

Paul Tillich (1886-1965) es la persona que reúne en sí la teología y la filosofía con vistas a desarrollar un lenguaje cristiano comprensible para el hombre moderno, sumido en la corriente de una existencia aparentemente falta de sentido. Hijo de un pastor luterano, nació en Starzeddel (Alemania) y se educó en las universidades de Berlín, Tubinga, Halle y Breslau. Se doctoró en filosofía con una tesis sobre Schelling.

En 1929, como profesor de filosofía en la Universidad de Fráncfort, se vio envuelto en el movimiento religioso-socialista. Su oposición a Hitler y al nacional-socialismo le valió la expulsión de su cátedra universitaria en 1933. Invitado por su amigo Reinhold Niebuhr marchó a Estados Unidos, donde enseñó en el Union Theological Seminary de Nueva York y en las universidades de Columbia (1935-55), Harvard (1955-62) y Chicago (1962-65).

Las fuentes y bases filosóficas de la teología filosófica de Tillich pueden remontarse hasta el platonismo, el misticismo medieval, el idealismo alemán y el existencialismo. Su metodología teológica es el "método de correlación", atrevido intento desde el protestantismo de integrar la filosofía y la teología en un sistema complementario. Pero Tillich no se vio a sí mismo como un pensador original y revolucionario. Nunca pretendió "inventar" la teología, ni estar diciendo siempre algo "nuevo". "Como método, la correlación es tan antigua como la teología. No hemos inventado, pues, un método nuevo, sino que hemos tratado de explicitar las implicaciones de los antiguos métodos y, en particular, el de la teología apologética"[67].

Sus críticos, muchos y variados, han dicho de todo. Para un tomista como José Mª G. Gómez-Heras, Tillich es un teólogo conciliador que intenta mediar entre religión y cultura, teología y filosofía, pero su teología, aunque no ateísta, sí es decididamente antiteísta[68], por cuanto Tillich sustituye la imagen teísta de Dios, como ser personal, por otra "suprapersonal", o como «profundidad del ser», «el ser mismo», «el poder del ser», «la profundidad de la vida y de la historia».

"La doctrina de Dios de Tillich no tiene relación con la doctrina bíblica —escribe el calvinista Harvie M. Conn—. Es ciertamente difícil ver con qué derecho Tillich emplea la palabra «Dios» en el sentido cristiano". Es casi imposible comprender quién o qué es realmente el Dios de Tillich, dice el también calvinista

---

67. *Teología*, vol. II, p. 31.
68. *Teología protestante. Sistema e historia*, pp. 187-88. BAC, Madrid 1972.

Klaas Runia. "Es completamente manifiesto que el pensamiento de Tillich es una nueva forma de liberalismo. No es otra cosa que una versión moderna del gnosticismo. El gnosticismo fue la deformación y reinterpretación filosófica del Evangelio cristiano en los primeros siglos de la era cristiana".

Tillich no hubiera encontrado dificultades para responderles como es debido: "He hablado del Dios que se halla por encima del Dios del teísmo, y mis palabras han sido erróneamente interpretadas como una afirmación dogmática de carácter panteísta o místico. Ante todo no se trata de una afirmación dogmática, sino *apologética*, porque considera con toda seriedad la duda radical que embarga a muchos hombres y les confiere el coraje de autoafirmarse incluso en el estado extremo de la duda radical... Dios se halla por encima del Dios del teísmo, en el poder de ser, que actúa a través de aquellos que no poseen ningún nombre para designarlo, ni siquiera el nombre de Dios"[69], afirmación que revela a las claras la influencia recibida de la intención apologética que domina todo el pensamiento cristiano desde el comienzo de su historia.

Personalmente, Tillich no estaba en contra de las críticas; "esté o no esté de acuerdo con las criticas —escribe—, las acepto de buen grado como una estimable contribución al ininterrumpido debate que debe darse entre los teólogos y en el interior de cada teólogo consigo mismo. Pero no puedo aceptar como valiosa la crítica de quienes se limiten a insinuar que he abandonado la substancia del mensaje cristiano porque he utilizado una terminología que conscientemente se aparta del lenguaje bíblico o eclesiástico. Por mi parte, sin tal divergencia de lenguaje, no hubiese creído que valía la pena desarrollar un sistema teológico para el mundo de nuestros días"[70].

Los críticos más objetivos han situado la labor de Tillich en su contexto y conforme al ánimo y propósito del mismo Tillich, cuya obra refleja en su totalidad el fuerte interés apologético del que ya hemos tomado nota. "Tillich había comprobado dolorosamente, desde su juventud, la existencia de un foso entre la sociedad religiosa y cristiana, en cuyo seno había nacido, y el mundo de la cultura. Jamás pudo aceptar esta separación y la cuestión de la conciliación o de la reconciliación de estos dos mundos se ha convertido en uno de los problemas centrales, si no en el problema central, a cuya solución se consagró. Por eso, su teología ha querido ser, y así se la ha llamado, una teología de la cultura"[71].

Tillich cree que ha encontrado en el principio protestante un ideal que le capacita para sentir simpatías hacia muchos puntos de vista que difieren ampliamente entre sí, y encontrar algo bueno en todos ellos.

---

69. *Teología*, vol. II, p. 27.

70. *Id.*, p. 30.

71. Jean Bosc, *Teólogos protestantes contemporáneos*, pp. 107 y ss. Sígueme, Salamanca 1968.

Lo interesante es que cada una de las partes de su teología se compone de dos partes: la interrogativa, la cual es producida por Tillich como filósofo, y la responsiva, la cual es también producida por él como teólogo.

Barth concuerda con Tillich en que solamente la teología cristiana puede contestar las preguntas. La diferencia consiste en que para Barth no solamente no conocemos las respuestas, sino que ni aun conocemos las preguntas importantes.

"Tillich comparte con Bultmann la desmitologización de la Biblia, pero en contraste cree que no deben rechazarse los mitos; que se deben retener porque son el lenguaje de la fe"[72].

La observación de Barth es exacta en cuanto que el método de la correlación de Tillich pasa por alto el hecho de que las preguntas existenciales no solo surgen de la situación humana, sino también de la misma presencia de la revelación divina. La revelación es un don inmerecido, y nunca podemos estar seguros de que nuestras preguntas humanas agoten sus riquezas.

"El hombre se encuentra ante la revelación no solo para jugar a preguntas y respuestas: se encuentra ante ella como ante el sol, para recibir alegría, calor e inspiración. De hecho, es la revelación la que pone al descubierto las raíces de la condición humana al revelar la verdadera naturaleza y extensión del pecado, porque la mala nueva de la situación existencial es en sí misma un misterio que necesita ser desvelado".

"Tillich es algo más que un filósofo de la religión. Sin embargo, eso no le disculpa de una falta de precisión acerca del contenido específicamente cristiano de su teología".

"Las cualidades de Tillich de incluirlo todo y de sintetizarlo, hacen de él un teólogo «ecuménico» por excelencia. Esto no quiere decir que sea un teólogo «de compromiso», al que pueden aceptar confesiones cristianas muy diferentes. Es un teólogo ecuménico, porque su sistema no es un confesionalismo estrecho, sino una amplia síntesis cristiana que tiene sitio para el principio protestante y la substancia católica, para la protesta airada y el misticismo inefable, para los demonios de las primitivas religiones y la tecnología de la sociedad industrial. Encontramos en Paul Tillich un estímulo intelectual y una inspiración espiritual que amplía nuestra visión del mundo y el Cristo y nuestro amor por ellos"[73].

Ahora bien, hay que aclarar que en ningún momento pretendió Tillich "crear" o "producir" la pregunta o cuestión, de hecho, ningún filósofo lo hace, simplemente da testimonio de la misma, la muestra verbalmente: "El material de la cuestión existencial procede del conjunto de la experiencia humana y de sus múltiples modos de expresión. Hace referencia al pasado y al presente, al lenguaje popular y al lenguaje literario, al arte y a la filosofía, a la ciencia y a la psicología. Se refiere al

---

72. James William McClendon, *Teólogos destacados del siglo xx*, pp. 40 y ss. CBP, Texas 1972.

73. Carl J. Armbruster, S.J., *El pensamiento de Paul Tillich*. Sal Terrae, Santander 1968.

mito y a la liturgia, a las tradiciones religiosas y a las experiencias actuales. Todo ello, en cuanto refleja la condición existencial del hombre, constituye el material sin cuya ayuda no es posible formular la cuestión existencial"[74]. "La cuestión que el hombre formula, es el hombre mismo. Y formula esta cuestión tanto si la profiere oralmente como si permanece silencioso. Pero no puede dejar de formularla, porque su mismo ser es la cuestión acerca de su existencia… El famoso «no» de Karl Barth a todo tipo de teología natural, incluso a la posibilidad de que el hombre formule la cuestión de Dios, es en última instancia un autoengaño, como lo demuestra el empleo del lenguaje humano para hablar de la revelación"[75]. "La cuestión no crea la respuesta. El hombre no puede crear la respuesta «el Cristo», pero puede recibirla y expresarla según el sesgo con que formuló la cuestión [o pregunta que es él mismo como existente]"[76].

"Tillich restaura aquello que la insistencia de Bultmann en las categorías éticas y personales tiende a hacer desaparecer: la profundidad suprapersonal y suprarracional de Dios, según la ha experimentado toda la tradición mística de la religión. Interpretación ontológica no quiere decir en este caso que se trate de la construcción de un nuevo sistema metafísico; quiere decir que se señala el lugar que ocupa en el mapa ontológico la idea de Dios: a saber, como correlativa de la conciencia existencial humana de la propia finitud, y como ser mismo más allá de todo posible ente. Pero la idea de Dios se queda en idea o en mera posibilidad hasta el momento en que viene a colmarla la manifestación de Dios mismo en una experiencia reveladora. Al no ser una metafísica, el existencialismo no prueba ni refuta a Dios; pero en cambio puede poner de manifiesto las conexiones existenciales y ontológicas que conducen al punto en el que, a la luz de toda nuestra experiencia, decidimos o que el ser se nos muestra (el punto de vista religioso), o que el ser nos es ajeno, en cuyo caso quedamos enteramente en manos de los escasos recursos de la humanidad (ateísmo o humanismo)"[77].

Tillich es un creyente convencido de que el cristianismo trae el mensaje más auténtico. Pero constata que no es comprendido bien este mensaje. Cada vez se ensancha más el foso de separación entre la teología y el pensamiento de los laicos que viven en un mundo situado bajo el signo de la ciencia. ¿De dónde viene este divorcio entre el mensaje cristiano y el pensamiento moderno? ¿De dónde viene la sordera de la gran masa?

Tillich prefiere partir del hombre de hoy y de sus preguntas, apelar a sus instituciones, conducirlo hacia el Dios que le habla a través de la Escritura y que

---

74. *Teología*, vol. II, p. 30.

75. *Id.*, pp. 28, 29.

76. *Id.*, p. 31.

77. John Macquarrie, *op. cit.*

le trae la respuesta a las cuestiones vitales que la ciencia se muestra incapaz de asumir válidamente.

La teología tiene la función no ya de inyectar a la cultura un sentido que le falte, sino de revelar dentro de ella misma el «sentido último», que hay en ella. Una explicación del hombre y de la cultura.

Si todo hombre es un ser de fe, se trata de ver cuál es la verdadera fe.

Dios, según Tillich, no es un ser entre los demás, aunque fuera el más elevado; es el Ser mismo, cuya infinitud es el fundamento de su presencia en todas las cosas y de su transcendencia respecto a todas ellas; es a la vez personal e impersonal.

El «ser nuevo en Jesucristo» es la respuesta divina a la inquietud angustiada del hombre.

¿Hay un *kairos* capaz de revelar el significado de la historia entera? Cristo es la respuesta a esta cuestión: él es el lugar a partir del cual la historia cobra todo su sentido.

"Tillich intentó lealmente decir a los hombres del siglo xx lo que es Dios y lo que es Cristo. Pero este intento tiene sus límites. Se le puede reprochar una tendencia al concordismo fácil y a las concesiones que corren el riesgo de desnaturalizar la fe cristiana. Pero lo cierto es que su intento es animoso y que su proyecto de poner en «correlación» las preguntas del hombre con la respuesta de Dios no carece ni de grandeza ni de originalidad"[78].

"La pregunta existencial no es una pregunta que sientan o dejen de sentir los hombres: el hombre mismo es esa pregunta aun antes de plantearla".

"El programa de Paul Tillich de una teología de la cultura, fundamentada eclesiológicamente y con amplias respuestas universales, es fascinante"[79].

Hemos dedicado una importancia mayor a la valoración contrastada de Tillich que a otros pensadores por una razón bastante sencilla de comprender. Creemos que su pensamiento y su trabajo suscitan las contradicciones del protestantismo desde los días de la Reforma, que es preciso afrontar desde nuestra visión general de la historia del pensamiento cristiano, de la teología y de la filosofía contemporáneas. Tillich fue el primer teólogo protestante que se tomó en serio la importancia de la filosofía para la teología y la necesidad que esta tenía de relacionarse con la cultura general. Sus planteamientos y sus soluciones, estemos de acuerdo con ellos o no, son ineludibles para comprender la situación actual de la cuestión. Todo aquel que, desde la fe evangélica, quiera considerar seriamente la filosofía cristiana tiene que vérselas con Tillich y esto del único modo que es posible, directamente, a lo protestante, bebiendo de las fuentes originales, en especial sus tres volúmenes de *Teología sistemática*, la expresión más cabal y rigurosa de sus ideas, sin dar lugar a las muchas críticas malintencionadas que se han vertido contra él. Hay que

---

78. Raymond Winling, *La teología del siglo xx*, pp.190-93. Sígueme, Salamanca 1987.

79. Jürgen Moltmann, *¿Qué es teología hoy?*, p. 117. Sígueme, Salamanca 1992.

perder el miedo a los nombres y las etiquetas y proceder a poner en práctica el principio protestante del libre examen, o el viejo dicho paulino de "aprenderlo todo, retener lo bueno".

El primer volumen de la *Teología sistemática* trata los temas propiamente filosóficos, que en teología católica se llaman "fundamentales", teología fundamental, análisis de los fundamentos que sostienen el posterior desarrollo del edificio dogmático. Se trata de una pareja de conceptos íntimamente relacionados: razón y la revelación, el ser y Dios. La obra de Tillich no es fácil de leer para los advenedizos, pero vale la pena realizar el esfuerzo.

Veamos a continuación lo que Tillich tiene que decir al respecto, ateniéndonos a una rigurosa selección antológica de su *Teología sistemática*. Sirva para darnos una visión completa, directa y adecuada de sus principales líneas, agrupadas bajo unos cuantos encabezamientos que, a la vez, nos sirva de introducción y bosquejo para ulteriores estudios.

9.1. El mensaje y la situación

La teología, como función de la Iglesia cristiana, debe servir a las necesidades de esa Iglesia.

El fundamentalismo falla al entrar en contacto con la situación actual, no porque hable desde más allá de toda situación, sino porque habla desde una situación del pasado.

Los fundamentalistas en América y los teólogos ortodoxos en Europa pueden alegar que su teología es ávidamente aceptada y profesada por numerosas personas. El hecho de que estas ideas sean acogidas en una época de desintegración personal o comunitaria no prueba su validez teológica, del mismo modo que el éxito logrado por una teología liberal en una época de integración personal o comunitaria tampoco constituye una demostración de su verdad.

La "situación", a la que debe referirse la teología, es la interpretación creadora de la existencia tal como se realiza en cada época histórica bajo toda clase de condicionamientos psicológicos y sociológicos. La "situación", a la que la teología debe responder, es la totalidad de la autointerpretación creadora del hombre en una época determinada.

La teología "kerigmática" (Barth) coincide con el fundamentalismo y la ortodoxia en cuanto acentúa la verdad inmutable del mensaje en contraposición a las exigencias cambiantes de la situación.

Lutero, en su tiempo, fue atacado por los pensadores ortodoxos; ahora, Barth y sus seguidores sufren los duros ataques de los fundamentalistas. Lutero estuvo en peligro de convertirse en ortodoxo y lo mismo le ocurre a Barth; pero no era esta su intención. Ambos efectuaron un serio intento para redescubrir el mensaje eterno en el interior de la Biblia y de la tradición, y en oposición a una tradición deformada y a una Biblia utilizada en forma errónea y mecánica. En ambos casos, tal acento tuvo una fuerza profética, conmocionante y transformadora. Sin tales reacciones kerigmáticas, la teología se perdería en las relatividades de la "situación" y acabaría convirtiéndose en un elemento más de la "situación". La grandeza de Barth estriba en que se corrige a sí mismo una y otra vez a la luz de la "situación" y se esfuerza denodadamente en no convertirse en su propio discípulo.

9.2. Teología apologética y kerigma

Para ser completa, la teología kerigmática necesita a la teología apologética. La apologética es un elemento omnipresente y no una sección particular de la teología sistemática.

La teología apologética debe prestar atención a la advertencia que implica la existencia y la reivindicación de la teología kerigmática. Se pierde a sí misma si no encuentra en el kerigma la substancia y el criterio de cada una de sus afirmaciones.

Con todo, es ciertamente necesario preguntarse en cada caso si la tendencia apologética ha diluido realmente el mensaje cristiano. El sistema que a continuación expongo, intenta utilizar el "método de correlación" como una manera de unir el mensaje y la situación.

9.3. Los dos criterios formales de toda teología

Hemos utilizado el término "preocupación última" sin ninguna explicación. Preocupación última es la traducción del gran mandamiento: "El Señor, nuestro Dios, es el único Señor, y amarás al Señor, tu Dios, con todo tu corazón, con toda tu alma, con toda tu mente y con toda tu fuerza".

La palabra "preocupación" indica el carácter "existencial" de la experiencia religiosa.

El objeto de la teología es aquello que nos preocupa últimamente. Solo son teológicas las proposiciones que tratan de un objeto en cuanto puede convertirse para nosotros en objeto de preocupación última.

Concepciones físicas, históricas o psicológicas pueden convertirse en objetos de la teología, no desde el punto de vista de su forma cognoscitiva, sino desde el punto de vista de su capacidad de revelar, en y a través de su forma cognoscitiva, ciertos aspectos de lo que nos preocupa últimamente.

Nuestra preocupación última es aquello que determina nuestro ser o no ser. Solo son teológicas las proposiciones que tratan de un objeto en cuanto puede convertirse para nosotros en una cuestión de ser o no ser.

El hombre está preocupado últimamente por su ser y por su significado. El hombre está infinitamente preocupado por la infinitud a la que pertenece, de la que está separado y por la que suspira.

9.4. Teología y cristianismo

La teología apologética debe mostrar que las tendencias inmanentes a todas las religiones y culturas se orientan hacia la respuesta cristiana. Y al hablar así, nos referimos tanto a las doctrinas como a la interpretación teológica de la teología.

La teología cristiana ha recibido algo que es absolutamente concreto y, al mismo tiempo, absolutamente universal. Ningún mito, ninguna visión mística, ningún principio metafísico, ninguna ley sagrada, tiene la concreción de una vida personal.

La doctrina del Logos como doctrina de la identidad de lo absolutamente concreto y de lo absolutamente universal no es una doctrina teológica más, sino el único fundamento posible de una teología cristiana que pretenda ser la teología. La teología cristiana se mueve entre los dos polos de lo universal y de lo concreto, pero no entre los polos de lo abstracto y de lo particular.

Una referencia bíblica al aspecto de lo absolutamente concreto se halla en la expresión paulina "estar en Cristo". Podemos estar tan solo *en* aquello que, al mismo tiempo, es absolutamente concreto y absolutamente universal.

9.5. Teología y filosofía: una cuestión

La teología no tiene ningún derecho ni obligación alguna de prejuzgar una investigación física o histórica, sociológica o psicológica. Y ningún resultado de tales investigaciones puede ser directamente beneficioso o desastroso para ella.

Proponemos, pues, que se entiende aquí por filosofía aquella actitud cognoscitiva frente a la realidad en la que la realidad como tal es objeto de conocimiento.

La definición crítica de la filosofía es, pues, más modesta que aquellas vastas construcciones filosóficas que intentaban presentar un sistema completo de la realidad, un sistema que incluía tanto los resultados de todas las ciencias particulares como las estructuras generales de la experiencia precientífica.

La filosofía formula necesariamente la cuestión de la realidad como un todo, la cuestión de la estructura del ser. La teología formula necesariamente la misma cuestión.

9.6. Teología y filosofía: una respuesta

La filosofía se ocupa de la estructura del ser en sí mismo; la teología, en cambio, se ocupa de lo que significa el ser para nosotros.

La actitud básica del teólogo es la de hallarse comprometido con el contenido de lo que él expone. La actitud del teólogo es "existencial".

La teología es necesariamente existencial, y ninguna teología puede escapar del círculo teológico. Si está en el interior del círculo, es que ha tomado una decisión existencial, es que está en la situación de la fe.

Una persona puede ser teólogo siempre que acepte el contenido del círculo teológico como su preocupación última: que su ser se sienta embargado últimamente por el mensaje cristiano, aunque a veces se sienta inclinado a atacarlo y rechazarlo.

La fuente del conocimiento del teólogo no es el logos universal, sino el Logos "que se hizo carne", es decir, el Logos que se manifiesta en un acontecimiento histórico particular.

La divergencia existente entre la filosofía y la teología está compensada por una convergencia igualmente obvia. En ambas actúan unas tendencias convergentes. El filósofo, como el teólogo, "existe", y no puede desasirse del carácter concreto de su existencia ni de su teología implícita. Está condicionado por su situación psicológica, sociológica e histórica. Y, como todo ser humano, vive sujeto al poder de una preocupación última, sea o no plenamente consciente de tal poder, lo admita o no lo admita para sí y para los demás.

Todo filósofo creador es un teólogo latente (a veces incluso un teólogo declarado). Es un teólogo en la medida en que su situación existencial y su preocupación última modelan su visión filosófica.

El teólogo inspira recelo a la gente piadosa y a los poderosos de la Iglesia, aunque estos vivan en realidad del trabajo realizado por anteriores teólogos que se hallaban en esa misma situación.

9.7. La organización de la teología

La teología es la exposición metódica de los contenidos de la fe cristiana.

La disyuntiva "¿teología natural o filosofía de la religión?", se resuelve mediante una tercera opción: el "método de la correlación".

El elemento ético es un elemento necesario —y a menudo predominante— en toda afirmación teológica.

El teólogo ejerce una función de la Iglesia en el seno de la Iglesia y para la Iglesia. Y la Iglesia está basada en unos fundamentos cuya formulación nos viene dada en las confesiones de fe que, al mismo tiempo, lo protegen. Es el elemento dogmático de la teología. La aceptación de los credos, de los símbolos de la fe, debido a su función protectora contra las herejías destructoras, se convirtió en una cuestión de vida o muerte para el cristianismo.

La expresión "teología sistemática" abarca la apologética, la dogmática y la moral.

9.8. Las fuentes de la teología sistemática

Debemos rechazar la afirmación del biblicismo neo-ortodoxo según el cual la Biblia es la *única* fuente de la teología. El mensaje bíblico no habría sido un mensaje para nadie, ni siquiera para el mismo teólogo, sin la participación vivida de la Iglesia y de cada cristiano. El mensaje bíblico abarca más (y también menos) que los libros bíblicos. Por consiguiente, la teología sistemática cuenta con otras fuentes adicionales además de la Biblia.

La Biblia, sin embargo, es la fuente fundamental.

Una teología que dependa de unos resultados predeterminados de la investigación histórica, está amarrada a algo condicionado que pretende ser incondicionado, es decir, a algo demoníaco.

Estar últimamente preocupado por lo que es realmente último, libera al teólogo de todo "fraude sagrado" y lo sensibiliza a la crítica histórica tanto conservadora como revolucionaria.

La génesis de la Biblia es un acontecimiento de la historia de la Iglesia: un acontecimiento que se produjo en una etapa relativamente tardía de la historia de la Iglesia primitiva.

La teología sistemática posee una relación directa y definida con la historia de la Iglesia. Incluso los reformadores dependían de la tradición romana contra la que se alzaron. Opusieron ciertos elementos de la tradición eclesiástica a otros elementos para así combatir la distorsión que había dañado a toda la tradición; pero lo que no hicieron ni podían hacer era saltar por encima de la tradición y colocarse en la situación de Mateo y Pablo. No podemos prescindir de la historia de la Iglesia y, en consecuencia, es una necesidad, tanto religiosa como científica, afirmar franca y explícitamente la relación que existe entre la teología sistemática y la tradición eclesiástica.

El teólogo sistemático encuentra en la vida concreta de su confesión, en su liturgia y en sus himnos, en sus sermones y en sus sacramentos, aquello que le preocupa últimamente: el Nuevo Ser en Jesús como el Cristo.

9.9. La experiencia y la teología sistemática

Ninguna teología actual debería evitar su confrontación con el método experimental de Schleiermacher, independiente de que esté de acuerdo o no con él. Cuando Schleiermacher definía la religión como el "sentimiento de la absoluta dependencia", "sentimiento" significaba la conciencia inmediata de algo incondicional, en el sentido de la tradición agustiniana y franciscana. El término "sentimiento" no hacía referencia, en esta tradición, a una función psicológica, sino a la conciencia de lo que trasciende el entendimiento y la voluntad, el sujeto y el objeto.

La experiencia no es la fuente de la que proceden los contenidos de la teología sistemática, sino el medio a través del cual los recibimos existencialmente.

Una mirada penetrante a la condición humana destruye toda teología que haga de la experiencia una fuente independiente de la teología sistemática, en lugar de un elemento mediador que depende de ella.

9.10. La norma de la teología sistemática

Las fuentes y el elemento mediador solo pueden producir un sistema teológico si su empleo está sujeto a una norma.

En las Iglesias católicas (romana, griega, anglicana), la respuesta jerárquica se hizo tan predominante que desapareció la necesidad de una norma material. En ellas, es doctrina cristiana lo que la Iglesia declara como tal a través de sus autoridades legales.

La cuestión de la norma se hizo de nuevo crucial en el protestantismo en cuanto las autoridades eclesiásticas perdieron su situación privilegiada.

La Iglesia es el "hogar" de la teología sistemática. Solo en la Iglesia tienen una existencia real las fuentes y las normas de la teología.

Y la más concreta y cercana de estas fuentes estructurantes es la Iglesia y su experiencia colectiva. En ella vive y en ella está su "lugar de trabajo" como teólogo sistemático. La norma material de la teología sistemática, que hemos utilizado en el presente sistema y que consideramos la más adecuada a la actual situación apologética, es el "Nuevo Ser en Jesús como el Cristo". Se fundamenta en lo que Pablo llama "nueva creación" y hace referencia al poder de superar las divisiones demoníacas de la "vieja realidad" en el alma, en la sociedad y en el universo,

9.11. Carácter racional y sistema de la teología

Al teólogo se le exige no solo que participe del Nuevo Ser, sino que también exprese su verdad de un modo metódico,

Una de las verdades cristianas fundamentales de las que la teología tiene que dar testimonio es que la misma teología, como toda actividad humana, está sometida a las contradicciones de la situación existencial del hombre.

El teólogo sistemático no debe temer el sistema. La forma sistemática cumple la función de garantizar la coherencia de las aserciones cognoscitivas en todos los dominios del saber metodológico.

La revelación no nos es dada como un sistema, pero tampoco es incoherente. El teólogo sistemático puede, pues, interpretar bajo una forma sistemática lo que trasciende todos los posibles sistemas: la automanifestación del misterio divino.

9.12. El método de correlación

La teología sistemática usa el método de correlación. Más o menos conscientemente, siempre lo ha utilizado. En las primeras líneas de su sistema teológico, Calvino expresa la esencia del método de correlación[80].

Aunque Dios, en su naturaleza abismal, no depende en modo alguno del hombre, en su automanifestación al hombre depende de la manera como el hombre

80. *Institución*, I, 48.

recibe su manifestación. El encuentro "divino-humano" significa algo real por ambos lados.

El hombre es la pregunta que se hace acerca de sí mismo, antes de que se haya formulado ninguna otra pregunta. Ser hombre significa interrogarse acerca del propio ser y vivir bajo el impacto de las respuestas dadas a esta pregunta.

Siempre que el hombre ha considerado al mundo, se ha visto a sí mismo como una parte de este mundo. Pero ha comprobado asimismo que es un extraño en el mundo de los objetos, incapaz de penetrarlo más allá de un cierto nivel de análisis científico. Y entonces ha cobrado conciencia de que él mismo es la puerta de acceso a los niveles más profundos de la realidad, de que su propia existencia tiene la única posibilidad de penetrar hasta la existencia misma.

El teólogo organiza sus materiales sociológicos, psicológicos y demás en relación a la respuesta dada por el mensaje cristiano. A la luz de este mensaje, puede efectuar un análisis de la existencia más penetrante que el de la mayoría de los filósofos.

Las respuestas son "dichas" a la existencia humana desde más allá de ella. De lo contrario, no serían respuestas, ya que la pregunta es la misma existencia humana.

A Dios debemos llamarlo el poder infinito del ser que resiste la amenaza del no ser.

El método de correlación no está a salvo de una distorsión; ningún método teológico lo está... Como toda empresa de la mente humana, la teología es ambigua. Pero tal ambigüedad no constituye un argumento contra la teología o contra el método de correlación..., este protege al teólogo de la arrogancia de quien tiene a su disposición las respuestas reveladoras. Al formular la respuesta teológica, el teólogo debe luchar por alcanzarla,

10. Llegados al final, el principio

Hemos llegado al final y en realidad solo estamos en el principio. Porque ahora nos toca a nosotros extender nuestras lecturas desde lo ya leído y, si no queremos ser puros imitadores, comenzar a poner en marcha nuestra máquina reflexiva con vistas a responder con autenticidad a la revelación de Dios, al legado de nuestros predecesores y a las preguntas que el mundo plantea.

Si hemos seguido hasta aquí con atención el progreso y desarrollo del pensamiento filosófico en lo que tiene de relación con la fe cristiana, es evidente que esta siempre ha evitado dos escollos peligrosos. Uno, la promesa de salvación entendida como una ocupación meramente con el más allá, abandonando el mundo de la cultura a su propia suerte, permitiendo un espacio autónomo e indiferente de la verdad cristiana; otro, confundir la fe salvífica con la *gnosis* o sabiduría oculta forjada a golpe de sincretismos y compromisos con los motivos más variopintos y contradictorios. El primero niega el carácter universal y soberano de la fe, el segundo su verdad instalada no en la especulación místico-simbólica, sino en la vida misma del ser humano —la interioridad—, tal como se da a conocer en el encuentro con Cristo. Tal fue el significado de Agustín.

Su convicción arranca directamente del fundamento de la realidad: Dios como el que crea y sustenta todo cuando existe con su poder; ese mismo Dios que en Cristo se hace hombre y muestra al hombre el camino de la unión con el Padre, es decir, con la Fuente suprema de la cual todo ser mana. Dios como fundante, y el hombre como fundado, se convierten, desde la perspectiva cristiana, en los dos polos de la verdad. En un sentido, el hombre es la medida de todas las cosas, por cuanto el hombre es la medida de Dios, en cuanto porta su imagen y semejanza. A Dios no se le puede conocer directamente, sino solo relativamente, a saber, en relación a sus criaturas. El mundo, y no solo las Escrituras, es revelable de Dios, es "sacramento" de su presencia, como decía Temple. La Escritura es revelación perfecta y acabada, "revelación especial", se le llama en teología. Pero, al lado, y como un marco de referencia global, existe esa otra "revelación general", que es la creación, y en especial el hombre, corona de la creación divina y clave de su sentido.

La exégesis estudia la Escritura en cuanto Palabra escrita de Dios. Pero para que la exégesis, lectura correcta del texto, sea completa, tiene que complementarse con la teología, y en cuanto esta tiene por objeto los datos revelados, tanto en el libro inspirado como en el libro natural, para ser realmente teología, ciencia de Dios, no puede descuidar la filosofía, las verdades que se desprenden de la investigación de la realidad en la que se inserta la manifestación especial de la revelación del ser de Dios y el modo de unirnos a Él. No puede haber teología sin filosofía. De hecho, durante siglos, el teólogo y el filósofo vivían en la misma persona, fecundándose mutuamente para mayor esclarecimiento de la verdad de Dios. En otro tiempo se consideró la filosofía medieval (realizada en el contexto de la religión cristiana) como un prolongado periodo de estancamiento. Hoy, afortunadamente, podemos dejar a un lado, como superada, esta errónea descripción. Hasta los filósofos más positivistas y menos proclives a los intereses religiosos, siquiera metafísicos, reconocen que la Edad Media, en lo tocante al pensamiento, fue una era de inmensa actividad y atrevidas investigaciones. "Los historiadores de la ciencia se han encargado de demostrar que muchas de las ideas científicas renacentistas ya habían sido consideradas por los pensadores medievales. Los historiadores de la lógica han puesto de manifiesto que muchas de las teorías lógicas de los pensadores medievales anticipaban parcialmente teorías modernas, y que pueden ser comprendidas de forma más adecuada a la luz de estas últimas"[81].

Esto nos lleva al problema ya considerado de los *presupuestos*. ¿Falsean estos la realidad, o simplemente son la *situación* de la que se parte y es preciso justificar? ¿Es posible pensar sin presupuestos? ¡No!, es tan imposible como comunicarse sin un lenguaje corporal o hablado. Sin embargo, en el trato cotidiano el miedo a la

---

81. Stephan Körner, *¿Qué es filosofía?*, p. 335. Ariel, Barcelona 1976.

malinterpretación no nos lleva a despreciar el uso de un idioma, con su polisemia, ambigüedad y filosofía implícita, sino a esforzarnos por una utilización cada vez más correcta y precisa. Si el miedo a la tergiversación de nuestras palabras nos impidiera hablar, entonces nos quedaríamos todos mudos.

El cristiano, tanto en la Edad Media, como en la actualidad, parte de unos presupuestos dados por las doctrinas de su fe, del mismo modo que en la época moderna los filósofos buscan concordar su filosofía con los presupuestos científicos que tienen a su disposición.

El verdadero teólogo, aquel que nombra con respeto el nombre de Dios, que es verdad, no está lejos del filósofo que en todo busca el esclarecimiento de la realidad. "La teología es —también para el teólogo— una lucha personal a vida o muerte: el teólogo ha de vérselas con una problemática viva y real, una problemática que nadie podrá eliminar. El teólogo ha de vérselas limpiamente con una problemática vital, que está emergiendo en todas partes. Y esto, sin caer en soluciones prefabricadas ni dejarse acorralar por la presión de los que, automáticamente, van a etiquetarle como un anticuado «conservador» o como un «progresista» que anticipa a los tiempos. El teólogo, fiel al evangelio, abierto a la verdadera problemática de las personas que viven la vida, ha de poder decir con Newman, y sin dejarse amedrentar por nadie: *I am my way* («yo sigo mi camino»)"[82].

En cierto sentido el teólogo es un librepensador en cuando que está determinado por la verdad última, radicada en Dios, La teología confesional —las especulaciones denominacionales— puede llegar a devaluarse como teología —ciencia insobornable de Dios— y convertirse en declaración de partido, cuando no está prioritariamente interesada por la verdad. Ser cristiano, en realidad, es estar dispuesto, desde el impulso y el desafío de la fe, a examinar críticamente sus propios presupuestos y conclusiones y tener algo que ofrecer al mundo. Porque los guardianes de la verdad revelada en la antigua dispensación no quisieron considerar la nueva verdad revelada por Jesucristo, se quedaron con la letra y mataron el espíritu, "al Autor de la vida, a quien Dios ha resucitado de los muertos" (Hch. 3:15).

10.1. Filosofía como historia de la filosofía

La filosofía es muchas cosas, y una de ellas, quizá la más importante, su historia. La historia de la filosofía es verdadera filosofía. Por eso el método que aquí hemos adoptado para introducirnos en la filosofía cristiana obedece a un plan intrínseco a la naturaleza filosófica: su discurrir temporal, su ser histórico. "La filosofía, cuando lo es, y no una suplantación de su realidad, es una continuidad de enfoques sobre lo que hay, movidos por las vidas de los que lo miran desde ellas mismas. Un diálogo a través de los siglos, lleno de coincidencias y discrepancias.

---

82. Edward Schillebeeckx, *Dios, futuro del hombre*, p. 183. Sígueme, Salamanca 1971.

En otras palabras, un sistema de alteridades que tienen como vinculo principal el respeto a la realidad y la necesidad perentoria de entenderla para hacer una vida que pueda ser auténtica, sostenida por el descubrimiento siempre incompleto pero insustituible de la verdad"[83].

La filosofía, como la teología, no es una cuestión que pueda definirse al gusto de cada cual. Lo que ella es nos es descubierto por su historia, que es una respuesta del hombre a su circunstancia. El largo caminar filosófico que acabamos de reseñar para nosotros, no es una cuestión anecdótica de nombres y situaciones que se pueda recorrer de modo salteado e inconexo. Pese a la disparidad de autores y conceptos, un hilo recorre la investigación filosófica realizada y un tema central vertebra y cohesiona sus diferentes partes. La filosofía, como la religión, es una actividad del espíritu que busca la totalidad, la unidad en la diversidad. A la filosofía ya dada por la historia tenemos que acudir a darle nuestra particular y peculiar aportación en auténtico espíritu filosófico. Nos dejamos hablar para responder con propiedad.

La filosofía, decimos, es ella misma historia de la *filosofía*, pero no puede quedar nunca devorada por la *historia*. El objeto del estudio de la filosofía es la *realidad* en sí misma, en la transparencia inefable del ser y en la naturaleza de las cosas, aunque sin descuidar su temporalidad y su historia, sobre todo al considerar la persona humana.

La filosofía, como decía Ortega, no es primero una doctrina y luego una fórmula de la vida. La filosofía es una *función* constante de nuestra conciencia viviente que, siendo ella la misma, produce las filosofías más diversas. La filosofía no es una formula ni una doctrina acabada; llegamos a las fórmulas y doctrinas porque la vida nos impulsa a buscarlas y a no descansar hasta dar con aquella en la que nuestra conciencia se aquieta y reposa.

Es un grave error ponernos a pensar sobre alguna cosa con absoluta independencia del pasado, como si no se hubiera dicho nada sobre la misma. Nos guste o no, pensamos con nuestro pasado y *desde* la altura a que nuestro pasado nos ha traído. De aquí que la primera labor del pensador sea hacerse cargo de cuál es la *situación* histórica donde está. Si con nuestra obra hemos contribuido a esclarecer la situación en que nos encontramos, su porqué y su hacia dónde, de modo que cada cual, desde su experiencia espiritual, pueda contribuir al desarrollo del pensamiento, y concretamente del pensamiento cristiano en los inicios del nuevo siglo, estaremos más que agradecidos.

10.2. Humildad y comprensión

La filosofía no es un cuerpo de conocimientos abstractos sin relación con la realidad. La verdad es todo lo contrario. La comprensión de la naturaleza humana

---

83. Julián Marías, *"Mi amistad con Leibniz"*.

y su lugar en el cosmos, el ser y el sentido, son ni más ni menos que el objeto de la reflexión que se tenga por verdaderamente filosófica y, por ende, religiosa, teológica, cristiana. Si tenemos en cuenta que las ideas sobre Dios no han faltado, sino por el contrario, ocupado un lugar prominente en la actividad filosófica, veremos que la filosofía se hermana con la teología y que una está implicada en la otra.

Los prejuicios antifilosóficos, que tienen a los filósofos por seres arrogantes y descreídos jugando con nuestra simplicidad, no deben impedirnos apreciar el valor de las contribuciones filosóficas, cuya lógica y términos precisos han contribuido con mucho a esclarecer y explicitar el misterio cristiano, desde la doctrina de la Trinidad a la inmortalidad del alma. Por amor a la verdad, el cristiano tiene que denunciar la falsedad e injusticia que se comete contra los filósofos que, en su gran mayoría, se han ocupado honestamente del tema Dios, siendo en muchos casos creyentes ellos mismos, como hemos puesto de manifiesto.

Ciertamente el filósofo en cuanto persona, limitada y proclive al error, como el que más y el que menos, no es un servidor imparcial de la verdad. La misma filosofía como quehacer general del intelecto es un proceso humano gobernado tanto por las pasiones ordinarias de la ambición, orgullo y codicia como por las merecidamente virtudes atribuidas a los filósofos y sabios en general.

En medio de un cúmulo de influencias interreligiosas y seculares que nos rodean, a la hora de dar respuestas responsables a las diversas cuestiones que se nos plantean hoy en día, es necesario aumentar nuestra capacidad de *reflexión crítica*. Cuando en los debates doctrinales respecto a la Trinidad, por poner un ejemplo, aparecen términos como persona, sustancia, esencia, unión hipostática, etc., se exige conocer el contenido, el significado y la historia de esos conceptos: ser estudiados y analizados por todo individuo que quiera tener una fe intelectualmente formada y adulta. No es fácil llegar a las causas más profundas de los conflictos y divisiones entre las distintas familias cristianas, ni esbozar siquiera posibles soluciones, pero la misión del filósofo cristiano consiste en estar críticamente alerta contra el engaño, contra la sinrazón, contra la irracionalidad que muchas veces pretende adueñarse de los fundamentos del cristianismo y hacerlos pasar por "voz de Dios". La cuestión hermenéutica nos enseña que hay que proceder con humildad y cautela a la hora de afirmar ingenua y confiadamente: "Esto es Palabra de Dios", "Dios dice", o "la Biblia" enseña. Cuando uno apela a Dios o a la Biblia, sin negarle seriedad ni honradez, apela en realidad a su interpretación personal de la Biblia. Un teólogo nada dudoso en su ortodoxia protestante, William G. T. Shedd (1820-1894), escribió magníficamente a finales del siglo XIX: "La Escritura propiamente significa la interpretación de la Escritura, esto es, el contenido de la Escritura tal y como es comprendido por la investigación y la exégesis humana. Los credos, como los comentados, son la Escritura estudiada y explicada... La Palabra infalible de Dios es expuesta por las falibles mentes humanas; de aquí la variedad de exposiciones que reflejan los credos denominacionales. Pero cada intérprete afirma haber entendido correctamente la Escritura y, consecuentemente, deduce que su credo es bíblico y, de ser así, la verdad infalible de Dios... No hay tal cosa como una Escritura abstracta, esto es, la Escritura aparte de toda y cada interpretación de ella. Así que, cuando el profesor de la revisión exige que la Confesión de Fe de Westminster se «conforme a la Escritura», quiere decir, conforme a la Escritura tal y como él y otros como él, la leen y la explican"[84]. La Biblia no habla por sí sola. Es preciso ir a ella no con la mirada del visionario sino con los ojos de la razón, iluminados por la fe, y así, rectamente, estudiar cada parte con precaución y humildad para que el resultado de nuestro estudio responda a la enseñanza divina. El cristiano tiene que interpretar la Biblia por su cuenta, sin olvidar el sentido histórico ofrecido por la Iglesia universal, llevando siempre en mente esta pregunta: ¿Quién me garantiza el acierto en la interpretación? ¿Quién me ayudará para no ser víctima de mis propias fantasías? Hay prejuicios que orientan nuestra lectura y no se dejan orientar. Esos son los más peligros y los que hay que domar con el auxilio de la técnica hermenéutica.

El punto decisivo, como decía Barth, es que, en la exégesis de la Escritura, la misma Escritura en cuanto revelación, ha de tener una *precedencia incondicional* de toda la evidencia de nuestro propio ser y devenir, de nuestros propios pensamientos y empeños, esperanzas y sufrimientos, de toda la evidencia del entendimiento y de los sentidos, de todos los axiomas y teoremas que heredamos y llevamos con nosotros en cuanto tales.

El interés cristiano por la filosofía es interés por la cultura que tiene que oír en su propio idioma el lenguaje de la fe. El pensamiento cristiano es "pensamiento misionero" en cuanto se abre a otras concepciones de la vida y del mundo y busca correlacionarse con ellas por la senda del diálogo. Si el cristianismo olvida la dimensión cultural de su misión corre el grave riesgo de quedar arrinconada y precipitar su propia destrucción. La fe cristiana no se pervierte en su contacto con la filosofía, como creo que queda suficientemente demostrado, sino todo lo contrario: se libera de sus limitaciones coyunturales de idioma, país y tiempo, para llegar a ser la religión universal que realmente es.

La filosofía tiene que ser reconciliada con la sabiduría cristiana, pues el principio cristiano tiene que corresponder al pensamiento en general. La crítica de la filosofía cristiana consiste en examinar todo, retener lo bueno y desechar lo malo, respondiendo, desde el corazón de la realidad y el fundamento último de la existencia manifestado en la Revelación, a los argumentos "y toda altivez que se levanta contra el conocimiento de Dios, y llevando cautivo todo pensamiento a la obediencia a Cristo" (2 Co. 10:5).

---

84. *Calvinism: Pure & Mixed*, p. 146.

Vocabulario

Absoluto. En algunas filosofías significa lo que es autónomo e independiente de relaciones necesarias con otras realidades. En otras designa aquella realidad de lo que todo depende.

Abstracción. Operación del entendimiento por la que éste separa y aísla una realidad de otra. Generalmente se entiende con el sentido aristotélico según el cual la abstracción es el proceso de formación de conceptos universales (hombre, mesa, etc.) a partir del conocimiento sensible de objetos individuales prescindiendo el entendimiento de sus características particulares.

Accidente. Lo que puede darse o no darle inherente a una substancia.

Acción. Se aplica a los actos humanos que van precedidos de deliberación a la que sigue la decisión y la ejecución consciente.

Acto. De modo usual se hace sinónimo de acción. Pero su sentido más preciso en filosofía es el aristotélico, según el cual Acto significa la perfección, cualidad o cualidades que un ser manifiesta en un momento dado. Es, por tanto, lo que hace que un ser sea como es. Se relaciona, en Aristóteles, con *potencia* que designa la capacidad o posibilidad de un ser para llegar a ser lo que todavía no es.

Agnosticismo. Originalmente se designó así a la doctrina que afirmaba como incognoscibles aquellas realidades que no eran susceptibles de ser sometidas a los métodos experimentales de las ciencias positivas. Actualmente se generalizó para significar que algo no es objeto de conocimiento.

Alienación. En general es la atribución o cesión de lo que es de uno (mío, tuyo, etc.) en favor de otro. En Marx, particularmente, expresa la condición del trabajador en la sociedad de clases en virtud de la cual el trabajo –que debiera ser obra consciente y humanizadora– se convierte en objeto "extraño" para el propio trabajador al convertirse en propiedad de otro a través del salario y en beneficio de la clase capitalista. Es asimilable al concepto de "enajenación" expresando este término la indefectible situación relacional de la praxis.

Alma. En general, el principio vital de los cuerpos animados. En lenguaje usual el concepto de alma viene a sintetizar el conjunto de actividades espirituales, sensitivas e intelectivas del ser humano. Platón la entiende como la parte intelectiva y no empírica del hombre. Para Aristóteles es la substancia o forma del cuerpo; además, según él, puede hablarse de alma vegetal y animal junto al alma humana racional.

Analogía. Es la propiedad de ciertas palabras y nociones para ser atribuidas o predicadas en sentidos diferentes pero que tienen algo en común. Por ejemplo, tomamos analógicamente el término "sano" cuan do lo atribuimos a la salud, a la medicina, al aire, etc. O también cuando decimos que Dios es "bueno" y un hombre es "bueno".

Antinomia. Contradicción aparente o real, que se sigue de una afirmación o proposición que se da como cierta.

Apetito. Cualquier tendencia o inclinación a un fin.

A posteriori. Argumento procedente de la experiencia sensible.

A priori. Lo que en el conocimiento no procede de la experiencia y es, por tanto, lógicamente anterior a ella. Una proposición "a priori" es aquella cuya verdad no depende de la experiencia.

Atributo. En general, perfección. En Tomás de Aquino "atributos entitativos de Dios" son el conjunto de perfecciones divinas. "Atributos operativos de Dios" son las perfecciones de Dios que se refieren a sus operaciones.

Axiología. Teoría general de los valores. Se define como "valores" esos motivos y aspiraciones superiores y universales del espíritu humano que son las condiciones y razones de su vida, hacia los cuales el espíritu tiende, por un irrefrenable impulso de su naturaleza, como a los propios ideales, y cuya representación halla el mismo espíritu en sí mismo: la verdad, el bien, la belleza, la justicia, la santidad, los mismos "bienes" económicos necesarios o útiles a la existencia. La axiología se origina en la filosofía de Max Scheller.

Axioma. Principio o afirmación cuya verdad se impone por sí misma. En filosofía analítica se entiende como el enunciado primitivo de un siste ma deductivo.

Categoría. En general, cualquier noción o concepto que sirva como principio de investigación, división o expresión verbal de cualidades o realidades. En Aristóteles las categorías son los modos como el ser se predica de las cosas: substancia, cantidad, cualidad, relación, lugar, tiempo, situación, acción y pasión (o recepción de acciones). En Kant las categorías son conceptos puros ("a priori" no empíricos) unificadoras respecto a la sensibilidad, que hacen posible el conocimiento objetivo y la formulación de leyes con valor universal y necesario.

Causa. Aquello de lo que depende una realidad cualquiera. Aristóteles distinguió cuatro causas: *eficiente* (la productora), *final* (para lo que se produce), *formal* (lo que constituye a una cosa tal como es), *material* (aquello de lo que algo está constituido).

Certeza. La seguridad con que subjetivamente es aceptada una ver dad. También puede entenderse como la garantía intelectual que procede de un conocimiento evidente.

Comprender. Es el método y el conocimientos propios de las que Dilthey llamó "ciencias del espíritu": Filosofía, Historia... En Dilthey se opone a *explicar,* que es el método y conocimiento propios de las que él llama "ciencias de la naturaleza".

Concepto. En general es equivalente de la idea en cuanto que ésta es elaborada por el entendimiento ("concebida"). Puede significar también la definición o descripción de una realidad cualquiera.

Contingente. Aquello que puede existir o no existir. Se opone a *necesario.*

Deontología. Doctrina del "deber" o, mejor, del "deber ser", incluida en las concepciones del hombre y de la historia (y aún tal vez del mundo) que reconocen una intima exigencia de desarrollo, o como superación finalista, de todo lo actual hacia una "perfección" ideal; una superación que va marcando un continuo paso y ascenso de "lo que se es" hacia "lo que se debe ser", de lo "real" a lo "ideal", de lo hecho a lo deontológico.

Determinismo. Designa todo proceso en el que los efectos se siguen necesariamente de sus causas. Aplicado a las acciones humanas es aquella doctrina que defiende que las acciones humanas se producen necesariamente por su vinculación a estímulos o motivos. Niega, en consecuencia, la libertad humana.

Dialéctica. Se pueden distinguir varios significados: En Platón significa el procedimiento de investigación que se lleva a cabo entre varios según el *método socrático* de la pregunta-respuesta. Para Aristóteles es un procedimiento racional no demostrativo (se basa en lo probable o en opiniones, no en premisas ciertas). En Fichte, Hegel y Marx la dialéctica se entiende como reconocimiento de la contradicción o de opuestos en el seno o esencia de la realidad, que debe ser resuelta en un proceso de superación sintética de los contrarios. Para Hegel la dialéctica es la esencia de la Idea y, por tanto, también de la naturaleza; para Marx es esencia de la materia y de la historia.

Dualismo. En *metafísica*, el punto de vista que declara que la realidad se compone de dos fuerzas opuestas tales como el bien y el mal, Dios y Satanás, etc. En *epistemología* el punto de vista que declara que en el acto de saber, tanto la idea como el objeto conocidos están presentes.

Empírico. Designa todo lo relativo a la experiencia. De él se deriva empirismo o doctrina que afirma que todo nuestro conocimiento procede de la experiencia sensible.

Ente. Es la substantivación del participio presente ("ens") del verbo sum. Significa "lo que es" o "existe". En algunas filosofías, como la de Heidegger, se distingue netamente entre *ente* (lo que existe y su modo de existir) y ser, que designa el fundamento o la estructura básica de los entes o cosas reales. El ser viene a designar, de este modo, lo que hace posible a los *entes*.

Entendimiento. Es la facultad del conocimiento intelectual que tiene como objeto propio las esencias que abstrae de las cosas sensibles. En Kant el entendimiento *(Verstand)* se distingue de razón *(Vernunft)* y significa la capacidad subjetiva de constituir representaciones objetivamente válidas a través de la aplicación de sus categorías "a priori".

Episteme. Término griego que significa "ciencia", conocimiento legí timo, intelectualmente fundado (Platón), que se opone a *Doxa,* que signi fica "opinión".

Epistemología. Disciplina que trata del origen, constitución y límites del conocimiento en general. En un sentido más actual y restrictivo, doctrina de los fundamentos y métodos del conocimiento científico.

Epojé. En general y antiguamente, significa suspensión del juicio y, por tanto, es una actitud escéptica. En Husserl y la Fenomenología designa la actitud de contemplación desinteresada, esto es, desvinculada de toda afirmación natural o de hecho —existencial— respecto a las cosas, para considerar a éstas únicamente como realidades en la conciencia (dejando de lado lo que naturalmente y existencialmente son).

Escepticismo. Doctrina que niega la posibilidad de afirmar algo como verdadero o falso.

Esencia. Designa el conjunto de notas que constituye a una cosa, esto es, el contenido de la definición {ej.: El hombre es un animal racional). Con Aristóteles se le puede llamar también "substancia segunda" porque radica en la "substancia primera" que, en sentido propio, es cada cosa individual.

Ética. Designa a la Filosofía Moral.

Existencia. Designa que algo es o se realiza realmente y de un determinado modo. Aplicado al ser humano viene a precisar que todo hombre es una realidad concreta, vinculada a una corporeidad y a un tiempo concretos.

Experiencia. La participación personal y directa en algo. El conocimiento inmediato de algo. Generalmente la experiencia va vinculada a la *repetición*. Aunque frecuentemente se refiere al conocimiento sensitivo, es también muy importante la experiencia interna (de nuestro mundo intelectual, afectivo, etc.). En Kant el término es más complejo: por una parte, significa el conglomerado de datos percibidos y, por otra, significa el conjunto del conocimiento empíricamente percibido pero ya unificado por la actividad subjetiva "a priori".

Fenómeno. En general, todo lo que se manifiesta, según las condiciones específicas de la estructura del conocer humano. En Kant es el objeto de la intuición empírica (datos de la experiencia investidos por el espacio y el tiempo –formas "a priori" de la sensibilidad–. En Husserl y la Fenomenología designa todo dato de la conciencia obtenido tras la puesta entre paréntesis (epojé) del valor existencial o natural de los objetos.

Forma. Equivale a determinación, en cuanto que la forma determina o concreta al ser (Aristóteles), confiriéndole un modo específico de ser. En este sentido es equivalente a la *substancia* de las cosas que tienen materia. Se relaciona con *materia* que es el principio indeterminado constitutivo de las cosas. Para Aristóteles materia y forma se reclaman como coprincipios de las cosas naturales *(Hilemorfismo)*.

Gnoseología. Teoría del conocimiento.

Hábito. Indica el modo constante, o al menos frecuente, de obrar de una determinada manera. Es, así, el intermedio entre el carácter y la acción. La palabra la introduce Aristóteles asimilando la virtud al concepto de *hábito* (así la acepta Tomás de Aquino).

Hermenéutica. Método para la interpretación de un texto. Según Dilthey, método para comprender el significado de los textos históricos o demás obras resultantes del espíritu humano. Se opone al "análisis" objetivo de los fenómenos naturales y constituye una noción clave en la fenomelogía existencial, en tanto que la existencia es un "signo" del que la filosofía debe darnos el "sentido".

Idea. En general significa cualquier representación intelectual u objeto del pensamiento. En sentido más preciso significa la especie única que se localiza en multiplicidad de objetos: por ejemplo, la idea de árbol en todos los árboles, etc. Este sentido general no es entendido del mismo modo. Para Platón la Idea designa el ideal perfectísimo de las cosas, en las que se compendian todas las características pensables de ellas. Las Ideas son así entidades ideales, patrimonio del alma o entendimiento, y las cosas sólo son participaciones o imitaciones reales de ellas. Para Aristóteles las ideas son forjadas por el Entendimiento a partir del conocimiento sensible de las cosas particulares. Para Kant las Ideas designan aquellas elaboraciones de la razón sin que se dé su correspondiente intuición empírica que las justifique. En Hegel la idea viene a significar el ideal absoluto que da sentido a todo lo real y que busca ser realizado por cada ser natural. En el Empirismo (Hume) idea es la imagen intelectual debilitada de nuestras percepciones.

Idealismo. De manera general y amplia, significa aquella doctrina que sitúa el modelo de realidad en una idea o ideal del sujeto. En otras filosofías, significa hacer depender el sentido de la realidad de la actividad espiritual del sujeto.

Impresión. Para Hume es la percepción de algo a través de los sentidos.

Inducción. Proceso de conocimiento por el que se parte del conoci miento de los particular para llegar a la formulación de leyes o enunciados universales, a través de un proceso de comparación, relación, etc. Se usa como sinónimo de inferencia.

Intuición. Percepción clara e instantánea de una idea o una verdad, como si se tuviera a la vista, sin razonamiento.

Lógica. Ciencia que estudia las condiciones formales de validez de una inferencia y, en general, de una argumentación cualquiera.

Materia. En sentido ordinario es aquello de lo que se componen las cosas, receptor de múltiples formas. Así la entiende Platón. Para Aristóte les es el "sujeto del cual se genera una cosa no accidentalmente" y que subyace a los cambios (materia prima). En cuanto que es indeterminada, es también *potencia* para recibir otras formas. El concepto no se restrin ge a las cosas materiales puesto que, por ejemplo, los conceptos son la materia de la proposición, o las proposiciones lo son del silogismo.

Mecanicismo. Toda doctrina que pretende explicar la estructura y las propiedades de los cuerpos como efectos de cambios de lugar o mo vimientos de partes invariables y simples de ellos (átomos, partículas, etc.}.

Metafísica. Parte de la filosofía que pretende conocer lo que cae más allá de la experiencia inmediata. Se usa en varios sentidos y, de hecho, supone un cierto contexto cultural y científico. Según la definición de Aristóteles, es la ciencia o saber que considera o quiere estudiar aquello que en las cosas no es percibido por lo sentidos y, sin embargo, el enten dimiento encuentra en ellas como lo que les da sentido y las hace ser lo que son: por ejemplo, las *causas* o la *substancia* de un árbol, de una piedra, de un hombre. En este sentido la metafísica tiene como objeto primero el estudio del *ser en cuanto ser* como concepto y fundamento presente en todos los entes que existen realmente.

Monismo. En general las doctrinas filosóficas y no filosóficas que de fienden la unicidad de substancia de todas las cosas.

Necesario. Lo que no puede no ser o ser de otra manera a cómo es. También es necesario lo que no puede ser (lo imposible). Lógicamente es aquello cuyo contradictorio es imposible.

Nominalismo. La doctrina que no admite la existencia de conceptos universales, ni en las cosas ni en la mente. Los conceptos universales son sólo *signos* que pueden ser predicados de una pluralidad de cosas, pero no expresan nada real.

Nóumeno. En Kant equivale a "la cosa en sí", esto es, la cosa no considerada como objeto de intuición empírica, sino considerada como objeto de una intuición no sensible.

Ontología. Usado muchas veces como "metafísica". Designa, sobre todo, el conocimiento de lo esencial, de lo que las cosas son sustancial mente. Ontológico significa, en consecuencia, lo que pertenece como realidad permanente a las cosas.

Ontologismo. Doctrina que admite la posibilidad de conocer el ente en sí, o sea, Dios, hasta llegar a reconocer racionalmente su esencia y sus caracteres.

Positivismo. Orientación filosófica que considera que los hechos per ceptibles o experimentables son la única realidad aceptable para un cono cimiento legítimo. El *Positivismo lógico,* o neopositivismo, instaurado por el Círculo *de Viena,* entiende que la filosofía debe ser reducida al análisis del lenguaje eliminando toda palabra que no tenga una referencia en la realidad.

Praxis. Reacción del hombre a las condiciones materiales de la exis tencia: su capacidad para insertarse en las relaciones de producción y de trabajo y transformarlas activamente. También, criterio de sentido históri co y de la potencia cognoscitiva de las ideas. El marxismo ha sido defini do, por todo ello, como una "filosofía de la práctica".

Razón. Es el mismo entendimiento humano en su uso discursivo o facultad cognoscitiva intelectual distinta de la sensibilidad. También desig na la noción o fundamento de algo. En este sentido hablamos de "princi pios de razón suficiente" y también del "por qué" de algo. En Kant la razón *(Vernunft)* es la facultad que produce por sí los conceptos, no basa dos en la experiencia y, por tanto, estos conceptos o "ideas de la razón" son ilusorios desde el punto de vista del conocimiento objetivo.

Semántica. Ciencia del significado, del griego serna, signo. Estudia la evolución del significado y de las relaciones de los símbolos con los que se expresan los fenómenos dados en la experiencia.

Semiótica. Teoría de los signos, del griego seméion, signo. En general se trata de la teoría de los símbolos con los que se representan o interpreta la realidad con sus fenómenos.

Ser. En su uso predicativo significa "pertenecer a" o "ser inherente a" (ej.: Antonio es alto). En su uso *existencial* significa –primero– existir de modo general (ej.: Antonio es) y –sobre todo– significa el principio y fundamento de todas las formas de existencia. En este sentido, desde Aristóteles, "el ser" es aquello primero y principal de lo que todo lo demás depende. Su concreción a lo largo de la historia es múltiple: desde "el ser" entendido como Substancia, Naturaleza, Materia, Energía, etc., hasta "el ser" entendido como Ser separado, Dios, Uno, Conciencia, No ente, etc.

Subjetivo. Todo lo que es patrimonio del hombre en cuanto ser que se relaciona, de múltiples manera, con las cosas. Todo aquello que sólo al hombre puede atribuírsele. En sentido usual es sinónimo de opinión personal.

Substancia. En la metafísica derivada de Aristóteles la substancia es lo que cada ser es necesariamente para no dejar de ser lo que es. Es, pues, lo que define necesariamente a cada ser en su individualidad: ej., "este libro", "este hombre Juan". No puede, pues, predicarse de otro ser y es el fundamento de los accidente ("sub-yace" a los accidentes). Es substancia primera porque de ella se predica la substancia segunda o esencia (universal): ej., "esto es un libro", "Juan es hombre".

Teleología. La finalidad o finalismo inherente a cada ser natural. En general, síntesis de objetivos que cada ser pretende principalmente a partir de su específico modo de ser. En Husserl indica la estructura finalista de la conciencia hacia el conocimiento y hacia los valores.

Teísmo. Concepción del mundo que sostiene que la realidad sólo pue de ser entendida si un Ser Supremo es postulado.

Trascendencia. En general, indica lo que está más allá o fuera de una realidad dada, no espacialmente sino ontológicamente: ej., la trascendencia de Dios respecto al mundo. Significa también la capacidad para des bordar ciertos límites: el conocimiento es trascendente en cuanto que sus actos van más allá del entendimiento.

Trascendental. En el sentido de la metafísica aristotélico-tomista significa todo aquello que las cosas tienen en común, o sea, que *trasciende* a cada cosa individual: ser algo, tener substancia, etc. Después de Kant se usa para designar las condiciones de posibilidad de todo conocimiento. Ampliando el sentido kantiano designa todo aquello que hace posible otras operaciones o descubre otras cualidades, desde el punto de vista cognoscitivo.

Vitalismo. Expresa la doctrina que considera los fenómenos vitales como realidades irreductibles a causas mecánicas o reacciones bioquímica.

Bibliografía

En bibliografía nos hemos limitado a las obras mencionadas en el texto. Para una bibliografía completa del tema consúltese nuestra obra *Filosofía y cristianismo*, publicada por esta misma editorial.

Nicolás Abbagnano, *Historia* de *la filosofía,* 3 vols. Montaner y Simón, Barcelona 1964.

Aldo Agazzi, *Historia de la filosofía y de la pedagogía,* 3 *vals.* Editorial Marfil, Alcoy 1980.

Franz Altheim, *El Dios invicto.* Ed. Universitaria de Buenos Aires, 1966.

Albert E. Baker, *Iniciación a la filosofía.* Editorial Apolo, Barcelona 1938, 6ª ed.

José Manuel Bermuda, *La filosofía moderna y su proyección* con *temporánea.* Barcanova, Barcelona 1983.

Ludwig von Bertalanffy, *Perspectivas en la teoría general de sistemas.* Alianza Editorial, Madrid 1979.

James Bowen, *Historia de la educación occidental,* 3 vols. Herder, Barcelona 1992, 3ª ed.

Hans von Campenhausen, *Los Padres de la Iglesia,* 2 vols. Cristiandad, Madrid 1974.

Shirley Jackson Case, *Los forjadores del cristianismo, vol.* l. CLIE, Terrassa 1987.

François Chatelet, *Historia de la filosofía. Ideas, doctrinas.* 3 vals. Espasa-Calpe, Madrid 1983.

José Corts Grau, *Historia de la filosofía del derecho,* I. Editora Nacional, Madrid 1968.

C. Stephen Evans, *Filosofía de la religión.* Editorial Mundo Hispano, El Paso 1990.

José Ferrater Mora, *Diccionario de filosofía,* 4 vols. Alianza Editorial.

Hans Georg Gadamer, *La dialéctica de Hegel.* Cátedra, Madrid 1981.

Étienne Gilson, *La filosofía en la Edad Media.* Gredos, Madrid 1982, 3ª ed.

_____*Elementos de filosofía cristiana.* Rialp, Madrid 1981.

Ángel González Álvarez, *Manual de historia de la filosofía.* Gredos, Madrid 1971.

G.W.F. Hegel, *Lecciones sobre la historia de la filosofía,* 3 vols. FCE, México 1977, 2ª ed.

_____*Lecciones sobre la filosofía de la historia universal,* 2 vols. Alianza Editorial, Madrid 1980.

Johannes Hirschberger, *Historia de la filosofía,* 2 vols. Herder, Barcelona 1979, 10ª ed.

Charles Hodge, *Teología sistemática,* 2 vols. CLIE. Terrassa 1991.

W. Jaeger, *Cristianismo primitivo y paideia griega.* FCE, México 1965.

Alberto Jiménez, *Historia de la Universidad Española.* Alianza Editorial, Madrid 1971.

Eberhard Jüngel, *Dios como misterio del mundo.* Sígueme, Sala manca 1984.

Julián Marías, *Historia de la filosofía.* Revista de Occidente, Madrid 1941.

_____*La filosofía en sus textos,* 2 vols. Editorial Labor, Barcelona 1963, 2ª ed.

_____*La filosofía del padre Gratry.* Revista de Occidente, Madrid 1972.

_____*Antropología metafísica.* Revista de Occidente, Madrid 1973.

John Macquarrie, *El pensamiento religioso en el siglo xx.* Herder, Barcelona 1975.

José Ortega y Gasset, *La razón histórica. Obras Completas,* Madrid 1940.

Wolfhart Pannenberg, *Cuestiones fundamentales de teología sistemática.* Sígueme, Salamanca 1976.

Orto Hermann Pesch, *Tomás de Aquino. Límite y grandeza de una teología medieval.* Herder, Barcelona 1992.

Cornelis A. van Peursen, *Orientación filosófica. Introducción a su problemática.* Herder, Barcelona 1975.

Bernard Ramm, *La revelación especial y la Palabra de Dios.* La Au rora, Buenos Aires 1967.

Laureano Robles, *La filosofía en la Edad Media. La primera escolástica.* Episteme, Valencia 1983.

Alfonso Ropero, *Filosofía y cristianismo.* CLIE, Terrassa 1997.

_____*Fe, historia y* Dios. CLIE, Terrassa 1995.

_____*Enfermedad, salud y fe.* CLIE, Terrassa 1999.

Fernando Savater, *Diccionario filosófico.* Planeta, Barcelona 1995.

Reinhold Seeberg, *Manual de historia de las doctrinas,* 2 vols. Casa Bautista de Publicaciones, El Paso 1964.

A. Truyol y Serra, *Historia de la filosofía del derecho.* Ed. Revista de Occidente, Madrid 1954.

Evangelista Vilanova, *Historia de la teología cristiana.* 3 vols. Herder, Barcelona 1992.

José Vives, *Los Padres de la Iglesia.* Herder, Barcelona 1988.

Bernhard Welte, *Filosofía de la religión.* Herder, Barcelona 1982.

Xavier Zubiri, *Cinco lecciones de filosofía.* Alianza Editorial, Madrid 1980.